L'entreprise contrevenante en droit des pratiques anticoncurrentielles

Variations autour de la distinction entre société et entreprise (Union européenne et France)

Etienne Thomas

Avant-propos de Marc van der Woude
Préface de Laurence Idot

Concurrences, 2021

THÈSE DE DOCTORAT EN DROIT
SOUTENUE LE 28 MAI 2019 À L'UNIVERSITÉ PANTHÉON-ASSAS

L'entreprise contrevenante en droit des pratiques anticoncurrentielles

Variations autour de la distinction entre société et entreprise (Union européenne et France)

Etienne THOMAS

Membres du jury

Mme Emmanuelle CLAUDEL
Professeure à l'Université Panthéon-Assas (Paris 2)

Mme Catherine PRIETO
Professeure à l'Université Panthéon-Sorbonne (Paris 1)

M. David BOSCO
Professeur à l'Université Aix-Marseille

M. Ian FORRESTER
Ancien juge au Tribunal de l'Union européenne

Mme Laurence IDOT
Professeure émerite de l'Université Panthéon-Assas (Paris 2)

ISBN 979-10-94201-59-6

AVERTISSEMENTS

Cet ouvrage est tiré d'une thèse de doctorat soutenue le 28 mai 2019 à l'Université Panthéon-Assas (Paris II) devant un jury composé de Mme Laurence Idot (Professeure émérite de l'Université Panthéon-Assas), Mme Catherine Prieto (Professeure à l'Université Panthéon-Sorbonne), Mme Emmanuelle Claudel (Professeure à l'Université Panthéon-Assas), M. David Bosco (Professeur à l'Université Aix-Marseille) ainsi que M. Ian Forrester (juge au Tribunal de l'Union européenne de 2015 à 2020).

L'ouvrage a été très légèrement modifié, le 9 août 2021, afin que son « appareil scientifique » soit autant que possible actualisé.

L'auteur déclare par ailleurs qu'il n'y a pas de conflit d'intérêts associé à cette publication. Les opinions émises dans cet ouvrage sont propres à leur auteur. La faculté de droit de l'Université Panthéon-Assas ne leur apporte ni approbation ni improbation.

SOMMAIRE

SOMMAIRE

AVANT-PROPOS

Parmi les notions autonomes du droit de la concurrence, la notion d'entreprise est sans nul doute l'une de celles ayant le plus alimenté, en cette matière, le contentieux devant le Tribunal puis la Cour de justice de l'Union européenne. Nombreuses sont les affaires emblématiques qui ont jalonné la contribution des juges de l'Union à l'édification de cette notion, singulière à plus d'un titre. Je ne pouvais ainsi que répondre favorablement à l'invitation faite par M. Etienne Thomas de rédiger l'avant-propos de ce bel ouvrage.

Au cœur de la controverse demeure son interprétation fonctionnelle ayant permis au droit de la concurrence de connaître un régime novateur de responsabilité d'une société mère pour le comportement infractionnel d'une filiale ou d'assurer l'effectivité des règles de concurrence dans les hypothèses de restructurations sociétaires. Si dans ces contextes familiaux et de familles (de sociétés) recomposées le débat se cristallise autour de l'amende et de son paiement, les questions de responsabilité demeurent vivaces. Figure toujours en tête d'affiche, et plus de dix ans après l'arrêt de la Cour de justice dans l'affaire *Akzo Nobel* (C-97/08 P), la mobilisation de la présomption de contrôle d'une filiale au sein d'un groupe de sociétés. La récente et remarquée affaire *Goldman Sachs* (T-419/14 et C-595/18 P) l'illustre.

Discutant en profondeur chacune de ces problématiques en s'interrogeant, dans ses parties respectives, sur l'identité, d'une part, de l'auteur de l'infraction et, d'autre part, du débiteur de l'amende, le présent ouvrage éclaire avec talent les enjeux entourant l'interprétation de la notion d'entreprise et, eu égard aux liens toujours étroits que le droit de la concurrence présente avec la matière pénale, sa délicate cohabitation avec celle de société. En cette matière résolument prétorienne, le produit de la réflexion engagée par M. Etienne Thomas au cours de ses recherches doctorales assure aux lecteurs, étudiants ou praticiens, une vision structurée et d'ensemble d'une abondante jurisprudence, parfois complexe, souvent technique. Avec rigueur et méthode, M. Etienne Thomas isole particulièrement le fil rouge liant, à l'échelle de l'Union, les premiers arrêts des années 1970 à ceux d'aujourd'hui. Un travail essentiel et salutaire, dans le souci constant de préserver la cohérence de notre jurisprudence.

Son analyse minutieuse et son approche de la notion d'entreprise présente un intérêt d'autant plus renforcé, à l'heure où de nouvelles questions d'interprétation sont posées par la voie préjudicielle par des juridictions nationales dans le contentieux privé du droit de la concurrence. Les récentes affaires *Skanska* (C-724/17) ou, pour sa part toujours pendante, *Sumal* (C-882/19) en sont les principaux témoins.

Quelques lignes ne sauraient toutefois suffire à résumer le travail conséquent à l'origine de la publication du présent ouvrage. Je ne peux que vivement en conseiller sa lecture et formuler le vœu qu'il soit pour ses lecteurs source d'une belle et fructueuse réflexion.

Marc VAN DER WOUDE
Président du Tribunal de l'Union européenne

PRÉFACE

Revenir sur la notion d'entreprise en droit de la concurrence pouvait paraître inutile, voire dangereux, tant les études sur ce thème se sont multipliées depuis les premiers débats consécutifs à l'affaire de la péréquation des ferrailles rendue en application des règles du traité CECA. Initialement utilisée dans le cadre de ce qu'il est désormais convenu d'appeler le droit antitrust, ou encore droit des pratiques anticoncurrentielles, principalement pour asseoir la compétence internationale de la Commission au début des années 70, la notion n'a cessé de progresser jusqu'à son omniprésence dans les années 90 du fait de deux évolutions majeures consécutives à l'Acte Unique européen : l'introduction d'un contrôle spécifique des concentrations avec l'adoption du règlement n° 4064/89 et l'ouverture à la concurrence d'un certain nombre de secteurs gérés antérieurement par des monopoles publics souvent confiés à des entités publiques. La réception de la notion a été variée. Utilisée quotidiennement et sans débat dans la composante « contrôle des concentrations », elle a donné lieu à toute une série d'arrêts de principe de la Cour de Justice en antitrust, qui ont permis de mettre en lumière deux fonctions différentes avec chacune leur définition. L'entreprise peut être tour à tour une entité qui exerce une activité économique ou une unité économique. La première définition, issue de l'arrêt Höfner, qui sert uniquement à vérifier l'applicabilité des règles de concurrence, quelle que soit la composante, reste toujours d'actualité. Moins souvent sollicitée en antitrust qu'à l'origine, elle a surtout été débattue ces dernières années dans le cadre du contrôle des aides d'Etat. La deuxième définition, souvent rattachée à l'arrêt Hydrotherm, trouve en réalité son origine dans le règlement n° 17, qui est à notre connaissance le premier texte qui se réfère à la notion « d'entreprises liées ». En pratique, il s'agissait déjà d'appréhender la réalité économique que constituent les groupes de sociétés. Notion fonctionnelle par excellence, l'entreprise peut alors être définie de manière différente suivant la nature de la difficulté à trancher. Faut-il se contenter d'une influence déterminante sur la filiale, en d'autres termes, l'existence d'un contrôle de la société mère ? Faut-il être plus exigeant et requérir l'exercice effectif de ce contrôle ? Les réponses apportées sont variables. L'approche large en contrôle des concentrations, ou en antitrust et en matière d'aides lorsque des calculs de seuils sont en cause, n'a pas suscité beaucoup de débats, du moins devant les juges. En revanche, l'approche stricte lorsque sont en cause en antitrust les responsabilités et les sanctions, bien que plus exigeante, a donné lieu ces vingt dernières années à d'innombrables discussions liées notamment à l'explosion du contentieux en matière de cartels et à l'augmentation sensible du montant des amendes infligées. Au cours des vingt dernières années, rares sont les arrêts rendus par la Cour de Justice sur des décisions d'interdiction qui ne contiennent pas l'examen d'un moyen soulevé par l'une des requérantes sur l'imputation des responsabilités et par voie de conséquence sur le montant et le paiement de l'amende. Au-delà de l'intérêt théorique, les enjeux pratiques sont indéniables, parfois considérables.

C'est dans ce contexte que M. Etienne Thomas, qui exerçait déjà des fonctions au Tribunal de l'Union, avant d'y devenir référendaire, a décidé de faire sa thèse sur la principale utilisation de cette notion polysémique, qui était alors au cœur du contentieux en droit antitrust : « L'entreprise contrevenante en droit des pratiques anticoncurrentielles ».

Du fait de l'entrée en vigueur du règlement n° 1/2003, l'étude ne pouvait se limiter aux seules pratique de la Commission et jurisprudence du Tribunal et de la Cour de Justice. Faute de pouvoir couvrir l'ensemble des droits des Etats membres, elle devait à tout le moins inclure les pratique et jurisprudence française. Cela était d'autant plus nécessaire que les solutions divergeaient. Comme on le sait, quelques années ont été nécessaires avant que l'Autorité se rallie totalement aux solutions européennes. Dans d'autres Etats membres, les résistances ont été plus fortes, en particulier en Allemagne, Etat membre qu'initialement la thèse avait également prévu de couvrir, ce qui n'a malheureusement pas été possible en raison des difficultés d'accès aux décisions de sanction du Bundeskartellamt.

Ces réticences, au demeurant souvent plus fortes dans les cours de contrôle que dans les autorités, sont aisées à expliquer. Le droit ne connaît que les personnes, personnes physiques ou personnes morales. Le retour à la personne redevient indispensable pour tous les actes de procédure, qu'il s'agisse de la communication ou de la notification des griefs, ou encore de la notification de la décision finale. De plus, à la différence des contrôles des concentrations et des aides d'État, de nature administrative, le droit des pratiques anticoncurrentielles appartient à la « matière pénale » au sens de l'article 6 CEDH. Les contraintes juridiques y sont donc plus fortes puisque le principe de la responsabilité personnelle continue à dominer la matière.

Confronté dans l'étude des dossiers devant le Tribunal à cette hésitation permanente entre la volonté d'approcher au plus près la réalité économique et la nécessité de respecter les principes juridiques, M. Etienne Thomas a décidé d'approfondir le sujet en dressant un panorama exhaustif de la jurisprudence européenne, mais également française. Cela lui a permis notamment de montrer que certains raisonnements étaient inaboutis, voire parfois à la limite de l'incohérence, d'où le sous-titre formulé modestement « variations autour de la distinction entre société et entreprise »

Le plan choisi pour mener cette démonstration s'impose par sa logique. Dans la première partie, M. Etienne Thomas s'intéresse, en premier lieu, à la détermination de l'auteur de l'infraction en suivant un raisonnement progressif. La question désormais classique de la détermination des responsabilités au sein d'un groupe de sociétés, mais qui est encore débattue dans certaines situations inédites, comme l'a illustré récemment l'affaire Goldman Sachs, peut être rendue plus complexe en raison d'un changement dans la structure des groupes, soit pendant l'infraction, soit pendant la procédure. Les lecteurs trouveront une présentation compète de la jurisprudence, y compris dans ces développements les plus récents. Ils apprécieront, on l'espère, la clarification opérée par l'auteur dans le deuxième titre consacré aux incidences des restructurations. Les praticiens confrontés à ces questions devenues de plus en plus fréquentes ces dernières années savent combien il est parfois possible d'hésiter. M. Thomas critique à juste titre un recours trop fréquent par les institutions européennes au critère de la continuité économique, lequel ne devrait être utilisé qu'en dernier ressort, lorsque le critère de la continuité juridique ne peut plus jouer. Sur ce point, la pratique française est plus cohérente et respectueuse des principes juridiques. Mais, plus encore que dans la première partie, le principal apport de la thèse, de notre point de vue, se trouve dans la deuxième partie consacrée à l'entreprise, débiteur de l'amende. Qu'il s'agisse de la détermination du montant de l'amende, avec ses différentes étapes, ou de son paiement, M. Thomas nous montre qu'à tout moment, l'on peut être confronté à la notion d'entreprise et que les réponses jurisprudentielles mériteraient parfois d'être revues pour gagner en cohérence. Compte tenu de la complexité des questions, l'on comprend la tentation des autorités de régler les difficultés en recourant aux procédures dites de transaction (voire de coopération en droit de l'Union), mais, pour des raisons tenant tant à leur champ d'application qu'à la volonté des « entreprises » poursuivies, ces dernières ne peuvent être utilisées en toutes circonstances. Comme souvent, c'est le contentieux, même plus réduit qu'il y a dix ans, qui permet d'illustrer les problématiques.

Même centrée sur le public enforcement, la tâche était grande, comme le démontre à elle seule l'ampleur de l'ouvrage, ce qui explique que M. Thomas ait été contraint de limiter ses ambitions initiales et de renoncer à couvrir l'utilisation de la notion d'entreprise dans le cadre du private enforcement, lorsque l'entreprise contrevenante est assignée en dommages intérêts. Il est vrai qu'il disposait alors de très peu d'éléments, en particulier en France, hormis un arrêt de la cour d'appel de Paris qui avait dû rappeler à la demanderesse que l'on ne pouvait assigner un groupe de sociétés… Quelques jours avant la soutenance de sa thèse, la matière a évolué d'abord avec l'arrêt Skanska en 2019. Elle vient de connaître un nouveau rebondissement au moment où ces lignes sont écrites avec l'arrêt Sumal en 2021, qui nous renvoie d'une certaine manière aux positions avant gardistes d'un juge britannique dans l'affaire Provimi au début des années 2000.

C'est dire que l'utilisation de la notion d'entreprise n'a pas fini d'alimenter les controverses. Faut-il pour autant souhaiter sa consécration dans les textes ? Nous ne le pensons pas tant il serait certainement dangereux de figer les données. L'essentiel, comme le démontre M. Thomas, est d'avoir pleine conscience des multiples facettes de cette notion en droit de la concurrence et d'en faire une application cohérente, dans le respect des principes fondamentaux.

Nous ne doutons pas que les praticiens du droit de la concurrence confrontés quotidiennement à cette question trouveront dans cet ouvrage, non seulement une mine d'informations, mais également une analyse critique de certaines des solutions, qui leur permettra soit de nourrir leurs dossiers, soit de réfléchir au bien-fondé des solutions retenues. Bien que dense, l'ouvrage demeure toujours très clair et parfaitement documenté. L'on sent la rigueur du référendaire qui connaît parfaitement les dossiers sur lesquels il est amené à travailler. Cette thèse est une étape dans une jeune carrière déjà bien remplie. Nous souhaitons vivement qu'elle ouvre à M. Thomas, qui a été un « thésard » exemplaire, par sa rigueur scientifique, son respect du calendrier, son écoute des remarques, de nouvelles portes et que les lecteurs trouveront autant de plaisir à la lire que nous l'avons eu à la diriger.

Laurence IDOT
Professeur émérite à l'Université Paris II Panthéon-Assas

PRINCIPALES ABRÉVIATIONS

BGB	Bürgerliches Gesetzbuch
BGH	Bundesgerichtshof
BVerfGE	Bundesverfassungsgericht
Bull.	Bulletin
CA Paris	Cour d'appel de Paris
CCC	Revue Contrats, Concurrence, Consommation
CE	Communauté européennes
CEE	Communauté économique européenne
CECA	Communauté économique du charbon et de l'acier
cf.	se référer
CJCE	Cour de justice des Communautés européennes
CJUE	Cour de justice de l'Union européenne
Civ.	Chambre civile de la Cour de cassation
CMLR	Common market law review
Coll.	Collection
Com.	Chambre commerciale de la Cour de cassation
Concurrences	Concurrences, Revue des droits de la concurrence
Cons. const.	Conseil constitutionnel
Cour EDH	Cour européenne des droits de l'Homme
Crim.	Chambre criminelle de la Cour de cassation
D	Dalloz
e.a.	et autres
EEE	Espace économique européen
Ed.	édition
Europe	Revue Europe
GWB	Gesetz gegen Wettbewerbsbeschränkungen
Ibid.	*Ibidem*
Id.	*Idem*
Infra	ci-dessous
J-Cl	JurisClasseur
JECLAP	Journal of european competition law and practice
JOCE	Journal officiel des Communautés européennes
JOCEE	Journal officiel des Communautés économiques européennes
JOCECA	Journal officiel de la Communauté économique du charbon et de l'acier
JORF	Journal officiel de la République française
JOUE	Journal officiel de l'Union européenne
LGDJ	Librairie générale de droit et de jurisprudence

n°	numéro
NZkart	neue Zeitscrhift für Kartellrecht
op. cit.	*opere citato*, cité précédemment
OLG	Oberlandesgericht
OWIG	Gesetz über Ordnungswidrigkeiten
p./pp.	page/pages
PUF	Presses universitaires de France
Préc.	Précité
RLC	Revue Lamy de la concurrence
RTD eur.	Revue trimestrielle de droit européen
RTD civ.	Revue trimestrielle de droit civil
RTD com.	Revue trimestrielle de droit commercial et de droit économique
Soc.	Chambre sociale de la Cour de cassation
Supra	ci-dessus
Th.	Thèse
Traité CE	Traité instituant la Communauté européenne
Traité CEE	Traité instituant la Communauté économique européenne
Traité CECA	Traité instituant la Communauté européenne du charbon et de l'acier
Trib. com.	Tribunal de commerce
TUE	Traité sur l'Union européenne
TFUE	Traité sur le fonctionnement de l'Union européenne
TPICE	Tribunal des premières instances des communautés européennes
Trib. UE	Tribunal de l'Union européenne
UE	Union européenne
Vol.	Volume
Voy.	Voyez
WuW	Wirtschafts und Wettbewerb
ZWeR	Zeitschrift für Wettbewerb

INTRODUCTION GÉNÉRALE

1. À Gaston Jèze qui aurait soutenu n'avoir jamais déjeuné avec une « personne morale », Jean-Claude Soyer aurait répondu l'avoir toutefois souvent vue payer l'addition.[1] Indépendamment de leur caractère apocryphe, ces bons mots pourraient aisément se prêter à la paraphrase en droit des pratiques anticoncurrentielles, en affirmant n'avoir jamais déjeuné avec une entreprise et encore moins l'avoir vue payer l'addition. Assurément, le droit des pratiques anticoncurrentielles « ignore largement la personne morale »[2] : il appréhende, presque uniquement, l'entreprise, presque jamais, la société. C'est pour le moins ce qui ressort d'une première lecture des dispositions pertinentes pour les ententes et les abus de position dominante : celles-ci visent, quasi-exclusivement, le comportement d'une ou de plusieurs entreprises.

2. À l'échelle de l'Union, les articles 101 et 102 TFUE figurent en effet dans une section intitulée « [r]ègles applicables aux entreprises » et visent respectivement « tous accords entre entreprises, toutes décisions d'associations d'entreprises » et le « fait pour une ou plusieurs entreprises d'exploiter de façon abusive une position dominante ».[3] Ce constat se vérifie tout autant à la lumière des dispositions du droit dérivé. Le règlement n° 1/2003 du Conseil[4] ne compte pas moins de 129 occurrences pour le terme « entreprise », alors qu'il ne mentionne qu'une seule fois le terme « société ». Le terme « entreprise » est enfin omniprésent dans les actes atypiques de la Commission, en particulier dans ses lignes directrices pour la fixation du montant des amendes de 2006.[5]

---

1 Sur cet échange, voy. R. Mortier, « L'instrumentalisation de la personne morale », in La personnalité morale, Association Henri Capitant, tome XII, journées nationales, La Rochelle, pp. 31 et 32.

2 L. Idot, « La responsabilité pénale des personnes morales : les leçons du droit européen de la concurrence », in G. Giudicelli-Delage et S. Manacorda (dir.), La responsabilité pénale des personnes morales : perspectives européennes et internationales, Association de recherche pénales européennes, Unité mixte de recherche de droit comparé de Paris, Société de législation comparée, vol. 30, 2013, p. 165.

3 Le TFUE fait également référence à des « entreprises » en matières de compétitivité [à l'article 32, sous b), TFUE], de droit d'établissement (à l'article 49, deuxième alinéa, TFUE), de transports (à l'article 96, paragraphe 1, TFUE), d'aides d'État (à l'article 107, paragraphe 1, TFUE), de politique monétaire (aux articles 127, paragraphe 6, TFUE et 132, paragraphe 3, TFUE), de politique sociale [à l'article 153, paragraphe 2, sous b), TFUE], d'industrie (à l'article 173, paragraphe 1, TFUE), de R & D technologique (aux articles 179, paragraphe 2, TFUE et 180 TFUE), de tourisme (à l'article 95, paragraphe 1, TFUE) et de secret professionnel (à l'article 339 TFUE). Ce constat vaut tout autant pour le traité EURATOM, toujours en vigueur, qui ne se réfère jamais à la « société » mais bien à l'« entreprise », que pour le TUE, dont les seules références à la « société » permettent de désigner la « société civile » ou la « société démocratique », mais non la société en tant que personne morale.

4 Règlement (CE) n° 1/2003 du Conseil, du 16 décembre 2002, relatif à la mise en œuvre des règles de concurrence prévues aux articles 81 et 82 du traité, JOCE n° L 1 du 4 janvier 2003, p. 1.

5 Lignes directrices pour le calcul des amendes infligées en application de l'article 23, paragraphe 2, sous a), du règlement (CE) n° 1/2003, JOCE n° C 210 du 8 décembre 2006, p. 2.

3. À l'échelle nationale, les articles L. 420-1 et L. 420-2 du code de commerce prohibent respectivement les comportements qui « tendent à [l]imiter l'accès au marché ou le libre exercice de la concurrence par d'autres entreprises » et « l'exploitation abusive par une entreprise ou un groupe d'entreprises d'une position dominante ». Pour ce qui est des sanctions, l'article L. 464-2 du code de commerce accorde une place tout autant déterminante à l'« entreprise »,[6] à l'égal du communiqué sanctions de l'Autorité de la concurrence.[7]

4. La prédominance du terme « entreprise » s'explique assurément par la nature économique du droit des pratiques anticoncurrentielles. Le terme se retrouve dans d'autres branches du droit de la sphère économique : droit du travail, droit des sociétés et procédures collectives, sans que le législateur l'utilise à chaque fois dans un même sens, ce qui rend ambitieuse toute tentative de définition unitaire de la notion d'entreprise.[8] Ainsi que le faisait observer le doyen Ripert, « réunirait-on tous les textes où l'expression a été employée par le législateur [français], on ne serait pas beaucoup plus avancé pour donner une définition juridique, car le législateur use du mot quand il lui est commode de le faire, sans se soucier de l'employer toujours dans le même sens ».[9]

5. À première vue, la polysémie de l'« entreprise » se retrouve plus largement en droit de la concurrence. Au-delà des règles relatives au droit des pratiques anticoncurrentielles, l'entreprise semble irriguer l'ensemble de la matière. À l'échelle de l'Union, elle s'invite ainsi en droit des aides d'État et en contrôle des concentrations.[10] À l'échelle nationale, l'entreprise apparaît également en contrôle des

---

6 La directive (UE) 2019/1 du Parlement européen et du Conseil du 11 décembre 2018 visant à doter les autorités de concurrence des États membres des moyens de mettre en œuvre plus efficacement les règles de concurrence et à garantir le bon fonctionnement du marché intérieur, JOUE n° L 11 du 14 janvier 2019, p. 3, (ci-après la « directive dite "ECN+" ») a conduit le législateur français à modifier l'article L. 464-2 du code de commerce, en particulier dans la mesure où, au stade de la sanction, toute entité qui était qualifiée d'« organisme » bénéficiait en droit français d'un régime dérogatoire, contraire à la directive (voy. ordonnance n° 2021-649 du 26 mai 2021 relative à la transposition de la directive dite « ECN+ »). Si la référence à l'« organisme sanctionné » persiste, certes à la marge, à l'article L. 464-2, I, troisième alinéa, il n'en va plus de son régime dérogatoire. Sur l'ancienne opposition entre « organisme » et « entreprise », voy., notamment, décision n° 2015-510 QPC du Conseil constitutionnel, du 7 janvier 2016, Association Expert-comptable média association (Sanctions pécuniaires prononcées par l'Autorité). Sur cette décision, voy. N. Catelan, « Le rayonnement de Beccaria ... en droit constitutionnel de la concurrence », Revue française de droit constitutionnel 2016, sept., n° 107, p. 713, et A.-S. Chavent-Leclère, « Constitutionnalité des sanctions pécuniaires en matière anticoncurrentielle », Procédures, 2016, février, n° 2, p. 32.

7 Communiqué de l'Autorité de la concurrence, du 16 mai 2011, relatif à la méthode de détermination des sanctions pécuniaires ainsi que, abrogeant et remplaçant le précédent, communiqué de l'Autorité de la concurrence, du 30 juillet 2021, relatif à la méthode de détermination des sanctions pécuniaires.

8 Voy., à cet égard, G. Cornu, Vocabulaire juridique, Paris, PUF, collection Quadrige, 2018, 12e ed., vo « entreprise », p. 409.

9 G. Ripert, Les aspects juridiques du capitalisme moderne, Paris, LGDJ, 1951, p. 266. Voy., également, J. Hilaire, « Une histoire du concept d'entreprise », Archives de philosophie du droit, 1997, n° 41, pp. 342 et 343 ; J. Rochfeld, Les grandes notions du droit privé, PUF, coll « Thémis », 2011, p. 101, et T. Lamarche, « La notion d'entreprise », RTD com., 2006, n° 4, p. 709 ; cette dernière relève que « la littérature juridique crée parfois l'illusion d'une personne juridique, mais la réalité est toute autre ». Voy., également, s'agissant de la distinction entre « société » et « entreprise », A. Lyon-Caen, « Droit européen de la concurrence et groupe », in B. Goldman et P. Francescakis (dir.), L'entreprise multinationale face au droit, Paris, Librairies techniques, 1977, p. 325.

10 Voy., pour le droit des aides d'État, articles 107 et 108 TFUE. Pour le contrôle des concentrations, voy., à l'échelle de l'Union, règlement (CE) n° 139/2004 du Conseil, du 20 janvier 2004, relatif au contrôle des concentrations entre entreprises, JOCE n° L 24 du 29 janvier 2004, p. 1. À titre d'illustration, le règlement n° 139/2004 contient non moins de 193 occurrences pour le terme « entreprise » et seulement quatre pour le terme « société ».

concentrations et, dans une moindre mesure, dans certaines pratiques restrictives de concurrence.[11]

6. Outre l'omniprésence de l'« entreprise », cette dernière présente une dualité certaine : aux stades, d'une part, de la délimitation du champ d'application des règles de concurrence et, d'autre part, de leur mise en œuvre. Ainsi, pour ce qui est de l'applicabilité du droit des pratiques anticoncurrentielles, l'enjeu a été de soumettre audit droit le plus grand nombre d'entités économiques, sans être lié par les multiples structures juridiques d'exercice dans les différents États d'une activité économique. L'entreprise a ici été identifiée à une entité qui exerce une activité économique, indépendamment de son statut juridique et de son mode de financement.[12] Le contentieux de la responsabilité civile du fait d'une pratique anticoncurrentielle vise tout autant l'entreprise, en droit de l'Union[13] et à l'article L. 481-1 du code de commerce, lequel a transposé en droit interne la directive 2004/104/UE en la matière. Une action en responsabilité ne saurait assurément être envisagée en l'absence d'entreprise, au sens du droit de la concurrence. Le droit des aides d'États et le contrôle des concentrations n'y échappent pas non plus. Le premier ne saurait être appliqué si l'entité bénéficiant d'un avantage étatique sélectif n'est pas une entreprise, à savoir si elle n'exerce pas une activité économique.[14] Le second vise les concentrations entre « entreprises », à savoir entre entités exerçant une activité économique, l'entreprise pouvant être uniquement un élément d'actif et non nécessairement une société.

7. Sans tenir compte du champ de la notion ainsi définie, à savoir la nature économique des activités en cause, désormais balisée en doctrine et dans la jurisprudence,[15] l'acception de la notion d'entreprise soulève toutefois des problématiques qui perdurent, au stade de la mise en œuvre du droit des pratiques anticoncurrentielles.

8. À ce stade, l'entreprise demeure, *de lege lata,* dépourvue de personnalité juridique et, partant, de patrimoine propre.[16] L'entreprise ne saurait dès lors être juridiquement obligée. Certes, à l'échelle de l'Union, les premiers grands arrêts

---

11 Voy., pour les pratiques restrictives de concurrence, articles L. 442-1 à L. 442-8 du code de commerce et, pour le contrôle des concentrations, articles L. 430-1 à L. 430-10 du code de commerce.

12 Voy., en tout premier lieu, CJCE, 23 avril 1991, Höfner et Elser c/ Commission, aff. C-41/90, EU:C:1991:161, point 21, et, plus récemment, CJUE, 3 mars 2011, AG2R c/ Commission, aff. C-437/09, EU:C:2011:112, point 41.

13 Voy., notamment, articles 1 et 2 de la directive 2014/104/UE du Parlement européen et du Conseil, du 26 novembre 2014, relative à certaines règles régissant les actions en dommages et intérêts en droit national pour les infractions aux dispositions du droit de la concurrence des États membres et de l'Union européenne, JOUE n° L 349 du 5 décembre 2014, p. 1.

14 Voy., notamment, Trib. UE, 25 janvier 2018, BSCA c/ Commission, aff. T-818/14, EU:T:2018:33, points 98 à 105 ainsi que la jurisprudence citée.

15 Voy., en particulier, L. Idot, « La notion d'entreprise », Revue des sociétés, 2001, p. 191, et, du même auteur, « La notion d'entreprise en droit de la concurrence, révélateur de l'ordre concurrentiel », in Mélanges en l'honneur d'A. Pirovano, Paris, Frison-Roche, 2003, p. 523. Pour ce qui est des activités non économiques, voy., notamment, CJCE, 17 février 1993, Poucet et Pistre, aff. C-159/91, EU:C:1993:63, et CJCE, 26 mars 2009, SELEX Sistemi Integrati c/ Commission, aff. C-113/07 P, EU:C:2009:191. Voy., pour une synthèse utile sur la notion d'entreprise, au stade de l'applicabilité des règles de concurrence, communication de la Commission relative à la notion d'« aide d'État » visée à l'article 107, paragraphe 1, TFUE, JOUE n° C 162 du 19 juillet 2016, C 162, p. 1, nos 6 à 37.

16 Voy., en particulier, CJCE, 28 juin 2005, Dansk Rørindustri e.a. c/ Commission, aff. C-189/02 P, C-202/02 P, C-205/02 P à C-208/02 P et C-213/02 P, EU:C:2005:408, point 113. Si l'entreprise est le sujet du droit de la concurrence, elle n'en est pas pour autant un sujet de droit.

prononcés à l'aune du traité CECA avaient pu assimiler l'entreprise à une personne morale. Dans des hypothèses contentieuses concernant différentes sociétés appartenant à un groupe, les juges de cette première Communauté assimilaient l'entreprise à une entité dotée de la personnalité juridique ou, à tout le moins, considéraient que l'entreprise était une entité économique « attachée à un sujet juridiquement autonome » et que la création d'une nouvelle société entraînait, *de jure*, la création d'une nouvelle entreprise.[17]

9. Dans les traités successifs, l'entreprise aura été détachée de son *instrumentum*.[18] Sous l'empire du traité CEE, du traité CE et du TFUE, la pratique décisionnelle et juridictionnelle aura progressivement autonomisé la notion d'entreprise : une unité économique ou, dit autrement, une organisation unitaire d'éléments personnels, matériels et immatériels poursuivant de façon durable un but économique.[19] Le même processus d'autonomisation de l'entreprise se retrouve, dans une mesure certes différente, en droit interne des pratiques anticoncurrentielles.[20]

10. Cette évolution aura assurément répondu à des exigences d'effectivité des règles de concurrence : dépasser les apparences juridiques pour appréhender la réalité économique dans le but, notamment, d'engager la responsabilité des sociétés « contrôlantes » au sein d'un groupe ou encore celle d'une société, successeur

---

17 Voy. CJCE, 23 mars 1961, Snupat c/ Haute Autorité, aff. 42/59 et 49/59, EU:C:1961:5, p. 275, et CJCE, 13 juillet 1962, Klöckner-Werke et Hoesch c/ Haute Autorité, aff. 17/61 et 20/61, EU:C:1962:30, p. 646 ainsi que CJCE, 13 juillet 1962, Mannesmann c/ Haute Autorité, 19/61, EU:C:1962:31, pp. 705 et 706. Cette approche visait, dans l'affaire Snupat, à assurer l'effectivité d'une taxe applicable pour les ferrailles d'achat dans le cas où cette opération faisait l'objet d'un transfert au sein d'un groupe intégré localement.

18 En application du traité CEE, voy. CJCE, 14 juillet 1972, Imperial Chemical Industries c/ Commission, 48/69, EU:C:1972:70 ; CJCE, 21 février 1973, Europemballage Corporation et Continental Can c/ Commission, aff. 6/72, EU:C:1973:22, et CJCE, 6 mars 1974, ICI et Commercial Solvents c/ Commission, 6 et 7/73, EU:C:1974:18. En application du traité CE, voy. TPICE, 10 mars 1992, Shell c/ Commission, aff. T-11/89, EU:T:1992:33 ; TPICE, 14 mai 1998, Mö och c/ Commission, aff. T-352/94, EU:T:1998:103 ; TPICE, 20 mars 2002, HFB c/ Commission, aff. T-9/99, EU:T:2002:70, ou encore TPICE, 30 septembre 2003, Michelin c/ Commission, aff. T-203/01, EU:T:2003:250. Enfin, en application du TFUE, voy. CJUE, 20 janvier 2011, General Química c/ Commission, aff. C-90/09 P, EU:C:2011:21, point 35 et jurisprudence citée ; CJUE, 10 avril 2014, Areva e.a. c/ Commission, aff. C-247/11 P, EU:C:2014:257, point 31 et jurisprudence citée, et Trib. UE, 15 juillet 2015, GEA Group c/ Commission, aff. T-45/10, EU:T:2015:507, point 134.

19 Voy. TPICE, 10 mars 1992, Shell c/ Commission, aff. T-11/89, EU:T:1992:33, point 311, et, par après, CJCE, 28 juin 2005, Dansk Rørindustri e.a. c/ Commission, aff. C-189/02 P, C-202/02 P, C-205/02 P à C-208/02 P et C-213/02 P, EU:C:2005:408, point 113, et, plus récemment, Trib. UE, 12 juillet 2018, Goldman Sachs c/ Commission, aff. T-419/14, EU:T:2018:445, point 43.

20 La pratique française révèle en effet une géométrie variable. Avant décembre 2009, dans certaines hypothèses, l'entreprise et la personne morale coïncidaient : voy., en ce sens, cons. conc., déc. n° 99-D-18, du 2 mars 1999, relative à des pratiques relevées dans la distribution des produits de la société Laboratoires 3M Santé, ainsi que aut. conc., déc. n° 09-D-06, du 5 février 2009, relative à des pratiques mises en œuvre par la SNCF et Expedia Inc. dans le secteur de la vente de voyages en ligne, cons. 155 et 156. Dans d'autres hypothèses, l'entreprise et la personne morale ne coïncidaient pas, du moins en théorie : voy., notamment, pour le contentieux des agences locales, Cons. conc., déc. n° 92-0-63 du Conseil de la concurrence relative à des pratiques relevées lors d'un appel d'offres lancé en 1990 par la commune de Venarey-Lès-Laumes, en Côte-d'Or, et, CA Paris, 24 juin 1993, Entreprise industrielle S.A. et Cegelec, ainsi que, sur pourvoi, Cass. com., 3 mai 1995, n° 93-17091. Toutefois, depuis 2009, l'entreprise est clairement détachée de son support juridique : voy., notamment, aut. conc., déc. n° 09-D-36, du 9 décembre 2009, relative à des pratiques mises en œuvre par Orange Caraïbe et France Télécom sur différents marchés de services de communications électroniques dans les départements de la Martinique, de la Guadeloupe et de la Guyane, cons. 411, de même que CA Paris, 28 octobre 2010, Maquet, n° 10.03405 et 19 juillet 2018, Chronopost e.a., n° 16.01270, cons. 644 et 645.

juridique ou économique d'une autre, en cas de restructurations sociétaires.[21] En d'autres termes, en détachant l'entreprise de la personne, physique ou morale, qui constituait son enveloppe juridique, les autorités de concurrence ont été en mesure de mettre en œuvre les règles de concurrence à l'échelle d'un groupe de sociétés, d'un établissement ou d'une simple branche d'activités.[22] En clair, c'est avant tout dans le cadre des groupes de sociétés et de leurs restructurations que la mobilisation de la notion d'entreprise s'avère la plus vérifiable en pratique, mais, aussi, la plus discutable.[23] Les questions soulevées par la mobilisation de la notion d'entreprise auront été toutefois limitées à ce jour à la mise en œuvre du droit des pratiques anticoncurrentielles par les autorités publiques, même si, à terme, les actions en réparation d'un préjudice subi du fait d'une pratique anticoncurrentielle seront susceptibles de renouveler le débat.[24] L'arrêt prononcé récemment par la Cour dans l'affaire *Skanska* l'illustre pleinement et fournit des premiers éléments de réponse aux questions naissantes en matière d'actions en réparation.[25]

---

21 Voy., notamment, pour l'engagement de la responsabilité d'une société mère, CJCE, 10 septembre 2009, Akzo Nobel e.a. c/ Commission, aff. C-97/08 P, EU:C:2009:536, et, pour l'engagement de la responsabilité d'une société "successeur", CJCE, 24 septembre 2009, Erste Bank c/ Commission, aff. C-125/07 P, C-133/07 P, C-135/07 P et C 137/07 P, EU:C:2009:576. Il faut toutefois souligner que la notion d'entreprise a permis en tout premier lieu de justifier la non-application du droit de la concurrence aux accords intra-groupe : voy., en particulier, CJCE, 12 juillet 1984, Hydrotherm c/ Commission, 107/83, EU:C:1984:271.

22 Pour l'appréhension des groupes de sociétés, voy., en particulier, CJCE, 10 septembre 2009, Akzo Nobel c/ Commission, aff. C-97/08 P, EU:C:2009:536 ; d'un établissement, s'agissant d'une problématique propre à la pratique française, voy. Cass. ass. plén., 14 mars 1997, n° 94-15133, et d'une branche d'activité, voy. CJCE, 11 décembre 2007, ETI e.a., aff. C-280/06, EU:C:2007:775.

23 Certes, la notion vise également à appréhender les comportements des salariés et des agents. Toutefois, l'approche de la notion d'entreprise pourrait, dans ces hypothèses, apparaître différente et dépasser le cadre de cette étude. Relevons seulement ici que, pour les salariés, la Cour de justice souligne, dans l'affaire Becu, que ces derniers sont « intégrés [...] dans [les] entreprises [en cause] et form[e]nt ainsi avec chacune d'elles une unité économique » (CJCE, 16 septembre 1999, Becu, aff. C-22/98, EU:C:1999:419, point 26). Pour les agents, le Tribunal précise, dans l'affaire Voestalpine, qu'« il a été jugé que si un intermédiaire exerce une activité au profit de son commettant, il peut en principe être considéré comme organe auxiliaire intégré dans l'entreprise de celui-ci, tenu de suivre les instructions du commettant et formant ainsi avec cette entreprise, à l'instar de l'employé de commerce, une unité économique » (Trib. UE, 15 juillet 2015, Voestalpine c/ Commission, aff. T-418/10, EU:T:2015:516, point 138).

24 L'entreprise peut tout autant être appréciée à l'échelle d'un groupe de sociétés, à plus forte raison lorsque les actions en responsabilité sont exercées à la suite d'une décision d'une autorité de concurrence, laquelle aura, le cas échéant, mobilisé, dans la sphère publique, ladite notion. L'article L. 481-1 du code de commerce préserve toutefois, au titre de la transposition, la dichotomie orthodoxe des personnes et de l'entreprise, en ce qu'il vise la responsabilité de « toute personne physique ou morale appartenant à une entreprise ». L'article L. 481-1 du code de commerce dispose : « [t]oute personne physique ou morale formant une entreprise ou un organisme mentionné à l'article L. 464-2 est responsable du dommage qu'elle a causé du fait de la commission d'une pratique anticoncurrentielle définie aux articles L. 420-1, L. 420-2, L. 420-2-1, L. 420 2-2 et L. 420-5 ainsi qu'aux articles 101 et 102 du traité sur le fonctionnement de l'Union européenne ». Pour une critique du texte de la directive, voy. R. Saint-Esteben « La question de la responsabilité civile des sociétés mères du fait des infractions aux règles de concurrence commises par leurs filiales : la voix du silence », Concurrences, 2014, n° 3, p. 5 ; voy., contra, notamment, M. Behar-Touchais « Le débiteur des dommages et intérêts dus en cas de pratique anticoncurrentielle », Concurrences, 2015, n° 4, p. 84.

25 Les problématiques soulevées par la mobilisation de la notion d'entreprise dans le cadre d'actions en réparation sont assurément nouvelles : voy. CJUE, 14 mars 2019, Vantaan kaupunki, aff. C-724/17, EU:C:2019:204, points 24 à 37. Sur cet arrêt, voy. infra, nos 1199 et 1200. Voy., également, conclusions de l'avocat général M. Pitruzzella présentées le 15 avril 2021 dans l'affaire Sumal, aff. C-882/19, EU:C:2021:293, points 23 à 47.

11. La recherche de l'effectivité des règles de concurrence, par une mobilisation opportune de la notion d'entreprise, aura été tout autant prégnante dans les autres matières relevant de la sphère publique, à savoir en droit des aides d'État et en contrôle des concentrations. L'identification du bénéficiaire d'une aide peut également commander que soit mobilisée la notion d'entreprise pour viser son successeur économique ou d'autres sociétés du groupe ayant bénéficié de l'avantage en cause.[26] En matière de concentrations, l'entreprise ou, plus précisément, l'« entreprise concernée » peut être, en substance, appréciée à l'échelle d'un groupe, notamment aux fins de répartir les compétences des autorités de concurrence sur la base des seuils pertinents de chiffres d'affaires.[27] L'appréhension de l'entreprise à l'échelle d'un groupe peut également avoir une incidence, du moins en droit de l'Union, en cas de non-respect de l'obligation de notification ou de suspension de l'opération, l'amende encourue étant plafonnée à 10 % du chiffre d'affaires de l'« entreprise concernée ».[28]

12. Il n'en reste pas moins que ces différentes branches du droit de la concurrence présentent une différence majeure avec les règles régissant les pratiques anticoncurrentielles. Ces dernières se distinguent de par leur finalité exclusivement répressive, à savoir la condamnation de l'auteur d'une entente ou d'un abus de position dominante, notamment au paiement d'une amende.[29] Autrement dit, la sanction des pratiques anticoncurrentielles vise à punir l'auteur d'une infraction.

13. Aussi les questions de l'auteur de l'infraction, de sa responsabilité et de la sanction qu'il encourt ne sauraient-elles se poser en droit des aides États ou en contrôle des concentrations. Certes, on pourrait, en contrôle des opérations de concentrations, souligner que la répression peut opérer *ex post*, en cas, notamment, de non-respect de l'obligation de de notification ou de suspension.[30] Mais, dans le cadre des

---

26 Voy., notamment, CJUE, 7 mars 2018, SNCF mobilités c/ Commission, aff. C-127/16 P, EU:C:2018:165, point 108 et jurisprudence citée.

27 Sur ce point, voy. lignes directrices de l'Autorité de la concurrence relatives au contrôle des concentrations, points 90 et 91, et communication consolidée sur la compétence de la Commission en vertu du règlement (CE) n° 139/2004 relatif au contrôle des opérations de concentration entre entreprises, rectificatif au JOUE n° C 43 du 21 février 2009, p. 9, cons. 130.

28 Voy. article 14, paragraphe 2, du règlement n° 139/2004. À l'échelle nationale, l'article L. 430-8 du code de commerce prévoit également l'infliction de sanctions pécuniaires lesquelles ne sauraient toutefois excéder 5 % du chiffre d'affaires global d'une « personne morale ».

29 À l'échelle de l'Union, l'amende n'est pas la seule sanction envisageable. Une « entreprise » peut également être condamnée au paiement d'une astreinte, en application de l'article 24 du règlement n° 1/2003. À l'échelle nationale, l'article L. 420-6 du code de commerce prévoit également une amende pénale ainsi qu'une peine d'emprisonnement, pour toute personne physique qui prendrait frauduleusement une part personnelle et déterminante dans la conception, l'organisation ou la mise en œuvre d'une pratique anticoncurrentielle.

30 Les amendes en cas, notamment, de non-respect de l'obligation de notification ou de suspension ou de non-respect des engagements pris aux fins de réaliser l'opération de concentration ne sont toutefois pas des plus fréquentes en pratique, de sorte que, aux fins d'assurer l'homogénéité de cette étude, seule la jurisprudence en matière de pratiques anticoncurrentielles sera prise en compte. Le contentieux des amendes en matière de contrôle des concentrations soulève par ailleurs des problématiques spécifiques : voy., à l'échelle nationale, pour ce qui est de l'identification de la personne morale responsable au sein d'un groupe de sociétés, aut. conc., déc. n° 16-D-24 du 8 novembre 2016 relative à la situation du groupe Altice au regard du II de l'article L. 430-8 du code de commerce, cons. 335 à 340 et la jurisprudence y citée. Il est également, en particulier à l'échelle de l'Union, sujet à des affaires importantes, voy., en particulier, CJUE, 4 mars 2020, Marine Harvest c/ Commission, aff. C-10/18 P, EU:C:2020:149 et le recours introduit le 7 septembre 2018 dans l'affaire T-425/18, Altice Europe c/ Commission, JOUE n° C 341 du 24 septembre 2018, p. 20.

opérations qu'on leur aura notifiées, les autorités compétentes n'agissent pas, avant tout, à des fins répressives. Elles entendent uniquement, par un contrôle *ex ante*, anticiper une distorsion de concurrence que pourrait générer l'opération envisagée. De même, le droit des aides d'État vise uniquement à corriger une distorsion de concurrence induite par l'octroi par une autorité étatique d'une subvention ou d'un avantage fiscal à une entreprise. Au stade de la récupération de l'aide, les juges de l'Union excluent également l'application, *mutatis mutandis,* de leur jurisprudence sur l'entreprise en droit des pratiques anticoncurrentielles.[31] La jurisprudence en matière d'aides d'État se démarque ainsi de celle en matière de pratiques anticoncurrentielles, notamment pour ce qui est des éléments pris en compte pour recourir au principe de la continuité économique aux fins de la récupération d'une aide auprès du successeur économique du bénéficiaire.[32]

14. Or, c'est précisément la finalité répressive du droit des pratiques anticoncurrentielles qui soulève les questions les plus sensibles relativement à la notion d'entreprise. Car l'autonomisation de la notion d'entreprise par rapport à celle de personne, physique ou morale, génère un contentieux surabondant, tant devant les juridictions nationales que devant les juridictions de l'Union. Ce regain d'intérêt s'explique assurément par la question de la conformité de la pratique avec les principes qui gouvernent la matière répressive, mais également par l'existence de contraintes procédurales, en ce que les actes des autorités se doivent nécessairement d'être notifiés à des entités dotées de la personnalité juridique.

15. Une question revient certes avec insistance, à savoir celle de la conformité de la pratique avec le principe de la responsabilité personnelle, lequel gouverne *de lege lata* la matière répressive.[33] Cette question se pose en particulier dans l'hypothèse de l'infraction d'une filiale imputée à sa société mère pour leur appartenance à une même entreprise, au sens du droit de la concurrence. Il faut en convenir, si l'infraction est commise par une filiale, cette dernière doit répondre de son fait personnel. En revanche, il n'en va pas de même, à première vue, pour sa société mère, laquelle n'a, en pratique, pas participé à l'infraction, hormis de manière très indirecte par le seul contrôle exercé sur sa filiale. En l'absence de faute imputée à la société mère résultant d'une participation à l'infraction, l'engagement de sa responsabilité devrait en théorie résulter d'un régime de responsabilité du fait d'autrui. Les mêmes difficultés peuvent être identifiées pour une société ayant

---

[31] Voy., en particulier, CJUE, 16 décembre 2010, AceaElectrabel Produzione c/ Commission, aff. C-480/09 P, EU:C:2010:787, point 66.

[32] Il ressort notamment de la jurisprudence en ce domaine que, « pour apprécier si l'obligation de récupération de l'aide versée à une société en difficulté peut être étendue à une nouvelle société à laquelle cette ancienne société a transféré certains actifs, lorsque ce transfert permet de constater une continuité économique entre les deux sociétés, les éléments suivants peuvent être pris en compte : l'objet du transfert (actifs et passifs, maintien de la force de travail, actifs groupés), le prix du transfert, l'identité des actionnaires ou des propriétaires de l'entreprise repreneuse et de l'entreprise de départ, le moment où le transfert a lieu […] » (Trib. UE, 17 décembre 2015, SNCF c/ Commission, aff. T-242/12, EU:T:2015:1003, point 235, et Trib. UE, 13 septembre 2010, Grèce e.a. c/ Commission, aff. T-415/05, aff. T-416/05 et T-423/05, EU:T:2010:386, point 135).

[33] Voy., notamment, TPICE, 30 septembre 2009, Elf Aquitaine c/ Commission, aff. T-174/05, EU:T:2009:368 ; Trib. UE, 27 septembre 2012, Nynäs Petroleum e.a. c/ Commission, aff. T-347/06, EU:T:2012:480, et Trib. UE, 12 juillet 2018, The Goldman Sachs Group c/ Commission, aff. T-347/06, EU:T:2018:445. Sur ce point, voy., également, B. Bouloc, « Le principe de la responsabilité personnelle est-il en péril en droit de la concurrence ? », DGCCRF, Atelier de la concurrence du 30 mars 2010, imputabilités, sanctions, groupes, p. 15.

acquis, après la commission de l'infraction, des actifs en lien avec cette dernière. La question de la conformité de la pratique décisionnelle et juridictionnelle avec le principe de la responsabilité personnelle se pose tout autant dans cette hypothèse, en particulier lorsque la société auprès de laquelle les actifs ont été acquis a été dissoute avant l'adoption de la décision finale constatant l'infraction.

16. Pour autant, dans chacune de ces hypothèses, la responsabilité personnelle se vérifie, en principe, relativement au comportement de l'entreprise, non de celui des sociétés.[34] Sur un plan théorique, une entreprise, conçue uniquement en tant qu'entité économique, dépourvue de personnalité juridique, ne saurait toutefois, à première vue, être considérée comme l'auteur d'une infraction et se voir imputer une faute du fait de sa participation à cette infraction. Le même constat pourrait être fait s'agissant, non plus de la faute et du principe de responsabilité personnelle, mais de l'infliction d'une amende et du principe de personnalité des peines. À défaut de patrimoine propre, l'entreprise, au sens du droit de la concurrence, ne saurait se voir infliger une amende. Aussi, au stade de la mise en œuvre des règles de concurrence relatives aux pratiques anticoncurrentielles, la notion d'entreprise pourrait-elle ne pas opérer ou, pour le moins, ne pas opérer de manière optimale.

17. Ces hypothèses soulèvent toutes la question de la place des notions d'entreprise et de société en droit des pratiques anticoncurrentielles. À cet égard, il pourrait être considéré que les sociétés, mères ou filiales en cas d'appartenance à un groupe, cessionnaire ou cédante en cas de restructurations sociétaires, apparaissent pour des considérations purement procédurales. Pour mettre en œuvre le droit de la concurrence, les autorités compétentes se doivent nécessairement d'infliger une amende à des entités dotées de la personnalité juridique, sans remettre en cause l'identification de l'auteur de l'infraction : l'entreprise. De manière tout aussi convaincante, il pourrait être considéré que l'entreprise, au sens du droit de la concurrence, n'est qu'un vecteur de responsabilité : les sociétés exploitant l'entreprise pendant l'infraction engagent leur responsabilité personnelle et se voient infliger une amende, chaque société étant auteur de l'infraction. La jurisprudence abonde d'éléments corroborant cette double lecture.[35] Se vérifie manifestement ici la tension ressortant de la volonté d'appréhender la réalité économique et l'effectivité de la sanction sur le plan juridique. Si l'infraction peut être commise par une entreprise, l'amende ne peut être acquittée que par une société.

18. Un détour par le droit pénal permet aisément de corroborer cette toute première appréciation, en ce que ce dernier vise exclusivement les personnes, physique ou morale : l'article L. 121-4 du code pénal définit l'auteur de l'infraction comme « la personne qui 1°) commet les faits incriminés [ou qui] 2°) tente de commettre un crime ou, dans les cas prévus par la loi un délit ». Un détour par le droit pénal se justifie d'autant plus, dans la mesure où, d'une part, le droit des pratiques

---

34 Voy., en particulier, CJUE, 10 avril 2014, Siemens Österreich c/ Commission, aff. C-231/11 P à C-233/11 P, EU:C:2014:256, point 42 et Trib. UE, 12 décembre 2018, Biogaran c/ Commission, aff. T-677/14, EU:T:2018:910, point 218.

35 Pour ce qui concerne la première hypothèse, voy., notamment, CJUE, 10 avril 2014, Siemens Österreich c/ Commission, précité, et, pour ce qui concerne la seconde hypothèse, voy., notamment, Trib. UE, 12 juillet 2018, The Goldman Sachs Group c/ Commission, précité.

anticoncurrentielles, du moins à l'échelle nationale, appartient originellement au droit pénal.[36] D'autre part, si le droit des pratiques anticoncurrentielles ne relève pas, *de lege lata*, du droit pénal, *stricto sensu*, il relève à tout le moins, de par les amendes infligées, de la matière pénale, au sens de l'article 6 de Convention européenne de sauvegarde des droits de l'Homme.[37] Au demeurant, il ressort de la jurisprudence de l'Union que les amendes infligées au titre d'une entente ou d'un abus de position dominante ont un caractère « quasi-pénal »,[38] conduisant notamment les juges contrôlant les décisions des autorités de concurrence à appliquer invariablement des principes de droit pénal.[39]

19. Dans ce contexte répressif, le concept de personnalité se doit assurément d'être manié avec prudence.[40] Cependant, la mise en œuvre des règles de concurrence est, à cet égard, sujette à de singulières concessions. L'absence de personnalité juridique conférée à l'entreprise ne l'empêche nullement d'être auteur d'une infraction et de répondre de son fait « personnel ». Autrement dit, la mise en œuvre du droit de la concurrence s'accommoderait d'un raisonnement fondé sur une fiction : celle de l'assimilation de l'entreprise à une personne ou, plus précisément, celle de la responsabilité personnelle d'une entité, non juridique, mais économique.

20. Or, si le droit peut certes avoir recours à des fictions, il ne saurait dans le même temps en abuser, en particulier lorsque est en jeu le concept de personnalité, au risque de l'instrumentaliser à l'excès. Les controverses doctrinales sur la nature de la personnalité morale l'illustrent à tout le moins, dans la mesure où, *de lege lata*, l'attribution de la personnalité juridique ne procède pas, en principe, d'une

---

36 Voy., initialement, ordonnance n° 45-1483 du 30 juin 1945 relative aux prix, puis ordonnance n° 86-1243 du 1er décembre 1986 relative à la liberté des prix et de la concurrence. Sur le mouvement de « dépénalisation » du droit de la concurrence à l'échelle nationale, voy., notamment, L. Idot, « Réflexions sur l'application de certains principes et notions du droit pénal en droit des pratiques anticoncurrentielles », Concurrences, 2006, n° 2.

37 Voy. Cour EDH, 27 septembre 2011, Menarini Diagnostics c/ Italie, n° 43509/08, point 42. Sur cet arrêt, voy., notamment, T. Bombois, « L'arrêt Menarini c. Italie de la Cour européenne des droits de l'homme. Droit antitrust, champ pénal et contrôle de pleine juridiction », Cahiers de droit européen, 2011, n° 2, pp. 541 à 589. Sur la nature pénale des amendes au sens de la CEDH, voy., en particulier, L. Bernardeau et J.-P. Christienne, Les amendes en droit de la concurrence – Pratique décisionnelle et contrôle juridictionnel, préf. M. Jaeger, avant-propos K. Lenaerts, postface I. Labucka, Larcier, Bruxelles, 2013, p. 500 à 502, nos II-1095 à II-1097.

38 Sur la référence au caractère « quasi-pénal », voy., notamment, Trib. UE, 11 juillet 2014, Sasol e.a. c/ Commission, aff. T-541/08, EU:T:2014:628, point 296. Voy., tout autant, conclusions de l'avocat général Mme Trstenjak présentées le 15 mai 2008 dans l'affaire Archer Daniels Midland c/ Commission, aff. C-510/06 P, EU:C:2008:280, point 49, note en bas de page 20, et celles de l'avocat général Mme Kokott présentées le 18 avril 2013 dans l'affaire Schindler Holding e.a. c/ Commission, aff. C-501/11 P, EU:C:2013:248, points 25, 35 et 153. Par ailleurs, dans la procédure d'avis 2/13 (EU:C:2014:2454), l'avocat général Mme Kokott a considéré que « les sanctions administratives, y compris celles qui sont infligées dans le domaine du droit de la concurrence, relèvent effectivement du champ d'application des garanties de procédure que l'article 6 de la CEDH institue en matière de droit pénal », et que, « [e]n revanche, elles ne font pas partie du "noyau dur" de celui-ci et l'on pourrait même dire qu'elles n'ont qu'un caractère quasi pénal » (prise de position de l'avocat général Mme Kokott présentée le 13 juin 2014 dans la procédure d'avis 2/13, EU:C:2014:2475, point 149).

39 Sur ce point, voy., notamment, L. Bernardeau et E. Thomas, « Principes généraux du droit et contrôle juridictionnel en droit de la concurrence – M. Jourdain : juge pénal ? », Cahiers de droit européen, 2016, p. 385.

40 Voy., sur le concept de personnalité, J. Carbonnier, Droit civil – Vol. I : Introduction – Les personnes – La famille, l'enfant, le couple, Paris, PUF, rééd. des éditions de 1955 et de 1956, 2004, n° 381, p. 745.

fiction.[41] Si, dans un premier temps, la théorie de la fiction a pu être à cette fin avancée, en ce que seule la loi pouvait étendre la qualité de sujet de droit à des sujets artificiellement créés, c'est, dans un second temps, celle de la réalité technique qui aura été privilégiée.[42] Autrement dit, la personnalité morale s'impose davantage au droit que ce dernier ne la consacre. Elle « appartien[t] [...] à tout groupement pourvu d'une possibilité d'expression collective pour la défense d'intérêts licites, dignes, par suite, d'être juridiquement reconnu et protégés ».[43] Au contraire d'une société, et tout comme un groupe de sociétés, l'entreprise, au sens du droit de la concurrence, ne saurait satisfaire à ces conditions.[44]

21. Qui plus est, indépendamment de ces controverses doctrinales, et à considérer la personnalité morale comme procédant exclusivement d'une fiction, cette dernière ne saurait être mise sur le même plan que celle de l'entreprise, au sens du droit de la concurrence. Si la première légitime l'octroi à une société de la personnalité juridique, la seconde vise uniquement, aux fins de préserver l'effet utile des règles de concurrence, à justifier l'engagement de la responsabilité d'une société mère ou de celle d'un successeur économique sans enfreindre le principe de la responsabilité personnelle. L'infraction est en effet l'œuvre de l'entreprise, non des sociétés qui la composent ou qui en constituent le support juridique. Elles ne sauraient d'autant plus être mises sur un même plan en ce que la fiction de la personnalité morale, à la différence de celle de l'entreprise, n'altère pas les catégories juridiques admises : une personne égale un patrimoine.[45] La fiction de l'entreprise, au sens du droit de la concurrence, ne s'imposerait pas ainsi avec suffisamment d'évidence et perturberait la compréhension même du concept de personnalité.

22. En clair, la fiction de l'entreprise apparaitrait exclusivement requise à la lumière de son utilité téléologique : préserver l'effectivité des règles de concurrence. Aussi, en ce que l'entreprise, au sens du droit de la concurrence, est une notion autonome dudit droit, d'aucuns pourraient-ils soutenir qu'elle se doit de s'affranchir d'une lecture restrictive du concept de personnalité, quand bien même la mise en œuvre du droit de la concurrence dans la sphère publique relève de la matière répressive.[46] La fiction opérerait ici pleinement en permettant de rejeter aisément les arguments présentés itérativement par les sociétés mères devant les juridictions de contrôle et tirés de la violation du principe de la responsabilité personnelle.

---

41 Sur les controverses doctrinales, voy., en particulier, Carbonnier, op. cit., nos 376 à 381, pp. 739 à 746.

42 *Id.*

43 Cass. civ., 2e, 28 janvier 1954, n° 54-07081.

44 Voy. Rochfeld, op. cit., p. 101.

45 Comme le relève un auteur, « l'admission de la fiction de la personne morale permet de penser l'autonomie patrimoniale des sociétés sans modifier l'équation une personne (égale) un patrimoine » : voy. F. Rouvière, « Critique des fonctions et de la nature des fictions », in Les fictions en droit – Les artifices du droit : les fictions, Actes du colloque du 20 mai 2014, Anne-Blandine Caire (dir.), LGDJ, 2015, p. 88. Pour ce qui est de l'entreprise, au sens du droit de la concurrence, l'élever au rang d'auteur de l'infraction et engager sa responsabilité personnelle n'est pas sans générer certaines dérives interprétatives, en ce qu'elle ne dispose d'aucun patrimoine propre.

46 Il pourrait d'autant plus en aller ainsi que, au stade de l'applicabilité des règles de concurrence de l'Union, l'entreprise a été interprétée sans tenir compte tant du périmètre que des différentes formes d'exercice dans chaque État membre d'une activité économique. Voy., contra, pour ce qui est de l'utilisation d'une fiction en raison de son utilité politique, Rouvière, précité, p. 92. L'auteur souligne que le recours à une fiction ne saurait être justifié à cette fin. Un résultat identique pourrait être atteint, à condition de définir un concept juridique adéquat.

23. Certes, les questions de responsabilité et de sanctions des pratiques anticoncurrentielles ne sont pas nouvelles en droit de la concurrence. D'autres auteurs s'en sont déjà saisis.[47] Il n'en reste pas moins que, indépendamment des études ponctuelles ayant abordé certaines thématiques approfondies dans la présente thèse,[48] on aura entendu appréhender la notion d'entreprise dans sa dualité, à savoir tant au stade de l'applicabilité des règles de concurrence que celui de leur application, ou ne commenter qu'en partie la jurisprudence à cet endroit. La présente thèse entend se concentrer sur la mobilisation de la notion d'entreprise, au sens du droit de la concurrence, non dans sa dualité, mais au seul stade de la mise en œuvre des règles relatives au droit des pratiques anticoncurrentielles, en portant une attention toute particulière à l'identification de l'auteur de l'infraction et à celle du débiteur de l'amende.

24. Sur ce point, d'aucuns pourront rappeler qu'on a très tôt, à la lumière des premiers arrêts de la Cour en droit des pratiques anticoncurrentielles prononcés dans les années 1970, relevé que « l'entreprise n'[était] pas encore reconnue comme notion entièrement autonome ».[49] Et d'ajouter que « [l'entreprise] n'[était] pas parvenue à se créer une identité suffisante pour s'affirmer comme sujet de droit ». Aussi, au sein d'un groupe de sociétés, « encore privée de personnalité juridique propre, cette "entreprise" d[evait-elle] avoir recours à la personnalité juridique de la société mère qui jou[ait] le rôle de représentant de [cette] entreprise et de responsable du comportement de ses divers composants ».[50] Toutefois, alors qu'on aura pu, par le passé, proposer en doctrine que soit palliée cette difficulté en conférant directement à l'entreprise, au sens du droit de la concurrence, une personnalité juridique,[51] il n'y aura pas lieu, dans la présente étude de se prononcer sur cette thèse, laquelle s'inscrivait clairement dans un mouvement global de personnalisation de la notion d'entreprise.[52]

25. En revanche, l'approfondissement de la question de l'identification de l'auteur de l'infraction et du débiteur de l'amende se justifie pleinement, dans la mesure où elle

---

47 Voy., en particulier, O. Mach, L'entreprise et les groupes de sociétés en droit européen de la concurrence, Études suisses du droit européen, Georg, Genève, préf. P. Lalive, 1974, et L. Arcelin-lecuyer, La notion d'entreprise en droits français et communautaire de la concurrence, préf. M.-D. Hagelsteen, sous coll. « Bibliothèque de droit de l'entreprise », Lexisnexis, 2003.

48 Pour les études ponctuelles sur le sujet, voy., en particulier, Lyon-Caen, « Droit européen de la concurrence et groupe », précité ; Idot, « La responsabilité pénale des personnes morales : les leçons du droit européen de la concurrence », précité, et, du même auteur, « La notion d'entreprise en droit de la concurrence, révélateur de l'ordre concurrentiel », précité ; L. Bernardeau, « Like mother, like daughter, sauf en droit de la concurrence ? », RLC, 2015, 42, p. 74.

49 Mach, op. cit., p. 100. L'ambition ne sera pas non plus ici de réécrire ni de commenter ce qui résulte désormais d'une jurisprudence plus que constante et fermement consolidée.

50 *Ibid. Cette thèse n'est pas sans faire écho à certaines remarques du Doyen Carbonnier qui faisait observer que « [d]ans l'univers du droit, il n'y a pas seulement l'homme, l'individu, la personne physique [...]. Il existe aussi [...] des groupements d'individus [...], voire des groupements de biens, des fondations, qui paraissent s'animer et prendre une vie propre ». Et d'ajouter que « [l]e droit considère ces groupements comme formant chacun une unité, une entité », qui par « un anthropomorphisme instinctif » seront pourvus de la personnalité juridique (J. Carbonnier, Droit civil – Vol. I : Introduction – La famille, l'enfant, le couple, Paris, PUF, rééd. des éditions de 1955 et de 1956, 2004, p. 692, n° 353).*

51 Voy. Mach, op. cit., pp. 209 et 248. L'auteur se prononce pour que l'entreprise soit reconnue comme un « sujet de droit naissant ».

52 Sur le mouvement de « personnalisation » de l'entreprise, voy., plus largement, Hilaire, « Une histoire du concept d'entreprise », précité, pp. 341 à 353.

génère un contentieux surabondant, tant à l'échelle de l'Union qu'à l'échelle nationale. Ainsi, depuis le 1er mai 2004 et l'entrée en vigueur du règlement n° 1/2003, pas moins de 134 affaires auront conduit, au 1er septembre 2018, les juges de l'Union à apprécier en droit des pratiques anticoncurrentielles des arguments tirés d'une violation du principe de la responsabilité personnelle, ce qui révèle d'autant plus l'acuité et la pérennité de cette problématique.

26. *De lege ferenda*, l'acuité se vérifie à l'aune de l'adoption de la directive (UE) 2019/1 du Parlement européen et du Conseil du 11 décembre 2018 visant à doter les autorités de concurrence des États membres des moyens de mettre en œuvre plus efficacement les règles de concurrence et à garantir le bon fonctionnement du marché intérieur, dite « ECN+ ».[53] La Commission y souligne en particulier que la notion d'entreprise, au sens du droit de la concurrence, est d'application variable dans les différents droits nationaux. Elle est d'avis que « plusieurs [autorités nationales de concurrence] ne peuvent pas, aujourd'hui, tenir les sociétés mères pour responsables des infractions commises par les filiales qu'elles contrôlent »[54] et propose d'enjoindre les États membres à veiller à ce que « la notion d'entreprise soit appliquée aux fins d'infliger des amendes aux sociétés mères et aux successeurs juridiques et économiques des entreprises ».[55] La transposition de l'« entreprise », ainsi entendue, dans les ordres juridiques internes des États membres de l'Union, renforce, d'autant plus, l'opportunité de remettre l'analyse de cette notion sur le métier.

27. À cet effet, les dispositions internes de transposition compléteront, dans des proportions à vérifier, la réception – au sens comparatiste du terme – de la notion d'entreprise, laquelle aura, du point de vue du droit de l'Union, tardé en droits français et allemand des pratiques anticoncurrentielles. Il faut ici en effet souligner que la réception de la notion aura suscité certaines résistances, notamment en France,[56] et, dans une plus grande mesure, en Allemagne.[57] Il aura en effet fallu attendre une réforme de la loi sur la concurrence en mai 2017 pour réceptionner

---

53 Voy. directive dite « ECN+ », précitée. Voy., également, communiqué de presse du 14 janvier 2019 de l'Autorité de la concurrence.

54 *Ibid., cons. 31.*

55 *Id.*

56 En droit français de la concurrence, la réception entière de la notion d'entreprise n'est intervenue qu'à la faveur d'une décision de l'Autorité de la concurrence prononcée en 2009 : voy. aut. conc., déc. n° 09-D-36, du 9 décembre 2009, relative à des pratiques mises en œuvre par Orange Caraïbe et France Télécom sur différents marchés de services de communications électroniques dans les départements de la Martinique, de la Guadeloupe et de la Guyane, cons. 411. Voy., antérieurement, rapport annuel du Conseil de la concurrence pour l'année 2001. Le Conseil y précisait que la notion d'entreprise peut renvoyer à tous opérateurs économiques « qui disposent d'une autonomie suffisante pour décider de commettre ou de participer à la mise en œuvre d'une pratique anticoncurrentielle ». Voy., plus récemment, aut. conc., déc. n° 16-D-14, du 23 juin 2016, relative à des pratiques mises en œuvre dans le secteur du zinc laminé et des produits ouvrés en zinc destinés au bâtiment, cons. 923, et CA Paris, 29 mars 2012, Lacroix Signalisation e.a., n° 2011/01228, p. 18, et CA Paris, 19 mai 2016, Mobilitas, n° 14/25803, p. 6.

57 Voy., en particulier, H. Brettel et S. Thomas, « Unternehmensbussgeld, Bestimmtheitsgrundsatz und Schuldprinzip im novellierten deutsche Kartellrecht », Zeitschrift für Wettbewerbsrecht, 2009, p. 25, et K. Ost, « Aufsichtspflichten im Konzern und die 8. GWB-Novelle », NZkart, 2013, n° 1, p. 25, ainsi que S. Thomas, « Guilty of a Fault that one has not Committed. The Limits of the Group-Based Sanction Policy Carried out by the Commission and the European Courts in EU-Antitrust Law », Journal of European Competition Law and Practice, 2012, vol. 1, n° 3, p. 16.

la notion d'entreprise en droit allemand.[58] Antérieurement, la pratique outre-Rhin ne connaissait pas la notion d'entreprise, telle qu'interprétée par les juges de l'Union, et seules comptaient les personnes physiques ou morales. À la différence de la pratique décisionnelle à l'échelle de l'Union, le Bundeskartellamt (autorité allemande de la concurrence) n'envisageait la responsabilité d'une société mère pour le comportement infractionnel de sa filiale que sur le fondement d'une faute commise de la première dans la surveillance de la seconde.[59]

28. Au surplus, la notion d'entreprise, au sens du droit de la concurrence, s'insère dans les débats toujours croissants sur la répartition des responsabilités au sein d'un groupe de sociétés ou, plus généralement, sur les relations de dépendance entre sociétés.[60] C'est par le prisme de la notion d'entreprise que les autorités de concurrence sont en effet en mesure de cibler – de manière effective – les sociétés à la tête d'un groupe, dans l'hypothèse où l'infraction a été commise par l'une de ses filiales. Dans ce contexte, la question a été posée de savoir si la notion d'entreprise, au sens du droit de la concurrence, pourrait s'avérer un « modèle à suivre », en d'autres branches du droit, « pour quiconque souhaiterait instaurer un principe de responsabilité au sein d'un groupe de sociétés », que l'on se situe dans un cadre répressif ou non.[61]

29. Cette question pourrait notamment se poser en droit des sociétés, où le principe de l'autonomie des personnes morales demeure essentiel. Une société mère, en sa qualité d'associée, ne saurait être confondue avec sa filiale, et inversement.[62] Aussi la société mère ne saurait-elle, en principe, être tenue des engagements de sa filiale par le simple fait qu'elle en détient le contrôle. Assurément, certaines situations peuvent toutefois justifier la confusion des patrimoines de la société mère et de sa filiale, notamment dans l'hypothèse d'une procédure collective.[63]

---

[58] L'article 81, paragraphe 3, sous a) GWB dispose désormais que « (3a) [h]at jemand als Leitungsperson eine Ordnungswidrigkeit begangen, durch die Pflichten, welche das Unternehmen treffen, verletzt worden sind, so kann auch gegen weitere juristische Personen oder Personenvereinigungen, die das Unternehmen zum Zeitpunkt der Begehung der Ordnungswidrigkeit gebildet haben und die auf die juristische Person oder Personenvereinigung, deren Leitungsperson die Ordnungswidrigkeit begangen hat, unmittelbar oder mittelbar einen bestimmenden Einfluss ausgeübt haben, eine Geldbuße festgesetzt werden » [« [s]i un organe d'une société viole les obligations qui incombent à cette dernière, une amende peut être infligée à toute personne juridique ou association de personne, qui formaient pendant l'infraction avec l'auteur direct une même entreprise, et qui, de manière directe ou indirecte, ont exercé une influence déterminante sur l'auteur direct de l'infraction » (traduction libre)].

[59] Voy., notamment, K. Ost, « Aufsichtspflichten im Konzern und die 8. GWB-Novelle », NZkart, 2013, n° 1, et L. Aberle, Sanktionsdurchgriff und wirtschaftliche Einheit im deutschen und europäischen Kartellsanktionsrecht, Carl Heymans Verlag, 2013.

[60] Voy., en particulier, A. Danis-Fatôme et L. Sinopoli (dir.), « Indépendance juridique versus dépendance économique », Actes du colloque de l'Université Paris Nanterre du 8 décembre 2016, Cahiers de droit de l'entreprise, n° 5, septembre-octobre 2017, p. 21.

[61] E. Claudel, « Responsabilité au sein des groupes en droit de la concurrence », Cahiers de droit de l'entreprise, 2017, n° 5, p. 27.

[62] Voy., notamment, A. Magnan et K. Bousset, « La responsabilité des sociétés mères du fait de leurs filiales : état des lieux en droit des sociétés », Journal des sociétés, octobre 2017, n° 156, p. 14. Voy., également, Rochfeld, op. cit., p. 104.

[63] Voy., notamment, M. Cozian, A. Viandier, F. Deboissy, Droit des sociétés, Lexisnexis, 30e éd., 2017, p. 828. Voy., également, A. de Mauléon et C. Schumacher, « Responsabilité des sociétés mères à l'égard de sa filiale en difficulté : anticiper les risques en amont d'une défaillance ultérieure », Journal des sociétés, octobre 2017, n° 156, p. 36.

Il en va ainsi des situations où, d'une part, en sa qualité de dirigeant de fait, une société mère s'est vue imputer une faute de gestion, et, d'autre part, sur le fondement de la théorie de l'immixtion et de l'apparence, une société mère a été tenue responsable pour les actes de sa filiale.[64] Il n'en reste pas moins que ces situations demeurent en pratique exceptionnelles, en raison des conditions strictes auxquelles la mise en œuvre de ces mécanismes demeure soumise.

30. Les mêmes difficultés peuvent être identifiées en droit du travail, lorsqu'un salarié d'une filiale souhaite agir contre une société mère pour exiger de cette dernière l'exécution d'une obligation sociale à la charge de la filiale. La jurisprudence y aura certes répondu par l'affirmative dans des hypothèses de « coemploi ». Toutefois, outre le « coemploi » juridique, c'est le « coemploi » économique qui retient davantage l'attention, puisqu'il s'attache aux relations entre une filiale et sa société mère. À cette fin, est recherchée une confusion d'intérêt, d'activité et de direction entre les deux sociétés. Toutefois, la Cour de cassation apprécie de manière restrictive cette triple condition, en particulier celle tenant à la confusion de direction.[65]

31. Ce débat aura tout autant été prégnant en droit de la responsabilité, notamment dans le cadre de l'adoption de la loi sur le devoir de vigilance des sociétés mères et des entreprises donneuses d'ordre.[66] Le législateur aura toutefois opté, dans cette loi de mars 2017, pour une approche qui requiert la preuve du manquement de la société mère à son obligation de vigilance, ce qui, selon certains auteurs, illustre la difficulté d'envisager en droit de la responsabilité civile une responsabilité objective du fait d'autrui fondée sur la seule dépendance économique d'une filiale.[67]

32. En droit des pratiques anticoncurrentielles, s'essayer à répondre à ces questions requiert une analyse de la pratique décisionnelle et de la jurisprudence, pour délimiter, de manière empirique, la place qu'occupent les notions d'entreprise et de société. Cela implique de s'attacher à de nombreuses décisions de la Commission, placées sous le contrôle des juges de l'Union, à savoir du Tribunal de l'Union et,

---

64 Sur la théorie de l'immixtion et de l'apparence, voy. P.-Y. Gautier, « Déloyauté, immixtion et apparence : le mandat face au groupe de sociétés », RTD civ., 2007, p. 145, et, du même auteur, « Où la Cour de cassation rétrécit anormalement le concept d'immixtion dans les groupes de sociétés », RTD civ., 2012, p. 546.

65 Voy., en particulier, Cass. soc., 6 juillet 2016, n° 14-27.266 (affaire Continental). La Cour de cassation juge que « ne suffit pas à caractériser une situation de coemploi le fait que la politique du groupe déterminée par la société mère a une incidence sur l'activité économique et sociale de sa filiale que cette société a pris dans le cadre de cette politique des décisions affectant le devenir de sa filiale et s'est en outre engagée à garantir l'exécution des obligations de cette dernière liées à la fermeture du site et à la suppression des emplois ». En matière de licenciement économique, la Cour de cassation admet toutefois la possibilité d'apprécier le motif économique du licenciement à la lumière de la santé financière du groupe (Cass. soc., 1er février 2011, nos 10-30045 e.a. et Cass. soc., 6 juillet 2016, précité). Sur ce point, voy. Rochfeld, op. cit., p. 107.

66 Loi n° 2017-399 du 27 mars 2017 relative au devoir de vigilance des sociétés mères et des entreprises donneuses d'ordre (JORF 28 mars 2017, n° 74). Voy. article L. 225-102-4 du code de commerce.

67 G. Viney, « L'influence souhaitable sur l'attribution des responsabilités des relations de dépendance entre sociétés », Cahiers de droit de l'entreprise, 2017, n° 5, p. 46. Voy. Également, sur le défaut d'extension de l'arrêt Blieck à la situation d'un état de dépendance économique, G. Viney, P. Jourdain et S. Carval, Traité de droit civil, Les conditions de la responsabilité, LGDJ, 4e éd., 2013, n° 789-25. Cette question demeure épineuse en droit de la responsabilité, ce qu'illustre la non-prise en compte par le législateur des propositions issues des projets de réforme du droit des obligations Catala et Terré. Ces derniers avaient en effet proposé, dans des termes certes différents, que soit instauré en droit français un régime de responsabilité des sociétés mères pour le fait de leurs filiales (voy. article 1355 de l'avant-projet Catala et article 7 du projet Terré).

sur pourvoi, de la Cour de justice, mais également de décisions de l'Autorité de la concurrence, soumises au contrôle de la Cour d'appel de Paris sous l'autorité de la Cour de cassation. Certaines décisions mériteront assurément une attention plus particulière, notamment celles prononcées à l'échelle nationale depuis la « modernisation » du droit de la concurrence avec l'entrée en vigueur du règlement n° 1/2003, en vertu duquel les autorités nationales de concurrence sont tenues d'appliquer simultanément les dispositions issues du droit de la concurrence de l'Union et celles du droit national en cas d'affectation du commerce entre États membres. Ce cadre d'analyse permettra aussi de mesurer certaines divergences internes dans l'interprétation de la notion d'entreprise, en particulier dans la pratique allemande.

33. Autrement dit, la coexistence des notions d'entreprise et de société soulève des questions propres au stade de la mise en œuvre des règles de concurrence, principalement pour ce qui est de la personne qui peut et doit répondre de l'infraction. Il en va particulièrement ainsi lorsque l'« entreprise » ne coïncide pas avec une « société », ce qui est plus que vérifiable dans la pratique. C'est là, d'une part, la question de l'auteur de l'infraction. Une fois la responsabilité établie, des questions plus saillantes émergent quant au sujet qui se voit imputer et doit s'acquitter de l'amende : une « entreprise » ou une « société ». Au surplus, la délimitation des notions d'entreprise et de société soulève des questions de plus en plus complexes pour ce qui est des éléments pris en compte pour la fixation du montant des amendes.[68] C'est là, d'autre part, la question du débiteur de l'amende. Aux fins des présentes variations et puisque, en droit, on « manie parfois des fictions, mais dans le domaine de la responsabilité et des sanctions, il faut être mesuré et juste »,[69] les notions d'entreprise et de société seront étudiées par un double éclairage : l'auteur de l'infraction (partie 1) et le débiteur de l'amende (partie 2).

---

68 Sur les éléments pris en compte pour la fixation du montant des amendes, voy., à l'échelle de l'Union, lignes directrices de la Commission de 2006 et, à l'échelle nationale, communiqué sanctions de 2011 et de 2021.

69 Bouloc, « Le principe de la responsabilité personnelle est-il en péril en droit de la concurrence ? », précité, p. 19.

PARTIE I

L'AUTEUR DE L'INFRACTION

34. Au risque de verser dans la périphrase, voire dans la tautologie, d'aucuns pourraient affirmer que l'auteur d'une infraction est celui qui la commet. Une telle affirmation ne saurait être contestée lorsque l'infraction est l'œuvre d'une seule personne physique ou morale. Elle pourrait toutefois s'avérer restrictive, sinon incomplète, dans la mesure où elle fait abstraction de la pluralité de sujets, lorsque des bras agissent sous l'ordre d'autres têtes. Dans ce contexte, une conception extensive de la notion d'auteur permettrait de considérer comme tel le coauteur, le complice ou toute personne qui y a été – notamment économiquement – associée. Une conception restrictive, en revanche, imposerait de distinguer, d'une part, l'auteur principal et ses coauteurs et, d'autre part, les auteurs secondaires, indirects ou par ricochet ascendants.

35. En droit pénal, une distinction existe, en théorie, entre l'auteur « matériel » d'une infraction, c'est-à-dire celui qui commet les éléments matériels de l'infraction (e.g. celui qui soustrait frauduleusement la chose d'autrui dans l'hypothèse d'un vol) et l'auteur « intellectuel », celui qui va provoquer la commission de l'infraction, comme dans l'hypothèse d'une complicité par instigation.[70] À titre d'illustration, en matière de pollution environnementale, le propriétaire ou l'exploitant d'un navire est pénalement sanctionné pour avoir incité le capitaine du navire à rejeter des hydrocarbures en mer.[71] Toutefois, la notion d'auteur « intellectuel » ne saurait, selon une doctrine autorisée, se confondre avec celle d'auteur « médiat » laquelle vise le comportement d'une personne « dont la volonté est orientée selon son propre plan délictueux, contrôle et dirige le comportement de la personne utilisée pour commettre l'infraction, instaurant un rapport hiérarchique ». En d'autres termes, la personne qui agirait sous le contrôle d'un auteur « médiat » n'aurait pas conscience de son acte au contraire de la personne agissant sous les ordres d'un auteur « intellectuel ».[72]

36. Pour ce qui concerne le droit de la concurrence, ce dernier constitue un droit répressif, voire quasi-pénal, selon la formule consacrée, notamment devant les juridictions de l'Union lorsqu'il est mis en œuvre par les autorités publiques.[73] Pour autant, la notion d'auteur ne s'avère pas si plurielle qu'elle peut l'être en droit pénal.

37. Les protagonistes d'une infraction en droits des pratiques anticoncurrentielles sont, en règle générale des sociétés – personnes morales –, qui, par l'intermédiaire de leurs représentants, soit participent formellement aux réunions en vue de s'entendre avec d'autres sociétés, afin, par exemple, de fixer les prix ou de se répartir des marchés, soit abusent de leur position dominante sur un marché déterminé.[74]

---

70 Voy. J. Pradel, Droit pénal comparé, Dalloz, coll. « Précis », 5é éd., 2012, p. 127.

71 Voy. article L. 218-23 du code de l'environnement.

72 Voy. Pradel, op. cit., p. 128.

73 Voy. supra, n° 18. Voy., plus récemment, Trib. UE, 16 décembre 2015, Air Canada c/ Commission, aff. T-9/11, EU:T:2015:994, point 33 et Trib. UE, 16 décembre 2015, aff. T-46/11, Deutsche Lufthansa e.a. c/ Commission, EU:T:2015:987, point 34. Sur ce débat, voy., enfin, Bernardeau et Thomas, « Principes généraux du droit et contrôle juridictionnel en droit de la concurrence – M. Jourdain : juge pénal ? », précité, p. 385 et L. Bernardeau, « Motivation, droit pénal et protection juridictionnelle devant les juges de l'Union : une, autre, "bouche de la loi" ? », Revue des affaires européennes, 2015, p. 803.

74 Si cette étude se limite certes à une infraction commise par une société, appartenant à un groupe, une infraction au droit de la concurrence peut également être commise par un salarié, un agent voire un prestataire de service, ainsi qu'il ressort des pratiques décisionnelle et juridictionnelle : voy. supra, n° 10.

38. Et ces sociétés sont rarement « orphelines », du moins à la lumière de la pratique décisionnelle de la Commission. Elles appartiennent la plupart du temps à une grande « famille », composée de sociétés mères et/ou grand-mères, en d'autres termes des sociétés qui appartiennent à un groupe, plus ou moins important – verticalement et horizontalement. En charge d'un ou de plusieurs secteurs d'activité, les sociétés opèrent dans le périmètre de leurs activités, le plus souvent sous le contrôle d'autres sociétés, détenant une partie, voire la totalité, de leur capital social, ce qui n'est pas sans incidence en termes d'imputabilité et d'imputation de pratiques anticoncurrentielles. Eu égard à l'ingéniosité relative des sociétés pour échapper aux règles de concurrence, il ne saurait être exclu que des sociétés décident de créer des filiales *ad hoc*, faibles économiquement, pour participer directement à une infraction, dont elles profiteraient indirectement des bénéfices. Aussi, pour lutter contre de telles pratiques, est-il recherché non seulement la responsabilité de la filiale, mais aussi celle d'autres sociétés du groupe, cette pratique permettant à la Commission et aux autorités nationales de la concurrence de frapper fort et juste en ciblant le "véritable responsable" de l'infraction.

39. Par ailleurs, si l'appartenance à une grande « famille » – de sociétés – présente de nombreuses implications en droits de la concurrence, en pratique, ces familles – de sociétés – sont le plus souvent des familles « recomposées ».[75] Dans la plupart des contentieux, les sociétés qui ont participé à l'infraction appartiennent rarement, à l'issue de cette dernière, au même groupe, en raison de cessions ou de transferts d'activités ayant eu lieu durant ou après l'infraction, ou bien avant la date de la décision de la Commission ou d'autorités nationales de concurrence ou bien encore avant que les juges ne statuent, en première instance ou sur pourvoi. Ces hypothèses, loin d'être marginales, de restructurations sociétaires, soulèvent avec une grande acuité la question de savoir sur qui pèse la responsabilité des comportements infractionnels et multiplient d'autant plus le nombre des protagonistes potentiels d'une infraction.

40. Il n'en reste pas moins qu'aucune distinction n'est faite en pratique entre un auteur « matériel » et un auteur « intellectuel », voire, encore moins, entre un auteur « principal » et un auteur « secondaire ».[76] Seule compterait l'identification de l'entreprise, au sens du droit de la concurrence, dans la mesure où ledit droit vise seulement le comportement d'« entreprises » et non le comportement de « sociétés » et, d'autant moins, le comportement d'une société mère qui aurait influé sur le comportement infractionnel de sa filiale. En clair, l'entreprise, au sens du droit de la concurrence, serait celle commettant l'infraction, et ce, même dans l'hypothèse d'une entreprise, au sens du droit de la concurrence, composée de plusieurs sociétés.

---

75 L. Bernardeau, « Ave Curia : debitores in solidum te salutant ! (premiers commentaires de l'arrêt Siemens) », RLC, 2014, n° 40, p. 120.

76 Voy. CJUE, 22 octobre 2015, AC-Treuhand c/ Commission, aff. C-194/14 P, EU:C:2015:717, ainsi que conclusions de l'avocat général M. Wahl présentées le 21 mai 2015 dans l'affaire AC-Treuhand c/ Commission, aff. C-194/14 P, EU:C:2015:350, point 4. Pour l'incidence de l'affaire AC-Treuhand sur la qualification d'un facilitateur en tant qu'« entreprise », au sens de l'article 101 TFUE, voy., en particulier, L. Bernardeau, « L'avocat général M. Nils Wahl exclut qu'un "facilitateur" puisse constituer une "entreprise" au sens de l'article 101 TFUE et être sanctionné à ce titre », Concurrences, 2015, n° 3, p. 67.

41. Si l'entreprise, au sens du droit de la concurrence, est celle commettant l'infraction – à supposer qu'une entité dépourvue de personnalité juridique puisse en commettre – la question se pose tout autant de savoir si elle doit, dans le même temps, être considérée comme son auteur. La réponse à cette question ne s'impose pas avec évidence, car, en principe, seul l'auteur de l'infraction a vocation à répondre de cette dernière, à savoir à répondre de son fait personnel. Or, en l'absence de personnalité juridique, l'entreprise, au sens du droit de la concurrence, ne saurait être juridiquement obligée. Aussi, alternativement, la question pourrait-elle se résumer à celle de savoir si, en appartenant ou en exploitant une même entreprise, les protagonistes d'une infraction peuvent et/ou doivent être considérés comme des auteurs. Si tel est le cas, c'est non plus la question de l'identité de l'auteur de l'infraction qui se pose, mais davantage celle des fondements des responsabilités de la filiale et de sa société mère.

42. Assurément, les réponses qui seront apportées à ces questions ne sont pas dénuées d'enjeux. Par le prisme de la notion d'entreprise, au sens du droit de la concurrence, la mise en œuvre des droits de la concurrence demeure en effet des plus effectives tant dans le contexte d'une infraction commise par une filiale appartenant à un groupe de sociétés (titre 1) que d'une infraction commise par une société appartenant à un groupe ayant fait l'objet d'une restructuration (titre 2).

TITRE I

LA RESPONSABILITÉ AU SEIN D'UN GROUPE DE SOCIÉTÉS

43. Alimentant de manière récurrente des débats au sein de la communauté des juristes, l'appréhension des groupes de sociétés par le droit demeure un objectif constant. Cet objectif se justifie, dans la mesure où les groupes de sociétés se sont rapidement révélés, sur le plan économique, comme étant des acteurs incontournables de la vie des affaires. Pour pouvoir opérer plus efficacement notamment sur la scène européenne ou internationale, il demeure en effet opportun de constituer ou de rejoindre un tel groupe. Que l'on pense, en France et par ordre alphabétique, aux groupes Areva, Arkema, Bouygues, Danone, Lafarge, Michelin, Orange, Sanofi, TF1, Total, Vinci et, au-delà de – mais également dans – l'hexagone, aux groupes Akzo, Amazon, Bayer, Google, Intel, Microsoft, Shell, Siemens, pour n'évoquer que les moins inconnus du grand public. Sur le plan juridique également, les groupes de sociétés ont été la source de problématiques nouvelles. Sur ce point, nombreux sont les juristes à s'être intéressés aux diverses oppositions qui caractérisent les groupes de sociétés. Oppositions, dans la mesure où à l'unité apparente du groupe s'oppose la pluralité des sociétés le composant ; où à l'absence de personnalité juridique du groupe s'oppose celle conférée à ses sociétés.

44. À cet égard, si Clémenceau avait été concurrentialiste, il n'aurait certainement pas hésité à dire que, tout comme en politique, la libre concurrence implique que « tout le monde peut faire des erreurs et les imputer à autrui ».[77] Les groupes de sociétés n'y échappent pas. L'idée de rendre une société mère responsable de l'infraction commise matériellement par sa filiale pourrait ainsi amplement se justifier.[78] Il faut bien en convenir, dans de nombreux groupes de sociétés, les filiales ne sont que des divisions, des structures dépourvues de tout réel pouvoir de décision, conçues pour répartir les opérations, les patrimoines ainsi que les risques. Comme le souligne un auteur, à la situation de droit caractérisée par l'indépendance juridique (très relative) des différentes sociétés composant le groupe s'oppose le plus souvent une situation de fait démontrant une convergence (quasi-absolue), des intérêts (quand ce n'est pas l'existence d'un intérêt unique) et la centralisation des pouvoirs de décision.[79] Ainsi, s'il était permis de paraphraser le doyen Carbonnier, présentant la

---

[77] G. Clemenceau, Au soir de la pensée, éd. Plon, 1927.

[78] Pour une analyse de l'opportunité de la sanction des sociétés mères pour le comportement infractionnel d'une filiale, voy., notamment, C. Koenig, « An economic analysis of the single economic entity doctrine in EU competition law », Journal of Competition Law & Economics, june 2017, pp. 281 à 327.

[79] Voy. B. Fages, « La réforme de la responsabilité du fait d'autrui et le sort réservé aux sociétés mères », Revue des contrats, janvier 2007, n° 1, p. 115.

responsabilité des parents du fait de leurs enfants mineurs, il pourrait être affirmé que, pour « des [infractions] causés par les [filiales], il est bon que des [sociétés mères] soient responsables ». Et d'ajouter que « c[elles]-ci seront ainsi incités à exercer une surveillance qui pourra empêcher les [infractions] ».[80]

45. Ce constat n'est pas nouveau, particulièrement en droit de la concurrence de l'Union. Dès ses premiers grands arrêts prononcés en cette matière dans les années 1970, notamment dans les affaires *ICI*,[81] *Continental Can*[82] et *Commercial Solvents*,[83] les juges de l'Union ont entendu appréhender la réalité économique et juridique des groupes de sociétés. Si, dans les affaires *ICI* et *Continental Can*, ces derniers ont validé la pratique de la Commission visant à tirer les conséquences de l'influence qu'exerçait la société mère sur sa filiale en imputant uniquement à la première l'infraction de la seconde, ces derniers ont privilégié, en substance, dans l'affaire *Commercial Solvents*, une approche différente, en personnifiant clairement les groupes de sociétés ou à tout le moins un sous-ensemble de ces derniers par le biais d'une interprétation finaliste du terme « entreprise ».[84] L'appréhension du groupe de sociétés par le prisme de l'entreprise est ainsi devenue la raison, sinon un fondement, en application de laquelle, en droit de la concurrence de l'Union et si certaines conditions sont réunies, une infraction commise par une société peut être imputée à une autre société.

46. L'appréhension des groupes de sociétés a été facilitée par, d'une part, l'autonomisation de la notion d'entreprise par rapport à celle de société et, d'autre part, par l'identification de l'entreprise, au sens du droit de la concurrence, avec l'unité économique, que sont susceptibles de former, schématiquement, la filiale et sa société mère. Autrement dit, en se référant au comportement d'une « entreprise », la Commission a été en mesure de porter opportunément une infraction au compte de plusieurs sociétés, composant une même unité économique, sans se soucier de l'absence de dispositions expresses prévoyant un régime de responsabilité pour autrui.

47. Dans ce contexte, une réflexion devra être menée s'agissant, tout d'abord, de l'imputabilité de l'infraction (chapitre 1). La question se posera, en substance, des conditions en application desquelles deux sociétés peuvent appartenir à une même entreprise, au sens du droit de la concurrence de l'Union. Cette réflexion conduira à s'interroger sur la question de l'imputation de l'infraction, à savoir de l'engagement, non plus putatif, mais effectif de la responsabilité pour la participation de la filiale à une infraction.[85] Si l'imputabilité de l'infraction est une condition de son imputation, cette dernière n'est pas nécessairement une conséquence directe de la première (chapitre 2).

---

80 J. Carbonnier, Droit civil – Vol. II : Les biens – Les obligations, Paris, PUF, rééd. des éditions de 1955 et de 1956, 2004, n° 1152, p. 2320.

81 Voy. CJCE, 14 juillet 1972, Imperial Chemical Industries/Commission, 48/69, EU:C:1972:70.

82 Voy. CJCE, 21 février 1973, Europemballage Corporation et Continental Can c/ Commission, aff. 6/72, EU:C:1973:22.

83 Voy. CJCE, 6 mars 1974, Istituto Chemioterapico Italiano c/ Commission, aff. jointes 6 et 7/73, EU:C:1974:18.

84 Sur ce point, voy., notamment, Lyon-Caen, « Droit européen de la concurrence et groupe », précité.

85 Si l'imputabilité désigne la possibilité de formuler un grief à l'encontre d'un sujet de droit, la formulation même de ce grief relève quant à lui non de l'imputabilité, mais de l'imputation : voy., en ce sens et par analogie en droit pénal français, B. Bouloc, Droit pénal général, Dalloz, coll. « Précis », 25e éd., 2017, p. 348.

48. Enfin, la réception de la jurisprudence des juges de l'Union à l'échelle nationale devra être vérifiée (chapitre 3). Cette pratique amorcée par la Commission à l'échelle de l'Union, avec l'aval des juges de l'Union, a été progressivement réceptionnée à l'échelle nationale, notamment en France, pour ce qui concerne la pratique décisionnelle de l'Autorité de la concurrence et, plus récemment, en Allemagne, à la faveur d'une réforme du droit allemand de la concurrence.[86] À cet égard, si les régimes tendent certes à s'uniformiser, il n'en reste pas moins que la coexistence, antérieurement à la réception de la jurisprudence des juges de l'Union, de différents régimes juridiques poursuivant tous une même finalité, à savoir l'imputation du comportement infractionnel d'une filiale à sa société mère, mérite une attention particulière.

86 Voy., notamment, T. Weck et P. Rummel, « Allemagne : les changements apportés à la loi contre les restrictions à la concurrence par la neuvième loi additionnelle », Concurrences, 2017, n° 2, p. 208.

Chapitre 1
L'imputabilité de l'infraction

49. D'emblée, la notion d'imputabilité ne saurait être confondue avec la notion de responsabilité. La responsabilité est la conséquence juridique de la participation à une infraction ; elle consiste, en droit pénal, en « l'obligation de répondre de ses actes délictueux et en cas de condamnation d'exécuter la sanction [...] prévue pour cette infraction ».[87] En d'autres termes, en l'absence d'imputabilité, il ne saurait y avoir de responsabilité.[88]

50. Si le terme « imputabilité » désigne « le caractère de ce qui peut être mis au compte d'une personne »,[89] deux aspects dudit terme se doivent également d'être préalablement précisés. Un aspect subjectif, lequel renvoie à l'imputabilité d'« une faute, en ce que [la personne concernée doit jouir] d'une volonté libre et consciente » et un aspect objectif, lequel renvoie, plus généralement, à l'imputabilité « d'un fait à sa charge, en ce que ce fait provient bien de sa part et non d'une cause étrangère ».[90] L'aspect subjectif est propre au domaine de la responsabilité pénale et, auparavant, au domaine de la responsabilité civile. Dans cette acception, l'imputabilité correspond à un état, une qualification du sujet lui-même, en application de laquelle une faute peut lui être imputée.[91] L'aspect objectif, en revanche, se retrouve notamment dans le domaine de la responsabilité administrative, lequel s'attache uniquement, « sans connotation subjective »,[92] à rattacher un fait générateur de responsabilité à une administration ou à une personne.[93] Le doyen Carbonnier, lequel faisait pour sa part remarquer que « [le terme « imputabilité »], qui n'appartient pas au langage de la loi, mais de la doctrine, n'est pas exempt d'obscurité ». Et d'ajouter qu'il en

---

87 Bouloc, op. cit., p. 348.

88 On aura pu relever une contradiction dans la jurisprudence des juges de l'Union en droit de la concurrence, en ce que ces derniers font trop souvent référence à « l'imputation de la responsabilité » d'une filiale à sa société mère. Voy., ex multis, CJCE, 10 septembre 2009, Akzo Nobel e.a. c/ Commission, C-97/08 P, EU:C:2009:536, point 59 ; CJUE, 20 janvier 2011, General Química e.a. c/ Commission, C-90/09 P, EU:C:2011:21, point 38 ; CJUE, 11 juillet 2013, Commission c/ Stichting Administratiekantoor Portielje, C-440/11 P, EU:C:2013:514, point 42 et CJUE, 16 juin 2016, Evonik Degussa et AlzChem c/ Commission, C-155/14 P, EU:C:2016:446, point 27 ainsi que la jurisprudence citée. Cette mention est assurément impropre, en ce qu'il ne saurait être porté au compte d'une société la responsabilité d'une autre.

89 Voy. Cornu, op. cit., vo « Imputabilité », p. 528.

90 *Ibid. Pour rappel, « imputer », du latin imputare, signifie « porter au compte », c'est-à-dire, faire grief ou attribuer à quelqu'un un acte à lui reprocher. Relevons, à cet égard, que la notion d'imputabilité en allemand (« Zurechenbarkeit ») et en anglais (« accountability ») d'une infraction vise également à identifier son auteur.*

91 Comme le fait notamment observer M. Bouloc, en cas de troubles psychiques ou de contraintes, il ne saurait y avoir d'imputabilité (articles L. 122-1 et L. 122-2 du code pénal).

92 Voy. F. Rousseau, L'imputation dans la responsabilité pénale, préf. J.-C Saint-Pau, coll. « Nouvelle bibliothèque des thèses », Dalloz, 2009, pp. 10 et 11.

93 *Ibid.*

va ainsi pour ce terme qui « englob[e] tout ce qui contribue à désigner l'auteur du dommage », c'est-à-dire le « sujet imputable ».[94]

51. En droit de la concurrence de l'Union, dans l'hypothèse de la participation d'une société d'un groupe à une infraction, la formulation de griefs par les autorités de concurrence à la filiale ou à sa société mère soulève des problématiques de difficultés inégales.

52. Pour ce qui concerne la formulation d'un grief à l'encontre de la filiale, l'imputabilité de l'infraction ne soulève aucune difficulté, dans la mesure où, abstraction faite de la notion d'entreprise, c'est par l'intermédiaire de ses dirigeants ou de ses employés que la filiale participe directement à l'infraction. Sur ce point, le droit de la concurrence de l'Union ne se différencie pas du droit pénal, en ce que ce dernier admet également la possibilité de formuler un grief à l'encontre d'une société,[95] sauf éventuellement à identifier, *de lege ferenda*, à la lumière d'une acception subjective de la notion d'imputabilité, l'absence de cause de non-imputabilité de l'infraction, en particulier lorsque la filiale n'agit pas de manière autonome sur le marché.[96]

53. En revanche, pour ce qui concerne la formulation d'un grief à l'encontre de la société mère, l'imputabilité de l'infraction ne s'impose pas avec la même évidence, en particulier en l'absence, premièrement, de dispositions expresses en ce sens – les dispositions pertinentes ne visant que le terme « entreprise »[97] –, deuxièmement, d'un défaut de participation directe à l'infraction ou, troisièmement, de la connaissance de la participation de sa filiale à l'infraction. Ces aspects, tout comme celui de la personnalité juridique distincte de la filiale,[98] demeurent

---

94 Carbonnier, op. cit., pp. 2497 à 2501, n° 1142.

95 Si la thèse contraire a longtemps prévalu en droit pénal, ce dernier prévoit désormais, aux termes de l'article L. 121-4 du code pénal, que les personnes morales sont responsables pénalement – certes indirectement – des infractions commises pour leur compte, par leurs organes et représentants. En droit allemand, en revanche, il ne saurait y avoir de responsabilité pénale des personnes morales. Le droit allemand est fondé sur le principe de la culpabilité (« Schuldprinzip » ou « Schuldgrundsatz »), principe à valeur constitutionnelle, selon lequel une personne – physique – ne doit répondre que de sa faute personnelle : voy. S. Thomas, « Guilty of a Fault that one has not Committed. The Limits of the Group-Based Sanction Policy Carried out by the Commission and the European Courts in EU-Antitrust Law », Journal of European Competition Law and Practice, 2012, vol.1, n° 3, p. 16.

96 Il peut être observé qu'initialement le Conseil puis l'Autorité de la concurrence considéraient qu'un comportement infractionnel ne pouvait être imputable qu'à la société du groupe qui détenait le pouvoir décisionnel. En d'autres termes, seule la société mère ou seule la filiale devaient répondre de l'infraction (voy., à titre d'illustration, pour une imputabilité de l'infraction à la filiale seulement, décisions de l'Autorité de la concurrence n° 06-D-09 du 11 avril 2006 relative à des pratiques mises en œuvre dans le secteur de la fabrication des portes et, pour une imputabilité à la société mère seulement, et n° 09-D-06 du 5 février 2009 relative à des pratiques mises en œuvre par la SNCF et Expedia Inc. dans le secteur de la vente de voyages en ligne).

97 Si les textes d'incrimination des comportements infractionnels au droit de la concurrence ne prévoient pas expressément l'hypothèse de l'imputabilité d'un comportement infractionnel d'une filiale à sa société mère, cette possibilité demeure, en droit de la concurrence de l'Union, de par une interprétation téléologique et fonctionnelle de la notion d'entreprise (voy., notamment, A. Lyon-Caen, « Droit européen de la concurrence et groupe », précité, nos 388 et s.).

98 La Cour a, dès ses premiers arrêts, précisé que « [l]e fait qu'une filiale dispose d'une personnalité juridique distincte de celle des autres sociétés d'un groupe, à commencer par la société mère, ne suffit pas à écarter la responsabilité de cette dernière » (voy. CJCE, 14 juillet 1972, Imperial Chemical Industries c/ Commission, 48/69, EU:C:1972:70, point 132). Cette solution est constante devant les juges de l'Union (pour une illustration récente, voy., notamment, Trib. UE, 13 septembre 2013, Total c/ Commission, aff. T-548/08, EU:T:2013:434,

toutefois indifférents, comme le souligne le Tribunal dans l'affaire *Fuji Electric*.[99] Seule importe la preuve du contrôle exercé par la société mère sur sa filiale pendant l'infraction. Dans ce contexte, le droit de la concurrence se distingue assurément du droit pénal, en ce que ce dernier ne reconnaît nullement la possibilité de formuler un grief à l'encontre d'une société mère pour le comportement infractionnel de sa filiale.[100]

54. À cette fin, la preuve du contrôle requiert la réunion de deux conditions. La Commission se doit de démontrer que la société mère est en mesure d'exercer une influence déterminante sur sa filiale (section 1) et qu'elle a exercé ce pouvoir de manière effective (section 2). Ces deux conditions rappelées, l'étude de l'imputabilité de l'infraction soulève des questions saillantes pour ce qui est de ses fondements (section 3).

Section 1
L'exercice potentiel d'une influence déterminante

55. Pour que deux sociétés appartiennent à une même entreprise, au sens du droit de la concurrence, l'une doit être en situation de dépendance par rapport à l'autre. Autrement dit, la question se pose de savoir comment se matérialise en droit de la concurrence de l'Union cette situation de dépendance. Cette question fait assurément écho à la notion de groupes de sociétés,[101] puisque l'imputabilité du comportement infractionnel se pose principalement dans des rapports entre sociétés mère et filiales.[102]

56. Si la question de la preuve de l'exercice potentiel d'une influence déterminante invite à identifier, à la lumière de la pratique, les hypothèses dans lesquelles une

---

point 26). En d'autres termes, la personnalité juridique distincte de la filiale ne saurait constituer un gage du comportement économique autonome de la filiale sur le marché.

99 Il en découle a fortiori que l'imputabilité du comportement de la filiale à la société mère n'implique pas « une relation d'instigation relative à l'infraction entre la société mère et sa filiale ni, à plus forte raison, une implication de la société mère dans ladite infraction » (voy. Trib. UE, 12 juillet 2011, Fuji Electric c/ Commission, aff. T-132/07, EU:T:2011:344, point 196 ; voy., antérieurement, TPICE, 12 avril 2009, Itochu c/ Commission, aff. T-12/03, EU:T:2009:130, point 58, et TPICE, 12 décembre 2007, Akzo Nobel c/ Commission, aff. T-112/05, EU:T:2007:381, point 58. Voy., également, Bernardeau et Christienne, op. cit., pp. 605 et 606, n° II.1194).

100 En l'absence de dispositions précises visant le dirigeant de fait, une société mère ne saurait être responsable pénalement des agissements de sa filiale : « la seule détention du capital n'est pas un motif de participation au délit » (Bouloc, op. cit., p. 300).

101 Selon M. Merle, « le groupe de sociétés peut être défini comme un ensemble de sociétés, qui, tout en conservant leur existence juridique propre, se trouvent liées les unes aux autres, de sorte que l'une d'elles, la société mère, qui tient les autres sous sa dépendance, en fait ou en droit, exerce un contrôle sur l'ensemble des sociétés dominés et fait prévaloir une unité de décision » (P. Merle, A. Fauchon, Droit commercial. Sociétés commerciales, Précis, Dalloz, 2017, n° 757, p. 851).

102 Il y a lieu d'observer que les groupes de sociétés ne sont rarement composés que de deux sociétés, de sorte que cette question pourrait se poser également dans le cadre de relations indirectes entre plusieurs sociétés. Aussi une société située à la tête d'un groupe pourrait-elle exercer, certes de manière indirecte, une influence déterminante sur une filiale.

telle capacité d'exercice a été constatée (§1), il faut souligner que cette condition demeure insuffisante pour déterminer le périmètre de l'entreprise, au sens du droit de la concurrence (§2).

§ 1. La preuve de l'exercice potentiel de l'influence déterminante

57. En droit de la concurrence de l'Union, la charge de la preuve repose, en principe, sur la Commission. Il lui incombe, d'une part, de rapporter la preuve des éléments constitutifs de l'infraction.[103] Aux termes de l'article 2 du règlement n° 1/2003, « dans toutes les procédures nationales et communautaires d'application des articles [101] et [102] du traité [FUE], la charge de la preuve d'une violation de l'article [101], paragraphe 1 ou de l'article [102] du traité incombe à la partie ou à l'autorité qui l'allègue ». Il en va logiquement pour l'identification des personnes ou des entités économiques devant répondre de cette infraction. Cette charge de la preuve se comprend en droit de la concurrence, dans la mesure où, comme en matière pénale, il incombe à l'autorité chargée des poursuites d'établir l'ensemble des éléments constitutifs d'une infraction.

58. S'agissant de l'administration de la preuve, le principe est, en droit de la concurrence de l'Union, celui de la liberté de la preuve.[104] À ce sujet, la Cour énonce que, pour la preuve d'une infraction aux articles 101 TFUE et 102 TFUE, « le principe qui prévaut en droit [de l'Union] est celui de la libre administration des preuves. Le seul critère pertinent pour apprécier les preuves produites réside dans leur crédibilité ».[105] Si ces conditions concernent la preuve de l'infraction, elles s'appliquent *mutatis mutandis* à la preuve de l'exercice potentiel d'une influence déterminante de la société mère sur sa filiale.[106] En d'autres termes, la Commission n'est pas limitée dans les moyens de preuve à sa disposition pour démontrer qu'une société mère est en mesure d'exercer une influence déterminante sur sa filiale.

59. Ces considérations rappelées, il y a lieu d'observer que la notion de contrôle en droit des pratiques anticoncurrentielles ne fait l'objet d'aucune définition par le législateur de l'Union. Ni les articles 101 TFUE et 102 TFUE, ni le règlement n° 1/2003, ni les textes de droits dérivées n'envisagent précisément la question du contrôle d'une société mère sur sa filiale. En revanche, le règlement n° 139/2004,

---

103 Sur la preuve en droit de la concurrence de l'Union, voy. K. Lenaerts, « Réflexions sur la preuve et sur la procédure en droit communautaire de la concurrence », Liber amicorum en l'honneur de Bo Vesterdorf, Bruylant, 2007, pp. 475 à 509. Voy., également, CJCE, 7 janvier 2004, Aalborgs Portland e.a. c/ Commission, aff. C-204/00 P, C-205/00 P, C-211/00 P, C-213/00 P, C-217/00 P et C-219/00 P, EU:C:2004:6, points 78 et 79.

104 Pour une confirmation par le Tribunal, voy., notamment, TPICE, 14 décembre 2005, General Electric c/ Commission, aff. T-210/01, EU:T:2005:456, point 297. Voy., également, Lenaerts, « Réflexions sur la preuve et sur la procédure en droit communautaire de la concurrence », précité, nos 8 et suivants.

105 CJUE, 25 janvier 2007, Salzgitter Mannesmann c/ Commission, aff. C-411/04 P, EU:C:2007:54, point 45, et CJUE, 25 janvier 2007, Dalmine c/ Commission, aff. C-407/04 P, EU:C:2007:53, point 49.

106 Voy., pour une hypothèse où la Commission n'a pas démontré l'exercice conjoint d'une influence déterminante et, partant, l'imputabilité du comportement infractionnel aux sociétés mères, Trib. UE, 11 juillet 2014, RWE et RWE Dea c/ Commission, T-543/08, EU:T:2014:627, points 100 à 108.

relatif au contrôle des concentrations entre entreprises, définit clairement le contrôle comme « découl[ant] des droits, contrats ou autres moyens qui confèrent, seuls ou conjointement et compte tenu des circonstances de fait ou de droit, la possibilité [seulement] d'exercer une influence déterminante sur l'activité d'une entreprise [...] ».[107]

60. La question demeure celle des mécanismes qui confèrent en pratique à une société le pouvoir d'en contrôler une autre. Aussi le droit des sociétés constitue-t-il une base de réflexion importante pour répondre à cette question, puisque cette première condition mobilise notamment la notion de groupe de sociétés. La Commission puis les juges de l'Union s'en sont sensiblement inspirés : il est itérativement rappelé que la preuve de la capacité pour une société d'exercer une influence déterminante sur une autre société requiert d'analyser des liens juridiques, économiques et organisationnels unissant les deux sociétés concernées.[108]

61. Pour ce qui concerne le droit de l'Union des pratiques anticoncurrentielles, certains enseignements peuvent être tirés de la notion d'« entreprises liées », que l'on retrouve dans les différentes communications sur les affaires d'importance mineure et dans les différentes versions des règlements d'exemption par catégorie. S'agissant de cette notion, certes discutable, – « sociétés liées » eut été une dénomination plus heureuse –, la Commission souligne que sont des « entreprises liées » des sociétés, parties à un accord, qui détiennent, notamment, directement ou indirectement, plus de la moitié des droits de votes, qui ont la possibilité de désigner les membres des organes de direction ou le droit de gérer les affaires d'autres sociétés.[109]

62. Pour rechercher si une société mère est en mesure d'exercer une influence déterminante sur sa filiale, la nature des rapports unissant ces deux sociétés doit être étudiée, à savoir la participation de l'une dans le capital de l'autre de même que la nature des droits de votes détenus ou bien encore la possibilité de désigner les membres d'un conseil d'administration. En pratique, l'appréhension de cette première condition diffère fondamentalement selon la structure

---

107 Voy. article 3, paragraphe 2, alinéa 1, du règlement n° 139/2004. La simple potentialité d'exercer une influence déterminante sur l'activité d'une société permet de considérer, en matière de contrôle des concentrations, qu'une société dispose du contrôle sur une autre. Sur ce point, voy. Lyon-Caen, précité, n° 362.

108 Voy., notamment, CJUE, 11 juillet 2013, Commission c/ Stichting Administratiekantoor Portielje, aff. C-440/11 P, EU:C:2013:514, point 38 et la jurisprudence citée et CJUE, 24 juin 2015, Fresh Del Monte Produce c/ Commission et Commission c/ Fresh Del Monte Produce, aff. C-293/13 P, EU:C:2015:416, point 75.

109 Voy., notamment, communication de la Commission du 30 août 2014 concernant les accords d'importance mineure qui ne restreignent pas sensiblement le jeu de la concurrence au sens de l'article 101, paragraphe 1, du traité sur le fonctionnement de l'Union européenne (communication de minimis), JOUE n° C 294 du 30 août 2014, p. 1. Voy., également, communication de la Commission, du 27 mai 1970, concernant les accords d'importance mineure qui ne sont pas visés par les dispositions de l'article 85 paragraphe 1 du traité instituant la CEE, JOCEE n° C 64 du 2 juin 1970, p. 1. S'agissant de la notion d'« entreprise liée » dans les règlements d'exemption, voy. article 11 du règlement (CE) n° 2790/1999 de la Commission, du 22 décembre 1999, concernant l'application de l'article 81, paragraphe 3, du traité à des catégories d'accords verticaux et de pratiques concertée, JOCE n° L 336 du 29 décembre 1999, p. 21, et articles 1er, paragraphe 2, du règlement (UE) n° 330/2010 de la Commission du 20 avril 2010 concernant l'application de l'article 101, paragraphe 3, du traité sur le fonctionnement de l'Union européenne à des catégories d'accords verticaux et de pratiques concertées, JOUE n° C 102 du 23 avril 2010, p. 1.

capitalistique des sociétés en cause.[110] Quatre hypothèses peuvent être dégagées à la lumière de la pratique : la participation majoritaire dans le capital d'une société (A), la participation conjointe (B), la participation minoritaire (C) et la participation indirecte (D).

A. La participation majoritaire au capital de la filiale

63. L'hypothèse sous examen est celle d'une détention par la société mère de plus de la moitié du capital social de sa filiale. Dans ce contexte, la société mère détient – sauf exceptions ou dispositions contraires dans les statuts – la majorité des droits de vote au sein des instances dirigeantes de sa filiale.[111]

64. La capacité pour une société mère d'exercer une influence déterminante sur sa filiale lorsqu'elle détient la totalité du capital social de cette dernière ne saurait être contestée. Il en va de même dans l'hypothèse d'une détention majoritaire du capital social de la filiale. Ainsi, dans son arrêt *Imperial Chemical Industries*, relatif au cartel des matières colorantes, la Cour relève qu'il était « notoire que la requérante détenait à l'époque la totalité ou, en tout cas, la majorité du capital [des] filiales ».[112] La Cour en déduit logiquement que cette dernière était en mesure d'exercer une influence déterminante sur ses filiales. À cet égard, la détention d'une majorité au capital social de la filiale est généralement celle qui sera susceptible de permettre à la société mère d'exercer effectivement une influence déterminante sur sa filiale et, en particulier, sur le comportement de cette dernière sur le marché.[113]

65. Par ailleurs, dans l'hypothèse où la participation est légèrement supérieure à la majorité, comme dans l'affaire *Commercial Solvents*, d'autres éléments confirmant l'exercice potentiel d'une influence déterminante peuvent être apportés au soutien de cette démonstration. Dans cette affaire, la Cour s'appuie également sur le fait que, « au sein du comité exécutif et du conseil d'administration d[e la filiale], les représentants de [la société mère] détiennent 50 % des sièges, le président du Conseil, qui a voix prépondérante en cas de partage des voix au sein du Conseil, étant un représentant de [la société mère] ».[114] Ce sont là des éléments importants pour démontrer l'exercice potentiel d'une influence déterminante.[115] Toutefois, si la possibilité d'exercer une influence déterminante par une détention de la majorité, voire de la totalité, du capital d'une filiale ne soulève que peu de difficultés en pratique, l'hypothèse de la détention conjointe du capital d'une filiale par deux sociétés mères est plus prégnante.

---

110 Voy. Bernardeau et Christienne, op. cit, n° II.1195.

111 S'agissant des droits de vote, voy., en particulier, Trib. UE, 12 juillet 2018, The Goldman Sachs Group c/ Commission, aff. T-347/06, EU:T:2018:445, point 51, et CJUE, 27 janvier 2021, The Goldman Sachs Group c/ Commission, aff. C-595/18 P, EU:C:2021:73, points 32 à 36.

112 CJCE, 14 juillet 1972, Imperial Chemical Industries c/ Commission, 48/69, EU:C:1972:70, point 136

113 Voy., notamment, Trib. UE, 12 juillet 2011, Fuji Electric c/ Commission, T-132/07, EU:T:2011:344, points 179 à 184, et du 9 septembre 2015, Toshiba c/ Commission, T-104/13, EU:T:2015:610, points 95 à 97.

114 CJCE, 6 mars 1974, ICI et Commercial Solvents c/ Commission, aff. 6 et 7/73, EU:C:1974:18, point 6. Sur ce point, voy., également, L. Idot, th. précitée, p. 341.

115 Sur la question du contrôle dans les groupes de sociétés, voy., notamment, Paillusseau, « La notion de groupe de sociétés et d'entreprises en droit des activités économiques », précité, p. 2346.

B. La participation conjointe au capital de la filiale

66. La détention majoritaire du capital social est, en principe, le meilleur moyen de contrôler une société. En revanche, en pratique, encore faut-il que les droits de vote correspondant soient proportionnels à la détention du capital social. Il n'est pas exclu qu'une société détenant la majorité du capital social devienne minoritaire pour ce qui concerne les droits de vote, à supposer que d'autres associés soient titulaires, par exemple, de droits de vote double. Dans l'hypothèse d'une détention conjointe, une des sociétés pourrait avoir certaines difficultés pour être en mesure d'exercer – seule – une influence déterminante sur la filiale commune. Chaque société dispose de 50 % du capital, de sorte que, en principe, il ne saurait être considéré qu'une de ces sociétés soit seule en mesure d'exercer une influence déterminante.

67. En droit de la concurrence, le contrôle peut toutefois être conjoint, c'est-à-dire exercé en commun par deux sociétés. Comme le relève le Tribunal dans l'affaire *Dow Chemicals* et *EI DuPont de Nemours*, « [i]l ressort de l'article 3, paragraphe 3, du règlement n° 4064/89 (devenu l'article 3, paragraphe 2, du règlement n° 139/2004) que la notion de contrôle doit être comprise comme la possibilité d'exercer une influence déterminante sur l'activité d'une entreprise, découlant de droits, de contrats ou de tout autre moyen »[116] et de préciser clairement qu'« [i]l y a contrôle en commun lorsque deux ou plusieurs entreprises ou personnes ont la possibilité d'exercer une influence déterminante sur une autre entreprise. Par influence déterminante, [il convient d'entendre] habituellement le pouvoir de bloquer les décisions qui déterminent la stratégie commerciale d'une entreprise. Contrairement au contrôle exclusif qui accorde à un actionnaire donné le pouvoir de déterminer les décisions stratégiques d'une entreprise, le contrôle en commun se caractérise par la naissance possible d'une situation de blocage liée au fait que deux ou plusieurs sociétés mères ont le pouvoir de rejeter les décisions stratégiques proposées. Ces actionnaires doivent donc nécessairement s'entendre sur la politique commerciale de l'entreprise commune et sont appelés à collaborer. À l'instar du contrôle exclusif, le contrôle en commun peut être établi sur la base de circonstances de droit ou de fait. Il y a contrôle en commun lorsque les actionnaires (sociétés mères) doivent s'entendre sur les grandes décisions concernant l'entreprise contrôlée (l'entreprise commune) ».[117]

C. La participation minoritaire au capital d'une société

68. La possibilité pour une société d'exercer une influence déterminante sur une autre dans l'hypothèse où elle ne détient qu'une participation minoritaire du capital social n'appelle pas, en pratique, de réponse nette. Le Tribunal a certes

---

[116] Trib. UE, 2 février 2012, Dow Chemical c/ Commission, T-77/08, EU:T:2012:47, point 84 et EI du Pont de Nemours e.a. c/ Commission, T-76/08, EU:T:2012:46, point 69. Pour une confirmation par la Cour, voy. CJUE, 26 septembre 2013, The Dow Chemical Company c/ Commission, C-179/12 P, EU:C:2013:605, points 56 à 58.

[117] Trib. UE, 2 février 2012, Dow Chemical c/ Commission, précité, point 85, et EI du Pont de Nemours e.a. c/ Commission, précité, point 70. Voy., pour une hypothèse où la Commission n'a pas démontré l'exercice d'un contrôle conjoint par deux sociétés mères, Trib. UE, 11 juillet 2014, RWE et RWE Dea c/ Commission, T-543/08, EU:T:2014:627, points 100 à 108.

déjà pu relever, dans l'affaire *Tréfileurope*, que « lorsque le contrôle effectivement exercé par une société mère sur sa filiale, dont elle détient 25,001 % du capital social, correspond à une participation minoritaire, très éloignée de la majorité, il ne peut être considéré que la société mère et sa filiale appartiennent à un même groupe, à l'intérieur duquel elles constitueraient une unité économique ».[118]

69. Toutefois, il ne saurait être uniquement question d'un pourcentage de détention du capital de la filiale. Ainsi que le précise le Tribunal dans les affaires *Fuji Electric* et *Toshiba*, une « participation minoritaire peut permettre à une société mère d'exercer [...] une influence déterminante sur le comportement de sa filiale sur le marché, si elle est assortie de droits qui excèdent ceux qui sont normalement consentis à des actionnaires minoritaires afin de protéger leurs intérêts financiers et qui, examinés selon la méthode du faisceau d'indices convergents, de nature juridique ou économique, sont de nature à démontrer qu'une influence déterminante est exercée sur le comportement de la filiale sur le marché. La preuve de l'exercice effectif d'une influence déterminante peut ainsi être rapportée par la Commission grâce à un faisceau d'indices, même si chacun de ces indices pris isolément n'a pas un caractère suffisamment probant ».[119]

70. À titre l'illustration, dans l'affaire *Toshiba,* la Commission, puis les juges de l'Union, ont considéré que deux sociétés qui détenaient, l'une 35,5 % et l'autre 64,5 %, du capital d'une même filiale, pouvaient être toutes les deux en mesure d'exercer une influence déterminante sur cette dernière.[120] L'intérêt de cette affaire porte avant tout sur le fait que le Tribunal ne s'est pas limité à la participation de chaque société dans le capital social, mais s'est concentré sur les droits de votes y afférents. Dans la mesure où la requérante disposait notamment d'un droit de véto sur les décisions stratégiques, de droits de votes spéciaux relativement aux résolutions spéciales de l'assemblée des actionnaires portant notamment sur les questions relatives à l'émission de nouvelles actions ainsi

---

118 Voy. TPICE, 6 avril 1995, Tréfileurope c/ Commission, T-141/89, EU:T:1995:62, point 129 et Trib. UE, 12 juillet 2011, Fuji Electric c. Commission, T-132/07, EU:T:2011:344, point 182, et la jurisprudence citée.

119 Trib. UE, 9 septembre 2015, Toshiba c/ Commission, T-104/13, EU:T:2015:610, points 96 à 98 ; Trib. UE, 12 juillet 2011, Fuji Electric c. Commission, T-132/07, EU:T:2011:344, point 183 ; CJUE, 19 juillet 2012, Alliance One International et Standard Commercial Tobacco c/ Commission, C-628/10 P et C-14/11 P, EU:C:2012:479, point 101 ; CJUE, 16 décembre 2010, AceaElectrabel Produzione c/ Commission, C-480/09 P, EU:C:2010:787, point 64. Voy., également, conclusions de l'avocat général Mme Kokott présentées dans les affaires jointes C 628/10 P et C 14/11 P, précitées, « il convient de tenir compte des liens de dépendance non seulement juridiques mais également matériels qui existent entre les sociétés d'un groupe » (point 153). « La structure juridique propre à un groupe de sociétés qui se caractérise par la présence de plus d'une personne juridique se trouvant au sommet de ce groupe n'est pas déterminante lorsque cette structure ne reflète pas le fonctionnement effectif et l'organisation réelle dudit groupe » (eod. loc.), ce qui a pour conséquence qu'une « filiale, qui se trouve de jure sous le contrôle conjoint de plusieurs de ses actionnaires, peut, de facto, être exposée à l'influence déterminante d'une seule société mère concernant sa politique commerciale et son comportement sur le marché » (point 154). Et l'avocat général de conclure ainsi : « [i]l n'existe alors de véritable unité économique qu'entre ladite société mère et cette filiale, ce qui leur donne l'apparence d'une entreprise unique au sens du droit de la concurrence et les rend toutes les deux conjointement responsables d'éventuelles infractions au droit des ententes ».

120 Trib. UE, Toshiba c/ Commission, précité, point 4.

que sur la distribution de dividendes ou encore avait nommé quatre directeurs sur les dix qui composaient le conseil d'administration de la filiale, elle était en mesure d'exercer une influence déterminante sur la filiale. Cette conclusion est également partagée par la Cour sur pourvoi. Celle-ci souligne que « [...] le fait qu'une société mère peut interdire à sa filiale de prendre des décisions [...] constitue, comme l'a jugé le Tribunal, un *indice de la capacité d'exercer une influence déterminante* sur ladite filiale, et ce indépendamment du marché pertinent. [...] » et ajoute que « [...] le détenteur d'un droit de veto sur certaines décisions d'une entreprise doit nécessairement être consulté avant l'adoption de décisions qu'il serait susceptible de bloquer et marquer son accord avec ces décisions ».[121]

D. La participation indirecte au capital social

71. Si les hypothèses dans lesquelles une société n'est pas en mesure d'exercer une influence déterminante demeurent théoriquement limitées, les juges de l'Union ont également étendu l'application des hypothèses précédentes aux rapports indirects entre sociétés. Autrement dit, la possibilité d'exercer une influence déterminante ne se vérifie pas uniquement dans le chef d'une société mère mais également dans le chef d'une société holding ou faitière.

72. Cette possibilité a été validée à plusieurs reprises par les juges de l'Union[122], en particulier dans l'arrêt prononcé dans l'affaire *General Quimca,* dans lequel la Cour précise que le fait qu'une société soit interposée n'est pas un obstacle au contrôle d'une filiale. Selon la Cour, « il ne saurait dès lors être exclu qu'une société holding puisse être tenue pour solidairement responsable pour les infractions au droit de la concurrence de l'Union commises par une filiale de son groupe dont elle ne détient pas directement le capital social, pour autant que cette société holding exerce une influence déterminante sur ladite filiale, et cela même indirectement par le biais d'une société interposée ».[123] Il en ira précisément ainsi « lorsque la filiale ne détermine pas de façon autonome son comportement sur le marché par rapport à cette société interposée, laquelle n'agit pas non plus de façon autonome sur le marché, mais applique pour l'essentiel les instructions qui lui sont données par la société holding ».[124]

73. Une fois la preuve de la possibilité d'exercer une influence déterminante rapportée, la Commission se devra de démontrer, concrètement, l'exercice effectif de cette influence déterminante. Il ne suffit pas d'être en mesure de contrôler une filiale, encore faut-il l'avoir, dans les faits, contrôlée.

---

121 CJUE, 18 janvier 2017, Toshiba c/ Commission, aff. C-623/15 P, EU:C:2017:21, points 72 et 73 (italiques ajoutés). Sur la proximité entre l'affaire Toshiba et le contrôle des concentrations, voy. R. Saint-Esteben, « La clarté obscure de la responsabilité des groupes de sociétés en droit de la concurrence », in Mélanges en l'honneur du Professeur Claude Lucas de Leyssac, G. Parleani (dir.), Lexisnexis, 2018, pp. 454 et 455.

122 Trib. UE, 27 octobre 2010, Alliance One international e.a. c/ Commission, aff. T-24/05, EU:T:2010:453, point 132; CJUE, 8 mai 2013, ENI c/ Commission, aff. C-508/11 P, EU:C:2013:289, points 46 à 48 ; CJUE, 5 mars 2015, Commission c/ Versalis e.a., aff. C-93/13 P et C-123/13 P, EU:C:2015:150, point 43.

123 CJUE, 20 janvier 2011, General Química c/ Commission, aff. C-90/09 P, EU:C:2011:21, point 86.

124 *Id.*

§ 2. Le caractère insuffisant de l'exercice potentiel de l'influence déterminante

74. Le simple fait d'avoir la possibilité d'exercer une influence déterminante ne saurait suffire pour justifier l'imputabilité du comportement infractionnel d'une filiale à sa société mère. Selon les juges de l'Union, la société mère ne doit pas seulement détenir le pouvoir de contrôler sa filiale, encore faut-il qu'elle l'exerce de manière effective. Ainsi, l'appartenance à une entreprise, au sens du droit de la concurrence, diffère de l'appartenance à un groupe de sociétés.[125] L'appartenance à une entreprise, au sens du droit de la concurrence, se manifeste par l'exercice effectif par la société mère d'une influence déterminante sur sa filiale.[126] En d'autres termes, si l'entreprise peut, en théorie, coïncider avec un groupe de sociétés, son périmètre comprend fréquemment, en pratique, une subdivision d'un tel groupe.[127]

75. Le caractère insuffisant de cette condition ne fait *de lege lata* l'objet d'aucun débat. Il sera toutefois relevé avec intérêt que, à la suite des premières décisions prononcées en droit des pratiques anticoncurrentielles, il a pu être soutenu que « point ne serait besoin d'observer l'usage qui est fait [du pouvoir de contrôle] », dans la mesure où « la dépendance économique [de la filiale] est entre les mains de [s]a société mère, qui peut la vider de toute substance, voire la supprimer ». En d'autres termes, l'idée était simple : « la responsabilité [devait] suiv[re uniquement] le pouvoir ».[128]

---

125 La question pourrait se poser de savoir si la notion de groupe de sociétés, au sens de l'article L. 233-3 du code de commerce, peut être comparée à la notion d'entreprise, au sens du droit de la concurrence. L'article L. 233-3 du code de commerce dispose qu'« une société est considérée comme contrôlant une autre » si certaines conditions sont remplies. Le législateur français pourrait supposer à cet endroit que le contrôle est non seulement détenu mais aussi exercé. Cette interrogation pourrait être renforcée par le fait que l'alinéa 2 de l'article L. 233-3 du code de commerce dispose qu'« une société est simplement "présumée" exercer le contrôle [...] ». La référence à la simple présomption de l'exercice du contrôle ne peut se comprendre que si l'alinéa 1 renvoie de manière irréfragable à son exercice. Si tel est le cas, la notion d'entreprise, au sens du droit de la concurrence, est susceptible de coïncider avec la notion de groupe de sociétés, au sens du droit des sociétés. Or, il faut relever que, en pratique, le périmètre de l'entreprise ne correspond pas à celui du groupe. Sur ce point, voy., notamment, J. Paillusseau, « La notion de groupe de sociétés et d'entreprises en droit des activités économiques », Dalloz, 2003, p. 2346 et, sur la notion de groupe de sociétés en droit de la concurrence, Idot, th. précitée, p. 346. Il sera également relevé que l'article L. 233-1 du code de commerce prévoit qu'une société sera considérée comme la filiale d'une autre si son capital est détenu à plus de 50 % par une autre société. Or, en droit de la concurrence de l'Union, une filiale, au sens de l'article L. 233-1 du code de commerce, n'appartient pas nécessairement avec sa société mère à une même entreprise, au sens du droit de la concurrence.

126 L'autonomie de la filiale doit être totale et pas limitée, ainsi qu'il ressort de la jurisprudence du Tribunal, au secteur d'activités de la filiale concernée par l'infraction. Ainsi, dans l'affaire Agroexpansión, le Tribunal souligne que « l'autonomie d'une filiale par rapport à sa société mère ne doit pas être appréciée exclusivement au regard de son activité dans le domaine des produits concernés par l'infraction » (Trib. UE, 12 octobre 2011, Agroexpansión c/ Commission, aff. T-38/05, EU:T:2011:585, point 164). Voy., pour une interprétation différente de cette condition à la suite des premiers grands arrêts de la Cour, Lyon-Caen, « Droit européen de la concurrence et groupe », précité, n° 394.

127 Le périmètre de l'entreprise, au sens du droit de la concurrence de l'Union, pourrait correspondre à celui du groupe de sociétés, dans l'hypothèse d'un groupe verticalement intégré, dans lequel chaque société détiendrait la totalité du capital social d'une société inférieure dans la chaîne.

128 Voy. Lyon-Caen, précité, nos 394 et 395.

76. Ce constat avait pu être fait à lecture notamment des décisions de la Commission dans les affaires des *matières colorantes*[129] et *emballage*.[130] Dans cette dernière affaire, la Commission semblait en effet n'avoir retenu que la seule possibilité d'exercer un contrôle pour vérifier l'imputabilité du comportement infractionnel d'une filiale à sa société mère.[131] Il en allait de même, en substance, pour des décisions postérieures prononcées dans les affaires *Chiquita*,[132] *Vitamines*[133] ou *Hugin*.[134] Dans les deux premières, il a notamment été observé que la Commission se limitait à faire état du contrôle sans en démontrer clairement son existence.[135] Cette remarque valait de même pour la troisième décision, en ce sens que, selon un auteur, la Commission faisait simplement état d'une participation importante au capital social sans vérifier l'exercice du contrôle.[136]

77. Cette thèse pourrait, en théorie, être valablement défendue. La société mère tire nécessairement profit de l'activité de sa filiale et, « peu ou prou, [...] vérifie la conformité de ses décisions à certaines directives du groupe ».[137] Autrement dit, si la « filiale est dotée d'une certaine autonomie, c'est par la seule volonté de [sa] société mère ».[138] Cette thèse pourrait tout autant être défendue par le souci de garantir l'effectivité des articles 101 TFUE et 102 TFUE par une responsabilisation accrue des sociétés mères, dans les hypothèses où elles détiendraient seulement la possibilité d'exercer une influence déterminante sur leurs filiales.

78. Assurément, conditionner l'imputabilité du comportement infractionnel d'une filiale à sa société mère au simple constat de la possibilité pour la société mère d'exercer une influence déterminante sur sa filiale inciterait les sociétés mères à redoubler de prudence en vérifiant la politique commerciale de leurs filiales, non seulement par la mise en œuvre de programmes de conformité, mais aussi par une réelle vérification du comportement des filiales sur le marché.

79. Il n'en demeure pas moins que cette position n'a pas été celle privilégiée par les juges de l'Union, et ce, dès leurs premiers arrêts prononcés dans les années 1970. À titre d'illustration, dans ses arrêts prononcés dans l'affaire *Continental Can*[139] et dans les affaires *ICI*[140] et *Commercial Solvents*,[141] après avoir certes constaté

---

129 Comm. CE, déc. n° 69/243/CE du 24 juillet 1969, Matières colorantes, aff. IV/26.267, JOCE n° L 195 du 7 août 1969, p. 11.

130 Comm. CE, déc. n° 72/21/CEE du 9 décembre 1971, Continental Can Company, aff. IV/26 811, JOCE n° L 7 du 8 janvier 1972, p. 25.

131 Ibid. La Commission relève uniquement dans sa décision que « étant le seul actionnaire d'Europemballage, laquelle détient 85 % du capital de SLW, Continental contrôle ces deux entreprises ; qu'il y a donc lieu de lui imputer le comportement de celles-ci ».

132 Voy. Comm. CE, déc. n° 76/159/CEE du 17 décembre 1975, Chiquita, aff. IV/26 699, JOCEE n° L 95 du 3 février 1976, p. 1.

133 Voy. Comm. CE, déc. n° 76/642/CEE du 9 juin 1976, Vitamines, aff. IV/29.020, JOCEE n° L 223 du 16 août 1976, p. 27.

134 Voy. Comm. CE, déc. n° 78/68CEE du 8 décembre 1977, Hugin/Liptons, aff. IV/29.132, JOCEE n° L 22 du 27 janvier 1978, p. 23.

135 Voy. Idot, th. précitée, p. 346.

136 *Ibid.*

137 Voy. Lyon-Caen, précité, n° 394.

138 *Ibid.*

139 CJCE, 21 février 1973, Continental Can c/ Commission, aff. 6/72, EU:C:1973:22, point 16.

140 CJCE, 14 juillet 1962, ICI c/ Commission, aff. 48/69, EU:C:1972:70, point 133.

141 CJCE, 6 mars 1974, ICI et Commercial Solvents c/ Commission, aff. 6 et 7/73, EU:C:1974:18, point 37.

que la société mère était en mesure d'exercer un contrôle sur sa filiale, la Cour s'attache clairement à vérifier que ce contrôle a été exercé de manière effective.[142]

80. Ainsi, un constat s'impose : il ne saurait, en principe, y avoir une identité entre la notion d'entreprise, au sens du droit de la concurrence, que sont susceptibles de former une filiale et sa société mère, et celle de groupe de sociétés, au sens du droit des sociétés. Si la seconde pourrait seulement nécessiter que soit constatée la possibilité pour une société d'exercer une influence déterminante sur une autre, la première requiert que soit en outre démontré son exercice effectif. Indépendamment de ce premier constat et avant d'étudier la seconde condition, l'appréciation de la condition tenant à la possibilité d'exercer une influence déterminante se doit d'être étudiée en pratique, afin d'identifier les hypothèses dans lesquelles une société mère a été considérée comme étant en mesure d'exercer une telle influence.

Section 2
L'exercice effectif d'une influence déterminante

81. Pour qu'une société mère réponde du comportement infractionnel commis par sa filiale, elle doit avoir exercé sur elle, de manière effective,[143] une influence déterminante.[144] Cette condition est rappelée de manière itérative par les juges de l'Union et soulève, sur le plan probatoire, deux séries de questions. La première concerne le domaine de l'exercice effectif. Il s'agit de s'interroger sur la question de savoir si l'exercice effectif de l'influence déterminante doit être général ou spécifique à l'infraction (§1). La seconde concerne plus classiquement l'administration de la preuve (§2).

§ 1. Le domaine de l'exercice effectif de l'influence déterminante

82. Dans ses premiers arrêts, prononcés dans les affaires *ICI*, *Commercial Solvents* ou *Continental Can*, la Cour faisait référence à l'exercice effectif de l'influence déterminante seulement de manière implicite.[145] Ainsi, dans l'affaire *Continental Can*, les juges de l'Union soulignaient que le comportement infractionnel de la

142 CJCE, 14 juillet 1962, ICI c/ Commission, aff. 48/69, EU:C:1972:70, point 133 et CJCE, 6 mars 1974, ICI et Commercial Solvents c/ Commission, aff. 6 et 7/73, EU:C:1974:18, point 37.

143 Sur ce point, d'aucuns pourraient à première vue faire valoir que le standard de preuve à la charge de la Commission est élevé. Il conviendra toutefois de nuancer cette affirmation, eu égard notamment à la pratique décisionnelle et juridictionnelle.

144 Voy., notamment, Idot, th. précitée, p. 343.

145 Cette référence implicite à l'exercice effectif de l'influence déterminante aurait pu laisser penser que seul l'exercice potentiel d'une influence déterminante suffisait pour définir le périmètre de l'entreprise, au sens du droit de la concurrence.

filiale pouvait être imputé à sa société mère précisément dans l'hypothèse où « la filiale ne détermine pas de façon autonome son comportement sur le marché, mais applique pour l'essentiel les instructions qui lui sont imparties par la société mère ».[146] Autrement dit, encore fallait-il démontrer que la filiale agissait sur le marché conformément aux instructions de sa société mère, ce qui était le cas en l'espèce.[147] Il en allait de même, en substance, dans l'affaire *Commercial Solvents*, où la Cour avait relevé que « CSC d[étenait] le pouvoir de contrôle d'Istituto et l'exerc[ait] effectivement à tout le moins en ce qui concerne les rapports avec Zoja ».[148]

83. Si la référence à l'exercice effectif de l'influence déterminante n'était initialement qu'implicite, les juges de l'Union y font désormais référence de manière explicite. Ainsi, dans l'affaire *Alliance One International*, le Tribunal précise que « [l]a Commission ne saurait se contenter de constater que la société mère est en mesure d'exercer une influence déterminante sur le comportement de sa filiale, mais doit également vérifier si cette influence a effectivement été exercée ».[149] De même, dans l'affaire *Portielje*, il est clairement affirmé que « c'est l'exercice effectif par une entité [...] d'une influence déterminante sur l'auteur de l'infraction qui importe ».[150]

84. En termes de principe, la démonstration du contrôle effectif pourrait certes se défendre. Le droit de la concurrence demeure un droit répressif, qui vise à engager la responsabilité de l'auteur d'une infraction. Qui plus est, la société mère intervient rarement directement dans l'infraction, à la différence de sa filiale. Il n'en reste pas moins que cette composante du contrôle qui constitue un trait caractéristique de la notion d'entreprise, au sens du droit de la concurrence, a été contestée. Selon un auteur « [cette] solution condui[t] à laisser au bon vouloir de la société mère l'application du droit de la concurrence ».[151] Cette affirmation pourrait assurément convaincre à la condition toutefois que l'exercice effectif soit requis précisément pour la pratique infractionnelle de la filiale. Aussi la question se pose-t-elle de savoir si le secteur, dans lequel s'exerce le pouvoir effectif de la société mère, doit être celui en lien avec l'infraction.[152]

85. À première vue, l'idée selon laquelle la société mère ne doit répondre du comportement infractionnel de sa filiale que dans la mesure où l'exercice effectif de son influence déterminante a conduit cette dernière à participer à l'infraction est séduisante : la société mère n'engagerait sa responsabilité qu'en présence d'une action de sa part dans le secteur en lien avec la pratique litigieuse.

---

146 CJCE, 21 février 1973, Continental Can c/ Commission, aff. 6/72, EU:C:1973:22, point 15.

147 *Ibid., point 16.*

148 CJCE, 6 mars 1974, ICI et Commercial Solvents c/ Commission, aff. 6 et 7/73, EU:C:1974:18, point 37.

149 Trib. UE, 27 octobre 2010, Alliance One International e.a. c/ Commission, T-24/05, EU:T:2010:453, point 128 ; CJCE, 25 octobre 1983, AEG-Telefunken c/ Commission, 107/82, EU:C:1983:293, point 50.

150 CJUE, 11 juillet 2013, Commission c/ Stichting Administratiekantoor Portielje, aff. C-440/ 11 P, EU:C:2013:514, point 43.

151 Voy. Lyon-Caen, « Droit européen de la concurrence et groupe », précité, n° 394.

152 Certains auteurs se prononcent en faveur d'une telle solution (voy. D. Bailey, O. Odudu, « The single economic entity doctrine in EU competition law », Common market law review, 2017, p. 1748). Ils défendent, en substance, l'idée que l'imputabilité de l'infraction à la société mère est subordonnée à la preuve de sa participation directe à l'infraction.

86. La jurisprudence a toutefois pu, dans un premier temps, manquer de clarté. Par ses premiers arrêts, notamment dans l'affaire *ICI*, la Cour se contentait de souligner que la filiale devait disposer « d'une autonomie réelle dans la détermination de sa ligne d'action sur le marché ». Et que tel pouvait être le cas lorsque la filiale « applique en partie les instructions qui lui sont impartis par la société mère ».[153] Dans cette affaire, la Cour relève plus particulièrement l'intervention de la société mère quant aux hausses de prix. Elle souligne que « [la société mère] pouvait influencer de manière déterminante la politique des prix de vente de ses filiales dans le marché commun et qu'elle a utilisé en fait ce pouvoir à l'occasion des trois hausses de prix dont il est question [par l'envoi de télex] ».[154] Si, pour une hausse de prix, la Cour se fonde sur l'envoi de télex transmettant des ordres aux filiales, elle présume, en revanche, le rôle de la société mère pour les hausses de prix postérieures.[155] Ainsi, on aura pu considérer que, selon la Cour, l'influence déterminante devait avoir été exercée dans le secteur en lien avec l'infraction.

87. Ce constat avait également pu être fait à la lecture de l'arrêt prononcé par la Cour dans l'affaire *Continental Can*. La Cour s'est en effet attachée à vérifier que l'opération litigieuse avait été supervisée par la société mère.[156] Autrement dit, la Cour a vérifié l'intervention de la société mère dans la réalisation de l'infraction. De même dans l'affaire *Commercial Solvents*, la Cour a pu confirmer cette tendance jurisprudentielle. Elle y prenait soin de faire état de l'unité d'action entre la filiale et sa société mère quant au comportement avec la société Zoja.[157] Pour sa part, la Commission, dans l'affaire *Johnson et Johnson*[158] condamne solidairement la société mère ainsi que sa filiale et relève toutefois que la société mère dirigeait la politique commerciale de sa filiale, en particulier pour ce qui concerne les opérations litigieuses.[159] Plus récemment encore, dans sa décision rendue dans l'affaire du *tabac brut espagnol*, la Commission a décidé de ne pas imputer une infraction à plusieurs sociétés mères, en l'absence de preuve de leur participation matérielle à l'infraction.[160]

88. À la lumière de ces exemples, la réponse à la question posée ne semble pas des plus évidentes. La référence au « marché » ne saurait s'interpréter comme visant le marché en lien avec l'infraction. Si « l'on suiv[ait] les indications fournies par la jurisprudence, il ne devrait plus être demandé une coïncidence absolue du domaine couvert par le contrôle effectif et du domaine dans lequel l'acte est

---

153 CJCE, 14 juillet 1962, ICI c/ Commission, aff. 48/69, EU:C:1972:70, point 133.

154 *Ibid., point 138*

155 Voy. CJCE, 14 juillet 1962, ICI c/ Commission, précité, point 139. Voy., également sur ce point, Idot, th. précitée, p. 345.

156 Voy. CJCE, 21 février 1973, Continental Can c/ Commission, aff. 6/72, EU:C:1973:22, point 16. Voy., également, Idot, th. précitée, p. 345 et R. Saint-Esteben, « Une concentration internationale d'entreprises dans la C.E.E. », Journal de droit international, 1972, n° 2, p. 49.

157 CJCE, 6 mars 1974, ICI et Commercial Solvents c/ Commission, aff. 6 et 7/73, EU:C:1974:18, point 41. Voy., également, Idot, th. précitée, p. 345. L'auteur précise toutefois que les décisions prononcées par la Commission dans les affaires Vitamines, Chiquita et Hugin-Lipton ont pu dans l'intervalle laisser penser le contraire.

158 Voy. Comm. CE, déc. n° 80/1283/CEE du 25 novembre 1980, Johnson & Johnson, aff. IV/2970, JOCEE n° L 377 du 31 décembre 1980, p. 16. Voy., également, Idot, th. précitée, p. 347.

159 Voy. Comm. CE, déc. n° 80/1283/CEE du 25 novembre 1980, Johnson & Johnson, précitée, cons. 41 et 47.

160 Voy. Comm. CE, déc. n° C(2004) 4030 final du 20 avril 2004, Tabac brut Espagne, aff. COMP/C.38.238/B.2, JOCE n° L 102 du 19 avril 2007, p. 14, cons. 376.

intervenu. La dépendance devrait s'apprécier *in globo*, par la seule considération des domaines essentiels intéressants la concurrence ».[161]

89. Cette même question s'est posée en des termes plus clairs dans l'affaire *Agroexpansión*. La requérante y faisait valoir n'avoir jamais exercé une influence déterminante sur sa filiale sur le marché concerné par l'infraction, c'est-à-dire, en l'espèce, le marché du tabac brut en Espagne.[162] À cette occasion, le Tribunal souligne sans ambiguïté que « l'autonomie d'une filiale par rapport à sa société mère ne doit pas être appréciée exclusivement au regard de son activité dans le domaine des produits concernés par l'infraction ».[163]

90. Ainsi, à la lecture de cet arrêt, certes isolé, l'argument selon lequel il serait laissé à la société mère la possibilité de décider de l'application, à son égard, du droit de la concurrence se doit d'être relativisé. Ce constat se justifie également, dans la mesure où l'immixtion de la société mère dans la politique commerciale de sa filiale ne doit pas être assimilée à une instigation, par laquelle la société mère suggérerait à sa filiale de commettre une infraction. Les juges de l'Union rappellent que l'imputabilité du comportement de la filiale à la société mère n'implique pas « une relation d'instigation relative à l'infraction entre la société mère et sa filiale ni, à plus forte raison, une implication de la société mère dans ladite infraction ».[164] Comme le souligne également l'avocat général Mme Kokott dans ses conclusions dans l'affaire *Akzo Nobel*, « [l]e point déterminant est finalement de savoir si la société mère exerce une influence suffisante pour orienter le comportement de la filiale dans une mesure telle que les deux doivent être considérées comme une unité sur le plan économique ».[165] Pour y parvenir, il suffit d'apprécier l'intensité des liens économiques et organisationnels entre une société mère et sa filiale, non de vérifier exclusivement l'implication de la société mère notamment dans la politique tarifaire ou la gestion quotidienne de sa filiale.[166] Dans l'affaire *Niche Generics*, le Tribunal précise que « l'influence de la société mère sur ses filiales en ce qui concerne la stratégie d'entreprise, la politique d'entreprise, les projets d'exploitation, les investissements, les capacités, les ressources financières, les ressources humaines et les affaires juridiques peut avoir indirectement des effets sur le comportement des filiales et de l'ensemble du groupe sur le marché ».[167]

---

161 Voy., Lyon-Caen, précité, n° 394.

162 Cet argument doit être lu à la lumière des conclusions de la Commission dans la décision attaquée, laquelle avait relevé que, pour deux autres sociétés mères, « outre le lien sociétal entre les sociétés mères et leurs filiales, le dossier ne contient aucune indication de [leur] participation matérielle […] dans les faits examinés dans la présente décision » (Comm. CE, déc. n° C(2004) 4030 final du 20 avril 2004, précitée, cons. 376).

163 Voy. Trib. UE, 12 octobre 2011, Agroexpansión c/ Commission, aff. T-38/05, EU:T:2011:585, point 164.

164 Trib. UE, 12 juillet 2011, Fuji Electric c/ Commission, aff. T-132/07, EU:T:2011:344, point 196 ; voy., antérieurement, TPICE, 12 avril 2009, Itochu c/ Commission, aff. T-12/03, EU:T:2009:130, point 58, et TPICE, 12 décembre 2007, Akzo Nobel c/ Commission, aff. T-112/05, EU:T:2007:381, point 58. Voy., également, Bernardeau et Christienne, op. cit., p. 605 et 606, no II.1194.

165 Conclusions de l'avocat général Mme Kokott présentées le 23 avril 2009 dans l'affaire Akzo Nobel c/ Commission, aff. C-97/08 P, EU:C:2009:262, point 93.

166 *Ibid., point 91. Voy., également, Trib. UE, 12 décembre 2018, Niche Generics c/ Commission, EU:T:2018:921, points 508 à 510, et Trib. UE, 12 décembre 2018, Unichem Laboratories c/ Commission, aff. T-705/14, EU:T:2018:915, points 69 à 74.*

167 Trib. UE, 12 décembre 2018, Niche Generics c/ Commission, précité, point 508.

91. En clair, si l'exercice effectif de l'influence déterminante ne doit pas être vérifié dans le secteur en lien avec l'infraction, il ne doit pas non plus concerner la politique commerciale *stricto sensu* de la filiale, mais la politique commerciale de la filiale dans son ensemble. Cette réflexion doit être poursuivie, non plus en termes de principe, mais au regard de la pratique de la Commission, telle que validée par les juges de l'Union, sur laquelle pèse la charge de la preuve du contrôle.

§ 2. La preuve de l'exercice effectif de l'influence déterminante

92. S'agissant de la preuve de l'exercice effectif de l'influence déterminante, la Commission se doit de démontrer une telle influence déterminante sur la base d'un ensemble d'éléments factuels, en ce compris l'éventuel pouvoir de direction de l'une de ces entreprises vis-à-vis de l'autre.[168] Cette démonstration sera un exercice rétrospectif, dans le cadre duquel tant la Commission que les parties intéressées peuvent apporter la preuve que les décisions commerciales de la filiale ont été déterminées selon des modalités différentes de celles qui découlaient du seul examen abstrait des accords relatifs à son fonctionnement.[169] Par ailleurs, si cette preuve est rapportée, elle suffit pour pouvoir imputer le comportement infractionnel de la filiale à la société mère. Ainsi que le souligne en ce sens la Cour dans l'affaire *Alliance One International*, lorsque la seconde condition est satisfaite, cela « implique nécessairement » que la première l'est aussi.[170]

93. Pour ce qui est de la preuve de l'exercice effectif d'une influence déterminante, différentes hypothèses doivent à nouveau être envisagées, selon la structure du groupe de sociétés en cause, étant précisé que, dans l'hypothèse où le capital d'une filiale est détenu en totalité par une seule société mère, la question de l'exercice effectif d'une influence déterminante ne soulève, en pratique, que peu de difficultés, dans la mesure où cet exercice effectif fait l'objet d'une présomption par la Commission.[171] La preuve de l'exercice effectif est ainsi rapportée soit de manière directe par le recours à un faisceau d'indices (A) soit de manière indirecte par le recours à une présomption (B).

A. Le recours à un faisceau d'indices

94. La question de la preuve de l'exercice effectif de l'influence déterminante se pose, premièrement, lorsqu'une société ne détient que la majorité du capital de sa filiale,

---

168 Trib. UE, 27 mars 2014, Saint-Gobain Glass France e.a. c/ Commission, aff. T-56/09 et T-73/09, EU:T:2014:160, point 311 ; du 13 juillet 2011, ThyssenKrupp Liften Ascenseurs c/ Commission, aff. T-144/07, T-147/07 à T-150/07 et T-154/07, EU:T:2011:364, point 311 et jurisprudence citée ; du 12 décembre 2018, Niche Generics c/ Commission, précité, points 510 et 511.

169 Trib. UE, 12 juillet 2011, Fuji Electric c. Commission, T-132/07, EU:T:2011:344, points 194, et Trib. UE, 13 juillet 2011, General Technic-Otis e.a. c/ Commission, aff. T-141/07, T-142/07, T-145/07 et T-146/07, EU:T:2011:363, points 115 à 117.

170 Voy., en ce sens, CJUE, 19 juillet 2012, Alliance One International et Standard Commercial Tobacco c/ Commission, C-628/10 P et C-14/11 P, EU:C:2012:479, points 94 et 100 à 110.

171 Voy., en tout premier lieu, CJCE, 10 septembre 2009, Akzo Nobel e.a. c/ Commission, C-97/08 P, EU:C:2009:536.

non la totalité ou la quasi-totalité (1) ; deuxièmement, lorsque plusieurs sociétés mères sont en mesure d'exercer une influence déterminante sur une même société : c'est l'hypothèse de la participation conjointe au capital d'une filiale commune (2), et, troisièmement, lorsqu'une société détient une participation minoritaire au capital social (3). L'hypothèse de la participation indirecte au capital ne soulève pas à cet endroit de questions distinctes de celles étudiées dans le cadre de la preuve de l'exercice potentiel d'une influence déterminante.

1. La participation majoritaire au capital social

95. Il incombe aux autorités de concurrence, sur la base d'éléments factuels, de démontrer l'exercice effectif par la société mère de son influence déterminante. Cet « exercice effectif [...] peut être déduit d'un faisceau d'éléments concordants, même si aucun de ces éléments, pris isolément, ne suffit pour établir l'existence d'une telle influence ».[172] À cet égard, dans l'affaire *Fuji Electric*, le Tribunal a énuméré différents éléments qui peuvent être pris en compte par la Commission pour démontrer qu'une société exerce de manière effective une influence déterminante sur sa filiale.[173]

96. Premièrement, l'exercice effectif de l'influence déterminante peut découler d'instructions sur la politique commerciale à suivre adressées par la société mère à la filiale. À titre d'illustration, dans l'affaire *Fresh Del Monte,* la Cour a confirmé le raisonnement du Tribunal et de la Commission ayant relevé que la requérante avait exercé de manière effective une influence déterminante sur la filiale dont elle détenait près de 80 % du capital social. Cet exercice effectif découlait notamment « des échanges entre [la société mère] et [la filiale] révèl[ant] des interpellations directes de [la société mère] sur le marketing et les prix pratiqués par [la filiale], des instructions très précises, car chiffrées, quant à la politique tarifaire à mener, des réunions et des conversations téléphoniques portant sur ce sujet, une injonction expresse visant à la fourniture d'une information quotidienne sur les négociations commerciales, des pressions explicites en termes d'approvisionnement et des explications ou des justifications de [la filiale] sur sa gestion courante ».[174]

97. S'agissant des instructions données par une société mère à sa filiale sur sa politique commerciale, il y a lieu d'observer que le non-respect occasionnel par la filiale des instructions n'est pas en mesure de contredire l'exercice par la société mère de son influence déterminante.[175] En pareille hypothèse, selon l'avocat général M. Mengozzi, seul le non-respect généralisé d'instructions par une filiale d'instructions données par société mère serait susceptible de démontrer l'absence d'exercice effectif d'une influence déterminante.[176]

---

172 CJUE, 1er juillet 2010, Knauf Gips c/ Commission, aff. C-407/08 P, EU:C:2010:389 point 65. Voy., également, Trib. UE, 12 juillet 2018, The Goldman Sachs Group c/ Commission, précité, point 141.

173 Trib. UE, 12 juillet 2011, Fuji Electric c/ Commission, précité, point 184.

174 CJUE, 24 juin 2015, Fresh Del Monte Produce c/ Commission et Commission/Fresh Del Monte Produce, aff. C-293/13 P et C-294/13 P, EU:C:2015:416, point 93.

175 *Ibid., point 99. Voy., également, Trib. UE, 23 janvier 2014, Evonik Degussa et AlzChem c/ Commission, aff. T-391/09, EU:T:2014:22, point 92.*

176 Conclusions de l'avocat général M. Mengozzi présentées le 3 septembre 2015 dans l'affaire Evonik Degussa et AlzChem c/ Commission, aff. C-155/14 P, EU:C:2015:529, point 61.

98. Deuxièmement, « l'implication de la société mère dans la gestion de sa filiale peut également être attestée par la présence, à la tête de la filiale, de nombreuses personnes occupant des fonctions de direction au sein de la société mère ».[177] Le Tribunal précise qu'« un tel cumul de fonctions place nécessairement la société mère en situation d'influencer de manière déterminante le comportement de sa filiale sur le marché dans la mesure où il permet aux membres de la direction de la société mère de veiller, dans le cadre de l'exercice de leurs fonctions dirigeantes au sein de la filiale, à ce que la ligne d'action de cette dernière sur le marché soit conforme aux orientations dégagées par les instances dirigeantes de la société mère ».[178] Cette constatation vaut « sans même que le ou les membres de la société mère assumant des fonctions de direction au sein de la filiale n'aient la qualité de mandataire social de la société mère ».[179]

99. Troisièmement, « l'implication de la [...] sociét[é] mèr[e] dans la gestion de la filiale peut ressortir des relations d'affaires qu['elle] entretien[t] avec la seconde ».[180] Ainsi, comme le relève le Tribunal, « lorsqu'une société mère est également fournisseur ou cliente de sa filiale, elle a un intérêt tout particulier à diriger les activités de production ou de distribution de cette dernière, et ce afin de profiter pleinement des plus-values engendrées par l'intégration verticale ainsi réalisée ».[181]

100. Quatrièmement, l'exercice effectif de l'influence déterminante peut tout autant découler de l'existence au profit de la société mère de droits de veto. Il ne saurait être utilement contesté que si une filiale se doit de consulter sa société mère pour chaque décision adoptée, sa société mère exerce sur sa filiale une influence déterminante. Pour le Tribunal, « dans l'hypothèse où la société mère doit approuver les propositions de sa filiale, l'obligation d'obtenir cette approbation et donc la possibilité pour la société mère de ne pas la donner en opposant son veto témoignent d'une influence déterminante ».[182] Il en va de même, cinquièmement, de l'existence de flux réguliers d'informations de la filiale vers la société mère, lesquels, s'ils s'expliquent certes par l'intérêt pour une société mère de vérifier l'état de son investissement, pourraient également illustrer une obligation pour la filiale de rendre des compte à sa société mère.[183]

---

177 Trib. UE, 9 septembre 2015, Toshiba c/ Commission, précité, point 115. Voy., également, Trib. UE, 12 juillet 2018, The Goldman Sachs Group c/ Commission, aff. T-347/06, EU:T:2018:445, points 89 à 129, dans lequel le Tribunal apprécie, en substance, les éléments fondés sur l'influence de la société mère sur la désignation et la nomination des membres du conseil d'administration de la filiale.

178 Trib. UE, 12 juillet 2011, Fuji Electric c/ Commission, T-132/07, EU:T:2011:344, point 184. Voy., également, Trib. UE, 12 décembre 2018, Niche Generics c/ Commission, précité, points 513 et 514. Dans cette dernière affaire, la Commission avait constaté, outre l'existence de postes de direction croisés au sein des organes de la filiale et de la société mère, que la majorité des membres du Conseil d'administration de la filiale avait été nommée par la société mère.

179 *Ibid.*

180 CJUE, 24 juin 2015, Fresh Del Monte Produce c/ Commission et Commission c/ Fresh Del Monte Produce, aff. C-293/13 P et C-294/13 P, EU:C:2015:416 ; conclusions de l'avocat général M. Mischo dans l'affaire Stora Kopparbergs Bergslags c/ Commission, aff. C-286/98 P, EU:C:2000:263, points 50 et 51.

181 CJUE, 24 juin 2015, Fresh Del Monte Produce c/ Commission et Commission/Fresh Del Monte Produce, précité, point 85.

182 Trib. UE, 12 décembre 2018, Niche Generics c/ Commission, précité, point 516.

183 *Ibid., point 520.*

2. La participation conjointe au capital d'une filiale

101. Dans l'hypothèse où deux sociétés mères détiennent à parts égales le capital social d'une filiale, il découle de la pratique décisionnelle de la Commission confirmée en ce sens par les juges de l'Union que deux sociétés peuvent être considérées comme ayant conjointement exercé de manière effective une influence déterminante.

102. Une confusion pouvait certes exister entre l'existence d'une société commune de plein exercice, au sens du règlement n° 139/2004,[184] et la possibilité pour ses sociétés mères d'exercer de manière effective une influence déterminante sur cette dernière. Ainsi la requérante avait notamment souligné, dans l'affaire *Dow Chemicals*, que la qualification de la société commune en tant que société commune de plein exercice excluait toute possibilité pour les sociétés mères d'exercer une influence déterminante, au sens de l'article 101 TFUE.[185] Cet argument est toutefois itérativement rejeté par les juges de l'Union. À l'occasion notamment d'un arrêt rendu dans une affaire *Akzo Nobel*, le Tribunal y répond en soulignant que, « [c]ertes, une entreprise commune de plein exercice au sens du règlement n° [139/2004] est censée accomplir de manière durable toutes les fonctions d'une entité économique autonome et est, partant, du point de vue fonctionnel, économiquement autonome, mais que « cette autonomie ne signifie nullement que l'entreprise commune jouit d'une autonomie en ce qui concerne l'adoption de ses décisions stratégiques et qu'elle ne serait donc pas sous l'influence déterminante exercée par ses sociétés mères quand il s'agit d'appliquer l'article 81 CE ».[186]

103. Ce débat se comprend aisément. S'agissant des filiales communes, la Commission considérait initialement que ces dernières ne formaient pas une même entreprise, au sens de l'article 101 TFUE, avec ses sociétés mères.[187] Toutefois, la Commission a progressivement adopté une position opposée validée par le Tribunal dans l'affaire *Avebe*.[188] Dans cette affaire, le Tribunal confirme le raisonnement de la Commission ayant imputé un comportement infractionnel à deux sociétés mères détenant chacune 50 % d'une association avant de consacrer cette possibilité dans les affaires *Dow Chemical* et *EI Dupont de Nemours*.

104. Dans ces deux affaires, les juges de l'Union ont confirmé la position de la Commission ayant considéré que deux sociétés mères pouvaient exercer de manière effective une influence déterminante sur une filiale commune.[189] Dans l'affaire *Dow*

---

184 Article 3, paragraphe 4 du règlement n° 139/2004.

185 Trib. UE, 2 février 2012, Dow Chemical c/ Commission, T-77/08, EU:T:2012:47, point 93. Voy., également, pour des hypothèses de filiales communes, Trib. UE, 15 juillet 2015, Akzo Nobel e.a. c/ Commission, T-47/10, EU:T:2015:506, points 399 à 405. Dans une affaire de contrôle des concentrations, voy. TPICE, 23 février 2006, Cementbouw Handel & Industrie c/ Commission, T-282/02, EU:T:2006:64, point 62.

186 *Ibid.*

187 Voy., notamment Comm. CE, déc. n° 91/50/CEE du 16 janvier 1991, IJsselcentrale (IJC) et autres, aff. IV/32.732, IJsselcentrale (IJC) et autres, JOCEE n° L 28 du 2 février 1991, p. 32, cons. 24 ; n° 91/335/CEE du 15 mai 1991, Gosme/Martell-DMP, aff. IV/32.186, JOCEE n° L 185 du 15 mai 1991, p. 23, cons. 30 ; n° 89/515/CEE du 2 août 1989, Treillis soudés, aff. IV/31.553, JOCEE n° L 260 du 2 août 1989, p. 1, cons. 178 ; n° 2006/902/CE du 21 décembre 2005, Produits chimiques pour le traitement du caoutchouc, aff. COMP/F/38.443, résumé au JOCE n° L 353 du 13 décembre 2006, p. 50, cons. 263.

188 TPICE, 27 septembre 2006, Avebe c/ Commission, T-314/01, EU:T:2006:266, point 138.

189 Trib. UE, 2 février 2012, Dow Chemical c/ Commission, T-77/08, EU:T:2012:47, point 84 et EI du Pont de Nemours e.a. c/ Commission, T-76/08, EU:T:2012:46, point 69 ; CJUE, 26 septembre 2013, The Dow Chemical Company c/ Commission, C-179/12 P, EU:C:2013:605, points 56 à 58.

Chemicals, le Tribunal avait notamment relevé, à l'instar de la Commission, que les sociétés mères avaient mis en place un comité des membres, lequel intervenait, en délibérant à l'unanimité, pour les décisions stratégiques de la filiale commune ou encore que les postes de direction au sein de la filiale commune étaient occupées par des personnes « issues d'un niveau de haute direction des sociétés mères ».[190] Plus généralement, dans l'affaire *Toshiba*, le Tribunal précise que « [l]'exercice effectif d'un pouvoir de direction par [des] sociétés mères sur leur filiale peut ressortir directement [...] de la mise en œuvre des dispositions légales applicables ou d'une convention entre les sociétés mères, conclue conformément à ces mêmes dispositions légales, sur la gestion de leur filiale commune ».[191]

3. La participation minoritaire au capital d'une société

105. Dans l'hypothèse où deux ou plusieurs sociétés mères ne détiennent le capital d'une même filiale qu'à parts inégales, la question se pose également de savoir si chacune peut avoir exercé de manière effective une influence déterminante sur cette dernière et, plus largement, de savoir si une société qui détiendrait une participation minoritaire du capital social peut être considérée comme ayant exercé, de manière effective, une telle influence.[192]

106. Cette question a notamment été soulevée dans l'affaire *Alliance One International,* où la Cour souligne qu'il « a déjà [été] jugé que l'exercice d'un contrôle conjoint, par deux sociétés mères indépendantes l'une de l'autre sur leur filiale, ne s'oppose pas, en principe, à la constatation, par la Commission, de l'existence d'une unité économique entre l'une de ces sociétés mères et la filiale en cause et que ceci vaut même si cette société mère dispose d'une part du capital de la filiale moins importante que l'autre société mère ».[193] Partant, dans cette hypothèse, chaque société peut avoir exercée de manière effective une influence déterminante et former avec la filiale commune une même entreprise, au sens du droit de la concurrence, ce qu'il appartiendra toutefois aux autorités de concurrence de démontrer. Il y a lieu également d'observer que, dans cette même hypothèse, les deux sociétés mère, peuvent être considérées comme ayant exercé de manière effective et conjointe une influence déterminante sur une filiale commune, ainsi qu'il ressort de l'arrêt du Tribunal dans l'affaire *Toshiba*.[194]

---

190 Trib. UE, 2 février 2012, Dow Chemical c/ Commission, T-77/08, EU:T:2012:47, point 85.

191 Trib. UE, 9 septembre 2015, Toshiba c/ Commission, T-104/13, EU:T:2015:610, point 100. Voy., également, TPICE, 27 septembre 2006, Avebe c/ Commission, T-314/01, EU:T:2006:266, points 137 à 139.

192 Il importe de rappeler que la Cour a déjà jugé que l'exercice d'un contrôle conjoint, par deux sociétés mères indépendantes l'une de l'autre, sur leur filiale, ne s'oppose pas, en principe, à la constatation, par la Commission, de l'existence d'une unité économique entre l'une de ces sociétés mères et la filiale en cause et que cela vaut même si cette société mère dispose d'une part du capital de la filiale moins importante que l'autre société mère : voy. CJUE, 16 décembre 2010, AceaElectrabel Produzione c/ Commission, C-480/09 P, EU:C:2010:787, point 64).

193 CJUE, 19 juillet 2012, Alliance One International et Standard Commercial Tobacco c/ Commission, C-628/10 P et C-14/11 P, EU:C:2012:479, point 101 et la jurisprudence citée.

194 Trib. UE, 9 septembre 2015, Toshiba c/ Commission, T-104/13, EU:T:2015:610, points 96 à 98 et CJUE, 18 janvier 2017, Toshiba c/ Commission, aff. C-623/15 P, EU:C:2017:21. Cette affaire n'est pas sans interpeler en ce que Toshiba soutenait n'avoir jamais usé de son droit de veto. Si la détention d'un droit de véto permet assurément de démontrer la possibilité de l'exercice d'une influence déterminante, il pourrait ne pas en aller

107. Ainsi, la preuve de l'exercice effectif de l'influence déterminante peut s'avérer difficile à rapporter pour la Commission, étant donné qu'elle se doit de s'intéresser aux mécanismes décisionnels entre sociétés appartenant à un même groupe. Toutefois, pour lui faciliter la charge de la preuve, les juges de l'Union ont progressivement validé la possibilité pour cette dernière, sous certaines conditions, de présumer l'exercice effectif de l'influence déterminante, ce qui n'est pas sans soulever incidemment des interrogations sur l'opportunité du maintien de cette condition, eu égard à la nature *de facto* irréfragable de cette présomption.

B. Le recours à une présomption

108. La preuve de l'exercice effectif de l'influence déterminante peut être facilitée par le recours à une présomption. Ce mécanisme probatoire prévu ou non par la loi permet en effet à un juge d'admettre l'existence d'un fait inconnu à partir d'un fait connu.[195] Outre la présomption d'innocence,[196] le droit de la concurrence de l'Union connaît de nombreuses présomptions. La Commission peut notamment présumer la participation infractionnelle d'une société à une réunion, dans le cadre de laquelle il s'avère que plusieurs sociétés se sont entendues en violation de l'article 101 TFUE[197] ou encore présumer des effets anticoncurrentiels en présence de pratique présentant un degré de nocivité suffisamment important.[198]

109. À ces occurrences doit s'ajouter la présomption dite "capitalistique", par laquelle la Commission présumera l'exercice effectif d'une influence déterminante d'une société sur une autre si certaines conditions de détention par la société mère du capital social de sa filiale sont réunies.[199] Cette présomption n'est pas une présomption légale, puisque qu'elle n'est prévue par aucun texte de droit primaire ou de droit dérivé de l'Union. Elle découle uniquement de la pratique de la Commission, confirmée à plusieurs reprises par les juges de l'Union.[200]

110. Par ailleurs, parallèlement à l'allégement de la charge de la preuve de la Commission, le mécanisme de la présomption opère un renversement de cette charge. Aussi cette présomption ne vaut-elle que jusqu'à preuve du contraire, preuve contraire qu'il incombera à la société mère de rapporter.[201] La présomption capitalistique

---

avec la même évidence pour ce qui est de l'exercice effectif. Pour la Cour, le simple fait de détenir un droit de veto requiert une intervention de son détenteur pour toutes questions stratégiques (sur l'affaire Toshiba, voy., en particulier, R. Saint-Esteben, précité, p. 455).

195 Voy., Cornu, op. cit., vo « présomption », p. 798.

196 Voy., notamment, Trib. UE, 10 novembre 2017, ICAP e.a. c/ Commission, aff. T-180/15, EU:T:2017:795, points 115 à 117 et la jurisprudence citée.

197 Voy., notamment, CJCE, 25 janvier 2007, Sumitomo Metal Industries et Nippon Steel c/ Commission, aff. C-403/04 P et C-405/04 P, EU:C:2007:52, points 47 et 48 et Trib. UE, 2 février 2012, Denki Kagaku Kogyo et Denka Chemicals c/ Commission, T-83/08, EU:T:2012:48, point 52.

198 CJUE, 11 septembre 2014, CB c/ Commission, C-67/13 P, EU:C:2014:2204, point 49.

199 *Ibid.*

200 CJCE, 10 septembre 2009, Akzo Nobel e.a. c/ Commission, C-97/08 P, EU:C:2009:536, point 60 et jurisprudence citée.

201 CJUE, 19 juillet 2012, Alliance One International et Standard Commercial Tobacco c/ Commission, C-628/10 P et C-14/11 P, EU:C:2012:479, point 48. La Cour souligne que la présomption capitalistique est une présomption réfragable.

en droit de la concurrence de l'Union est une présomption simple[202] ou *juris tantum,* qui peut être combattue par la preuve contraire, ce qui n'a toutefois à ce jour jamais été concrètement reconnu,[203] et qui n'aura pas été sans soulever de nombreuses questions au regard de certains droits fondamentaux.[204] La présentation du régime de la présomption requiert ainsi de s'intéresser, en substance, au domaine de la présomption (1) et au contrôle opéré par les juges de l'Union (2).

1. Le domaine de la présomption

111. Pour présumer l'exercice effectif d'une influence déterminante d'une société mère sur sa filiale, la Commission se réfère à l'intensité des liens capitalistiques les unissant. Plus particulièrement, les conditions en application desquelles la Commission peut recourir à cette présomption ont été débattues en jurisprudence, de sorte qu'il convient d'en présenter l'évolution à la lumière de différentes hypothèses. La première, la plus fréquente, est celle du recours à la présomption entre une société mère et sa filiale, la seconde, des rapports indirects entre une société et sa sous-filiale et, la troisième, de la détention conjointe du capital social par deux sociétés.

a. Les participations directes entre deux sociétés

112. Les prémisses du recours à la présomption capitalistique peuvent être, tout d'abord, identifiées dans l'affaire *AEG*. Dans son arrêt prononcé dans cette affaire, la Cour constate certes que « AEG-Telefunken n'ayant pas contesté qu'elle pouvait influencer de manière déterminante la politique de distribution et de prix de ses filiales, il reste à examiner si elle a effectivement fait usage de ce pouvoir ». Il n'en demeure pas moins que, selon les juges de l'Union, « [u]ne telle vérification apparaît [...] superflue dans le cas de TFR qui, étant une filiale à 100 % d'AEG, suit nécessairement une politique tracée par les mêmes organes statutaires qui fixent la politique d'AEG ».[205]

113. Ainsi, à la lecture de cet arrêt, la Commission est en droit de présumer l'exercice effectif de la société mère sur sa filiale, lorsque la première en détient la totalité

---

202 Outre la présomption irréfragables d'effets anticoncurrentielles pour les infractions par objet, toutes les présomptions en droit de la concurrence sont des présomptions simples, c'est encore plus vrai pour celles qui sont d'origine jurisprudentielle.

203 Voy., pour un renversement de la présomption capitalistique validé par le Tribunal mais infirmé par la Cour, Trib .UE, du 16 juin 2011, Gosselin Group c/ Commission, aff. T-208/08 et T-209/08, EU:T:2011:287, point 41 et CJUE, 11 juillet 2013, Commission/Stichting Administratiekantoor Portielje, aff. C-440/11 P, EU:C:2013:514. Voy., également, conclusions de l'avocat général Mme Kokott dans l'affaire Commission/Stichting Administratiekantoor Portielje, aff. C-440/11 P, EU:C:2012:763.

204 Voy., notamment, D. Ferré, « Groupe de sociétés : la C.J.C.E. considère qu'une société mère est responsable de l'infraction à la concurrence commise par sa filiale à 100 % (Akzo Nobel) », Concurrences, 2009, n° 4 ; N. Jalabert-Doury, « Imputabilité : l'[a]vocat général [M. Mengozzi] demeure insensible à l'argument de la probatio diabolica résultant de la présomption d'influence déterminante sur les filiales contrôlées à 100 % (Arkema, Elf Aquitaine) », Concurrences, 2011, n° 2 ; A. Krenzer, « Présomption de responsabilité des sociétés mères du fait de leurs filiales en droit communautaire des pratiques anticoncurrentielles », RLC, 2008, n° 1116, et V. Terrien, « Droit de la concurrence : la présomption de responsabilité frappant les sociétés mères », Journal de droit européen, 20, n° 185, janvier 2012, p. 1.

205 CJCE, 25 octobre 1983, AEG-Telefunken c/ Commission, 107/82, EU:C:1983:293, point 50.

du capital social. Ce constat s'impose : dans cette hypothèse, la société mère détient la totalité des droits de vote au sein des instances dirigeantes de sa filiale et perçoit la totalité des dividendes, en cas de bénéfices réalisées par la seconde.

114. Ensuite, la question qui s'est posée devant les juges de l'Union a été celle de savoir si la seule preuve de la détention de la totalité du capital social suffisait pour démontrer l'exercice effectif d'une influence déterminante.[206] À cet égard, il pourrait être soutenu que, même dans l'hypothèse d'une détention de la totalité du capital social, la filiale peut déterminer de manière autonome son comportement sur le marché. Au contraire, il pourrait être défendu que la création d'une filiale répond davantage au souhait de la société mère de filialiser un de ses secteurs d'activité.

115. L'origine de cette question résulte de l'arrêt prononcé par la Cour dans l'affaire *Stora* où d'autres circonstances que celle de la détention du capital pour pouvoir imputer le comportement de la filiale à sa société mère ont été évoquées. Plus précisément, outre la détention de la totalité du capital social de la filiale, les juges de l'Union s'étaient également fondées sur l'absence de contestations par la société mère de sa capacité d'être en mesure d'influencer le comportement de sa filiale et de la représentation de l'entreprise Stora lors de la procédure administrative.[207]

116. À la lecture des conclusions de l'avocat général M. Mischo, cet arrêt pouvait laisser croire à un infléchissement de la jurisprudence et à la nécessité pour la Commission d'apporter d'autres indices afin de voir jouer la présomption capitalistique.[208] La jurisprudence de la Cour allait même trouver un écho favorable dans le cadre de l'arrêt du Tribunal prononcé dans l'affaire *Bolloré*, qui, pour sa part, allait prendre explicitement position pour des conditions d'imputation plus strictes. Selon le Tribunal « l'élément relatif à la détention de la totalité du capital de la filiale [...] ne suffit pas à lui seul, pour permettre d'imputer la responsabilité du comportement de la filiale à la société mère [...] Un élément supplémentaire par rapport au taux de participation reste nécessaire. ».[209]

117. À cet égard, ce renforcement des conditions de la présomption, résumé par la formule « 100 % + X » par l'avocat général Mme Kokott, ou par la méthode

---

206 Voy. Trib. UE, 14 juillet 2011, Total et Elf Aquitaine c/ Commission, aff. T-190/06, EU:T:2011:378, point 50 et jurisprudence citée. Le Tribunal rappelle que la structure de détention du capital d'une filiale constitue un critère suffisant pour poser ladite présomption, sans que la Commission soit tenue d'avancer des indices supplémentaires relatifs à l'exercice effectif d'une influence de la société mère. Cette conclusion n'est pas remise en cause par le fait que de tels indices supplémentaires aient pu être relevés dans d'autres affaires et ajoute que lorsque le contrôle de la totalité ou de la quasi-totalité du capital de la filiale a été considéré comme suffisant pour poser ladite présomption à l'égard de tous les destinataires d'une décision infligeant une amende pour violation du droit de la concurrence, et en l'absence d'argument réfutant cette présomption, le fait que la Commission ait invoqué, au regard de certains destinataires de cette décision, des indices supplémentaires, soit pour renforcer la conclusion résultant déjà valablement du contrôle entier du capital de la filiale, soit pour répondre aux arguments développés par les entreprises concernées, ne saurait signifier que les principes appliqués par la Commission n'ont pas été les mêmes pour tous les destinataires et que l'égalité de traitement aurait été violée.

207 Voy. CJCE, 16 novembre 2000, Stora Kopparbergs Bergslags c/ Commission, aff. C-286/98 P, EU:C:2000:630, points 26 à 28.

208 Voy. conclusions de l'avocat général M. Mischo prononcées dans l'affaire Stora Kopparbergs Bergslags c/ Commission, aff. C-286/98 P, EU:C:2000:263, points 48 à 52.

209 TPICE, 26 avril 2007, Bolloré c/ Commission, aff. T-109/02, EU:T:2007:115, point 132.

dite de la « double base »,[210] allait enfin être réfuté dans l'arrêt prononcé par la Cour dans l'affaire *Akzo Nobel*. La Cour y affirme, dans un considérant de principe – cette fois sans équivoque – que « dans le cas particulier où une société mère détient 100 % du capital de sa filiale ayant commis une infraction aux règles communautaires de la concurrence, d'une part, cette société mère peut exercer une influence déterminante sur le comportement de cette filiale et, d'autre part, il existe une présomption réfragable selon laquelle ladite société mère exerce effectivement une influence déterminante sur le comportement de sa filiale. [...] La Commission [...] n'est pas tenue, s'agissant de l'imputabilité de l'infraction, de présenter des éléments autres que la preuve relative à la détention par la société mère du capital de ses filiales ».[211] La Cour est venue confirmer ce principe dans un arrêt de grande chambre prononcé dans l'affaire *Arcelor Mittal*.[212]

118. Toutefois, rien n'interdit les autorités de concurrence de se fonder sur des éléments supplémentaires pour asseoir la démonstration de l'exercice effectif de l'influence déterminante d'une société mère sur sa filiale. De cette manière, les autorités de concurrence peuvent anticiper la tentative des sociétés mères de renverser la présomption capitalistique.

119. S'agissant de la part du capital détenue par la société mère, il y a lieu d'observer que les juges de l'Union ont également admis le recours à la présomption capitalistique lorsque la société mère détient la « quasi-totalité » du capital social de sa filiale. Si l'exercice effectif de l'influence déterminante peut être présumé dans l'hypothèse de la détention de la totalité du capital social de la filiale, la présomption capitalistique s'applique également lorsque la détention est quasi-totale.

120. Cette extension a été initiée par le Tribunal puis confirmée par la Cour dans ses arrêts prononcés dans les affaires *Elf Aquitaine*[213] et *Arkema*.[214] Dans ces affaires, les juges de l'Union ont notamment considéré que l'exercice effectif d'une influence déterminante pouvait être présumé lorsque la société mère détenait respectivement 98 % et 97,55 % du capital de sa filiale.[215]

---

210 Sur la référence à la « double base », voy., notamment, CJUE, 19 juillet 2012, Alliance One International e.a. c/ Commission, aff. C-628/10 P et C-14/11 P, EU:C:2012:479, point 56.

211 CJCE, 10 septembre 2009, Akzo Nobel e.a. c/ Commission, C-97/08 P, EU:C:2009:536, point 60 et jurisprudence citée. Voy., également, conclusions de l'avocat général Mme Kokott présentées le 23 avril 2009 dans l'affaire Akzo Nobel e.a. c/ Commission, aff. C-97/08 P, EU:C:2009:262, point 70.

212 Voy. CJUE, 29 mars 2011, ArcelorMittal Luxembourg c/ Commission et Commission/ArcelorMittal Luxembourg e.a., aff. C-201/09 P, EU:C:2011:190, point 99.

213 Trib. UE, 17 mai 2011, Elf Aquitaine c/ Commission, aff. T-299/08, EU:T:2011:217, points 55 à 57.

214 CJUE, 29 septembre 2011, Arkema c/ Commission, aff. C-520/09 P, EU:C:2011:619, point 42.

215 Pour d'autres occurrences, voy. Trib. UE, 16 novembre 2011, Álvarez c/ Commission, T-78/06, EU:T:2011:673. Dans cette affaire, le juge de l'Union a considéré qu'une détention de 98,6 % était suffisante. Voy., également, conclusions de l'avocat général Mme Kokott présentées le 12 janvier 2012 dans l'affaire Alliance One International et Standard Commercial Tobacco c/ Commission et Commission/Alliance One International e.a., aff. C-628/10 P et C-14/11 P, EU:C:2012:11. Elle souligne que si une société mère détient 100 % du capital (ou la quasi-totalité du capital) de sa société filiale, il existe une présomption réfragable selon laquelle elle exerce une influence déterminante sur le comportement de cette filiale sur le marché. C'est également le cas lorsque la société mère contrôle sa filiale indirectement, par le biais d'une société interposée, étant entendu que la société mère détient 100 % (ou presque 100 %) du capital de la société interposée et que cette dernière détient elle-même 100 % (ou presque 100 %) du capital de la filiale.

121. Par ailleurs, antérieurement aux arrêts rendus par les juges de l'Union dans les affaires précitées, la Commission avait justifié une inspection au siège de France Télécom, en sa qualité de société mère de Wanadoo, pour le comportement de cette dernière, alors même qu'elle ne détenait que 95,41 % de son capital.[216]

122. Toutefois, la possibilité de présumer l'exercice effectif d'une influence déterminante d'une société mère sur sa filiale dans l'hypothèse d'une détention de la quasi-totalité du capital social soulève la question de la limite en deçà de laquelle la présomption ne joue plus. Sur ce point, certains auteurs considèrent que la présomption devrait jouer dès la détention par la société mère de la majorité du capital social, c'est-à-dire dès 51 %.[217] En tout état de cause, la question de la limite minimale n'est pas fixée par la jurisprudence ; mais on pourrait considérer que la présomption peut être appliquée à toute société qui en détiendrait une autre, sans être confrontée à une quelconque minorité de blocage. Il pourrait en aller de même lorsqu'une société détient uniquement la majorité des droits de vote en son conseil d'administration.

123. Ainsi, dans sa décision rendue dans l'affaire des *câbles électriques*, la Commission a conclu à l'application de la présomption, telle qu'elle ressort de l'arrêt de la Cour dans l'affaire *Akzo Nobel*, nonobstant le fait que la société mère ne détenait pas 100 % du capital social de sa filiale pendant toute la période précédant son introduction en bourse. Pendant cette période, la Commission soulignait que la participation réelle de la société mère était initialement de 100 % et est restée majoritaire tout au long de cette période, chutant à 84,4 % vingt mois après l'acquisition initiale. Toutefois, la Commission soutient qu'elle n'a pas déterminé qu'une participation de 91 % ou de 84,4 % constituait la totalité ou la quasi-totalité du capital de sa filiale. En revanche, elle a appliqué la présomption sur la base du contrôle par la requérante de 100 % des droits de vote dans sa filiale à tout moment.[218] Cette pratique a été confirmé par le Tribunal, lequel juge que « la Commission est en droit [de présumer l'exercice effectif de l'influence déterminante], lorsque la société mère se trouve dans une situation analogue à celle d'un propriétaire exclusif ».[219] Elle se justifie pleinement, dans la mesure où le degré de contrôle et d'influence qu'en a tiré la société mère est analogue à celui dont elle aurait bénéficié si elle avait continué à détenir 100 % du capital social de sa filiale.

124. Si cette évolution venait à se confirmer, elle conduirait à s'interroger sur la question du pourcentage des droits de vote requis pour présumer l'exercice effectif d'une influence déterminante. Il ne fait aucun doute qu'une détention de la

---

216 Voy. TPICE, 8 mars 2007, France Télécom c/ Commission, aff. T-340/04, EU:T:2007:80, points 41 et 42. Voy., également, L. Arcelin, « la responsabilité de la société mère du fait des agissements de sa filiale : une présomption devenue irréfragable », DGCCRF, Atelier de la concurrence du 30 mars 2010, imputabilités, sanctions, groupes (disponible sur le site de la DGCCRF www.minefe.gouv.fr/directions_services/dgccrf/documentation).

217 L. Aberle, Sanktionsdurchgriff und wirtschaftliche Einheit im deutschen und europäischen Kartellsanktionsrecht, Carl Heymans Verlag, 2013, p. 121.

218 Voy. Comm. eur., déc. n° C(2014) 2139 final du 2 avril 2014, Câbles électriques, aff. AT/39610, résumé au JOUE n° C 319 du 17 septembre 2014, p. 10, cons. 747 à 754. Voy., en particulier, Trib. UE, 12 juillet 2018, The Goldman Sachs Group c/ Commission, aff. T-347/06, EU:T:2018:445, points 42 à 66, et CJUE, 27 janvier 2021, The Goldman Sachs Group c/ Commission, aff. C-595/18 P, EU:C:2021:73, points 32 à 36.

219 Trib. UE, 12 juillet 2018, The Goldman Sachs Group c/ Commission, précité, point 49.

totalité des droits de vote confère un pouvoir de contrôle exclusif sur une filiale. Toutefois, il pourrait en aller de même, dans certaines hypothèses, lorsqu'une société mère ne détient que 51 % des droits de vote d'une filiale. Les décisions adoptées au sein d'un conseil d'administration pourraient l'être indépendamment de la position des autres actionnaires. Autrement dit, il pourrait être défendu la thèse selon laquelle il serait artificiel de distinguer selon le pourcentage de la participation au capital social. Ce qui importe est davantage les droits de vote qui résultent de ladite participation. Dans cette hypothèse, la notion d'entreprise, au sens du droit de la concurrence de l'Union coïnciderait avec la notion de groupes de sociétés, au sens du droit des sociétés, étant donné que selon cette dernière une société détient le contrôle d'une autre si elle en détient la majorité des droits de vote.[220]

125. En tout état de cause, il se peut qu'il ne faille plus parler de présomption capitalistique mais d'une présomption de contrôle, qui peut découler soit de la détention de la totalité ou de la quasi-totalité du capital social de la filiale, soit de la détention d'une partie des droits de vote, conférant un contrôle exclusif.

b. Les participations indirectes entre deux sociétés

126. Si la présomption capitalistique peut s'appliquer dans les rapports directs entre une société mère et sa filiale, il en va de même dans les rapports entre une société grand-mère et sa sous-filiale. Ainsi qu'il ressort de la pratique de la Commission et de la jurisprudence de la Cour, la présence d'une société intermédiaire entre deux sociétés ne saurait faire obstacle à l'application de la présomption capitalistique, à la condition toutefois, que la condition tenant à la détention d'une certaine part du capital social soit réunie.[221]

127. Une fois acquis le principe de la présomption de contrôle, la question qui se pose est celle de savoir si son application est limitée aux hypothèses de contrôle direct ou bien s'étend à d'autres hypothèses de contrôle. Il ressort de la jurisprudence des juges de l'Union que le mode de détention du capital social de la filiale est indifférent à l'application de la présomption capitalistique. Cette dernière s'applique dans le cas d'un contrôle indirect. Dans l'affaire *Alliance One International*, le Tribunal précise « que la présomption tirée de la détention de la totalité du capital [étai]t susceptible de s'appliquer non seulement dans les cas de figure où il existe une relation directe entre la société mère et sa filiale, mais également dans des cas, comme celui de l'espèce, où cette relation est indirecte, par filiale interposée ».[222]

---

220 Pour ce qui concerne la présomption, le Tribunal relève toutefois dans l'affaire Goldman Sachs qu'une société mère pourrait renverser la présomption en apportant des éléments de preuve susceptibles de démontrer qu'elle ne détermine pas la politique commerciale de la filiale sur le marché, en particulier en raison de l'action des actionnaires minoritaires qui ne disposeraient pas de droits de vote associés (voy. Trib. UE, 12 juillet 2018, The Goldman Sachs Group c/ Commission, précité, point 52).

221 CJUE, 20 janvier 2011, General Química c/ Commission, aff. C-90/09 P, EU:C:2011:21, points 84 à 86. Voy., également, pour la mobilisation de la présomption dans une hypothèse de détention indirecte à hauteur de 93,8 % du capital d'une filiale, Trib. UE, 11 juillet 2019, CCPL e.a. c/ Commission, aff. T-525/15, EU:T:2019:500, points 87, 88 et 94.

222 TPICE, 12 octobre 2011, Alliance One International c/ Commission, aff. T-41/05, EU:T:2011:586, point 98.

128. Ainsi, la possibilité de prendre en compte la détention indirecte du capital social, qu'elle soit totale ou quasi-totale, par une société sur une autre a également multiplié les hypothèses d'imputabilité d'un comportement infractionnel dans le cadre des groupes de sociétés. Plus précisément, s'est posée la question en pratique de l'imputabilité d'un comportement infractionnel d'une filiale à une société *holding*. Par définition, une société *holding* est une société qui gère uniquement ses participations financières par le biais de détention de capital des multiples sociétés en aval. Aussi pourrait-on penser qu'une telle société n'a pas pour objectif d'exercer de manière effective une influence déterminante sur la société du groupe qu'elle domine. Toutefois, selon la Cour, ainsi qu'il ressort notamment de son arrêt prononcé dans l'affaire *General Químca*, « dans le cas particulier où une société *holding* dét[ient] 100 % du capital d'une société interposée [possédant] à son tour la totalité du capital d'une filiale de son groupe auteur d'une infraction aux règles de la concurrence de l'Union, il exist[e] une présomption réfragable selon laquelle cette société *holding* exerc[e] une influence déterminante sur le comportement de la société interposée et indirectement, par le biais de cette dernière, également sur le comportement de ladite filiale ».[223]

c. La participation conjointe au capital social d'une filiale

129. Deux sociétés mères qui détiennent à parts égales le capital social d'une même société peuvent exercer sur cette dernière un contrôle conjoint. Dans cette hypothèse, la question de la présomption de l'exercice effectif – et conjoint – d'une influence déterminante sur leur filiale se pose à nouveau avec intérêt.

130. Dans les arrêts prononcés dans l'affaire *Avebe* qui concernait certes la situation d'une « entité purement contractuelle sans personnalité juridique distincte de celle de ses associés », le Tribunal considère que « [c]ompte tenu d[u] pouvoir de direction conjoint et du fait qu'Akzo et Avebe participaient respectivement à concurrence de 50 % dans Glucona et, partant, contrôlaient conjointement l'ensemble de ses quotes-parts, [la] situation [est] analogue à celle à l'origine de l'arrêt du 14 mai 1998, *Stora Kopparbergs Bergslags*, dans laquelle une seule société mère contrôlait à 100 % sa filiale, pour établir la présomption que ladite société mère exerçait effectivement une influence déterminante sur le comportement de sa filiale ».[224]

131. Cette hypothèse de présomption capitalistique dans le cadre d'un contrôle conjoint, par addition des parts sociales détenues conjointement par les sociétés mères, a été confirmée en jurisprudence dans l'affaire *Shell Petroleum* où la Cour a considéré que deux sociétés mères, une néerlandaise et une britannique, lesquelles détenaient respectivement 60 % et 40 % du capital de la filiale en cause, « se trouvaient dans une situation analogue à celle où une seule société détient la totalité du capital de sa filiale ».[225]

132. Toutefois, cette situation s'avère finalement assez rare en pratique. Elle impose à la Commission de démontrer, au préalable, de manière précise aux moyens

---

223 CJUE, 20 janvier 2011, General Química c/ Commission, aff. C-90/09 P, EU:C:2011:21, point 88.

224 TPICE, 27 septembre 2006, Avebe c/ Commission, T-314/01, EU:T:2006:266, point 138.

225 Trib. UE, 27 septembre 2012, Shell Petroleum e.a. c/ Commission, aff. T-343/06, EU:T:2012:478, point 51.

d'indices un contrôle effectif conjoint. Dans cette optique, une simple addition capitalistique ne saurait suffire pour appliquer la présomption capitalistique.[226]

133. À cet égard, dans l'affaire *Avebe*, le Tribunal souligne notamment que « les deux associés n'étaient habilités que conjointement à agir et à signer pour le compte de Glucona, à l'engager envers des tiers et à engager des tiers envers elle et à recevoir et dépenser des fonds pour son compte ».[227] De même, dans l'affaire *Shell Petroleum*, le juge de l'Union se fonde également sur le fait que les deux sociétés mères « désignaient conjointement les membres du conseil d'administration, conformément aux dispositions contractuelles qui les liaient » ou « se réunissaient mensuellement [...] afin d'être informées des principaux développements au sein du groupe ».[228]

134. Récemment, la Cour a confirmé l'absence de présomption de contrôle conjoint dans l'hypothèse d'une filiale commune. Dans l'affaire *Toshiba*, elle juge en effet que le Tribunal a correctement vérifié l'exercice effectif d'un contrôle conjoint d'une influence déterminante des sociétés mères sur leur filiale commune sans pour autant user du mécanisme de la présomption. Elle souligne que « le Tribunal [...] n'a pas établi une présomption non prévue par la jurisprudence ».[229] Autrement dit, le domaine de la présomption reste limité aux rapports directs et indirects entre deux sociétés.

2. La nature de la présomption

135. Sur un plan théorique, la présomption capitalistique est une présomption simple. En d'autres termes, elle peut être renversée si la société mère à qui on l'oppose démontre qu'elle n'a pas exercé de manière effective une influence déterminante sur sa filiale.[230] Cette précision est d'importance. Étant un droit répressif ou « quasi-pénal »,[231] la mise en œuvre du droit des pratiques anticoncurrentielles ne saurait, en principe, être fondée sur une présomption irréfragable, sauf à violer

---

226 Voy., sur l'insuffisance d'une addition des parts sociales détenues par les sociétés mères d'une filiale commune, Trib. UE, 11 juillet 2014, RWE e.a. c/ Commission, aff. T-543/08, EU:T:2014:627, point 126. Sur cet arrêt, voy. J.-C. Christienne, « Le Tribunal de l'Union européenne annule partiellement la décision de la Commission en raison de l'erreur de droit commise en faisant application de la présomption d'exercice effectif d'une influence déterminante à une entreprise détenue en commun et à parts égales par deux sociétés mères », Concurrences, 2014, n° 4, p. 125.

227 TPICE, 27 septembre 2006, Avebe c/ Commission, précité, point 137.

228 Trib. UE, 27 septembre 2012, Shell Petroleum e.a. c/ Commission, précité, point 47.

229 CJUE, 18 janvier 2017, Toshiba c/ Commission, aff. C-623/15 P, EU:C:2017:21, point 52. Voy., également, Trib. UE, 12 juillet 2018, Furukawa c/ Commission, aff. T-444/14, EU:T:2018:454, point 208. Voy., enfin, L. Idot, La preuve en droit de la concurrence, Actes du colloque du 1er décembre 2016 de l'Association française d'étude du droit de la concurrence portant sur le droit français de la concurrence, trente ans après, LGDJ, p. 171, n° 93.

230 CJUE, 20 janvier 2011, General Química c/ Commission, aff. C-90/09 P, EU:C:2011:21, points 50 à 52.

231 Trib. UE, 11 juillet 2014, Sasol e.a. c/ Commission, aff. T-541/08, EU:T:2014:628, point 206. Voy., également, conclusions de l'avocat général Mme Trstenjak présentées le 15 mai 2008 dans l'affaire Archer Daniels Midland c/ Commission, aff. C-510/06 P, EU:C:2008:280, point 49, note en bas de page 20 et celles de l'avocat général Mme Kokott présentées le 18 avril 2013 dans l'affaire Schindler Holding e.a. c/ Commission, aff. C-501/11 P, EU:C:2013:248, points 25, 35 et 153. On soulignera surtout que, dans la procédure d'avis 2/13, 2/13, EU:C:2014:2454, l'avocat général Mme Kokott a considéré que « les sanctions administratives, y compris celles qui sont infligées dans le domaine du droit de la concurrence, relèvent effectivement du champ d'application des garanties de procédure que l'article 6 de la CEDH institue en matière de droit pénal », et que, « [e]n revanche, elles ne font pas partie du "noyau dur" de celui-ci et l'on pourrait même dire qu'elles n'ont qu'un caractère quasi pénal », prise de position de l'avocat général Mme Kokott présentée le 13 juin 2014 dans la procédure d'avis 2/13, EU:C:2014:2475, point 149.

certains principes généraux du droit de l'Union. La Cour souligne précisément dans l'affaire *Elf Aquitaine* que le caractère réfragable de la présomption vise à « ménager un équilibre entre l'importance », d'une part, de l'objectif consistant à réprimer les comportements anticoncurrentiels et, d'autre part, « des exigences de certains principes généraux du droit de l'Union tels que, notamment, les principes de présomption d'innocence, de personnalité des peines et de la sécurité juridique ainsi que les droits de la défense, y compris le principe d'égalité des armes ».[232]

136. L'instauration de cet équilibre s'est fait ainsi notamment à la lumière de la jurisprudence de la Cour européenne des droits de l'homme. Dans son affaire *Salabiaku*, la Cour européenne des droits de l'homme aura notamment précisé que la Convention européenne des droits de l'homme n'interdit pas de recourir à des présomptions de fait ou de droit en matière pénale, mais exige que celles-ci soient circonscrites dans des « limites raisonnables, prenant en compte la gravité de l'enjeu et préservant les droits de la défense ».[233] Ces limites ne seront pas dépassées, ainsi que le souligne l'avocat général M. Mengozzi dans l'affaire *Elf Aquitaine*, « si la personne à l'encontre de laquelle la présomption s'applique a la possibilité de fournir la preuve contraire ».[234] En d'autres termes, la réfragabilité est une condition de la légalité de la présomption de contrôle.

137. Toutefois, à ce jour, la présomption n'a jamais été renversée devant les juges de l'Union, de sorte que certains auteurs ont pu parler de poisson volant.[235] Le Tribunal pouvait avoir certes admis, en substance, un tel renversement dans l'affaire *Group Gosselin* : il n'en reste pas moins que la Cour a dans la même affaire infirmé cette position.[236] Il faut en convenir, le standard de preuve demeure très élevé pour les sociétés mères. Ces dernières se doivent de rapporter une preuve négative, c'est-à-dire la preuve qu'elles n'ont pas exercé de manière effective une influence déterminante sur leur filiale.[237] Cette question demeure assurément des plus sensibles pour les sociétés holdings, ainsi que l'aura notamment démontré l'affaire *Elf Aquitaine*.[238] Le fait qu'une holding soit une simple direction financière ne saurait renverser la présomption d'influence déterminante.[239]

---

232 CJUE, 29 septembre 2011, Elf Aquitaine c/ Commission, aff. C-521/09 P, EU:C:2011:620, points 59 à 62. Voy. notamment, s'agissant de la conformité de la pratique avec la présomption d'innocence, Trib. UE, 12 juillet 2018, Pirelli c/ Commission, aff. T-455/14, EU:T:2018:450, point 71 ; CJUE, 27 janvier 2017, Villeroy & Boch c/ Commission, aff. C-625/13 P, EU:C:2017:52, point 149 ; 22 mai 2008, Evonik Degussa c/ Commission, C-266/06 P, EU:C:2008:295, point 39, ou encore Trib. UE, 11 juillet 2019, Italmobiliare e.a. c/ Commission, T-523/15, EU:T:2019:499, point 63, et CJUE, 15 avril 2021, Italmobiliare e.a. c/ Commission, aff. C-694/19 P, EU:C:2021:286, points 51 à 59. Pour la conformité de la pratique avec le principe de la responsabilité personnelle, Trib. UE, Pirelli c/ Commission, aff. T-455/14, précité, point 75, ou avec le droit de propriété, ibid., points 81 à 85.

233 Cour EDH, Salabiaku/France, arrêt du 7 octobre 1988, pp. 15-16, § 28.

234 Conclusions de l'avocat général M. Mengozzi, présentées le 17 février 2011 dans l'affaire Elf Aquitaine c/ Commission, aff. C-521/09 P, EU:C:2011:89, point 60.

235 Voy. L. Bernardeau, « Ave Curia, alteri debitores in solidum te salutant ! (premiers commentaires de l'arrêt Siemens) », RLC, 2014, 40, p. 112.

236 Voy., pour un exposé exhaustif de la position du Tribunal telle qu'invalidée par la Cour, Bernardeau et Christienne, op. cit., no II.1212.

237 Voy., notamment, L. Idot, « La responsabilité pénale des personnes morales : les leçons du droit européen de la concurrence », Concurrences, 2012, n° 1, p. 61.

238 Voy. Trib. UE, 14 juillet 2011, Total et Elf Aquitaine c/ Commission, aff. T-390/06, EU:T:2011:378.

239 *Ibid., point 68.*

138. Plus évocateur encore est l'arrêt de la Cour prononcé dans l'affaire *Schindler Holding*, dans lequel une société mère a, en vain, tenté de démontré qu'elle n'avait pas exercé de manière effective une influence déterminante, dans la mesure où les employés de sa filiale avaient désobéi aux instructions données dans le cadre d'un programme de conformité.[240] Cette question s'est également posée dans l'affaire *Evonik Degussa,* où les requérantes faisaient valoir que la filiale avait non pas désobéi à des instructions générales données dans le cadre d'un programme de conformité mais à des instructions spécifiques et précises qui correspondaient à un comportement sur un marché donné.[241] Pour le Tribunal, « [l]'argumentation des requérantes selon laquelle elles auraient donné à [la filiale] l'instruction de ne pas participer à des accords ou à des pratiques anticoncurrentiels, laquelle aurait été ignorée par celle-ci, tend [au contraire] à confirmer leur influence déterminante sur leur filiale ».[242]

139. Cette lecture est partagée, en substance, par l'avocat général M. Mengozzi et par la Cour sur pourvoi. Le premier indique que si le non-respect d'une instruction « constitue [...] un élément en faveur de l'absence de l'effectivité » de l'influence de la société mère sur la filiale,[243] « le non-respect d'une instruction ponctuelle et spécifique donnée par une société mère à une filiale, même si elle est incontestablement importante, ne saura, à elle seule, démontrer l'autonomie de la filiale sur le marché et n'est donc pas suffisante, à elle seule, pour renverser la présomption capitalistique. C'est seulement si l'analyse de l'ensemble des éléments de preuve apportés démontre que le non-respect de la part de la filiale des instructions adressées par la société mère était la règle que la présomption capitalistique peut être considérée comme renversée ».[244] De la même manière, la Cour juge que « le fait qu'une filiale ne se conforme pas à une instruction donnée par sa société mère ne saurait suffire, à lui seul, à établir l'absence d'exercice effectif d'une influence déterminante par celle-ci sur celle-là ».[245] Cette approche se justifie selon la Cour puisqu'il n'est pas nécessaire que la filiale applique toutes les instructions de sa société mère pour que soit démontrée l'influence déterminante de la seconde sur la première.[246]

---

240 CJUE, 18 juillet 2012, Schindler Holding c/ Commission, aff. C-501/11 P, EU:C:2013:522, point 114. À cet égard, la mise en œuvre de programme de conformité ou des instructions générales de ne pas participer à une infraction au droit de la concurrence ne saurait suffire pour échapper à l'imputation d'une infraction commise par une filiale. La Commission précise que « [s]'il était possible pour les sociétés mères d'échapper aux conséquences du fait de laisser leurs filiales violer la législation sur la concurrence en leur donnant des instructions internes relatives à la nature illégale des ententes, le but de l'interdiction absolue des comportements d'entente pourrait facilement être mis à mal. Des dépositions autoaccusatrices signées par leurs propres employés reconnaissant ces violations internes du programme de mise en conformité et/ou d'instructions générales données après la période couverte par l'infraction ne changent rien au fait qu'une infraction a bien été commise. Le non-respect d'un programme de mise en conformité et/ou d'instructions générales ne devrait pas constituer un motif pour ne pas tenir la société mère pour responsable du comportement illégal d'une filiale ». Voy., contra, S. Thomas, « Guilty of a Fault that one has not Committed. The Limits of the Group-Based Sanction Policy Carried out by the Commission and the European Courts in EU-Antitrust Law », JECLAP, 2012, vol. 1, n° 3, p. 16.

241 Trib. UE, 23 juillet 2014, Evonik Degussa et Alzchem c/ Commission, aff. T-391/09, EU:T:2014:22, point 70.

242 *Ibid. point 90.*

243 Conclusions de l'avocat général M. Mengozzi présentées le 3 septembre 2015 dans l'affaire Evonik Degussa et Alzchem c/ Commission, aff. C-155/14 P, EU:C:2015:529, points 53.

244 *Ibid., points 61 et 62.*

245 CJUE, 16 juin 2016, Evonik Degussa e.a. c/ Commission, aff. C-155/14 P, EU:C:2016:446, point 41.

246 *Ibid. Sur cet arrêt, voy., notamment, B. Cheynel, « La coresponsabilité en droit européen de la concurrence », Revue des affaires européennes, 2015, 4, pp. 621 à 630.*

140. Au surplus, aucune des hypothèses avancées par la Commission dans l'affaire *Akzo Nobel* n'aura été vérifiée en pratique. Selon la Commission, la présomption pourrait être renversée « si la société mère est une société d'investissement gérée comme un simple investisseur financier, [si] la société mère n'est que passagèrement et pour un bref laps de temps propriétaire de l'intégralité du capital de la filiale, et [si] la société mère est empêchée pour des raisons juridiques de pleinement exercer le contrôle à 100 % de sa filiale ».[247] L'affaire *Goldman Sachs* est particulièrement topique à cet égard, dans la mesure où la société éponyme aura échoué à démontrer être un simple investisseur financier.[248] Pour le Tribunal, la Commission n'avait commis aucune erreur de droit en ne qualifiant pas en ce sens, dans les circonstances de cette affaire, la banque d'affaires.[249]

141. Aussi l'obscure clarté entourant le renversement de la présomption de contrôle génère-t-il un contentieux surabondant et de nombreuses réserves sont exprimées à juste titre en doctrine sur la nature de la présomption, laquelle serait, *de facto* irréfragable.[250] L'avocat général M. Mengozzi précise toutefois, dans ses conclusions présentées dans l'affaire *Elf Aquitaine*, en se fondant sur l'arrêt de la Cour européenne des droits de l'Homme, *Janosevic c. Suède*, que « la Cour européenne des droits de l'homme, après avoir précisé que le recours à des présomptions en droit pénal doit être proportionné aux objectifs poursuivis, a affirmé qu'une présomption qui est difficile à renverser, mais contre laquelle il est, cependant, possible d'apporter la preuve contraire, se situe dans les limites du raisonnable ».[251] Autrement dit, en droit de la concurrence de l'Union, le fait que la présomption capitalistique soit difficile à renverser n'en ferait pas d'elle nécessairement une présomption irréfragable.[252] Là encore, l'opposition entre la recherche de l'effectivité des règles de concurrence et le respect des principes généraux du droit est

---

247 Voy. conclusions de l'avocat général Mme Kokott, présentées le 23 avril 2009, dans l'affaire Akzo Nobel c/ Commission, aff. C-97/08, EU:C:2009:262, note en bas de page n° 67. Voy., également, Trib. UE, 12 juillet 2018, The Goldman Sachs Group c/ Commission, aff. T-347/06, EU:T:2018:445, point 151 et jurisprudence citée. En revanche, le Tribunal a considéré que le fait qu'une filiale dispose de sa propre direction locale et de ses propres moyens ne prouve pas qu'elle a agi de manière autonome (voy. Trib. UE, 5 octobre 2011, Transcatab c/ Commission, aff. T-30/06, EU:T:2011:562, point 106). Auront également été rejetés en pratique les arguments tirés de l'absence d'intervention de la société mère dans la gestion opérationnelle de la filiale (voy. Trib. UE, 11 juillet 2014, RWE e.a. c/ Commission, aff. T-543/08, EU:T:2014:627, point 50).

248 Voy. décision de la Commission du 2 avril 2014, relative à une procédure d'application de l'article 101 TFUE et de l'article 53 de l'accord EEE (AT.39610 – Cables électriques).

249 Voy. Trib. UE, 12 juillet 2018, The Goldman Sachs Group c/ Commission, aff. T-419/14, EU:T:2018:445, point 145. Sur cette affaire, voy., notamment, Bailey, Odudu, « The single economic entity doctrine in eu competition law », précité, p. 1752.

250 Voy., notamment, L. Idot, « La responsabilité pénale des personnes morales : les leçons du droit européen de la concurrence », Concurrences, 2012, n° 1, pp. 55 à 72 ; Arcelin, précité ; P. Patat et Ph. Guibert, « l'imputabilité du comportement infractionnel d'une filiale dont la totalité du capital social est détenu par sa société mère, encore et toujours... », RLC, n° 28, juillet-septembre 2011, n° 1885 et R. Saint-Esteben, « La clarté obscure de la responsabilité des groupes de sociétés en droit de la concurrence », in Mélanges en l'honneur du Professeur Claude Lucas de Leyssac, G. Parlerai (dira.), Lexisnexis, 2018, p. 453.

251 Conclusions de l'avocat général M. Mengozzi présentées le 17 février 2011 dans l'affaire Elf Aquitaine c/ Commission, aff. C-521/09 P, EU:C:2011:89, point 60.

252 Voy., notamment, Trib. UE, 18 janvier 2018, Pirelli c/ Commission, aff. T-455/14, EU:T:2018:450, point 74 et CJUE, 22 mai 2008, Evonik Degussa c/ Commission, C-266/06 P, EU:C:2008:295, point 44.

plus qu'apparente. Il faut en convenir l'absence de renversement, en pratique, de la présomption depuis près de dix ans interpelle assurément. Si un renversement difficile ne saurait être qualifié d'impossible, encore faut-il que la difficulté, en elle-même, ne se révèle pas insurmontable.

142. Il sera toutefois relevé que, pour éviter que cette présomption devienne, dans les faits, irréfragable, les juges de l'Union auront, à tout le moins, mis à la charge de la Commission l'obligation de motiver le rejet des arguments avancés par une société mère aux fins de démontrer l'autonomie de sa filiale sur le marché. Dès l'arrêt prononcé par le Tribunal dans l'affaire *All Weather Sports Benelux,* le Tribunal a insisté sur le respect par la Commission de son obligation de motivation, et ce, tout particulièrement en cas d'imputation du comportement infractionnel d'une filiale à sa société mère.[253]

143. Dans cette affaire, la Commission soutenait que « du moment que les destinataires des décisions relatives aux infractions à l'article 85, paragraphe 1, du traité sont les entités économiques constituées par les entreprises et non pas les sociétés, en tant que personnes morales, et qu'elle démontre, comme en l'espèce, par tous motifs appropriés, qu'une entreprise a commis une infraction, elle n'est pas tenue, en droit, d'expliciter dans sa décision les raisons pour lesquelles elle s'adresse à une société donnée au sein de cette entreprise ».[254] Sans remettre formellement en cause cette appréciation, le Tribunal souligne toutefois que, « en présence d'une contestation précise et sérieuse, de la part de la requérante, quant à l'identité de l'entreprise devant supporter la charge de l'infraction, la Commission n'est pas fondée à se prévaloir d'une prétendue simplicité des données factuelles et juridiques de l'espèce et, par suite, de l'inutilité d'une motivation plus circonstanciée, pour justifier l'insuffisance de motivation de la décision attaquée ».[255]

144. Dans l'affaire *Elf Aquitaine,* la Cour a également précisé que « [s]'agissant [...] d'une décision de la Commission qui s'appuie de manière exclusive, à l'égard de certains destinataires, sur la présomption de l'exercice effectif d'une influence déterminante, il y a lieu de constater que la Commission est en tout état de cause – sous peine de rendre cette présomption, dans les faits, irréfragable – tenue d'exposer de manière adéquate à ces destinataires les raisons pour lesquelles les éléments de fait et de droit invoqués n'ont pas suffi à renverser ladite présomption. Le devoir de la Commission de motiver ses décisions sur ce point résulte notamment du caractère réfragable de ladite présomption, dont le renversement requerrait des intéressés de produire une preuve portant sur les liens économiques, organisationnels et juridiques entre les sociétés concernées ».[256] En clair, si la présomption capitalistique doit être motivée quant à la réunion de ses conditions,

---

253 TPICE, 28 avril 1994, AWS Benelux c/ Commission, aff. T-38/92, EU:T:1994:43.

254 *Ibid., point 24.*

255 *Ibid., point 31.*

256 CJUE, 29 septembre 2011, Elf Aquitaine c/ Commission, EU:C:2011:620, point 153. Voy., également, Trib. UE, The Goldman Sachs Group c/ Commission, précité, points 179 et 180. La Cour tempère toutefois cette obligation de motivation en présence d'arguments « manifestement hors de propos, dépourvus de signification ou clairement secondaires » : voy. CJUE, 28 octobre, 2020, Pirelli c/ Commission, aff. C-611/18 P, EU:C:2020:868, points 33 à 53.

la Commission doit également motiver le rejet des arguments qu'auraient pu faire valoir les requérants pour la renverser.[257]

145. Cela se justifie pour atténuer la difficulté certaine pour une société mère de rapporter une preuve négative, c'est-à-dire le fait qu'elle n'a pas exercé de manière effective une influence déterminante sur sa filiale. Si la Cour avait souligné l'obligation faite au Tribunal d'examiner sans les rejeter, en opérant un simple renvoi à la jurisprudence, les arguments avancés par la société mère pour écarter l'application de la présomption,[258] le Tribunal aura tiré les enseignements de cette jurisprudence en relevant qu'elle valait également pour la Commission lorsqu'une société mère lui soumet un certain nombre d'éléments pour renverser la présomption de contrôle.[259]

Section 3
Le fondement de l'imputabilité

146. Il demeure en tout état de cause constant qu'une société mère peut, en droit de la concurrence de l'Union, devoir répondre d'une infraction à laquelle sa filiale a participé, dans l'hypothèse où cette dernière n'a pas agi de manière autonome. À cette fin, l'absence d'autonomie de la filiale conditionne l'imputabilité d'une pratique infractionnelle à sa société mère. Dans cette hypothèse, la société mère sera considérée comme responsable de l'infraction au même titre que sa filiale.

147. Si l'imputabilité du comportement infractionnel d'une filiale à sa société mère ne souffre aucune contestation en termes d'opportunité, elle soulève toutefois des interrogations s'agissant de son fondement. Deux fondements pourraient être discutés : la faute ou le risque.[260] À première vue, s'agissant d'une matière répressive, ne pas exiger en droit des pratiques anticoncurrentielles le constat d'une faute de la société mère pourrait être vivement contesté. Dans ses conclusions présentées dans l'affaire *Aalborg*, l'avocat général M. Ruiz-Jarabo Colomer souligne précisément que, « lorsqu'il s'agit de punir, de réprimer un comportement illicite, aucun régime de responsabilité objective ou sans cause ne peut être admis ».[261]

---

[257] Voy., notamment, L. Idot, « La responsabilité pénale des personnes morales : les leçons du droit européen de la concurrence », Concurrences, 2012, n° 1, p. 62.

[258] Voy. Bernardeau et Christienne, op. cit., n° II. 1205.

[259] *Id. Voy., à titre d'illustration, Trib. UE, 16 juin 2011, L'Air liquide c/ Commission, aff. T-185/06, EU:T:2011:275, point 79, Edison c/ Commission, aff. T-196/06, EU:T:2011:281, point 77. Pour une confirmation par la Cour, CJUE, 5 décembre 2013, Commission c / Edison, aff. C-446/11 P, EU:C:2013:798, point 42.*

[260] La faute est entendue, à cet endroit, comme un fait illicite, lequel peut résulter soit d'une action soit d'une abstention. Pour ce qui est du droit des pratiques anticoncurrentielles, elle renvoie, en principe, à la commission délibérée d'une infraction, à savoir à la violation des articles 101 TFUE et 102 TFUE. L'on relèvera également que, s'agissant de la nature de la faute, cette dernière ne saurait être exempte de toutes considérations subjectives (voy. conclusions de l'avocat général M. Ruiz Jarabo Colomer dans l'affaire Aalborg c/ Commission, précitée, point 65 : « [b]ien que son application doive être modulée lorsqu'il s'agit de personnes morales, rien n'autorise à supprimer l'élément subjectif de la faute qu'il convient néanmoins d'objectiver quelque peu. En effet, l'élément volitif au sens strict est absent dans le cas d'entités collectives, mais une fiction juridique permet de leur imputer les infractions qui résultent de leurs comportements »).

[261] Conclusions présentées le 11 février 2003 par l'avocat général M. Ruiz-Jarabo Colomer présentées le 11 février 2003 dans l'affaire Aalborg c/ Commission, aff. C-204/00 P, EU:C:2009:262, points 63 à 65.

148. Il est vrai que les régimes de responsabilité objective se retrouvent exclusivement en droit de la responsabilité civile,[262] à savoir notamment dans des régimes de responsabilité du fait d'autrui, tels que la responsabilité des parents en raison d'un fait dommageable de leurs enfants ou encore la responsabilité du commettant en raison d'un fait dommageable de son préposé. La finalité réparatrice du droit de la responsabilité civile commande clairement ici un assouplissement des conditions de la responsabilité.

149. Si la responsabilité pour faute irrigue naturellement en droit civil le principe de la responsabilité du fait personnel,[263] ce dernier irrigue tout autant la matière répressive et en particulier la matière pénale.[264] L'engagement de la responsabilité d'une personne requiert en cette matière que soit mise à sa charge une faute, laquelle est susceptible de varier en intensité.[265]

150. Pour ce qui est du droit des pratiques anticoncurrentielles, sa finalité répressive invite tout autant à envisager la faute comme seul fondement (§1). Alternativement, d'aucuns pourraient tenter d'abandonner en droit des pratiques anticoncurrentielles, à la lumière de la pratique, l'exigence du constat d'une faute. Le risque serait alors le fondement de sa responsabilité. Il faut en convenir, le recours quasi-systématique à la présomption d'exercice effectif d'une influence déterminante rend, dans les faits, l'engagement de la responsabilité de la société mère quasi-automatique : le simple constat de l'absence d'autonomie de la filiale suffit (§2).

§ 1. Un fondement admis : la faute

151. S'interroger sur une faute de la société mère comme fondement de sa responsabilité peut apparaître à première vue discutable. En principe, la société mère ne participe pas, à la différence de sa filiale, à l'infraction. Pour autant, le simple constat de la détention d'une certaine portion du capital ou des droits de votes afférents permet, en pratique, de lui imputer l'infraction à laquelle seule sa filiale a participé. Aussi, pour justifier l'engagement de la responsabilité de la société mère, il pourrait, à première vue, être envisagé que la société mère réponde d'une négligence dans la surveillance de sa filiale ou encore d'une imprudence du fait de son immixtion dans les affaires de sa filiale.[266] Mais cela ne serait pas sans

---

262 Voy., notamment, P. Mallaurie, L. Aynès, P. Stoffel-Munck, Droit des obligations, coll. « Droit civil », LGDJ, 7e éd., 2015, p. 47. Sur la responsabilité objective, voy., en particulier, Carbonnier, op. cit., p. 2257, n° 1116. Voy., également, V. Poumarede, « L'avènement de la responsabilité civile du fait d'autrui », in Mélanges en l'honneur de P. Le Tourneau, Dalloz, 2008, nos 839 et s.

263 Voy., notamment, Mallaurie, Aynès, Stoffel-Munck, op. cit., p. 39. Sur la notion de faute, voy., notamment, C. Bloch, « Définition de la faute », in F. Terré (dir.), Pour une réforme du droit de la responsabilité civile, Dalloz, coll. « thèmes et commentaires », 2011, p. 101 ; G. Viney, « Pour ou contre un "principe général" de responsabilité pour faute ? », in Et. P. Catala, Litec, 2001, p. 555.

264 Voy., notamment, X. Pin, Droit pénal général, Dalloz, 10e éd., 2019, p. 28.

265 Voy. article L. 121-3 du code pénal. Sur les différentes fautes en cette matière, voy. A. Giudicelli, « La responsabilité civile et la responsabilité pénale », in Droit de la responsabilité et des contrats – Régimes d'indemnisation, P. Le Tourneau (dir.), Dalloz, 2017, 11e éd., pp. 396 et 397.

266 Il peut être observé que, sur le plan de la responsabilité civile, les rédacteurs de la loi sur le devoir de vigilance ont privilégié, aux termes de l'article L. 225-102-5 du code de commerce, une approche qui requiert la preuve du manquement de la société mère à son obligation de vigilance, ce qui, selon certains auteurs, illustre la

induire pour la société mère un mécanisme de responsabilité du fait d'autrui et non du fait personnel.

152. Du fait de sa nature répressive, l'imputation d'une infraction au droit des pratiques anticoncurrentielles s'effectue, en principe, à la lumière du seul principe de la responsabilité personnelle. L'avocat général Mme Kokott souligne nettement que « [l]e caractère punitif des mesures prises par les autorités de la concurrence pour sanctionner des ententes illicites, notamment les amendes, indique qu'il s'agit d'une matière au moins quasi-pénale. C'est pourquoi l'imputation d'ententes illicites se fait au regard du principe de la responsabilité personnelle, qui trouve lui-même sa source dans le principe de l'État de droit et le principe de la faute ».[267] De même, les juges de l'Union ont à diverses reprises précisé que le régime selon lequel une société mère se voit imputer le comportement infractionnel de sa filiale ne relève pas de la responsabilité du fait d'autrui.[268] Ainsi, dans l'affaire *Bolloré*, le Tribunal juge que, « en matière de concurrence, le fondement de la responsabilité de la société mère n'est pas une responsabilité sans faute encourue pour autrui, mais une responsabilité pour faute et de nature personnelle ».[269]

153. Un détour par le droit pénal permet au demeurant de corroborer cette première lecture. Le principe de la responsabilité personnelle est rappelé à l'article L. 121-1 du code pénal, lequel dispose, en des termes clairs, que « nul n'est pénalement responsable que de son propre fait ».[270] Comme le précisent des auteurs, « [l]e caractère personnel de la responsabilité pénale participe de ces vérités évidentes et instinctives qui n'ont besoin pour être connues, ni de cadrans, ni de télescopes ».[271] Une personne – physique ou morale – répondra, le cas échéant, de l'infraction à laquelle elle a participé. Il en découle que, dans les relations familiales, les parents d'un mineur délinquant ne sauraient, en droit pénal, être responsables des agissements de ce dernier.[272] Selon certains auteurs, il en irait de même, par analogie, dans

---

difficulté d'envisager en droit de la responsabilité civile une responsabilité objective du fait d'autrui fondée sur la seule dépendance économique d'une filiale : voy. Viney, « L'influence souhaitable sur l'attribution des responsabilités des relations de dépendance entre sociétés », précité, p. 45 et 46.

267 Conclusions présentées le 23 avril 2009 par l'avocat général Mme Kokott dans l'affaire Akzo Nobel c/ Commission, aff. C-97/08 P, EU:C:2009:262, point 39. Ce principe est également en droit des États membres un principe ayant rang constitutionnel. Ainsi, le Conseil constitutionnel a conféré explicitement au principe de la responsabilité du fait personnel un rang constitutionnel, fondé sur les articles 8 et 9 de la Déclaration des droits de l'Homme et du citoyen relatifs respectivement au principe de légalité et à la présomption d'innocence (voy. décision du Conseil constitutionnel, 16 juin 1999, n° 99-411, point 7).

268 CJUE, 18 juillet 2013, Schindler Holding c/ Commission, aff. C-501/11 P, EU:C:2013:522, points 105 et 106 ; CJUE, 29 septembre 2011, Elf Aquitaine c/ Commission, aff. C-521/09 P, EU:C:2011:620, points 87 à 89. Voy., également, conclusions de l'avocat général M. Mengozzi présentées le 17 février 2011 dans l'affaire Elf Aquitaine c/ Commission, aff. C-521/09 P, EU:C:2011:89, point 70, auquel il rappelle que « la responsabilité de la société mère pour le comportement de ses filiales ne constitue pas une hypothèse de responsabilité objective pour le fait d'autrui, mais se fonde sur l'existence, présumée ou prouvée, d'une immixtion de la première dans la définition des orientations de la politique commerciale de la seconde et des comportements de cette dernière sur le marché ».

269 Trib. UE, 27 juin 2012, Bolloré c/ Commission, EU:T:2012:325, point 51, et CJUE, 28 octobre, 2020, Pirelli c/ Commission, aff. C-611/18 P, EU:C:2020:868, point 70.

270 Loysel l'aura en son temps clairement exprimé : « en crime, il n'y a point de garant ».

271 F. Debove, F. Faletti, E. Dupic, Précis de droit pénal et de procédure pénale, PUF, 5e ed., 2000, p. 144.

272 *Ibid., p 145. Voy., également, R. Merle, S. Vitu, Traité de droit criminel – Problèmes généraux de la science criminelle. Droit pénal général., Cujas, Paris, 6e éd., 1988, p. 635.*

les familles de sociétés : une société mère ne pourrait être reconnue pénalement responsable des faits délictueux commis par sa filiale, et ce, quand bien même cette dernière n'aurait en pratique aucune autonomie.[273] Exceptionnellement et toujours en droit pénal, une personne pourra devoir répondre du fait infractionnel d'une autre, mais à condition que l'on constate dans son chef la violation d'une obligation mise préalablement à sa charge. Il en va précisément ainsi du chef d'entreprise, lequel engagera sa responsabilité pénale en raison, schématiquement, d'un manquement à son devoir de contrôle ou à une obligation de surveillance. Dans cette hypothèse exceptionnelle, la doctrine n'y voit aucune entorse au principe de la responsabilité personnelle.[274] Le chef d'entreprise répond d'une faute qui lui est propre.

154. Deux impératifs gouvernent ainsi le régime de la responsabilité en droit de la concurrence : le constat d'une faute et l'application du principe de la responsabilité personnelle. Si la société mère est considérée, *de lege lata*, comme ayant commis l'infraction (A), il pourrait, *de lege ferenda*, être discuté la question de l'engagement de sa responsabilité du fait d'une violation d'une obligation de surveillance (B).

A. La commission de l'infraction

155. Évoquer la participation à l'infraction de la société mère pourrait sembler inattendu. Si la filiale participe directement à l'infraction, sa société mère n'en commet pour sa part aucun acte matériel. Il n'en reste pas moins que c'est bel et bien la participation à l'infraction qui justifie la responsabilité tant de la filiale que de la société mère. Il en va ainsi, *de lege lata*, grâce à une mobilisation opportune de la notion d'entreprise, au sens du droit de la concurrence, la responsabilité personnelle visée étant celle de l'entreprise (1).

156. Toutefois, tout en mobilisant la notion d'entreprise, certains arrêts du Tribunal ciblent non la responsabilité personnelle de l'entreprise, mais celle des sociétés qui la composent (2). Une étude de la jurisprudence révèle en effet deux courants jurisprudentiels qu'il convient d'exposer. Ces courants ne sont pas sans formellement pouvoir opposer le Tribunal et la Cour. Tout en parvenant à une conclusion identique, à savoir celle de l'engagement de la responsabilité personnelle des sociétés qui composent l'entreprise, au sens du droit de la concurrence, pour la participation directe à l'infraction d'une seule des sociétés la composant, ils permettent de mettre en avant les difficultés que soulèvent, dans ce contexte, l'application de la notion d'entreprise. Une approche plus restrictive pourrait consister à qualifier la société mère, non de participant fictif de l'infraction, mais de complice de sa filiale (3).

1. La commission de l'infraction par l'entreprise

157. L'imputabilité de l'infraction à la société mère, tout comme à sa filiale, s'explique par le rattachement du comportement infractionnel non à la filiale, et ce quand bien même cette dernière aurait directement participé à l'infraction, mais à l'entreprise,

---

[273] Debove, Faletti, Dupic, op. cit., p. 145. S'agissant de la responsabilité en matière civile des sociétés mères du fait dommageable de leurs filiales, voy. Viney, précité, p. 46.

[274] Voy., notamment, Bouloc, op. cit., p. 342.

c'est-à-dire à l'unité économique, que forment ensemble la société mère et sa filiale. Les sociétés – mères et filiales – s'effacent ainsi devant l'unité économique que constitue l'entreprise, au sens des articles 101 TFUE et 102 TFUE.[275] Autrement dit, si la conformité de l'imputation du comportement infractionnel d'une filiale à sa société mère peut être contestée à la lumière du principe de la responsabilité personnelle, dans la mesure où ce qui est personnel est nécessairement individuel, il n'en reste pas moins qu'une telle pratique a été justifiée par les juges de l'Union sur ce même fondement.

158. Ainsi, dans l'affaire *Akzo Nobel*, la Cour affirme que « le droit communautaire de la concurrence repose sur le principe de la responsabilité personnelle de l'entité économique ayant commis l'infraction ».[276] Il en va en substance de même dans l'affaire *Siemens Österreich*, où la Cour affirme clairement que l'auteur de l'infraction est l'entreprise, au sens du droit de la concurrence. Aussi rappelle-t-elle, d'une part, que « [l]e choix des auteurs des traités a été d'utiliser la notion d'entreprise pour désigner l'auteur d'une infraction au droit de la concurrence, susceptible d'être sanctionné en application des articles 81 CE et 82 CE, et non d'autres notions telles que la notion de société ou de personne morale, utilisée, notamment, à l'article 48 CE ».[277] D'autre part, elle ajoute que « dans certaines circonstances, une personne juridique qui n'est pas l'auteur [direct] d'une infraction au droit de la concurrence peut néanmoins être sanctionnée pour le comportement infractionnel d'une autre personne juridique, dès lors que ces personnes font toutes deux partie de la même entité économique et forment ainsi l'entreprise ayant enfreint l'article 81 CE ».[278]

159. Autrement dit, dans ces affaires, la Cour vérifie la conformité de la pratique de la Commission avec le principe de la responsabilité personnelle dans le chef de l'entreprise et non des sociétés qui la composent. C'est l'entreprise qui est l'auteur de l'infraction et, en tant qu'auteur, elle engage sa responsabilité personnelle. Les sociétés n'ont, dans cette optique, qu'un rôle procédural aux fins de la notification de la décision, dans la mesure où l'entreprise est dépourvue de personnalité juridique.

---

[275] Certains débats ayant eu lieu en droit pénal ne sont pas sans susciter des interrogations en droit de la concurrence. S'agissant de la responsabilité pénale des personnes morales, il a pu notamment être soutenu qu'il était « juridiquement impossible d'imputer une faute à une personne qui n'a ni existence réelle ni volonté propre » (voy. Bouloc, op. cit., p. 291). Si cette remarque visait à prévenir initialement l'imputabilité d'un comportement infractionnel à une société, elle pourrait être, à première vue, transposée en droit de la concurrence de l'Union, s'agissant a fortiori d'une entreprise, au sens du droit de la concurrence de l'Union, dans la mesure où cette dernière, entendue comme une unité économique, est dépourvue de toute personnalité juridique.

[276] CJCE, 10 septembre 2009, Akzo Nobel c/ Commission, aff. C-97/08 P, EU:C:2009:536, point 77.

[277] CJUE, 10 avril 2014, Siemens Österreich c/ Commission, aff. C-231/11 P à C-233/11 P, EU:C:2014:256, point 42. Une contradiction peut toutefois être relevée à la lecture de cet arrêt, dans la mesure où, au point 45, la Cour souligne également que « dans certaines circonstances, une personne juridique qui n'est pas l'auteur de l'infraction au droit de la concurrence peut néanmoins être sanctionnée pour le comportement infractionnel d'une autre personne juridique, dès lors que ces personnes font toutes deux partie de la même entité économique et forment ainsi une entreprise, au sens de l'article 101 TFUE » (italiques ajoutés). Voy., tout autant, CJUE, 26 janvier 2017, Villeroy & Boch c/ Commission, aff. C-625/13 P, EU:C:2017:51, point 145. Pour une confirmation de l'affirmation selon laquelle l'auteur de l'infraction est l'entreprise, voy. Trib. UE, 13 décembre 2018, Deutsche Telekom c/ Commission, aff. T-827/14, EU:T:2018:930, point 491. Voy., également, en ce sens, Trib. UE, 12 décembre 2018, Biogaran c/ Commission, aff. T-677/14, EU:T:2018:910, point 216.

[278] CJUE, 10 avril 2014, Siemens Österreich c/ Commission, aff. C-231/11 P à C-233/11 P, précité, point 45.

160. Cette solution pourrait toutefois juridiquement ne pas convaincre. Certes, le raisonnement sous-jacent est imparable. La responsabilité personnelle implique que tout personne réponde de son propre fait ; le fait sanctionné est le fait de l'entreprise, au sens du droit de la concurrence, et non le fait de la filiale. Il n'en reste pas moins que la question pourrait se poser de savoir s'il n'est pas erroné de considérer que l'entreprise, en tant qu'unité économique ne disposant pas de personnalité juridique, peut néanmoins être réputée avoir commis une infraction.[279] D'aucuns pourraient légitimement s'interroger sur la possibilité d'appréhender l'entreprise, au sens du droit de la concurrence, comme une « personne » du droit de la concurrence et reconnaître sa capacité à répondre de son fait « personnel ». Comme le remarquait le doyen Carbonnier, s'agissant des « unités économiques », certes dans un contexte différent, elles ne sauraient être « personnifiées » en l'absence notamment de patrimoine autonome.[280]

161. En droit de la concurrence de l'Union, la Cour semble n'y voir aucune difficulté.[281] L'entreprise ne serait qu'un artifice juridique permettant de justifier l'imputabilité du comportement infractionnel d'une filiale à sa société mère, en l'absence de dispositions juridiques précises en ce sens.[282] Dans le même temps, cette contradiction, à savoir faire d'une entité économique – et non juridique – l'auteur d'une infraction n'est pas sans conduire à s'interroger sur la recherche d'un fondement alternatif. Pour ce qui concerne la filiale, cette dernière répond nécessairement de son fait personnel. La question ne saurait se poser la concernant. En revanche, la question est plus prégnante s'agissant de sa société mère, dans la mesure où, *de lege lata*, seul le contrôle qu'elle détient sur sa filiale justifie en principe l'imputabilité de l'infraction à laquelle cette dernière a participé.[283] Ce constat pourrait

---

279 L'avocat général M. Mengozzi évoque dans ses conclusions présentées dans l'affaire précitée de « responsabilité personnelle conjointe » des sociétés composant une même entreprise, au sens du droit de la concurrence de l'Union (conclusions de l'avocat général M. Mengozzi présentées le 19 septembre 2013 dans l'affaire Siemens Österreich c/ Commission, aff. C-231/11 P à C-233/11 P, EU:C:2013:578, point 80).

280 Carbonnier, op. cit., p. 707, n° 360.

281 Voy., en ce sens, CJUE, 29 septembre 2011, Elf Aquitaine c/ Commission, aff. C-521/09 P, EU:C:2011:620, point 53.

282 Si la notion d'entreprise est majoritairement mobilisée pour imputer le comportement infractionnel d'une filiale à sa société mère, laquelle n'a, en pratique, commis aucun acte matériel de l'infraction, elle a pu également servir, au terme d'une motivation discutable, à imputer, en substance, le comportement infractionnel d'une société mère à sa filiale, laquelle avait participé, en partie, à l'infraction de sa société mère. L'infraction étant celle de l'entreprise, au sens du droit de la concurrence, toutes les sociétés composant l'entreprise et ayant participé à l'infraction, certes à des degrés différents, répondent de l'infraction de l'entreprise, au sens dudit droit, dans son ensemble (voy., pour cette hypothèse inédite, Trib. UE, 12 décembre 2018, Biogaran c/ Commission, aff. T-677/14, EU:T:2018:910, point 216). Il aurait toutefois été plus justifié, en l'espèce, de n'imputer l'infraction qu'à la société mère, sa filiale étant dépourvue d'autonomie, elle ne saurait utilement se voir imputer les actes matériels constitutifs de l'infraction de sa société mère. Par ailleurs, les doutes exprimés par le Tribunal au point 226 de son arrêt Biogaran se doivent d'être relativisés, en ce que si une société mère entend partager les actes matériels de l'infraction entre elle et ses filiales, elle demeure en tout état de cause susceptible de répondre, du fait du contrôle exercé sur ses filiales, de l'infraction dans son ensemble. Voy., également, en matière d'actions en dommages et intérêts du fait d'une pratique anticoncurrentielle, conclusions de l'avocat général M. Pitruzzella du 15 avril 2021 dans l'affaire Sumal, aff. C-882/19, EU:C:2021:293, points 48 à 69.

283 En droit allemand, la Cour de Karlsruhe a pu considérer que l'instauration d'une responsabilité de groupe était contraire au principe de la responsabilité personnelle. Imputer le comportement infractionnel d'une société à une autre constituerait une violation du principe de la responsabilité personnelle. Selon la Cour de Karlsruhe, « [d]ie Anwendung des § 13 Abs. 3 UWG, einer materiell-rechtlichen Norm, im Bereich des § 890 Abs. 1 ZPO

toutefois avoir conduit le Tribunal à repenser, certes à la marge mais de manière plus convaincante, ses éléments de démonstration.

2. La commission de l'infraction par chaque société

162. Un autre courant jurisprudentiel vise, en substance, à vérifier la conformité de la pratique de la Commission avec le principe de la responsabilité personnelle en mettant une même faute à la charge des sociétés composant l'entreprise, au sens du droit de la concurrence. Il se retrouve en particulier dans les affaires *Elf Aquitaine*,[284] *Nynäs Petroleum*[285] et, plus récemment, *Goldman Sachs*.[286]

163. Dans l'affaire *Elf Aquitaine*, la société mère soutenait qu'« aucune poursuite ne p[ouvait] être exercée et aucune condamnation à une peine ne p[ouvait] être prononcée contre une personne qui n'a été ni auteur, ni coauteur, ni complice d'une infraction ».[287] Selon cette dernière, la Commission n'avait pas démontré, à tout le moins, qu'elle avait participé de manière directe ou indirecte à l'infraction.[288] Il faut bien en convenir : cet argument n'était pas dénué de pertinence. La société mère n'avait pas participé à l'infraction, de sorte qu'aucune faute ne pouvait, à première vue, lui être sur ce point reprochée.

164. Toutefois, le Tribunal rejette le moyen tiré d'une violation du principe de la responsabilité personnelle en se référant précisément à la notion d'entreprise. Le Tribunal rappelle que c'est « le fait qu[e] [la société mère et sa filiale] constituent une seule entreprise au sens de l'article 81 CE qui habilite la Commission à adresser la décision imposant des amendes à la société mère d'un groupe de sociétés ».[289] De l'appartenance à une même entreprise, au sens du droit de la concurrence, il ajoute que « [la société mère] a été personnellement condamnée pour une infraction *qu'elle est censée avoir commise elle-même* en raison des liens économiques et juridiques qui l'unissaient à [sa filiale] et qui lui permettaient de déterminer le comportement de cette dernière sur le marché ».[290] Autrement dit, aux fins d'apprécier la conformité de la pratique de la Commission, le Tribunal

---

führt zu einem Ergebnis, das mit dem Verfassungsgrundsatz "nulla poena sine culpa" nicht vereinbar ist. Er hat zur Folge, dass jemand ohne eigene Schuld bestraft werden könnte. Die Beschwerdeführerin beruft sich daher mit Recht darauf, dass die Bestrafung ohne Schuld in dem angefochtenen Beschluss ein ihr zustehendes Grundrecht verletzt » [« l'application de l'article 13, paragraphe 3, UWG dans le domaine de l'article 890, paragraphe 1, ZPO conduit à un résultat contraire à la règle "nulla poena sine culpa". Cela conduit à condamner une personne n'ayant commis aucune faute. [...] » (traduction libre)] (BVerfGE, 25 octobre 1966, aff. 2 BvR 506/63, 20, 323. Sur cet arrêt, voy., en particulier, S. Thomas, « Guilty of a Fault that one has not Committed. The Limits of the Group-Based Sanction Policy Carried out by the Commission and the European Courts in EU-Antitrust Law », JECLAP, 2012, vol.1, n° 3, p. 16). Toutefois, cette position de la Cour constitutionnelle allemande demeure sujette à caution, à la lumière de la réforme récente du droit allemand de la concurrence, par lequel le législateur allemand a réceptionné en droit allemand la notion d'entreprise, au sens du droit de la concurrence de l'Union.

284 Voy. TPICE, 30 septembre 2009, Elf Aquitaine c/ Commission, aff. T-174/05, EU:T:2009:368.

285 Voy. Trib. UE, 27 septembre 2012, Nynäs Petroleum e.a. c/ Commission, aff. T-347/06, EU:T:2012:480.

286 Voy. Trib. UE, 12 juillet 2018, The Goldman Sachs Group c/ Commission, aff. T-347/06, EU:T:2018:445. Pour une confirmation, à la lumière d'une jurisprudence de la Cour « bien-établie », voy. Trib. UE, 13 décembre 2018, Deutsche Telekom c/ Commission, aff. T-827/14, EU:T:2018:930, point 497.

287 TPICE, 30 septembre 2009, Elf Aquitaine c/ Commission, précité, point 178.

288 *Ibid., point 179.*

289 *Ibid., point 186.*

290 *Id (italiques ajoutés).*

vérifie qu'un comportement infractionnel peut être juridiquement reproché à la société mère.[291]

165. Dans l'affaire *Nynäs Petroleum*, le Tribunal affirme que « le fait que la société mère d'un groupe [...] puisse être déclarée responsable solidairement des infractions au droit de la concurrence commises [une filiale] ne constitue nullement une exception au principe de la responsabilité personnelle, mais est au contraire une expression de ce principe, car la société mère et les filiales [...] forment ensemble une entreprise unique au sens du droit de la concurrence de l'Union, *entreprise dont elles sont responsables*, et, si de propos délibéré ou par négligence, cette entreprise viole les règles de concurrence, elle engagera la *responsabilité personnelle et solidaire de l'ensemble des personnes juridiques* entrant dans la structure du groupe ».[292] Cette formulation est reprise, *in extenso*, dans l'affaire *Goldman Sachs*, par référence à l'arrêt prononcé dans l'affaire *Nynäs Petroleum*, mais également aux conclusions de l'avocat général Mme Kokott dans l'affaire *Akzo Nobel*.

166. La référence auxdites conclusions est d'importance et permet de clarifier la position qu'entend, en substance, privilégier le Tribunal. Dans l'affaire *Akzo Nobel*, l'avocat général Mme Kokott avait également tenté de justifier l'imputation du comportement infractionnel d'une filiale à sa société mère. Selon cette dernière, « [l]a responsabilité personnelle signifie qu'une infraction au droit des ententes doit en principe être imputée à la personne physique ou à la personne morale qui exploite l'entreprise [...]. La responsabilité incombe au sujet de droit qui incarne cette entreprise ».[293] Elle ajoute que « [l]'adoption du critère de la responsabilité personnelle contribue [...] à la mise en œuvre effective des règles de la concurrence, tant il est vrai que l'exploitant d'une entreprise en détermine également le comportement commercial ».[294] Et, elle conclut que « lorsque, dans une structure

---

291 Cette position est partagée par la Cour sur pourvoi (voy. CJUE, 29 septembre 2011, Elf Aquitaine c/ Commission, aff. C-521/09 P, EU:C:2011:620, point 89). D'aucuns pourraient également expliquer la position du Tribunal par l'application simultanée des principes de la responsabilité personnelle et d'individualité des peines ; l'un étant certes le corollaire de l'autre. Il rappelle en effet que « [selon] le principe d'individualité des peines et des sanctions, une personne physique ou morale ne doit être sanctionnée que pour les faits qui lui sont individuellement reprochés, principe qui est applicable dans toute procédure administrative susceptible d'aboutir à des sanctions en vertu des règles communautaires de concurrence ». Or, il ne saurait être contestée qu'une amende se doit d'être infligée à une personne physique ou morale.

292 Trib. UE, 27 septembre 2012, Nynäs Petroleum e.a. c/ Commission, précité, point 40 (italiques ajoutés). Il importe toutefois de relever que, dans cette affaire, la position du Tribunal manque de clarté. D'une part, il fait référence à l'arrêt prononcé par la Cour dans l'affaire Akzo Nobel (C-97/08 P, EU:C:2009:536, point 77). Or, dans cette affaire, la Cour a soutenu que le principe de la responsabilité personnelle s'appréciait relativement à l'entreprise, à savoir à l'entité économique, sujet du droit de la concurrence. D'autre part, le Tribunal affirme également que « [l]e principe de la responsabilité personnelle est reconnu par la jurisprudence mais il s'applique aux entreprises et non aux sociétés ». Cette précision demeure contestable, dans la mesure où la combinaison des arrêts cités en référence ne permettent pas d'asseoir une telle affirmation. En effet, le Tribunal cite les arrêts prononcés par la Cour dans les affaires Anic, Cascades et ETI, alors même que, dans les deux premières affaires, la responsabilité personnelle s'appréciait par rapport à une personne physique ou morale, alors que dans la troisième affaire, il était fait opportunément référence à l'entreprise, à savoir à l'entité économique, dans la mesure où la question posée concernait une hypothèse de continuité économique (sur ces arrêts, voy. infra, nos 469, 510 et 563).

293 Conclusions de l'avocat général Mme Kokott présentées le 23 avril 2009 dans l'affaire Akzo Nobel c/ Commission, aff. C-97/08 P, EU:C:2009:262, point 39.

294 *Ibid., point 41.*

de groupe, une société mère exerce une influence déterminante sur ses filiales, [...] le principe de la responsabilité personnelle et l'objectif de mise en œuvre effective des règles de la concurrence exigent de [...] mett[re] en jeu la responsabilité solidaire à la fois des sociétés du groupe ayant pris part à l'entente et de la société mère. C'est le seul moyen de garantir que, au moment de la fixation du montant de l'amende, il soit tenu compte de façon appropriée de la capacité économique réelle de l'ensemble de l'entreprise, tout en évitant que la mise à exécution de l'amende ne soit mise en échec par le déplacement d'éléments du patrimoine entre la société mère et ses filiales ».[295] Autrement dit, l'avocat général Mme Kokott estime que la pratique de la Commission est conforme au principe de la responsabilité personnelle, puisque cette dernière impute l'infraction à la société, ou plus globalement, au sujet de droit (au singulier dans le texte) qui incarne l'entreprise, au sens du droit de la concurrence de l'Union.

167. À cet égard, la position privilégiée dans ces arrêts par le Tribunal conduit à vérifier le respect par la Commission du principe de la responsabilité personnelle dans le chef de chaque société composant l'entreprise, au sens du droit de la concurrence. Lorsqu'une société mère et sa filiale forment une même entreprise, elles engagent chacune leur responsabilité personnelle, lorsque l'entreprise, dont elles sont responsables, participe à une infraction au droit de la concurrence. Plus précisément, comme le souligne le Tribunal dans l'affaire *Elf Aquitaine*, les sociétés composant l'entreprise, au sens du droit de la concurrence, sont toutes réputées avoir commis elle-même l'infraction. Cette approche se comprend pour la société mère, en ce que, en s'immisçant dans la politique commerciale de sa filiale, la participation de cette dernière à l'infraction implique, en substance, que l'infraction puisse lui être rattachée.

168. Par ailleurs, si cette interprétation peut être privilégiée, elle n'est pas sans interpeler quant à l'identification de l'auteur de l'infraction : « entreprise » ou « société ». Si, par le prisme de son appartenance à une entreprise, au sens du droit de la concurrence, la société mère est réputée avoir commis elle-même l'infraction, elle devrait également être considérée comme un de ses auteurs.[296] L'auteur de l'infraction est, en règle générale, celui qui la commet et celui qui en répond en raison de son fait personnel. L'entreprise, au sens du droit de la concurrence, ne jouerait, dans cette hypothèse, qu'un rôle de vecteur de responsabilité. Toutefois, si cela se justifie amplement pour la filiale, puisque cette dernière a commis

---

[295] *Ibid., point 43.*

[296] Une telle « ligne jurisprudentielle » aura pu être identifiée par l'avocat général M. Wahl dans ses conclusions présentées dans l'affaire Akzo Nobel. Il relève que « [c]ertains arrêts retiennent [...] une perspective de « coculpabilité », en ce sens que la société mère est réputée elle-même être l'auteur de l'infraction, et ce sans qu'une quelconque différenciation n'ait été clairement opérée entre la situation où il est avéré que cette société a directement été impliquée en tant qu'auteur de l'infraction en cause et celle où l'imputation de la responsabilité de cette infraction à la société mère n'est envisagée que par ricochet » (voy. conclusions de l'avocat général M. Wahl présentées le 21 décembre 2016 dans l'affaire Akzo Nobel c/ Commission, aff. C-516/15 P, EU:C:2016:1004, point 63). D'aucuns pourraient également objecter que la société mère répond de l'infraction puisqu'elle exerçait un contrôle sur sa filiale et était dès lors celle l'ayant commise ; cette affirmation rappellerait la position de la Cour dans son arrêt prononcé dans l'affaire ICI (voy. CJCE, 14 juillet 1972, ICI c/ Commission, 48/69, point 135 : la Cour juge qu'« en considération de l'unité du groupe ainsi formé, les agissements des filiales peuvent, dans certaines circonstances, être rattachés à la société mère »).

directement l'infraction, cela pourrait être contestée pour la société mère, qui, la plupart du temps, n'est pas partie à l'infraction.

169. Indépendamment de ce constat, la question pourrait tout autant se poser de savoir si plusieurs sociétés peuvent constituer le support juridique d'une même entreprise, au sens du droit de la concurrence de l'Union. Car, en pratique, l'infraction est imputable à toutes les sociétés qui la composent. S'il ne fait aucun doute qu'une société mère va contrôler indirectement la politique commerciale de ses filiales, ces dernières ne sauraient contrôler leurs propres politiques commerciales, pour l'unique raison qu'elles sont dépourvues d'autonomie. Alternativement, une approche plus restrictive pourrait être discutée en s'inspirant du droit pénal.

3. La complicité

170. Il existe en effet de nombreuses formes de participation à une infraction en droit pénal. Si c'est à son auteur direct de devoir y répondre, en application du principe de la responsabilité personnelle, il en va tout autant de son complice. En droit de la concurrence, dans le contexte des rapports sociétés mère et filiale, la question qui se pose est alors celle de savoir si la première peut être considérée comme complice de la seconde.

171. En droit pénal, la complicité désigne le fait d'un individu qui, sans réunir en sa personne les éléments constitutifs de l'infraction, a, par un comportement positif et volontaire, aidé ou facilité sa réalisation.[297] Plus précisément, celui qui, sciemment, par aide ou assistance, a facilité la préparation ou la consommation d'un crime ou d'un délit, ou celui qui, par don, promesse, menace, ordre, abus d'autorité ou de pouvoir, aura provoqué une infraction ou donné des instructions pour la commettre.[298]

172. Si la complicité est admise en droit pénal, elle a également été admise, en substance, dans la pratique en droit de la concurrence de l'Union pour un « facilitateur de cartel ». Dans la première affaire *AC-Treuhand,* le Tribunal soulignait que, « s'agissant de la relation entre concurrents opérant sur un même marché pertinent ainsi qu'entre de tels concurrents et leurs clients, la jurisprudence reconnaît la coresponsabilité des entreprises coauteurs et/ou complices d'une infraction au sens de l'article 81, paragraphe 1, CE en considérant que la condition objective pour l'imputation à l'entreprise concernée des divers comportements infractionnels constituant l'ensemble de l'entente est remplie dès lors qu'elle a contribué à sa mise en œuvre, même de façon subordonnée, accessoire ou passive, par exemple par une approbation tacite et par une absence de dénonciation de cette entente aux autorités, l'importance éventuellement limitée de cette contribution pouvant être prise en compte dans le cadre de la détermination du niveau de la sanction ».[299]

---

297 Sur la complicité en droit pénal français, voy. Bouloc, op. cit., p. 288.

298 Voy. article L. 121-7 du code pénal.

299 TPICE, 8 juillet 2008, AC-Treuhand c/ Commission, aff. T-99/04, EU:T:2008:256, point 133. Si cet arrêt n'a fait l'objet d'aucun pourvoi devant la Cour, cette dernière, sans faire référence explicitement à la complicité, a privilégié, dans le contexte d'une seconde affaire AC-Treuhand, une interprétation extensive de la notion d'entreprise, au sens des articles 101 TFUE et 102 TFUE : voy., à cet égard, CJUE, 22 octobre 2015, AC-Treuhand c/ Commission, EU:C:2015:717, aff. C-194/14 P, point 34.

173. Dans l'hypothèse de la responsabilité d'une société mère pour le fait de sa filiale, une société mère pourrait engager sa responsabilité pour avoir fourni une aide ou une assistance à sa filiale dans la réalisation de l'infraction ou pour avoir provoqué une infraction ou bien donné des instructions pour la commettre. Certains principes de droit pénal, concernant la complicité, notamment le principe dit d'« emprunt de criminalité »[300] n'est pas dénué d'intérêt. En pratique, la Commission s'appuie régulièrement sur les liens à la fois économique mais aussi organisationnels entre la société mère et sa filiale. Il en va ainsi lorsque la société mère place certains des membres de son conseil d'administration au sein du conseil d'administration de sa filiale. De même, les sociétés mères en exigeant de leur filiale certains investissements peuvent par le biais de directives ou d'objectifs en termes de bénéfice influer directement sur leur comportement, de sorte qu'il n'est pas exclu qu'elles puissent être assimilées à des complices. Toutefois, la société mère, en tant que complice, doit-elle avoir connaissance des agissements infractionnels de sa filiale ? Là se situe toute la subtilité de la situation. La plupart du temps, les sociétés mères font valoir n'avoir eu aucune connaissance des agissements infractionnels, ni n'avoir jamais incité leur filiale – directement – à commettre une infraction. Il n'en demeure pas moins que – indirectement – les filiales n'ont que peu d'autres choix que de s'entendre pour remplir les objectifs fixés. Partant, si une telle forme de complicité devait être admise, il conviendrait de ne pas rechercher d'éléments intentionnels dans les actes du complice.

174. Si le recours à la notion de complicité peut être défendue pour appréhender le comportement de la société mère, il n'en demeure pas moins que, en application du principe de légalité des délits et des peines, toute infraction doit être prévue par la loi. À cette fin, il pourrait être considéré, comme l'avocat général M. Wahl, dans ses conclusions présentées dans la deuxième affaire *AC-Treuhand*, qu'« il appartient au seul législateur de l'Union de prévoir une infraction visant les complices aux infractions au droit de la concurrence ». Selon ce dernier, « le souhait des institutions d'assurer l'effectivité des politiques qu'elles entendent mener doit se concilier avec les impératifs de légalité et de sécurité juridique […]. [L]a doctrine de l'effet utile ne doit pas conduire la Cour à interpréter des dispositions du traité dans le sens d'une extension maximale des compétences des institutions, mais doit permettre d'interpréter les règles pertinentes conformément à leur objectif

---

300 En adaptant les mots d'un grand pénaliste français (J. Pradel, Droit pénal général, Cujas, Paris, 20e éd., 2014, n° 423, pp. 404 à 405) : « [p]our qu'un[e société] puisse être condamné[e] comme complice [d'une autre société], il faut d'abord qu'une infraction principale ait été commise. Notre droit rejette l'idée selon laquelle, [une société] est l'auteur d'un[e infraction] autonome, distinct[e], l'idée selon laquelle il y a autant d'infractions que de participants (ce qui fait disparaître toute distinction entre [une société] et [une entreprise]. Pour notre droit, il y a unité d'infraction [commise par l'entreprise] et pluralité d'auteurs [les sociétés ayant composé ladite entreprise] : dans l'ensemble infractionnel, la [pluralité de sociétés composant l'entreprise] n'est qu'un élément accessoire. Et l'on parle d'emprunt de criminalité, [une société] empruntant sa propre criminalité à celle d['une autre société], en sorte que l[a première société] et l[es autres] sont vraiment "cousus dans le même sac" (…) Plus précisément, deux traits caractérisent l'emprunt de criminalité : 1° l'acte d['une société] et d['une autre société avec laquelle, ensemble, elles ont composé une entreprise] ont la même qualification (…) 2° si l'acte commis par [la société auteur direct] n'est pas [répréhensible], celui [de l'autre société] n'est pas [non plus répréhensible] ».

et à leur but ».[301] Autrement dit, viser la société mère comme le complice de sa filiale pourrait requérir l'ajout d'une disposition spécifique en ce sens, du moins dans le règlement n° 1/2003.

B. Le manquement à une obligation de surveillance

175. Alternativement, il pourrait, *de lege ferenda*, être soutenu que la société mère doive répondre du comportement de sa filiale, en cas de manquement de sa part à une obligation de surveillance. Aussi convaincante soit-elle, cette idée pourrait susciter certaines réserves à la lumière du principe de légalité et, également, du principe de la responsabilité personnelle.

176. Le constat du manquement d'une société mère à une obligation de surveillance pourrait justifier, à première vue, l'engagement de sa responsabilité pour le comportement infractionnel de sa filiale. N'ayant pas participé à l'infraction, à savoir n'en ayant commis aucun acte matériel, la responsabilité de la société mère pourrait évoquer la violation d'une telle obligation. Si la société mère dispose de la capacité d'exercer une influence déterminante sur sa filiale, elle peut *a fortiori* être en mesure d'éviter, par la surveillance de l'activité de sa filiale, que cette dernière n'enfreigne le droit de la concurrence.

177. Assurément, cette idée n'est pas nouvelle en droit de la responsabilité. Le constat de la violation d'une obligation de surveillance était initialement requis pour engager notamment la responsabilité des parents du fait dommageable de leurs enfants.[302] Outre le droit commun de la responsabilité, le droit pénal connaît également des hypothèses, certes contestées dans leur fondement, de responsabilité dite du fait d'autrui.[303] Le chef d'entreprise peut être tenu, dans certaines hypothèses, pénalement responsable du fait d'un acte d'un de ses préposés. De manière schématique, cette responsabilité s'explique par une négligence du fait d'une violation par le préposé d'une prescription légale ou règlementaire.[304] Ainsi, sa responsabilité repose, en principe, sur le constat préalable dans son chef d'une faute personnelle.[305] L'analogie avec le droit des pratiques anticoncurrentielles s'avère ici tentante.

---

301 Conclusions de l'avocat général M. Wahl présentées le 21 mai 2015 dans l'affaire AC-Treuhand c/ Commission, aff. C-194/14 P, EU:C:2015:350, point 87.

302 Sur ce point, voy. A. Bénabent, Droit des obligations, Domat, coll. « Droit privé », 15e éd., 2016, n° 558, p. 427. Le droit anglais de la responsabilité connaît également des hypothèses de responsabilité du fait d'autrui, notamment pour l'employeur du fait des actes dommageables commis par ses employés ou pour les parents pour le dommage causé par leurs enfants. Pour ce faire, le droit anglais se fonde sur la théorie de la vicarious liability. Le droit allemand prévoit lui aussi des cas de responsabilité du fait d'autrui. Il en va notamment pour la responsabilité des parents du fait de leurs enfants. En vertu de du paragraphe 832 du BGB, les parents répondent du fait dommageable de leurs enfants en cas de violation des parents de leurs obligations de surveillance. Les régimes juridiques diffèrent toutefois, en ce que certains exigent une faute de surveillance – droits allemand et anglais – alors que d'autres, – droit français – considèrent qu'une telle responsabilité est une responsabilité objective, c'est-à-dire indépendante de toute faute de surveillance.

303 Sur les débats relatifs aux fondements de la responsabilité pénale « du fait d'autrui », voy., notamment, Merle et Vitu, op. cit., p. 639.

304 Voy., notamment, B. Bouloc, H. Matsopoulou, Droit pénal général et procédure pénale, 21e éd., Sirey, 2018, p. 316, et Pradel, op. cit., p. 387. Voy., également, T. Amico, « Le groupe de sociétés en droit pénal : une réalité économique mais un objet juridique non identifié », Journal des sociétés, octobre 2017, n° 156, p. 18.

305 Bouloc, op. cit., p. 342.

178. On pourrait néanmoins objecter que la preuve de la violation d'une obligation de surveillance de la société mère rendrait la tâche de la Commission beaucoup plus complexe, le risque étant de porter atteinte à l'effet utile des règles de concurrence. Il faut en convenir : faire reposer la responsabilité d'une société mère sur le constat d'une telle violation ne s'avère pas, à première vue, aisé. Il n'en reste pas moins que la Commission pourrait avoir, à cet endroit, recours à une présomption de faute. La simple participation de la filiale à l'infraction pourrait permettre de présumer la violation par la société mère de son devoir de surveillance. S'agissant de la preuve de cette faute, rien ne s'oppose à ce qu'une faute dans l'obligation de surveillance soit présumée, à la condition toutefois qu'une telle présomption ne soit pas irréfragable, sauf à glisser vers un régime de responsabilité objective. Cette lecture pourrait être corroborée à la lumière du droit pénal, où, dans certaines hypothèses, la faute retenue à l'encontre du dirigeant a pu être soit présumée, soit totalement inexistante, la seule participation du préposé à une infraction ayant suffi à démontrer la responsabilité du chef d'entreprise.[306]

179. S'agissant de la preuve contraire, la mise en œuvre généralisée de programmes de conformité au sein des groupes de sociétés pourrait plaider pour l'absence de faute de surveillance d'une société mère.[307] La jurisprudence de la Cour pourrait toutefois s'y opposer. Ainsi, dans son arrêt prononcé dans l'affaire *Schindler Holding*, la Cour a jugé que le non-respect des instructions adressées par des sociétés mères à leurs filiales dans le cadre des programmes de mise en conformité, de ne pas adopter des pratiques commerciales anticoncurrentielles n'interdit pas d'imputer aux sociétés mères la responsabilité des infractions au droit des ententes commises par leur filiale.[308] Cette position de la Cour pourrait se justifier, même dans le cas d'un manquement de la société mère à son obligation de surveillance. Le simple fait de mettre en place, de manière généralisée, des programmes de conformité ne saurait démontrer le respect par la société mère de son obligation de surveillance.

180. Un deuxième obstacle peut être identifié : celui de la mise en œuvre d'un régime de responsabilité du fait d'autrui. Si le constat d'une négligence pourrait constituer une faute imputable à la société mère, un tel constat pourrait s'insérer, à première vue, non dans le cadre d'un régime de responsabilité pour un fait personnel mais de responsabilité pour un fait d'autrui. Or, la responsabilité du fait d'une pratique anticoncurrentielle résulte d'un régime de responsabilité personnelle. Le Tribunal l'aura rappelé dans l'affaire *Bolloré* : en droit des pratiques anticoncurrentielles, la responsabilité est une « responsabilité pour faute et de nature personnelle ».[309]

181. Là encore, un détour par le droit pénal pourrait permettre de répondre à la question de la conformité d'une telle pratique avec le principe de la responsabilité personnelle. En cette matière, pour ce qui est des chefs d'entreprise, les auteurs considèrent qu'une telle pratique ne saurait s'analyser comme une violation de la règle selon laquelle

---

306 Voy., notamment, Bouloc et Matsopoulou, op. cit., p. 226, et Pradel, op. cit., p. 389.

307 Voy. Thomas, « Guilty of a Fault that one has not Committed. The Limits of the Group-Based Sanction Policy Carried out by the Commission and the European Courts in EU-Antitrust Law », précité, p. 17. L'auteur considère que la mise en œuvre de programme de conformité au sein d'un groupe de sociétés permettrait à une société de démontrer qu'elle a mis tout en œuvre pour éviter une infraction dans le chef de sa filiale.

308 CJUE, 18 juillet 2013, Schindler Holding c/ Commission, aff. C-501/11 P, EU:C:2013:522.

309 Trib. UE, 27 juin 2012, Bolloré c/ Commission, EU:T:2012:325, point 51.

nul n'est responsable que de son propre fait, dans la mesure où le juge sanctionne le chef d'entreprise, qui, par sa faute, a rendu possible l'infraction de son préposé.[310] En d'autres termes, l'infraction du préposé révèle une faute personnelle imputable au chef d'entreprise. Du fait de sa nature quasi-pénale, un tel raisonnement pourrait être plus facilement transposé en droit des pratiques anticoncurrentielles.

182. Ainsi, constater dans le chef d'une société mère un manquement à un devoir de surveillance pourrait, en principe, être conciliable avec les impératifs juridiques qui gouvernent les matières répressives. Qui plus est, si une telle solution venait à être *de lege ferenda* privilégiée, elle conduirait assurément à un changement de paradigme. Il ne serait aucunement requis d'appréhender l'entreprise, composée schématiquement d'une société mère et d'une filiale, en tant qu'auteur de l'infraction. Toutefois, cette possibilité relève davantage de l'hypothèse, en ce qu'elle pourrait nécessiter, aux fins de se conformer avec le principe de légalité, à tout le moins, une modification du règlement n° 1/2003.

§ 2. Un fondement discuté : le risque

183. Tout autant hypothétique, mais assurément effectif, serait de faire reposer la responsabilité de la société mère non pas sur une faute mais sur le risque que pourrait présenter le contrôle d'une filiale sur un marché donné.

184. Il est vrai que mobiliser le risque comme fondement de la responsabilité de la société mère s'avère discutable. Le droit des pratiques anticoncurrentielles relève de la matière répressive ou quasi-pénale, de sorte que, en cette matière, seul le constat d'un fait illicite pourrait justifier l'engagement de la responsabilité de la société mère.[311] Dans ses conclusions présentées dans l'affaire *Aalborg*, l'avocat général M. Ruiz-Jarabo Colomer souligne précisément que, « lorsqu'il s'agit de punir, de réprimer un comportement illicite, aucun régime de responsabilité objective ou sans cause ne peut être admis ».[312]

185. Sans remettre en cause cette affirmation, une étude de la pratique pourrait générer une appréciation plus nuancée.[313] Un constat s'impose en effet. La société mère est

---

310 Comme le souligne clairement un auteur, « que l'on fonde la responsabilité pénale du chef d'entreprise sur une faute personnelle ou sur sa qualité d'auteur moral, dans l'un et l'autre cas, il ne s'agit pas véritablement d'une responsabilité pénale du fait d'autrui, mais plutôt d'une responsabilité personnelle à raison du fait délictueux commis matériellement par autrui. Si bien que la dérogation aux principes que nul n'est punissable qu'à raison de son fait personnel, et que la sanction pénale ne peut frapper que l'auteur de l'infraction, est plus apparente que réelle » (Bouloc, op. cit., p. 342). Sur ce point, voy., également, Pin, op. cit., p. 322, n° 322. Il pourra être également relevé que le droit anglais, bien que n'admettant pas le principe de la responsabilité pénale pour autrui, connaît également des exceptions sur le fondement de la théorie dite de la « vicarious liability ». Il en va ainsi en cas de manquement d'un dirigeant d'entreprise à son obligation de surveillance dans l'hypothèse d'une infraction commise par un de ses employés (voy. Pradel, Droit pénal comparé, op. cit., pp. 117 et 118).

311 S'agissant de la mobilisation discutable du risque en droit pénal, voy., notamment, Merle et Vitu, op. cit., pp. 639 et 640.

312 Conclusions présentées le 11 février 2003 par l'avocat général M. Ruiz-Jarabo Colomer dans l'affaire Aalborg c/ Commission, aff. C-204/00 P, EU:C:2009:262, points 63 à 65.

313 La Cour reconnaît expressément, hors le cadre de la notion d'entreprise, au sens du droit de la concurrence, la possibilité de tenir responsable une société pour les agissements d'un prestataire de service prétendument indépendant, dans l'hypothèse où la société détiendrait uniquement le contrôle sur ce dernier (voy. CJUE, 21 juillet 2016, VM Remonts, aff. C-542/14, EU:C:2016:578, point 27).

considérée, *de lege lata*, comme ayant participé de manière fictive à l'infraction de par son appartenance avec sa filiale à une même entreprise, au sens du droit de la concurrence. Or, le périmètre de l'entreprise est déterminé par le constat de l'exercice par la société mère du contrôle sur sa filiale. Ainsi, le seul constat du contrôle permettrait de considérer, en pratique, que la société a participé à l'infraction. Or, sans se fonder sur une fiction, à savoir celle de la participation de la société mère à l'infraction, il pourrait être tout autant défendu que la société mère répond de l'infraction du seul fait de l'autorité qu'elle exerce sur sa filiale. Si, *de jure*, la société mère répond de sa participation, certes fictive, à l'infraction, elle répond, également *de jure*, du fait de sa filiale en raison de l'exercice d'une influence déterminante.[314] Les conditions d'une responsabilité du fait d'autrui fondée sur le risque pourraient être, à première vue, réunies, soit en raison de l'autorité exercée (A), soit en raison du profit retiré de l'activité de sa filiale (B).

A. Le risque-autorité

186. Le risque-autorité est un des fondements communément, admis notamment de la responsabilité des parents pour un fait dommageable de leurs enfants.[315] L'idée est simple : en exerçant une autorité sur leurs enfants, les parents répondent du fait dommageable de leurs enfants. Cette idée pourrait tout autant irriguer, à première vue, le droit des pratiques anticoncurrentielles. Une société mère répondrait de l'infraction de sa filiale, dans la mesure où elle est en mesure d'exercer sur cette dernière un contrôle.[316]

---

314 Voy., notamment, pour les arguments tirés de la mise en œuvre par la Commission d'une responsabilité objective, Trib. UE, 16 juin 2011, Edison c/ Commission, aff. T-196/06, EU:T:2011:281, point 81, 13 juillet 2011, Eni c/ Commission, aff. T-39/07, EU:T:2011:356, points 68 et 71 ; 16 septembre 2013, Repsol Lubricantes y Especialidades c/ Commission, aff. T-496/07, EU:T:2013:464, point 128.

315 Sur l'évolution des fondements de la responsabilité civile des parents du fait dommageable de leurs enfants, voy., notamment, Carbonnier, op. cit., p. 2329, n° 1157. Voy., également, G. Viney, P. Jourdain, Les conditions de la responsabilité, in Traité de droit civil, J. Ghestin (dir), 3e éd., LGDJ, 2006, p. 1142. Sur l'incidence de la théorie du risque, voy., en particulier, G. Viney, Introduction à la responsabilité, in Traité de droit civil, J. Ghestin (dir), 2e éd., LGDJ, 1995, pp. 82 et 84.

316 Un tel régime de responsabilité a pu être proposé, sans être retenu, pour la mise en œuvre d'une responsabilité d'une société mère pour un fait dommageable de sa filiale. L'article 1360 de l'avant-projet Catala disposait, d'une part, que « [devait] [être] responsable celui qui contrôle l'activité économique ou patrimoniale d'un professionnel en situation de dépendance, bien qu'agissant pour son propre compte, lorsque la victime établit que le fait dommageable est en relation avec l'exercice du contrôle ». Et d'ajouter qu'« [i]l en [était] ainsi notamment des sociétés mères pour les dommages causés par leurs filiales ». Sur la nature de la responsabilité, l'article 1355 précisait, d'autre part, que cette responsabilité devait être une responsabilité de plein droit. En effet, il soulignait que l'« [o]n est responsable de plein droit des dommages causés par ceux dont on règle le mode de vie ou dont on organise, encadre ou contrôle l'activité dans son propre intérêt »). Au contraire, le projet Terré proposait qu'« une société ne répond[e] du dommage causé par la société qu'elle contrôle ou sur laquelle elle exerce une influence notable que si, par une participation à un organe de cette société, une instruction, une immixtion ou une abstention dans sa gestion, elle a contribué de manière significative à la réalisation du dommage ». Et de préciser également qu'« [i]l en va de même lorsqu'une société crée ou utilise une autre société dans son seul intérêt et au détriment d'autrui » (voy. rapport du groupe de travail en vue d'une réforme du droit de la responsabilité civile, article 7). Sur la responsabilité des sociétés mères du fait de leur filiale, voy., également, B. Fages, « La réforme de la responsabilité du fait d'autrui et le sort réservé aux sociétés mères », Revue des contrats, janvier 2007, n° 1, p. 115 et B. Grimonprez, « Pour une responsabilité des sociétés mères du fait de leurs filiales », Revue des sociétés, 2009, p. 715, n° 3 et n° 20.

187. Toutefois, en droit des pratiques anticoncurrentielles, l'engagement de la responsabilité de la société mère découle plus particulièrement de l'immixtion de cette dernière dans la politique commerciale de sa filiale. Il n'est pas limité à la seule preuve de la possibilité d'exercer un tel contrôle. Le constat du contrôle de la société mère sur sa filiale requiert une double preuve : l'exercice potentiel et effectif d'une influence déterminante. L'exercice effectif de l'influence déterminante permet de démontrer, en pratique, l'immixtion de la société mère dans la politique commerciale de sa filiale. C'est cette immixtion qui permet de considérer que la société mère a commis elle-même l'infraction de sa filiale.

188. La dualité du contrôle ne remet toutefois pas en cause le constat selon lequel la société mère répond, en substance, de l'infraction de sa filiale, dans la mesure où elle exerce sur elle une autorité, et ce, sans que cette autorité soit nécessairement en lien direct avec l'infraction. L'immixtion de la société mère dans la politique commerciale de sa filiale n'est pas subordonnée au constat d'une immixtion dans le secteur en lien avec l'infraction. *De lege lata*, c'est uniquement par une mobilisation opportune de la notion d'entreprise, dont le périmètre est déterminé par rapport au constat du contrôle de la société mère sur sa filiale, qu'il est porté au compte de la société mère l'infraction de sa filiale. Sans mobilisation de cette notion, force serait de constater que la société mère répond de l'infraction de sa filiale du seul fait du contrôle exercé.[317]

189. Il faut par ailleurs relever que la preuve de l'exercice effectif de l'influence déterminante est, en pratique, rapportée grâce au mécanisme de la présomption. La détention d'une certaine proportion du capital social ou de certains droits de vote permet de considérer que la société mère a exercé de manière effective une influence déterminante sur sa filiale. Aussi le recours quasi-systématique au mécanisme de la présomption, laquelle n'a, à ce jour, jamais été renversée, n'est-il pas sans interroger quant à l'importance de cette condition. Sur ce point, il pourrait toutefois être tenté de considérer que la seule appartenance à un groupe de sociétés suffit pour considérer que la société mère exerce une autorité sur sa filiale, de sorte que la simple analyse des liens capitalistiques et des droits y associés, suffirait. En clair, la société mère répondrait en pratique de l'infraction à laquelle sa filiale a participé de manière quasi-automatique, de sorte que les arguments tirés de la mise en œuvre d'une responsabilité objective du fait d'autrui n'apparaissent pas dénués de tout fondement en droit. L'enjeu demeure important, puisque, relevant de la matière répressive, le droit des pratiques anticoncurrentielles ne saurait, en principe, se fonder sur une responsabilité objective.[318] Si l'idée d'une responsabilité de la société mère en tant que société dominante sur une filiale dépourvue d'autonomie peut se justifier dans le cadre d'une matière à visée indemnitaire, elle s'avère néanmoins discutable dans la mise œuvre dans la sphère publique du droit des pratiques anticoncurrentielles.

---

317 Si une telle solution venait à être, de lege ferenda, privilégiée, elle entraînerait tout autant un changement de paradigme pour l'entreprise. Cette dernière ne serait plus appréciée à l'échelle d'un groupe de sociétés mais uniquement à l'échelle d'une seule société. Par ailleurs, si le législateur entendait faire reposer la responsabilité de la société mère sur le seul constat de son autorité sur sa filiale, il conviendrait assurément d'envisager une modification, à tout le moins, du règlement n° 1/2003.

318 Voy. Merle et Vitu, op. cit., p. 640. Les auteurs font valoir que « [la notion de risque] est incompatible avec les principes généraux du droit pénal rétributif, et il n'est nullement nécessaire de recourir à elle ».

B. Le risque-profit

190. Outre l'autorité de la société mère sur sa filiale, le profit que la première pourrait tirer de l'infraction de la seconde pourrait tout autant, à première vue, être pris en compte. Le risque-profit a pu justifier des régimes de responsabilité civile objective du fait d'autrui. Il en a été ainsi de la responsabilité des commettant du fait de leurs préposés.[319] Son application à l'imputation du comportement infractionnel d'une filiale à sa société mère pourrait être discutée. À première vue, il faut certes relever que cette question se pose non pas dans une logique de réparation mais dans une logique de répression. Toutefois, ce sont les fondements qui ont justifié le développement d'une telle responsabilité qui présentent un intérêt s'agissant des relations, en droit de la concurrence, entre une société mère et sa filiale. Selon la théorie du risque-profit, toute personne qui tire profit d'une activité doit répondre du dommage que cette dernière viendrait à causer.

191. En droit de la concurrence, la société mère détient une partie, voire la totalité, du capital social de sa filiale. En d'autres termes, elle perçoit les bénéfices en tant qu'actionnaire. Il peut être dès lors légitimement supposé qu'elle dispose d'un intérêt financier à la réussite de sa filiale. Si tel est le cas, et qu'elle tire profit de l'activité de sa filiale, elle pourrait, en application de la théorie du risque-profit,[320] être responsable du comportement de la filiale.

192. Cette idée trouve un écho certain en pratique, en ce qu'elle a permis de confirmer l'imputation à une société mère du comportement infractionnel de sa filiale. Dans l'affaire *Dow Chemicals*, le Tribunal avait notamment justifié, à titre certes surabondant, que, « étant donné que les *gains éventuels* résultant d'activités illégales bénéficient aux actionnaires, il ne paraît pas inéquitable de faire porter à ceux qui disposent du pouvoir de contrôle la responsabilité des activités commerciales illégales de leurs filiales ».[321] Sur un plan théorique, certains auteurs expliquent également l'imputation du comportement infractionnel d'une filiale à un actionnaire minoritaire ou à une société détenant la moitié du capital social d'une filiale par la volonté d'infliger une amende à la société qui profite économique et financièrement du cartel.[322] Dans le même ordre d'idée, un auteur a pu, certes s'agissant de la responsabilité civile, soutenir qu'il conviendrait de raisonner par rapport à l'entreprise, en tant que vecteur de responsabilité. En clair, les sociétés qui tirent profit de l'activité de l'entreprise seraient susceptibles de répondre du comportement de la filiale. Cette possibilité présente un intérêt certain en droit de la concurrence, en ce que la société mère tire bel et bien profit de la participation de l'entreprise, dont sa filiale est le support juridique, à l'infraction.[323]

---

[319] Sur les débats relatifs aux fondements de la responsabilité civile des commettants, voy., notamment, Carbonnier, op. cit., p. 2338, n° 1163.

[320] Le commettant tire profit de l'activité de son préposé (voy., en particulier, D. Mazeaud, « autorité du commettant et responsabilité : approche de droit civil », Revue Lamy droit civil, n° 51, 1er juillet 2008, nos 5 et 6).

[321] Trib. UE, 2 février 2012, Dow Chemical/Commission, aff. T-77/08, EU:T:2012:47, point 101 (italiques ajoutés).

[322] Voy. D. Bailey, O. Odudu, « The single economic entity doctrine in EU competition law », Common market law review, 2017, p. 1753.

[323] Voy. B. Dondero, « La responsabilité dans les sociétés et les groupes : incidence de la personnalité morale et de l'organisation sociétaire », Séminaire du Collège de France, 15 mars 2016, disponible à l'adresse suivante : https://www.college-de-france.fr/site/alain-supiot/seminar-2016-03-15-09 h 30.htm.

193. Toutefois, cette analogie pourrait demeurer limitée en droit de la concurrence. Elle impliquerait de rechercher les sociétés ou les personnes physiques qui bénéficient de l'activité des filiales qui participent directement à une infraction. Il conviendrait pour la Commission non de rechercher la société ayant fourni des instructions ou ayant exercé une influence déterminante sur le comportement de la filiale mais de suivre le flux des bénéfices. En clair, répondre à la question : où va l'argent ? Aussi admettre un tel régime reviendrait-il à instaurer en droit de la concurrence une responsabilité objective fondée sur le risque et non sur une faute, qu'elle soit démontrée ou présumée.

194. Par ailleurs, si un tel régime a le mérite de la simplicité, il pourrait faire peser sur certains actionnaires une obligation au paiement de l'amende proportionnellement à leur participation dans le capital social de la filiale. Un tel régime multiplierait les responsables potentiels dans le cas où la filiale serait détenue par plusieurs actionnaires et complexifierait le travail de la Commission tout comme les contentieux subséquents en cas d'actions récursoires entre débiteurs potentiellement solidaires.[324]

195. Il convient d'ajouter que la théorie du risque-profit peut sembler incompatible avec les objectifs du droit de la concurrence. La théorie du risque a été développée afin de garantir l'indemnisation des victimes d'un dommage. Or, lorsqu'il est mis en œuvre en *public enforcement,* le droit de la concurrence vise à sanctionner les auteurs d'une infraction et non à indemniser une victime. Partant, la théorie du risque-profit peut être inadaptée pour ce qui est de la sphère publique du droit de la concurrence. En revanche, elle retrouve un intérêt pour ce qui est de la sphère privée, en ce que l'objectif que poursuivent les actions en dommages et intérêts est bel et bien d'indemniser les victimes d'une pratique anticoncurrentielle du préjudice qu'elles auraient subi.

196. Certes, la recherche d'un fondement alternatif pourrait se justifier, dans la mesure où la construction juridique permettant de justifier l'imputabilité du comportement infractionnel de la filiale à sa société mère peine à convaincre. Il n'en reste pas moins que, si les deux conditions, en application desquelles deux sociétés appartiennent à une même entreprise, au sens du droit de la concurrence, ne sont pas sans se rapprocher d'une responsabilité pour autrui, la nature quasi-pénale ou répressive du droit des pratiques anticoncurrentielles commande qu'une solution fondée sur le principe de la responsabilité personnelle soit privilégiée. En tout état de cause, il convient d'éviter la distinction artificielle entre l'auteur de l'infraction, à savoir l'entreprise, au sens du droit de la concurrence, qui répond, en théorie, de son fait « personnel », et les sujets imputables, à savoir la filiale et sa société

---

[324] Sur l'application de la théorie du risque-profit dans le cadre d'actions récursoires entre codébiteurs solidaires, voy., notamment, l'arrêt du Bundesgerichtshof dans l'affaire Gigaset : BGH, 10 mai 2005, Gigaset, VI ZR 366/03, NJW 2005, 2309, 2310. La Cour fédérale allemande considère que les codébiteurs solidairement responsables d'une amende à la suite d'une décision de la Commission pour une infraction au droit de la concurrence disposent d'un droit au remboursement, droit qui sera à déterminer en fonction des circonstances de l'espèce (analyse au cas par cas), en prenant en compte la participation exacte de chaque société dans la survenance du dommage et les caractéristiques de l'affaire. Les juges allemands devront prendre en compte, notamment, la part de la société mère dans le capital de sa filiale, l'exercice de l'influence déterminante, l'existence d'un contrat de cession de bénéfice.

mère, qui sont susceptibles de répondre, en pratique, de l'infraction. Seules les sociétés, en ce qu'elles appartiennent à l'entreprise, au sens du droit de la concurrence, doivent être considérées comme les auteurs de l'infraction, l'entreprise n'étant, dans ce contexte, qu'un vecteur de responsabilité. Si l'entreprise joue un rôle déterminant au stade de l'imputabilité de l'infraction en tant que fondement de l'imputabilité de l'infraction commise par la filiale à sa société mère, il n'en va en effet pas de même au stade de l'imputation.

Chapitre 2
L'imputation de l'infraction

197. En droit de la concurrence de l'Union, une société mère et sa filiale formeront une même entreprise, au sens dudit droit, à condition que la première ait exercé de manière effective sur la seconde, pendant l'infraction, une influence déterminante. Cette entreprise, considérée par le droit de la concurrence de l'Union comme l'auteur de l'infraction, n'en est pas moins également dépourvue de la personnalité juridique, depuis notamment que la pratique identifie l'entreprise, au sens du droit de la concurrence de l'Union, à l'unité économique que forment de manière schématique une filiale et sa société mère.

198. Cette absence de personnalité juridique n'est pas sans soulever d'épineuses problématiques au stade de l'imputation de l'infraction, dans la mesure où cette action requiert d'identifier une ou plusieurs personnes juridiques susceptibles de se voir porter l'infraction à leur compte et, *in fine*, d'en répondre juridiquement ; l'identification d'une personne juridique s'avère ainsi indispensable pour l'application et l'exécution des décisions.[325]

199. Or, en ce qu'elle est dépourvue de personnalité juridique, l'entreprise ne saurait se voir imputer une infraction.[326] Aussi convient-il d'identifier, au sein de l'entreprise, laquelle ou lesquelles des personnes juridiques la composant doit en répondre. Sur ce point, la Commission a déjà précisé formellement que les sociétés concernées « représentent » l'entreprise.[327]

200. Initialement, lorsque l'entreprise n'était pas identifiée à l'unité économique mais à la personne juridique responsable de l'infraction, la question de la personne juridique devant en répondre ne se posait pas en des termes identiques.[328] Sauf exception, la société à laquelle l'infraction était imputable se

---

325 Sur ce point, voy., en particulier, TPICE, 20 avril 1999, Limburgse Vinyl Maatschappij e.a. c/ Commission, aff. T-305/94, T-306/94, T-307/94, T-313/94, T-314/94, T-315/94, T-316/94, T-318/94, T-325/94, T-328/94, T-329/94 et T-335/94, EU:T:1999:80, points 978 et 979. Que l'on pense notamment à la communication des griefs ou au respect des droits de la défense du destinataire de la décision. Voy., également, Comm. CE, déc. n° 89/515/CEE du 2 août 1989, Treillis soudés, aff. IV/31.553, JOCEE n° L 260 du 2 août 1989, p. 1, cons. 195. La Commission souligne qu'« [i]l pourrait être extrêmement difficile de percevoir une amende infligée au titre de l'article 192 du traité CEE si la décision n'était pas adressée à une entité dotée de la personnalité juridique ».

326 CJCE, 28 juin 2005, Dansk Rørindustri e.a. c/ Commission, aff. C-189/02 P, C-202/02 P, C-205/02 P à C-208/02 P et C-213/02 P, EU:C:2005:408, point 113.

327 Sur la nécessité d'identifier une société « représentant » l'entreprise, au sens du droit de la concurrence de l'Union, voy., notamment, Comm. CE, déc. n° C(2009) 8682 final du 11 novembre 2009, Stabilisants thermiques, aff. COMP/38589, JOCE n° C 307 du 12 novembre 2010, p. 9, cons. 502. La Commission souligne qu'« [i]l est [...] nécessaire de définir l'entreprise qui sera tenue pour responsable de l'infraction à l'article [101] du [TFUE] en identifiant une ou plusieurs personnes morales pour représenter l'entreprise ».

328 Voy. CJCE, 14 juillet 1972, Imperial Chemical Industries c/ Commission, 48/69, EU:C:1972:70, point 133. Voy., également, CJCE, 21 février 1973, Europemballage Corporation et Continental Can c/ Commission, aff. 6/72, EU:C:1973:22, point 15.

voyait nécessairement imputer l'infraction.[329] D'une part, pour ce qui concerne l'hypothèse d'une infraction commise par une filiale, seule la société mère en répondait, à condition toutefois que le comportement de la filiale lui soit rattaché. Dans ce contexte, la société mère était considérée comme étant l'auteur de l'infraction.[330] D'autre part, la filiale ne pouvait se voir imputer une infraction, dans la mesure où elle était en réalité l'œuvre de sa société mère.[331] En d'autres termes, l'absence d'autonomie économique de la filiale lui permettait d'échapper à sa responsabilité. En clair, une seule société du groupe était susceptible de répondre d'une infraction.

201. Toutefois, l'identification de l'entreprise et de l'unité économique formée par une filiale et sa société mère a, d'une part, multiplié le nombre de sociétés susceptibles de devoir répondre d'une même infraction. Plus le périmètre de l'entreprise, au sens du droit de la concurrence, est étendu, plus le nombre de sociétés en constituant le support juridique le sera.[332] À cet égard, dès l'arrêt prononcé par la Cour dans l'affaire *Commercial Solvents*,[333] certains auteurs ont mis en lumière une évolution quant à la finalité de l'imputation d'une infraction en droit de la concurrence. Si l'imputation permettait initialement d'identifier l'auteur de l'infraction, elle n'intervenait que pour des préoccupations techniques, à savoir la mise en œuvre du droit de la concurrence.[334] D'autre part, elle a permis l'imputation d'un même comportement infractionnel à plusieurs sociétés : en pratique, une filiale et sa société mère, sans pour autant être en contradiction avec le principe de la responsabilité personnelle, dans la mesure où le comportement n'est pas le fait de la filiale ou de sa société mère mais le fait, en théorie, de l'entreprise, au sens du droit de la concurrence de l'Union.

202. Face à la multiplication des sociétés susceptibles de devoir répondre d'une infraction, la question se pose de savoir si toutes doivent nécessairement en répondre. Il devra être déterminé si la Commission bénéficie d'une certaine latitude pour porter une infraction au compte d'une société ou si elle doit imputer l'infraction dès que cette dernière s'avère imputable. Sur ce point, les juges de l'Union ont, en substance, confirmé que la Commission disposait d'un pouvoir discrétionnaire pour choisir la ou les sociétés qui répondra/ont de l'infraction, c'est-à-dire de circonscrire l'entreprise, au sens du droit de la concurrence, à l'origine de l'infraction (section 1). Toutefois, la mobilisation de la notion d'entreprise n'est pas dénuée de conséquences juridiques, notamment en ce qu'elle implique des

---

329 *Ibid.*

330 Sur ce point, voy. Lyon-Caen, « Droit européen de la concurrence et groupe », précité, n° 387, p. 357. Voy., également, Idot, th. précitée, n° 176, p. 187.

331 *Ibid.*

332 Voy., en particulier, Comm. CE, déc. n° 94/601/CE du 13 juillet 1994, Carton, aff. IV/C/33.833, JOCE n° L 234 du 19 septembre 1994, p. 1, cons 140. La Commission fait valoir clairement que « [d]ans le cadre des grands groupes de sociétés, chacune des entités suivantes peut, selon le cas, être considérée comme une "entreprise" la société mère ou holding du groupe ; le groupe entier, c'est-à-dire la société mère et ses filiales directes ou indirectes ; les holdings intermédiaires ; les sous-groupes ou divisions constitués par les sous-holdings et leurs filiales ; les filiales considérées individuellement ».

333 CJCE, 6 mars 1974, ICI et Commercial Solvents c/ Commission, aff. 6 et 7/73, EU:C:1974:18

334 Sur ce point, voy. Lyon-Caen, « Droit européen de la concurrence et groupe », précité, n° 387, p. 357. Voy., également, Idot, th. précitée, n° 176, p. 187.

sociétés qui la composent, lesquelles répondront *in fine* de l'infraction. Ainsi, l'exercice du pouvoir discrétionnaire demeure assurément encadré et soumis au contrôle du juge (section 2).

Section 1
Un pouvoir discrétionnaire

203. La notion de pouvoir discrétionnaire ne saurait se confondre avec celle de marge d'appréciation. Une marge d'appréciation peut être laissée à l'autorité en présence notamment d'un concept juridique indéterminé. À titre d'illustration, en droit de la concurrence de l'Union, la notion d'entreprise, au sens des articles 101 TFUE et 102 TFUE, a pu relever de la catégorie des notions juridiques indéterminées. Or, depuis les arrêts de la Cour prononcés notamment dans les affaires *Höfner*[335] et *Akzo Nobel*[336], cette notion a fait l'objet d'une interprétation qui semble aujourd'hui constamment reprise, de sorte que, en l'absence d'indétermination, aucune marge d'interprétation ne saurait être conférée à la Commission ou aux autorités nationales de concurrence. Par ailleurs, une marge d'appréciation sera également conférée à une autorité administrative compétente en présence d'une situation factuelle complexe. Rapporté à la problématique de l'entreprise, les autorités de concurrence auront une marge d'appréciation pour apprécier la matérialité des liens juridiques et organisationnels entre deux sociétés pour déterminer si elles appartiennent à une même entreprise, au sens des articles 101 TFUE et 102 TFUE.

204. Ensuite, un tel concept doit assurément être distingué de l'arbitraire : la décision arbitraire n'est pas le « résultat d'une règle existante, mais le produit d'une volonté libre ».[337] Autrement dit, à la différence de l'arbitraire, le pouvoir discrétionnaire s'inscrit dans un cadre juridique déterminé et ne saurait être juridiquement illimité.

205. Enfin, si le pouvoir discrétionnaire renvoie nécessairement au choix laissé à l'autorité compétente pour déterminer son action, il y a lieu de distinguer entre le choix d'exercer sa compétence et le choix dans l'exercice de sa compétence. Pour le premier, il s'agit du pouvoir discrétionnaire d'action. Par exemple, il renvoie, par analogie avec le droit pénal français, au principe d'opportunité des poursuites, en application duquel le ministère public est autorisé à ne pas déclencher des poursuites alors qu'il possède l'assurance qu'une infraction présentant tous les éléments constitutifs prévus par l'incrimination a bien été commise.[338] Pour le second, le choix dans l'exercice de sa compétence renvoie à la liberté laissée à l'autorité compétente de déterminer l'acte qui devra être pris pour remplir l'objectif poursuivi. En droit de la concurrence, les autorités de concurrence sanctionnent les sociétés afin « d'orienter [notamment] le[ur] comportement [...]

---

335 CJCE, 23 avril 1991, Höfner et Elser c/ Commission, aff. C-41/90, EU:C:1991:161.

336 CJCE, 10 septembre 2009, Akzo Nobel e.a. c/ Commission, aff. C-97/08 P, EU:C:2009:536, point 55.

337 A. Bouveresse, Le pouvoir discrétionnaire dans l'ordre juridique communautaire, préf. D. Simon, coll. « droit de l'Union européenne », Bruylant, 2010, p. 3.

338 Cornu, op. cit., vo « opportunité », p. 713. Ce principe s'oppose à celui de la légalité des poursuites.

dans le sens du respect des règles de concurrence ».[339] Ainsi, c'est au stade de l'exercice de sa compétence que la question se posera de savoir si la Commission se doit ou non de mobiliser la notion d'entreprise, au sens des articles 101 TFUE et 102 TFUE, et imputer l'infraction commise par une filiale à sa société mère.

206. En tout état de cause, aux fins d'apprécier le pouvoir dont dispose la Commission dans la désignation des responsables d'une infraction, un parallèle avec la notion de pouvoir discrétionnaire en droit administratif doit assurément être effectué. En cette matière, le pouvoir discrétionnaire correspond à la liberté d'action consentie à une institution normative dans l'exercice de son pouvoir.[340] Il implique un choix d'une autorité qui « agi[rait] librement, sans que la conduite à tenir lui soit dictée à l'avance par une règle de droit ».[341] En d'autres termes, c'est de l'existence de ce choix laissé à l'autorité compétente que dépendra l'existence d'un pouvoir discrétionnaire. *A contrario*, en l'absence d'un tel choix laissé par la loi, le pouvoir ne sera plus discrétionnaire mais deviendra lié.[342]

207. La Commission estime pour sa part « disposer du *choix discrétionnaire* d'imputer l'infraction à une société se trouvant au niveau auquel le comportement anticoncurrentiel incriminé a eu lieu, à toute société mère située au-dessus d'elle dans la hiérarchie du groupe, ou solidairement à l'ensemble de ces sociétés ».[343] Aussi convient-il d'envisager l'existence d'un pouvoir discrétionnaire de manière théorique (§1), avant d'étudier la pratique décisionnelle de la Commission (§2). Si, sur le plan théorique, l'existence d'un pouvoir discrétionnaire peut être débattue, la pratique illustre avec moins d'ambiguïté ce pouvoir.

§ 1. Les aspects théoriques

208. En droit de la concurrence de l'Union, si les dispositions législatives sont silencieuses quant à l'imputabilité d'une infraction d'une filiale à sa société mère, elles le sont *a fortiori* quant à son imputation.[344] Ni le traité ni le règlement n° 1/2003 ne réglementent l'action de la Commission dans l'identification des sociétés responsables lorsque l'infraction est commise par une filiale appartenant avec sa société mère à une même entreprise.[345] Ainsi, il ne saurait être exclu, dans le silence du traité et du règlement n° 1/2003, que le législateur de l'Union

---

339 Voy., notamment, TPICE, 6 avril 1995, Martinelli c/ Commission, T-150/89, EU:T:1995:70, point 59 ; TPICE, 11 décembre 1996, Van Megen Sports c/ Commission, T-49/95, EU:T:1996:186, point 53 ; TPICE, 21 octobre 1997, Deutsche Bahn c/ Commission, T-229/94, EU:T:1997:155, point 127.

340 S'agissant du pouvoir discrétionnaire dans l'ordre administratif française, voy., R. Chapus, Droit administratif général, tome 1, coll. « Domat droit public », Montchrestien, 15 éd., pp. 1057 et s. Et, dans l'ordre juridique de l'Union européenne, voy. Bouveresse, op. cit., p. 2.

341 L. Michoud, « Études sur le pouvoir discrétionnaire », Revue générale d'administration, 1914, p. 5. Voy., également, Bouveresse, op. cit., p. 3.

342 Bouveresse, op. cit., p. 3.

343 TPICE, 8 juillet 2008, Lafarge c/ Commission, aff. T-54/03, EU:T:2008:255, point 530 (italique ajouté).

344 En droit allemand de la concurrence, il ne semble pas en aller de même, dans la mesure où l'article 81, paragraphe 3, sous a), GWB prévoit expressément la question de l'imputation d'une infraction, dont une filiale doit répondre, à la société ayant exercé sur cette dernière un contrôle : voy. infra, nos 372 à 374.

345 Il en va de même s'agissant du règlement n° 17/62, premier règlement d'application des articles 85 et 86 du traité (JOCEE L 13, p. 21). Voy., pour une confirmation, CJUE, 11 juillet 2013, Team Relocations e.a. c/ Commission, aff. C-444/11 P, EU:C:2013:464, point 159.

ait entendu conférer implicitement un pouvoir discrétionnaire à la Commission dans la détermination des responsabilités lorsque l'infraction est commise par une filiale d'un groupe de sociétés.

209. À la lecture des arrêts du Tribunal et de la Cour, la réponse à la question de la nature du pouvoir de la Commission ne s'impose pas non plus avec suffisamment d'évidence, et ce, d'autant moins que, sur un plan strictement terminologique, les juges de l'Union utilisent invariablement les termes « marge d'appréciation », « pouvoir d'appréciation », « marge discrétionnaire » ou encore « choix discrétionnaire ». Les juges de l'Union ont toutefois consacré le fait que l'imputation de l'infraction à une société mère devait rester pour la Commission une simple faculté (A). Cette consécration s'avère toutefois discutable, étant principalement fondée sur la « marge d'appréciation » dont dispose la Commission dans la détermination du montant des amendes (B).

A. Une consécration prétorienne

210. Les occurrences ne manquent pas dans la jurisprudence des juges de l'Union pour étayer la thèse selon laquelle l'imputation de l'infraction doit rester pour la Commission une simple faculté. Dans l'affaire *Hoek Loos*, le Tribunal juge que « [l]a question de l'imputabilité reçoit une réponse variable, en fonction des circonstances propres à chaque affaire dans laquelle elle se pose ». Et de conclure que cette réponse « peut être celle de la seule responsabilité de la filiale ou de la société mère ou celle de la responsabilité solidaire de ces deux entités ».[346]

211. Il en va tout autant dans l'affaire *Raiffeisen Zentralbank*, où le Tribunal rappelle que « la Commission a *le choix* de sanctionner soit la filiale ayant participé à l'infraction, soit la société mère qui l'a contrôlée pendant cette période »[347] ou encore dans l'affaire *Erste Bank*, dans laquelle la Cour souligne que « [l]e principe de la responsabilité personnelle [...] ne s'oppose nullement à ce que la Commission envisage d'abord de sanctionner [la filiale] avant d'explorer si, *éventuellement*, l'infraction peut être imputée à la société mère ».[348]

212. Les termes choisis par la Cour ne laissent aucune place au doute : la Commission recherchera si l'infraction « peut » « éventuellement » être imputée à la société mère. Rien ne l'y oblige. Comme le précise le Tribunal dans l'affaire *Elf Aquitaine*, « la Commission dispose de la *faculté*, mais *non de l'obligation*, d'imputer la

---

346 TPICE, 4 juillet 2006, Hoek Loss c/ Commission, aff. T-304/02, EU:T:2006:184, point 129. Voy., également et par ordre chronologique, Trib. UE, 29 février 2016, Schenker c/ Commission, aff. T-265/12, EU:T:2016:111, point 198 ; Trib. UE, 13 juillet 2011, ENI c/ Commission, aff. T-39/07, EU:T:2011:356, point 64 ; Trib. UE, 13 juillet 2011, Dow Chemical e.a. c/ Commission, aff. T-42/07, EU:T:2011:357, point 75 ; Trib. UE, 13 juillet 2011, Schindler Holding e.a. c/ Commission, aff. T-138/07, EU:T:2011:362, points 69 à 72 ; Trib. UE, 17 mai 2011, Elf Aquitaine c/ Commission, aff. T-299/08, EU:T:2011:217, points 196 à 198 ; Trib. UE, 24 mars 2011, Pegler c/ Commission, aff. T-386/06, EU:T:2011:115, points 100 à 101 et 103 à 106. Voy., également, L. Idot, « La responsabilité pénale des personnes morales : les leçons du droit européen de la concurrence », Concurrences, 2012, n° 1, p. 62.

347 TPICE, 14 décembre 2006, Raiffeisen Zentralbank Österreich e.a. c/ Commission, T-259/02 à T-264/02 et T-271/02, EU:T:2006:396, point 82.

348 CJCE, 24 septembre 2009, Erste Bank c/ Commission, aff. C-125/07 P, C-133/07 P, C-135/07 P et C-137/07 P, EU:C:2009:576, point 82 (italique ajouté).

responsabilité de l'infraction à une société mère, lorsque les conditions d'une telle imputation sont remplies ».[349] Si la position du Tribunal dans l'affaire *Elf Aquitaine* ne souffre aucune ambiguïté, celle dans l'affaire *Deutsche Bahn* pourrait toutefois, sur un plan strictement terminologique, être sujette à caution.[350]

213. Laisser à la Commission le choix dans l'identification des sociétés responsables de l'infraction répondrait à un objectif précis, à savoir préserver la marge d'appréciation dont dispose la Commission dans la détermination du montant des amendes. Ainsi, dans l'affaire *Acérinox*, les requérantes reprochaient à la Commission de leur avoir imposé des amendes distinctes et non une seule et unique amende pour l'unité économique qu'elles formaient.[351] Dans ce contexte, l'avocat général M. Léger souligne que « l'imputation de la responsabilité de l'infraction à la société mère devrait rester une *simple faculté* pour la Commission. Toute autre solution reviendrait à priver la Commission du *large pouvoir d'appréciation* que le législateur et le juge communautaire lui ont reconnu en matière d'amendes ».[352]

214. Dans l'affaire *Alliance One International*, l'avocat général Mme Kokott souligne également qu'« il convient de noter que la question de l'appartenance de la société mère et/ou de la filiale à une entreprise unique, ainsi que celle de leur responsabilité y afférente pour les infractions au droit des ententes, s'apprécie sur la base de critères exclusivement juridiques, mais que des considérations d'*opportunité* jouent également un rôle important, outre les aspects juridiques, dans l'application des amendes au titre de ces mêmes infractions. Dans le cadre de l'article 23, paragraphe 2, sous a), du règlement n° 1/2003, la Commission dispose d'une *marge discrétionnaire* ».[353] Et Mme Kokott d'ajouter que, « [d]ans le cadre de la *marge discrétionnaire* que lui confère l'article 23, paragraphe 2, sous a), du règlement n° 1/2003, la Commission peut décider, selon les cas, si elle inflige une amende au titre de l'infraction au droit des ententes commise par une entreprise, mais également à quelle personne morale (ou à quelles personnes morales) se trouvant derrière l'entreprise concernée elle inflige, le cas échéant, une telle amende ».[354]

---

349 Trib. UE, 17 mai 2011, Elf Aquitaine c/ Commission, aff. T-299/08, EU:T:2011:217, points 196 à 198.

350 Voy. Trib. UE, 29 février 2016, Deutsche Bahn e.a. c/ Commission, précité, point 142. À cet égard, la version française de l'arrêt du Tribunal fait référence à une marge d'appréciation tandis que la version anglaise précise que « [t]he Commission therefore has a discretion concerning the choice of legal entities on which it can impose a penalty for an infringement of European Union competition law ». L'arrêt prononcé par la Cour sur pourvoi ne clarifie pas le débat linguistique : voy. CJUE, 1er février 2018, Deutsche Bahn e.a. c/ Commission, aff. C-264/16 P, EU:C:2018:60, points 37 à 40. Pour d'autres affaires, où le juge de l'Union parle de « marge d'appréciation », voy., notamment, CJUE, 11 juillet 2013, Team Relocations e.a. c/ Commission, aff. C-444/11 P, EU:C:2013:464, points 160 et 161.

351 Si l'argument des requérantes peut paraître étonnant, il s'explique par le fait que la Commission avait, en l'espèce imposé une amende forfaitaire à chacune des sociétés. Ces dernières tentaient par leur recours de démontrer qu'une seule amende aurait dû être imposée.

352 Conclusions de l'avocat général M. Léger présentées le 28 octobre 2004 dans l'affaire Acérinox e.a. c/ Commission, aff. C-57/02 P, C-65/02 P, C-73/02 P, EU:C:2004:666, point 87.

353 Conclusions de l'avocat général Mme Kokott présentées le 12 janvier 2012 dans l'affaire Alliance One International c/ Commission, aff. C-628/10 P et C-14/11 P, EU:C:2012:11, point 46 (italiques ajoutés).

354 *Ibid., point 47. Il sera toutefois relevé que dans l'affaire ETI, l'avocat général avait affirmé, certes de manière ambiguë, que « [l]'autorité compétente n'a pas de pouvoir discrétionnaire pour imputer des ententes » (conclusions du 3 juillet 2007 de l'avocat général Mme Kokott dans l'affaire ETI, aff. C-280/06, EU:C:2007:404, point 110.*

215. Plus récemment encore, dans l'affaire *Deutsche Bahn*, le Tribunal s'est référé à l'article 23, paragraphe 2, du règlement n° 1/2003, en constatant que ledit article « fai[sait] uniquement référence à la possibilité de sanctionner des entreprises, mais ne détermin[ait] pas les entités juridiques auxquelles l'amende p[ouvait] être infligée ».[355] Dès lors, pour le Tribunal, « [l]a Commission dispose [...] d'une *marge d'appréciation* concernant le choix des entités juridiques auxquelles elle impose une sanction pour une infraction au droit de la concurrence de l'Union ».[356]

B. Les fondements

216. Les juges de l'Union justifient principalement l'octroi à la Commission d'un pouvoir discrétionnaire pour imputer une infraction commise par une filiale à sa société mère eu égard à la marge d'appréciation conférée par le législateur de l'Union à la Commission dans la détermination du montant de l'amende.

217. Or, s'il est vrai, d'une part, que la Commission dispose d'une marge d'appréciation dans la détermination du montant de l'amende.[357] La Cour souligne notamment que « les amendes constituent un instrument de la politique de concurrence de la Commission, [de sorte que la Commission] doit pouvoir disposer d'une *marge d'appréciation* dans la fixation de leur montant afin d'orienter le comportement des entreprises dans le sens du respect des règles de concurrence ».[358]

218. Il n'en demeure pas moins qu'une telle marge d'appréciation dans la détermination du montant de l'amende ne saurait nécessairement impliquer que la Commission dispose d'un pouvoir discrétionnaire pour imputer l'infraction commise par une filiale à sa société mère, et ce faisant, glisser de l'amende vers la responsabilité et inversement. Le règlement n° 1/2003 dispose tout au plus que « [l]a Commission peut, par voie de décision, infliger des amendes aux entreprises et associations d'entreprises lorsque, de propos délibéré ou par négligence, [elles] commettent une infraction aux dispositions de l'article [101] ou [102] du traité ». Là encore, sans précision aucune sur la détermination des responsabilités au sein d'un groupe de sociétés.

219. Certes, l'existence d'un pouvoir discrétionnaire pourrait découler de l'absence de directives à l'égard de la Commission dans les dispositions législatives. Il n'en reste pas moins que fonder le pouvoir discrétionnaire de la Commission sur l'absence de référence dans le règlement n° 1/2003 aux sociétés qui composent une même entreprise, au sens des articles 101 TFUE et 102 TFUE, peine à convaincre. Lors de la rédaction de ce règlement et *a fortiori* du règlement n° 17, dont le règlement n° 1/2003 s'inspire largement, le législateur de l'Union n'avait certainement pas entendu se saisir de la problématique des groupes de sociétés, de sorte qu'il pourrait sembler aisé, si ce n'est contextuellement erroné, de considérer que, sur ce fondement, le législateur de l'Union a entendu conférer un pouvoir

---

355 Trib. UE, 29 février 2016, Deutsche Bahn e.a. c/ Commission, aff. T-267/12, EU:T:2016:110, point 142 (italique ajouté).

356 *Ibid.*

357 Voy., notamment, TPICE, 6 avril 1995, Martinelli c/ Commission, aff. T-150/89, EU:T:1995:70, point 59 ; TPICE, 11 décembre 1996, Van Megen Sports c/ Commission, aff. T-49/95, EU:T:1996:186, point 53.

358 TPICE, 6 avril 1995, Martinelli c/ Commission, précité, point 59.

discrétionnaire à la Commission dans la recherche de l'entreprise, au sens des articles 101 TFUE et 102 TFUE.

220. Plus convaincant que les termes du règlement n° 1/2003 serait que, « s'il en était autrement, les enquêtes de la Commission seraient considérablement alourdies par la nécessité de vérifier, dans chaque cas de succession dans le contrôle d'une entreprise, dans quelle mesure les agissements de celle-ci peuvent être imputés à l'ancienne société mère ».[359] Ainsi que le relève la Cour dans l'affaire *Erste Bank Group*, le fait que la Commission dispose d'un pouvoir discrétionnaire se justifie principalement par les hypothèses de restructurations sociétaires au sein d'un même groupe de sociétés.[360]

221. Toutefois, là encore, un tel argument pourrait être contesté, dans la mesure où si une société est responsable d'une infraction au droit de la concurrence, soit parce qu'elle y a participé directement, soit en sa qualité de société mère, elle devrait devoir en répondre et non pouvoir y échapper pour des raisons d'organisation interne aux autorités de concurrence. S'agissant précisément de questions portant sur la responsabilité pour la participation à une infraction au droit de la concurrence, l'utilisation de la notion d'entreprise, au sens des articles 101 TFUE et 102 TFUE, risque d'être à « géométrie variable ».[361]

§ 2. Les aspects pratiques

222. Or, une pratique à géométrie variable n'est pas des plus satisfaisantes pour les sociétés mères, notamment. L'affaire *Total,* bien qu'isolée, offre une bonne illustration, puisque, dans cette affaire, les requérantes reprochaient en vain à la Commission d'avoir dans une décision et non dans une autre recherché la responsabilité de la société mère alors même qu'il n'y avait eu aucun changement dans la structure de l'entreprise, au sens des articles 101 TFUE et 102 TFUE.[362] De manière plus générale en pratique, il peut être d'emblée observé que l'imputation de l'infraction à la seule filiale sera de droit s'il est démontré que cette dernière a agi de manière autonome sur le marché. Dans cette hypothèse, la Commission ne saurait imputer l'infraction à la société mère, puisque les conditions de l'imputabilité ne sont pas réunies : seule la filiale est concernée par l'imputation de l'infraction. Il peut en aller ainsi même lorsque les conditions de la présomption de contrôle sont, en principe, réunies. Dans l'affaire *Thyssen Krupp,* la Commission avait en effet

---

359 CJCE, 24 septembre 2009, Erste Group Bank e.a. c/ Commission, aff. jointes C-125/07 P, C-133/07 P, C-135/07 P et C-137/07 P, EU:C:2009:576, point 82 ; Trib. UE, 27 septembre 2012, Total c/ Commission, aff. T-344/06, EU:T:2012:479, point 101 ; TPICE, 14 décembre 2006, Raiffesen Zentralbank Österreich e.a. c/ Commission, T-259/02 à T-264/02 et T-271/02, EU:T:2006:396, point 335.

360 CJCE, 24 septembre 2009, Erste Group Bank e.a. c/ Commission, aff. jointes C-125/07 P, C-133/07 P, C-135/07 P et C-137/07 P, EU:C:2009:576, point 82. Voy., également, Trib. UE, 29 février 2016, Deutsche Bahn e.a. c/ Commission, aff. T-267/12, EU:T:2016:110, point 136. Sur cet arrêt et sur le pouvoir discrétionnaire conféré à la Commission, voy., L. Idot, Europe, octobre-décembre 2016, p. 827, n° 10.

361 Voy., L. Idot, « La responsabilité pénale des personnes morales : les leçons du droit européen de la concurrence », Concurrences, 2012, n° 1, p. 62.

362 Trib. UE, 14 juillet 2011, Total et Elf Aquitaine c/ Commission, précité, points 83 à 87. Voy., également, sur ce point, CJUE, 13 septembre 2012, Total et Elf Aquitaine c/ Commission, aff. C-495/11 P, EU:C:2012:571, points 17 et 18.

estimé que « même après que [la société mère] [eût] acquis l'ensemble des parts [de sa filiale], cette dernière [avait] continue à agir de façon indépendante sur le marché » et ce, même si les conditions de la présomption capitalistique étaient réunies.[363] En tout état de cause, il n'était pas question dans cette hypothèse de l'exercice par la Commission de son pouvoir discrétionnaire quant à l'imputation de l'infraction à la société mère.

223. L'étude de la pratique doit être plus particulièrement menée dans les hypothèses où les conditions de l'imputabilité sont réunies ou susceptibles de l'être, à savoir lorsque, schématiquement, une filiale et sa société mère forment une même entreprise, au sens du droit de la concurrence. En pratique, dans la mesure où l'imputation est à discrétion de la Commission, la pratique demeure assurément casuistique.

224. Trois hypothèses d'imputation peuvent être identifiées. La première, certes moins visible est celle dans laquelle la Commission refuse de faire jouer la notion d'entreprise, au sens du droit de la concurrence de l'Union, alors même que les conditions d'imputabilité de l'infraction à la société mère sont réunies. Aussi la filiale se verra-t-elle imputer seule l'infraction (A). Dans cette hypothèse, la notion d'entreprise coïncidera nécessairement avec la personne morale. La seconde hypothèse est celle dans laquelle la Commission tire les conséquences de l'appartenance d'une filiale et de sa société mère à une même entreprise, mais choisit de n'imputer l'infraction qu'à la seconde. Cette hypothèse reflète la pratique privilégiée initialement par la Commission jusqu'à sa décision prononcée dans l'affaire de la *lysine*[364] (B). La dernière hypothèse, la plus fréquente en pratique, consiste en l'imputation de l'infraction conjointement à la filiale et à sa société mère. Là encore, une évolution doit être constatée. Si initialement l'imputation simultanée de l'infraction aux sociétés composant une même entreprise, au sens du droit de la concurrence, s'avérait exceptionnelle, elle est progressivement devenue la règle, sous l'influence notamment des arrêts des juges de l'Union. Aussi, au sein d'un groupe de sociétés verticalement intégrées, la question incidente se pose-t-elle de savoir jusqu'où la Commission peut remontrer dans la chaîne de sociétés (C).[365]

A. L'infraction imputée à la seule filiale

225. La Commission peut choisir de ne pas faire jouer la notion d'entreprise, au sens du droit de la concurrence. Dans cette hypothèse, sa décision se limitera à souligner que la filiale est l'auteur direct de l'infraction. Il en a notamment été ainsi dans ses décisions rendues dans les affaires des *extra d'alliage*,[366] des *conduites*

---

363 TPICE, 13 décembre 2001, Krupp Thyssen Stainless et Acciai speciali Terni c/ Commission, aff. T-45/98 et T-47/98, EU:T:2001:288, points 188 et 191.

364 Dans cette affaire, la Commission modifie sa technique d'imputation de l'infraction au sein d'un groupe de sociétés, en imputant conjointement l'infraction à la société mère et sa filiale.

365 À ces hypothèses s'ajoutent celles plus complexes des restructurations sociétaires, nécessitant de prendre également en compte les successeurs juridiques et/ou économiques de l'auteur direct de l'infraction : voy. infra, n° 387.

366 Voy. Comm. CE, déc. n° 98/247/CECA du 21 janvier 1998, Extra d'alliage, aff. IV/35.814, JOCE n° L 100 du 1er avril 1998, p. 55.

précalorifugés[367] ou encore des *gaz industriels*.[368] Dans sa décision *extra d'alliage*, si la Commission relève que les auteurs directs de l'infraction appartiennent à des groupes de sociétés importants, elle choisit pour autant de n'imputer l'infraction à aucune des sociétés mères. Dans les décisions suivantes, la pratique d'imputation de la Commission diffère selon les sociétés concernées. Pour certaines, la Commission choisit de rechercher la seule responsabilité de la société mère. Pour d'autres, elle choisit de n'imputer l'infraction qu'à la seule filiale, alors même que cette dernière appartenait pendant l'infraction à un groupe de sociétés.[369]

226. Cette pratique n'a pas été pas sans susciter un contentieux devant les juges de l'Union. Une illustration de cette hypothèse contentieuse peut être notamment trouvée dans l'affaire *Total*. Les requérantes y faisaient valoir qu'il existait une contradiction dans la pratique de la Commission.[370] Ces dernières relevaient que la Commission n'avait pas, dans sa décision *Peroxydes organiques*,[371] imputé l'infraction aux sociétés mères, au contraire de la position adoptée par cette dernière dans sa décision *Peroxydes d'hydrogène*[372] et ce, en l'absence de toute modification dans la structure du groupe de sociétés. En d'autres termes, la Commission avait mobilisé dans une affaire mais non dans l'autre la notion d'entreprise, au sens du droit de la concurrence de l'Union, aux fins de rechercher dans la seconde affaire la responsabilité des sociétés mères. Pour sa part, la Commission rétorquait que « [l]e fait [...] [d'avoir] adressé sa décision [*Peroxydes organiques*] exclusivement à [Arkema] ne l'empêch[ait] pas [dans sa décision *Peroxydes d'hydrogène*] d'adresser sa décision à la fois à [Arkema] et [aux sociétés mères] ». Et la Commission d'ajouter qu'« [elle] dispose d'une *marge d'appréciation* pour imputer la responsabilité à une société mère en pareilles circonstances et le fait qu'elle n'ait pas usé de ce pouvoir dans une décision antérieure ne l'empêche pas de le faire en l'espèce ».[373] Le Tribunal, confirmé par la Cour sur ce point, relève également que « l'argumentation des requérantes est inopérante. [...] [M]ême à supposer que [...] la Commission soit toujours tenue d'imputer le comportement infractionnel d'une filiale à sa société mère, lorsque ces deux sociétés forment une seule entreprise au sens du droit de la concurrence, le fait qu'elle ne l'ait pas fait dans le cadre de décisions antérieures n'aurait aucune conséquence sur la légalité de la décision attaquée ».[374]

---

367 Voy. Comm. CE, déc. n° 1999/60/CE du 21 octobre 1998, Conduites précalorifugés, aff. IC/35.691/E-4, JOCE n° L 24 du 30 janvier 1999, p. 1.

368 Voy. Comm. CE, déc. n° 2003/207/CE du 24 juillet 2002, Gaz industriels et médicaux, aff. COMP/E-3/36.700, JOCE n° L 84 du 1er avril 2003, p. 1. Il peut également été cité à cet endroit la décision de la Commission n° 81/969/CEE du 7 octobre 1981, Bandengroothandel Frieschebrug BV/NV Nederlandsche Banden-Industrie Michelin, aff. IV/29.491, JOCEE n° L 353 du 9 décembre 1981, p. 33.

369 Voy., en particulier, la situation de la société Pan-Isovit Comm. CE, déc. n° 1999/60/CE du 21 octobre 1998, Conduites précalorifugés, aff. IC/35.691/E-4, JOCE n° L 24 du 30 janvier 1999, p. 1, cons. 14.

370 Trib. UE, 14 juillet 2011, Total et Elf Aquitaine c/ Commission, aff. T-190/06, EU:T:2011:378, point 85.

371 Voy. Comm. CE, déc. n° 2005/349/CE du 10 décembre 2003, Peroxydes organiques, aff. COMP/E-2/37.857, JOCE n° L 110 du 30 avril 2005, p. 44.

372 Voy. Comm. CE, déc. n° 2006/903/CE du 3 mai 2006, Peroxydes d'hydrogène et Perborate, aff. COMP/F/38.620, résumé au JOCE n° L 353 du 13 décembre 2006, p. 54, point 434.

373 Trib. UE, 14 juillet 2011, Total et Elf Aquitaine c/ Commission, précité, point 83.

374 *Ibid., point 84 à 87. Voy., également, sur ce point, CJUE, 13 septembre 2012, Total et Elf Aquitaine c/ Commission, aff. C-495/11 P, EU:C:2012:571, points 17 et 18.*

227. Il en va également ainsi dans la situation dans laquelle la Commission décide de ne pas faire jouer la présomption capitalistique, alors même que les conditions d'application de ladite présomption sont réunies.[375] Ainsi, dans l'affaire *Alliance One International*, la Commission avait choisi de ne pas se prévaloir de la présomption capitalistique, dans la mesure où elle ne disposait pas de preuves suffisantes pour contrecarrer la réfutation de cette présomption.[376] La Commission soulignait, dans un premier temps, que « s'agissant de Deltafina, qui, elle, était contrôlée à 100 % par Universal [société mère faitière] et Universal Leaf [société mère intermédiaire], [...] ces dernières [étaient] parvenues à renverser ladite présomption ».[377] Toutefois, « la Commission a [...] admis que, contrairement à ce qu'elle avait indiqué dans ses écritures, ce n'est pas le fait qu'Universal et Universal Leaf aient réussi, lors de la procédure administrative, à renverser la présomption découlant de la détention de 100 % des actions de Deltafina qui l'avait conduite à ne pas les tenir pour responsables du comportement infractionnel de celle-ci ». Si, selon la Commission, « il existait une abondante jurisprudence confortant sa thèse selon laquelle la détention de la totalité du capital de la filiale suffit, "à elle seule et en soi", à permettre de présumer que la société mère exerce effectivement une influence déterminante sur le comportement de cette filiale », il n'en allait pas de même, « à l'époque de l'adoption de la décision attaquée, [de sorte qu'elle devait] "faire un usage prudent de cette présomption et d'étayer ses constatations relatives à la responsabilité des sociétés mères, dans la mesure du possible, sur une double base : recourir à la présomption pour les filiales à 100 % et contrer toute tentative de renversement de la présomption en établissant spécifiquement l'exercice effectif d'une influence déterminante au moyen de preuves supplémentaires" ». Plus simplement, cette pratique se justifie, selon l'avocat général Mme Kokott, par le fait que « la Commission n'est pas obligée d'infliger des amendes à toutes les sociétés mères auxquelles le comportement infractionnel de leurs filiales respectives serait imputable d'un point de vue purement juridique ».[378]

228. Une illustration plus marquante est l'hypothèse dans laquelle la filiale et sa société mère n'appartiennent plus à la même entreprise, au jour de la décision de la Commission.[379] Sans anticiper sur les conséquences juridiques, en termes de responsabilité, des opérations de restructurations,[380] force est de constater que l'imputation de l'infraction à une ancienne société mère demeure rare en pratique.

---

375 Sur ce point, voy., notamment, Bernardeau et Christienne, op. cit., p. 458, n° II.1215. Voy., en particulier, Comm. CE, déc. n° 1999/60/CE du 21 octobre 1998, Conduites précalorifugés, aff. IC/35.691/E-4, JOCE n° L 24 du 30 janvier 1999, p. 1, cons. 14.

376 Trib. UE, 27 octobre 2010, Alliance One International e.a. c/ Commission, aff. T-24/05, EU:T:2010:453, points 105.

377 *Ibid., point 118.*

378 Conclusions de l'avocat général Mme Kokott présentées le 12 janvier 2012 dans l'affaire Alliance One International c/ Commission, aff. C- 628/10 P et C-14/11 P, EU:C:2012:11, point 55.

379 Certes, cette hypothèse se rencontre notamment lorsque la filiale a fait l'objet d'une fusion-absorption par une autre société. Il n'en reste pas moins que le fait que la filiale subsiste juridiquement ou qu'elle ait été absorbée revient, en principe, au même.

380 Voy. infra, n° 401.

229. La Commission a clairement été confrontée à cette question dans le cadre des cartels dits du *club Lombard*[381] et du *service de transit aérien international.*[382] Dans la première décision, l'une des requérantes *Erste Group* avait racheté en mai 1997 la totalité des parts sociales de *GiroCredit* pendant la participation de cette dernière à l'infraction, au groupe *Bank Austria*, puis fusionné avec *GiroCredit* en octobre 1997.[383] Dans ce contexte, la Commission avait choisi de n'imputer l'infraction commise par GiroCredit qu'à la requérante, en sa qualité de société absorbante. Devant le Tribunal, la Commission faisait valoir que les conditions pour imputer le comportement infractionnel de *GiroCredit* à son ancienne société mère n'étaient pas réunies. Et d'ajouter que, même si les conditions avaient été réunies, elle pouvait choisir la société à qui imposer une sanction.[384]

230. Pour ce qui est de la répartition des responsabilités, tant le Tribunal que la Cour confirment la non-imputation de l'infraction à l'ancienne société mère. Selon le Tribunal, « dès lors que la Commission a établi la participation d'une entreprise à une entente, elle est en droit d'infliger une amende à la personne physique ou morale qui la dirige, voire, si celle-ci n'existe plus, à l'ayant droit de cette dernière sans être obligée de vérifier si l'entreprise a agi de façon autonome ou selon les directives d'une société mère. S'il en était autrement, les enquêtes de la Commission seraient considérablement alourdies par la nécessité de vérifier, dans chaque cas de succession dans le contrôle d'une entreprise, dans quelle mesure les agissements de celle-ci peuvent être imputés à l'ancienne société mère ».[385] Pour sa part, si la Cour confirme la position du Tribunal, elle ajoute de même que, dans la mesure où la société absorbante avait elle-même participé à l'infraction, elle n'était pas sans ignorer la participation de la société absorbée à cette dernière. Autrement dit, outre le choix laissé à la Commission, la connaissance de la participation de la société absorbée à une infraction antérieurement à la fusion, légitimaient le fait que la société absorbante engage sa responsabilité pour la participation de la société absorbée à toute l'infraction.[386]

231. Dans la seconde décision, la situation factuelle était identique. Il s'agissait schématiquement de l'achat de la totalité des parts sociales d'une société, Bax Global China, par une autre société, Schenker China, antérieurement à une fusion des deux sociétés.[387] Dans le cadre du recours formé contre la décision de la Commission dans les affaires *Deutsche Bahn* et *Schenker*, le Tribunal valide à nouveau la non-imputation de l'infraction à l'ancienne société mère. Il souligne qu'« en décidant de ne pas sanctionner *Brink's*, l'ancienne société mère de Bax Global (China) ayant directement participé à l'entente relative au CAF, même si *Brink's*

---

381 Voy. Comm. CE, déc. n° 2004/138/CE du 11 juin 2002, Banques autrichiennes « club Lombard », aff. COMP/36.571/D-1, JOCE n° L 56 du 24 février 2004, p. 1.

382 Voy. Comm. eur., déc. n° C(2012) 1959 final du 28 mars 2012, Transit, aff. COMP/39462, résumé au JOUE n° C 375 du 5 décembre 2012, p. 7.

383 TPICE, 14 décembre 2006, Raiffeisen Zentralbank Österreich e.a. c/ Commission, aff. jointes T-259/02 à T-264/02 et T-271/02, EU:T:2006:396, point 8.

384 *Ibid., point 322.*

385 *Ibid., point 335.*

386 Voy. CJCE, 24 septembre 2009, Erste Group Bank e.a. c/ Commission, aff. C-125/07 P, C-133/07 P, C-135/07 P et C-137/07 P, EU:C:2007:648, point 82.

387 Trib. UE, 29 février 2016, Schenker c/ Commission, aff. T-265/12, EU:T:2016:111, point 118.

aurait éventuellement pu être tenue pour responsable, la Commission n'a pas dépassé les limites de la marge d'appréciation dont elle disposait en vertu de l'article 23, paragraphe 2, sous a), du règlement n° 1/2003 ».[388]

232. Ainsi, dans ces affaires, le Tribunal souligne sans ambiguïté que la Commission n'est pas tenue d'imputer l'infraction à l'ancienne société mère, dans l'hypothèse où la filiale aurait été, après l'infraction, absorbée par une nouvelle société.[389] Toutefois, dans sa décision, la Commission n'exclut pas la possibilité d'imputer l'infraction simultanément à la société absorbante et à l'ancienne société mère de la société absorbée. Elle souligne notamment que la responsabilité aurait certes pu hypothétiquement être attribuée aux deux. Il n'en reste pas moins qu'elle s'attache aussi à souligner qu'elle avait fait le choix dans cette décision de n'imputer la responsabilité à aucune société mère des auteurs directs de l'infraction.

B. L'infraction imputée à la seule société mère

233. Si l'infraction commise par une filiale non autonome peut, dans certaines hypothèses, lui être imputée à elle seule, la question se pose de savoir si une société mère peut répondre seule de l'infraction commise par sa filiale. Cette deuxième hypothèse peut paraître d'école, eu égard à la pratique actuelle de la Commission, qui vise à condamner solidairement la filiale et sa société mère au paiement d'une même amende. En pratique, de nombreuses décisions ont toutefois pu être adressées qu'aux sociétés mères et non aux filiales ayant participé directement à l'infraction.[390] Il en avait été ainsi dans les affaires *Polypropylène*,[391] *Treillis soudés*[392], *Carton*,[393] *Conduites précalorifugés*,[394] *Interbrew et Alken-Maes*[395], *Plaques en plâtres*[396] et *Gaz industriels*.[397]

---

388 *Ibid. point 152.*

389 Trib. UE, 29 février 2016, Deutsche Bahn e.a. c/ Commission, aff. T-267/12, EU:T:2016:110, point 122 et Trib. UE, 29 février 2016, Schenker c/ Commission, aff. T-265/12, EU:T:2016:111, point 191. Voy., également, CJCE, 24 septembre 2009, Erste Bank c/ Commission, aff. jtes C-125/07 P, C-133/07 P, C-135/07 P et C-137/07 P, EU:C:2009:576, points 77 à 83.

390 Jusques la décision de la Commission dans l'affaire de la lysine, la Commission imputait l'infraction soit à la filiale soit à sa société mère. La condamnation solidaire était limitée à des circonstances exceptionnelles.

391 Voy. Comm. CE, déc. n° 86/398/CEE du 23 avril 1986, Polypropylène, aff. IV/31.149, JOCEE n° L 230 du 18 août 1986, p. 1.

392 Voy. Comm. CE, déc. n° 89/515/CEE du 2 août 1989, Treillis soudés, aff. IV/31.553, JOCEE n° L 260 du 2 août 1989, p. 1, cons. 195.

393 Voy. Comm. CE, déc. n° 94/601/CE du 13 juillet 1994, Carton, aff. IV/C/33.833, JOCE n° L 234 du 19 septembre 1994, p. 1, cons. 157.

394 Voy. Comm. CE, déc. n° 1999/60/CE du 21 octobre 1998, Conduites précalorifugés, aff. IC/35.691/E-4, JOCE n° L 24 du 30 janvier 1999, p. 1.

395 Comm. CE, déc. n° 2003/569/CE du 5 décembre 2001, Interbrew et Alken-Maes, aff. IV/37.614/F3 PO, JOCE n° L 200 du 7 août 2003, p. 1, cons. 330.

396 Voy. Comm. CE, déc. n° 2005/471/CE du 27 novembre 2002, Plaques en plâtre, aff. COMP/37.152, JOCE n° L 166 du 28 juin 2005, p. 8. Nous pourrions également citer à cet endroit les décisions de la Commission rendues dans les affaires Volkswagen et Tate&Lyle : Comm. CE, déc. n° 98/273/CE du 28 janvier 1998, VW, aff. IV/35.733, JOCE n° L 124 du 25 avril 1998, p. 60, et n° 1999/210/CE du 14 octobre 1998, British Sugar plc, aff. IV/F-3/33.708, Tate & Lyle plc, IV/F-3/33.709, Napier Brown & Company Ltd, aff. IV/F-3/33.710, James Budgett Sugars Ltd, aff. IV/F-3/33.711, JOCE n° L 76 du 23 mars 1999, p. 1.

397 Voy. Comm. CE, déc. n° 2003/207/CE du 24 juillet 2002, Gaz industriels et médicaux, aff. COMP/E-3/36.700, JOCE n° L 84 du 1er avril 2003, p. 1.

234. L'affaire *Polypropylène* constitue le point de départ de cette pratique.[398] S'agissant de la société *Shell*, la Commission avait choisi de n'imputer l'infraction qu'à la société « tête de groupe », plutôt qu'aux filiales ayant mis en œuvre les pratiques, précisément car la première était responsable de l'action du groupe.[399] La décision rendue dans l'affaire *Treillis soudés* précise le raisonnement de la Commission. Cette dernière y souligne que « [d]ans le cas d'un groupe industriel important, il est [...] normal de rendre destinataire de la décision le holding ou le "siège", bien que l'entreprise elle-même soit constituée par l'unité formée par la société mère et toutes ses filiales ».[400]

235. Il en va de même dans la décision rendue dans l'affaire *Carton*, où la Commission ajoute que la décision sera « adressée au groupe (représenté par la société mère) » dans deux hypothèses. D'une part, lorsque plusieurs sociétés d'un même groupe ont participé à l'infraction et, d'autre part, lorsqu'il existe des preuves précises de la participation de la société mère à l'infraction.[401] Était-ce à dire, selon la Commission, qu'initialement une société mère ne pouvait répondre de l'infraction de sa filiale que dans ces deux hypothèses ? Il apparaît toutefois que les hypothèses énoncées par la Commission doivent être limitées à l'affaire *Carton*, puisque la Commission précise que, « [n]ormalement, la Commission aurait [...] pu adresser la décision au groupe [(à savoir à la société mère)], en particulier dans le cas d'une entreprise [...] intégrée ».[402]

236. Cette pratique ressort plus clairement d'un considérant de la décision rendue dans l'affaire des *Conduites précalorifugés*. La Commission y précise que « [d]ans le cas d'un groupe de grande taille, la personne morale appropriée peut être la holding qui se trouve à la tête du groupe. Le fait que le produit faisant l'objet de l'entente ne constitue qu'une des nombreuses activités du groupe et qu'il relève, dans la structure de ce dernier, de la responsabilité d'un sous-groupe, d'une division ou d'une filiale, n'est pas déterminant ».[403] Autrement dit, selon la Commission, en présence d'un groupe de sociétés important, il est approprié d'adresser la décision à la seule société de tête.[404]

---

398 Les prémices de cette pratique peuvent être constatées dans les décisions rendues par la Commission dans les affaires Matières colorantes et Continental Can. Toutefois, il y a lieu de préciser que, dans les affaires précitées, la notion d'entreprise était appréciée juridiquement et non économiquement.

399 S'agissant de la société Shell, voy., TPICE, 10 mars 1992, Shell International Chemical c/ Commission, aff. T-11/89, EU:T:1992:33, points 314 et 315.

400 Comm. CE, déc. n° 89/515/CEE du 2 août 1989, Treillis soudés, aff. IV/31.553, JOCE n° L 260 du 2 août 1989, p. 1, cons. 195.

401 Voy. Comm. CE, déc. n° 94/601/CE du 13 juillet 1994, Carton, aff. IV/C/33.833, JOCE n° L 234 du 19 septembre 1994, p. 1, cons. 143. Relevons également que l'imputation de l'infraction à la société SCA holding doit être nuancée, dans la mesure où l'auteur de l'infraction était une division d'un groupe de sociétés dépourvue de la personnalité morale : voy. Comm. CE, déc. n° 94/601/CE du 13 juillet 1994, précitée, cons. 157. S'agissant de la société Mo och, la Commission souligne, dans le cadre du recours introduit par ladite société, qu'elle « dispos[e] d'une marge d'appréciation pour déterminer le niveau [de la] structure auquel il convient d'adresser une décision. [...] [M]ême s'il avait été possible pour la Commission d'adresser la décision à [la filiale], cela ne signifierait aucunement qu'elle était obligée de le faire ». Voy. TPICE, 14 mai 1998, Mo och c/ Commission, aff. T-352/94, EU:T:1998:103, point 85.

402 *Ibid.*

403 Voy. Comm. CE, déc. n° 1999/60/CE du 21 octobre 1998, Conduites précalorifugés, aff. IC/35.691/E-4, JOCE n° L 24 du 30 janvier 1999, p. 1, cons. 155.

404 En revanche, s'il n'est pas possible d'identifier une société de tête, la Commission impute conjointement l'infraction aux sociétés du groupe et les condamnent solidairement au paiement de l'amende. Voy., Comm. CE, déc. n° 1999/60/CE du 21 octobre 1998, précitée, cons. 158.

237. Dans l'affaire de l'entente entre *Interbrew et Alken-Maes*, la Commission justifie la seule imputation de l'infraction à Danone, en sa qualité de société mère d'Alken-Maes, en raison, d'une part, de l'« entité économique [que Danone formait] avec Alken-Maes au moment de l'infraction [...] ». D'autre part, en raison du fait que « Danone était [...] aussi elle-même directement impliquée dans l'entente [...] reconnaît avoir participé à des réunions relatives au marché belge et avoir été au courant de certaines pratiques ».[405] Il en va sensiblement de même dans la décision rendue dans l'affaire *Plaques en plâtre*, pour ce qui concerne les sociétés *Lafarge* et *Knauf*. Si la Commission relève bien que l'infraction est l'œuvre de filiales des groupes respectifs, seule les sociétés mères sont concernées eu égard à leur connaissance des pratiques et à leur implication dans l'infraction.[406]

238. La décision de la Commission rendue dans l'affaire du *Gaz industriel* mérite d'être tout autant mentionnée, dans la mesure où elle a été à l'origine d'un contentieux devant le Tribunal portant précisément sur la question de l'imputation de l'infraction au sein d'un groupe de sociétés. La Commission avait choisi d'imputer l'infraction qu'à certaines sociétés mères, alors même que pour l'ensemble des filiales impliquées dans l'infraction, elle avait au préalable vérifié leur appartenance à un groupe.[407] Devant le Tribunal, l'une des sociétés mères faisait valoir que, par souci d'égalité, la Commission aurait également dû imputer l'infraction à sa seule filiale.[408] Ce dernier ne constate toutefois aucune illégalité relativement à l'imputation de l'infraction, se limitant à rappeler le pouvoir discrétionnaire de la Commission en la matière. Il n'en reste pas moins que, à la lecture de la décision attaquée, certaines interrogations subsistent. Pour deux filiales destinataires de la décision, les sociétés *Air Products* et *Air Liquide*, la Commission semble également envisager la participation indirecte des sociétés mères à l'infraction.[409]

239. L'ensemble de ces exemples permet d'illustrer la pratique initiale de la Commission, qui, en présence d'une entreprise, au sens du droit de la concurrence, dont le périmètre correspondait au groupe de sociétés, imputait, en règle générale, l'infraction à la société de tête dudit groupe.[410] Toutefois, si la condamnation de plusieurs sociétés d'un même groupe demeurait exceptionnelle, la Commission a généralisé cette pratique sous l'influence des arrêts des juges de l'Union.

---

405 Voy. Comm. CE, déc. n° 2003/569/CE du 5 décembre 2001, Interbrew et Alken-Maes, précitée, cons. 295.

406 Voy. Comm. CE, déc. n° 2005/471/CE du 27 novembre 2002, Plaques en plâtre, aff. COMP/37.152, JOCE n° L 166 du 28 juin 2005, p. 8, cons. 492 à 509.

407 Voy. Comm. CE, déc. n° 2003/207/CE du 24 juillet 2002, Gaz industriels et médicaux, aff. COMP/E-3/36.700, JOCE n° L 84 du 1er avril 2003, p. 1.

408 Voy. Trib. UE, 4 juillet 2006, Hoek Loss c/ Commission, aff. T-304/02, EU:T:2006:184, points 25 et 61.

409 Voy. Comm. CE, déc. n° 2003/207/CE du 24 juillet 2002, précitée, cons. 217 et s.

410 Il pourra toutefois être mentionné une occurrence récente d'imputation d'un comportement infractionnel d'une filiale aux seules sociétés mères, la filiale étant toutefois, dans cette hypothèse, en faillite : voy. conclusions de l'avocat général M. Szpunar, prononcées le 18 mai 2017, dans les affaires jointes LG Electronics et Koninklijke Philips Electronics c/ Commission, C-588/15 P et C-622/15 P, EU:C:2017:393, point 55.

C. L'infraction imputée à la filiale et à sa société mère

240. En premier lieu, depuis la décision de la Commission rendue dans l'affaire de la *lysine*[411] et, sauf exception, lorsque le comportement infractionnel est le fait d'une filiale, l'infraction est imputée tant à cette dernière qu'à sa société mère, à condition qu'elles forment ensemble une même entreprise, au sens du droit de la concurrence. En pratique, l'infraction sera imputée, tout d'abord, à son auteur direct, c'est-à-dire à la filiale. Ensuite, la question se pose de l'opportunité de l'imputation de l'infraction également à sa société mère. Enfin, dans l'hypothèse d'un groupe de sociétés verticalement intégré, composé de plus de deux sociétés, la possibilité d'imputer également l'infraction à la société holding devra être envisagée. Autrement dit, dans certaines hypothèses, l'ensemble des sociétés verticalement intégrées pourront être concernées par une décision de la Commission.

241. La généralisation de l'imputation de l'infraction simultanément à la filiale et à sa société mère coïncide avec certains arrêts prononcés par les juges de l'Union, notamment dans le cadre des recours formés contre la décision de la Commission dans l'affaire du *carton*.[412] Si la Commission se réfère principalement à l'arrêt du Tribunal prononcé dans l'affaire *Mo och*[413] pour justifier l'imputation du comportement infractionnel tant à la filiale qu'à sa société mère, ce sont davantage les arrêts prononcés par les juges de l'Union dans l'affaire *Metsa Serla* qui doivent retenir l'attention.[414] Les juges de l'Union y lient la possibilité de condamner deux sociétés à leur appartenance à une même unité économique.[415]

242. En deuxième lieu, la décision de la Commission rendue dans l'affaire de la *lysine* constitue le véritable point de départ de cette pratique. Certes, auparavant, la Commission avait d'ores et déjà imputé une infraction à deux sociétés appartenant à une même entreprise, au sens du droit de la concurrence ; il n'en reste pas moins que cette pratique relevait davantage de l'exception que du principe.[416] Aussi,

---

411 Voy. Comm. CE, déc. n° 2001/418/CE du 7 juin 2000 Acides aminés, aff. COMP/36.545/F3, JOCE n° L 152 du 7 juin 2001, p. 24.

412 Voy. TPICE, 14 mai 1998, Mo och c/ Commission, T-352/94, EU:T:1998:103 et CJCE, 16 novembre 2000, Metsa-Serlä e.a. c/ Commission, aff. C-294/98 P, EU:C:2000:632

413 Voy. TPICE, 14 mai 1998, Mo och c/ Commission, précité, point 87 et Comm. CE, déc. n° 2001/418/CE du 7 juin 2000 Acides aminés, aff. COMP/36.545/F3, JOCE n° L 152 du 7 juin 2001, p. 24, cons. 442.

414 Voy. TPICE, 14 mai 1998, Metsa-Serlä e.a. c/ Commission, précité, et CJCE, 16 novembre 2000, Metsa-Serlä e.a. c/ Commission, précité.

415 Voy. TPICE, 14 mai 1998, Metsa-Serlä e.a. c/ Commission, précité, point 45 et CJCE, 16 novembre 2000, Metsa-Serlä e.a. c/ Commission, précité, points 36 à 38.

416 Pour les hypothèses de condamnation solidaire, voy. Comm. CE, déc. n° 72/457/CEE du 14 décembre 1972, ZOJA/CSC – ICI, aff. IV/26.911, JOCE n° L 299 du 31 décembre 1972, p. 51 ; n° 78/68CEE du 8 décembre 1977, Hugin/Liptons, aff. IV/29.132, JOCEE n° L 22 du 27 janvier 1978, p. 23 ; n° 80/1283/CEE du 25 novembre 1980, Johnson & Johnson, aff. IV/2970, JOCEE n° L 377 du 31 décembre 1980, p. 16 ; n° 94/601/CE du 13 juillet 1994, Carton, aff. IV/C/33.833, JOCE n° L 234 du 19 septembre 1994, p. 1, s'agissant des membres de l'association Finnboard ; n° 1999/60/CE du 21 octobre 1998, Conduites précalorifugés, aff. IC/35.691/E-4, JOCE n° L 24 du 30 janvier 1999, p. 1, s'agissant des sociétés Henss/Isoplus. Parmi ces décisions, deux concernent la sanction d'un abus de position dominante, dont la mise en œuvre impliquait le comportement tant de la société mère que de sa filiale. Une décision porte sur la sanction d'une entente verticale, à laquelle les deux sociétés concernées avaient participé. Pour ce qui concerne les décisions sanctionnant une entente horizontale, la condamnation solidaire intervient dans des hypothèses exceptionnelles, à savoir lorsque la Commission n'est pas en mesure d'identifier une société de tête à qui imputer l'infraction ou lorsque l'infraction est commise par des membres d'une association.

dans l'affaire de la *lysine*, la Commission détaille-t-elle son raisonnement quant à l'imputation d'une infraction tant à la filiale qu'à sa société mère. L'imputation à la société mère s'avère justifiée par l'influence déterminante exercée sur sa filiale. Et, l'imputation à la filiale s'avère justifiée par son appartenance à l'unité économique ayant participé à la commission de l'infraction.[417] Par ailleurs, à partir de cette décision, les hypothèses d'imputation de l'infraction simultanément à la filiale et à sa société mère se sont multipliées.[418] Elle s'avère désormais l'hypothèse la plus fréquente en pratique, sinon la règle, laquelle n'est pas sans générer un contentieux surabondant devant les juges de l'Union.[419]

243. En troisième lieu, la question s'est posée de savoir si, en l'absence d'imputation de l'infraction à la société mère où jour de la décision, ce choix devient définitif ou bien si la Commission est en mesure de changer d'avis et d'imputer rétroactivement à cette dernière une infraction commise par l'une de ses filiales, pour tenir compte notamment d'une circonstance aggravante tirée d'une situation de récidive. Si cette question peut, à première vue, apparaître singulière, une étude de la pratique révèle toutefois que les hypothèses d'imputation rétroactive ne sont pas isolées.[420]

244. Ainsi, dans l'affaire *Versalis*, la Commission avait décidé d'imputer à une société mère une circonstance aggravante tirée de la récidive alors même que, s'agissant du premier terme de la récidive, c'est-à-dire la première infraction, remontant à près de vingt ans avant la procédure administrative, la société mère ne s'était pas vue imputer l'infraction de sa filiale. Sur pourvoi, la Cour valide cette pratique en considérant que « [l]orsque la Commission entend imputer une infraction au droit de la concurrence à une personne juridique et invoquer la récidive à son encontre, la communication des griefs doit contenir tous les éléments permettant

---

417 Voy. Comm. CE, déc. n° 2001/418/CE du 7 juin 2000 Acides aminés, aff. COMP/36.545/F3, JOCE n° L 152 du 7 juin 2001, p. 24, cons. 439 et 442.

418 Voy., notamment, Comm. CE., déc. n° 2001/46/CE du 20 septembre 2000, Opel, aff. COMP/36.653, JOCE n° L 50 du 28 février 2001, p. 1 ; n° 2004/104/CE du 27 novembre 2002, Méthylglucamine, aff. COMP/E-2/37.978, JOCE n° L 38 du 10 février 2004, p. 18 ; n° 2006/460/CE du 17 décembre 2002, Graphites spéciaux, aff. COMP/37.667, JOCE n° L 180 du 4 juillet 2006, p. 20 ; n° 2005/566/CE du 9 décembre 2004, Chlorure de choline, aff. COMP/37.533, JOCE n° L 190 du 22 juillet 2005, p. 22 ; n° 2006/902/CE du 21 décembre 2005, Produits chimiques pour le traitement du caoutchouc, aff. COMP/F/38.443, résumé au JOCE n° L 353 du 13 décembre 2006, p. 50 ; n° 2006/793/CE du 31 mai 2006, Méthacrylates, aff. COMP/F/38.645, JOCE n° L 322 du 22 novembre 2006, p. 20.

419 Voy., à titre d'illustration, CJCE, 10 septembre 2009, Akzo Nobel c/ Commission, aff. C-97/08 P, EU:C:2009:536, points 17 et 18 ; Trib. UE, 15 juillet 2015, Akzo Nobel c/ Commission, EU:T:2015:506, point 44 ; Trib. UE, 15 juillet 2015, GEA Group c/ Commission, aff. T-45/10, EU:T:2015:507, point 41 ; CJUE, 19 juillet 2012, Alliance One International et Standard Commercial Tobacco c/ Commission, C-628/10 P et C-14/11 P, EU:C:2012:479, point 18 ; Trib. UE, 14 juillet 2011, Total et Elf Aquitaine c/ Commission, aff. T-190/06, EU:T:2011:378, point 85 ; CJUE, 22 janvier 2013, Commission/Tomkins, aff. C-286/11 P, EU:C:2013:29, point 2. Pour des hypothèses d'imputation d'une infraction à une filiale et sa société mère dans le cadre de restructurations sociétaires, voy., notamment, CJUE, 10 avril 2014, Commission/Siemens Österreich e.a. et Siemens Transmission & Distribution e.a. c/ Commission, aff. C-231/11 P, EU:C:2014:256, point 13 et CJUE, 10 avril 2014, Areva e.a. c/ Commission, aff. C-247/11 P, EU:C:2014:257, point 13.

420 Cette question s'est posée à plusieurs reprises en droit de la concurrence de l'Union. Voy., notamment, TPICE, 30 septembre 2003, Michelin c/ Commission, aff. T-203/01, EU:T:2003:250, point 289 et CJUE, 5 mars 2015, Commission e.a. c/ Versalis, aff. C-93/13 P et C-123/13 P, EU:C:2015:150. Voy., également, les conclusions de l'avocat général M. Cruz Villalón, présentées le 17 juillet 2014 dans l'affaire Commission e.a. c/ Versalis, aff. C-93/13 P et C-123/13 P, EU:C:2014:2487, point 33.

à cette personne juridique de se défendre ».[421] Et de préciser que « si cette dernière est une société mère contre laquelle est invoquée la circonstance aggravante de récidive du fait du comportement anticoncurrentiel constaté par la Commission dans le chef d'une de ses filiales, mais pour laquelle cette société mère n'a pas été, antérieurement à cette communication, destinataire d'une décision constatant une première infraction, la communication des griefs qui est adressée à cette dernière doit contenir les éléments justifiant que les conditions de la récidive sont remplies et, notamment, établissant que ladite personne juridique formait, au moment de la première infraction, une seule entreprise avec la société à l'égard de laquelle la première infraction a été constatée. À cet égard, il incombe à la Commission d'établir que la personne juridique visée par la seconde infraction exerçait déjà, au moment de la première infraction, une influence déterminante sur la filiale impliquée dans la première infraction ».[422]

245. Comme le souligne un auteur, la Cour considère que la notion d'entreprise, au sens des articles 101 et 102 TFUE, peut être mobilisée *a posteriori* par la Commission pour sanctionner la récidive dans le chef d'une société mère du fait du comportement préalablement constaté d'une filiale sur laquelle elle exerçait son contrôle.[423] Si cette pratique peut se justifier eu égard à l'impératif de sanction et à la recherche de l'effet utile des règles de concurrence, elle peine à convaincre. La question de savoir si une telle pratique n'est pas contraire à l'objectif de sécurité juridique doit se poser, d'autant plus que la Commission, dans la cette affaire, avait préalablement apprécié l'étendue de l'entreprise en cause et décidé de ne pas imputer l'infraction de la première filiale à sa société mère.[424]

246. En dernier lieu, si l'imputation s'effectue le plus souvent d'une filiale à sa société mère, il n'est pas non plus rare en pratique que la Commission soit amenée à rechercher outre la responsabilité de la société mère, celle de la société « grand-mère ». En règle générale, cette dernière est une société *holding* qui s'occupe de la gestion financière du groupe. Or, depuis les arrêts du Tribunal et de la Cour prononcés notamment dans l'affaire *General Quimca*, la présomption d'exercice d'une influence déterminante s'applique également à ces dernières, et ce même si une autre société est interposée entre la filiale et la société de tête.

247. Toutefois, face à la multiplication de sociétés potentiellement responsables en raison d'une interprétation restrictive des possibilités de renversement de la présomption capitalistique,[425] la question se pose de savoir jusqu'où les autorités de concurrence peuvent remonter dans la structure des groupes de sociétés pour imputer une infraction commise par une filiale.

248. En tout état de cause, indépendamment de la question du pouvoir discrétionnaire, une limite matérielle se doit d'être relevée : la preuve de l'exercice effectif d'une

---

421 CJUE, 5 mars 2015, Commission e.a. c/ Versalis, aff. C-93/13 P et C-123/13 P, EU:C:2015:150, point 96. Voy., également, les conclusions de l'avocat général M. Cruz Villalón, présentées le 17 juillet 2014 dans l'affaire Commission e.a. c/ Versalis, aff. C-93/13 P et C-123/13 P, EU:C:2014:2487, point 33.

422 *Id.*

423 B. Cheynel, « la "coresponsabilité" en droit européen de la concurrence », Revue des affaires européennes, 2015, n° 4, p. 621.

424 *Id.*

425 CJUE, 20 janvier 2011, General Química c/ Commission, aff. C-90/09 P, EU:C:2011:21, points 84 à 86.

influence déterminante d'une société sur une autre. Si cette démonstration est aisée lorsque les sociétés détiennent la totalité voire la quasi-totalité du capital social en application de la présomption capitalistique, elle est plus complexe lorsque les autorités ne peuvent se fonder sur une telle présomption. Ainsi, il ne saurait être exclu qu'une autorité de contrôle choisisse de s'éviter une charge de la preuve trop importante pour rechercher la responsabilité d'une société de tête qui ne détiendrait pas la totalité ou la quasi-totalité du capital social d'une société intermédiaire.[426] La pratique de la Commission n'échappe pas à ce constat, pas plus qu'au contrôle des juges de l'Union.[427]

Section 2
Un pouvoir encadré

249. L'encadrement du pouvoir discrétionnaire de la Commission se manifeste tout au long de la procédure administrative, laquelle se subdivise en deux phases distinctes et successives dont chacune répond à une logique propre, à savoir une phase d'instruction préliminaire, d'une part, et une phase contradictoire, d'autre part. La phase d'instruction préliminaire, qui s'étend jusqu'à la communication des griefs, permet à la Commission de rassembler tous les éléments pertinents confirmant ou non l'existence d'une infraction aux règles de concurrence et de prendre une première position sur l'orientation ainsi que sur la suite ultérieure à réserver à la procédure. La phase contradictoire, qui débute avec la communication des griefs, doit en revanche permettre à la Commission de se prononcer définitivement sur l'infraction reprochée, aux fins de procéder, dans la décision finale, à son imputation.[428]

250. Dans la mesure où l'entreprise, au sens du droit de la concurrence, est dépourvue de personnalité juridique, ce n'est pas vers l'entreprise que la Commission se dirigera. Comme le souligne un auteur, « le droit de la concurrence ne peut se passer de toute référence subjective et […] à un instant ou à un autre il doit s'intéresser aux sujets de droits ».[429] Aussi, durant l'ensemble de la procédure administrative, la Commission adoptera-t-elle différents actes d'instruction et de poursuite en les adressant le cas échéant à la filiale et/ou à sa société mère, et ce aux fins de respecter leurs droits de la défense, lequel respect demeure une exigence cardinale dans toute procédure susceptible d'aboutir au prononcé d'une sanction.

---

426 Voy. aut. conc., déc. du 11 juin 2015 relative à des pratiques mises en œuvre par TDF sur le site de la Tour Eiffel, point 755.

427 Voy. Trib. UE, 29 février 2016, Deutsche Bahn e.a. c/ Commission, aff. T-267/12, EU:T:2016:110 et Trib. UE, 29 février 2016, Schenker c/ Commission, aff. T-265/12, EU:T:2016:111.

428 CJCE, 15 octobre 2002, Limburgse Vinyl Maatschappij e.a. c/ Commission, C-238/99 P, C-244/99 P, C-245/99 P, C-247/99 P, C-250/99 P à C-252/99 P et C-254/99 P, EU:C:2002:582, point 181 à 183.

429 A. Lyon-Caen, « Droit européen de la concurrence et groupe », précité, n° 394. Voy., également, conclusions de l'avocat général Mme Kokott présentées le 23 avril 2009 dans l'affaire Akzo Nobel c/ Commission, aff. C-97/08 P, EU:C:2009:262, points 36 et 37.

251. À cet égard, du fait de leur appartenance à une même entreprise, au sens du droit de la concurrence, il pourrait être considéré, à première vue, que tout acte à destination de l'une vaut *mutatis mutandis* à destination de l'autre. Toutefois, le formalisme procédural ne goûte guère les fictions, de sorte que, si, en théorie, la filiale et la société mère ne forment ensemble qu'une seule et même entreprise, la Commission les traite, en pratique, séparément. Autrement dit, au stade des phases d'instruction préliminaire et contradictoire, l'entreprise pourrait être absente et les sociétés omniprésentes.

252. L'encadrement du pouvoir de la Commission se manifeste également, avec un intérêt certain, au stade de l'adoption de la décision finale. Il peut d'emblée être fait référence à l'obligation de motivation des décisions, laquelle obligation n'est certes pas propre aux décisions adoptées en matière de concurrence.[430] En vertu de l'article 296 TFUE, la Commission se doit en effet de motiver ses décisions. Les juges de l'Union rappellent de manière itérative que la motivation exigée par cette disposition doit être adaptée à la nature de l'acte en cause et faire apparaître de façon claire et non équivoque le raisonnement de l'institution, auteur de l'acte, de manière à permettre aux intéressés de connaître les justifications de la mesure prise et à la juridiction compétente d'exercer son contrôle.[431] Outre l'objectif tenant au contrôle de la légalité de la décision adoptée par la Commission, les juges de l'Union précisent que l'obligation de motivation permet de « fournir à l'intéressé une indication suffisante pour savoir si la décision est éventuellement entachée d'un vice permettant d'en contester la validité ».[432] Le respect de cette obligation demeure essentielle pour « reconstituer le raisonnement effectué par [la Commission] pour aboutir à l'adoption de [sa décision] ».[433] Ainsi, la présence d'une motivation suffisante dans la décision finale permet aux juges de l'Union de vérifier notamment le respect par la Commission du principe d'égalité de traitement, lequel aura été, s'agissant de l'imputation de l'infraction d'une filiale à sa société mère, à l'origine d'un contentieux important.[434]

253. En clair, si la Commission doit s'adresser à des sociétés, à savoir à des entités dotées de la personnalité juridique pour mettre en œuvre les règles de concurrence, l'exercice de son pouvoir discrétionnaire demeure encadré, et, du fait de cet encadrement, ne saurait, en principe, être exempt de tout contrôle par le juge. Cet encadrement, lequel se manifeste tout au long de la procédure, à savoir de l'instruction préliminaire à l'adoption de la décision finale, en passant par la communication des griefs, conduit les juges de l'Union à vérifier principalement le respect par la Commission des droits de la défense des sociétés visées (§1) et du principe d'égalité de traitement (§2).

---

430 Sur l'obligation de motivation en cas de rejet des arguments avancés pour renverser la présomption de contrôle, voy. supra, n° 142.

431 Voy., notamment, Trib. UE, 29 février 2016, Schenker c/ Commission, aff. T-265/12, EU:T:2016:111, point 228 et s.

432 *Id.*

433 *Id.*

434 Un pouvoir discrétionnaire ne saurait être exempt de contrôle par le juge. Voy. Cornu, op. cit., v° « discrétionnaire », p. 354 : « se dit par opposition à compétence liée, d'un pouvoir ou d'une compétence dont l'exercice n'est pas déterminé dans tous ses éléments mais qui demeure soumis au contrôle du juge administratif ».

§ 1. Les droits de la défense

254. Le respect par la Commission des droits de la défense demeure une exigence cardinale notamment dans toute procédure susceptible d'aboutir au prononcé d'une sanction. Pour ce qui est de l'imputation d'une infraction d'une filiale à sa société mère, une première question s'est posée en pratique : celle de savoir si la Commission se devait d'entendre, dès la phase d'instruction préliminaire, la société mère.

255. Ainsi, dans l'affaire *Elf Aquitaine,* la requérante reprochait à la Commission de n'avoir pas assuré la protection de ses droits de la défense dès la phase de l'enquête, précédant l'envoi de la communication des griefs.[435] Elle soulignait qu'« [a]u cours de cette phase de la procédure administrative, [elle] n'aurait [non seulement] pas été entendue par la Commission, mais n'aurait pas non plus été informée des soupçons qui pesaient sur elle », qui devaient s'imposer « à plus forte raison à son égard, puisqu'elle n'avait pas participé à l'infraction et en ignorait même l'existence ».[436] Elle ajoutait que « le fait qu'elle a[it] été informée tardivement [au stade de la communication des griefs] de l'existence d'une enquête la visant ne lui aurait pas permis de prendre les mesures nécessaires pour préparer utilement sa défense, en particulier en ce qui concerne la conservation des preuves éventuelles destinées à démontrer l'autonomie de sa filiale sur le marché ».[437]

256. Comme le souligne l'avocat général M. Mengozzi, la question qui se posait était surtout celle de savoir si, afin de garantir le respect des droits de la défense, la société mère se devait d'être informée, dès la phase d'enquête, des soupçons qui pesaient sur elle.[438] Autrement dit, la question ne portait pas sur la question de savoir s'il incombait à la Commission de communiquer les éléments dès la phase d'enquête mais plutôt de l'informer sur des soupçons à son égard. Sur ce point, la Cour rappelle que « [c]e n'est qu'au début de la phase contradictoire administrative que l'entité concernée est informée, moyennant la communication des griefs, de tous les éléments essentiels sur lesquels la Commission se fonde à ce stade de la procédure. Par conséquent, c[e] [n]'est seulement [qu']après l'envoi de la communication des griefs que [la société mère] peut pleinement se prévaloir de ses droits de la défense ».[439]

257. Toutefois, tout en reconnaissant que la phase préliminaire d'enquête peut avoir des répercussions sur la sauvegarde des droits de la défense pendant la phase contradictoire, notamment en termes de délai, la Cour précise que cela n'implique pas que « dès avant la première mesure prise à l'égard d'une entité donnée, [la Commission] est tenue, en toute hypothèse, d'avertir cette entité de la possibilité même des mesures d'instruction ou des poursuites fondées sur le droit de l'Union [...], surtout si, de par

---

435 CJUE, 29 septembre 2011, Elf Aquitaine c/ Commission, C-521/09 P, EU:C:2011:620, point 102.

436 Conclusions de l'avocat général M. Mengozzi présentées le 17 février 2011 dans l'affaire Elf Aquitaine c/ Commission, C-521/09 P, EU:C:2011:89, point 12.

437 *Ibid.*

438 *Ibid., point 13.*

439 CJUE, 29 septembre 2011, Elf Aquitaine c/ Commission, précité, point 115. Voy., également, CJCE, 18 octobre 1989, Orkem c/ Commission, 374/87, EU:C:1989:387.

un tel avertissement, l'efficacité de l'enquête de la Commission risquerait d'être indûment compromise ».[440]

258. Cet arrêt pourrait à cet égard porter à confusion, en ce que la Cour fait référence aux droits de la défense tant de l'« entité » que de l'« entreprise » concernée. Toutefois, il semble que la Cour utilise invariablement, dans son arrêt prononcé dans l'affaire *Elf Aquitaine*, les termes « entité » et « entreprise ». En clair, avant la communication des griefs, la Commission ne doit pas prendre en compte la possible appartenance de plusieurs sociétés à une même entreprise, au sens du droit de la concurrence de l'Union.

259. Si la société mère ne doit pas nécessairement être informée d'une procédure en cours contre sa filiale et des soupçons qui pèsent sur elle, elle se doit, en revanche, de recevoir, le cas échéant, si la Commission entend lui imputer également l'infraction, une communication des griefs, et ce précisément pour garantir le respect de ses droits de la défense.[441]

260. Dans l'affaire *ARBED*, la société mère reprochait à la Commission de ne pas lui avoir adressé formellement la communication des griefs dont était destinataire sa filiale. Elle faisait dès lors valoir qu'avaient été violés ses droits de la défense. Le Tribunal avait considéré de manière pragmatique qu'aucune violation des droits de la défense ne pouvait être constatée, en l'espèce, dans la mesure où, selon lui, la requérante avait connaissance de la communication des griefs et y avait potentiellement également répondu.[442] Pour la Cour, en revanche, la sauvegarde des droits de la défense ne saurait se déduire des circonstances de l'espèce d'une affaire. Elle souligne que « [e]u égard à son importance, la communication des griefs doit préciser sans équivoque la personne juridique qui sera susceptible de se voir infliger des amendes et être adressée à cette dernière ».[443] Or, en l'espèce, la Cour constate que « la communication des griefs ne précisait pas que des amendes pourraient être infligées [à la société mère] ».[444] Et ajoute que « [la société mère] n'était pas destinataire de la communication des griefs et s'est vu refuser, pour ce motif, un droit d'accès au dossier ».[445]

261. Partant, même s'il n'est pas contesté que la société mère avait eu connaissance de la communication des griefs adressée à sa filiale et de la poursuite de la procédure contre cette dernière, il ne peut être déduit, selon la Cour, de cet élément que les droits de la défense de la requérante n'ont pas été violés. L'appartenance de deux sociétés à une même entreprise, au sens du droit de la concurrence, n'exonère pas la Commission de son obligation d'adresser une communication des griefs à chaque société la composant.

---

440 *Ibid., point 120. Voy., également, CJCE, 8 juillet 2004, Dalmine c/ Commission, T-50/00, EU:T:2004:220, point 60. Sur cette question, voy., notamment, Idot, « la responsabilité pénale des personnes morales : les leçons du droit européen de la concurrence », précité, p. 62.*

441 Voy. CJCE, 2 octobre 2003, ARBED c/ Commission, C-176/99 P, EU:C:2003:524, points 21 à 24.

442 Voy. TPICE, 11 mars 1999, ARBED c/ Commission, T-137/94, EU:T:1999:46, points 97 à 102.

443 CJCE, 2 octobre 2003, ARBED c/ Commission, précité, points 21. Voy., également, CJCE, 16 mars 2000, Compagnie maritime belge transports e.a. c/ Commission, C-395/96 P et C-396/96 P, EU:C:2000:132, points 143 à 143.

444 Voy. CJCE, 2 octobre 2003, ARBED c/ Commission, précité, points 22.

445 *Ibid., point 23.*

262. Par ailleurs, dans l'affaire *Bolloré*, la Cour est venue préciser le formalisme que la communication des griefs se doit de présenter. La Cour souligne qu'« [i]l importe également que la communication des griefs indique en quelle qualité une entreprise se voit reprocher les faits allégués ».[446] En l'espèce, la requérante faisait valoir que « la Commission entendait, dans la communication des griefs, imputer à Bolloré l'infraction reprochée en raison de sa responsabilité, en tant que société mère à 100 % de Copigraph à l'époque de l'infraction, pour la participation de Copigraph à l'entente. Bolloré ne pouvait prévoir, aux termes de la communication des griefs, que la Commission entendait lui imputer, dans la décision litigieuse, l'infraction également en raison de son implication personnelle et directe dans les activités de l'entente ».[447]

263. Cette exigence a été particulièrement mise en lumière dans l'affaire *Ballast*. Dans cette affaire, la communication des griefs précisait simplement que la requérante était responsable en sa qualité de successeur juridique de l'auteur direct de l'infraction. Or, si la requérante avait pu être destinataire de la communication des griefs, c'était non en sa qualité erronée de successeur juridique mais en celle de société mère détenant la totalité du capital social de sa filiale. Ainsi, le Tribunal souligne que la Commission a violé les droits de la défense de la requérante en n'indiquant pas dans la communication des griefs sa qualité de société mère de l'auteur direct de l'infraction.[448] Une remarque s'impose par ailleurs à la lumière de cette affaire : cette violation n'est pas dénuée d'incidence sur le terrain de l'amende, en ce que le Tribunal décide, dans cette affaire, d'exercer sa compétence de pleine juridiction et de réduire le montant de l'amende infligée à la requérante.

264. Enfin, de la même manière que pour la communication des griefs, la décision finale se doit d'être adressée à l'ensemble des sociétés qui composent une même entreprise, au sens du droit de la concurrence. En l'absence, la société mère ne sera pas considérée comme responsable de l'infraction commise par sa filiale, seule cette dernière devant en répondre.[449] Cette décision finale s'analyse ainsi comme un faisceau de décisions individuelles adressées à chaque société qui compose une même entreprise, au sens des articles 101 TFUE et 102 TFUE.[450] Comme le souligne l'avocat général M. Mengozzi, dans ses conclusions présentées dans l'affaire *Elf Aquitaine*, l'existence d'une entreprise, au sens des articles 101 TFUE et 102 TFUE, « ne remet pas en question l'autonomie juridique de[s] personnes morales [qui la composent], dans la mesure où [...] elles sont considérées comme

---

446 CJCE, 24 juin 2008, Papierfabrik August Koehler e.a. c/ Commission, C-322/07 P, C-327/07 P et C-338/07 P, EU:C:2008:361, point 39.

447 *Ibid., point 40.*

448 Voy. Trib. UE, 27 septembre 2012, Ballast Nedam Infra c/ Commission, aff. T-362/06, EU:T:2012:492, points 21 à 36. Cette affaire est également à souligner en ce qui concerne les conséquences d'une réduction du montant de l'amende d'une société appartenant avec une autre à une même entreprise, au sens des articles 101 TFUE et 102 TFUE.

449 À cet égard, il y a lieu de relever que dans l'affaire ARBED, précitée, la Commission avait bel et bien adressé la décision finale à la société mère sans toutefois lui avoir au préalable adressé la communication des griefs.

450 Voy., sur l'existence d'un faisceau de décisions individuelles, CJUE, 22 janvier 2013, Commission c/ Tomkins, aff. C-286/11 P, EU:C:2013:29. Voy., également, conclusions de l'avocat général M. Wahl, présentées le 26 mars 2015 dans l'affaire Total c/ Commission, aff. C-597/13 P, EU:C:2015:207, point 60.

distinctes [...] en ce qui concerne l'exercice de leurs droits de la défense ».[451] En d'autres termes, l'envoi d'une seule décision à l'une des sociétés composant l'entreprise, au sens du droit de la concurrence de l'Union, ne suffit pas à engager la responsabilité des autres sociétés de l'entreprise, ce qui, au demeurant, ne saurait être contesté.

265. En tout état de cause, indépendamment des hypothèses où les droits de la défense sont susceptibles d'être violés par la Commission, la question pourrait se poser de savoir si la violation des droits de la défense de la société mère emporte également la violation des droits de la défense de la filiale et inversement. À cet égard, dans l'ensemble des affaires précitées, la violation des droits de la défense de la société mère n'affectait pas la légalité de la décision de la Commission à l'égard de la filiale. En clair, les droits de la défense, en droit de la concurrence de l'Union,[452] ne sont pas ceux de l'entreprise, au sens du droit de la concurrence de l'Union, mais respectivement ceux de chaque société la composant.

§ 2. Le principe d'égalité de traitement

266. Pour ce qui est de la légalité interne, à savoir du contrôle au fond de la décision de la Commission, l'encadrement du pouvoir discrétionnaire se manifeste principalement, si ce n'est exclusivement, par l'exigence tenant au respect du principe d'égalité de traitement.[453] Ce principe constitue un principe général du droit de l'Union, consacré par les articles 20 et 21 de la Charte des droits fondamentaux de l'Union européenne. En vertu d'une jurisprudence constante, il exige que des situations comparables ne soient pas traitées de manière différente et que des situations différentes ne soient pas traitées de manière égale, à moins qu'un tel traitement ne soit objectivement justifié.[454] Les arrêts prononcés par les juges de l'Union dans les affaires *Alliance One International* et *Sasol* sont à cet égard particulièrement instructifs.

---

451 Conclusions de l'avocat général M. Mengozzi présentées le 17 février 2011 dans l'affaire Elf Aquitaine c/ Commission, aff. C-521/09 P, EU:C:2011:89, point 70.

452 Si les droits de la défense sont propres à chaque société composant l'entreprise, au sens du droit de la concurrence, en ce qu'une violation des droits de la défense d'une société mère n'emporte pas une violation identique des droits de la défense de la filiale, une annulation d'une décision consécutive à une telle violation pourrait tout de même produire des effets erga omnes (voy., en particulier, sur le terrain de la seule recevabilité, arrêt du Tribunal du 18 octobre 2018, GEA Group/Commission, aff. T-640/16, EU:T:2018:700. Sur cet arrêt, voy. infra, nos 1148 et s.). Cette solution pourrait également être différente dans la pratique française du droit de la concurrence, à la lumière de l'arrêt prononcé par la Cour d'appel de Paris dans l'affaire Brenntag (voy. infra, nos 1167 et s.).

453 Il pourrait également être envisagé de contrôler la légalité de la décision de la Commission à la lumière du principe de proportionnalité, en application duquel le contenu et la forme de l'action de l'Union n'excède pas ce qui est nécessaire pour atteindre les objectifs des traités. Toutefois, cette hypothèse relève davantage de l'hypothèse d'école, en ce qu'il est peu probable qu'une infraction imputée à une société mère enfreigne ledit principe. Par ailleurs, une société mère ne saurait invoquer à son profit un manquement par la Commission du principe de proportionnalité par la non-imputation de l'infraction à une société mère concurrente, en vertu du principe selon lequel nul ne saurait invoquer à son profit une illégalité commise en faveur d'autrui.

454 Voy., notamment, CJCE, 10 janvier 2006, IATA et ELFAA c/ Commission, C-344/04, EU:C:2006:10, point 95 et jurisprudence citée ; CJCE, 16 décembre 2008, Arcelor Atlantique et Lorraine e.a. c/ Commission, aff. C-127/07, EU:C:2008:728, point 23.

267. Dans l'affaire *Alliance One International*, une société mère contestait la décision de la Commission, en ce sens que cette dernière s'était uniquement référée à la seule présomption capitalistique pour lui imputer l'infraction alors que pour d'autres sociétés mères, ne s'étant pas vues, *in fine*, imputer l'infraction, elle avait recherché d'autres indices. En d'autres termes, la Commission avait, dans cette affaire, fait usage de différents standards de preuve pour vérifier l'autonomie des filiales concernées. Aussi la société mère s'étant vue imputer l'infraction faisait-elle valoir devant les juges de l'Union une violation du principe d'égalité de traitement.[455]

268. Sur ce point, le Tribunal juge que « dans une affaire mettant en cause une infraction impliquant plusieurs entreprises différentes, [si] la Commission adopte, à l'intérieur du cadre fixé par la jurisprudence, une certaine méthode pour déterminer s'il y a lieu de retenir tant la responsabilité des filiales ayant matériellement commis cette infraction que celle de leurs sociétés mères, elle doit, sauf circonstances particulières, se fonder à cet effet sur les mêmes critères dans le cas de toutes ces entreprises ».[456] Autrement dit, la Commission viole le principe d'égalité de traitement en se référant à deux méthodes différentes pour imputer l'infraction à deux sociétés mères différentes.

269. Cette position est défendue par l'avocat général Mme Kokott. Elle rappelle, d'une part, que « [d]ans le cadre de la *marge discrétionnaire* que lui confère l'article 23, paragraphe 2, sous a), du règlement n° 1/2003, la Commission peut décider, selon les cas, si elle inflige une amende au titre de l'infraction au droit des ententes commise par une entreprise, mais également à quelle personne morale (ou à quelles personnes morales) se trouvant derrière l'entreprise concernée elle inflige, le cas échéant, une telle amende ».[457] D'autre part, elle limite l'étendue de ce pouvoir en soulignant que « dans l'exercice de cette *marge discrétionnaire* [...] la Commission n'est pas totalement libre, mais doit respecter les principes généraux du droit de l'Union et les droits fondamentaux garantis au niveau de l'Union européenne. En particulier, elle doit respecter le principe d'égalité de traitement et le principe de proportionnalité ».[458]

270. Aussi la Commission se devait-elle, en application du principe d'égalité de traitement, « de ne traiter aucune des entreprises impliquées dans une entente de manière discriminatoire par rapport aux autres membres de l'entente ».[459] Autrement dit, « si la Commission décide, en cas d'infraction commise par une entreprise participant à une entente, de retenir tant la responsabilité de la filiale directement impliquée dans l'entente que celle de sa ou de ses sociétés mères, elle doit alors agir de la même manière à l'égard de toutes les autres parties à l'entente, sous réserve que ces dernières se trouvent dans une situation comparable ».[460] Or, dans

---

455 Trib. UE, 27 octobre 2010, Alliance One International e.a. c/ Commission, aff. T-24/05, EU:T:2010:453, points 142 et 143 et 218 et 219.

456 Trib. UE, 27 octobre 2010, Alliance one international e.a. c/ Commission, précité, point 156.

457 Conclusions de l'avocat général Mme Kokott présentées le 12 janvier 2012 dans l'affaire Alliance One International c/ Commission, aff. C-628/10 P et C-14/11 P, EU:C:2012:11, point 47 (italique ajouté).

458 *Ibid., point 48 (italique ajouté).*

459 *Ibid., point 51.*

460 *Ibid., point 54.*

cette affaire, la Commission « viole le principe d'égalité de traitement lorsqu'elle analyse qualitativement une seule et même infraction au droit des ententes en appliquant deux poids et deux mesures, c'est-à-dire lorsqu'elle subordonne la prise en compte de certaines sociétés mères à un niveau de preuve plus strict que pour d'autres sociétés mères, en appliquant par exemple le concept de la double base à l'encontre de certaines d'entre elles, alors qu'elle se fonde exclusivement sur la présomption 100 % en ce qui concerne d'autres sociétés mères ».[461] Sur pourvoi, dans le prolongement des conclusions de son avocat général, la Cour valide le jugement du Tribunal et considère que la Commission ne pouvait avoir imputé le comportement infractionnel de sa filiale à la requérante alors qu'elle ne l'avait pas fait pour les autres sociétés mères en raison d'un fondement plus strict pour apprécier l'exercice effectif par ces dernières d'une influence déterminante sur leurs filiales respectives.[462]

271. Il sera observé que, dans cette affaire, la Commission tentait de justifier sa pratique en objectant que le principe d'égalité de traitement doit se concilier avec le principe selon lequel nul ne peut invoquer à son profit une illégalité commise en faveur d'autrui.[463] En clair, une société mère qui se serait vue imputer l'infraction en application de la seule présomption capitalistique ne pourrait invoquer à son profit une erreur de la Commission faite pour les autres sociétés mères. Or, comme le relève notamment la Cour, les deux méthodes étaient licites, de sorte qu'aucune illégalité ne pouvait être constatée. Ainsi, la Commission se devait de respecter le principe d'égalité de traitement.[464]

272. La position des juges de l'Union dans cette affaire peine toutefois à convaincre. Premièrement, il ne s'agissait pas véritablement d'une inégalité de traitement dans l'imputation de l'infraction mais d'une inégalité de traitement qui résultait de différents standards de preuve pour démontrer l'absence d'autonomie des filiales. Or, en principe, la preuve est libre en droit de la concurrence de l'Union, de sorte que la Commission demeurait libre d'apprécier le niveau d'autonomie des filiales. Deuxièmement, la Commission souligne que la société mère s'étant vue imputer l'infraction de sa filiale n'avait pas tenté de renverser la présomption, à savoir d'apporter des éléments de preuve démontrant l'autonomie de la filiale, à la différence des autres sociétés mères.[465]

273. En revanche, la question est plus prégnante lorsque, en présence de deux sociétés mères contrôlant de manière identique leurs filiales respectives, la Commission décide, en recourant à une même méthode, d'imputer l'infraction à une seule des sociétés mères et non à l'autre. La réponse à apporter à cette hypothèse n'est pas des plus simples, à la lumière notamment de la position de la Cour dans l'affaire

461 *Ibid., point 52.*

462 CJUE, 19 juillet 2012, Alliance One International et Standard Commercial Tobacco c/ Commission et Commission c/ Alliance One International e.a., aff. C-628/10 P, EU:C:2012:479, point 61.

463 Voy. CJUE, 19 juillet 2012, Alliance One International et Standard Commercial Tobacco, précité, point 36. Sur la conciliation des deux principes, voy., en particulier, Trib. UE, 11 juillet 2014, Sasol e.a. c/ Commission, aff. T-541/08, EU:T:2014:628, point 194.

464 Voy. CJUE, 19 juillet 2012, Alliance One International et Standard Commercial Tobacco, précité, points 62 à 66.

465 Voy. CJUE, 19 juillet 2012, Alliance One International et Standard Commercial Tobacco, précité, point 38.

Alliance one international. Si l'on suit le raisonnement de la Cour, une société mère pourrait obtenir l'annulation de la décision de la Commission, pour ce qui la concerne, en ce qu'elle se serait vue imputer l'infraction. Toutefois, une telle solution reviendrait à remettre en cause la nature discrétionnaire du pouvoir de la Commission en matière d'imputation de l'infraction. Elle se heurterait également au principe de réalité, en ce sens que si la filiale est solvable, la Commission devrait demeurer libre d'imputer l'infraction à elle-seule. De même, si la Commission était tenue de mobiliser la notion d'entreprise, au sens du droit de la concurrence de l'Union, la question pourrait se poser de savoir jusqu'où la Commission se devrait de remonter dans un groupe verticalement intégré.

274. L'affaire *Sasol*, dont seul le Tribunal a eu à connaître, postérieure à l'arrêt de la Cour dans l'affaire *Alliance one International*, apporte un éclairage différent. Dans cette affaire, les requérantes reprochaient à la Commission de ne pas avoir imputé l'infraction aux sociétés mères ayant détenu leur filiale avant que cette dernière soit cédée, par le biais, d'une part, d'une participation des requérantes à une entreprise commune puis par le rachat, d'autre part, de la totalité du capital social de la filiale. Pour sa part, la Commission considérait qu'elle n'était pas tenue d'imputer l'infraction aux anciennes sociétés mères. Son action était, d'une part, prescrite pour la période antérieure à la constitution de l'entreprise commune et, d'autre part, pendant la période de contrôle conjoint sur l'entreprise commune, seule les requérantes exerçaient une influence déterminante sur la filiale.[466]

275. À cet égard, le Tribunal relève, d'une part, que la Commission n'avait pas démontré que les requérantes avaient exercé de manière unilatérale une influence déterminante sur la filiale commune. D'autre part, le Tribunal rappelle que « [l]a faculté de sanctionner la société mère pour le comportement d'une filiale étant [...] sans incidence sur la légalité d'une décision adressée à la seule filiale ayant participé à l'infraction, la Commission a le choix de sanctionner soit la filiale ayant participé à l'infraction, soit la société mère qui l'a contrôlée pendant cette période ».[467] Et ajoute que « [s]i, dans [l'hypothèse d'une restructuration sociétaires], la Commission peut imputer le comportement de la filiale à l'ancienne société mère, pour la période antérieure à la cession, et à la nouvelle société mère pour la suite, elle n'est pas tenue de le faire et peut choisir de ne sanctionner que la filiale pour son propre comportement ».[468]

276. Par ailleurs, après avoir certes relevé que la Commission n'était pas tenue d'imputer l'infraction à la société mère pour la première période infractionnelle, le Tribunal considère que la Commission a violé le principe d'égalité de traitement en n'imputant pas l'infraction à l'ancienne société mère, étant donné que schématiquement, selon le Tribunal, la première et la seconde société mère étaient dans une situation comparable.[469] Toutefois, eu égard à l'inégalité de traitement entre les requérantes et les anciennes sociétés mères qui auraient pu être responsables de l'infraction commise par leur ancienne filiale, le Tribunal décide de ne pas

466 Trib. UE, 11 juillet 2014, Sasol e.a. c/ Commission, aff. T-541/08, EU:T:2014:628, point 190.
467 *Ibid., point 182.*
468 *Ibid., point 183.*
469 *Ibid., point 187.*

annuler la décision de la Commission. Ce dernier choisit seulement de réduire le montant de l'amende imposé aux requérantes. Cette absence d'annulation n'ayant, selon le Tribunal, « pas d'incidence sur l'éventuel droit des requérantes d'engager une action récursoire devant le juge national ».[470]

277. Ainsi, un constat s'impose à la lumière de l'affaire *Sasol* : les conséquences d'une inégalité de traitement peuvent être débattues, dans la mesure où le Tribunal estime qu'une simple réformation du montant de l'amende suffit. Il n'en reste pas moins que cette affaire illustre à nouveau que l'absence d'imputation à une autre société mère qui serait dans une situation comparable constitue toujours une violation du principe d'égalité de traitement. Dans ce contexte, la question se pose de savoir si, en respectant le principe d'égalité de traitement, la Commission n'est plus libre dans ses choix, ce qui, dans l'affirmative, pourrait conduire à nuancer la nature de son pouvoir.[471]

278. À cet égard, l'incidence du principe d'égalité de traitement sur le pouvoir de la Commission ne saurait toutefois être exagérée. D'une part, ledit principe ne s'apprécie que dans le cadre d'une même décision et non relativement à la pratique décisionnelle antérieure de la Commission. D'autre part, il ne peut être invoqué qu'en présence de situations comparables. La Commission doit seulement appliquer les règles d'imputation d'une infraction d'une filiale à sa société mère de manière cohérente entre les différentes entreprises ayant participé à une même infraction, à la condition que ces dernières soient dans une situation comparable. Or, si la comparabilité des situations est déterminée en fonction de l'intensité du contrôle exercé par chaque société mère sur leur filiale respective, les hypothèses dans lesquelles deux sociétés mères sont dans une situation comparable pourraient être limitées. Assurément, les liens unissant une société mère et une filiale varient selon les groupes de sociétés. Autrement dit, face à des entreprises, au sens de l'article 101 TFUE, qui ne sont pas dans une situation comparable, la Commission disposera toujours du choix entre imputer l'infraction à la filiale uniquement ou à la société mère et sa filiale ensemble. Toutefois, la comparabilité des situations doit s'apprécier à la lumière de l'objectif poursuivi par la décision de la Commission, à savoir la dissuasion. Or, si tel est le cas, le constat de la comparabilité des situations s'imposera plus aisément, ainsi qu'une violation subséquente du principe d'égalité de traitement. En tout état de cause, il y a lieu de souligner que le fait que la Commission soit tenue de respecter le principe d'égalité de traitement démontre que le pouvoir de la Commission s'il est discrétionnaire n'est pas, en tout état de cause, arbitraire.[472]

279. Au stade de l'imputation de l'infraction, à savoir non plus de l'engagement putatif mais effectif de la responsabilité, l'entreprise, au sens du droit de la concurrence, demeure ainsi absente. Cela constitue la conséquence directe de l'absence de personnalité juridique conférée à l'entreprise, au sens du droit de la concurrence.

---

470 *Ibid., point 198.*

471 Des auteurs soutiennent que le principe d'égalité de traitement « structure » l'exercice du pouvoir discrétionnaire : M. Prek et S. Lefèvre, « "Administrative discretion", "power of appraisal" and "margin of appraisal" in judicial review proceedings before the General Court », CMLR, mars 2019, p. 21.

472 Sur ce point, voy., notamment, Bernardeau et Christienne, op. cit., p. 458, no II.1215.

L'infraction sera imputée à des entités dotées de la personnalité juridique, à savoir schématiquement la filiale et/ou sa société mère. S'agissant de la pratique de l'imputation de l'infraction, cette dernière est assurément à géométrie variable même si une analyse de la pratique décisionnelle illustre le fait que la Commission choisit davantage d'imputer l'infraction simultanément à la filiale et sa société mère. En tout état de cause, un constat s'impose : seules comptent, à cet endroit, les sociétés, personnes juridiques composant l'entreprise, cette appréciation pouvant s'avérer plus nuancée dans certains systèmes juridiques nationaux qui auront réceptionné la notion d'entreprise à cet endroit.

Chapitre 3
La réception de la jurisprudence des juges de l'Union

280. La question de la réception à l'échelle nationale de la pratique de l'Union se pose à double titre, et ce, avec un intérêt renforcé depuis la transposition dans les différents droits nationaux des États membres de la directive dite « ECN+ », laquelle entend conduire à l'application uniforme de la notion d'entreprise, telle qu'interprétée par les juges de l'Union, par les autorités nationales, à tout le moins dans la mise en œuvre des articles 101 TFUE et 102 TFUE.[473] Elle se pose, premièrement, lorsque les autorités nationales de concurrence appliquent les dispositions du droit de la concurrence de l'Union simultanément avec les dispositions nationales correspondantes. Il en va précisément ainsi depuis le 1er mai 2004, date de l'entrée en vigueur du règlement n° 1/2003, en vertu duquel les autorités nationales de concurrence ont l'obligation d'appliquer les articles 101 TFUE et 102 TFUE, à la condition que la pratique contestée affecte le commerce entre États membres.[474] À cet égard, il y a lieu de relever que, avant l'adoption du règlement n° 1/2003, et en application de la jurisprudence de la Cour dans l'affaire *Walt Wilhelm*, les autorités nationales de concurrence n'étaient certes pas tenues d'appliquer le droit de la concurrence de l'Union lorsqu'une pratique affectait le commerce entre États membres.[475] Il n'en reste pas moins que la mise en œuvre des dispositions issues du droit national ne devait pas pour autant porter atteinte à l'application pleine et uniforme du droit de l'Union.

281. Aussi, dans ces hypothèses, la question de la convergence des droits nationaux et du droit de la concurrence de l'Union, et ce dès la jurisprudence *Walt Wilhelm* de la Cour, se pose-t-elle. Pour y répondre, la nature juridique de la notion d'entreprise, au sens du droit de la concurrence de l'Union, doit nécessairement être précisée. S'il s'agit d'une règle matérielle du droit de la concurrence de l'Union, les autorités de concurrence nationales devraient, en application du principe de primauté du droit de l'Union, être tenues de se conformer à l'interprétation de cette notion par les juges de l'Union. En revanche, s'il s'agit d'une règle d'ordre procédural, alors il ne saurait être exclu qu'elle puisse être interprétée différemment, sauf à respecter les principes d'effectivité et d'équivalence. En tout état de cause, indépendamment de cette question de qualification, on pourrait s'interroger sur

---

473 Voy. directive dite « ECN+ », précitée. L'article 13, paragraphe 5, de la directive dispose que « [l]es États membres veillent à ce que, aux fins d'infliger des amendes aux sociétés mères et aux successeurs juridiques et économiques des entreprises, la notion d'entreprise soit appliquée ».

474 L. Idot, « Réflexions sur la convergence des droits de la concurrence », Concurrences, 2012, n° 4, p. 4, n° 17.

475 *Id.*

l'opportunité de maintenir deux conceptions potentiellement différentes selon que le commerce entre États membres est affecté ou non.

282. Outre la notion d'entreprise, au sens du droit de la concurrence de l'Union, la même question se pose pour le recours au mécanisme de la présomption de l'exercice effectif d'une influence déterminante d'une société mère sur sa filiale. Dans la mesure où il s'agit d'une règle de preuve, le principe d'autonomie procédurale devrait, en principe, s'appliquer.[476] Ainsi, l'appréciation des autorités de concurrence pourrait différer, à condition de respecter les principes d'effectivité et d'équivalence, selon que le droit de la concurrence de l'Union est ou non mis en œuvre.

283. Elle se pose, deuxièmement, avec davantage d'importance, lorsque les autorités nationales de concurrence appliquent uniquement leurs dispositions nationales.[477] Dans cette hypothèse, sans rattachement avec le droit de l'Union, les autorités nationales de concurrence demeurent, en principe, libres de définir le régime de l'imputabilité d'un comportement infractionnel au sein d'un groupe de sociétés. Toutefois, cette liberté pourrait à nouveau n'être que relative, car l'application de régimes juridiques différents aux groupes de sociétés, selon l'affectation ou non du commerce entre États membres, pourrait manquer de cohérence.

284. En droit anglais, cette question reçoit une réponse des plus claires. Ce dernier réceptionne en tout point la jurisprudence des juges de l'Union, en particulier pour ce qui concerne l'interprétation de la notion d'entreprise, au sens du droit de la concurrence de l'Union.[478] À titre d'illustration, dans sa décision portant sur *le secteur de la construction en Angleterre*, rappelant que l'article 81 CE, devenu 101 TFUE, n'était pas applicable à l'affaire en cause, l'autorité anglaise de la concurrence applique néanmoins la définition de l'entreprise, au sens du droit de la concurrence de l'Union.[479] Aussi cette solution vaut-elle *a fortiori* lorsque

---

476 La question pourrait se poser de savoir si les règles de preuve relèvent du principe de l'autonomie procédurale. Le considérant 5 du règlement n° 1/2003 semble l'affirmer. Voy., également, L. Idot, La preuve en droit de la concurrence, Actes du colloque du 1er décembre 2016 de l'Association française d'étude du droit de la concurrence portant sur le droit français de la concurrence, trente ans après, LGDJ, p. 159, n° 4.

477 La question pourrait ne plus devoir se poser à la suite de la transposition de la directive dite « ECN+ », précitée. Comme le souligne la Commission dans la proposition de directive, plusieurs autorités nationales de la concurrence ne reconnaissent pas la notion d'entreprise, au sens du droit de la concurrence de l'Union, nécessitant une harmonisation sur ce point : voy. proposition de directive de 22 mars 2017 du Parlement européen et du Conseil (COM (2017) 142 final, p. 20.

478 Voy., pour une réception par le Competition Appeal Tribunal du concept de l'« entreprise », au sens des articles 101 TFUE et 102 TFUE : CAT, Sepia logistics/Office of Fair Trading, 9 mars 2007, aff. 1072/1/1/06, points 70 et 71 : « [b]oth the Chapter I prohibition and section 36 of the 1998 Act (which provides for the imposition of penalties) contain the word "undertaking", a term which has been imported from European law. An "undertaking" is not defined anywhere in the 1998 Act or in the EC Treaty, but its meaning has been explored in the Community jurisprudence. It is well established that an undertaking does not correspond to the commonly understood notion of a legal entity under, for example, English commercial or tax law ; and that a single undertaking may comprise one or more legal or natural persons. In any investigation under Chapters I or II of the 1998 Act, it is necessary in practice for the OFT to identify a legal entity or entities which comprise one or more infringing undertakings, so that it may address its decision to one or more appropriate persons. In this case, the OFT held PC jointly and severally liable with DQS on the basis that, together with PC's other subsidiaries, they formed a single undertaking. The question is whether it was correct to do so ».

479 Decision de l'Autorité anglaise de la concurrence (Office of Fair Trading) n° CA98/02/2009, Bid rigging in the construction industry in England, 21 September 2009 (Case CE/4327-04), points III.10 à III 15.

l'autorité applique de manière simultanée les dispositions du *Competition Act* et les articles 101 TFUE et/ou 102 TFUE. En tout état de cause, le législateur britannique a souhaité éviter toute ambiguïté, dans la mesure où il découle précisément de l'article 60 du *Competition Act* que ce dernier a entendu faire application des concepts du droit de la concurrence en conformité avec l'interprétation donnée par le juge de l'Union.[480]

285. Pour ce qui concerne la pratique française, le Conseil de la concurrence, devenu en 2009 l'Autorité de la concurrence, et les juges français entendent désormais se conformer à la jurisprudence des juges de l'Union (section 1). Cette réception n'a été toutefois que progressive, ce qui n'a pas été sans faire initialement coexister deux régimes juridiques d'imputabilité différents à l'échelle française et à l'échelle de l'Union. De son côté, l'Autorité allemande de la concurrence pourrait faire figure d'exception en maintenant dans sa pratique un régime spécifique pour la répartition des responsabilités au sein d'un groupe de sociétés, et ce, même à la suite d'une réforme récente du droit allemand de la concurrence (section 2). Si la pratique allemande entend réceptionner la notion d'entreprise, telle qu'interprétée par les juges de l'Union, de vives critiques émanent toujours d'une partie de la doctrine militant contre l'introduction d'une telle notion en droit allemand.

Section 1
La pratique française

286. Comme en droit de la concurrence de l'Union, le droit français de la concurrence ne prévoit pas expressément aux articles L. 420-1 et L. 420-2 du code de commerce la possibilité d'imputer le comportement infractionnel d'une filiale à sa société mère. Par ailleurs, si l'article L. 420-2 du code de commerce entend condamner les abus d'une « entreprise » ou d'un « groupe d'entreprises » en position dominante, l'article L. 420-1 du code de commerce ne fait, pour sa part, aucunement référence à ce terme. Qui plus est, seul le terme de « société » y est mentionné, en son premier alinéa, en ce sens que sont prohibées les ententes « même par l'intermédiaire direct ou indirect d'une société du groupe implantée hors de France ».[481]

L'Autorité anglaise de la concurrence souligne que « [a]n "undertaking" therefore designates an economic unit rather than a legal entity, and may describe a unit which itself consists of several persons, natural or legal. In particular, where a parent has the ability to exercise decisive influence over a subsidiary at the time of an infringement so as to deprive it of real autonomy in determining its conduct on the market, the two entities form part of the same undertaking for the purposes of Article 81(1) even though they have distinct legal personalities. »

480 Article 60 du Competition Act : « [t]he purpose of this section is to ensure that so far as is possible (having regard to any relevant differences between the provisions concerned), questions arising under this Part in relation to competition within the United Kingdom are dealt with in a manner which is consistent with the treatment of corresponding questions arising in Community law in relation to competition within the Community ».

481 Il y a lieu d'ajouter que cette précision résulte de la modification de l'article L. 420-1 du code de commerce par l'article 52 de la loi n° 2001-420 sur les nouvelles régulations économiques du 15 mai 2001 (ci-après la « loi NRE »). Antérieurement à cette modification, aucune référence n'était faite ni au terme « entreprise » ni au terme « société ».

287. À cet égard, la référence à la position dominante d'une « entreprise » ou d'un « groupe d'entreprise » pourrait indiquer que le législateur entendait se référer à la société, car s'il existe des groupes de sociétés, il ne saurait exister, juridiquement, des « groupes d'entreprises ». De même, l'absence de toute référence au terme « entreprise » à l'article L. 420-1 du code de commerce soulève également avec beaucoup d'intérêt la question de la possibilité d'imputer le comportement infractionnel d'une filiale à sa société mère. Car, en droit de la concurrence de l'Union, une telle possibilité découle précisément de l'interprétation dudit terme mentionné expressément à l'article 101 TFUE.

288. Aussi la question se pose-t-elle, dans un premier temps, de la place de la jurisprudence des juges de l'Union. Si, sur le plan matériel, l'interprétation qui est faite des articles 101 TFUE et 102 TFUE par les juges de l'Union s'impose à l'Autorité de la concurrence, alors une identité devrait exister entre la pratique de la Commission et celle de l'Autorité de la concurrence, du moins lorsque cette dernière applique les dispositions du droit de la concurrence de l'Union simultanément avec les dispositions équivalentes en droit national (§1).

289. Dans un second temps, une fois précisée la place de la jurisprudence des juges de l'Union, il s'agira d'étudier l'étendue de la réception de ladite jurisprudence à l'échelle nationale. À cet égard, si le Conseil de la concurrence puis l'Autorité de la concurrence ont certes fait référence dès le début de leur pratique décisionnelle à la jurisprudence des juges de l'Union, il n'en reste pas moins que, tout en présentant des similitudes évidentes, lesdites pratiques ont pu différer sur certains points, en particulier sur l'interprétation de la notion d'entreprise. Force est toutefois de constater que les pratiques de la Commission et de l'Autorité de la concurrence tendent désormais à converger (§2).

§ 1. La place de la jurisprudence des juges de l'Union

290. La place de la jurisprudence des juges de l'Union dépend de la nature matérielle ou de la nature procédurale des règles en question.[482] La notion d'entreprise, au sens du droit de la concurrence de l'Union, devra être interprétée de la même manière que les juges de l'Union par l'Autorité de la concurrence, du moins dans les hypothèses d'application du droit de l'Union, si cette notion relève des règles de fond (A). En d'autres termes, en application du principe de primauté du droit de l'Union, l'interprétation de la notion d'entreprise, au sens du droit de la concurrence de l'Union, devra être identique tant à l'échelle de l'Union qu'à l'échelle nationale. Au contraire, les règles en matière d'administration de la preuve relèvent, en principe, des règles procédurales, de sorte que le principe d'autonomie procédurale a vocation à s'appliquer. Dans cette hypothèse, l'Autorité

---

[482] Sur ce point, voy., notamment, Idot, « Réflexions sur la convergence des droits de la concurrence », précité, p. 62. Sur la place du principe de l'autonomie procédurale, voy., en particulier, du même auteur, « Le principe d'autonomie procédurale : est-ce le temps de la convergence en Europe ? Les leçons du droit international privé » in New frontiers of antitrust – 2012, Bruxelles, Bruylant, 2013, p. 67.

de la concurrence ne sera pas, en principe, tenue d'appliquer le même régime d'administration de la preuve dans les hypothèses d'application du droit national et du droit de la concurrence de l'Union, à condition toutefois de respecter les principes d'effectivité et d'équivalence (B).

A. La nature matérielle de la notion d'entreprise

291. La question de savoir si les règles d'imputabilité d'un comportement infractionnel d'une filiale à sa société mère, qui découlent de l'interprétation de la notion d'entreprise, telles qu'interprétées par les juges de l'Union, s'imposent aux autorités nationales de concurrence, n'a jamais été portée devant les juges de l'Union. Toutefois, même en l'absence de prise de position de ces derniers sur cette question, l'Autorité de la concurrence et la Cour d'appel de Paris ont tranché cette question en consacrant la nature matérielle de la notion d'entreprise.

292. L'affirmation de la nature matérielle de la notion d'entreprise, au sens du droit de la concurrence de l'Union, n'est intervenue qu'à la faveur d'une décision prononcée en 2009 dans l'affaire *Oranges Caraïbes*. Dans cette décision, l'Autorité de la concurrence y affirme, pour la première fois, que « [l]a notion d'entreprise et les règles d'imputabilité relèvent des règles matérielles du droit communautaire de la concurrence. L'interprétation qu'en donnent les juridictions communautaires s'impose [...] à l'autorité nationale de concurrence lorsqu'elle applique le droit communautaire, ainsi qu'aux juridictions qui la contrôlent »,[483] tant dans le cadre de l'application de l'article 101 TFUE que de l'article 102 TFUE.[484] Cette reconnaissance – tardive – de la nature matérielle de la notion d'entreprise, au sens du droit de la concurrence de l'Union, s'explique en particulier par des débats internes à l'Autorité sur cette question.[485] S'agissant des juridictions de contrôle, la Cour d'appel de Paris a en 2012 validé cette affirmation. Selon elle, « les règles d'imputabilité des infractions au droit de la concurrence, qui découlent de la définition de l'entreprise, visée à l'article 81 CE devenue 101 TFUE, relèvent du droit matériel de la concurrence [de l'Union] et doivent être appliquées par le juge national selon l'interprétation qui en est donnée par [les juges de l'Union] ».[486]

293. L'Autorité de la concurrence justifie la nature matérielle de la notion d'entreprise en se fondant sur l'arrêt prononcé par la Cour dans l'affaire *T-Mobile*, qui portait non sur la notion d'entreprise, au sens du droit de la concurrence de l'Union, mais sur la notion de pratique concertée. Dans cette affaire, la question était en effet celle de savoir si la présomption selon laquelle les opérateurs sur un marché tiennent compte des informations échangées avec leurs concurrents était une composante de la notion de pratique concertée, au sens de l'article 101 TFUE. Dans l'affirmative, les juridictions

---

483 Aut. conc., déc. n° 09-D-36 du 9 décembre 2009 relative à des pratiques mises en œuvre par Orange Caraïbe et France Télécom sur différents marchés de services de communications électroniques dans les départements de la Martinique, de la Guadeloupe et de la Guyane, point 433. Pour une confirmation récente, voy. aut. conc., déc. n° 19-D-14 du 1er juillet 2019 relative à des pratiques mises en œuvre dans le secteur de la distribution des cycles haut de gamme, point 168.

484 *Ibid.*

485 Sur ce point, voy., notamment, L. Idot, « La responsabilité pénale des personnes morales : les leçons du droit européen de la concurrence », Concurrences, 2012, n° 1, p. 63.

486 CA Paris, 29 mars 2012, Lacroix Signalisation e.a., n° 2011/01228, p. 18.

nationales se devaient, s'agissant de l'étendue de la preuve, d'en faire application.[487] Sur ce point, la Cour répond à la juridiction de renvoi que « lors de l'application de l'article [101 TFUE], l'interprétation qui en est donnée par la Cour est contraignante pour l'ensemble des juridictions nationales des États membres » et fait « partie intégrante du droit [de l'Union] applicable ». Ainsi, pour l'Autorité de la concurrence, la notion d'entreprise fait partie intégrante de l'article 101 TFUE, de sorte que son interprétation par les juges de l'Union est contraignante à l'échelle nationale.

294. Toutefois, les juges de l'Union ne sauraient interpréter le droit national. Si cette solution se justifie lorsque l'Autorité de la concurrence met en œuvre les articles 101 TFUE et 102 TFUE, il n'en va pas de même lorsque seuls les articles du code de commerce sont appliqués. Dans cette hypothèse, l'Autorité de la concurrence reconnaît que « l'interprétation qu'en donnent les juridictions de l'Union ne s'impose pas à l'autorité nationale de concurrence et aux juridictions nationales lorsqu'elles appliquent les articles L. 420-1 et L. 420-2 du code de commerce ».[488] En effet, cette interprétation n'a d'incidences que dans la sphère d'application des règles du droit de l'Union. Toutefois, « afin d'assurer la cohérence de sa pratique décisionnelle en matière d'imputabilité »,[489] l'Autorité de la concurrence souligne qu'il en va de même lorsqu'elle n'applique que les articles L. 420-1 et L. 420-2 du code de commerce.

295. À cet égard, une application différenciée des règles d'imputabilité selon que l'Autorité de la concurrence applique soit le droit national, soit le droit national conjointement avec le droit de l'Union s'avère certes peu satisfaisante en termes notamment de sécurité juridique. Il n'en demeure pas moins qu'à notre connaissance les juridictions françaises n'ont toujours pas validé l'extension au seul droit national du régime de l'imputabilité d'un comportement infractionnel d'une filiale à sa société mère, au sens du droit de la concurrence de l'Union. À ce sujet, l'Autorité de la concurrence renvoie seulement au rapport annuel de 2001 de la Cour de cassation qui, concernant un arrêt portant sur la possibilité pour l'Autorité de la concurrence à la suite de l'adoption de la loi NRE de présenter des observations orales devant une juridiction de recours, conclut qu'« il serait incohérent de différencier le régime d'intervention de l'Autorité selon qu'est applique, ou non, le droit communautaire ». Pour l'Autorité, cette seule référence suffit à valider l'extension du régime de l'imputabilité du comportement infractionnel et ce d'autant plus que l'arrêt de la Cour de cassation portait sur une question de nature procédurale et non de droit matériel.[490]

---

487 Dans cette affaire, les parties requérantes avaient tentées en vain de démontrer qu'il appartenait à chaque État membre de décider du recours à une telle présomption, eu égard à sa nature procédurale.

488 Voy., notamment, aut. conc., déc. n° 12-D-27 du 20 décembre 2012 relative à des pratiques relevées dans le secteur de la billetterie de spectacles, points 182 et 183 et plus récemment, décision n° 16-D-14, précité, point 935.

489 Voy., notamment, aut. conc., déc. n° 11-D-02 du 26 janvier 2011 relative à des pratiques mises en œuvre dans le secteur de la restauration des monuments historiques, paragraphe 597 ; n° 11-D-13 du 5 octobre 2011 relative à des pratiques relevées dans les secteurs des travaux d'électrification et d'installation électrique dans les régions Midi-Pyrénées, Languedoc-Roussillon, Auvergne et limitrophes, point 352 et n° 18-D-09 du 21 juin 2018 relative au respect des engagements pris par la société Randstad dans la décision du Conseil de la concurrence n° 09-D-05 du 2 février 2009, cons. 89 et 90.

490 Voy. Cass. com., 21 juin 2011, n° 09-67.793. Voy., également, rapport annuel 2011 de la Cour de cassation : https://www.courdecassation.fr/publications_26/rapport_annuel_36/rapport_2011_4212/quatrieme_partie_jurisprudence_cour_4241/commerciales_financi_4263/droit_concurrence_22842.html. La Cour d'appel de Paris

Soulignons toutefois que quand bien même cette pratique n'aurait pas été débattue et validée devant la Cour de cassation, elle n'en est pas moins constamment suivie désormais par l'Autorité de la concurrence.[491]

B. La nature procédurale des règles de preuve

296. Les règles de preuve en revanche relèvent, en principe, de la catégorie des règles de nature procédurale. Dans ce contexte, le principe de l'autonomie procédurale prend le relai. Autrement dit, l'Autorité de la concurrence demeure en principe libre dans l'appréciation des règles de preuve, à condition toutefois de respecter les principes d'effectivité et d'équivalence. Le considérant 5 du règlement n° 1/2003 illustre cette particularité en précisant que « [l]e [...] règlement ne porte atteinte [...] aux règles nationales sur le niveau de preuve requis ».

297. Ce point pourrait toutefois être davantage débattu, à la lumière de la jurisprudence des juges de l'Union, en particulier les arrêts prononcés dans les affaires *T-Mobile* et *E-turas*. Dans la première des affaires, la Cour a considéré que la présomption du lien de causalité entre une concertation et le comportement des sociétés sur le marché relevait des règles de fond, alors que, dans la seconde des affaires, la Cour a considéré que la preuve de la participation à une pratique concertée était laissée à l'appréciation du seul droit national. Il sera à cet égard souligné que les questions soulevées dans l'affaire *E Turas* étaient distinctes de celles soulevées dans l'affaire *T-Mobile* en ce qu'elles portaient, dans la première affaire, sur les modalités de preuve alors que, dans la seconde, il s'agissait davantage d'une question de qualification.

298. Ce point présente une acuité particulière au sujet de la présomption de l'exercice effectif d'une influence déterminante d'une société mère sur sa filiale. La question se pose en effet de savoir si la présomption, telle qu'elle est interprétée par les juges de l'Union et, en particulier, son éventuel renversement s'impose à l'Autorité de la concurrence. On le sait, en droit de la concurrence de l'Union, cette dernière fait l'objet de nombreuses critiques, dans la mesure où son renversement n'a jamais été reconnu en pratique. À cet égard, l'arrêt prononcé par la Cour de cassation dans l'affaire des farines pourrait fournir un éclairage intéressant. Dans cette affaire, la Cour de cassation a « assoupli la règle selon laquelle seule une distanciation publique effective permettait de renverser la présomption de participation à une entente ».[492] Si l'on analyse les présomptions comme des règles de preuve, alors l'Autorité devrait demeurer libre d'apprécier son renversement.[493]

---

renvoie également à cette obligation de cohérence dans son arrêt prononcé dans l'affaire Mobilitas (CA Paris, 19 mai 2016, Mobilitas, n° 14/25803, p. 6).

491 Voy., notamment, aut. conc., déc. n° 11-D-17 du 8 décembre 2011 relative à des pratiques mises en œuvre dans le secteur des lessives, cons. 541 ; du 13 février 2013 relative à des pratiques mises en œuvre dans le secteur du porc charcutier, cons. 282, et du 6 décembre 2016 relative à des pratiques mises en œuvre sur le marché de l'assistance foncière de l'établissement public foncier de l'Ouest Rhône-Alpes, cons. 137.

492 Voy., notamment, L. Idot, La preuve en droit de la concurrence, Actes du colloque du 1er décembre 2016 de l'Association française d'étude du droit de la concurrence portant sur le droit français de la concurrence, trente ans après, LGDJ, p. 167, n° 18.

493 La question demeure débattue s'agissant de la présomption de contrôle : voy. L. Idot, « Le principe d'autonomie procédurale : est-ce le temps de la convergence en Europe ? Les leçons du droit international privé » in New frontiers of antitrust – 2012, Bruxelles, Bruylant, 2013, p. 74.

§ 2. La mise en œuvre de la jurisprudence des juges de l'Union

299. L'Autorité de la concurrence a affirmé en 2009 que la notion d'entreprise, au sens du droit de la concurrence de l'Union, est une règle matérielle du droit de l'Union. En clair, son interprétation ne saurait varier, en particulier dans les hypothèses où le droit de la concurrence de l'Union est applicable. Cette affirmation tardive n'est pas le fruit du hasard mais correspond à un changement dans la pratique de l'Autorité de la concurrence, changement portant précisément sur l'interprétation de la notion d'entreprise (A). Par ailleurs, si la notion d'entreprise a pu être interprétée différemment, son application a soulevé les mêmes problématiques qu'en droit de la concurrence de l'Union que ce soit au stade de l'imputabilité de l'infraction qu'au stade de son imputation (B).

A. L'interprétation de la notion d'entreprise

300. Initialement confronté à la seule question de l'autonomie d'agences locales de sociétés (1), le Conseil de la concurrence n'a entendu se saisir que plus tardivement de la problématique des groupes de sociétés (2). Sur ce point précis, si certaines similitudes peuvent être identifiées dès le début de la pratique décisionnelle du Conseil de la concurrence, cette dernière ne coïncidait pas en tout point, du moins dans un premier temps, avec la pratique à l'échelle de l'Union.

1. Les agences locales

301. Initialement, l'entreprise ne coïncidait pas nécessairement avec une entité dotée de la personnalité juridique. Une entreprise, au sens du droit français de la concurrence, était une entité économique que pouvait constituer une subdivision d'une société : une agence, un établissement. En d'autres termes, une entreprise pouvait être dépourvue de toute personnalité juridique. Ce constat ressort de manière expresse du rapport annuel du Conseil de la concurrence pour l'année 1992, dans lequel ce dernier faisait état de « l'absence de coïncidence entre l'entité économique et l'entité juridique ». Il en va également ainsi, en substance, dans son rapport annuel pour l'année 2001, où il y est notamment précisé, en référence à la décision de la Commission dans l'affaire du *Carton*, que « [l]e terme [« entreprise »] qui n'est défini ni dans le traité CE, ni dans l'ordonnance du 1er décembre 1986, codifiée au livre IV du code de commerce, peut désigner tous les opérateurs économiques qui exercent une activité commerciale et qui interviennent sur un marché, qu'ils soient constitués sous forme de société *ou non* [...] ».

302. Cette affirmation découle des affaires portées devant le Conseil de la concurrence principalement dans les années 1990 relatif aux pratiques mises en œuvre par des agences locales de sociétés.[494] Aussi ces dernières faisaient-elles opportunément

---

494 Voy., notamment, décisions n° 92-0-63 du Conseil de la concurrence relative à des pratiques relevées lors d'un appel d'offres lance en 1990 par la commune de Venarey-Lès-Laumes, en Côte-d'Or et n° 92-0-66 à propos de pratiques intervenues lors de la passation du marché de construction d'un pont sur la Ourance à hauteur de Mirabeau.

valoir que l'infraction devait être imputée aux agences locales, dans la mesure où elles étaient autonomes. Dans ces affaires, si le Conseil de la concurrence et les juridictions de contrôle n'écartaient pas, en principe, cette possibilité, ils conditionnaient davantage l'imputation de l'infraction au degré d'autonomie des agences locales.[495] Ainsi, si les agences locales étaient véritablement autonomes, alors l'infraction devait leur être imputée. En revanche, en l'absence d'autonomie, l'infraction devait être imputée à la société, à laquelle l'agence locale appartenait.

303. Si ces solutions, dégagées certes dans un contexte particulier, avaient le mérite de la clarté, dans la mesure où seule la preuve de l'autonomie permettait d'identifier une entreprise, au sens du droit de la concurrence, la décision rendue plus récemment, le 6 décembre 2016, par l'Autorité de la concurrence dans l'affaire des marchés de l'assistance foncière de l'établissement public foncier dans l'Ouest Rhône-Alpes pourrait donner lieu à une interprétation différente.[496]

304. Cette affaire concernait également, et de manière schématique, le comportement d'une agence locale. S'agissant de l'imputabilité des pratiques infractionnelles, l'une des sociétés s'étant vu notifier les griefs avait fait valoir devant l'Autorité que les pratiques auraient dû être imputées à l'agence dans la mesure où elle disposait d'une autonomie de décision.[497] Toutefois, au lieu de vérifier l'autonomie ou non de l'agence, l'Autorité se place sur un tout autre terrain, à savoir celui de l'absence de personnalité juridique de l'agence, pour en déduire, *in fine*, que seule la société à laquelle l'agence appartenait pouvait être tenue responsable de l'infraction.[498]

305. Cette décision conduit nécessairement à s'interroger sur la possibilité ou non de considérer une agence comme une entreprise, au sens du droit de la concurrence. Si cette décision est interprétée strictement, d'aucuns pourraient en déduire que l'Autorité considère qu'une entreprise doit être dotée de la personnalité juridique. D'autres pourraient également faire valoir que cette décision illustre les limites de la notion d'entreprise, dans la mesure où une décision doit nécessairement être notifiée à une entité dotée de la personnalité juridique, notamment une société. Il n'en reste pas moins que, dans sa décision, l'Autorité impute l'infraction à la société en tant qu'auteur de l'infraction et non pas uniquement pour des raisons procédurales. Ce constat se vérifie d'autant plus au stade de l'amende, puisque la détermination de l'assiette de la sanction se fait à la lumière du seul chiffre d'affaires de la société.

---

[495] Voy., notamment, CA Paris, 24 juin 1993, Entreprise industrielle S.A. et Cegelec et, sur pourvoi, Cass. com., 3 mai 1995, n° 93-17091. La Cour de cassation rejette le pourvoi formé contre l'arrêt de la Cour d'appel en constatant que cette dernière avait pu déduire de l'analyse d'une délégation de pouvoir consenti à une agence locale que cette dernière n'agissait pas de manière autonome puisque l'agence devait exercer ses pouvoirs « en conformité avec les directives générales de la société ». Aussi la Cour de cassation confirme-t-elle l'appréciation de la Cour d'appel, selon laquelle l'agence locale ne pouvait être assimilée à « une entreprise au sens de l'article 13 de l'ordonnance du 1er décembre 1986 ».

[496] Voy. aut. conc., déc. n° 16-D-28, du 6 décembre 2016 relative à des pratiques mises en œuvre sur le marché de l'assistance foncière de l'établissement public foncier de l'Ouest Rhône-Alpes.

[497] *Ibid., point 140. Plus précisément, la société faisait valoir, non sans ambiguïté, que les pratiques étaient imputables à la directrice des agences.*

[498] *Ibid., point 141.*

306. La Cour d'appel de Paris ne clarifie pas non plus le débat. Elle valide, en substance, l'approche de l'Autorité de la concurrence, certes sur le seul terrain de l'amende, en jugeant que l'agence locale, en étant dépourvue de personnalité juridique, ne pouvait se voir infliger une amende. Elle considère que « l'agence locale [...] ne constitu[ait] pas une "entreprise", au sens de [l'article L. 464-2 du code de commerce] » et ce, que son autonomie soit avérée ou non.[499] Aussi la question se pose-t-elle de savoir, à la suite de cet arrêt, si la notion d'entreprise, au sens du droit de la concurrence, peut être mobilisée en présence d'une infraction commise par une agence appartenant à une société. Cet arrêt pourrait être interprété en ce sens que l'entreprise requiert un support juridique et que, dans la mesure où l'agence, prise isolément, en est dépourvue, l'infraction ne peut s'envisager, à tout le moins, qu'à l'échelle d'une société. Une telle interprétation remettrait assurément en cause la pratique française durant les années 1990, où il n'était pas exclu qu'une agence locale autonome puisse, en théorie, répondre d'une infraction.[500]

307. Indépendamment de ces décisions, dont l'interprétation est sujette à caution, la question de l'imputabilité de l'infraction était initialement portée à l'échelle d'une seule et même société et de ses agences. C'est dans ce contexte que le Conseil de la concurrence, dont la pratique a été validée en ce sens par la Cour d'appel de Paris puis par la Cour de cassation, a développé une première approche de la notion d'entreprise. Selon le Conseil de la concurrence, l'entreprise désignait les opérateurs économiques « qui disposent d'une autonomie suffisante pour décider de commettre ou de participer à la mise en œuvre d'une pratique anticoncurrentielle ».[501] Autrement dit, l'absence d'autonomie était une cause de non-imputabilité de l'infraction. Toutefois, si le Conseil de la concurrence faisait certes référence à l'autonomie de l'« entreprise », cette dernière pouvait être identifiée à une entité qui ne disposait pas de la personnalité juridique. En d'autres termes, il n'y avait aucune identification de l'entreprise et de la société.

2. Les groupes de sociétés

308. C'est dans un second temps que le Conseil de la concurrence a entendu se saisir pleinement de la problématique des groupes de sociétés. Deux périodes distinctes sont aisément identifiables : avant et après 2009. Cette année marque en effet la date de la réception claire de la notion d'entreprise, au sens du droit de la concurrence de l'Union, par l'Autorité de la concurrence, ayant remplacé, la même année, le Conseil de la concurrence.

---

499 CA Paris, 26 octobre 2017, Caisses des dépôts et consignations, n° 17/01658, p. 18.

500 Il pourrait, à première lecture, en aller ainsi en ciblant non pas l'agence locale, en ce qu'elle est dépourvue de personnalité juridique, mais la personne physique qui serait responsable de ses activités, sur le fondement de l'article L. 420-6 du code de commerce. Les décisions ici rapportées pourraient toutefois conduire à considérer que l'entreprise, au sens de l'article L. 464-2 du code de commerce, ne s'apprécie qu'à l'échelle d'une entité dotée de la personnalité juridique, voire à l'échelle d'un groupe, dont les sociétés qui le composerait, seraient le support juridique de l'entreprise.

501 Voy. rapport annuel du Conseil de la concurrence pour l'année 2001.

a. La pratique avant 2009

309. Avant 2009, le Conseil de la concurrence conjuguait, en substance, l'approche privilégiée dans ses décisions portant sur l'autonomie des agences locales, à savoir que seule une entité autonome peut se voir imputer une infraction et l'approche de la Cour, selon laquelle la personnalité juridique distincte de la filiale n'est pas un obstacle à l'imputation de l'infraction à sa société mère. Cela ressort notamment de la décision du Conseil de la concurrence, rendue en 1997, relative à une entente dans le *secteur du béton*.[502] Plus particulièrement, s'il était admis que seule la société mère pouvait devoir répondre de l'infraction de sa filiale en ce que cette dernière n'était pas autonome, l'obstacle tenant à la personnalité juridique distincte de la filiale devait également être surmonté. Or, sur ce point, la référence à la jurisprudence des juges de l'Union dans l'affaire *Continental Can* était opportune, en ce que les juges de l'Union avaient jugé que « la circonstance que la filiale a une personnalité juridique distincte ne suffit pas pour écarter la possibilité que son comportement soit imputé à la société mère ».

310. Cette approche a été celle privilégiée jusqu'en 2009. Aussi l'infraction était-elle imputée soit à la filiale soit à sa société mère, selon que la première était ou non autonome. Ainsi, d'une part, en matière de pratique abusive dans l'affaire *maintenance informatique*[503], le Conseil de la concurrence n'avait imputé l'infraction qu'à la société mère, dans la mesure où cette dernière détenait la position dominante. Il en allait d'autant plus, d'autre part, en matière d'ententes dans les affaires *espaces publicitaires*[504], *enrobés bitumeux*[505], *appareils électroménagers*[506], *France télécom*[507], *groupe La dépêche*[508], *La Provence*[509], *appareil de chauffage*[510], *parfumerie de luxe*[511], *négoce de produits sidérurgiques*[512],

---

502 Voy. cons. conc., déc. n° 97-D-39 du 17 juin 1997 relative à des pratiques mises en œuvre par différentes entreprises dans le secteur du béton prêt à l'emploi dans la région Provence-Alpes-Côte-D'azur.

503 Voy. cons. conc., déc. n° 00-D-50 du 5 mars 2001 relative à des pratiques mises en œuvre par la société Française des Jeux dans les secteurs de la maintenance informatique et du mobilier de comptoir.

504 Voy. cons. conc., déc. n° 00-D-67 du 13 février 2001 relative à des pratiques constatées dans le secteur de la vente d'espaces publicitaires visuels.

505 Voy. cons. conc., déc. n° 01-D-14 du 4 mai 2001 relative à des pratiques relevées lors de marchés de fabrication et de mise en œuvre d'enrobés bitumeux sur les routes départementales de l'Isère.

506 Voy. cons. conc., déc. n° 02-D-42 du 28 juin 2002 relative à des pratiques relevées dans le secteur de la distribution des appareils électroménagers et d'électronique grand public.

507 Voy. cons. conc., déc. n° 04-D-22 du 21 juin 2004 relative à la saisine de l'Association française des opérateurs privés en télécommunications (AFOPT) et de l'Association des opérateurs de services de télécommunications (AOST) portant sur la commercialisation par France Télécom du tarif promotionnel « Primaliste longue distance ».

508 Voy. cons. conc., déc. n° 04-D-56 du 15 novembre 2004 relative à des pratiques mises en œuvre par le groupe La Dépêche du Midi et des commissaires-priseurs de Toulouse.

509 Voy. cons. conc., déc. n° 05-D-44 du 21 juillet 2005 relative à des pratiques mises en œuvre par le groupe La Provence (anciennement dénommé Le Provençal) dans le secteur de la publicité dans la presse quotidienne régionale à Marseille.

510 Voy. cons. conc., déc. n° 06-D-03 bis du 9 mars 2006 relative à des pratiques mises en œuvre dans le secteur des appareils de chauffage, sanitaires, plomberie, climatisation.

511 Voy. cons. conc., déc. n° 06-D-4 bis du 13 mars 2006 relative à des pratiques relevées dans le secteur de la parfumerie de luxe.

512 Voy. cons. conc., déc. n° 08-D-32 du 16 décembre 2008 relative à des pratiques mises en œuvre dans le secteur du négoce des produits sidérurgiques.

fédération française de football[513] et *SNCF/Expedia*[514], seule la société mère était tenue de répondre de l'infraction commise par sa filiale. Il faut toutefois souligner que pour certaines affaires notamment les affaires *groupe Decaux*[515] *et travaux publics dans la région Ile de France*[516], le Conseil de la concurrence devait faire face au comportement de sociétés qui créaient des filiales pour échapper aux poursuites. C'est ainsi que dans l'affaire g*roupe Decaux*, le Conseil de la concurrence soulignait que l'ensemble des filiales n'agissait que pour le compte de la société mère.

311. En clair, le Conseil de la concurrence ne tirait pas de conséquences, pour ce qui concerne l'imputation du comportement infractionnel d'une filiale à sa société mère de l'arrêt de la Cour dans l'affaire *Hydrotherm*, en application duquel une « unité économique même si elle est constituée de plusieurs personnes, physiques ou morales » peut constituer une entreprise. Elle y faisait certes références pour ce qui concerne l'application du droit de la concurrence aux accords entre une filiale et sa société mère, mais non pour l'imputation du comportement infractionnel de la première à la seconde.[517]

b. La pratique après 2009

312. Ce n'est qu'en 2009, à la faveur d'une décision prononcée dans l'affaire *Orange Caraïbe*, que l'Autorité de la concurrence s'est conformée à l'évolution jurisprudentielle étant intervenue dans les années 1980 à l'échelle de l'Union, à savoir celle de l'identification des notions d'entreprises et d'unité économique. Depuis lors, cette pratique a été constamment suivie dans la plupart des décisions postérieures, notamment dans les affaires *signalisation verticale*[518], *entente interbancaire*[519], *cartel des lessives*[520], *farines alimentaires*[521], *produits pour chiens et chats*[522], *téléphonie mobile*[523],

---

513 Voy. aut. conc., déc. n° 09-D-31 du 30 septembre 2009 relative à des pratiques mises en œuvre dans le secteur de la gestion et de la commercialisation des droits sportifs de la Fédération française de football.

514 Voy. aut. conc., déc. n° 09-D-06 du 5 février 2009 relative à des pratiques mises en œuvre par la SNCF et Expedia Inc. dans le secteur de la vente de voyages en ligne.

515 Voy. cons. conc., déc. n° 04-D-32 du 8 juillet 2004 relative à la saisine de la société More group France contre les pratiques du groupe Decaux.

516 Voy. cons. conc., déc. n° 06-D-07 bis du 21 mars 2006 relative à des pratiques mises en œuvre dans le secteur des travaux publics dans la région Ile-de-France.

517 Une donnée institutionnelle ne doit toutefois pas être négligée, en ce que, du fait de la séparation des fonctions au sein de l'autorité française, le collège, chargé de l'adoption des décisions, est lié par les notifications des griefs sur lesquelles il n'a aucun contrôle.

518 Voy. aut. conc., déc. n° 10-D-39 du 22 décembre 2010 relative à des pratiques mises en œuvre dans le secteur de la signalisation routière verticale.

519 Voy. aut. conc., déc. n° 10-D-28 du 20 septembre 2010 relative aux tarifs et aux conditions liées appliquées par les banques et les établissements financiers pour le traitement des chèques remis aux fins d'encaissement.

520 Voy. aut. conc., déc. n° 11-D-17 du 8 décembre 2011 relative à des pratiques mises en œuvre dans le secteur des lessives.

521 Voy. aut. conc., déc. n° 12-D-09 du 13 mars 2012 relative à des pratiques mises en œuvre dans le secteur des farines alimentaires.

522 Voy. aut. conc., déc. n° 12-D-10 du 20 mars 2012 relative à des pratiques mises en œuvre dans le secteur de l'alimentation pour chiens et chats

523 Voy. aut. conc., déc.12-D-24 du 13 décembre 2012 relative à des pratiques mises en œuvre dans le secteur de la téléphonie mobile à destination de la clientèle résidentielle en France métropolitaine.

billetterie de spectacles[524], *miradors*[525], *porc charcutier*[526], *produits d'entretiens*[527], *déménagements en Martinique*[528], *TDF*[529], *messageries*[530], *treillis soudés sur l'île de la Réunion*[531], *TDF 3*[532], *zinc laminés*[533], *appareil de chauffage mobiles*[534].

313. Ainsi, si initialement l'imputabilité d'une infraction au sein d'un groupe de sociétés nécessitait au préalable de déterminer la société détenant le pouvoir décisionnel, elle seule devant répondre de l'infraction mise en œuvre par l'une des sociétés du groupe, l'application de la jurisprudence des juges de l'Union implique – également dans la pratique française – qu'une infraction est imputable tant à la filiale qu'à sa société mère, à la condition toutefois qu'elles forment une même entreprise. L'Autorité de la concurrence rappelle de manière itérative qu'« [e]n droit interne comme en droit de l'Union, au sein d'un groupe de sociétés, le comportement d'une filiale peut être imputé à [sa] société mère [...] »[535], tout en se référant aux arrêts de la Cour prononcées notamment dans les affaires *Continental Can*[536], *Akzo Nobel*[537], *General Químca*,[538] *ArcelorMittal*,[539] pour ne citer qu'elles.

---

524 Voy. aut. conc., déc. n° 12-D-27 du 20 décembre 2012 relative à des pratiques relevées dans le secteur de la billetterie de spectacles.

525 Voy. aut. conc., déc. n° 13-D-09 du 17 avril 2013 relative à des pratiques mises en œuvre sur le marché de la reconstruction des miradors du centre pénitentiaire de Perpignan.

526 Voy. aut. conc., déc. n° 13-D-03 du 13 février 2013 relative à des pratiques mises en œuvre dans le secteur du porc charcutier.

527 Voy. aut. conc., déc. n° 14-D-19 du 18 décembre 2014 relative à des pratiques mises en œuvre dans le secteur des produits d'entretien et des insecticides et dans le secteur des produits d'hygiène et de soins pour le corps.

528 Voy. aut. conc., déc. n° 14-D-16 du 18 novembre 2014 relative à des pratiques mises en œuvre dans le secteur du déménagement des militaires affectés en Martinique.

529 Voy. aut. conc., déc. n° 15-D-10 du 11 juin 2015 relative à des pratiques mises en œuvre par TDF sur le site de la Tour Eiffel,

530 Voy. aut. conc., déc. n° 15-D-19 du 15 décembre 2015 relative à des pratiques mises en œuvre dans les secteurs de la messagerie et de la messagerie express.

531 Voy. aut. conc., déc. n° 16-D-09 12 mai 2016 relative à des pratiques mises en œuvre dans les secteurs des armatures métalliques et des treillis soudés sur l'île de la Réunion

532 Voy. aut. conc., déc. n° 16-D-11 du 6 juin 2016 relative à des pratiques mises en œuvre dans le secteur de la diffusion de la télévision par voie hertzienne terrestre.

533 Voy. aut. conc., déc. n° 16-D-14 du 23 juin 2016 relative à des pratiques mises en œuvre dans le secteur du zinc laminé et des produits ouvrés en zinc destinés au bâtiment.

534 Voy. aut. conc., déc. n° 16-D-17 du 21 juillet 2016 relative à des pratiques mises en œuvre dans le secteur des appareils de chauffage mobiles à combustible liquide.

535 Aut. conc., déc. n° 14-D-16 du 18 novembre 2014 relative à des pratiques mises en œuvre dans le secteur du déménagement des militaires affectés en Martinique, cons. 57. Voy., également, CA Paris, 28 octobre 2010, Maquet. La Cour d'appel de Paris précise que « l'imputation des pratiques d'une filiale à sa société mère, qui ne constitue qu'une faculté, peut intervenir lorsque la filiale ne détermine pas de façon autonome sa ligne d'action sur le marché, mais applique les instructions qui lui sont imparties par la société mère ».

536 Voy., notamment, aut. conc., déc. n° 09-D-06 du 5 février 2009 relative à des pratiques mises en œuvre par la SNCF et Expedia Inc. dans le secteur de la vente de voyages en ligne.

537 Voy., notamment, aut. conc., déc. n° 10-D-39 du 22 décembre 2010 relative à des pratiques mises en œuvre dans le secteur de la signalisation routière verticale.

538 Voy., notamment, décision de l'Autorité de la concurrence n° 12-D-27 du 20 décembre 2012 relative à des pratiques relevées dans le secteur de la billetterie de spectacles.

539 *Ibid.*

B. L'application de la notion d'entreprise

314. La réception de la jurisprudence des juges de l'Union en droit français de la concurrence se vérifie, d'une part, pour ce qui concerne les conditions de l'imputabilité de l'infraction (1) et son fondement (2). Elle se vérifie, d'autre part, pour ce qui concerne le choix des destinataires de la décision au stade de l'imputation de l'infraction (3).

1. L'imputabilité de l'infraction

315. De la même manière qu'en droit de la concurrence de l'Union, le droit français de la concurrence reconnaît qu'une infraction commise par une filiale est imputable à sa société mère si elle n'a pas agi de manière autonome. Autrement dit, la question qui se pose est de savoir si la filiale a agi sous le contrôle effectif de sa société mère. La Cour d'appel de Paris souligne que « l'imputation des pratiques d'une filiale à sa société mère [...] peut intervenir lorsque la filiale ne détermine pas de façon autonome sa ligne d'action sur le marché, mais applique les instructions qui lui sont imparties par la société mère ».[540] Inversement, « les pratiques mises en œuvre par une [filiale] sont imputables à celle-ci dès lors qu'elle est en mesure de définir sa propre stratégie commerciale, financière et technique, et de s'affranchir du contrôle hiérarchique de la société [mère] dont elle dépend ».[541]

316. En revanche, aucune connaissance des pratiques infractionnelles n'est exigée dans le chef de la société mère pour que l'infraction de sa filiale puisse lui être imputée. Pour l'illustrer, il peut être fait référence à une décision récente de l'Autorité de la concurrence, rendue dans l'affaire des *déménageurs en Martinique,* dans laquelle elle souligne qu'« il n'est pas exigé [...] que la société mère a[it] été directement impliquée dans, ou a eu connaissance, des comportements incriminés ».[542] En d'autres termes, de la même manière qu'en droit de la concurrence de l'Union, pour qu'une société soit considérée comme ayant contrôlé une autre, elle se doit d'avoir la possibilité d'exercer sur cette dernière une influence déterminante (a), puis, une fois la relation hiérarchique révélée, l'imputabilité du comportement infractionnel de la seconde ne sera possible que si la première a fait usage de son influence de manière effective (b).

a. L'exercice potentiel d'une influence déterminante

317. S'agissant de la possibilité pour une société d'exercer une influence déterminante sur une autre, le droit français des sociétés envisage cette question à l'aune de la problématique des groupes de sociétés.[543] Ainsi, une société sera considérée comme

---

540 CA Paris, 28 octobre 2010, Maquet, n° 10/03405.

541 *Ibid., point 59. Voy., également, CA Paris, 25 mars 2008, Cemex Bétons Sud-Est, n° 10/04297 ; CA Paris, 26 juin 2007, Guerlain, n° 08/18277 ; Cass. com., 4 juin 1996, Jean Lefebvre, n° 94-17.065.*

542 Aut. conc., déc. n° 14-D-16 du 18 novembre 2014 relative à des pratiques mises en œuvre dans le secteur du déménagement des militaires affectés en Martinique. Voy. l'arrêt prononcé à la suite de l'appel formé par la société Mobilitas : CA Paris, 19 mai 2016, Mobilitas, n° 14/25803. La Cour d'appel souligne également que « le fait que la filiale dispose d'une personnalité juridique distincte ne suffit pas à écarter la possibilité qu'elle constitue une même entreprise avec sa société mère ».

543 Le droit du travail s'intéresse lui aussi aux rapports existants entre plusieurs sociétés. Ce dernier fait notamment référence à la notion de groupe de sociétés dès qu'une entreprise exerce « une influence dominante »

en contrôlant une autre dans plusieurs hypothèses, certes non limitatives, prévues à l'article L. 233-3 du code de commerce. Une attention particulière est portée à la participation d'une société au capital social de l'autre société et aux droits de vote y afférents. À titre d'exemple, une société sera considérée comme en contrôlant une autre en cas de détention directe ou indirecte d'une fraction du capital lui conférant la majorité des droits de vote ou lorsqu'elle dispose seule de la majorité des droits de vote dans cette société. Il en va de même, indépendamment du nombre des droits de vote détenus, lorsque ces derniers permettent d'influer sur les décisions dans les assemblées générales de cette société ou lorsqu'en tant qu'associée ou actionnaire, elle dispose du pouvoir de nommer ou de révoquer la majorité des membres des organes d'administration, de direction ou de surveillance de la société contrôlée. L'article L. 233-16 du code de commerce prévoit également, en droit des sociétés, d'autres hypothèses de contrôle exclusif. Outre l'hypothèse des droits de vote, un contrôle exclusif sera exercé en cas de « désignation, pendant deux exercices successifs, de la majorité des membres des organes d'administration, de direction ou de surveillance d'une autre entreprise » ou si, en vertu d'un contrat ou de clauses statutaires, une société dispose du « droit d'exercer une influence dominante sur une entreprise » à la condition que « le droit applicable le permet[te] ».

318. En droit français de la concurrence, l'Autorité de la concurrence s'intéresse également aux liens économiques, organisationnels et juridiques qui unissent deux sociétés.[544] Une étude de la pratique décisionnelle de l'Autorité de la concurrence permet d'observer que cette dernière s'intéresse en priorité aux groupes dans lesquels, schématiquement, une société détient la totalité voire la quasi-totalité du capital social de l'autre.[545] Ensuite, il est des hypothèses où l'Autorité s'intéresse outre à la détention d'une certaine partie du capital social à la détention des droits de votes afférents. Dans l'affaire du *porc charcutier*, l'Autorité de la concurrence a considéré que l'infraction était imputable à une société mère, dans la mesure où elle détenait 60 pourcent du capital social de sa filiale ainsi que la moitié des droits de vote au sein des organes de direction.[546] De la même manière, une société mère a été considérée comme formant une même unité économique avec sa filiale alors même qu'elle ne détenait que 55 pourcent de son capital social.[547]

---

sur d'autres entreprises. Pour ce faire, l'entreprise dominante doit détenir « au moins 10 % du capital » de l'entreprise dominée et il faut que « la permanence et l'importance des relations de ces entreprises établissent l'appartenance de l'une et de l'autre à un même ensemble économique ».

[544] Voy., notamment, aut. conc., déc. n° 10-D-39 du 22 décembre 2010 relative à des pratiques mises en œuvre dans le secteur de la signalisation routière verticale.

[545] Voy., notamment, décisions de l'Autorité de la concurrence n° 06-D-03 du 9 mars 2006 relative à des pratiques mises en œuvre dans le secteur des appareils de chauffage, sanitaires, plomberie, climatisation ; n° 10-D-28 du 20 septembre 2010 relative aux tarifs et aux conditions liées appliquées par les banques et les établissements financiers pour le traitement des chèques remis aux fins d'encaissement ; n° 11-D-17 du 8 décembre 2011 relative à des pratiques mises en œuvre dans le secteur des lessives ; n° 15-D-19 du 15 décembre 2015 relative à des pratiques mises en œuvre dans les secteurs de la messagerie et de la messagerie express et n° 16-D-17 du 21 juillet 2016 relative à des pratiques mises en œuvre dans le secteur des appareils de chauffage mobiles à combustible liquide.

[546] Voy. aut. conc., déc. n° 13-D-03 du 13 février 2013 relative à des pratiques mises en œuvre dans le secteur du porc charcutier, cons. 297.

[547] Voy. aut. conc., déc. n° 12-D-27 du 20 décembre 2012 relative à des pratiques relevées dans le secteur de la billetterie de spectacles, cons. 205.

319. Enfin, s'inspirant des principes dégagés par la Cour dans les *affaires EI DuPont de Nemours*, l'Autorité s'intéresse également aux sociétés qui détiennent à parts égales le capital d'une filiale commune.[548] Dans l'affaire des *lessives*, l'Autorité de la concurrence tient compte d'un contrôle conjoint exercé par deux sociétés sur une même filiale.[549] L'appréciation du contrôle ne se limite pas aux relations capitalistiques directes entre deux sociétés. Tout comme en droit de l'Union, le droit français de la concurrence permet d'appréhender l'ensemble des sociétés qui composent un groupe verticalement intégré, à la condition toutefois que ces dernières aient exercé une influence déterminante. Ainsi, dans les affaires *TDF* mais également dans l'affaire des *lessives*, l'Autorité de la concurrence a étendu l'appréciation de l'autonomie de la filiale aux sociétés détenant indirectement la totalité du capital social de la filiale[550], de sorte que, tout comme en droit de la concurrence de l'Union, l'imputabilité s'apprécie à l'échelle du groupe tout entier et non à l'échelle des relations capitalistiques directes entre deux sociétés.

b. L'exercice effectif du pouvoir de direction

320. Toujours comme en droit de l'Union, l'appartenance à un groupe de sociétés ne suffit pas pour justifier l'imputabilité du comportement infractionnel d'une filiale à sa société mère. Là encore, il faut pour l'Autorité de la concurrence démontrer que la société mère a exercé de manière effective un pouvoir de direction sur sa filiale : le maître mot demeure le défaut d'autonomie de la filiale.[551]

321. En premier lieu, s'agissant précisément de la condition tenant à l'exercice effectif d'un pouvoir de direction, la pratique française s'inscrit nettement dans la lignée de la pratique de l'Union. Une société mère sera considérée comme ayant exercé une influence déterminante sur sa filiale en raison de la présence d'administrateurs et de dirigeants communs au sein de chacune d'elles[552] ainsi que par la fourniture d'instructions.[553] L'absence d'autonomie de la filiale peut être recherchée également en raison des liens économiques et financiers, tels que le fait pour la société mère de mettre à disposition de sa filiale des liquidités.[554] Il en va de même

---

548 Voy. aut. conc., déc. n° 11-D-17 du 8 décembre 2011 relative à des pratiques mises en œuvre dans le secteur des lessives, cons. 1184. Voy., également, aut. conc., déc. n° 14-D-19 du 18 décembre 2014 relative à des pratiques mises en œuvre dans le secteur des produits d'entretien et des insecticides et dans le secteur des produits d'hygiène et de soins pour le corps, cons. 1130.

549 *Ibid.*

550 Voy., aut. conc., déc. n° 11-D-17, précitée, point 538 et décision n° 15-D-10 du 11 juin 2015 relative à des pratiques mises en œuvre par TDF sur le site de la Tour Eiffel, point 750.

551 Voy., en ce sens, aut. conc., déc. n° 12-D-10 du 20 mars 2012 relative à des pratiques mises en œuvre dans le secteur de l'alimentation pour chiens et chats, cons. 240, et n° 20-D-09 du 16 juillet 2020 relative à des pratiques mises en œuvre dans le secteur des achats et ventes des pièces de porc et de produits de charcuterie, cons. 707.

552 Voy., notamment, aut. conc., déc. n° 04-D-32 du 8 juillet 2004 relative à la saisine de la société More group France contre les pratiques du groupe Decaux, cons. 169 ; n° 12-D-27 du 20 décembre 2012 relative à des pratiques relevées dans le secteur de la billetterie de spectacles et n° 19-D-24 du 17 décembre 2019 relative à des pratiques mises en œuvre dans le secteur des fruits vendus en coupelles et en gourdes, cons. 581. A contrario, voy., décision n° 13-D-12 du 28 mai 2013 relative à des pratiques mises en œuvre dans le secteur de la commercialisation de commodités chimiques.

553 Voy., notamment, aut. conc., déc. n° 12-D-27, précitée, cons. 203.

554 Voy., pour une décision antérieure à la mise en œuvre du règlement n° 1/2003, décision n° 00-D-50 du 5 mars 2001 relative à des pratiques mises en œuvre par la société Française des Jeux dans les secteurs de la maintenance informatique et du mobilier de comptoir.

dans l'hypothèse où la société mère intervient dans la passation des contrats de sa filiale ou dans la définition de sa stratégie commerciale.[555] Une société mère peut se réserver la faculté de valider les engagements pris par sa filiale avant la signature, voire intervenir directement dans les négociations entre sa filiale et un tiers. Au contraire, deux filiales et leur seule société mère n'appartiendront pas, selon l'Autorité de la concurrence, à une même unité économique, si les filiales sont perçues par les clients comme des concurrentes sur le marché.[556]

322. En second lieu, la réception par l'Autorité de la concurrence et des juridictions de contrôle de la pratique à l'échelle de l'Union relative aux sociétés holdings a été plus progressive. L'Autorité de la concurrence semblait initialement plus encline à ne pas reconnaître la possibilité pour une holding d'exercer une influence déterminante sur une filiale, en analysant de manière plus minutieuse l'implication de cette dernière.

323. Ainsi, dans l'affaire *Pierre Fabre*, l'Autorité de la concurrence relevait que la société holding n'intervenait pas dans la détermination des politiques commerciales et financières de sa filiale qui définissait seule ses stratégies commerciales, de sorte que cette dernière en était devenue autonome.[557] Il en allait de même dans la décision sanctionnant l'entente dans le *secteur de fabrication des portes*.[558] Dans cette affaire, l'Autorité de la concurrence relevait que la holding en cause n'exerçait que des tâches administratives et n'avait pas connaissance des pratiques mises en œuvre par ses filiales, ces dernières ne l'ayant jamais informée.[559] Sur ce point, si la connaissance des pratiques infractionnelles n'est pas une condition exigée pour considérer l'infraction commise par une filiale comme imputable à sa société mère, force est de relever que la pratique de l'Autorité de la concurrence était plus favorable aux *holdings*[560] que ne l'était celle de la Commission.[561]

324. Toutefois, à la faveur de plusieurs décisions ultérieures, l'Autorité de la concurrence s'est alignée sur la pratique européenne. Dans les affaires *TDF*, *messagerie ou chauffage mobile à combustible liquide*, l'Autorité de la concurrence a imputé l'infraction à des holdings et rappelle précisément la jurisprudence de la Cour sur les *holdings* financières et non opérationnelles.[562] Une telle approche a été validée

---

555 Voy. aut. conc., déc. n° 06-D-03 du 9 mars 2006 relative à des pratiques mises en œuvre dans le secteur des appareils de chauffage, sanitaires, plomberie, climatisation, point 1380.

556 Voy. aut. conc., déc. n° 05-D-49 du 28 juillet 2005 relative à des pratiques mises en œuvre dans le secteur de la location entretien des machines d'affranchissement postal.

557 Voy. aut. conc., déc. du 29 octobre 2008 relative à des pratiques mises en œuvre dans le secteur de la distribution de produits cosmétiques et d'hygiène corporelle vendus sur conseils pharmaceutiques, points 28 et 29.

558 Voy. cons. conc., déc. n° 06-D-09 du 11 avril 2006 relative à des pratiques mises en œuvre dans le secteur de la fabrication des portes, points 346 et s.

559 *Ibid.*

560 Voy. cons. conc., déc. n° 06-D-09 du 11 avril 2006 relative à des pratiques mises en œuvre dans le secteur de la fabrication des portes.

561 Voy., notamment, CJUE, 20 janvier 2011, General Química c/ Commission, aff. C-90/09 P, EU:C:2011:21, points 84 à 86.

562 Voy., notamment, décisions n° 15-D-01 du 5 février 2015 relative à des pratiques mises en œuvre dans le secteur de la diffusion de la télévision par voie hertzienne terrestre en outre-mer ; n° 15-D-10 du 11 juin 2015 relative à des pratiques mises en œuvre par TDF sur le site de la Tour Eiffel et n° 16-D-17 du 21 juillet 2016 relative à des pratiques mises en œuvre dans le secteur des appareils de chauffage mobiles à combustible liquide.

par les juridictions de contrôle, dans le cadre des pourvois formés contre l'une des décisions rendues par l'Autorité dans l'affaire *TDF*.[563] En tout état de cause, l'exercice effectif d'une influence déterminante d'une société sur une autre est fréquemment présumé. Il en va ainsi lorsque la société mère détient la totalité voire la quasi-totalité du capital social de sa filiale, ce qui cristallise le débat devant l'Autorité de la concurrence sur son renversement, également en présence de sociétés holdings.

325. En dernier lieu, il y a lieu de s'attarder davantage sur la réception de la jurisprudence des juges de l'Union quant à la possibilité de présumer l'exercice effectif de l'influence déterminante d'une société mère sur sa filiale. En droit français de la concurrence, un tel mécanisme n'est prévu par aucun texte, de sorte que la question s'est posée en pratique de savoir si l'Autorité de la concurrence pouvait, à l'instar de la Commission, en faire application, en réceptionnant notamment la jurisprudence des juges de l'Union.

326. Or, jusqu'en 2006,[564] les décisions de l'Autorité de la concurrence ne mentionnaient aucune jurisprudence de la Cour à ce sujet. Les décisions se limitaient à constater que les sociétés mères détenaient la totalité, voire la quasi-totalité du capital social de la filiale, de sorte que l'infraction de cette dernière pouvait leur être imputée. Toutefois, depuis 2006, l'Autorité de la concurrence semble avoir adapté sa pratique et s'attache systématiquement à rappeler la jurisprudence de la Cour en la matière.[565] Elle le fait non seulement lorsqu'elle applique simultanément les articles 101 TFUE et 102 TFUE et les articles L. 420-1 et L. 420-2[566] du code de commerce mais aussi lorsqu'elle fait application des seules dispositions du droit national.[567]

327. À cet égard, si dans la première hypothèse l'application de la présomption peut se comprendre, notamment eu égard à la nature matérielle des règles d'imputabilité d'une infraction au sein d'un groupe de sociétés, la question demeure incertaine s'agissant de l'application du seul droit national. Sur ce point, l'Autorité de la concurrence faisait remarquer que « [s]ans l'exclure, les juridictions nationales n'ont pas fait application à ce jour, lorsqu'elles appliquent le seul droit interne de la concurrence, d'un régime de la preuve reposant sur l'existence d'une présomption simple d'exercice par une société mère d'une influence déterminante sur le

---

563 Voy. CA Paris, 15 septembre 2016, TDF, n° 2015/06968, p. 19 et Cass. com. 30 mai 2018, n° 16-24792, p. 15. Voy., pour une application récente, aut. conc., déc. n° 21-D-05 du 4 mars 2021 relative à des pratiques mises en œuvre dans le secteur de la gestion technique des bâtiments de Lille métropole communauté urbaine, cons. 109.

564 Voy. aut. conc., déc. n° 06-D-07 du 21 mars 2006 relative à des pratiques mises en œuvre dans le secteur des travaux publics dans la région Ile-de-France, cons. 555.

565 Voy., notamment, décisions de l'Autorité de la concurrence n° 06-D-07 du 21 mars 2006 relative à des pratiques mises en œuvre dans le secteur des travaux publics dans la région Ile-de-France ; n° 09-D-06 du 5 février 2009 relative à des pratiques mises en œuvre par la SNCF et Expedia Inc. dans le secteur de la vente de voyages en ligne ; n° 11-D-17 du 8 décembre 2011 relative à des pratiques mises en œuvre dans le secteur des lessives ; n° 16-D-17 du 21 juillet 2016 relative à des pratiques mises en œuvre dans le secteur des appareils de chauffage mobiles à combustible liquide.

566 Voy. aut. conc., déc. n° 16-D-17 du 21 juillet 2016, précitée.

567 Voy. aut. conc., déc. n° 16-D-09 du 12 mai 2016 relative à des pratiques mises en œuvre dans les secteurs des armatures métalliques et des treillis soudés sur l'île de la Réunion.

comportement de sa filiale dans le cas où elle détient la totalité ou la quasi-totalité du capital de celle-ci ».[568]

328. Toutefois, elle relève également qu'« [elle] [est] en mesure de se fonder exclusivement sur la présomption simple issue de la jurisprudence établie par la [Cour] lorsqu'elle applique en parallèle les règles communautaires et les règles internes de concurrence, ce qui rend surabondante toute démonstration de l'imputabilité du comportement en cause à la société mère ».[569]

329. Partant, l'Autorité de la concurrence justifie le recours au régime de la présomption lorqu'elle fait application du seul droit national, dans la mesure où « il ne serait pas cohérent pour elle de rapporter la preuve de l'imputabilité du comportement de la filiale à sa société mère lorsqu'elle applique les seules règles internes de concurrence. En effet, une telle approche serait artificielle, puisqu'elle ferait varier du tout au tout le standard de preuve retenu en droit interne selon que les règles communautaires sont ou non simultanément appliquées. Il convient donc d'assurer la mise en œuvre homogène des règles d'imputabilité lorsque l'Autorité applique le seul droit interne de la concurrence et lorsqu'elle applique simultanément le droit interne et le droit communautaire ».[570]

330. S'agissant du domaine d'une telle présomption, la pratique de l'Autorité française ne diffère encore en rien de la pratique de la Commission. La condition *sine qua none* demeure celle de la détention par la société mère de la totalité, voire de la quasi-totalité du capital social de sa filiale. Ainsi, lorsque l'Autorité de la concurrence constate qu'une société mère détient la totalité, voire la quasi-totalité du capital social de sa filiale, elle peut présumer l'exercice effectif de l'influence déterminante.[571] Il ressort de la majorité des décisions étudiées que l'Autorité de la concurrence recourt en règle générale à la présomption capitalistique dans des hypothèses d'une détention de la totalité du capital social.[572] Toutefois, il des hypothèses où il est fait application de ladite présomption dans des cas de détention de la quasi-totalité du capital social. Ainsi, dans l'affaire *TDF*, cette dernière a fait application de la présomption d'influence déterminante pour une détention du capital social à hauteur du 98,3 %.[573]

---

568 Voy. aut. conc., déc. n° 11-D-13 du 5 octobre 2011 relative à des pratiques relevées dans les secteurs des travaux d'électrification et d'installation électrique dans les régions Midi-Pyrénées, Languedoc-Roussillon, Auvergne et limitrophes, point 351 et n° 14-D-16 du 18 novembre 2014 relative à des pratiques mises en œuvre dans le secteur du déménagement des militaires affectés en Martinique, cons. 62.

569 *Ibid., cons. 64.*

570 Voy., aut. conc., déc. n° 11-D-13, précitée, point 352.

571 Toutefois, comme le souligne à juste titre l'Autorité, « [s]i les conditions d'application de cette présomption réfragable ne sont pas réunies, il est nécessaire de vérifier que la société mère exerce effectivement une influence déterminante sur le comportement de sa filiale ». Et de préciser que « [d]ans un tel cas, afin d'établir si une filiale ne détermine pas de façon autonome son comportement sur le marché, il convient de prendre en compte l'ensemble des éléments pertinents propres aux circonstances de l'espèce, relatifs aux liens économiques, organisationnels et juridiques qui unissent la filiale à la société mère ».

572 Voy., notamment, aut. conc., déc. n° 13-D-11 du 14 mai 2013 relative à des pratiques mises en œuvre dans le secteur pharmaceutique, cons. 596 , et n° 20-D-04 du 16 mars 2020 relative à des pratiques mises en œuvre dans le secteur de la distribution de produits de marque Apple, cons. 1165. Voy., également, CA Paris, 18 décembre 2014, Sanofi e.a., n° 13/12370, p. 25.

573 Voy., aut. conc., déc. n° 11-D-17, précitée, point 538 et décision n° 15-D-10 du 11 juin 2015 relative à des pratiques mises en œuvre par TDF sur le site de la Tour Eiffel. Voy., également, pour une application

331. La pratique est aussi identique pour ce qui concerne la question de la « double base ». Pour rappel, un débat avait eu lieu, devant le juge de l'Union, portant sur la question de savoir si la simple détention du capital social suffisait ou si pouvaient être exigés en plus des éléments additionnels démontrant l'exercice effectif d'une influence déterminante. À cet égard, l'Autorité de la concurrence ne conditionne pas la présomption capitalistique à la démonstration d'éléments supplémentaires, pour la simple raison que l'Autorité de la concurrence a réceptionné cette jurisprudence postérieurement au débat ayant eu lieu à l'échelle de l'Union sur cette question. Ainsi, notamment dans les affaires *TDF*, *Messagerie* ou encore *Treillis soudés*, l'Autorité de la concurrence se contente de relever la détention de la totalité ou de la quasi-totalité du capital social pour présumer l'exercice effectif par une société mère d'une influence déterminante sur sa filiale.

332. Outre la question des conditions en application desquelles la présomption d'influence déterminante peut être invoquée, à laquelle le droit français de la concurrence apporte une réponse identique à celle apportée en droit de la concurrence de l'Union, se pose celle de sa nature juridique.

333. Si, en droit de la concurrence de l'Union, certains auteurs n'hésitent plus à parler de présomption irréfragable, c'est-à-dire une présomption dont le renversement ne serait pas possible, le droit français de la concurrence innove par rapport au droit de la concurrence de l'Union, dans la mesure où l'Autorité de la concurrence a déjà admis le renversement de cette présomption.[574] Dans l'affaire des *commodités chimiques*, une société mère faisait valoir qu'elle ne pouvait être considérée comme ayant exercé de manière effective une influence déterminante sur sa filiale, dans la mesure où, dès son acquisition, elle avait entamé les démarches en vue de sa cession. Par ailleurs, les comptes de la filiale étaient exclus de la consolidation, ce qui témoignait selon l'Autorité de la concurrence d'une volonté de cession dans un avenir proche.[575] Dès lors, cet unique précédent dans la pratique décisionnelle française permet de confirmer que la présomption d'influence déterminante, du moins en droit français de la concurrence, est une présomption simple.

334. Toutefois, malgré ce précédent isolé, la présomption capitalistique demeure difficile à renverser. Dans l'affaire du *chauffage à combustion liquide*, une requérante faisait valoir, de manière certes pertinente mais vaine, que « la présomption

audacieuse de la présomption dans l'hypothèse d'une détention de 91,83 % et 92,47 % du capital d'une filiale, aut. conc., déc. n° 19-D-24 du 17 décembre 2019 relative à des pratiques mises en œuvre dans le secteur des fruits vendus en coupelles et en gourdes, cons. 569 et 576. Voy., toutefois, pour le refus de l'Autorité de la concurrence de mobiliser la présomption en présence d'une détention à hauteur de 58,9 % du capital d'une filiale, aut. conc., déc. n° 19-D-11 du 29 mai 2019 relative à des pratiques mises en œuvre dans le secteur de la commercialisation de réactifs et consommables pour laboratoires hospitaliers sur le territoire de la Guyane, cons. 87.

574 Ainsi que le relève la Cour d'appel de Paris, le renversement de la présomption requiert de la société qui s'en prévaut de soumettre à « l'appréciation de la Cour tout élément relatif aux liens organisationnels, économiques et juridiques entre sa filiale et elle-même, de nature à démontrer qu'elles ne constituent pas une unité économique » (CA Paris, 19 mai 2016, Mobilitas, n° 14/25803). Voy., également, pour un rappel des principes gouvernant, selon l'Autorité de la concurrence, l'établissement et le renversement de la présomption, aut. conc., déc. n° 21-D-09 du 24 mars 2021 relative à des pratiques mises en œuvre dans le secteur de la fabrication et de la commercialisation de sandwichs sous marque de distributeur, cons. 202 à 205.

575 Voy. aut. conc., déc. n° 13-D-12 du 28 mai 2013 relative à des pratiques mises en œuvre dans le secteur de la commercialisation de commodités chimiques, cons. 845.

d'imputabilité des pratiques aux sociétés mères détenant l'intégralité du capital de leur filiale serait contraire aux dispositions de la Convention européenne des droits de l'homme » et précisément « au[x] principe[s] de la présomption d'innocence consacré par l'article 6 de la CEDH [...], de responsabilité personnelle et de légalité des peines, principes garantis par l'article 7 de la CEDH ». Elle observait que « seules "des circonstances très exceptionnelles" pourraient conduire l'Autorité à renverser l'application de la présomption ». Dès lors, selon cette dernière, « la présomption est "irréfragable" et [...] la possibilité de renverser la présomption [demeure] "totalement théorique" puisqu'elle nécessite la démonstration "d'une autonomie totale de la filiale" équival[a]nt à rapporter une "preuve négative" de l'absence d'interférence de la société mère ».[576] Sur ce point, l'Autorité se réfère opportunément à la jurisprudence des juges de l'Union, en soulignant le caractère réfragable de cette présomption.[577]

335. La difficulté de renverser la présomption ressort tout autant de l'affaire *Mobilitas*, dans laquelle la société holding éponyme aura, en vain, tenté de convaincre les juges de la Cour d'appel de Paris de l'autonomie de la filiale. Ni l'absence de décisions formelles des organes statutaires de la holding dans la gestion de la filiale, ni l'absence d'immixtion de la holding dans les activités de la filiale, ni le recrutement autonome par la filiale de son personnel aura convaincu la Cour d'appel de Paris, confirmé en ce sens par la Cour de cassation, du renversement de la présomption.[578] En tout état de cause, cette affaire permet d'illustrer clairement la soumission au droit de la concurrence, par le prisme de la notion d'entreprise, des sociétés holdings, qu'elles soient ou non opérationnelles.

2. Le fondement de l'imputabilité

336. La question du fondement de l'imputabilité se pose en des termes identiques en droit français, dans la mesure où dans sa pratique, telle que confirmée par la Cour d'appel de Paris, l'Autorité de la concurrence réceptionne la notion d'entreprise, au sens du droit de la concurrence. En d'autres termes, c'est en raison de la constitution avec sa filiale d'une même entreprise, au sens du droit de la concurrence, que la société mère est susceptible de répondre de l'infraction de la première. Dans ce contexte, d'aucuns pourraient également s'interroger sur le fondement en application duquel la société mère et sa filiale répondent de l'infraction.

337. En droit de la concurrence de l'Union, la réponse à cette question est certes contestable mais aisément compréhensible. Le régime de la responsabilité est celui de la responsabilité personnelle. Toutefois, ce n'est pas le fait personnel de la filiale ou de la société mère qui est visé, mais celui de l'entreprise qu'elles constituent ensemble. Aussi la filiale et sa société mère n'interviennent-elles que pour des

---

576 Aut. conc., déc. n° 16-D-17 du 21 juillet 2016 relative à des pratiques mises en œuvre dans le secteur des appareils de chauffage mobiles à combustible liquide, cons. 159.

577 *Ibid., cons. 163 à 168.*

578 Voy. Cour d'appel de Paris 19 mai 2016, Mobilitas, n° 14-25803 et Cass. com. 18 octobre 2017, n° 16.19120. Voy., également, pour illustrer la difficulté de renverser la présomption, aut. conc., déc. n° 21-D-05 du 4 mars 2021 relative à des pratiques mises en œuvre dans le secteur de la gestion technique des bâtiments de Lille métropole communauté urbaine, cons. 103 à 111.

raisons procédurales, puisque l'entreprise qui répond en théorie de l'infraction est dépourvue de personnalité juridique.

338. Il n'en reste pas moins que, aussi séduisante que ce raisonnement juridique puisse paraître, le principe de la responsabilité personnelle s'applique, en principe, à l'auteur de l'infraction, à savoir celui qui commet les faits incriminés. Or, en pratique, celui qui commet les faits incriminés n'est pas l'entreprise, au sens du droit de la concurrence, mais la filiale, sa société mère n'intervenant qu'en sa qualité de société mère, ce qui peut conduire à s'interroger sur l'existence d'une responsabilité du fait d'autrui.

339. Ce débat s'avère prégnant à la lumière des décisions de l'Autorité de la concurrence, car cette dernière fait une nette distinction entre l'imputabilité de l'infraction à une société en tant qu'« auteur » de l'infraction et l'imputabilité de l'infraction à une autre société, en sa qualité de « société-mère ».[579] En d'autres termes, l'Autorité semble distinguer, non sans ambiguïté, entre la qualité d'auteur d'une infraction et celle de société mère. Si cette distinction devait être acceptée, force est de souligner qu'elle permettrait d'asseoir la thèse de l'existence, en droit de la concurrence, d'une responsabilité du fait d'autrui comme régime de la responsabilité de la société mère ; la filiale répond de son fait personnel et sa société mère du fait de sa filiale en raison du contrôle détenu.

340. Toutefois, si une telle distinction a le mérite de la clarté, ce n'est pas, *de lege lata*, la position privilégiée par la Cour d'appel de Paris. L'arrêt prononcé par cette dernière dans l'affaire *Lacroix signalisation* le démontre.[580] Dans cette affaire, l'une des sociétés mères faisait valoir que l'imputation du comportement infractionnel d'une filiale à sa société mère était contraire tant au principe de légalité des délits et des peines qu'au principe de la responsabilité personnelle. S'agissant du principe de légalité des délits et des peines, la société mère soutenait qu'elle ne saurait répondre d'un fait qu'elle n'a pas commis, c'est-à-dire sans en être l'auteur direct, en l'absence de dispositions législatives précises en ce sens. S'agissant du principe de la responsabilité personnelle, la société mère soutenait qu'elle ne saurait répondre d'une infraction en l'absence de faute de sa part.[581]

341. Pour lui répondre, la Cour d'appel se contente de renvoyer utilement à la jurisprudence des juges de l'Union et à l'interprétation de la notion d'entreprise, au

---

579 Voy., notamment, aut. conc., déc. n° 16-D-28 du 6 décembre 2016 relative à des pratiques mises en œuvre sur le marché de l'assistance foncière de l'établissement public foncier de l'Ouest Rhône-Alpes, points 140 et 142. Voy., également, aut. conc., déc. n° 16-D-09 du 12 mai 2016 relative à des pratiques mises en œuvre dans les secteurs des armatures métalliques et des treillis soudés sur l'île de la Réunion. Cette dernière décision se doit en tout cas d'être relevée, en ce que l'une des sociétés mères ne s'est pas vu imputer l'infraction, puisque la communication des griefs l'avait, à tort, qualifié d'auteur. Voy., enfin, aut. conc., déc. n° 18-D-02 du 19 février 2018 relative à des pratiques mises en œuvre dans le secteur des travaux d'entretien d'espaces verts en Martinique, où l'Autorité de la concurrence qualifie plusieurs sociétés – mères et filiales – d'auteur de l'infraction.

580 Voy. CA Paris, 29 mars 2012, n° 11-01228. S'agissant de la décision du Conseil de la concurrence, objet du recours en annulation, voy. décision n° 10-D-39 du Conseil de la concurrence du 22 décembre 2010 relative à des pratiques mises en œuvre dans le secteur de la signalisation routière verticale.

581 La faute n'est pas nécessairement liée au principe de la responsabilité personnelle. Elle se retrouve aussi potentiellement en matière de responsabilité du fait d'autrui, dans la mesure où initialement la responsabilité des parents reposait sur une présomption de faute de surveillance ou d'éducation de ces derniers.

sens du droit de la concurrence. En substance, pour la Cour d'appel de Paris, l'infraction est l'œuvre d'une entreprise, laquelle en serait l'auteur, que forment ensemble une filiale et sa société mère, lorsque la seconde a exercé sur la première une influence déterminante pendant l'infraction. Ainsi, de la même manière qu'en droit de la concurrence de l'Union, la Cour d'appel justifie la conformité de la pratique avec le principe de la responsabilité personnelle en renvoyant également opportunément non au fait de la filiale mais à celui de l'entreprise, au sens du droit de la concurrence.[582] Certes, cette position demeure conforme à la pratique à l'échelle de l'Union. D'aucuns pourront toutefois objecter que, dans ses décisions, l'Autorité de la concurrence entretient un certain flou en distinguant l'auteur de l'infraction, lequel serait en substance la société qui participe directement à l'infraction, et la société mère, laquelle y répond en cette seule qualité.

3. L'imputation de l'infraction

342. L'imputation de l'infraction soulève des problématiques identiques à l'échelle nationale et à l'échelle de l'Union. Tout comme dans la pratique à l'échelle de l'Union, il est nécessaire, dans la pratique à l'échelle nationale, d'identifier la personne juridique qui se verra adresser la décision de l'Autorité de la concurrence. Avant 2009 et l'adoption de sa décision dans l'affaire *Orange Caraïbe*,[583] l'Autorité de la concurrence imputait l'infraction à la société autonome au sein du groupe. En d'autres termes, l'imputation de l'infraction visait à identifier son auteur, dans la mesure où l'entreprise était l'entité économique au sein du groupe qui agissait de manière autonome. Après 2009, l'imputation de l'infraction ne se résume plus que comme un procédé technique qui vise à identifier la personne juridique qui sera destinataire de la décision, au sein de l'unité économique, que forment schématiquement, une filiale et sa société mère.

343. En premier lieu, à la différence de la pratique majoritaire à l'échelle de l'Union, antérieure aux années 2000, l'Autorité de la concurrence n'a pas connu de période intermédiaire, durant laquelle, alors que l'entreprise, au sens du droit de la concurrence, était identifiée à l'unité économique, que forment la filiale et sa société mère, seule cette dernière, en ce qu'elle était la société de tête, se voyait imputer l'infraction. Cela se comprend, dans la mesure où l'Autorité de la concurrence n'a réceptionné la jurisprudence des juges de l'Union qu'à partir de 2009. Aussi la question ne se pose-t-elle pas de savoir si l'infraction doit être imputée à la filiale ou non lorsque cette dernière n'a pas agi de manière autonome. La filiale se verra imputer nécessairement l'infraction. En revanche, de la même manière que dans la pratique à l'échelle de l'Union, la question se pose avec davantage

---

582 Il faut toutefois relever que dans son arrêt prononcé dans l'affaire Mobilitas, la Cour d'appel de Paris précise que « la société mère est censée avoir commis elle-même l'infraction » et considère, en substance, que la situation de deux « entreprises [en tant que coauteurs] ayant commis les mêmes faits » est analogue à celle de la société mère et de sa filiale. Aussi d'aucuns pourraient-ils affirmer que la Cour d'appel de Paris adopte une position similaire à celle du Tribunal lorsqu'il vérifie, dans certains arrêts, le respect du principe de la responsabilité personnelle dans le chef de chaque sociétés (voy. CA Paris, 19 mai 2016, Mobilitas, n° 14/25803, p. 10).

583 Voy. supra, n° 310.

d'acuité de savoir jusqu'où remonter dans la chaîne de sociétés composant un groupe verticalement intégré.

344. Elle s'est posée dans l'hypothèse où une des sociétés détient la totalité du capital social d'une société intermédiaire. En principe, elle pourrait ne pas se voir imputer l'infraction, en raison du pouvoir discrétionnaire qui caractérise l'action des autorités de concurrence dans l'identification des destinataires d'une décision. Ainsi, dans la deuxième affaire *TDF*, l'Autorité de la concurrence considère que « dans un souci de bonne administration, et conformément à la jurisprudence européenne [...] selon laquelle l'imputation de l'infraction à une société mère est une *faculté* laissée à l'appréciation de l'autorité de concurrence, il n'y a pas lieu d'imputer les pratiques à LuxCo2, dès lors que l'on ne peut remonter la chaîne des responsabilités jusqu'à LuxCo1 ».[584] En effet, dans cette affaire, si LuxCo2 détenait 100 % du capital d'une première société intermédiaire, elle n'était, elle-même, détenue qu'à hauteur de 59,6 % par LuxCo1. Cette constatation pourrait être contestée, dans la mesure où l'Autorité de la concurrence justifie la non-imputation aux sociétés LuxCo1 et LuxCo2 par le fait que ces sociétés permettent de protéger les suretés prises par des banques ayant prêté l'argent nécessaire à l'acquisition de la société TDF. Par ce montage, les banques peuvent soumettre les suretés au droit luxembourgeois. Toutefois, TDF était en réalité détenue par des fonds d'investissement par l'intermédiaire de ces différentes holdings, fonds d'investissement qui ont pu profiter de la participation de TDF à une infraction au droit de la concurrence. Ainsi, l'utilisation du double « montage LuxCo » mis en avant dans l'affaire TDF pourrait être un moyen d'échapper à une obligation de paiement d'une amende en droit de la concurrence.[585]

345. S'agissant du caractère variable ou non de la pratique de l'imputation à l'échelle nationale, l'Autorité de la concurrence tend à se différencier de la Commission. Un exemple marquant peut être identifié dans la décision de l'Autorité rendue dans l'affaire *produits d'entretien et d'hygiène*, s'agissant de l'imputation d'une infraction à une ancienne société mère d'une filiale ayant fait l'objet d'une fusion-absorption par une autre société. Si la Commission n'a, à notre connaissance, jamais imputé l'infraction à une ancienne société mère d'une société absorbée, il n'en va pas de même pour l'Autorité de la concurrence. Cette dernière semble avoir été plus consciente de cette difficulté, dans la mesure où dans sa décision, elle a choisi d'imputer l'infraction conjointement à la société ayant absorbé sa filiale et son ancienne société mère.[586]

346. Dans cette affaire, le contrôle de l'un des auteurs de l'infraction avait été cédé par la société *Hillshire Brands* à la société *Colgate Palmolive*, qui avait elle aussi participé à l'infraction. Par ailleurs, antérieurement à la décision de l'Autorité de la concurrence, la société *Colgate Palmolive* avait choisi de fusionner avec l'auteur

584 *Ibid., point 756 (italique ajouté).*

585 Voy. décision n° 15-D-01 du 11 février 2015 relative à des pratiques mises en œuvre dans le secteur de la diffusion de la télévision par voie hertzienne terrestre en outre-mer, points 221 et s. et n° 16-D11 du 6 juin 2016 relative à des pratiques mises en œuvre dans le secteur de la diffusion de la télévision par voie hertzienne terrestre, cons. 268.

586 S'agissant de l'incidence de la solidarité pour le paiement d'une même amende entre deux sociétés qui n'appartiennent pas à une même entreprise, au sens des articles 101 TFUE et 102 TFUE, voy. infra, nos 919 et s.

direct de l'infraction. Pour sa défense, l'ancienne société mère faisait notamment valoir en vain que « l'imputation des pratiques commises par une société à sa société mère n'étant pas obligatoire, le fait de retenir la responsabilité solidaire d'Hillshire en tant qu'ancienne société mère de Sara Lee est contraire au principe de nécessité des peines. Il ne serait en effet pas nécessaire de lui imputer l'infraction dès lors que la société Colgate-Palmolive, successeur juridique de sa filiale Sara Lee Household & Body Care France, dispose des moyens financiers pour faire face à la sanction pécuniaire ».[587] À cet égard, d'aucuns pourraient souligner, à juste titre, que l'imputation d'un comportement infractionnel est indépendant des capacités financières de la société à qui l'infraction est imputée.

347. Dans le cadre du recours formé contre la décision de l'Autorité, l'ancienne société mère reprochait également à l'Autorité de lui avoir imputé l'infraction de son ancienne filiale. Toutefois, rappelant les principes gouvernant l'imputation des infractions au sein d'un groupe de sociétés, la Cour d'appel de Paris rejette le recours pour ce qui concerne l'ancienne société mère et valide l'imputation de l'infraction de son ancienne filiale.[588]

348. Si la décision de l'Autorité est certes isolée en pratique, l'imputation à l'ancienne société mère doit être approuvée, car cette dernière a nécessairement profité économiquement de l'infraction.[589] En tout état de cause, ces hypothèses demeurent limitées. Dans des hypothèses où les conditions d'imputabilité de l'infraction à la société mère auraient pu être réunies, les autorités de concurrence peuvent, en principe, justifier la non-imputation de l'infraction à la société mère par l'autonomie de la filiale sur le marché.[590]

349. En second lieu, la question de l'encadrement du pouvoir de l'Autorité de la concurrence se pose.[591] Dans la mesure où l'Autorité doit s'adresser à une personne juridique, elle se doit, d'une part, de respecter ses droits de la défense. Aussi est-il possible de s'interroger sur la question de savoir si la violation des droits de la défense de la société mère emporte également la violation des droits de la défense de la filiale.

350. Dans la pratique à l'échelle de l'Union, la violation des droits de la défense de la société mère n'impacte pas, en principe, la légalité de la décision de la Commission à l'égard de la filiale.[592] Toutefois, à la lumière d'un arrêt de la Cour

---

587 Décision n° 14-D-19 du 18 décembre 2014 relative à des pratiques mises en œuvre dans le secteur des produits d'entretien et des insecticides et dans le secteur des produits d'hygiène et de soins pour le corps, point 1211.

588 CA Paris, 27 octobre 2016, n° 15/01673.

589 *Ibid. point 1208. Voy., également, non infirmée sur ce point, CA Paris, 27 octobre 2016, n° 15/01673.*

590 Pour la pratique de l'Autorité de la concurrence, dans des hypothèses où les conditions auraient pu être réunies et que l'autonomie de la filiale ait été quand même démontrée, voy., notamment, aut. conc., déc. du 20 avril 2010 n° 10-D-14 relative à des pratiques mise en œuvre dans le secteur des tables d'opération ou du 5 octobre 2011 n° 11-D-13 relative à des pratiques relevées dans les secteurs des travaux d'électrification et d'installation électrique dans les régions Midi-Pyrénées, Languedoc-Roussillon, Auvergne et limitrophes.

591 Sur la procédure devant l'Autorité de la concurrence, voy., articles L. 463-1 à L. 463-8 du Code de commerce.

592 Voy., contra, pour ce qui concerne une décision de réadoption, Trib. UE, 18 octobre 2018, GEA Group c/ Commission, aff. T-640/16, EU:T:2018:700. Le Tribunal adopte, en substance, une position identique à celle de la Cour d'appel de Paris. Cela ne remet toutefois pas en cause le constat selon lequel les droits de la défense sont propres à chaque société. L'annulation de la décision pourrait s'expliquer par les effets erga omnes de l'annulation de la décision.

d'appel de Paris du 2 février 2017, dans le cadre du recours formé contre la décision de l'Autorité de la concurrence rendue dans l'affaire des *commodités chimiques*, la solution pourrait être différente, à l'échelle nationale, si les droits de la défense qui ont été violés sont ceux de la filiale. La filiale faisait valoir dans cette affaire que ses droits de la défense avaient été violés, dans la mesure où son avocat, à la suite d'une dénonciation calomnieuse d'une société, reprise dans la notification des griefs, n'était plus en mesure de le représenter efficacement. Selon la Cour d'appel, « le maintien des pièces précédemment analysées, sans occultation des éléments mettant en cause personnellement le conseil des sociétés Brenntag, ou sans distanciation expresse des rapporteurs, maintien auquel s'est ajouté la phrase reprise ci-dessus donnant un certain crédit aux accusations, a vicié la procédure en laissant se développer, jusque devant le collège, le soupçon que ces sociétés étaient défendues par un conseil dont on pouvait pour le moins douter ».[593] Ainsi, cette dernière constate la violation des droits de la défense de la filiale et annule, dans un premier temps, la décision attaquée pour ce qui la concerne.

351. L'incidence du non-respect des droits de la défense de la filiale aurait certes pu se limiter à l'annulation de la décision attaquée en tant qu'elle la concerne. Il n'en reste pas moins que, dans un second temps, la Cour d'appel de Paris juge que l'annulation de la décision doit être étendue également à la société mère, dans la mesure où l'amende de cette dernière découle de celle infligée à sa filiale.[594]

352. À la lumière de cet exemple, la question pourrait se poser de savoir si les droits de la défense sont rattachables à la société ou à l'entreprise, au sens du droit de la concurrence. Si les deux sociétés avaient été représentées par le même conseil, cette solution aurait pu se justifier. Toutefois, en l'espèce, force est de constater que les deux sociétés étaient représentées par un cabinet d'avocat différent. Indépendamment de cette considération, les droits de la défense devraient en principe demeurer rattachables à la personne juridique et non à l'entreprise, au sens du droit de la concurrence, de sorte que la société mère n'aurait pas dû bénéficier sur ce fondement de l'annulation de la décision attaquée.

353. D'autre part, l'Autorité de la concurrence est également soucieuse de respecter l'obligation de motivation lorsque la décision concerne une pluralité de destinataires. Si l'arrêt de la Cour prononcé dans l'affaire *Elf Aquitaine* fait état d'une obligation de motivation circonstanciée dans la décision finale, cela vaut également pour l'Autorité de la concurrence, et ce dès le stade de la communication des griefs. Ainsi, dans l'affaire *boulangerie artisanale*, cette dernière constate que la notification des griefs adressée aux parties mises en cause le 22 février 2013 ne comporte aucun développement spécifique relatif à l'imputabilité aux sociétés mères des pratiques relevée ».[595] Le comportement des filiales ne pouvait donc leur être imputé.[596]

---

593 CA Paris, 2 février 2017, n° 13/13058.

594 *Ibid., point 78.*

595 Aut. conc., déc. n° 15-D-04 du 26 mars 2015 relative à des pratiques mises en œuvre dans le secteur de la boulangerie artisanale, point 353.

596 *Ibid., point 353.*

354. En clair, la pratique de l'Autorité de la concurrence présente de grandes similitudes avec la pratique à l'échelle de l'Union, dans la mesure où la première s'inspire largement de la jurisprudence des juges de l'Union. S'il ne fait aucun doute qu'une convergence peut être identifiée entre ces deux pratiques, la pratique allemande a, de son côté, fait figure d'exception. Cette dernière semble toutefois désormais converger, en raison d'une réforme récente du droit allemand de la concurrence, avec la pratique à l'échelle de l'Union.

Section 2
La pratique allemande

355. Si l'interprétation des dispositions législatives anglaise et française s'est faite dans le sillon de la jurisprudence des juges de l'Union, il n'en va pas forcément de même en droit allemand de la concurrence. Ce dernier incrimine certes le comportement d'« entreprise » (*Unternehmen*) ;[597] il n'en reste pas moins que l'interprétation de la notion d'entreprise, entendue au sens d'unité économique, n'a pas été réceptionnée *mutatis mutandis* en droit allemand de la concurrence, lequel a semblé, dans un premier temps, résister au régime de l'imputabilité d'une infraction au sein d'un même groupe de sociétés à l'échelle de l'Union.[598] Ce n'est que dans un second temps, à la faveur d'une neuvième réforme du droit allemand de la concurrence, intervenue en 2017,[599] qu'un alignement a pu être observé entre le droit allemand de la concurrence et le droit de la concurrence de l'Union.

356. Pour autant, avant la neuvième réforme du droit allemand de la concurrence, ce dernier n'excluait pas la possibilité d'engager la responsabilité d'une société mère pour le comportement infractionnel de sa filiale. Le législateur allemand avait envisagé un régime juridique différent, plus formaliste, fondé sur le manquement par la société mère à son obligation de surveillance, par le prisme duquel elle pouvait se voir infliger une amende. L'étude de ce régime se justifie d'autant plus que la pratique du droit de la concurrence à l'échelle de l'Union ne saurait être exempte de toute critique, pour ce qui concerne notamment sa conformité avec le principe de la responsabilité personnelle.[600]

357. Par ailleurs, l'alignement tardif du droit allemand de la concurrence sur le droit de la concurrence de l'Union n'est pas sans soulever des questions relatives à la

---

597 Voy. articles 1, 2 et 19 GWB.

598 Voy. L. Aberle, Sanktionsdurchgriff und wirtschaftliche Einheit im deutschen und europäischen Kartellsanktionsrecht, Carl Heymans Verlag, 2013, p. 158 et L. Idot, « Réflexions sur la convergence des droits de la concurrence », Concurrences, 2012, n° 4, p. 6, n° 24.

599 Si cette réforme visait à transposer en droit allemand de la concurrence les dispositions de la directive sur les actions privées en droit de la concurrence, le législateur allemand a également introduit des dispositions portant en particulier sur la responsabilité des sociétés mères du fait des comportements de leurs filiales. Sur cette réforme, voy., en particulier, T. Weck et P. Rummel, « Allemagne : les changements apportés à la loi contre les restrictions à la concurrence par la neuvième loi additionnelle », Concurrences, 2017, n° 2, pp. 208 à 214.

600 Voy. supra, nos 157 à 169.

nature, selon le droit allemand, de la notion d'entreprise.[601] Si ladite notion relève des règles de fond du droit de la concurrence de l'Union, alors l'autorité allemande de la concurrence aurait dû être, en principe, tenue d'appliquer la notion d'entreprise, telle qu'interprétée par les juges de l'Union. En revanche, si la notion d'entreprise relevait, selon l'autorité allemande de la concurrence, des règles procédurales, alors l'application d'un régime différent ne saurait être contestée, dans la mesure où il relèverait de son autonomie procédurale, à condition de respecter les principes d'effectivité et d'équivalence.[602]

358. Autrement dit, l'alignement avec la pratique du droit de la concurrence de l'Union pourrait ne pas se vérifier en tous points. Ainsi, aux fins de cette étude, une présentation des différents régimes juridiques antérieurement (§1) et postérieurement à la réforme (§2) mérite d'être conduite.

§ 1. La responsabilité des sociétés mères antérieurement à la neuvième réforme

359. Antérieurement à la neuvième réforme, la nature procédurale ou matérielle des règles du *public enforcement* demeurait controversée, ce qui n'était pas sans incidence sur l'adoption par le droit allemand de la concurrence d'une conception de l'entreprise similaire à celle des articles 101 TFUE et 102 TFUE.[603] Par ailleurs, la notion d'entreprise, entendue comme une unité économique, ne faisait pas l'unanimité.[604] L'autorité allemande de la concurrence n'y avait recours qu'au stade de la détermination du montant de l'amende et non au stade de la détermination des responsabilités.

360. Pour appréhender les responsabilités au sein d'un groupe de sociétés antérieurement à la neuvième réforme, le régime de la responsabilité des personnes morales doit être présenté (A) avant d'aborder celui des sociétés mères au sein d'un groupe de sociétés (B).

---

601 Sur cette réflexion, voy. Idot, « Réflexions sur la convergence des droits de la concurrence », précité, p. 6, n° 24.

602 Sur ce point, voy. K. Ost, « Aufsichtspflichten im Konzern und die 8. GWB-Novelle », NZkart, 2013, n° 1, p. 25.

603 *Ibid. L'introduction de la notion d'entreprise, au sens du droit de la concurrence de l'Union, était débattue, en raison d'une violation éventuelle de la loi fondamentale allemande. L'auteur précise que « selbst wenn das Bundeskartellamt den Unternehmensbegriff auf eine wirtschaftliche Haftungseinheit nach europäischen Recht erstrecken müsste, könnte es gleichwohl auf Sanktionsseite im Rahmen der Ermessenausübung unter Verfassungsrechtlichen Aspekten auf einen Zugriff auf weitere Konzerngesellschaften nach der derzeitigen europäischen Kartellreschtspraxis verzichten. Dies wäre geboten, da diese Praxis das Schuldprinzip verletzt » [En substance, « si l'autorité allemande de la concurrence devait mettre en œuvre la notion d'entreprise, au sens du droit de la concurrence de l'Union, il devrait être renoncé à viser d'autres sociétés du groupe, dans le cadre de la détermination de la sanction, à la lumière de certains principes constitutionnels. Cela serait justifié, dans la mesure où une telle pratique viole le principe de "culpabilité" » (traduction libre)].*

604 U. Suchsland, N. Rossmann, « Verpflichtet die Kartellschadensersatzrichtlinie zur Übernahme des europäischen Unternehmensbegriffs in das deutsche Recht ? », Wirtschaft und Wettbewerb, 2 octobre 2015, pp. 973 à 981. Voy., également, la position de la Commission sur la pratique allemande de la concurrence, lettre ouverte du directeur de la Direction générale de la concurrence au président du Bundeskartellamt en date du 18.6.2012 n° DG COMP/CV/al/(2012) 064 709, accessible en tant que pièce jointe à la prise de position du Bundeskartellamt sur la 8ème révision de la GWB, Ausschussdrucksache 17(9)865.

A. L'imputabilité de l'infraction à une filiale

361. En droit allemand de la concurrence, en application de l'article 30 OWIG, une infraction ne peut être commise que par une personne physique. Le droit allemand de la concurrence ne reconnaît pas la possibilité pour une personne morale de commettre une infraction.[605] Seule une personne physique peut en commettre.[606] Autrement dit, le comportement infractionnel résulte du comportement d'une personne physique, qui seule, en application du principe de responsabilité personnelle, est responsable de l'infraction.[607] Cette personne physique sera, à titre d'illustration, une personne dirigeante de la société concernée. Une société ne saurait ainsi être considérée comme ayant commis directement une infraction. Cette particularité s'explique notamment par le fait que le droit allemand ne contient aucune règle instaurant une responsabilité pénale des personnes morales.

362. Toutefois, la question se pose de savoir à quel moment intervient la personne morale. En application de l'article 30 OWIG, une société ne sera responsable que de manière indirecte en raison du comportement infractionnel de ses organes.[608] Il ressort, en substance, dudit article qu'une amende peut être infligée à la société, dont les organes de représentation ont commis une infraction. Toutefois, la société n'est pas considérée comme ayant commis directement l'infraction. Elle n'intervient qu'en tant que débiteur de l'amende. Aussi le droit allemand de la concurrence ne fait pas de distinction nette entre la responsabilité et l'amende. Il semble au contraire confondre les deux.[609] Par ailleurs, une société ne saurait se voir infliger une amende pour le comportement infractionnel d'un représentant d'une autre société, et ce même si les représentants appartiennent à une société liée.[610]

Ainsi, la question se pose de savoir comment en droit allemand de la concurrence, antérieurement à la neuvième réforme, une société mère pouvait se voir infliger une amende pour le comportement infractionnel de sa filiale.

B. L'imputabilité de l'infraction à une société mère

363. Une fois posé le principe de la responsabilité – indirecte – d'une société pour les agissements de ses organes, la seconde question qui se posait en droit allemand de la concurrence était celle de savoir si une société mère pouvait devoir répondre

---

605 S. Thomas, « Guilty of a Fault that one has not committed. The Limits of the Group-Based Sanction Policy Carried out by the Commission and the European Courts in EU-Antitrust Law », JECLAP, 2012, vol.1, n° 3, p. 16.

606 Voy., notamment, C. Bürger, « Die Haftung der Konzernmutter für Kartellrechtsverstöße ihrer Tochter nach deutschem Recht », WuW, 4 février 2011, n° 2, p. 130 à 140.

607 *Ibid.*

608 Article 30 OWIG : « [h]at jemand, als vertretungsberechtigtes Organ einer juristischen Person oder als Mitglied eines solchen Organs […] eine Straftat oder Ordnungswidrigkeit begangen, durch die Pflichten, welche die juristische Person oder die Personenvereinigung treffen, verletzt worden sind oder die juristische Person oder die Personenvereinigung bereichert worden ist oder werden sollte, so kann gegen diese eine Geldbuße festgesetzt werden ». Sur ce point, voy., notamment, K. Ost, « From regulation 1 to regulation 2: national enforcement of EU cartel prohibition and the need for further convergence », JECLAP, 2014, vol. 5, n° 3, p. 127.

609 Ost, précité, p. 127.

610 *Id.*

du comportement infractionnel des organes de sa filiale. En principe, en application de l'article 30 OWIG, il n'est pas possible pour une société mère de devoir répondre du comportement infractionnel des organes de sa filiale.[611] L'article 30 OWIG prévoyait uniquement la possibilité pour une société de se voir infliger une amende pour le comportement infractionnel de ses propres représentants.

364. Toutefois, en application de l'article 130 OWIG, le droit allemand met à la charge du commettant une obligation de surveillance de ses préposés. Aussi la question s'est-elle posée de savoir si, en droit allemand de la concurrence, cet article pouvait être appliqué *mutatis mutandis* aux rapports entre une filiale et sa société mère.

365. Cet article dispose que le détenteur d'un établissement commercial ou d'une entreprise, qui, de manière volontaire ou par négligence ne prend pas les mesures de surveillance nécessaire pour éviter qu'au sein de cet établissement ou de cette entreprise ne soit dérogé à des obligations et dont leur violation est sanctionnée par une condamnation ou une sanction financière, commet une infraction lorsqu'une telle dérogation intervient, alors que l'exercice convenable de cette obligation aurait permis de l'éviter, ou du moins l'aurait rendu beaucoup plus difficile.[612]

366. Certes, à première vue, un tel article ne vise pas expressément l'imputabilité du comportement infractionnel d'une filiale à sa société mère.[613] Il vise davantage l'hypothèse d'un dirigeant d'entreprise, tenu d'exercer une surveillance sur ses mandataires, ou d'un simple employé qui pourraient, le cas échéant, engager la responsabilité de la société.

367. Là encore, l'autorité allemande de la concurrence a dû interpréter de manière téléologique cet article pour pouvoir l'appliquer aux relations entre une société mère et sa filiale et se conformer à la pratique à l'échelle de l'Union, ce qui n'a pas été sans soulever des interrogations auprès des auteurs allemands.[614] Autrement

---

[611] Bürger, précité. Une telle possibilité serait envisageable si des membres de la société mère ont participé également à l'infraction. Relevons également que cette hypothèse n'est pas une hypothèse d'école, dans la mesure où une confusion des membres de la société mère et de la filiale est fréquente en pratique.

[612] Article 130 OWIG : « [w]er als Inhaber eines Betriebes oder Unternehmens vorsätzlich oder fahrlässig die Aufsichtsmaßnahmen unterlässt, die erforderlich sind, um in dem Betrieb oder Unternehmen Zuwiderhandlungen gegen Pflichten zu verhindern, die den Inhaber treffen und deren Verletzung mit Strafe oder Geldbuße bedroht ist, handelt ordnungswidrig, wenn eine solche Zuwiderhandlung begangen wird, die durch gehörige Aufsicht verhindert oder wesentlich erschwert worden wäre. Zu den erforderlichen Aufsichtsmaßnahmen gehören auch die Bestellung, sorgfältige Auswahl und Überwachung von Aufsichtspersonen » (« toute personne qui, en tant que propriétaire d'une entreprise, manque à ses devoirs de surveillance, de manière volontaire ou involontaire, lesquels auraient permis d'éviter la survenance d'une infraction en son sein, qui serait sanctionnée d'une peine ou d'une amende, commet une infraction, si le respect de cette obligation de surveillance avait rendu plus difficile le comportement infractionnel [...] » [traduction libre]).

[613] Voy. T. Ackermann, « Kartellgeldbussen als Instrument der Wirttschaftaufsicht », ZWeR, 2012, p. 3 ; Voy., également, H. Brettel, S. Thomas, « Unternehmensbussgeld, Bestimmtheitsgrundsatz und Schuldprinzip im novellierten deutsche, Kartellrecht », ZWeR, 2009, p. 25 ; K. Ost, « From regulation 1 to regulation 2 : national enforcement of EU cartel prohibition and the need for further convergence », JECLAP Practice, 2014, vol. 5, n° 3, p. 127.

[614] Voy. autorité allemande de la concurrence, prise de position sur la huitième réforme de la loi sur la concurrence (Stellungnahme des Bundeskartellamts zum Referentenentwurf zur 8. GWB-Novelle), 30 novembre 2011 : « [d]er deutsche Gesetzgeber ist europarechtlich verpflichtet, für Verstöße gegen europäisches Kartellrecht, die auch von deutschen Kartellbehörden sanktioniert werden, effektive Sanktionen vorzusehen. Dies kann nach Auffassung des Bundeskartellamts im Einklang mit dem deutschen Ordnungswidrigkeitenrecht dadurch geschehen, dass die Konzernmutter für die Verletzung einer Aufsichtspflicht über die Töchter haftet » [« le législateur

dit, une société mère pouvait se voir infliger une amende pour le comportement infractionnel des représentants d'une filiale, à la condition qu'il soit démontré qu'elle a manqué à son obligation de surveillance. Il pouvait en aller ainsi même si seuls les organes de la filiale y avaient participé.[615]

368. Ce régime juridique mérite assurément une attention particulière. À la différence de la pratique à l'échelle de l'Union, il faisait peser sur la société mère une obligation de surveillance de sa filiale, ce qui n'est pas sans rappeler les régimes de responsabilité du fait d'autrui.[616] Un auteur précise au demeurant que l'infliction d'une amende en application de l'article 130 OWIG résulte uniquement d'une violation de son obligation de surveillance et non d'une participation fictive à l'infraction de par son appartenance à une même unité économique.[617]

369. À cet égard, l'introduction d'une responsabilité du fait d'autrui pourrait certes être plus cohérente en droit de la concurrence de l'Union, en ce qu'elle permettrait d'éviter des confusions entre les notions de société et d'entreprise. Qui plus est, elle permettrait de rejeter de manière beaucoup plus convaincante les arguments tenant à démontrer que l'application de la notion d'entreprise, au sens du droit de la concurrence de l'Union, est contraire au principe de la responsabilité personnelle. La responsabilité pour la participation de l'infraction incomberait à son auteur direct, à savoir la filiale ; la société mère répondant pour sa part de la violation de son obligation de surveillance, qui pourrait être présumée en cas d'infraction de sa filiale. Par ailleurs, l'introduction d'un tel régime de responsabilité ne saurait être contredit par la coloration pénale de la matière. En effet, comme l'ont soutenu des auteurs en droit français, certes dans un autre contexte, l'introduction d'un régime de responsabilité pour un fait d'autrui en droit pénal ne fait pas perdre sa nature personnelle à la responsabilité, à condition qu'un manquement à une obligation puisse être reproché.[618]

370. Toutefois, cela nécessiterait, en droit de la concurrence de l'Union, l'introduction d'une disposition spécifique en ce sens, sauf à violer le principe de légalité. Par

---

allemand est tenu de prévoir des sanctions effectives aux infractions au droit de la concurrence de l'Union et au droit allemand de la concurrence. Selon l'autorité allemande de la concurrence, à la lumière de l'OWIG, un tel objectif peut être rempli en condamnant les sociétés mères en cas de manquement à son obligation de surveillance (traduction libre)] ; Sur ce point, voy. L. Aberle, Sanktionsdurchgriff und wirtschaftliche Einheit im deutschen und europäischen Kartellsanktionsrecht, Carl Heymans Verlag, 2013, p. 121 ; voy., également, K. Ost, « From regulation 1 to regulation 2 : national enforcement of EU cartel prohibition and the need for further convergence », JECLAP, 2014, vol. 5, n° 3, p. 127.

615 Voy. décision de l'autorité allemande de la concurrence, B1 200/06, Dachziegel, 9 février 2009. Sur cette décision, voy., communiqués de presse disponible sur le site Internet de l'autorité allemande de la concurrence http://www.bundeskartellamt.de/SharedDocs/Entscheidung/DE/Fallberichte/Kartellverbot/2009/B1-200-06.pdf?__blob=publicationFile&v=4 et http://www.bundeskartellamt.de/SharedDocs/Entscheidung/EN/Fallberichte/Kartellverbot/2012/B1-200-06-P2-U13.pdf?__blob=publicationFile&v=4.

616 Selon un auteur, cette obligation de surveillance découle précisément de la notion d'entreprise, au sens du droit de la concurrence de l'Union. La société mère est tenue d'exercer une surveillance sur sa filiale, à défaut de quoi elle peut être amenée à engager sa responsabilité pour la participation de la première à l'infraction. Voy. Ost, précité, p. 127.

617 *Ibid.*

618 Pour ce qui concerne la responsabilité du chef d'entreprises, le comportement infractionnel du préposé est le révélateur « d'un manquement propre au chef d'entreprise ». Dit autrement, « le fait d'autrui est [...] l'expression de [l]a propre faute [du chef d'entreprise] ». Sur ce point, voy., notamment, Y. Mayaud, Droit pénal général, PUF, 2016, 5e éd., p. 433.

ailleurs, la démonstration d'une violation d'une obligation de surveillance pourrait s'avérer moins évidente que la démonstration de l'existence d'une même unité économique. S'agissant de la preuve de l'absence de faute, la mise en œuvre généralisée de programmes de conformité au sein des groupes de sociétés pourrait plaider pour l'absence de faute de surveillance d'une société mère.[619] La jurisprudence de la Cour n'y est pas favorable pour autant. À titre d'illustration, dans son arrêt prononcé dans l'affaire *Schindler Holding*, la Cour a jugé que le non-respect des instructions adressées par des sociétés mères à leurs filiales, dans le cadre des programmes de mise en conformité, de ne pas adopter des pratiques commerciales anticoncurrentielles n'interdit pas d'imputer aux sociétés mères la responsabilité des infractions au droit des ententes commises par leur filiale.[620] Cette position de la Cour pourrait toutefois se justifier, même dans le cas d'un manquement de la société mère à son obligation de surveillance. Le simple fait de mettre en place, de manière généralisée, des programmes de conformité ne saurait démontrer le respect par la société mère de son obligation de surveillance.

371. En tout état de cause, ce débat pourrait avoir été clos en Allemagne avec l'adoption de la neuvième réforme du droit allemand de la concurrence, par le biais de laquelle le législateur allemand a entendu réceptionner la notion d'entreprise, au sens du droit de la concurrence de l'Union. En d'autres termes : identifier l'entreprise et l'unité économique, composée schématiquement d'une filiale et de sa société mère.

§ 2. La responsabilité des sociétés mères postérieurement à la neuvième réforme

372. Le droit allemand de la concurrence a fait l'objet d'une modification substantielle, dans le cadre de la neuvième réforme de la loi sur la concurrence, se rapprochant nettement, s'agissant de l'imputabilité d'une infraction commise par une filiale à une société mère, du droit de la concurrence de l'Union.

373. Le législateur allemand a notamment introduit un article 81, paragraphe 3, sous a), GWB, instaurant une responsabilité de plein droit pour les sociétés mères, dans l'hypothèse où la filiale avec laquelle elle forme une même entreprise, a commis une infraction au droit de la concurrence.[621]

---

619 Voy. S. Thomas, « Guilty of a Fault that one has not Committed. The Limits of the Group-Based Sanction Policy Carried out by the Commission and the European Courts in EU-Antitrust Law », JECLAP, 2012, vol.1, n° 3, p. 17. L'auteur considère que la mise en œuvre de programme de conformité au sein d'un groupe de sociétés permettrait à une société de démontrer qu'elle a mis toute en œuvre pour éviter une infraction dans le chef de sa filiale.

620 CJUE, 18 juillet 2013, Schindler Holding c/ Commission, aff. C-501/11 P, EU:C:2013:522.

621 L'article 81, paragraphe 3, sous a) GWB du projet de réforme dispose que « (3a) [h]at jemand als Leitungsperson eine Ordnungswidrigkeit begangen, durch die Pflichten, welche das Unternehmen treffen, verletzt worden sind, so kann auch gegen weitere juristische Personen oder Personenvereinigungen, die das Unternehmen zum Zeitpunkt der Begehung der Ordnungswidrigkeit gebildet haben und die auf die juristische Person oder Personenvereinigung, deren Leitungsperson die Ordnungswidrigkeit begangen hat, unmittelbar oder mittelbar einen bestimmenden Einfluss ausgeübt haben, eine Geldbuße festgesetzt werden ». L'article dispose que « [s]i un organe d'une société viole les obligations qui incombe à cette dernière, une amende peut être infligée à

374. Tout en respectant la condition tenant au fait qu'une personne morale ne saurait commettre directement une infraction, l'article 81 GWB innove en permettant d'imposer une amende à toutes les personnes juridiques qui « formaient une même entreprise pendant l'infraction ». À cet égard, les travaux préparatoires de la neuvième réforme précisent sans ambiguïté que le terme « entreprise », au sens de l'article 81, paragraphe 3, sous a), GWB doit s'interpréter de la même manière que le terme « entreprise », au sens des articles 101 TFUE et 102 TFUE.

375. De même, l'article 81, paragraphe 3, sous a), GWB reprend les conditions de l'imputabilité, prévues par le droit de la concurrence de l'Union. Ce dernier dispose clairement que les sociétés qui ont exercé de manière directe et indirecte une influence déterminante sur la société dont le dirigeant a participé à l'infraction se verront imposer une amende. Aussi la réception de la notion d'entreprise, au sens du droit de la concurrence de l'Union, ne saurait-elle être contestée. Tant la référence à l'exercice effectif d'une influence déterminante que la possibilité de cibler des sociétés, quand bien même d'autres sociétés seraient interposées, renvoient à la jurisprudence des juges de l'Union.[622]

376. À cela s'ajoute toujours la possibilité d'imputer une infraction d'une filiale à sa société mère pour manquement à son devoir de surveillance mais l'autorité allemande de la concurrence devrait désormais se fonder uniquement sur ce nouvel article, instaurant, ni plus ni moins, une responsabilité de plein droit pour les sociétés qui forment une même unité économique. En d'autres termes, la pratique devrait, en principe, abandonner le recours à l'article 130 OWIG, par le biais duquel elle constatait la violation par la société mère de son obligation de surveillance. Un auteur considère en revanche que le régime issu de l'article 130 OWIG sera maintenu, en particulier lorsque l'infraction n'est pas commise par une personne dirigeante au sein de la filiale.[623] L'article 81, paragraphe 3, sous a), GWB exige en effet que l'infraction soit l'œuvre d'une personne dirigeante. Aussi, dans les hypothèses où l'infraction est l'œuvre de collaborateurs, sans qu'une personne dirigeante ne soit impliquée, la société mère pourrait-elle toujours se voir concernée par une infraction, non sur le fondement de l'article 81, paragraphe 3, sous a), GWB mais, en raison d'une violation de son obligation de surveillance, sur le fondement de l'article 130 OWIG. La réception de la notion d'entreprise, au sens du droit de la concurrence, s'avère toutefois récente et il conviendra d'attendre les premiers contentieux à l'échelle nationale pour en apprécier l'incidence, et ce d'autant plus que l'introduction d'un tel régime en droit allemand ne fait pas l'unanimité.[624]

377. Certains auteurs considèrent en effet que l'introduction d'une telle « responsabilité du groupe » s'avère contraire à la jurisprudence de la Cour fédérale allemande et, en particulier, au principe de responsabilité personnelle, dans l'hypothèse où la

---

toute personne juridique ou association de personnes, qui forma pendant l'infraction avec l'auteur direct une même entreprise, et qui de manière directe ou indirecte ont exercé une influence déterminante sur l'auteur direct de l'infraction » (traduction libre).

622 Voy., en particulier, CJUE, 20 janvier 2011, General Química c/ Commission, aff. C-90/09 P, EU:C:2011:21.

623 Voy. F C. Haus, « Kartellordnungswidrigkeitenrecht nach der 9. GWB-Novelle », ZWeR, 2018, n° 1, p. 36.

624 Voy. H. Brettel, S. Thomas, « Der Vorschlag einer Bussgeldrechtlichen Konzernhaftung nach §81 Abs. 3a RefE 9. GWB-Novelle », WuW, 2016, n° 07-08, p. 336.

société mère n'a eu aucune implication dans l'infraction.[625] En clair, une société ne devrait pas devoir répondre d'un fait qui serait commis par les membres d'une autre société. Elle ne peut répondre que des comportements infractionnels de ses propres organes. Ils rejettent également l'idée selon laquelle l'introduction d'une telle responsabilité serait conforme au droit allemand, dans la mesure où la société mère serait le lieu de la « prise de décision et d'agrégation des volontés ». Selon eux, un tel argument ne saurait être accepté, car le groupe n'est pas doté de ses propres organes.[626] Les juges de l'Union ont toutefois déjà répondu à des arguments similaires. S'agissant de la violation du principe de la responsabilité personnelle, il a été considéré que la société mère est considérée comme ayant elle-même commis l'infraction. S'il est vrai que, à première vue, le fait infractionnel est celui de sa filiale, l'absence d'autonomie de cette dernière justifie que l'infraction soit imputée à sa société mère.

378. Un point important pourrait demeurer débattu : celui du recours à la présomption de contrôle de la société mère sur sa filiale. Il ressort clairement du projet de loi de réforme du droit de la concurrence en date du 7 novembre 2016 que ladite présomption ne saurait s'appliquer en droit allemand.[627] En d'autres termes, l'autorité allemande de la concurrence doit démontrer l'exercice effectif de l'influence déterminante, sans pour autant bénéficier d'une présomption, notamment dans le cas où la société mère détient la totalité ou la quasi-totalité du capital de sa filiale. Ce point s'expliquerait par le fait que l'imposition d'une amende ne saurait, en Allemagne, être facilitée par le recours au mécanisme d'une présomption, laquelle pourrait, violer le principe de la présomption d'innocence.[628]

379. Assurément, l'exemple allemand permet d'illustrer clairement les difficultés que peut présenter la réception en droit interne de la notion d'entreprise, telle qu'interprétée par les juges de l'Union. Si la mobilisation de la notion d'entreprise, au sens du droit de la concurrence de l'Union, a pu, dans un premier temps, différer entre la pratique de l'Union et la pratique nationale, une nette convergence se doit d'être, dans un second temps, soulignée. Autrement dit, la notion d'entreprise semble dorénavant faire l'unanimité entre les autorités de concurrence, en ce qu'elle permet d'imputer de manière effective une infraction commise par une filiale à sa société mère. Pour autant, cette convergence récente de la pratique nationale et de la pratique de l'Union n'est pas sans interroger, en particulier pour ce qui concerne la pratique allemande du droit de la concurrence. Cette dernière, réticente à réceptionner la notion d'entreprise, telle qu'interprétée par les juges de l'Union, a toutefois entendu s'y conformer, sans pour autant faire taire les critiques à l'égard de la notion d'entreprise de la part d'une partie de la doctrine.

380. Au surplus, une étude de la pratique allemande a le mérite d'illustrer deux points. Le premier est l'inefficacité apparente d'un régime fondé sur une responsabilité du

---

625 *Id.*

626 *Id.*

627 Voy. Gesetzentwurf der Bundesregierung, 7 novembre 2016, « Entwurf eines Neunten Gesetzes zur Änderung des Gesetzes gegen Wettbewerbsbeschränkungen », 18/10207, p. 90.

628 Voy., notamment, S. Thomas, M. Dueñas, « The draft provisions on antitrust fines in the Commission's ECN+ Proposal », ZWeR, 2018, n° 1, p. 14.

fait d'autrui, soumis à la démonstration d'une faute de surveillance de la société mère. Statistiquement, l'imputation d'une infraction d'une filiale à sa société mère demeurait exceptionnelle en Allemagne, et ce, alors même que l'activité de l'autorité allemande de la concurrence demeure l'une des plus importantes au sein du réseau européen de concurrence.

381. Le second porte davantage sur la nature de la notion d'entreprise, au sens du droit de la concurrence. Si un débat pouvait exister sur la question de savoir si la notion d'entreprise relevait des notions procédurales ou matérielles du droit de la concurrence de l'Union, il ne fait aujourd'hui aucun doute que cette notion relève des notions matérielles. Aussi en application du principe de primauté du droit de l'Union les autorités de concurrence demeurent-t-elles tenues d'appliquer la notion d'entreprise, telle qu'interprétée par les juges de l'Union. Cette interprétation est confirmée par la directive dite « ECN+ ». Comme le soulignent, en substance, le Conseil et le Parlement, plusieurs autorités nationales de la concurrence ne reconnaissent toujours pas la notion d'entreprise, telle qu'interprétée par les juges de l'Union, nécessitant dès lors une harmonisation sur ce point.[629]

[629] Voy. directive dite « ECN+ », cons. 45.

CONCLUSION DU TITRE I

382. De par son interprétation finaliste, la notion d'entreprise, au sens du droit de la concurrence, permet de contourner opportunément l'obstacle de la personnalité juridique distincte de la filiale, sans pour autant être en contradiction – du moins en apparence – avec le principe de responsabilité personnelle. Il ressort de la pratique décisionnelle et juridictionnelle qu'une infraction sera imputable à une société mère si cette dernière appartient avec sa filiale à une même entreprise, au sens du droit de la concurrence.

383. En d'autres termes, c'est par le prisme de la notion d'entreprise que le droit de la concurrence justifie l'imputabilité du comportement infractionnel d'une société à une autre. Toutefois, il ne faut pas se méprendre : c'est bien, en théorie, le comportement de l'entreprise, au sens du droit de la concurrence, qui est visé, non celui de la filiale ayant directement participé à l'infraction. L'entreprise demeure *de lege lata* l'auteur de l'infraction. Par ce biais, la Commission contourne opportunément l'obstacle de la personnalité juridique de la filiale, car c'est la seule appartenance à une entreprise qui justifie l'imputabilité de l'infraction à une société mère, non, en principe, la qualité même de société mère. En clair, nul serait besoin de rechercher une quelconque responsabilité pour autrui, comme fondement de la responsabilité de la société mère. Les sociétés composant l'entreprise, au sens du droit de la concurrence, n'interviennent, qu'en qualité de support juridique de l'entreprise, dans la mesure où cette dernière est dépourvue de personnalité juridique. Il se doit néanmoins d'être relevé que l'approche privilégiée par le Tribunal dans des affaires récentes, à savoir celle de vérifier le respect du principe de la responsabilité personnelle à la lumière des comportements de chaque société composant l'entreprise, pourrait redéfinir la place de l'entreprise. Si cette approche venait à être confirmée, il faudrait dès lors considérer que les sociétés composant l'entreprise sont des auteurs de l'infraction, dans la mesure où, du fait de leur appartenance à cette dernière, elles sont réputées avoir commis elles-mêmes l'infraction.

384. En pratique, il aura été soutenu que le droit de la concurrence est le parfait exemple de mise en œuvre d'une responsabilité d'une société pour le fait d'une autre en raison de la seule détention du contrôle. Les deux conditions, en application desquelles deux sociétés appartiennent à une même entreprise, au sens du droit de la concurrence, ne sont pas sans rappeler celles d'un régime de responsabilité pour autrui. Par le seul fait de détenir le contrôle d'une filiale, une société mère pourrait engager sa responsabilité ; ceci s'avère, de *lege lata*, d'ores et déjà le cas, puisque l'imputabilité de l'infraction à la société mère ne requiert aucune relation d'instigation entre cette dernière et la filiale. Cela pourrait certes avoir le mérite d'éviter une distinction artificielle entre l'auteur de l'infraction, à savoir l'entreprise, au sens du droit de la concurrence, qui répond, en théorie, de son fait « personnel », et les sujets imputables, à savoir la filiale et sa société mère, qui sont susceptible

de répondre, en pratique, de l'infraction. De même, d'aucuns pourraient soutenir que fonder la responsabilité de la société mère sur une responsabilité pour autrui permettrait de redéfinir la place de l'entreprise. Cette dernière n'aurait plus besoin d'être interprétée comme une entité à part entière, composée de plusieurs sociétés, mais comme un ensemble de moyens matériel et humain, rattaché à un seul sujet de droit, à savoir la filiale. Aussi séduisante soit-elle, la mise en œuvre de cette idée rencontrerait toutefois des obstacles importants. Étant en présence d'une matière quasi-pénale, l'application du principe de la responsabilité personnelle demeure la règle, de sorte que faire de la société mère un auteur de l'infraction – certes fictif – ne peut qu'être privilégié.

385. Au stade de l'imputation de l'infraction, l'appartenance des sociétés à une même entreprise, au sens du droit de la concurrence, n'a cependant aucune incidence sur la portée des actes de la Commission. Un acte à destination d'une société ne vaut pas nécessairement à destination d'une autre société. Les griefs seront communiqués à chaque société, les droits de la défense seront propres à chaque société, la décision finale devra être adressée à chaque société. Ainsi, l'entreprise, au sens du droit de la concurrence, apparaît uniquement comme le moyen de justifier l'imputabilité du comportement infractionnel d'une filiale à sa société mère, en l'absence de tout régime de responsabilité pour autrui.

386. Si la répartition des responsabilités au sein d'un groupe de sociétés est la première difficulté à laquelle les autorités de concurrence peuvent être confrontées, la seconde est résolument celle de l'incidence des restructurations sociétaires au sein dudit groupe. Dans la plupart des contentieux, soit les sociétés qui ont participé à l'infraction n'appartiennent plus au même groupe en raison d'une cession de contrôle soit le secteur d'activités en lien avec l'infraction a fait l'objet d'une cession d'actifs, ayant eu lieu pendant ou après l'infraction, ou bien avant la date de la décision des autorités de concurrence ou bien encore avant que les juges ne statuent, en première instance ou sur pourvoi. Dans ces hypothèses de restructurations sociétaires, loin d'être marginales, la question de savoir sur qui pèse la responsabilité des comportements infractionnels se pose avec davantage d'acuité (titre II). Là encore, il devra être répondu à la question de savoir laquelle de l'entreprise ou de la société est l'auteur de l'infraction.

TITRE II

LA RESPONSABILITÉ EN CAS DE RESTRUCTURATIONS SOCIÉTAIRES

387. Les frontières des sociétés ou des groupes de sociétés se déplacent constamment dans la vie des affaires. Comme le souligne un auteur, « fusions, apports partiels d'actifs, prises de contrôle, créations de filiale communes, [pour ne citer qu'elles,] se succèdent à un rythme soutenu ».[630] En clair, les rapports au sein d'un groupe de sociétés, en particulier la structure, le mode de financement, l'organisation juridique et l'actionnariat, sont amenés à évoluer.[631] Si ces opérations illustrent le « caractère instrumental » du droit des sociétés, en ce qu'elles permettent l'acquisition de nouvelles parts de marché ou, plus opportunément, « l'abandon d'un secteur en difficulté »,[632] elles ne sont pas dénuées de conséquences, notamment en droit de la concurrence, quant à la détermination des responsabilités pour la participation d'une société à une infraction.

388. Ainsi, pour ce qui concerne l'auteur direct de l'infraction, ces évolutions peuvent, d'une part, entraîner la dissolution de la société en cause. Dans cette hypothèse, on pourra soutenir que l'infraction ne peut que rester impunie, car il ne saurait, à première vue, être possible de poursuivre une société qui a disparu de la scène juridique. Ces évolutions peuvent, d'autre part, entraîner la disparition, non plus juridique, mais économique de l'auteur direct de l'infraction.[633] Dans cette hypothèse, les règles de concurrence pourraient être contournées par la transformation de l'auteur direct de l'infraction, à la suite d'un transfert d'un secteur d'activités, en une « coquille vide »,[634] pouvant conduire à une diminution de l'effet utile des règles de concurrence.

389. Si la question de l'incidence des restructurations se pose naturellement pour l'auteur direct de l'infraction, elle se pose également avec une grande acuité pour les sociétés qui exerçaient une influence déterminante sur ce dernier ou qui, à la suite de l'acquisition d'un certain pourcentage du capital social, en acquièrent

---

630 Voy. M. Cozian, A. Viandier, F. Deboissy, Droit des sociétés, Lexisnexis, 30e éd., 2017, p. 745.

631 Voy. Idot, « La notion d'entreprise en droit de la concurrence, révélateur de l'ordre concurrentiel », précité, pp. 538 et s.

632 Voy. L. Idot, « Reform of regulation 1/2003, power to set enforcement priorities », Concurrences, 2015, n° 3, p. 58.

633 Voy., notamment, conclusions de l'avocat général Mme Kokott présentées le 3 juillet 2007 dans l'affaire ETI e.a., aff. C-280/06, EU:C:2007:775, point 73.

634 Voy. Cozian, Viandier, Deboissy, op. cit., p. 745.

le contrôle[635] : c'est bien les groupes de sociétés qui s'avèrent les lieux privilégiés des restructurations sociétaires,[636] qu'elles interviennent simplement au sein du groupe, pour réorganiser par exemple les activités en son sein, ou, plus généralement, entre groupes de sociétés pour, par exemple, céder un secteur d'activités ou le mettre en commun.

390. De même, les hypothèses de restructurations entre groupes de sociétés sont à l'origine d'un contentieux important s'agissant précisément de l'imputation de l'infraction commise par une filiale à son ancienne société mère.[637] Si la responsabilité du successeur de l'auteur direct de l'infraction peut certes être recherchée, il n'en reste pas moins que la question demeure toujours celle de la responsabilité de son ancienne société mère. Ce contentieux est d'autant plus sensible lorsque l'auteur direct de l'infraction a été absorbé par une autre société, qui en était extérieure. En clair, les autorités de concurrence devront composer avec les règles d'imputation d'une infraction au sein d'une même entreprise, au sens du droit de la concurrence, et celles applicables en matière de succession.

391. Par ailleurs, déterminer les responsabilités à l'issue de restructurations n'est pas chose aisée, dans la mesure où il convient de tenir compte de l'aspect temporel desdites restructurations. Elles peuvent en effet intervenir durant la période infractionnelle, durant la procédure administrative, au moment de l'adoption de la décision d'une autorité de concurrence, au moment de la formation du recours devant le juge, durant la procédure judiciaire, voire au moment où le juge statue. Autant d'hypothèses de restructurations, qui peuvent rendre ardue la tâche des autorités de concurrence.

392. Certaines hypothèses ne posent certes guère de difficultés.[638] La simple transformation de l'auteur direct de l'infraction, c'est-à-dire un changement de forme juridique,[639] n'entraîne aucunement la création d'une nouvelle société. Il en va *a fortiori* d'un changement de dénomination sociale[640] ou d'un changement de statut.[641] Autrement dit, le *statu quo* est ici maintenu.

---

635 Voy. Idot, « Reform of regulation 1/2003, power to set enforcement priorities », précité, p. 58.

636 Voy. Cozian, Viandier, Deboissy, op. cit., p. 745.

637 Voy., notamment, TPICE, 30 septembre 2009, Hoechst c/ Commission, aff. T-161/05, EU:T:2009:366, point 64 ; TPICE, 31 mars 2009, ArcelorMittal e.a. c/ Commission, aff. T-405/06, EU:T:2009:90, points 112 à 118, et CJUE, 29 mars 2011, ArcelorMittal Luxembourg c/ Commission et Commission/ArcelorMittal Luxembourg e.a., aff. C-201/09 P et C-216/09 P, EU:C:2011:190, point 104.

638 Sur ce point, voy., en particulier, L. Arcelin-Lecuyer, op. cit.

639 Voy., notamment, cons. conc., déc. n° 00-D-29 du 5 juillet 2000 relative à des pratiques anticoncurrentielles dans le secteur du traitement de l'amiante. Voy., également, pour ce qui concerne la pratique à l'échelle de l'Union, Comm. eur., déc. n° C(2010) 7694 final du 9 novembre 2010, Fret aérien, aff. COMP/39258, résumé au JOUE n° C 371 du 18 octobre 2014, p. 11, cons. 1056.

640 À cet égard, les sociétés ne sont pas avares d'arguments tendant à démontrer, en vain, qu'un changement de dénomination sociale ou de forme juridique entraîne l'absence de responsabilité pour la « nouvelle » société constituée. Sur ce point, voy., notamment, CJCE, 28 mars 1984, Compagnie royale asturienne des mines et Rheinzink c/ Commission, 29/83 et 30/83, EU:C:1984:130 et CJCE, 16 novembre 2000, SCA Holding c/ Commission, aff. C-297/98 P, EU:C:2000:633, points 28 et 29. De même, pour un rappel des principes, voy., notamment, CJCE, 7 janvier 2004, Aalborg Portland e.a. c/ Commission, C 204/00 P, C 205/00 P, C 211/00 P, C 213/00 P, C 217/00 P et C 219/00 P, EU:C:2004:6, points 356 à 359 ; CJCE, 11 décembre 2007, ETI e.a., aff. C-280/06, EU:C:2007:775, point 42 ainsi que Trib. UE, 17 mai 2013, Parker ITR e.a. c/ Commission, aff. T-146/09, EU:T:2013:258, point 90 et jurisprudence citée.

641 Voy., notamment, cons. conc., déc. n° 90-D-20 du 12 juin 1990 relative à des pratiques relevées sur le marché de la banane.

393. En revanche, il n'en va pas de même lorsque l'existence juridique ou la situation économique de l'auteur direct de l'infraction sont affectées. Dans ces hypothèses, les autorités de concurrence ont dû s'interroger sur la possibilité d'imputer l'infraction à une autre personne juridique, qu'elle soit le successeur juridique de l'auteur direct de l'infraction ou son successeur économique, l'enjeu résidant notamment dans la possibilité de dépasser les considérations juridiques pour se poser davantage la question de savoir à qui profite – économiquement – l'infraction.

394. Or, à l'échelle de l'Union, ni le traité ni les règlements n'abordent la question de la responsabilité d'une infraction intervenant après une restructuration ou une acquisition de sociétés.[642] Ce vide juridique a toutefois été comblé par la pratique. Comme le souligne la Commission, « [l']on ne saurait tolérer que des [sociétés] allèguent une réorganisation [...] pour éluder ou rejeter toute responsabilité en cas d'infraction au droit [...] de la concurrence ».[643]

395. À cet égard, la Commission et le Conseil de la concurrence ont agi au diapason dès le début de leurs pratiques décisionnelles, en ce sens qu'ils identifiaient précisément les restructurations en cause en recherchant, le cas échéant, la responsabilité des successeurs des sociétés ayant fait l'objet desdites restructurations.[644] S'agissant de la pratique du Conseil de la concurrence, si ce dernier se référait aux principes dégagés à l'échelle de l'Union,[645] il s'écartait toutefois des principes dégagés en droit pénal, en particulier du principe de personnalité des peines, selon lequel une sanction ne peut être prononcée à l'encontre d'une société autre que celle ayant participé à l'infraction.[646]

396. Cette considération peut notamment expliquer les réticences dont ont fait état les juridictions allemandes quant à l'introduction d'un tel régime en droit de la concurrence. En effet, la Cour fédérale allemande admettait jusqu'en 2011 la possibilité de ne tenir pour responsable le successeur d'une société que dans l'unique hypothèse d'une opération entraînant la transmission universelle du patrimoine de l'auteur direct de l'infraction, et, à condition que le patrimoine transmis représente la majorité des biens de la société cessionnaire.[647] En d'autres termes, les conditions s'avéraient trop strictes pour que cette pratique soit généralisée. Toutefois, à la faveur de la réforme de 2017, le législateur allemand a entendu lui-aussi se conformer au régime élaboré par les juges de l'Union.[648]

---

642 La directive dite « ECN+ » comble toutefois partiellement cette lacune, en ce que l'article 13, paragraphe 5, prévoit que les États membres veillent à appliquer la notion d'entreprise aux fins d'infliger des amendes aux successeurs juridiques et économiques.

643 Comm. CE, déc. n° 94/601/CE du 13 juillet 1994, Carton, aff. IV/C/33.833, JOCE n° L 234 du 19 septembre 1994, p. 1, cons. 144.

644 Voy., notamment, Comm. CE, déc. n° 86/398/CEE du 23 avril 1986, Polypropylène, aff. IV/31.149, JOCEE n° L 230 du 18 août 1986, p. 1, et les rapports annuels du Conseil de la concurrence pour les années 1991 et 1992, p. 31 et p. 33.

645 Voy., notamment, rapports annuels du Conseil de la concurrence pour les années 1991 et 1992, p. 31 et p. 33.

646 Voy., notamment, Cass. crim., 20 juin 2000, n° 99-86742.

647 Sur ce point, voy. K. Ost, « From regulation 1 to regulation 2: national enforcement of EU cartel prohibition and the need for further convergence », JECLAP, 2014, vol. 5, n° 3, p. 127.

648 Sur la neuvième réforme du droit allemand de la concurrence, voy., en particulier, T. Weck et P. Rummel, « Allemagne : les changements apportés à la loi contre les restrictions à la concurrence par la neuvième loi additionnelle », Concurrences, 2017, n° 2, pp. 208 à 214.

397. En tout état de cause, si la pratique à l'échelle de l'Union et celle à l'échelle nationale ne sauraient être contestées, notamment en termes d'opportunité, elle gagnerait à être clarifiée, eu égard aux multiples hypothèses de restructurations, et, en particulier, quant au fondement privilégié pour justifier l'imputation de la responsabilité au successeur de l'auteur direct de l'infraction. Autrement dit, les restructurations sociétaires conduisent à nouveau à s'interroger sur la coexistence du principe de la responsabilité personnelle avec les règles permettant l'imputation d'un comportement infractionnel à une personne autre que son auteur direct.

398. Assurément, c'est à nouveau par l'interprétation économique de la notion d'entreprise, au sens du droit de la concurrence de l'Union, que les juges de l'Union l'ont permise. À cette fin, une distinction a été faite entre l'entreprise, entendue au sens d'un ensemble de moyens matériels et humains en lien avec l'infraction, et le support juridique de l'entreprise, à savoir la société. Toutefois, à la différence de la jurisprudence applicable aux groupes de sociétés, la responsabilité, dans l'hypothèse de restructurations sociétaires, ne suit pas nécessairement l'entreprise, mais peut rester attachée à la société.

399. Ainsi, si, comme le soutient la Commission, « [l]a question de la succession doit être appréciée sur la base des principes du droit communautaire sur les entreprises et non des règles nationales, qui peuvent être […] différentes d'un État membre à l'autre selon les particularités […] du droit des sociétés »,[649] l'analyse des caractéristiques des opérations juridiques qui conduisent aux restructurations en cause ne saurait pour autant être éludée.

400. Par conséquent, une distinction sera opérée entre trois catégories de restructurations. La première entraine la dissolution sans liquidation de l'auteur direct de l'infraction, par le biais d'une opération de fusion ou d'une opération de scission (chapitre 1). La deuxième entraine seulement le transfert de ses actifs (chapitre 2) et, la dernière, un changement dans son contrôle (chapitre 3).

---

649 Comm. CE, déc. n° 94/601/CE du 13 juillet 1994, Carton, aff. IV/C/33.833, JOCE n° L 234 du 19 septembre 1994, p. 1, cons. 144.

Chapitre 1
La dissolution sans liquidation

401. La première catégorie de restructurations qu'il convient d'examiner est celle qui conduit à la dissolution sans liquidation de l'auteur direct de l'infraction. Autrement dit, les hypothèses à envisager sont celles dans lesquelles l'auteur direct de l'infraction disparaît de la scène juridique sans apurement de son passif et réalisation de son actif. À cet égard, aux fins des présents développements, il sera considéré que l'auteur direct de l'infraction est une société autonome, à savoir une société qui n'agissait pas, durant l'infraction, sous l'influence d'une autre société.[650] Autrement dit, une coïncidence devra être observée entre l'entreprise, au sens du droit de la concurrence, et la société ayant participé à l'infraction.

402. La dissolution sans liquidation de l'auteur direct de l'infraction peut être le résultat de différentes opérations. Il en va ainsi, premièrement, des opérations de fusions, qui sont les opérations par lesquelles deux ou plusieurs sociétés réunissent leurs patrimoines pour n'en former qu'un seul.[651] La fusion recouvre elle-même différentes hypothèses.[652] La plus simple est celle dans laquelle une société transfère, par suite et au moment de sa dissolution sans liquidation, l'ensemble de son patrimoine, activement et passivement, à la société qui détient la totalité des titres représentatifs de son capital social.[653] La deuxième et la troisième hypothèse concernent respectivement les hypothèses dans lesquelles une ou plusieurs sociétés transfèrent l'ensemble de leur patrimoine soit à une société préexistante soit à une société qu'elles constituent à cet effet.[654]

403. Il en va également, deuxièmement, de la scission de l'auteur direct de l'infraction, opération par laquelle une société transfère, par suite et au moment de sa dissolution sans liquidation, l'ensemble de son patrimoine, activement et passivement, à deux ou plusieurs sociétés préexistantes ou nouvelles, moyennant notamment l'attribution à ses associés, selon une règle proportionnelle, de titres représentatifs du capital social des sociétés bénéficiaires de l'apport.[655] Dit autrement, à la différence de la fusion, la scission est l'opération par laquelle une société disparaît

---

650 Ce chapitre vise à étudier le régime de la responsabilité des successeurs de l'auteur direct de l'infraction et non la responsabilité éventuelle de son ancienne société mère, dont il a déjà été fait état dans le titre 1 de la partie 1 consacré aux groupes de sociétés.

651 Voy. Cornu, op. cit., vo « fusion », p. 484.

652 Voy. pour le régime des fusions en droit français des sociétés, Cozian, Viandier, Deboissy, op. cit., pp. 749 et s.

653 Voy. directive 2009/133/CE du Conseil du 19 octobre 2009 concernant le régime fiscal commun applicable aux fusions, scissions, scissions partielles, apports d'actifs et échanges d'actions intéressant des sociétés d'États membres différents, ainsi qu'au transfert du siège statutaire d'une SE ou d'une SCE d'un État membre à un autre, JOUE du 25 novembre 2019, L 310, p. 34.

654 *Ibid.*

655 Article 2, sous b) de la directive 2009/133/CE du Conseil du 19 octobre 2009.

en transmettant son patrimoine à deux autres sociétés créées pour l'occasion ou existantes.[656] Aussi l'un des secteurs d'activités transférés aura-t-il été en lien avec une infraction au droit de la concurrence.

404. Il en va également, troisièmement, dans des hypothèses, certes plus limitées en pratique, mais dont le Conseil de la concurrence a eu à connaître, de dissolution de l'auteur direct de l'infraction et de reprise de l'ensemble de son patrimoine en vertu d'une loi.[657]

405. À cet égard, les points communs entre toutes ces hypothèses demeurent, d'une part, le fait que l'auteur direct de l'infraction disparait juridiquement et, d'autre part, le fait que son patrimoine, ou seulement une partie de ce dernier, est transmis activement et passivement. Aussi, dans ces hypothèses, la question se pose-t-elle de savoir si la société absorbante ou celle bénéficiaire de l'apport consécutif à la scission, en ce qu'elle reçoit l'ensemble du patrimoine de l'auteur direct de l'infraction ou la partie du patrimoine en lien avec l'infraction doit répondre de cette dernière. Elle se pose autant dans les hypothèses de restructurations internes à un groupe de sociétés que dans celles qui en sont externes. Il doit en effet être pris en compte l'absorption d'une société autonome et l'absorption d'une filiale, au sein d'un groupe verticalement intégré.[658]

406. À première vue, la société bénéficiaire de l'une des opérations de restructuration ne saurait devoir répondre de l'infraction, puisqu'elle n'en a commis aucun acte matériel. On pourra aussi aisément répondre que cette dernière profite également indirectement de la participation de l'auteur direct de l'infraction, de par sa valorisation. Dans ce contexte, la question se poserait en des termes différents : déterminer si la société bénéficiaire est bien celle qui profite économiquement de l'infraction.

407. En pratique, force est de constater que, dans un premier temps, les autorités de concurrence ont entendu privilégier opportunément une approche économique de la succession,[659] dans un second temps, c'est davantage une approche juridique qui a eu les faveurs de la pratique, en particulier celle de l'Autorité de la concurrence. L'enjeu s'avère de taille. Si la continuité juridique (section 2) peut être admise, eu égard aux conséquences juridiques qui découlent de la transmission universelle du patrimoine, la continuité économique (section 1), peine, quant-à-elle, à convaincre.

Section 1
La continuité économique

408. S'agissant du recours à la continuité économique, une analyse de la pratique à l'échelle de l'Union et de celle à l'échelle nationale doit être conduite. Si le recours à un tel concept ne peut être contesté en termes d'opportunité, en ce

---

656 Voy. Cozian, Viandier, Deboissy, op. cit., pp. 781 et s.

657 Voy., notamment, cons. conc., déc. du 30 juin 2004 n° 04-D-26 relative à la saisine de la SARL Reims Bio à l'encontre de pratiques mises en œuvre par le groupement d'intérêt public Champagne Ardenne.

658 Voy, notamment, Trib. UE, 3 mars 2011, Siemens AG Österreich e.a. c/ Commission, T-122/07 à T-124/07, EU:T:2011:70, point 3.

659 Voy., notamment, pour ce qui concerne la pratique du Conseil de la concurrence, les rapports annuels pour les années 1994, 1995 et 2000.

qu'il est fondé sur le constat de la poursuite d'une activité (§1) en lien avec une infraction, il pourrait toutefois juridiquement ne pas convaincre, et ce en particulier dans l'hypothèse d'une opération entrainant la transmission universelle d'un patrimoine (§2).

§ 1. La poursuite de l'activité

409. Le principe de la continuité économique a été consacré à l'échelle de l'Union dans un arrêt prononcé en 1991 par le Tribunal dans l'affaire *Enichem*. Ce dernier avait considéré que si, « entre le moment où l'infraction est commise et le moment où l'entreprise en cause doit en répondre, la personne responsable de l'exploitation de cette entreprise a cessé d'exister juridiquement, il convient de localiser, dans un premier temps, l'ensemble des éléments matériels et humains ayant concouru à la commission de l'infraction pour identifier, dans un second temps, la personne qui est devenue responsable de l'exploitation de cet ensemble ».[660]

410. De son côté, le Conseil de la concurrence n'avait pas attendu l'arrêt du Tribunal dans cette affaire pour s'inspirer de la continuité économique, telle qu'elle résulte notamment de la décision antérieure de la Commission dans l'affaire du *Polypropylène*. Dans son rapport annuel pour l'année 1991, le Conseil de la concurrence notait que « [l]e facteur déterminant [...] est celui de la continuité économique et fonctionnelle qui existe entre l'entreprise qui a commis l'infraction à l'origine et celle qui a repris son activité. Cette continuité économique et fonctionnelle est établie indépendamment des modalités juridiques de la cession [...]. Si la première entreprise a disparu et s'il y a continuité économique et fonctionnelle entre elle et celle qui a repris son activité, la seconde doit être considérée comme responsable de la pratique incriminée ».[661]

411. En clair, le principe de la continuité économique invite à distinguer l'entreprise et la société qui l'exploite. La responsabilité suivra l'entreprise, entendue comme un ensemble de moyens matériels et humains ayant été en lien avec l'infraction, dans l'hypothèse où la société qui l'exploitait pendant l'infraction a disparu juridiquement.

412. En pratique, le recours à la continuité économique pour justifier l'imputation du comportement infractionnel d'une société absorbée ou d'une société scindée

---

660 TPICE, 17 décembre 1991, Enichem Anic c/ Commission, aff. T-6/89, EU:T:1991:74, point 237. Si la continuité économique est un fondement important de la responsabilité d'une société n'ayant pas participé à l'infraction, il n'est pas propre au droit des pratiques anticoncurrentielles. Il se retrouve également, certes en des termes différents, en droit des aides d'État. Il ressort notamment de la jurisprudence en ce domaine que « pour apprécier si l'obligation de récupération de l'aide versée à une société en difficulté peut être étendue à une nouvelle société à laquelle cette ancienne société a transféré certains actifs, lorsque ce transfert permet de constater une continuité économique entre les deux sociétés, les éléments suivants peuvent être pris en compte : l'objet du transfert (actifs et passifs, maintien de la force de travail, actifs groupés), le prix du transfert, l'identité des actionnaires ou des propriétaires de l'entreprise repreneuse et de l'entreprise de départ, le moment où le transfert a lieu [...] » (Trib. UE, 17 décembre 2015, SNCF c/ Commission, aff. T-242/12, EU:T:2015:1003). Force est de relever que la prise en compte de ces éléments n'est pas systématique en droit des pratiques anticoncurrentielles : seule importe le constat de l'exploitation de l'entreprise, au sens du droit de la concurrence, ayant participé à l'infraction.

661 Rapport annuel du Conseil de la concurrence pour l'année 1991, p. 33.

a été privilégié tant à l'échelle de l'Union qu'à l'échelle nationale. Pour ce qui concerne la pratique du Conseil de la concurrence, il en a été ainsi jusqu'en 2002. Antérieurement à cette date, le Conseil faisait itérativement référence à la « continuité économique et fonctionnelle » de l'entreprise dans des hypothèses de fusion-absorption ou de disparition de l'auteur direct de l'infraction consécutive à la reprise de son patrimoine par une autre société. Il en va ainsi notamment, s'agissant des opérations de fusion, dans les décisions relatives aux pratiques dans le secteur de *la production et de la commercialisation du veau*[662], dans le secteur *des travaux publics dans la région de Calavon*[663], dans *la région de l'Hérault*,[664] ou encore dans le secteur des *transports publics dans la région du Pas-de-Calais*.[665] De même, dans l'affaire impliquant le *Centre nationale des caisses d'épargnes et de prévoyance*, ce dernier avait été dissout, conformément à la loi relative à l'épargne et à la sécurité financière. Ses activités avaient été par la suite transférées à la *Caisse nationale des caisses d'épargnes et de prévoyance*.[666] Dans ce contexte, le Conseil de la concurrence, s'inspirant des principes dégagés par les juges de l'Union, avait à nouveau appliqué le principe de la continuité économique, dans la mesure où la société acquéreuse assurait la continuité des éléments matériels et humains ayant concouru à la commission de l'infraction.

413. En revanche, la pratique à l'échelle de l'Union n'était pas dénuée d'ambiguïté. Si initialement la Commission a pu, notamment dans sa décision *Polypropylène*, faire référence à la continuité économique et fonctionnelle d'une société absorbée, les décisions rendues dans les affaires *Treillis soudés* et *Banques autrichiennes* ont apporté un éclairage différent. Dans la première des décisions, la Commission qualifiait une société bénéficiaire d'un des secteurs d'activités ayant fait l'objet d'une scission comme simple successeur de la société scindée. Dans la seconde, elle ne faisait pas référence, à la suite d'une fusion, à la continuité économique et fonctionnelle de la société absorbante mais évoquait l'hypothèse d'une succession juridique. Plus récemment, dans sa décision rendue dans l'affaire du *transit aérien international*, la Commission qualifie à nouveau une société absorbante de successeur économique de la société absorbée.[667]

---

662 Voy. cons. conc., déc. n° 94-D-61 du 29 novembre 1994 relative à des pratiques relevées dans le secteur de la production et de la commercialisation du veau.

663 Voy. cons. conc., déc. n° 96-D-64 du 20 novembre 1996 relative à des pratiques mises en œuvre lors d'un marché de travaux routiers lancé par le Syndicat intercommunal à vocation multiple de la vallée du Calavon.

664 Voy. cons. conc., déc. n° 98-D-33 du 3 juin 1998 relative à des pratiques mises en œuvre à l'occasion de la passation de marchés publics de voirie et réseaux divers dans le département de l'Hérault.

665 Voy. cons. conc., déc. n° 01-D-13 du 19 avril 2001 relative à la situation de la concurrence dans le secteur du transport public de voyageurs dans le département du Pas-de-Calais.

666 Voy., cons. conc., déc. n° 00-D-28 du 19 septembre 2000 relative à la situation de la concurrence dans le secteur du crédit immobilier.

667 Toutefois, il ressort de la décision de la Commission relative au cartel du fret aérien que pour ce qui concerne la fusion opérée au sein du groupe Deutsche Bahn que cette dernière n'a pas entraîné la transmission du passif en lien avec l'infraction. Ainsi, il semblerait que le transfert de la responsabilité ne pouvait s'expliquer par le recours à la transmission universelle du patrimoine. En d'autres termes, à supposer que certaines opérations de fusion-absorption n'entraine pas la transmission du passif mais seulement la transmission des actifs, le critère de la continuité économique s'avère un critère alternatif pour justifier le transfert de la responsabilité, certes non sans ambiguïté.

414. Le même constat se doit d'être fait à la lumière de la jurisprudence des juges de l'Union. Dans son arrêt prononcé dans l'affaire *Raiffeisen Bank*, le Tribunal souligne qu'il convient de rechercher la personne responsable de l'exploitation de l'ensemble des moyens matériels et humains ayant participé à l'infraction. Sur pourvoi, la Cour précise également qu'il convient de vérifier qu'il y a, « du point de vue économique, une identité entre les deux entités ».[668] Plus récemment, dans l'affaire *Deutsche Bahn*, le Tribunal souligne que la Commission n'a commis aucune erreur de droit en qualifiant la société absorbante de successeur économique de la société absorbée et qu'il ressort de la jurisprudence de la Cour que le « successeur économique d'une entité juridique, qui est responsable d'une infraction au droit de la concurrence de l'Union, peut être tenu pour responsable, lorsque ladite entité a cessé d'exister au moment de l'adoption de la décision de la Commission ».[669]

415. Il sera toutefois relevé que, dans l'affaire *SNIA*,[670] tout en faisant référence à la continuité économique, le Tribunal avait justifié le transfert de la responsabilité, en précisant que « lorsque l'entreprise en cause cesse d'exister du fait qu'elle a été absorbée par un acquéreur, ce dernier reprend ses *actifs* et *passifs,* y compris ses responsabilités pour cause d'infraction au droit de l'Union ».[671] La requérante, en sa qualité de société absorbante, contestait la décision de la Commission, en application de laquelle lui avait été imputée l'infraction dont la société absorbée aurait dû répondre en sa qualité de société mère. Selon elle, la Commission avait commis une erreur de droit en la qualifiant de successeur économique de la société absorbée. Elle soutenait que, en réalité, elle n'avait pas repris les éléments matériels et humains ayant concouru à la commission de l'infraction. Autrement dit, elle n'était pas titulaire des actifs litigieux de la société absorbée.[672] Toutefois, tout en ne répondant pas précisément à la question posée par la requérante, le Tribunal s'était contenté de renvoyer à l'acquisition du passif, comprenant la responsabilité pour une participation antérieure à l'opération de fusion à une infraction.

416. Dans le cadre du pourvoi formé par la requérante contre l'arrêt du Tribunal, cette dernière avait maintenu ses prétentions en soulignant que le Tribunal n'aurait pas dû la considérer comme étant le « successeur économique » de la société absorbée, en l'absence de « continuité humaine [et] de continuité matérielle ». Aussi le Tribunal aurait-il dû vérifier au préalable que tel était le cas avant de confirmer l'imputation de l'infraction commise par la société absorbée.[673] Sur ce point, la Cour ne se réfère pas, à la différence du Tribunal, au critère de la continuité économique. Elle relève que « lorsque [la société absorbée] cesse d'exister du fait qu'elle a été absorbée par [la société absorbante], [cette dernière]

---

668 TPICE, 14 décembre 2006, Raiffeisen Zentralbank Österreich e.a. c/ Commission, aff. jointes T-259/02 à T-264/02 et T-271/02, EU:T:2006:396, point 60. Soulignons que si le Tribunal s'attache à vérifier l'identité du point de vue économique, il souligne également que la fusion en cause a entraîné la transmission de l'actif et du passif de la société absorbée.

669 Voy. Trib. UE, 29 février 2016, Deutsche Bahn e.a. c/ Commission, aff. T-267/12, EU:T:2016:110, point 121.

670 CJUE, 5 décembre 2013, SNIA c/ Commission, aff. C-448/11 P, EU:C:2013:801.

671 Trib. UE, 16 juin 2011, SNIA c/ Commission, aff. T-194/06, EU:T:2011:279, point 62 (italiques ajoutés).

672 *Ibid. point 26.*

673 CJUE, 5 décembre 2013, SNIA c/ Commission, aff. C-448/11 P, EU:C:2013:801, point 15.

reprend, en tant que société absorbante, ses actifs et ses passifs, y compris ses responsabilités pour cause d'infraction au droit de l'Union ». Dans ce contexte, la requérante assure « la continuité juridique des droits et obligations de [la société absorbée] ».[674]

417. Ainsi, cet arrêt témoigne clairement du fait que le critère de la continuité économique ne saurait être en priorité mobilisé dans le cadre d'une opération entraînant la dissolution sans liquidation de l'auteur direct de l'infraction. En ce qu'elle emporte la transmission de l'ensemble des actifs et passifs de la société dissoute, la référence au critère de la continuité économique dans ces hypothèses est contestable. La continuité juridique des droits et des obligations devrait être recherchée, en priorité.

§ 2. Un fondement discutable

418. Indépendamment de la mobilisation ou non de la continuité juridique en lieu et place de la continuité économique, la question pourrait se poser de savoir si se référer uniquement à la continuité économique permet de justifier le transfert de la responsabilité, conformément au principe de la responsabilité personnelle. Le Tribunal l'infirme certes implicitement, dans son arrêt prononcé dans l'affaire *Uralita*, en ce qu'il érige le principe de la continuité économique au même rang que le principe de la responsabilité personnelle. Il précise en effet que « [la recherche des éléments matériels et humains en lien avec l'infraction] [...] n'est requis que dans le cas où est appliqué le critère de la continuité économique entre deux personnes *et non* [...] *celui de la responsabilité personnelle*, auquel se rattache étroitement le principe de la continuité juridique ».[675] Il n'en reste pas moins que d'aucuns pourraient tenter de remettre en cause cette position, à la lumière de celle d'une autre chambre du Tribunal. Dans l'affaire *Deutsche Bahn*, le Tribunal affirme que « le principe de responsabilité personnelle ne s'oppose pas à ce que [...] le successeur économique d'une société soit tenu pour responsable du comportement de cette société ».[676] En clair, si dans l'affaire *Uralita*, le Tribunal oppose le principe de la continuité économique et celui de la responsabilité personnelle, il conditionne, en substance, le premier au respect du second dans l'affaire *Deutsche Bahn*.

419. L'affirmation du Tribunal dans cette seconde affaire pourrait, à première vue, ne pas se vérifier aisément. En effet, il pourrait être soutenu que le principe de la responsabilité personnelle, en ce qu'il s'attache à une personne physique ou morale,

---

674 *Ibid. point 28.*

675 Voy. Trib. UE, 25 octobre 2011, Uralita c/ Commission, aff. T-349/08, EU:T:2011:622, point 62 (italique ajouté). L'avocat général Mme Kokott semble également opposer le principe de la responsabilité personnelle du principe de la continuité économique dans le cadre de ses conclusions prononcées sous l'affaire ETI, aff. C-280/06, point 82. Elle y affirme que « [l]e principe de responsabilité personnelle ne saurait être remis en cause par celui de la continuité économique dans les cas où, comme en l'espèce, une entreprise impliquée dans l'entente a cédé une partie de ses activités à un tiers indépendant et qu'il n'existe pas de liens structurels entre l'ancien exploitant et le nouveau ». Voy., également et par analogie, conclusions de l'avocat général Wahl du 6 février 2019 dans l'affaire Vantaan, aff. C-724/17, EU:C:2019:100, point 74.

676 Voy. Trib. UE, 29 février 2016, Deutsche Bahn e.a. c/ Commission, aff. T-267/12, EU:T:2016:110, point 121.

ne peut se concilier avec le principe de la continuité économique : la disparition juridique de la société en lien avec l'infraction serait un obstacle à l'engagement de la responsabilité d'une autre société, fût-elle liée à la première.

420. Pour sa part, la Cour n'y voit aucune difficulté, ainsi qu'il ressort des motifs l'ayant conduit dès son arrêt *Erste Group* à valider cette approche économique.[677] Une étude attentive desdits motifs n'est toutefois pas sans révéler une interprétation extensive, voire erronée, de sa jurisprudence.

421. Premièrement, la Cour affirme, en référence à ses arrêts prononcés dans les affaires *Anic* et *Cascades*, que « [l]orsqu'une entreprise enfreint les règles de la concurrence, il lui incombe, selon le principe de la responsabilité personnelle, de répondre de cette infraction ».[678] Or, une lecture attentive des points des arrêts cités ne permet aucunement d'asseoir une telle affirmation. Dans son arrêt *Anic*, la Cour ne soutient pas que le respect du principe de la responsabilité personnelle se vérifie dans le chef de l'entreprise. Au contraire, il ressort de cet arrêt que le respect dudit principe se vérifie dans le chef de la société qui l'exploite. La référence à l'arrêt prononcé dans l'affaire *Cascades* n'aboutit pas à une conclusion différente. Dans cet arrêt, la Cour considère, en substance, qu'il incombe à la société qui exploitait l'entreprise au jour de l'infraction de répondre de cette dernière.

422. Qui plus est, il sera dès à présent relevé que l'arrêt prononcé par le Tribunal dans l'affaire *Schenker China* ne permet pas de clarifier la position des juges de l'Union. Le Tribunal souligne, sur le fondement de la jurisprudence de la Cour dans l'affaire *Erste Group*, que « lorsqu'une *société* enfreint les règles de concurrence, il lui incombe, selon le principe de responsabilité personnelle, de répondre de cette infraction ». Et que « le principe de la responsabilité personnelle ne s'oppose pas à ce que, dans certains cas de figure, le successeur économique d'une *société* soit tenu pour responsable du comportement de cette société ».[679]

423. Deuxièmement, la Cour précise dans l'affaire *Erste Group* qu'une « entité qui n'est pas l'auteur de l'infraction peut néanmoins être sanctionnée pour celle-ci », en particulier si « l'entité ayant commis l'infraction a cessé d'exister juridiquement ».[680] Il en irait ainsi lorsque l'opération de restructuration n'a pas pour « effet de créer une nouvelle entreprise dégagée de la responsabilité des comportements contraires aux règles de concurrence de la précédente entité si, du point de vue économique, il y a identité entre les deux ».[681] Or, les arrêts cités au soutien desdits motifs ne sauraient à nouveau convaincre. D'une part, il est certes exact que dans son arrêt *Anic* la Cour affirme que « le critère dit "de la continuité économique" ne peut jouer qu'au cas où la personne morale responsable de l'exploitation de l'entreprise aurait cessé d'exister juridiquement » ; cette affirmation demeurait toutefois incomplète, à la lumière de l'arrêt *Suiker Unie* cité en soutien. La Cour avait omis de préciser que, dans l'affaire *Suiker Unie*, l'entité concernée avait

---

677 L'arrêt prononcé par la Cour dans l'affaire Erste Group est le premier dans lequel la Cour a été confrontée à la disparition juridique de la société ayant été en lien avec l'infraction.

678 CJCE, 24 septembre 2009, Erste Group Bank e.a. c/ Commission, aff. C-125/07 P, C-133/07 P, C-135/07 P et C-137/07 P, EU:C:2007:648, point 77.

679 Trib. UE, 29 février 2016, Schenker c/ Commission, aff. T-265/12, EU:T:2016:111, points 121 à 124.

680 *Ibid., point 78*

681 *Ibid., point 79.*

également repris l'ensemble des responsabilités des coopératives dissoutes dont elle était issue,[682] ce que ne suppose pas nécessairement la continuité économique. D'autre part, elle se réfère à son arrêt prononcé dans l'affaire *Rheinzink*.[683] Or, cette affaire concernait simplement un changement de forme juridique et de dénomination sociale de la société qui avait participé à l'infraction et non un changement de société dans la direction de l'entreprise.[684]

424. En droit français de la concurrence, le rattachement de la responsabilité à l'exploitation d'une activité économique, fût-elle postérieure à l'infraction, pourrait également trouver un certain écho. Si le droit français semble prendre en compte en priorité les conséquences juridiques d'une opération de restructuration, l'approche plus économique n'en est pas pour autant absente. Dans son arrêt du 20 novembre 2001, la Cour de cassation souligne également que si l'approche juridique ne peut être privilégiée, alors la responsabilité incombera à la personne morale qui exerce la continuité économique et fonctionnelle de l'entreprise.[685] Par ailleurs, et par analogie, dans sa décision du 18 mai 2016, le Conseil constitutionnel souligne tout autant que « le législateur se réfère [dans le cadre de l'ancien article L. 442-6 du code de commerce à] des activités économiques, quelles que soient les formes juridiques sous lesquelles elles s'exercent. Les amendes civiles prévues par les dispositions du paragraphe III de l'ancien article L. 442-6 ont pour objectif, pour préserver l'ordre public économique, de sanctionner les pratiques restrictives de concurrence qui sont commises dans l'exercice des activités économiques mentionnées par le paragraphe I de cet article. L'absorption de la société auteur de ces pratiques par une autre société ne met pas fin à ces activités, qui se poursuivent au sein de la société absorbante ».[686] Autrement dit, l'attention pourrait être portée sur l'activité économique et sur la continuité de cette activité.

425. En somme, dans l'arrêt *Erste Group*, la Cour a tenté de justifier, dans une hypothèse de fusion-absorption, le recours au principe de la continuité économique. La Cour fait clairement de l'entreprise le vecteur de la responsabilité. La personne physique ou morale ayant commis en tant qu'auteur direct l'infraction importe peu, au contraire de l'entreprise par le biais de laquelle la personne physique ou morale a participé à l'infraction. Autrement dit, la Cour s'intéresse davantage à la question de savoir si l'entreprise, au sens de l'ensemble des moyens matériels et humains,[687] ayant été en lien avec l'infraction, persiste, indépendamment du changement de direction juridique.

---

682 *Ibid., point 84.*

683 Voy. CJCE, 28 mars 1984, Compagnie royale asturienne des mines et Rheinzink c/ Commission, 29/83 et 30/83, EU:C:1984:130.

684 *Ibid., point 9. La référence à cette jurisprudence est tout autant contestable dans la aut. conc., déc. dans l'affaire des commodités chimiques, voy. infra, n° 435.*

685 Voy. infra, n° 450.

686 Cons. const., 18 mai 2016, n° 2016-542 QPC, Société ITM Alimentaire International SAS. Sur cet arrêt, voy., notamment, M. Rousille, « Constitutionnalité du texte fondant la condamnation de la société absorbante à l'amende civile consécutive aux pratiques de l'absorbée », Revue de droit des sociétés, n° 7, juillet 2016, comm. 124.

687 Sur la référence à l'entreprise en tant qu'« ensemble de moyens matériels et humains », voy., notamment, TPICE, 17 décembre 1991, Enichem Anic c/ Commission, aff. T-6/89, EU:T:1991:74, points 235 à 237 et TPICE, 27 septembre 2006, Jungbunzlauer c/ Commission, aff. T-43/02, EU:T:2006:270, point 122.

426. Toutefois, on pourra soutenir que la Cour aurait été plus inspirée si avaient été repris certains motifs de l'arrêt du Tribunal attaqué, dans lequel ce dernier avait affirmé, de manière plus pertinente, que « [l]orsque l'entreprise en cause cesse d'exister du fait qu'elle a été absorbée par un acquéreur, ce dernier reprend ses actifs et passifs, y compris ses responsabilités pour cause d'infraction au droit communautaire ».[688] S'agissant plus précisément de la question de la conformité du principe de la continuité économique avec le principe de la responsabilité personnelle, force est de relever qu'elle ne saurait se poser. En effet, le principe de la responsabilité personnelle se vérifie dans le chef d'une personne physique ou morale et non de l'entreprise, entendue, à cet endroit, comme un ensemble de moyens matériels et humains. Il est alternatif à celui de la continuité économique, dont l'application doit assurément demeurer exceptionnelle. Le simple constat que les activités, qui ont été en lien avec l'infraction, se poursuivent au sein de la société absorbante ne saurait suffire à justifier le transfert de la responsabilité à la lumière du principe de la responsabilité personnelle. Au surplus, si le principe de la continuité économique est alternatif à celui de la responsabilité personnelle, la question doit se poser de la conformité du premier avec le principe de légalité, et ce, d'autant plus à la lumière de la nature répressive du droit des pratiques anticoncurrentielles. Cette question pourrait toutefois être facilement écartée en se concentrant uniquement, dans les hypothèses où cela le justifie, sur la transmission universelle du patrimoine. Cette conséquence juridique est plus pertinente, en ce que cette opération opère simultanément le transfert de l'ensemble des droits et des obligations en lien avec l'infraction.[689]

Section 2
La continuité juridique

427. L'absorption d'une société ou la scission d'une société emporte, d'une part, sa dissolution sans liquidation et, d'autre part, la transmission universelle de son patrimoine.[690] Ce patrimoine comprend l'ensemble des biens et des obligations de la société, de l'actif et du passif, envisagé comme formant une universalité de droit, un tout comprenant non seulement ses biens présents mais aussi ses biens à venir.[691]

428. Si, initialement, l'accent a pu être mis sur la succession économique, un changement d'approche peut être clairement identifié à partir de 2002 dans la pratique du Conseil de la concurrence. Pour ce qui concerne la pratique à l'échelle de l'Union, certaines décisions de la Commission et des juges de l'Union renvoient, non sans ambiguïté, au principe de la continuité juridique. Car, c'est bien sur ce fondement

---

688 TPICE, 14 décembre 2006, Raiffeisen Zentralbank Österreich c/ Commission, T-259/02 à T-264/02 et T-271/02, EU:T:2006:396, point 393.

689 Voy. CJUE, 5 mars 2015, Modelo Continente Hipermercados, aff. C-343/13, EU:C:2015:146, point 32.

690 *Ibid., p. 710.*

691 Voy. Cornu, op. cit., vo « patrimoine », p. 747.

que le transfert de la responsabilité qu'induisent les opérations de restructurations emportant la dissolution de l'auteur direct de l'infraction sans sa liquidation doit être justifié. En clair, le transfert de la responsabilité se justifie, dans la mesure où la société bénéficiaire de l'opération se voit transmettre l'ensemble des droits mais aussi l'ensemble des obligations qui s'attachaient à la personne juridique de la société absorbée ou de la société scindée, en ce compris une éventuelle amende pour violation des règles de concurrence.[692]

429. Seul le transfert des droits et des obligations suffit pour rechercher la responsabilité du successeur juridique, contrairement à une pratique allemande singulière antérieurement à la réforme du droit allemand de la concurrence. Car, pour ce qui concerne le droit allemand, le transfert de la responsabilité n'était possible que dans l'hypothèse d'une transmission universelle du patrimoine, dans un seul acte, et de la continuation à l'identique de l'activité de la société absorbée, qui devait constituer la partie la plus importante des actifs de la société absorbante.[693]

430. Ainsi, en se fondant sur la transmission universelle du patrimoine (§1), la continuité juridique s'avère un fondement cohérent pour justifier le transfert de la responsabilité à la suite d'une fusion ou d'une scission. Par ailleurs, comme a pu le souligner le Tribunal dans l'affaire *Uralita*, il se rattache étroitement au principe de la responsabilité personnelle, de sorte qu'il s'avère un fondement plus satisfaisant (§2).

§ 1. La transmission du passif concurrentiel

431. En premier lieu, à l'échelle de l'Union, certaines décisions de la Commission et certains arrêts des juges de l'Union mettent l'accent sur une approche juridique des opérations de fusion. Il en va ainsi des décisions de la Commission prononcées dans l'affaire des *banques autrichiennes*, dans la mesure où elle associe clairement la société absorbante à un successeur juridique. De même, dans sa décision rendue dans l'affaire du *transit aérien international*, l'une des sociétés absorbantes est qualifiée de successeur juridique. Plus récemment, la Commission semble également prendre en compte la transmission du passif de la société absorbée dans sa décision rendue dans l'affaire du cartel du *fret aérien*. Elle y rappelle que, dans une opération de fusion, il s'agit d'identifier le successeur juridique qui aurait repris les droits et obligations de la société absorbée.[694]

432. Ces exemples demeurent certes limités et les arrêts prononcés par les juges de l'Union ne contiennent aucune considération de principe sur ce point. Il n'en reste pas moins que les arrêts prononcés par le Tribunal et la Cour dans les affaires *Uralita* et *SNIA* contiennent explicitement les prémisses d'une approche

692 Voy. Cozian, Viandier, Deboissy, op. cit., p. 749.

693 Sur ce point, voy. K. Ost, « From regulation 1 to regulation 2: national enforcement of EU cartel prohibition and the need for further convergence », JECLAP, 2014, vol. 5, n° 3, p. 127.

694 Voy. Comm. eur., déc. n° C(2012) 1959 final du 28 mars 2012, Transit, aff. COMP/39462, résumé au JOUE n° C 375 du 5 décembre 2012, p. 7, cons. 790.

juridique.[695] Dans son arrêt prononcé dans l'affaire *Uralita*, le Tribunal constate que « la succession intervenue entre [la société absorbante] et [la société absorbée] a entraîné l'absorption intégrale de l'actif et du passif de la seconde par la première et la disparition [de la société absorbée], la requérante a, en tant que personne morale, assuré la continuité juridique des droits et des obligations d'EIA ».[696] Il en va de même dans l'affaire *SNIA*, dans laquelle la Cour souligne que « c'est à bon droit que le Tribunal a jugé [...] qu'il peut s'avérer nécessaire, aux fins de la mise en œuvre efficace des règles de concurrence, d'imputer la responsabilité pour infraction à ces règles à l'acquéreur de l'entreprise ayant commis cette infraction, lorsque cette dernière entreprise cesse d'exister du fait qu'elle a été absorbée par cet acquéreur, lequel reprend, en tant que société absorbante, ses actifs et ses passifs, y compris ses responsabilités pour cause d'infraction au droit de l'Union ».[697]

433. En deuxième lieu, à l'échelle nationale, ces exemples sont beaucoup plus fréquents, particulièrement dans la pratique du Conseil et de l'Autorité de la concurrence. Ils résultent d'un changement de pratique, intervenue en 2002. Si certaines prémisses de ce changement peuvent certes être identifiées dans le rapport annuel du Conseil de la concurrence pour l'année 2001, c'est véritablement à la faveur d'une décision prononcée dans le secteur de *la distribution des lunettes d'optique* que le Conseil privilégie une telle approche. Il y affirme que « la continuité économique et fonctionnelle d'une entreprise au travers des seuls éléments matériels et humains ayant concouru à l'infraction ne doit être recherchée que dans le cas où la personne morale, support juridique de l'entreprise ayant commis l'infraction, a disparu sans qu'une autre personne morale n'ait recueilli ses droits et obligations ».[698]

434. L'Autorité de la concurrence a apporté des éléments de précision en étayant son raisonnement notamment dans l'affaire des *appareils de chauffage*. L'Autorité souligne qu'il y a lieu de suivre un raisonnement en deux temps. Si « la personne morale responsable de l'exploitation de l'entreprise a juridiquement disparu, [il doit être] vérifi[é] que les pratiques peuvent être imputées à la personne morale à laquelle l'entreprise a juridiquement été transmise, et si aucune autre personne n'a reçu transmission de ses droits et obligations, à l'entreprise qui assure, en fait, sa continuité économique et fonctionnelle ».[699] Ainsi, l'Autorité de la concurrence s'intéresse en priorité à la société ayant reçu la transmission des « droits et obligations [de la société absorbée] ».[700]

---

695 Pour une première affirmation de la reprise des actifs et des passifs en cas d'absorption, voy., conclusions du 18 mai 2000 de l'avocat général M. Mischo dans l'affaire Stora Kopparbergs c/ Commission, aff. C-286/98 P, EU:C:2000:263, point 75. Ce dernier affirme que « si la filiale avait ensuite été absorbée par la société mère, cette dernière aurait repris ses actifs et ses passifs, y compris ses responsabilités pour cause d'infraction au droit communautaire » Voy., également, pour un exemple récent, Trib UE, 2 juin 2016, MRT e.a. c/ Commission, T-426/10 à T-429/10, T-438/12 à T-441/12, EU:T:2016:335, points 337 et 338.

696 Trib. UE, 25 octobre 2011, Uralita c/ Commission, aff. T-349/08, EU:T:2011:622, point 67.

697 CJUE, 5 décembre 2013, SNIA c/ Commission, aff. C-448/11 P, EU:C:2013:801, point 25. Voy., également, Trib. UE, 16 juin 2011, SNIA c/ Commission, aff. T-194/06, EU:T:2011:279, points 57 à 62.

698 Cons. conc., déc. n° 02-D-36 du 14 juin 2002 relative à des pratiques relevées dans le secteur de la distribution des lunettes d'optique sur le marché de l'agglomération lyonnaise.

699 Cons. conc., déc. n° 06-D-03 bis du 9 mars 2006 relative à des pratiques mises en œuvre dans le secteur des appareils de chauffage, sanitaires, plomberie, climatisation, point 1381.

700 Voy., pour un rappel des principes dans l'hypothèse d'une disparition de la société ayant participé à l'infraction, aut. conc., déc. n° 06-D-03 bis du 9 mars 2006 relative à des pratiques mises en œuvre dans le secteur des

435. Si l'approche juridique demeure celle privilégiée par l'Autorité de la concurrence, il n'est pas exclu qu'elle puisse, non sans ambiguïté, en s'inspirant largement, voire inopportunément, de la jurisprudence des juges de l'Union, invoquer l'approche économique. Dans l'affaire des *commodités chimiques*, cette dernière souligne que « si la personne morale responsable de l'exploitation de l'entreprise qui a commis les pratiques a cessé d'exister juridiquement, il convient de déterminer la personne morale qui assure sa continuité économique », tout en précisant, dans son appréciation, que la société absorbante est le successeur juridique de la société absorbée.[701] Cet exemple demeure toutefois isolé et l'approche juridique est itérativement privilégiée, à la lumière de plusieurs autres décisions prononcés dans les affaires des *lessives*, des *produits d'entretien et d'hygiène* ou des *commodités chimiques.*

436. Il est à cet égard intéressant de relever que dans son rapport annuel pour l'année 2001, le Conseil de la concurrence a opportunément adapté l'arrêt du Tribunal prononcé dans l'affaire *Enichem.* Il soulignait qu'il en résultait que « [...] tant que lorsque la personne morale responsable de l'exploitation de l'entreprise, qui a mis en œuvre les pratiques, a disparu, les pratiques sont imputées à la personne morale à laquelle l'entreprise a juridiquement été transmise et, à défaut d'une telle transmission, à celle qui assure, en fait, sa continuité économique et fonctionnelle ». Or, force est de relever que le Tribunal n'avait dans son arrêt aucunement fait référence à la transmission juridique d'une « entreprise ». Le Conseil de la concurrence faisait davantage référence ici à l'arrêt prononcé par la Cour d'appel de Paris, qui, dans le cadre du recours formé contre la décision du Conseil de la concurrence dans l'affaire des *établissements de crédits*, avait mis l'accent sur la transmission juridique de l'entreprise plutôt que sur sa continuité économique, confirmé sur ce point par la Cour de cassation.

437. Aussi en va-t-il ainsi, premièrement, pour les opérations de fusion. À cet effet, il peut être mentionné l'affaire des *produits d'hygiène et d'entretien*, dans laquelle l'un des auteurs directs de l'infraction, *Sara Lee Household and Body Care France*, avait été absorbée par une autre société, *Colgate Palmolive*. Dans ce contexte, rappelant la jurisprudence des juges de l'Union quant à l'imputabilité d'un comportement infractionnel,[702] l'Autorité de la concurrence impute le comportement infractionnel de la société absorbée à la société absorbante. Elle souligne, d'une part, que « [l]orsque la personne morale responsable de l'exploitation de l'entreprise cesse d'exister du

---

appareils de chauffage, sanitaires, plomberie, climatisation ; n° 11-D-17 du 8 décembre 2011 relative à des pratiques mises en œuvre dans le secteur des lessives ; n° 12-D-09 du 13 mars 2012 relative à des pratiques mises en œuvre dans le secteur des farines alimentaires ; n° 14-D-19 du 18 décembre 2014 relative à des pratiques mises en œuvre dans le secteur des produits d'entretien et des insecticides et dans le secteur des produits d'hygiène et de soins pour le corps ; n° 15-D-19 du 15 décembre 2015 relative à des pratiques mises en œuvre dans les secteurs de la messagerie et de la messagerie express. Voy., enfin, plus récemment, décision n° 18-D-09 du 21 juin 2018 relative au respect des engagements pris par la société Randstad dans la décision du Conseil de la concurrence n° 09-D-05 du 2 février 2009, cons. 77 à 83.

701 Aut. conc., déc. n° 13-D-12 du 28 mai 2013 relative à des pratiques mises en œuvre dans le secteur de la commercialisation de commodités chimiques, cons. 822 et 844.

702 Aut. conc., déc. n° 14-D-19 du 18 décembre 2014 relative à des pratiques mises en œuvre dans le secteur des produits d'entretien et des insecticides et dans le secteur des produits d'hygiène et de soins pour le corps, cons. 1205.

fait qu'elle a été absorbée par un acquéreur, les pratiques dont la société absorbée est l'auteur sont imputées à la personne morale qui a absorbé cette dernière » et, d'autre part, que la société Colgate Palmolive « s'est vu conférer [l]es droits et obligations [de la société absorbée] à la suite de la fusion ».[703]

Il faut ajouter qu'« [i]l peut également en être de même pour la société résultant de la fusion entre l'auteur des pratiques et une autre entité ».[704] À cet égard, l'Autorité de la concurrence a eu à se concentrer sur une telle hypothèse dans l'affaire des *lessives*, où l'un des auteurs directs de l'infraction, la société *Lever Fabergé France*, était née de la fusion entre la société *Lever*, qui avait débuté l'infraction, et la société *Elida*.[705]

Par ailleurs, s'agissant de ce groupe de sociétés, la société issue de la fusion avait par la suite été absorbée par une autre société, la société *Topaze*, ce qui témoigne au demeurant de la difficulté pour les autorités de contrôle d'identifier les personnes devant répondre de l'infraction.[706]

438. Il en va tout autant, deuxièmement, pour les opérations de scission. Le Conseil de la concurrence a été amené à se prononcer sur cette hypothèse dans le cadre de l'affaire des *appareils de chauffage*.[707] L'une des sociétés avait apporté à une autre société, par le biais d'un traité d'« apport-scission » une branche d'activités, en lien précisément avec l'infraction. Dans cette hypothèse, le Conseil considère que la société cédante « a apporté l'ensemble des éléments d'actifs et de passifs concernant sa branche d'activité de distribution de matériaux de construction ».[708] Ainsi, le transfert de la responsabilité à la société cessionnaire est ici justifié par la transmission des droits et des obligations de la société scindée. La société qui est bénéficiaire du secteur d'activités ayant été en lien avec l'infraction engage, en principe, sa responsabilité : cette dernière est le successeur juridique de l'auteur direct de l'infraction pour ce qui concerne le secteur d'activités transmis.

439. Toutefois, si la transmission de la responsabilité à la société qui reçoit la branche d'activités en lien avec l'infraction peut se justifier sur le fondement de la continuité juridique, la question se pose de savoir si les autres sociétés bénéficiaires de la scission ne devraient pas elles aussi supporter, le cas échéant, le poids de l'amende. Cette question se pose avec une acuité certaine en droit français. En application de l'article L. 236-20 du code de commerce, « [l]es sociétés bénéficiaires des apports résultant de la scission sont débitrices solidaires des obligataires et des créanciers non obligataires de la société scindée, au lieu et place

---

703 *Ibid., point 1135.*

704 *Ibid., point 830.*

705 Voy. aut. conc., déc. n° 11-D-17 du 8 décembre 2011 relative à des pratiques mises en œuvre dans le secteur des lessives, cons. 548.

706 Soulignons également que dans cette affaire, l'Autorité de la concurrence impute l'infraction à la société absorbante mais aussi à la société mère des sociétés absorbées, faisant partie, au jour de la aut. conc., déc. du même groupe de sociétés. Voy., aut. conc., déc. n° 11-D-17 du 8 décembre 2011 relative à des pratiques mises en œuvre dans le secteur des lessives, point 549.

707 Voy. cons. conc., déc. n° 06-D-03 bis du 9 mars 2006 relative à des pratiques mises en œuvre dans le secteur des appareils de chauffage, sanitaires, plomberie, climatisation.

708 *Ibid., cons. 1385.*

de celle-ci sans que cette substitution emporte novation à leur égard ». Et, si les sociétés bénéficiaires de l'apport n'ont pas choisi d'y déroger, sur le fondement de l'article L. 236-21 du code de commerce. Aux termes de cet article « [...] il peut être stipulé que les sociétés bénéficiaires de la scission ne seront tenues que de la partie du passif de la société scindée mise à la charge respective et sans solidarité entre elles ». Or, la société bénéficiaire de l'apport engage sa responsabilité précisément puisqu'elle détient le passif en lien avec l'infraction, de sorte qu'il pourrait ne pas être exclu, en théorie, qu'elle puisse également solliciter de la part des autres sociétés une contribution au paiement de l'amende.

440. En tout état de cause, cette démarche doit être approuvée. Elle permet de justifier, juridiquement, le transfert de la responsabilité. De même, elle permet, à nouveau, de rattacher la responsabilité à la personne juridique ayant participé à l'infraction, dans la mesure où les droits et obligations se rattachent nécessairement à une personne juridique et non à l'entreprise, au sens du droit de la concurrence, sauf à considérer que, pour ce qui concerne les restructurations sociétaires, les deux notions coïncident.

§ 2. Un fondement plus satisfaisant

441. De la même manière que pour la continuité économique, la question se pose pour la continuité juridique de la conformité d'un tel fondement avec le principe de la responsabilité personnelle. En vertu de ce principe, toute personne est censée répondre que de son propre fait. Or, précisément, la société absorbante ou la société bénéficiaire de la scission n'a commis aucun acte matériel pendant l'infraction.

442. En droit pénal, la chambre criminelle de la Cour de cassation a longtemps refusé que la responsabilité pénale soit transférée de la société absorbée à la société absorbante, avant d'opérer un revirement remarqué de jurisprudence.[709] Selon la Cour de cassation, l'engagement de la responsabilité pénale de la société absorbante était contraire au principe de la personnalité des délits et des peines, dans la mesure où nul ne peut répondre d'un fait commis par autrui.[710]

443. Si cette question a pu, en droit pénal, donner lieu à d'intenses débats, il n'en va pas de même en droit de la concurrence de l'Union.[711] En cette matière, le Tribunal souligne, en substance, dans son arrêt prononcé dans l'affaire *Uralita*, que le principe de la responsabilité personnelle est étroitement lié à celui de la continuité juridique.[712] Toutefois, pour ne pas se limiter à une affirmation

---

709 Voy., notamment, Cass. crim., 20 juin 2000, n° 99-86.742 et Cass. crim., 25 octobre 2016, n° 16-80.366. Sur ce point, voy. Debove, Faletti, Dupic, op. cit., p. 145. Et, pour ce qui du revirement de jurisprudence, voy. Cass. crim., 25 novembre 2020, n° 18-86.955.

710 La légalité d'une telle solution était discutable, eu égard, notamment, à la position de la Cour dans l'affaire Modelo Continente Hipermercados, aff. C-343/13, EU:C:2015:146. Dans son arrêt du 25 novembre 2020, la chambre criminelle s'appuie précisément sur cet arrêt pour soutenir son revirement de jurisprudence.

711 En matière fiscale, le juge administratif n'use pas du principe de la personnalité des délits et des peines de manière trop formaliste. Ainsi, il estime que ce principe ne s'oppose pas à ce que des sanctions administratives soient mises, compte tenu précisément de la transmission universelle du patrimoine, à la charge de la société bénéficiaire. Voy., notamment, Conseil d'État, avis, 4 décembre 2009, n° 329173.

712 Voy. Trib. UE, 25 octobre 2011, Uralita c/ Commission, aff. T-349/08, EU:T:2011:622, point 62.

de principe, il peut être fait référence à la position des juges de l'Union sur les conséquences juridiques de la transmission universelle du patrimoine, dans le cadre d'une question préjudicielle posée dans l'affaire *Modelo Continente Hipermercados*[713] portant sur l'interprétation de l'article 19, paragraphe 1, de la directive 2011/35/UE.[714]

444. Cette directive dispose que la fusion entraîne notamment, et *ipso jure*, « la transmission universelle, tant entre la société absorbée et la société absorbante qu'à l'égard des tiers, de l'ensemble du patrimoine actif et passif de la société absorbée à la société absorbante ». Plus précisément, l'une des questions qui se posait était celle de savoir si « la fusion de sociétés [implique] un régime de transmission de la responsabilité contraventionnelle à la société absorbante pour des faits commis par la société absorbée avant l'enregistrement de la fusion ».

445. À cet égard, deux aspects de cette question méritent une attention particulière. Le premier est celui portant sur la nature de la responsabilité. En l'espèce, il s'agissait d'une responsabilité contraventionnelle. Le second est l'élément temporel, en ce que la juridiction portugaise cherchait à savoir si la transmission universelle du patrimoine pouvait concerner une sanction postérieure à l'opération de fusion dont le fait infractionnel s'était déroulé antérieurement.

446. En premier lieu, selon le gouvernement autrichien, « l'article 19, paragraphe 1, sous a), de la directive 2011/35 ne s'applique qu'à la responsabilité civile. L'amende en cause en tant qu'obligation du droit contraventionnel possèderait un caractère pénal qui la ferait échapper au champ d'application de cet article. Selon ce gouvernement, une disposition du droit national qui permet la transmission de la responsabilité contraventionnelle ne peut donc pas être contraire à ladite directive ».[715] Pour l'avocat général M. Wathelet, « [l]'article 19, paragraphe 1, sous a), de cette directive se réfère au "patrimoine passif", c'est-à-dire à l'ensemble des dettes qui grèvent l'ensemble de biens et des obligations d'une même personne, envisagé comme formant une universalité de droit ».[716] Il ajoute de même que « ledit article vise donc clairement à couvrir toute dette possible, quelles qu'en soient l'origine et la nature de la responsabilité civile, pénale ou quasi pénale, pour autant qu'il s'agisse de la responsabilité de la société absorbée elle-même et qu'elle puisse se traduire dans une valeur monétaire ».[717] Autrement dit, cette notion de patrimoine passif devrait comprendre les amendes prononcées par les autorités de concurrence pour

---

713 CJUE, 5 mars 2015, Modelo Continente Hipermercados, aff. C-343/13, EU:C:2015:146. Sur ce arrêt, voy., également, conclusions de l'avocat général M. Wathelet prononcées le 12 novembre 2014 sous cette affaire, EU:C:2014:2366. Sur cet arrêt, voy., notamment, A. Couret, « La transmissibilité à l'absorbante de l'amende prononcée après la fusion », Bulletin Joly Sociétés, 2015, n° 04, p. 200.

714 Directive 2011/35/UE du Parlement européen et du Conseil, du 5 avril 2011, concernant les fusions des sociétés anonymes, JOUE n° L 110 du 29 avril 2011, p. 1. Cette réflexion peut également être menée avec la directive 2009/133/CE du Conseil du 19 octobre 2009, précitée.

715 Conclusions de l'avocat général M. Wathelet prononcées le 12 novembre 2014 dans l'affaire Modelo Continente Hipermercados, aff. C-343/13, EU:C:2014:2366, point 46.

716 *Ibid. point 48.*

717 Ibid. point 49. Selon l'avocat général M. Wathelet, cela ressort également de la version anglaise de la directive qui « si elle ne qualifie pas la transmission d'« universelle », vise « all the assets and liabilities ». Sans aucun doute, une dette de nature quasi pénale comme celle en cause dans l'affaire au principal constitue une « liability » de la société absorbée ».

les infractions au droit de la concurrence et ce, indépendamment du débat portant sur la nature de la responsabilité pour infraction au droit de la concurrence.[718]

447. En second lieu, si la décision sanctionnant la société absorbée intervient avant l'opération de fusion-absorption, l'amende devrait être transmise avec ladite opération. En effet, la transmission du patrimoine de la société apporteuse se fait en l'état où il se trouve à la date de réalisation définitive de l'opération. La société absorbante est tenue des engagements de la société absorbée dont elle est considérée comme l'ayant cause universel. Ainsi, les amendes prononcées à l'encontre de la société absorbée sont transférées à la société absorbante en leur qualité d'élément du passif de la première. Toutefois, pour une amende, dont l'infraction qu'elle sanctionne s'est déroulée avant l'enregistrement de la fusion, mais qui n'est devenue exigible et n'a été notifiée pour la première fois au débiteur qu'après l'enregistrement de la fusion, la transmission du passif correspondant ne s'impose pas de la même manière. Dans la mesure où ces amendes ne figuraient pas au passif constaté à la date de réalisation définitive de l'opération de fusion-absorption, il pourrait être défendu la thèse selon laquelle l'amende ne saurait grever le patrimoine de la société absorbante.

448. Selon l'avocat général M. Wathelet, la solution doit être la même dans l'une ou l'autre des hypothèses. Autrement dit, le moment auquel intervient la décision sanctionnant le comportement infractionnel de la société absorbée antérieur à la fusion est indifférent. L'avocat général précise qu'« [u]ne fusion par absorption implique […] que la société absorbante acquière la société absorbée dans son intégralité, y inclus son passé ».[719] Cette conclusion est partagée par la Cour qui ajoute que « les entités qui, à la date de la fusion, ne sont pas encore à qualifier de créanciers ou de porteurs d'autres titres, mais qui peuvent être ainsi qualifiées après cette fusion en raison de situations nées avant celle-ci, telles que la commission d'infractions au droit du travail qui ne sont constatées par voie de décision qu'après ladite fusion. En l'absence de transmission, à la société absorbante, de la responsabilité contraventionnelle de la société absorbée consistant à payer une amende pour de telles infractions, l'intérêt de l'État membre dont les autorités compétentes auraient infligé cette amende ne serait pas protégé ».[720] Cette

---

718 Voy., notamment, l'article 23, paragraphe 5, du règlement n° 1/2003 qui précise que « [l]es décisions prises en application des paragraphes 1 et 2 n'ont pas un caractère pénal ». Voy., contra., Trib. UE, 16 décembre 2015, British Airways c/ Commission, aff. T-48/11, EU:T:2015:988, point 34. Le Tribunal souligne que « nonobstant les dispositions de l'article 23, paragraphe 5, du règlement n° 1/2003, dont il ressort que les décisions infligeant des amendes pour violation du droit de la concurrence n'ont pas un caractère pénal, la violation de l'article 101, paragraphe 1, TFUE, de l'article 53 de l'accord EEE et de l'article 8 de l'accord suisse suppose un comportement qui est généralement considéré comme déloyal, au détriment du public en général, qui engendre un réel opprobre et qui est susceptible d'entraîner, pour les entreprises responsables, des amendes pouvant aller jusqu'à 10 % de leur chiffre d'affaires annuel, donc indéniablement sévères (voir conclusions de l'avocat général Sharpston dans l'affaire KME Germany e.a. c/ Commission, C-272/09 P, EU:C:2011:63, point 64). Eu égard à la nature des infractions en cause ainsi qu'à la nature et au degré de sévérité des sanctions qui s'y rattachent (voir arrêt du 27 mars 2014, Saint-Gobain Glass France e.a./Commission, T-56/09 et T-73/09, EU:T:2014:160, point 78 et jurisprudence citée), celles-ci relèvent de la matière pénale au sens de l'article 6 de la CEDH, ainsi qu'il ressort notamment de l'arrêt de la Cour EDH, A. Menarini Diagnostis c/ Italie (n° 43509/08, § 39 à 44, 27 septembre 2011) ».

719 Conclusions de l'avocat général M. Wathelet présentées le 12 novembre 2014 dans l'affaire Modelo Continente Hipermercados, aff. C-343/13, EU:C:2014:2366, point 61.

720 CJUE, 5 mars 2015, Modelo Continente Hipermercados, aff. C-343/13, EU:C:2015:146, point 32.

solution se justifie d'autant plus car il existe un risque de fraude important. En effet, selon la Cour, « si la transmission d'une telle responsabilité était exclue, une fusion constituerait un moyen pour une société d'échapper aux conséquences des infractions qu'elle aurait commises, au détriment de l'État membre concerné ou d'autres intéressés éventuels ».[721]

449. Ce débat a été également porté devant les juridictions françaises, lesquelles ont été amenées à se prononcer sur la question de la transmission de la responsabilité dans le cadre d'une opération entraînant la dissolution de la société, auteur d'une infraction en droit de la concurrence, tant dans le cadre de recours dirigés contre des décisions rendues en matière de pratiques anticoncurrentielles qu'en matière de pratiques restrictives de concurrence. S'agissant de ce dernier type de recours, même s'ils ne concernent pas à proprement parler le droit des ententes et des abus de position dominante, ils présentent néanmoins, par analogie, un intérêt certain.[722]

450. En premier lieu, s'agissant des recours dirigés contre des décisions rendues en matière de pratiques anticoncurrentielles,[723] par un arrêt prononcé le 20 novembre 2001, la chambre commerciale de la Cour de cassation juge que la responsabilité pour la participation à une infraction d'une société absorbée peut être transférée à la société absorbante.[724]

451. Dans cette affaire, la demanderesse au pourvoi faisait valoir qu'« au motif [...] que les biens, droits et obligations du CNCEP s'étaient trouvées transférées à la CNCEP, la cour d'appel a violé, par fausse interprétation, l'article L. 464-2 du Code de commerce et, par refus d'application, le principe de la personnalité des délits et des peines et l'article 6, paragraphe 2, de la Convention européenne de sauvegarde des droits de l'homme et des libertés fondamentale ».[725] Elle ajoutait que « même s'il fallait considérer, en matière de concurrence, que l'entreprise doit être appréhendée dans sa continuité, indépendamment des personnes morales qui se sont succédées dans le temps pour son exploitation, cette règle ne pourrait trouver à s'appliquer, en tout état de cause, qu'en cas de dissolution volontaire de la personne sujette à poursuites ».[726]

452. À cet égard, la Cour de cassation rejette le moyen tenant à la violation du principe de personnalité des peines, en faisant référence, en substance, à la transmission universelle du patrimoine.[727] Cette dernière juge que « les sanctions prévues à l'article L. 464-2 du code de commerce sont applicables aux entreprises auteurs des pratiques anticoncurrentielles prohibées, et que lorsque entre le moment où les pratiques ont été mises en œuvre et le moment où l'entreprise a cessé d'exister juridiquement, les pratiques sont imputées à la personne morale à laquelle

---

721 *Ibid. point 33.*

722 Voy., notamment, Cass. com., 21 janvier 2014, n° 12-29.166.

723 Si le droit des pratiques anticoncurrentielles est un droit répressif, il ne relève pas stricto sensu de la matière pénale. Par ailleurs, aux termes de l'article 23, paragraphe 5, du règlement n° 1/2003, les amendes n'ont pas un caractère pénal.

724 En droit de la concurrence, la Cour de cassation avait déjà adopté cette position. Voy., notamment, Cass. com., 28 janvier 2003, n° 01-00.528. Pour une confirmation de la jurisprudence, voy., Cass. com., 28 février 2006, n° 05-12.138.

725 Cass. com., 23 juin 2004, nos 01-17.896 et 02-10.066.

726 *Ibid.*

727 La Cour d'appel de Paris reprend également le considérant de la Cour de cassation dans son arrêt prononcé dans l'affaire Eurelec du 14 janvier 2009 : voy., CA Paris, 14 janvier 2009, Eurelec.

l'entreprise a été juridiquement transmise, et, à défaut d'une telle transmission, à celle qui assure en fait sa continuité économique et fonctionnelle, et dès lors qu'il est sans conséquence que cette transmission ait été le fait de la loi, la cour d'appel, qui constate que les biens et obligations du CENCEP ont été transférés à la CNCEP qui a repris son activité et à laquelle appartiennent désormais les éléments matériels et humains ayant concouru à la commission de l'infraction, en a justement déduit que la CNCEP devait répondre des pratiques du CENCEP ».[728]

453. Ainsi, la Cour de cassation répond en deux temps. À titre principal, elle rappelle qu'il convient de faire jouer en priorité les conséquences juridiques de l'opération de fusion, c'est-à-dire, en substance, la transmission universelle du patrimoine, avant de chercher à se fonder, à titre subsidiaire, sur le principe de la continuité économique. Toutefois, la Cour de cassation semble adopter deux interprétations de la notion d'entreprise. D'une part, elle conçoit l'entreprise comme une personne juridique, lorsqu'elle se maintient juridiquement. D'autre part, dans l'hypothèse d'une disparition juridique de l'« entreprise », c'est-à-dire de la société ayant participé à l'infraction, elle conçoit l'entreprise comme l'objet de la cession, c'est-à-dire, comme la branche d'activités en cause.

454. En second lieu, les arrêts prononcés par la Cour de cassation sur des décisions rendues en matière de pratiques restrictives de concurrence peuvent être par analogie mentionnées. En cette matière, la transmission de la responsabilité, dans le cadre d'une opération de fusion-absorption, a été vivement contestée tant devant la Cour de cassation, le Conseil constitutionnel ainsi que la Cour européenne des droits de l'Homme. Le raisonnement du Conseil constitutionnel présente au demeurant un grand intérêt pour apprécier la conformité d'un tel transfert de responsabilité avec le principe de la responsabilité personnelle.

455. Ainsi, la Cour de cassation juge, dans un arrêt prononcé le 21 janvier 2014, que « les dispositions de l'[ancien] article L. 442-6 du code de commerce, qui visent tout producteur, commerçant, industriel ou personne immatriculée au répertoire des métiers, auteur des pratiques restrictives énoncées par ce texte, s'appliquent à toute entreprise, indépendamment du statut juridique de celle-ci, et sans considération de la personne qui l'exploite ». Elle ajoute notamment que « le principe de la personnalité des peines, résultant des articles 8 et 9 de la Déclaration de 1789, ne fait pas obstacle au prononcé d'une amende civile à l'encontre de la personne morale à laquelle l'entreprise a été juridiquement transmise ».[729]

456. Cette position mériterait d'être clarifiée, s'agissant à nouveau de la notion d'entreprise. Elle fait, d'une part, référence à l'entreprise et à son statut juridique et, d'autre part, à la personne qui l'exploite. Or, soit l'entreprise est conçue de manière économique, soit elle est conçue de manière juridique. Autrement dit, elle ne peut

---

728 Cass. com., 23 juin 2004, nos 01-17.896 et 02-10.066.

729 Cass. com., 21 janvier 2014, n° 12-29.166. Sur cet arrêt, voy., notamment, N. Mathey, « Principe de personnalité des peines et transmission de l'imputabilité en matière de pratiques restrictives », CCC, n° 4, avril 2014, comm. 91. Voy., également, J.-D. Bretzner, « Les tribulations du principe de la personnalité des peines en cas de fusion-absorption », RLC, juillet-septembre 2014, n° 40, p. 36. La transmission d'une amende « civile » à une société absorbante du fait du comportement, antérieure à l'opération de fusion-absorption, de la société absorbée est également conforme à la Convention de sauvegarde des droits de l'homme et des libertés fondamentales : voy. Cour EDH, cinquième section, 24 octobre 2019, Carrefour France c/ France, n° 37858/14.

être à la fois juridique et économique. Toutefois, il semble ressortir de l'arrêt de la Cour de cassation que l'entreprise est davantage conçue comme un ensemble de moyens matériels et humains, dans la mesure où elle fait également référence à « la personne morale à laquelle l'entreprise a été juridiquement transmise ».[730]

457. Sur ce point, la décision du Conseil constitutionnel du 18 mai 2016 fournit un éclairage bienvenu. Tout en limitant la portée de sa solution aux matières qui ne relèvent pas du droit pénal,[731] le Conseil constitutionnel juge que « seule une personne bénéficiaire de la transmission du patrimoine d'une société dissoute sans liquidation est susceptible d'encourir l'amende ». Autrement dit, le Conseil constitutionnel justifie la transmission de la responsabilité avant tout à la lumière de la transmission universelle du patrimoine. Ainsi, en droit des pratiques anti-concurrentielles, le transfert de la responsabilité dans l'hypothèse d'une dissolution sans liquidation de l'auteur direct de l'infraction pourrait se justifier par le recours à la transmission universelle du patrimoine.

458. En tout état de cause, si les principes de continuité économique et de continuité juridique sont des exceptions au principe de la responsabilité personnelle, seul le principe de la continuité juridique permet de justifier, sans fiction, un transfert de responsabilité. En effet, les droits et les obligations sont attachées à une personne juridique, de sorte que le transfert des droits et des obligations, qui résultent de la participation d'une société à une infraction, à une autre société ne constitue pas un obstacle au transfert de la responsabilité. Seule la réponse apportée à la nature de la sanction prononcée par les autorités de concurrence pourrait conduire à des résultats différents. Toutefois, si l'amende en droit de la concurrence relève de la matière pénale, elle demeure à ce jour de nature administrative. Aussi la position de l'Autorité de la concurrence est-elle conforme à la jurisprudence de la chambre criminelle de la Cour de cassation.

459. En revanche, la continuité économique, sauf cas exceptionnel, ne saurait constituer un fondement cohérent au transfert de la responsabilité dans de telles hypothèses. D'une part, la continuité économique est une véritable exception au principe de la responsabilité personnelle, en ce que la responsabilité ne s'attache plus à la personne mais à l'entreprise, entendue comme un ensemble de moyens matériels et humains. Si ce fondement est certes fonctionnel, en ce qu'il permet de justifier aisément le transfert de la responsabilité, il ne convainc pas juridiquement. Le principe de la continuité économique pourrait néanmoins trouver, en pratique, un regain d'intérêt lorsque l'auteur direct de l'infraction ne disparaît pas de la scène juridique, mais que les actifs en lien avec l'infraction ont été, eux, transmis à une autre société.

---

730 L'on pourrait s'interroger sur la question de savoir ce que signifie, en l'espèce, l'expression « juridiquement » transmise. Est-ce une référence à l'opération juridique ayant permis la transmission de l'entreprise ou à ses conséquences juridiques dont notamment, pour ce qui concerne les opérations de fusion-absorption, la transmission universelle du patrimoine.

731 Si le Conseil constitutionnel a entendu exclure sa décision de la matière pénale, c'est en raison du fait que la chambre criminelle de la Cour de cassation jugeait de manière itérative qu'une opération de fusion-absorption ne pouvait entraîner le transfert d'une responsabilité pénale, et ce pour ne pas violer le principe de personnalité des délits et des peines : voy., notamment, Cass. crim., 20 juin 2000, n° 99-86.742 ; Cass. crim., 14 octobre 2003, n° 02-86.376 et Cass. crim., 23 avril 2013, n° 12-83.244. L'approche du Conseil constitutionnel serait vraisemblablement différente aujourd'hui, depuis le revirement opéré le 25 novembre 2020 par la chambre criminelle de la Cour de cassation : voy., Cass. crim., 25 novembre 2020, n° 18-86.955.

Chapitre 2
Le transfert des actifs

460. Si une opération de restructuration, telle que la fusion ou la scission, entraîne au profit d'une société la transmission universelle du patrimoine d'une autre société, la première sera considérée comme le successeur juridique de la seconde. En revanche, toutes les opérations de restructurations n'entraînent pas nécessairement la dissolution de la société et la transmission universelle de son patrimoine. Le plus souvent, ces opérations visent simplement à transférer une partie des actifs d'une société à une autre, actifs pouvant être en lien avec la commission d'une infraction. Aussi, dans cette hypothèse, la question se pose-t-elle de savoir si la société bénéficiaire du transfert des actifs est susceptible de voir sa responsabilité engagée et, dans l'affirmative, sous quelles conditions.

461. Cette question se pose avec d'autant plus d'intérêt, dans la mesure où les hypothèses de cessions d'actifs rythment la vie des sociétés et poursuivent des finalités précises. Il en va ainsi de l'hypothèse de l'apport partiel d'actif qui permet notamment de filialiser une activité économique en transférant un secteur d'activités à une nouvelle société, de la scission partielle, ou bien d'une simple vente des actifs d'une société.

462. Par ailleurs, si l'apport partiel d'actifs, la scission partielle et la vente des actifs n'emportent, en principe, que la transmission des actifs et non du passif de la société apporteuse, l'apport partiel d'actifs et la scission partielle peuvent aussi être soumis, du moins en droit français et par exception, au régime de la scission, emportant également la transmission du patrimoine correspondant à la branche d'activités cédée. Aussi la question se pose-t-elle de savoir si l'infraction doit être imputée à son auteur direct, en application du principe de la responsabilité personnelle, ou bien imputée à la société bénéficiaire du transfert des actifs. Plus précisément, ces hypothèses conduisent à s'interroger sur la possibilité pour les autorités de concurrence de privilégier, selon les hypothèses, la responsabilité personnelle, la continuité juridique ou, à titre résiduel, la continuité économique.

463. Si elles rythment la vie des sociétés en bonne santé, elles peuvent aussi intervenir en cas de difficultés financières ou en période de fin de vie. Il en va ainsi des hypothèses de cessions d'entreprises intervenant dans le cadre de procédures collectives. Ces cessions peuvent être soit partielles, dans l'hypothèse notamment d'un plan de sauvegarde ou de redressement, ou totale, dans l'hypothèse notamment d'une liquidation judiciaire. Dans cette dernière hypothèse, l'auteur direct de l'infraction disparaitra de la scène juridique, de sorte que, en l'absence de transmission des obligations de la société liquidée, le principe de la continuité économique n'est pas sans retrouver un regain d'intérêt.

464. D'autre part, si les cessions d'actifs peuvent intervenir entre deux sociétés autonomes, elles font aussi partie intégrante de la vie d'un groupe de sociétés. Ainsi,

les hypothèses de transfert des actifs doivent être envisagées à la fois entre sociétés appartenant à un même groupe et entre sociétés qui appartiennent à deux groupes différents.

465. À cet égard, une étude de la pratique révèle que pour deux opérations juridiquement identiques, les solutions privilégiées pourront différer selon que l'opération en cause intervient au sein d'un groupe de sociétés ou entre groupes. Ainsi, dans l'hypothèse d'une vente ou d'un apport partiel d'actifs, où la société cédante se maintient juridiquement, cette dernière devrait, à première lecture, demeurer responsable en raison de sa participation à une infraction. Toutefois, les autorités de concurrences ne se limitent pas à vérifier seulement le maintien ou non de la personnalité juridique de l'auteur direct de l'infraction : dans certaines hypothèses, un transfert d'actifs peut entraîner la création d'une coquille vide, dont la sanction serait dénuée d'effet utile, car controversée. Il en va précisément ainsi lorsque la cession d'actifs intervient au sein d'un même groupe de sociétés, ce qu'illustre nettement la pratique allemande, antérieurement au projet de réforme de l'année 2017.[732] Partant, cette différence potentielle de régime justifie qu'une distinction soit faite suivant que la cession d'actifs intervient entre sociétés de groupes différents, à savoir les restructurations externes (section 1), ou entre sociétés appartenant à un même groupe, à savoir les restructurations internes (section 2).

Section 1
Les restructurations externes

466. Si la société cédante se maintient juridiquement, il lui incombera, en principe, de répondre de son fait personnel (§1). Toutefois, ce principe n'est pas absolu, dans la mesure où, dans cette hypothèse, les aménagements contractuels ont une incidence certaine (§2).

§ 1. La répartition des responsabilités

467. Deux hypothèses doivent être envisagées. La première est celle dans laquelle le transfert des actifs intervient en dehors de toute procédure collective (A) et, la seconde, en présence d'une telle procédure (B). Si la seconde hypothèse est moins fréquente à l'échelle de l'Union, elle a pu, à l'échelle nationale, donner lieu à de nombreux développements.

---

732 Voy., notamment, K. Ost, « From regulation 1 to regulation 2: national enforcement of EU cartel prohibition and the need for further convergence », JECLAP, 2014, vol. 5, n° 3, p. 128. Voy., également, communiqués de presse de l'autorité allemande de la concurrence des 19 octobre 2016 et 26 juin 2017 dans l'affaire dite du « cartel de la saucisse » « "Wurstlücke" – Weitere Bußgelder in Höhe von rund 110 Mio. Euro entfallen in Folge von unternehmensinternen Umstrukturierungen », accessible à l'adresse suivante : <HTTP://WWW.BUNDESKARTELLAMT.DE/SHAREDDOCS/MELDUNG/DE/PRESSEMITTEILUNGEN/2017/26_06_2017_BELL_WURSTKARTELL.HTML>.

A. La répartition des responsabilités en l'absence de procédures collectives

468. Si un transfert d'actifs n'emporte pas, en principe, la dissolution de la société cédante (1), il n'est pas exclu que cette dernière soit dissoute postérieurement à un tel transfert (2).

1. Le maintien de la société cédante

469. En droit des sociétés, les mécanismes juridiques qui permettent de céder des actifs sans emporter la dissolution de la société cédante sont multiples. Il peut s'agir, premièrement, d'un apport partiel d'actif, dans le cadre duquel une société apporte l'ensemble ou une ou plusieurs branches de son activité à une autre société, moyennant la remise de titres représentatifs du capital social de la société bénéficiaire de l'apport.[733] Deuxièmement, il peut s'agir d'une scission partielle par laquelle une société transfère une ou plusieurs branches d'activités à une ou plusieurs sociétés préexistantes ou nouvelles, en laissant au moins une branche d'activités dans la société apporteuse, en échange de l'attribution à ses associés, au prorata de titres représentatifs du capital social des sociétés qui bénéficient des éléments d'actif et de passif.[734] Troisièmement, il peut s'agir d'une simple vente, pouvant prendre la forme notamment d'une cession d'un fonds de commerce.

470. Ces opérations n'emportent, en principe, que la transmission des actifs en rapport avec le secteur d'activités transférés. En d'autres termes, l'auteur direct de l'infraction se maintient juridiquement et demeure responsable du passif latent. Ainsi, conformément au principe de la responsabilité personnelle, il devrait devoir répondre de sa participation à l'infraction.

Toutefois, par exception, un apport partiel d'actifs peut être soumis, en application de l'article L. 236-22 du code de commerce, au régime des scissions, de sorte que, dans cette hypothèse, la société cessionnaire reçoit, outre l'actif, le passif en lien avec le secteur d'activités transféré. Ainsi, la question se pose de savoir s'il doit être privilégiée la personne juridique ayant commis l'infraction ou bien le titulaire des droits et obligations du secteur d'activités en lien avec l'infraction.

Si les décisions des autorités de concurrence se limitent à exposer sommairement la restructuration ayant conduit à la transmission des actifs en lien avec l'infraction, sans qualifier la nature juridique de la restructuration, au sens du droit des sociétés, il ressort de la pratique décisionnelle et de la jurisprudence des juridictions de contrôle que la responsabilité incombe, en principe, à la société ayant participé à l'infraction, indépendamment de l'opération de restructuration.

---

733 Article 2, sous d) de la directive 2009/133/CE, précitée.

734 *Ibid., article 2, sous c).*

a. La pratique à l'échelle de l'Union

471. Les juges de l'Union ont été amenés à se prononcer sur les conséquences juridiques d'une cession d'actifs dans l'affaire *Enichem Anic* puis, sur pourvoi, dans l'affaire *Anic Partecipazioni.*[735] Dans cette affaire, la société *Anic* avait transféré une partie de ses activités à la société *Monte*, par le biais d'une cession du secteur polypropylène.[736] Par ailleurs, cette dernière avait acquis l'ensemble du secteur en Italie, à la suite du rachat des actions d'un autre producteur *SIR*, dans le cadre d'une opération complexe impliquant plusieurs sociétés intermédiaires, à l'issue de la période infractionnelle mais antérieurement à la décision de la Commission.[737]

472. Pour présenter la problématique au cœur de cette affaire, les conclusions du juge Vesterdorf, faisant office d'avocat général devant le Tribunal dans l'affaire *Rhône-Poulenc* sont éclairantes. Ce dernier souligne que « du point de vue de la société cédante, la question centrale est celle de savoir si le transfert d'une "entreprise" emporte le transfert de la responsabilité qui s'attache à elle et, du point de vue de la société bénéficiaire, si cette dernière, qui n'a pas commis d'actes matériels de l'infraction, doit payer l'amende après la reprise, à la suite de l'infraction, de l'activité économique ».[738]

473. Dans cette hypothèse, *Anic* reprochait à la Commission de lui avoir imputé une infraction alors même qu'elle avait transféré son activité à une autre société.[739] Elle ajoutait que le secteur d'activités transféré, en lui-même, constitue une entreprise, c'est-à-dire, une unité économique et qu'il convient de privilégier l'entreprise et non le support juridique de l'entreprise dans la détermination des responsabilités.[740] De son côté, la Commission faisait, au contraire, valoir que « la notion d'entreprise [est] [...] une notion complexe qui implique des éléments matériels et humains, confondus dans l'exercice d'une activité économique unitaire que l'opinion des concurrents et des clients peut contribuer à identifier ».[741] Dès lors, selon la Commission, *Anic* ne serait pas constituée de plusieurs « entreprises », une pas secteur de production.[742] En d'autres termes, le débat portait à nouveau sur la qualification de la notion d'entreprise.

---

[735] Voy. TPICE, 17 décembre 1991, Enichem Anic c/ Commission, aff. T-6/89, Rec, EU:T:1991:74 et CJCE, 8 juillet 1999, Commission c/ Anic Partecipazioni, aff. C-49/92 P, EU:C:1999:356.

[736] CJCE, 8 juillet 1999, Commission c/ Anic Partecipazioni, aff. C-49/92 P, EU:C:1999:356, point 6. Cette cession est intervenue à la suite de l'adoption d'un décret-loi relatif audit transfert d'activités. À cet égard, le Tribunal précise que « [l]a formalisation de l'accord et la détermination du prix n'ont eu lieu que le 29 octobre 1982 », de sorte qu'il peut être supposé qu'il s'agissait, en l'espèce, d'une simple vente. Voy., TPICE, 17 décembre 1991, Enichem Anic c/ Commission, aff. T-6/89, EU:T:1991:74, point 173.

[737] La société Monte contrôlait le secteur d'activités polypropylène en Italie en devenant l'actionnaire majoritaire de la société SCL, filiale à 100 % de la société Anic, à laquelle cette dernière avait transféré les actions de SIR.

[738] Conclusions présentées le 11 juillet 1991 par le juge M. Vesterdorf, faisant office d'avocat général, dans l'affaire Rhône-Poulenc c/ Commission, aff. T-1/89, EU:T:1991:38, p. II-916.

[739] Voy. TPICE, Enichem Anic c/ Commission, précité, point 228.

[740] *Ibid., point 232, traduction libre.*

[741] Voy. TPICE, Enichem Anic c/ Commission, précité, point 234. Voy., également, conclusions de l'avocat général M. Cosmas prononcées le 15 juillet 1997 dans l'affaire Commission c/ Anic Partecipazioni, aff. C-49/92 P, EU:C:1997:357, point 94.

[742] Voy. TPICE, Enichem Anic c/ Commission, précité, point 234.

474. Sur ce point, le Tribunal juge que, lorsque, entre le moment où l'infraction est commise et la décision la constatant, la personne morale en charge de la gestion de l'entreprise a cessé d'exister juridiquement, il convient de localiser, dans un premier temps, l'ensemble des moyens matériels et humains ayant concouru à la commission de l'infraction pour identifier dans un second temps, la personne devenue responsable de l'exploitation de cet ensemble.[743] Or, en l'espèce, le Tribunal constate que la « personne responsable de l'exploitation de l'entreprise au moment de l'infraction a continué d'exister jusqu'à l'adoption de la décision », de sorte qu'il convenait pour *Anic* de répondre de sa participation à l'infraction.

475. Sur pourvoi, la Cour confirme la position du Tribunal tout en reprenant ses motifs.[744] À cet égard, elle se conforme au principe de la responsabilité personnelle de l'auteur direct de l'infraction. Étant donné qu'*Anic*, en l'espèce, existait toujours juridiquement au jour de la décision de la Commission, elle se devait de répondre de sa propre participation à l'infraction. Ainsi, les juges de l'Union rappellent que le principe cardinal demeure, dans cette hypothèse, celui de la responsabilité personnelle. Un simple transfert d'activités ne saurait induire un transfert de la responsabilité, dans la mesure où la responsabilité se rattache, en principe, à une personne juridique, et non à une activité économique.[745]

476. Cette conclusion était également celle à laquelle l'avocat général M. Cosmas était parvenue dans ses conclusions prononcées dans cette même affaire devant la Cour ; ce dernier soulignant que « [l]'imputation finale de la responsabilité présuppose une série d'éléments, dont le premier est l'élément matériel, à savoir l'adoption même du comportement illégal ».[746] Cette idée avait au demeurant déjà été mise en lumière par le juge Vesterdorf qui, dans l'affaire *Rhône Poulenc*, soulignait, s'agissant du cas d'*Anic*, que le critère déterminant était celui de savoir si les actes matériels pouvaient être imputés à leur auteur.[747]Ainsi, « [l]e principe de responsabilité personnelle ne saurait être remis en cause par celui de la continuité économique dans les cas où [...] une entreprise impliquée dans l'entente a cédé une partie de ses activités à un tiers indépendant ».[748]

477. Deux exceptions à la règle posée par la Cour dans l'affaire *Anic* peuvent toutefois être, *de lege lata*, identifiées. La première exception concerne le maintien de l'auteur direct de l'infraction sur le plan juridique, non sur le plan économique.

---

743 *Ibid., point 237.*

744 Voy. CJCE, Commission c/ Anic Partecipazioni, précité, points 48 et 49. Relevons également que dans l'affaire AWS Benelux, le Tribunal annule la décision de la Commission par laquelle cette dernière a imputé le comportement infractionnel à la société ayant reçu le secteur d'activités en lien avec l'infraction alors même que l'auteur direct de l'infraction se maintenait juridiquement. Voy. TPICE, 28 avril 1994, AWS Benelux c/ Commission, aff. T-38/92, EU:T:1994:43, point 30.

745 Une telle solution est conforme au principe de personnalité des délits et des peines. En effet, seul l'auteur des faits infractionnels en répond.

746 Voy. conclusions présentées le 15 juillet 1997 par l'avocat général M. Cosmas dans l'affaire Commission c/ Anic Partecipazioni, aff. C-49/92 P, EU:C:1997:357, point 73.

747 Voy. conclusions présentées le 11 juillet 1991 par le juge M. Vesterdorf, faisant office d'avocat général, dans l'affaire Rhône-Poulenc c/ Commission, aff. T-1/89, EU:T:1991:38, pp. II-913 et s.

748 Conclusions de l'avocat général Mme Kokott prononcées le 3 juillet 2007 dans l'affaire ETI, aff. C-280/06, EU:C:2007:404, point 82.

Dans l'affaire *Coveris*, le Tribunal rappelle, sur le fondement de l'arrêt prononcé par la Cour dans l'affaire *ETI*, que « lorsque des actifs d'une entité juridique ayant participé à l'infraction sont transférés à des entreprises indépendantes, la responsabilité suit ces actifs uniquement dans le cas exceptionnel où l'entité juridique qui détenait ces actifs […] a cessé toute activité économique ».[749] Autrement dit, la Commission pourrait, selon le Tribunal, être en mesure d'imputer l'infraction à une société cessionnaire appartenant à un groupe de sociétés différent si la société cédante n'exerce plus aucune activité économique. La Cour précise clairement dans l'affaire *ETI* qu'« une sanction infligée à une entreprise qui continue à exister juridiquement, mais n'exerce plus d'activités économiques, risque d'être dépourvue d'effet dissuasif ».[750] Si une telle exception ne peut être discutée sur le plan de l'opportunité et sur celui de la recherche de l'effectivité des règles de concurrence, elle interroge toutefois s'agissant de la conformité d'une telle pratique avec le principe de la responsabilité personnelle, et ce, d'une part, car l'auteur direct de l'infraction se maintient juridiquement et, d'autre part, car la cession d'actifs a lieu entre sociétés indépendantes.[751] La seconde exception, clarifiée par le Tribunal dans l'affaire *Coveris*, concerne une cession d'actifs réalisée de mauvaise foi. La responsabilité pour la participation à une infraction peut reposer sur la société cessionnaire et ce, même si la société cédante se maintient juridiquement, si « la transaction [a] lieu entre deux entreprises indépendantes agissant de mauvaise foi, notamment, dans l'intention d'échapper aux sanctions prévues par des règles de concurrence de l'Union ».[752] Les hypothèses d'application d'une telle exception devraient toutefois demeurer isolées en pratique. Qui plus est, d'aucuns pourront s'interroger sur l'opportunité, dans cette même hypothèse, de n'imputer l'infraction qu'à la seule société cessionnaire, le Tribunal visant, à cet endroit, une action de mauvaise foi tant de la société cessionnaire que de la société cédante.

b. La pratique à l'échelle nationale

478. En droit français de la concurrence, cette problématique a également été soulevée dans plusieurs affaires devant le Conseil de la concurrence puis l'Autorité de la concurrence.[753] Initialement le Conseil de la concurrence semblait faire une distinction selon qu'était transférée seulement une partie des actifs ou la totalité des actifs. Dans ses rapports annuels pour les années 1991 et 1992, le Conseil de concurrence soulignait que « si une entreprise ne cède qu'un secteur de son activité mais subsiste en tant qu'entreprise, elle doit répondre des pratiques anticoncurrentielles auxquelles elle avait participé dans ce secteur antérieurement à la cession. Si une

---

749 Trib. UE, 6 décembre 2018, Coveris Rigid France c/ Commission, aff. T-531/15, EU:T:2018:885, point 40.

750 CJUE, 11 décembre 2007, ETI, aff. C-280/06, EU:C:2007:775, point 40.

751 L'hypothèse de la disparition économique mais non juridique de la société cédante ne peut conduire, à notre sens, à un transfert de responsabilité sur le fondement du principe de la continuité économique que si la cession d'actifs s'opère entre sociétés appartenant à un même groupe (voy., sur ce point, les conclusions éclairantes du 3 juillet 2017 de l'avocat général Mme Kokott dans l'affaire ETI, aff. C-280/06, EU:C:2007:404, point 82).

752 Trib. UE, 6 décembre 2018, Coveris Rigid France c/ Commission, aff. T-531/15, précité, points 50 à 52.

753 Voy., notamment, cons. conc., déc. n° 08-D-09 du 6 mai 2008 relative à des pratiques mises en œuvre dans le secteur des pompes funèbres à Lyon et dans son agglomération, paragraphe 211, confirmée par CA Paris, 31 mars 2009, Agence funéraire lyonnaise pompes funèbres Viollet, n° 2008/11353, p. 24

entreprise cède la totalité de son activité économique et qu'elle disparait en tant qu'entreprise, l'entreprise cessionnaire sera alors considérée comme responsable de la pratique incriminée et sera destinataire de la notification de griefs ».[754] Aussi la question pouvait se poser de savoir si la cession de la totalité des actifs de l'auteur direct de l'infraction, qui se maintient juridiquement, permettait d'imputer la responsabilité à la société cessionnaire, en sa qualité de successeur économique. Si la « disparition en tant qu'entreprise » s'interprète comme visant l'hypothèse d'une dissolution, alors le recours à la continuité économique peut se comprendre. En revanche, si cette référence s'interprète comme la disparition de toute activité économique, alors le recours à la continuité économique peut être contestable.

479. La question de l'application de ces principes s'est posée devant le Conseil de la concurrence pour ce qui concerne la continuité d'entreprises individuelles et de sociétés. Pour ce qui concerne la cession d'un fonds de commerce, le Conseil de la concurrence considérait initialement que le repreneur de l'activité devait être responsable, en sa qualité de successeur économique. Toutefois, cette pratique a été contestée devant la Cour d'appel de Paris qui considéra, en substance, dans l'hypothèse d'une cession d'une entreprise individuelle que la continuité cessait « lorsque la personne physique qui [...] exploite [l'entreprise] change ».[755]

480. Pour ce qui concerne les sociétés, l'affaire des *marchés publics de l'Hérault* constitue un bon exemple.[756] Dans cette affaire, la Cour de cassation a été amenée à se prononcer sur l'imputabilité du comportement infractionnel à la seule société apporteuse. En l'espèce, l'une des sociétés faisait valoir qu'elle ne devait pas répondre de sa participation à une infraction au droit de la concurrence, dans la mesure où elle avait transmis l'activité en lien avec l'infraction à deux autres sociétés, en l'occurrence ses filiales.[757] Sur ce point, le Conseil de la concurrence, confirmé en appel par les juges de la Cour d'appel de Paris,[758] souligne qu'au moment du transfert d'activités, la société apporteuse n'avait pas disparu juridiquement, de sorte qu'elle se devait toujours de répondre de l'infraction. Il en va naturellement de même pour la Cour de cassation. Sur pourvoi, la société apporteuse tentait en effet, de la même manière qu'*Anic* devant les juges de l'Union, de défendre l'idée selon laquelle le transfert du secteur d'activités en lien avec l'infraction opère simultanément le transfert de la responsabilité.[759] Toutefois, les juges de la Cour de cassation constatent, de la même manière que les juges de la Cour d'appel de Paris, que la société apporteuse existait toujours au jour du

---

754 Voy. rapports annuels du Conseil de la concurrence pour les années 1991 et 1992, p. 33 et p. 31.

755 Voy. rapport annuel du Conseil de la concurrence pour l'année 1992, p. 33.

756 Voy. cons. conc., déc. du 3 juin 1998 n° 98-D-33 portant sur pratiques mises en œuvre à l'occasion de la passation de marchés publics de la voirie et réseaux divers dans le département de l'Hérault.

757 Dans un souci d'exactitude, la société apporteuse avait transféré l'activité en lien avec l'infraction à deux filiales, avant de faire l'objet d'une fusion-absorption par une autre société, à laquelle les deux filiales bénéficiaires de l'apport de l'activité économique ont été filialisées. Dans ce contexte, deux questions se posaient en termes de responsabilité. La première portait sur la responsabilité des filiales pour la participation de leur ancienne société mère à l'infraction et, la seconde, portait sur la responsabilité de la société absorbante pour la participation de la société absorbée à l'infraction, sur laquelle nous reviendrons par la suite.

758 Voy. CA Paris, 15 juin 1999, Solatrag e.a.

759 Voy. Cass. com., 20 novembre 2001, SACER e.a., n° 99-16776 et 99-18253.

transfert de l'activité économique, de sorte qu'elle devait seule en répondre.[760] À cet égard, cette solution s'avère en tout point conforme à celle de la Cour dans l'affaire *Anic*. Autrement dit, si la société, auteur direct de l'infraction, subsiste juridiquement après une restructuration, il lui incombera, en principe, de répondre seule de sa participation à l'infraction.

2. La dissolution de la société cédante

481. L'hypothèse sous examen est la suivante : une société acquiert les actifs d'une autre société, qui, peu de temps après l'opération, fait l'objet d'une dissolution. En d'autres termes, le transfert d'activités n'est pas la conséquence juridique de la dissolution. Dans cette hypothèse, la société cédante n'existe plus juridiquement et la question se pose de savoir si la société cessionnaire peut être tenue responsable de la participation de la société cédante à une infraction. Elle se pose avec davantage d'intérêt qu'il a été jugé, dans l'hypothèse où la société cédante se maintenait juridiquement, que le principe de la continuité économique ne pouvait être mobilisé, sauf en de rares exceptions, lorsque la cession des actifs est effectuée au bénéfice d'un tiers indépendant.

482. La pratique à l'échelle de l'Union ne fournit peu d'illustrations de cette hypothèse d'imputation. Sur un plan uniquement théorique, les juges de l'Union ont tout de même pu se prononcer dans les affaires *Anic* et, plus récemment, *Coveris*.[761] Dans la première, la Cour affirme que « le critère dit "de la continuité économique" ne peut jouer qu'au cas où la personne morale responsable de l'exploitation de l'entreprise aurait cessé d'exister juridiquement après la commission de l'infraction ».[762] Il sera toutefois relevé que, dans cette affaire, la Cour s'est inspirée de son arrêt prononcé dans l'affaire *Suiker Unie*. Si, dans cette dernière affaire, la Cour a pu, schématiquement, valider le transfert de la responsabilité à une société cessionnaire à la suite de la dissolution de la société cédante, elle s'était également attachée à préciser que la société cessionnaire avait repris « tous les droits et obligations des coopératives de l'ancienne association »,[763] point n'ayant pas été repris par la Cour dans l'affaire *Anic*. Or, une cession d'actifs n'emporte qu'exceptionnellement la transmission des droits et des obligations de la société cédante. Il n'en reste pas moins que, plus récemment, le Tribunal a clairement jugé, dans l'affaire *Coveris*, que « lorsque des actifs d'une entité juridique ayant participé à l'infraction sont transférés à des entreprises indépendantes, la responsabilité suit ces actifs [...] dans le cas exceptionnel où l'entité juridique qui détenait ces actifs a cessé d'exister juridiquement [...] ».[764] En clair, le Tribunal n'écarte pas la possibilité pour la Commission de procéder ainsi. Toutefois, pour ce qui est d'une opération réalisée entre entreprises indépendantes, la mobilisation à cet endroit du principe de la continuité économique s'avère discutable, toujours

---

760 *Ibid.*

761 CJCE, 8 juillet 1999, Anic, aff. C-49/92 P, EU:C:1999:356, point 145 et, pour une confirmation récente, Trib. UE, 6 décembre 2018, Coveris Rigid France c/ Commission, aff. T-531/15, précité, point 40.

762 CJUE, 8 juillet 1999, Anic, aff. C-49/92 P, précité, point 145.

763 CJCE, 16 décembre 1975, Suiker Unie c/ Commission, 40/73 à 48/73, 50/73, 54/73 à 56/73, 111/73, 113/73 et 114/73, EU:C:1975:174, point 84.

764 Trib. UE, 6 décembre 2018, Coveris Rigid France c/ Commission, aff. T-531/15, précité, point 40.

à la lumière du principe de la responsabilité personnelle, la société cessionnaire n'ayant commis aucun acte matériel de l'infraction.

483. La pratique française est également instructive. L'Autorité de la concurrence considère, en règle générale, que « lorsque la personne morale responsable de l'exploitation de l'entreprise qui a commis les pratiques a cessé d'exister juridiquement, il convient de localiser, dans un premier temps, l'ensemble des éléments matériels et humains ayant concouru à la commission de l'infraction pour identifier, dans un second temps, la personne morale qui est devenue responsable de l'exploitation de cet ensemble ».[765] Cela transcrit en des termes clairs le principe même de la continuité économique. Toutefois, cette citation occulte un élément important qui figurait dans certaines décisions du Conseil de la concurrence. Ce dernier faisait valoir qu'il en allait ainsi que si « cette disparition [s'était] accompagnée de la transmission universelle de ses droits et obligations à une autre personne ».[766]

484. Car, il y a lieu de relever que les mécanismes juridiques qui permettent de transférer des actifs ou un secteur d'activités peuvent répondre en droit français à des régimes différents. Il en va notamment ainsi de l'apport partiel d'actif. Aussi si cette opération n'emporte-t-elle en principe que la transmission des actifs, elle peut, le cas échéant, être soumise au régime des scissions et entraîner également la transmission des droits et obligations concernant le secteur d'activités transféré.[767] Ainsi, dans cette hypothèse, il y aura uniquement lieu de rechercher le successeur juridique de l'auteur direct de l'infraction.

485. En revanche, la question de la continuité économique se posera avec une grande acuité, dans l'hypothèse d'un apport partiel d'actif non soumis au régime des scissions ou d'une simple vente. Dans ces hypothèses, il y aura lieu de rechercher la société qui continue l'activité économique précédemment en lien avec l'infraction. Aussi les autorités de concurrence se devront-elles d'étudier la reprise des éléments matériels et humains.[768] Ainsi, dans l'affaire de l'*installation et de la maintenance des extincteurs*, l'Autorité de la concurrence impute le comportement infractionnel d'une société cédante à la société cessionnaire, en sa qualité de successeur économique.[769] Toutefois, si, en termes d'opportunité, l'imputation du comportement infractionnel de la société cédante peut se justifier, elle pourrait ne pas convaincre sur un plan strictement juridique, notamment à la lumière du respect du principe de la responsabilité personnelle.[770]

---

765 Aut. conc., déc. n° 13-D-12 du 28 mai 2013 relative à des pratiques mises en œuvre dans le secteur de la commercialisation de commodités chimiques, cons. 828.

766 Cons. conc., déc. n° 02-D-59 du 25 septembre 2002 relative à des pratiques mises en œuvre dans le secteur des transports routiers de voyageurs dans le département de l'Ain.

767 Voy. infra, n° 527.

768 Voy., pour un exposé de la pratique du Conseil de la concurrence, L. Arcelin-Lécuyer, « Imputabilité des pratiques anticoncurrentielles en cas de restructuration », J-Cl, Lexisnexis, 2013, nos 80 à 84.

769 Voy. aut. conc., déc. n° 12-D-26 du 20 décembre 2012 relative à des pratiques mises en œuvre dans le secteur de la production, de la commercialisation, de l'installation et de la maintenance des extincteurs, cons. 284. Voy., également, aut. conc., déc. n° 19-D-17 du 30 juillet 2019 relative à des pratiques mises en œuvre dans le secteur de la commercialisation des fertilisants liquides pour la production hors-sol dédiés à la culture domestique, cons. 170 et 172.

770 Voy. supra, n° 470.

B. La répartition des responsabilités dans le cadre d'une procédure collective

486. Le transfert des actifs peut également intervenir à l'occasion d'une procédure collective dont ferait l'objet la société ayant participé à l'infraction. Aussi, dans le cadre d'une telle procédure, la cession partielle ou totale de l'entreprise peut-elle être opérée. Il en va ainsi tant dans le cadre d'une opération de redressement judiciaire que de liquidation judiciaire.[771] Dès lors, la question se pose de la responsabilité de la société faisant l'objet de la procédure collective et de la société cessionnaire des actifs.

487. En premier lieu, si la société subsiste juridiquement, elle doit, en principe, répondre de l'infraction. C'est notamment l'hypothèse d'un redressement judiciaire, en ce que ledit redressement n'entraîne pas, en principe, la dissolution de la société.[772] Par ailleurs, si la liquidation judiciaire entraîne la dissolution de la société en liquidation, la société peut subsister juridiquement pour les besoins de la procédure.[773] Aussi doit-il être tenu compte du moment où intervient la liquidation judiciaire.

488. Ainsi, dans ces deux hypothèses, l'infraction sera imputée à la société faisant l'objet de la procédure, et ce, quand bien même ses actifs auront été cédés.[774] En application du principe de la responsabilité personnelle, si la société se maintient juridiquement, elle doit répondre de son infraction. Autrement dit, le repreneur des actifs n'est pas susceptible de se voir imputer l'infraction, que la cession concerne la totalité des actifs ou seulement une partie de ceux-ci. Cette répartition de la responsabilité est conforme à la règle selon laquelle si l'auteur direct se maintient juridiquement, il continue de répondre de son infraction.[775] Toutefois, cette

---

771 À titre d'illustration, voy., article L. 642-1 du code de commerce qui réglemente la cession d'entreprise, en cas de liquidation judiciaire. Aux termes des alinéas 1 et 2 de cet article, « [l]a cession de l'entreprise a pour but d'assurer le maintien d'activités susceptibles d'exploitation autonome, de tout ou partie des emplois qui y sont attachés et d'apurer le passif. Elle peut être totale ou partielle. Dans ce dernier cas, elle porte sur un ensemble d'éléments d'exploitation qui forment une ou plusieurs branches complètes et autonomes d'activités ».

772 Une procédure de redressement pourra donner lieu à la cession de la totalité des actifs. Toutefois, dans cette hypothèse, la liquidation sera prononcée à l'issue de la cession. Voy., notamment, aut. conc., déc. n° 10-D-35 du 15 décembre 2010 relative à des pratiques mises en œuvre dans le secteur de la fourniture d'électrodes de soudure pour les constructeurs automobiles.

773 Si la société ayant participé à l'infraction est mise en liquidation judiciaire mais non encore radiée du registre du commerce et des sociétés au jour de la décision de l'autorité de contrôle, cette dernière répond toujours de sa participation à l'infraction. Voy., sur ce point, cons. conc., déc. n° 06-D-03 bis du 9 mars 2006 relative à des pratiques mises en œuvre dans le secteur des appareils de chauffage, sanitaires, plomberie, climatisation, cons. 1382 ; n° 04-D-03 du 18 février 2004 relative à des pratiques relevées lors d'un appel d'offres lancé par la direction régionale des douanes à Marseille pour la mise en conformité électrique de la cité de la Joliette et n° 06-D-07 du 21 mars 2006 relative à des pratiques mises en œuvre dans le secteur des travaux publics dans la région Ile-de-France.

774 Voy. décisions de l'Autorité de la concurrence n° 06-D-03 bis du 9 mars 2006 relative à des pratiques mises en œuvre dans le secteur des appareils de chauffage, sanitaires, plomberie, climatisation, cons. 1382 et n° 10-D-35 du 15 décembre 2010 relative à des pratiques mises en œuvre dans le secteur de la fourniture d'électrodes de soudure pour les constructeurs automobiles, cons. 206. Voy., pour un rappel récent, décision de l'Autorité de la concurrence n° 20-D-09 du 16 juillet 2020 relative à des pratiques mises en œuvre dans le secteur des achats et ventes des pièces de porc et de produits de charcuterie, cons. 711.

775 Voy., notamment, cons. conc., déc. n° 06-D-03 bis du 9 mars 2006 relative à des pratiques mises en œuvre dans le secteur des appareils de chauffage, sanitaires, plomberie, climatisation, cons. 1486 et de l'Autorité de la concurrence n° 10-D-35 du 15 décembre 2010, précitée.

responsabilité demeure une responsabilité de principe car, en pratique, la sanction sera limitée,[776] eu égard notamment aux difficultés financières de la société en redressement, voire inexistante en cas de liquidation judiciaire à venir.[777]

489. En revanche, il en va autrement si la société fait l'objet avant la décision finale d'une dissolution.[778] C'est précisément l'hypothèse de la liquidation judiciaire, dont la procédure serait close au moment de la procédure administrative ou d'une procédure de redressement convertie en liquidation en cas de cession de la totalité des actifs à une autre société.[779] Or, si la société disparaît de la scène juridique, la responsabilité de son successeur économique pourrait être recherchée, à savoir la société bénéficiaire du plan de cession de l'entreprise ou d'un secteur d'activités. Dans ce contexte, une distinction doit être faite selon que l'opération entraîne la cession de la totalité des actifs, à savoir une « cession d'entreprise » ou une cession partielle des actifs.

490. En cas d'une cession de la totalité des actifs, la Cour d'appel de Paris a pu, en droit interne, initialement juger que la nature judiciaire de la cession constituait un obstacle à la transmission de la responsabilité à la société cessionnaire. Elle soulignait que « l'entreprise cédée ne p[ouvait] plus être considérée comme la continuation de l'entreprise initiale ». Toutefois, elle admettait l'imputation de l'infraction, à condition que la société cessionnaire ait continué à y participer. Désormais, dans l'hypothèse d'une cession d'entreprise, la continuité économique et fonctionnelle du repreneur ne saurait être contestée. Aussi le repreneur d'une entreprise devrait-il, en principe, répondre de l'infraction à laquelle a participé la société liquidée. Une étude de la pratique du Conseil de la concurrence puis de l'Autorité de la concurrence révèle toutefois une approche pour la moins clémente à l'égard du repreneur.

491. Ainsi, le Conseil de la concurrence a reconnu la continuité économique d'une société cessionnaire dans l'affaire des *marchés publics de l'Hérault*.[780] Il y soulignait

---

776 Voy., notamment, décisions du Conseil de la concurrence n° 02-D-62 du 27 septembre 2002 relative à des pratiques relevées dans le secteur du déménagement des personnels de la marine nationale en Bretagne ; n° 06-D-08 du 24 mars 2006 relative à des pratiques mises en œuvre dans le cadre de marchés publics de construction de trois collèges dans le département de l'Hérault et de l'Autorité de la concurrence n° 11-D-02 du 26 janvier 2011 relative à des pratiques mises en œuvre dans le secteur de la restauration des monuments historiques.

777 Voy., notamment, cons. conc., déc. n° 01-D-20 du 4 mai 2001 relative à des pratiques relevées concernant plusieurs marchés de travaux de peinture et d'étanchéité dans le département de l'Indre-et-Loire.

778 Si les opérations de liquidation ne sont pas terminées, la société cédante se maintient juridiquement. Aussi l'Autorité lui imputera-t-elle l'infraction. Toutefois, comme elle le souligne dans son rapport annuel pour l'année 2000, elle s'abstient pour des raisons d'opportunité. Voy., notamment, décisions de l'Autorité de la concurrence n° 01-D-20 du 4 mai 2001 relative à des pratiques relevées concernant plusieurs marchés de travaux de peinture et d'étanchéité dans le département de l'Indre-et-Loire ; n° 01-D-63 du 9 octobre 2001 relative à la situation de la concurrence dans le secteur du déménagement des personnels militaires de l'armée de terre affectés dans le département de la Guyane et n° 06-D-15 du 14 juin 2006 relative à des pratiques mises en œuvre dans le secteur de la pose et de l'entretien des voies de chemin de fer.

779 Voy., notamment, décisions du Conseil de la concurrence n° 98-D-26 du 7 avril 1998 relative à des pratiques relevées sur le marché de la rénovation des installations de chauffage du parc scientifique technologique de Luminy et n° 01-D-20 du 4 mai 2001, précitée.

780 Voy., notamment, cons. conc., déc. du 3 juin 1998 n° 98-D-33 portant sur pratiques mises en œuvre à l'occasion de la passation de marchés publics de la voirie et réseaux divers dans le département de l'Hérault et n° 02-D-48 du 29 juillet 2002 relative à des pratiques relevées sur des marchés de VRD dans les arrondissements de Cambrai, Valenciennes et Avesnes sur Helpe.

qu'une des sociétés ayant participé à l'infraction avait fait l'objet d'une procédure de redressement judiciaire, puis, qu'une autre société avait acquis la totalité des actifs de la société en redressement tout en s'engageant à reprendre les contrats en cours. Enfin, en raison de la disparition de la société en redressement, le Conseil avait notifié de nouveaux griefs à la société cessionnaire, étant donné qu'elle assurait la continuité économique et fonctionnelle de la société en redressement.

492. Toutefois, si le Conseil justifie, dans cette affaire, le transfert de la responsabilité, en raison de la dissolution de l'auteur direct de l'infraction, il exonère dans le même temps la société cessionnaire du paiement de l'amende. Il souligne en effet qu'« en application de l'alinéa 3 de l'article 62 de la loi du 25 janvier 1985, dont il résulte qu'un cessionnaire ne peut être tenu de charges non prévues dans le plan de cession, [la société cessionnaire] qui assure la continuité économique et fonctionnelle de la société [cédante], ne peut se voir infliger une sanction pour des faits antérieurs à la cession ».[781]

493. La même solution se retrouve dans l'affaire des *travaux publics dans la région Ile de France*.[782] L'hypothèse était la même que dans l'affaire précédente, à la seule différence qu'il s'agissait d'une restructuration interne semble-t-il à un groupe. L'Autorité de la concurrence considère que « [l]a société [cédante] mise en redressement judiciaire a fait l'objet d'un plan de cession de la totalité de ses actifs au profit des sociétés du groupe Fayat auxquelles s'est substituée [la société cessionnaire]. En sa qualité de cessionnaire des actifs, cette dernière ne peut se voir imposer d'autres charges que celles qui ont été souscrites dans le plan de cession, en vertu de l'article L. 621-62 du code de commerce dans sa version antérieure à la loi n° 2005-845 du 26 juillet 2005. [La société cessionnaire] doit être mise hors de cause ».[783] Cette solution peut étonner. D'une part, dans les deux affaires, la société cédante et la société cessionnaire avaient une raison sociale des plus proches et, pour la seconde, appartenaient à un même groupe de sociétés. Autrement dit, reconnaître la responsabilité mais exonérer au paiement d'une amende pouvait, dans ces affaires, ne pas convaincre.

494. Par ailleurs, la question pourrait se poser de l'incidence de l'application du droit de l'Union par l'Autorité de la concurrence. Depuis le 1er mai 2004 et l'entrée en vigueur du règlement n° 1/2003, l'Autorité de la concurrence est en effet tenue d'appliquer simultanément le droit français et le droit de la concurrence de l'Union, dans l'hypothèse où le commerce à l'échelle de l'Union est affecté par une pratique anticoncurrentielle. En l'absence d'application du droit de l'Union, la pratique française est assurément favorable au repreneur. Si ce dernier est bel et bien considéré comme le successeur économique de la société cessionnaire, il peut échapper à toute amende, dans le cas où cette charge financière n'a pas été prévue dans le plan de cession.[784] Toutefois, si l'on se conforme uniquement à la pratique

---

781 *Ibid.*

782 Voy. cons. conc., déc. n° 06-D-07 bis* du 21 mars 2006 relative à des pratiques mises en œuvre dans le secteur des travaux publics dans la région Ile-de-France.

783 *Ibid., cons. 756.*

784 Sur ce point, voy., notamment, L. Idot, « Reprise d'entreprises en difficulté et droit de la concurrence », Revue des procédures collectives, n° 6, nov. 2015, dossier n° 57, n° 31. Voy. cons. conc., déc. n° 06-D-07 bis* du

à l'échelle de l'Union, le repreneur de la totalité des actifs pourrait devoir se voir, en application du principe de la continuité économique, imputer l'infraction.[785] En d'autres termes, la pratique à l'échelle de l'Union s'avère moins favorable au repreneur, ce qui pourrait certes se justifier sur le plan de l'effectivité des règles de concurrence, mais qui pourrait également ne pas convaincre juridiquement.

495. La société qui acquiert la totalité des actifs en lien avec l'infraction peut ne pas avoir connaissance qu'avec le transfert du secteur activités elle acquiert également la responsabilité liée à la participation de la société cédante à une infraction. L'imputabilité du comportement infractionnel au successeur économique, dans cette hypothèse, ne semble pas poursuivre les objectifs mis avant par les juges de l'Union. En effet, ces derniers font valoir que « [l]'application [de la continuité économique] permet d'éviter que des entreprises échappent aux sanctions infligées par la Commission par le simple fait que leur identité a été modifiée à la suite de restructurations, de cessions ou d'autres changements juridiques ou organisationnels et donc d'assurer une mise en œuvre efficace des règles de concurrence ».[786] Toutefois, une dissolution avec liquidation de l'auteur direct de l'infraction ne poursuit pas, en principe, un but d'évitement d'une amende en droit de la concurrence mais plutôt le but de désintéressement des créanciers potentiels.

496. En cas de cession partielle des actifs, le repreneur pourra toutefois tenter de se défendre en démontrant qu'il n'est pas le successeur économique de la société liquidée.[787] Comme le souligne un auteur, les repreneurs prennent des risques dans le cadre d'une cession d'entreprise, dans la mesure où ils pourront être considérés comme le successeur économique de la société cédante. La reprise d'une partie seulement des actifs permettrait de défendre l'argument de l'absence de continuité économique.[788]

497. Ainsi, la pratique française s'écarte des principes élaborés à l'échelle de l'Union, lorsque ce dernier n'est pas applicable. En principe, en cas de disparition de l'auteur direct de l'infraction, il convient d'imputer l'infraction à son successeur économique. L'on pourrait dès lors s'interroger sur la question de savoir si l'Autorité de la concurrence peut, dans ces hypothèses, faire jouer le principe de l'autonomie procédurale, car, en principe, la responsabilité relève des règles de fond, de sorte que, en cas d'application simultanée des dispositions nationales et

---

21 mars 2006 relative à des pratiques mises en œuvre dans le secteur des travaux publics dans la région Ile-de-France.

785 Si l'approche du Tribunal dans l'affaire Coveris est privilégiée, une autorité de concurrence pourrait imputer une infraction au repreneur des actifs de la société liquidée, et ce quand bien même elle subsisterait juridiquement pour les besoins de la procédure, en ce que le Tribunal rappelle dans cette affaire que « lorsque des actifs d'une entité juridique ayant participé à l'infraction sont transférés à des entreprises indépendantes, la responsabilité suit ces actifs uniquement dans le cas exceptionnel où l'entité juridique qui détenait ces actifs a cessé d'exister juridiquement ou a cessé toute activité économique » (voy. Trib. UE, 6 décembre 2018, Coveris c/ Commission, aff. T-531/15, EU:T:2018:885, point 40).

786 Voy., notamment, conclusions de l'avocat général M. Bot présentées le 26 mars 2009, dans le cadre de l'affaire Erste Group c/ Commission, aff. C-125/07 P, C-133/07 P, C-135/07 P et C-137/07 P, EU:C:2009:192, point 41.

787 Voy., notamment, cons. conc., déc. n° 95-D-14 du 7 février 1995 relative à des pratiques mises en œuvre dans le secteur des planches à voile et n° 00-D-38 du 20 septembre 2000 relative à des pratiques relevées dans le secteur de la restauration de monuments historiques en Ile-de-France.

788 Sur ce point, voy., notamment, Idot, « Reprise d'entreprises en difficulté et droit de la concurrence », précité, n° 31.

des dispositions équivalentes à l'échelle de l'Union, l'Autorité de la concurrence serait tenue d'adapter sa pratique et de ne pas faire jouer cette exception légale.

§ 2. Les aménagements conventionnels

498. Si la société cessionnaire du secteur d'activités ne saurait répondre de l'infraction commise par la société cédante, lorsque cette dernière se maintient juridiquement, il n'est pas exclu qu'elle puisse décider exceptionnellement d'engager sa responsabilité pour la participation de la société cédante à l'infraction. Il en découle que le principe de la responsabilité personnelle peut, dans cette hypothèse, faire l'objet d'aménagements, du moins en droit de la concurrence de l'Union. En effet, la société bénéficiaire de l'apport d'une activité économique peut accepter de manière expresse de reprendre à sa charge les agissements de la société apporteuse antérieurement au transfert d'activités. Cette possibilité reste toutefois soumise à conditions, ainsi que le démontre l'affaire *Thyssen Krupp*.[789]

499. Devant le Tribunal, la requérante faisait valoir que la Commission avait violé son droit d'être entendu en ne lui permettant pas de présenter ses observations sur le comportement infractionnel de la société dont elle avait acquis les activités en lien avec l'infraction. La Commission soulignait que la requérante avait, par lettre, expressément accepté d'être tenue responsable des faits de la société cédante, antérieurement au transfert d'activités. La question qui se posait portait davantage sur le respect ou non des droits de la défense de la requérante ; il n'en demeure pas moins que se posait également – certes indirectement – la question de savoir si le comportement infractionnel de la société cédant son activité, antérieurement au transfert, pouvait être imputé à la société bénéficiaire, en cas d'acceptation expresse de sa part.

500. S'agissant du respect des droits de la défense de la société bénéficiaire de l'apport, le Tribunal annule la décision de la Commission, en ce que cette dernière n'a pas permis à la requérante de présenter ses observations sur le comportement infractionnel de la société lui ayant cédé ses activités, antérieurement à l'acquisition. Il précise que, « dans la mesure où [une telle déclaration] déroge au principe en vertu duquel une personne, physique ou morale, ne doit être sanctionnée que pour les faits qui lui sont individuellement reprochés, [elle] doit être interprétée de manière stricte. En particulier, à défaut d'indication contraire de sa part, la personne à l'origine d'une telle déclaration ne saurait être présumée avoir renoncé à l'exercice de ses droits de la défense ».[790]

501. Or, ainsi que le souligne le Tribunal, « contrairement à ce que fait valoir, en substance, la Commission, la déclaration de [la société cessionnaire] ne pouvait être interprétée comme impliquant, également, une renonciation de celle-ci à son droit d'être entendue sur les faits reprochés à [la société cédante] dans la communication des griefs notifiée à cette dernière, [...] faits pour lesquels [la société cessionnaire]

---

789 Voy. TPICE, 13 décembre 2001, Krupp Thyssen Stainless c/ Commission, aff. T-45/98 et T-47/98, EU:T:2001:288 et CJCE, 14 juillet 2005, Thyssen Krupp c/ Commission, aff. C-65/02 P, EU:C:2005:454.

790 Voy. TPICE, Krupp Thyssen Stainless c/ Commission, précité, point 63.

acceptait désormais d'être tenue pour responsable aux fins de l'imputation d'une amende éventuelle ».[791] Dès lors, selon le Tribunal, une société peut se voir imputer le comportement imputable à une autre société dont elle acquiert les activités, à la condition toutefois, qu'elle en fasse la déclaration expresse et qu'elle puisse présenter ses observations ou à défaut, renoncer à ses droits de la défense.

502. Cette solution a été confirmée par la Cour sur pourvoi :[792] « [l]a Commission ayant adressé des communications de griefs distinctes à [la société cessionnaire] et à [la société cédante] et celles-ci ayant répondu de manière séparée à propos des agissements qui étaient reprochés à chacune d'elles, il incombait à la Commission d'interroger et d'entendre [la société cessionnaire] au sujet des agissements de [la société cédante] avant de la considérer comme responsable de ceux-ci et de lui infliger une amende au titre de l'infraction reprochée à [la société cédante] ».[793]

503. À la suite de l'annulation de la décision dans l'affaire *Thyssen Krupp*, la Commission a adressé une nouvelle communication des griefs à la requérante, qui a souhaité, lors de l'audience dans l'affaire *Thyssen Krupp Nirosta*, revenir sur sa déclaration. Cette dernière faisait valoir que « la déclaration [se limitait] à déclarer qu'elle endossait en matière civile la responsabilité des dettes de [la société cédante] et que cette déclaration – si elle s'appliquait toujours, ce qui n'était pas le cas – ne permettrait pas de lui imputer la responsabilité résultant du droit des amendes ».[794] Elle soulignait également qu'« une telle déclaration de nature privée, faite par une [société], n'est pas susceptible [...] de transférer la responsabilité d'une infraction au droit des ententes, l'amende constituant une sanction infligée par les pouvoirs publics en vertu de la loi, y compris en ce qui concerne la désignation de la personne sanctionnée. Selon le principe *ius publicum privatorum pactis mutari non potest*, ni les autorités ni les entreprises ne pourraient déroger à l'obligation légale de paiement de l'amende par la voie d'un transfert de responsabilité ».[795]

504. À cet égard, la Cour considère que si un acquéreur a accepté par écrit la responsabilité du paiement de l'amende due par l'entreprise acquise et ayant commis la pratique anticoncurrentielle, il y a ainsi, par exception, imputation du paiement de l'amende à l'acquéreur, même si, à la date du prononcé de l'amende, la société acquise continuait d'exister juridiquement et d'exercer ses activités économiques.[796] En clair, une déclaration expresse permet de déroger au principe de personnalité

---

791 *Ibid., point 64.*

792 Voy. CJCE, Thyssen Krupp c/ Commission, précité, point 83.

793 *Ibid., point 86.*

794 CJCE, 29 mars 2011, Thyssen Krupp Nirosta c/ Commission, aff. C-352/09 P, EU:C:2011:191, point 139.

795 *Ibid., point 141.*

796 *Ibid., point 153. La Cour considère que « [d]ans ces circonstances particulières et spécifiques du cas d'espèce, à savoir, premièrement, la cession à la requérante de l'entité appartenant à Thyssen Stahl qui était active sur le marché des produits plats en acier inoxydable, deuxièmement, la déclaration du 23 juillet 1997, par laquelle la requérante a expressément confirmé à la Commission vouloir assumer, en tant qu'acquéreur de ladite entité, la responsabilité du comportement infractionnel en vue de l'amende que la Commission pouvait infliger et, troisièmement, la circonstance que la requérante ne s'est pas opposée, bien qu'elle en ait eu l'opportunité à plusieurs reprises, à l'interprétation de ladite déclaration retenue par la Commission avant que la prescription des poursuites du comportement infractionnel soit acquise à l'égard de Thyssen Stahl, il convient de conférer*

des peines, alors même que la société, auteur direct de l'infraction, n'a pas disparu juridiquement au jour de la décision de la Commission.

505. Toutefois, des réserves pourraient être émises quant à la possibilité d'aménager conventionnellement le transfert de la responsabilité. Si la charge financière d'une amende peut être transférées à une autre société, par le biais notamment d'une clause de garantie de passif,[797] il ne saurait assurément en aller de même s'agissant de la responsabilité pour la participation à une infraction.

506. Si en cas de transfert d'actifs entre sociétés appartenant à des groupes différents, la principe demeure celui de la responsabilité de la société cédante,[798] les transferts opérés au sein d'un groupe répondent à un régime juridique différent.

Section 2
Les restructurations internes

507. Dans le cadre de restructurations intervenant au sein d'un groupe de sociétés, la répartition des responsabilités répond à un cadre juridique différent. L'auteur direct de l'infraction pourra être exonéré de sa responsabilité, et ce au détriment d'une autre société ayant acquis, au sein du groupe, l'activité en lien avec l'infraction. Ainsi, si les autorités de concurrence peuvent toujours imputer la responsabilité à la société ayant été l'auteur direct de l'infraction,[799] elles pourront également l'imputer à celle ayant reçu le secteur d'activités[800] ou aux deux simultanément.[801] Cette répartition des responsabilités au sein d'un groupe de sociétés doit s'apprécier selon que le secteur d'activités est transféré à une société existante, entraînant la réorganisation des secteurs d'activités au sein du groupe (§1), ou à une société constituée à cette fin (§2), pour céder, de manière anticiper, un secteur d'activités.

§ 1. La réorganisation des secteurs d'activités au sein du groupe

508. L'hypothèse envisagée est celle du transfert d'un secteur d'activités en lien avec l'infraction entre des sociétés appartenant à un même groupe. Ce transfert peut intervenir soit après, soit durant l'infraction, de sorte que, dans cette hypothèse, il y aura également lieu de s'interroger sur l'incidence de l'aspect temporel des

---

que la Commission pouvait imputer à la requérante la responsabilité du comportement reproché à Thyssen Stahl et lui infliger l'amende en cause ».

797 Voy. infra, nos 1065 à 1079.

798 Voy. supra, n° 475.

799 Voy. TPICE, 20 avril 1999, LVM e.a. c/ Commission, aff. T-305/94, EU:T:1999:80, point 958.

800 Voy. CJCE, 7 janvier 2004, Aalborg Portland e.a. c/ Commission, aff. C-204/00 P, C-205/00 P, C-211/00 P, C-213/00 P, C-217/00 P et C-219/00 P, EU:C:2004:6, point 358.

801 Voy. TPICE, 31 mars 2009, ArcelorMittal Luxembourg e.a. c/ Commission, aff. T-405/06, EU:T:2009:90, points 16 à 24.

restructurations.[802] À cet égard, la question qui se pose est avant tout celle de savoir si la société, auteur direct de l'infraction, demeure responsable ou si cette responsabilité est transférée à la société qui est désormais en charge de la gestion du secteur d'activités transféré. Deux hypothèses doivent être envisagées : celle du transfert d'un secteur d'activités entre sociétés sœurs (A) et celle du transfert d'un secteur d'activités entre une société mère et sa filiale (B).

A. Le transfert d'un secteur d'activités à une société sœur

509. Dans l'affaire *Jungbunzlauer*, la requérante, la société *Jungbunzlauer AG*, faisait valoir que la Commission avait commis une erreur de droit en lui adressant la décision, sanctionnant la participation de sa société sœur, *Jungbunzlauer GmbH*, à l'entente, avant sa création en 1993.[803] En l'espèce, l'infraction avait été débutée par *Jungbunzlauer GmbH*, qui, à la suite d'une restructuration du groupe, avait transféré le secteur d'activités en lien avec l'infraction à la requérante, *Jungbunzlauer AG*. Dans cette situation, la Commission estimait que, « en raison de la succession économique, quant aux tâches liées à la gestion des activités du groupe Jungbunzlauer sur le marché de l'acide citrique, l'infraction commise par *Jungbunzlauer GmbH* avant la restructuration intervenue en 1993 devait être imputée à *Jungbunzlauer [AG]*. Le fait que cette dernière société n'ait pas existé avant 1993 et que *Jungbunzlauer GmbH* ait continué d'exister après cette date [ét]ait dénué de pertinence ».[804]

510. À première vue, la position de la Commission peut ne pas convaincre, dans la mesure où la société, auteur direct de l'infraction, existait toujours juridiquement. Dans l'affaire *Anic*, la Cour avait précisément justifié l'imputabilité de l'infraction à la société cédant le secteur d'activités en raison du maintien de sa personnalité juridique. Toutefois, à la différence de l'affaire précitée, l'hypothèse à laquelle les juges de l'Union étaient confrontées dans l'affaire *Junbunzlauer* était celle d'une restructuration interne à un groupe de sociétés, de sorte qu'il pouvait exister un lien entre les deux sociétés parties à l'opération de restructurations.

511. Sur ce point, le Tribunal fait sien la thèse de la Commission et considère que la requérante, *Jungbunzlauer AG*, destinataire des activités transférées, est le successeur économique de sa société sœur et que, en conséquence, doit répondre du comportement de cette dernière avant le transfert de l'activité en cause. Il ajoute que « le fait qu'une société continue à exister en tant qu'entité juridique n'exclut pas que, au regard du droit [de la concurrence de l'Union], il puisse y avoir transfert d'une partie des activités de cette société à une autre, laquelle devient responsable des actes commis par la première ».[805]

---

802 La question de la répartition des responsabilités se pose dans les mêmes termes si la cession du secteur d'activités intervient pendant l'infraction. Les deux sociétés peuvent-elles être considérées comme coresponsables ou une des deux sociétés doit seule en répondre ? Sur cette question, voy., en particulier, TPICE, 27 septembre 2006, Jungbunzlauer e.a. c/ Commission, aff. T-43/02, EU:T:2006:270, points 131 à 133.

803 Voy. TPICE, Jungbunzlauer c/ Commission, précité, point 107.

804 *Ibid. point 121.*

805 *Ibid., points 131 et 132.*

512. À cet égard, il faut souligner, d'une part, que, s'agissant d'un transfert d'activités économiques entre deux sociétés sœurs durant l'infraction, une seule des sociétés doit en répondre dans sa totalité et non chacune respectivement à concurrence de leur participation à l'infraction. D'autre part, une telle solution procède d'une logique finaliste du droit de la concurrence de l'Union. En effet, la situation diffère nettement de celle de l'affaire *Anic,* dans la mesure où le transfert d'activités est interne à un groupe de sociétés. S'il en avait été autrement, le recouvrement des amendes pourrait être rendu plus difficile pour les autorités de concurrence.[806] D'aucuns objecteront toutefois que, au sein d'un groupe de sociétés, il est fréquent qu'une filiale agisse sous le contrôle de sa société mère, de sorte qu'il conviendrait, avant de se concentrer sur le transfert d'activités entre deux sociétés sœurs, de chercher à imputer l'infraction à la société mère, qui aurait potentiellement exercé un pouvoir de direction sur sa filiale pendant l'infraction.[807]

513. Les juges de l'Union ont été amenés à confirmer cette jurisprudence, en grande chambre, dans l'affaire *ETI.* À la différence de l'affaire *Jungbunzlauer*, l'affaire *ETI* est intervenue à la suite de deux questions préjudicielles posées par le Conseil d'État italien à la Cour. Ces questions visaient à interroger cette dernière précisément sur le critère à appliquer, dans l'hypothèse du transfert d'activités en lien avec une infraction au droit de la concurrence entre deux entités dépendant d'une même autorité publique, la seconde ayant poursuivi l'infraction débutée par la première.[808]

514. Le litige à l'origine des questions préjudicielles opposait l'autorité de la concurrence italienne et la société *ETI.* Cette dernière s'était vue attribuer la responsabilité pour la participation à l'infraction de l'*AAMS*, organisme publique précédemment en charge du secteur du tabac en Italie, antérieurement au transfert des activités liées audit secteur.[809] Sur la question de la responsabilité d'*ETI* pour le comportement passé de l'AAMS, les juridictions italiennes avaient fait droit aux conclusions d'*ETI*, en application du principe de la responsabilité personnelle. En d'autres termes, seule l'*AAMS* aurait dû être responsable de son comportement avant le transfert des activités en cause.

515. Les juges de l'Union, siégeant en grande chambre, adoptent une position opposée. Selon la Cour, étant donné que l'*AAMS* et la société *ETI* dépendaient d'une même autorité publique, pendant l'infraction, l'Autorité de la concurrence italienne pouvait, sans commettre d'erreur, imputer le comportement infractionnel antérieurement au transfert d'activités, à la société *ETI*, en sa qualité de successeur économique.[810]

---

806 Cette position est privilégiée par l'avocat général Mme Kokott dans ses conclusions présentées, certes pour ce qui concerne la problématique de l'imputabilité de l'infraction d'une filiale à sa société mère, dans l'affaire Akzo Nobel, aff. C-97/08 P.

807 À cet égard, dans l'affaire Jungbunzlauer, les sociétés parties à l'opération de restructurations étaient toutes deux des filiales d'un groupe plus important à plusieurs étages.

808 Voy. CJCE, 11 décembre 2007, ETI e.a., aff. C-280/06, EU:C:2007:775.

809 À cet égard, la société ETI était détenue en totalité par le Ministère de l'économie et des finances italien, avant sa privatisation et sa cession au groupe Philipe Morris.

810 Voy. CJCE, 11 décembre 2007, ETI e.a., aff. C-280/06, EU:C:2007:775, points 40 à 49. Il sera, d'une part, relevé qu'une solution différente aurait certes conduit l'Autorité de la concurrence italienne à sanctionner une administration publique de l'État italien. D'autre part, si les préoccupations de l'avocat général Mme Kokott,

516. En clair, les juges de l'Union se limitent à affirmer que la société sœur est le successeur économique de la société cédante. Or, comme indiqué dans le cadre des fondements du transfert de la responsabilité lors des opérations entrainant la dissolution sans liquidation de l'auteur direct de l'infraction, le recours au principe de la continuité économique s'avère contestable en droit de la concurrence. Aussi des fondements alternatifs pourraient-ils être proposés.

517. Davantage d'attention devrait être portée à la nature de la restructuration. Si la structure capitalistique au sein du groupe n'évolue pas, le transfert de l'activité en cause pourrait s'expliquer par une scission partielle. Dans cette hypothèse, le transfert d'activités se fait en échange de titres représentatifs du capital social de la société cessionnaires aux actionnaires de la société cédante. Or, si une société mère détient la totalité du capital social de deux filiales, le transfert d'un secteur d'activités de l'une des filiales à l'autre entraine uniquement une augmentation de capital de la société cessionnaire, augmentation du capital dont les titres seront détenus par leur société mère. Par ailleurs, une scission partielle peut entraîner la transmission du patrimoine, c'est-à-dire des éléments d'actifs et de passifs, du secteur d'activités transféré. Partant, la société cessionnaire pourrait être considérée, non pas comme le successeur économique, mais comme le successeur juridique.

518. En revanche, le transfert d'activités ne pourrait pas s'expliquer par un apport partiel d'actifs, dans la mesure où, dans cette hypothèse, la société cédante acquiert des titres du capital social de la société cessionnaire, de sorte que la structure capitalistique du groupe évoluerait. De même, si le transfert d'activités s'effectue par une simple vente, dans le cadre de laquelle le secteur d'activités en cause est transmis moyennant le versement d'une somme d'argent par la société cessionnaire, il ne saurait y avoir de transfert du patrimoine lié au secteur d'activités transféré. Ainsi, le seul fondement possible serait à nouveau la continuité économique, qui s'avère peu satisfaisante, car, juridiquement, d'une part, les autorités de concurrence pourraient toujours engager la responsabilité de la société mère, si tant est qu'elle formait une même entreprise, au sens du droit de la concurrence, avec la société cédante pendant l'infraction.[811] D'autre part, force est de relever que la société cédante a nécessairement reçu l'équivalent du secteur d'activités transféré en somme d'argent.

519. En tout état de cause, indépendamment de la nature juridique de la restructuration, le transfert de responsabilité peut être toléré à la condition que le transfert d'activités intervienne au sein d'un même groupe de sociétés, non entre groupe de sociétés, comme l'affirme le Tribunal dans l'affaire *Coveris*.[812] À cet égard, si la

---

qui faisait valoir que les règles de concurrence pouvaient être contournées par la transformation de l'auteur direct de l'infraction, à la suite d'un transfert d'activités, en une « coquille vide », peuvent être comprises afin de préserver l'effet utile des règles de concurrence, elles ne convainquent pas pour autant dans l'affaire ETI, dans la mesure où l'AAMS était sous le contrôle de l'État italien (Voy. conclusions de l'avocat général Mme Kokott, prononcées le 3 juillet 2007, dans l'affaire ETI e.a., aff. C-280/06, EU:C:2007:404, point 79. Pour une confirmation de cette approche par le Tribunal, voy. Trib. UE, 6 décembre 2018, Coveris Rigid France c/ Commission, aff. T-531/15, EU:T:2018:885, point 39).

811 Cette condition sera aisément satisfaite si la société mère détient 100 % du capital social de sa filiale.

812 Voy. Trib. UE, 6 décembre 2018, Coveris c/ Commission, aff. T-531/15, EU:T:2018:885, points 39 et 40.

position des juges de l'Union peut se comprendre lorsque la société cessionnaire et la société cédante appartiennent pendant l'infraction au même groupe de sociétés ; les risques d'évitement de l'amende peuvent être importants, il pourrait être soutenu que l'appartenance à un même groupe de sociétés doit perdurer jusqu'à l'adoption de la décision finale.[813] Cette position n'est toutefois pas celle privilégiée par la Cour, laquelle se limite uniquement, dans l'affaire *ETI*, à constater que, durant la période infractionnelle, les sociétés cédante et cessionnaire étaient sous le contrôle d'une même autorité publique.[814]

B. Le transfert d'activités à une filiale

520. L'étude du régime du transfert de la responsabilité entre sociétés sœurs conduit également à s'interroger sur le transfert de la responsabilité d'une société mère à sa filiale.[815] En d'autres termes, la question se pose de savoir si la solution dégagée par les juges de l'Union dans l'affaire *Jungbunzlauer* s'applique également s'agissant d'un transfert d'activités d'une société mère à l'une de ses filiales. Dans l'affirmative, un tel transfert opèrerait un transfert de la responsabilité, non plus de manière horizontale, mais de manière verticale et descendante.

1. La pratique à l'échelle de l'Union

521. Cette question s'est posée, dans un premier temps, à l'occasion du recours formé contre la décision de la Commission sanctionnant une entente sur le marché du polychlorure de vinyle. Dans l'affaire *LVM*, l'une des requérantes, *DSM*, faisait valoir que la Commission avait commis une erreur de droit dans l'imputabilité de l'infraction, en ne tenant pas compte de la filialisation de son activité dans le secteur des matières plastiques au bénéfice de la société *LVM*.[816]

522. Sur ce point, le Tribunal juge que « lorsque l'existence d'une infraction est établie, il convient de déterminer la personne physique ou morale qui était responsable de l'exploitation de l'entreprise au moment où l'infraction a été commise afin qu'elle réponde de celle-ci. Toutefois, lorsque, entre le moment où l'infraction est commise et le moment où l'entreprise en cause doit en répondre, la personne responsable de l'exploitation de cette entreprise a cessé d'exister juridiquement, il convient de localiser, dans un premier temps, l'ensemble des éléments matériels et humains ayant concouru à la commission de l'infraction pour identifier, dans un second temps, la personne qui est devenue responsable de l'exploitation de cet ensemble, afin d'éviter que, en raison de la disparition de la personne responsable de son exploitation au moment de la commission de l'infraction, l'entreprise puisse ne pas répondre de celle-ci ».[817]

---

813 Cette position était celle défendue par l'avocat général Mme Kokott dans ses conclusions dans l'affaire ETI : voy., conclusions du 3 juillet 2017, précitées, points 96 et 110.

814 Voy. CJCE, 11 décembre 2007, ETI e.a., aff. C-280/06, EU:C:2007:775, points 47 et 48.

815 Le transfert peut s'opérer également de la filiale à la société mère, voy., pour une hypothèse relative à la sphère privée du droit de la concurrence, CJUE, 14 mars 2019, Vantaan kaupunki, aff. C-724/17, EU:C:2019:204, points 7 à 11.

816 Voy. TPICE, 20 avril 1999, LVM e.a. c/ Commission, aff. T-305/94, EU:T:1999:80, point 943.

817 *Ibid., point 953.*

523. Un constat s'impose : la position du Tribunal n'est pas dénuée d'ambiguïté. Il affirme qu'il convient d'identifier la « personne physique ou morale, [...], afin qu'elle réponde de [l'infraction] » et d'identifier « la personne qui est devenue responsable de l'exploitation de [l'entreprise], [...] afin d'éviter que [cette dernière] puisse ne pas répondre de celle-ci ». Cette ambiguïté découle précisément du régime de la continuité économique, lequel confond les notions de société et d'entreprise et s'accommode difficilement avec le régime de la responsabilité personnelle. Si l'affirmation du Tribunal selon laquelle c'est à la personne physique ou morale qui exploite l'entreprise de répondre de celle-ci se justifie, il n'en va pas de même de l'affirmation selon laquelle c'est à l'entreprise de répondre de l'infraction, dans la mesure où, en ce qu'elle est définie comme un ensemble de moyens matériels et humains ayant concouru à l'infraction, elle est dépourvue de personnalité juridique.

524. En tout état de cause, indépendamment de cette remarque de principe, la société *DSM* continuait, en l'espèce, d'exister juridiquement à la suite de la filialisation de son secteur d'activités au sein de la société *LVM*.[818] Aussi le Tribunal juge-t-il que « la filialisation de la branche d'activités n'a pas d'influence sur la détermination de l'entreprise responsable de l'infraction ».[819] Ainsi, ce dernier fait une application stricte du principe de la responsabilité personnelle, dans la continuité de la jurisprudence de la Cour dans l'affaire *Anic*.

525. Toutefois, un an après l'arrêt prononcé par le Tribunal dans l'affaire *LVM*, ce dernier adopta, dans un deuxième temps, une position opposée dans l'affaire *Aalborg*, eu égard aux liens structurels existants entre la société mère et sa filiale.[820] Dans cette affaire, l'une des questions qui se posait était celle de savoir si la Commission était en droit d'imputer le comportement infractionnel de l'auteur direct de l'infraction, *Aktiengesellschaft Aalborg Portland Cement Fabrik* (ci-après « *Aalborg Cement Fabrik* »), à sa filiale, *Aalborg*, détenue conjointement à 50 % avec une autre société, *Blue Circle*. Cette filiale commune avait été créée le 26 juin 1990, après l'infraction, en reprenant avec effet rétroactif au 1er janvier 1990, les activités économiques d'*Aalborg Cement Fabrik*.[821]

526. Dans ce contexte factuel, la Commission avait imputé l'infraction commise par *Aalborg Cement Fabrik* à la filiale commune, considérant qu'*Aalborg Cement Fabrik* et sa filiale commune étaient une seule et même « entité économique ». En effet, elle soulignait qu'« une entité économique reste la même lorsque l'ensemble des moyens de production utilisés pour la fabrication du ciment est transféré d'une entreprise à une autre, qui poursuit cette activité industrielle. [Au surplus] un apport de capital par une nouvelle entreprise ne change rien au fait que, en ce qui concerne la production, il s'agit toujours de la même entité économique ».[822]

---

818 *Ibid., point 958.*

819 À nouveau, la question se pose de savoir si le Tribunal vise l'entreprise, au sens du droit de la concurrence, ou la société, responsable de son exploitation.

820 Voy. TPICE, 15 mars 2000, Cimenteries CBR c/ Commission, aff. T-25/95, EU:T:2000:77, points 1336 et s.

821 Voy. CJCE, 7 janvier 2004, Aalborg Portland e.a. c/ Commission, aff. C-204/00 P, C-205/00 P, C-211/00 P, C-213/00 P, C-217/00 P et C-219/00 P, EU:C:2004:6, point 344.

822 *Ibid., point 352.*

527. Au contraire, *Aalborg* faisait notamment valoir que le transfert de la responsabilité « ne concerne que des cas dans lesquels l'entreprise responsable avait cessé d'exister et une autre entreprise avait repris l'ensemble de ses ressources matérielles et humaines ». Selon elle, « le critère dit "de la continuité économique" ne peut jouer qu'au cas où la personne morale responsable de l'exploitation de l'entreprise a cessé d'exister juridiquement après avoir commis l'infraction ».[823] Soulignons que les arguments de la requérante dans cette affaire s'avèrent conforme à l'évolution jurisprudentielle au jour de l'introduction de leur recours. En effet, la Cour ne s'était véritablement prononcée sur les hypothèses de restructurations que dans l'affaire *Anic*, dans laquelle cette dernière a considéré que si la société qui transfère son secteur d'activités se maintient juridiquement, elle doit toujours répondre de sa participation à l'infraction.

528. Toutefois, à la différence de l'affaire *Anic*, le transfert du secteur d'activités s'est fait au sein du nouveau groupe de sociétés formés par les sociétés mères, *Aalborg Cement Fabrik*, et *Blue Circle* et leur filiale commune, *Aalborg*, de sorte que la question se posait de l'incidence de l'appartenance à un même groupe de sociétés.

529. Sur pourvoi, la Cour valide le raisonnement du Tribunal et précise qu'il est vrai que, dans l'affaire *Anic*, elle a jugé qu'« il ne peut y avoir de continuité économique qu'au cas où la personne morale responsable de l'exploitation de l'entreprise aurait cessé d'exister juridiquement après la commission de l'infraction ».[824] Toutefois, elle distingue les deux affaires en ce que cette dernière « affaire concernait [uniquement] le cas de deux entreprises existantes et opérationnelles dont l'une avait simplement cédé une certaine partie de ses activités à l'autre, et qui n'avaient pas de lien structurel entre elles ».[825] Partant, elle considère que le Tribunal n'a pas commis d'erreur de droit, en estimant qu'une participation de 50 % de la société, auteur direct de l'infraction, en charge de l'activité transférée, dans la société cessionnaire de l'activité, constituait un lien structurel suffisant pour lui imputer l'infraction.

530. La particularité de cette affaire réside, d'une part, dans le fait que la filiale commune a été considérée comme responsable de l'infraction commise par l'une de ses sociétés mères, alors même qu'elles n'avaient aucun lien structurel avec l'une ou l'autre pendant l'infraction. En effet, la filiale commune avait été créée à l'issue de la période infractionnelle. Elle réside, d'autre part, dans les arguments de la Commission. Cette dernière fait notamment valoir qu'*Aalborg Cement Fabrik* et *Aalborg* formaient une même « entité économique ». Trois remarques peuvent être faites eu égard à ce constat.

531. La première est de savoir si la Commission se réfère en réalité à la notion d'unité économique, ainsi qu'elle découle notamment de l'arrêt de la Cour dans l'affaire *Akzo Nobel*. Si tel est le cas, d'une part, il n'est pas certain que, du seul fait de la détention de 50 % du capital de la filiale, cette dernière forme une même unité économique, au sens du droit de la concurrence. À cet égard, la Cour n'en fait aucunement référence.

---

823 *Ibid., point 347.*

824 Voy. CJCE, 8 juillet 1999, Commission c/ Anic Partecipazioni, aff. C-49/92 P, Rec, EU:C:1999:356, point 145.

825 Voy. CJCE, 7 janvier 2004, Aalborg Portland e.a. c/ Commission, aff. C-204/00 P, C-205/00 P, C-211/00 P, C-213/00 P, C-217/00 P et C-219/00 P, EU:C:2004:6, point 359.

Avec une participation inférieure, la question reste toutefois ouverte. D'autre part, pendant l'infraction, la filiale commune n'existait pas juridiquement, celle-ci ayant été créé aux fins de l'entrée à son capital social de la société *Blue Circle*, de sorte que, pendant l'infraction, l'unité économique, au sens de l'article 101 TFUE, ne pouvait être formée. Au surplus, si les sociétés formaient bien une même unité économique, au sens du droit de la concurrence, la question reste également ouverte de savoir si l'infraction peut être imputée dans un sens vertical descendant.

532. La seconde porte plus précisément sur la référence à la notion d'« entité économique ». Cette dernière renvoie à l'arrêt de la Cour prononcé dans l'affaire *Höfner*, qui intervient non au stade de l'application des règles de concurrence, mais au stade de leur applicabilité. Dans cette affaire, la Cour juge qu'est une entreprise, « une entité qui exerce une activité économique [...] ». Indépendamment de ce rappel, la Commission fait valoir quant à elle qu'« une entité économique reste la même lorsque l'ensemble des moyens de production utilisés pour la fabrication du ciment est transféré d'une entreprise à une autre, qui poursuit cette activité industrielle ». En somme, la Commission soutient, en substance, qu'une entreprise reste la même lorsque les moyens de production sont transférés d'une société à une autre et non d'une entreprise à une autre. Assurément, les moyens de production restent attachés à une même entreprise, en revanche, un changement majeur doit être relevé : le support juridique de l'entreprise diffère. Pour la Commission, seul compte l'identification de l'entreprise, le changement de support juridique demeure indifférent. Or, pour ce qui concerne à nouveau les hypothèses de continuité économique, la question de savoir si la responsabilité incombe à une société ou est rattachée à l'entreprise demeure ouverte. En principe, seul un sujet de droit est susceptible d'engager sa responsabilité.

533. La dernière remarque porte sur les conséquences de l'imputation de la responsabilité à la filiale commune. En effet, la deuxième société mère, *Blue Circle*, subira, elle aussi, par un mécanisme comptable, le poids de l'amende infligée à la filiale commune, alors même qu'elle n'aurait exercé aucune influence déterminante sur cette filiale pendant l'infraction. En d'autres termes, par sa seule appartenance à un même groupe de sociétés, elle subira les conséquences financières de l'imputation de l'infraction à la filiale commune. En tout état de cause, indépendamment de ces quelques remarques, les seuls liens structurels existant entre *Aalborg Cement Fabrik* et *Aalborg* pourraient justifier le transfert de la responsabilité parallèlement au transfert du secteur d'activités. Autrement dit, la simple appartenance à un groupe de sociétés suffirait.[826]

534. Toutefois, il y a lieu également de s'interroger sur l'incidence de ce transfert sur la responsabilité de la société mère qui, elle, aurait directement participé à l'infraction. Pour apporter des éléments de réponse à cette question, il peut être fait référence, dans un troisième temps, à l'affaire *ArcelorMittal Luxembourg*. En l'espèce, la Commission avait sanctionné, lors d'une première décision,[827] annulée

---

826 Pour une confirmation, voy. Trib. UE, 6 décembre 2018, Coveris Rigid France c/ Commission, aff. T-531/15, EU:T:2018:885, points 42 et 43.

827 Voy Comm. CE, déc. n° 94/215/CECA du 16 février 1994, Poutrelles en acier, JOCE n° L 116 du 6 mai 1994, p. 1..

par les juges de l'Union,[828] une entente à laquelle avait participé, jusqu'en 1992, *TradeARBED*, filiale à 100 % d'*ARBED*, dans le secteur des poutrelles en acier. À cet égard, il y a lieu de préciser que la filiale n'intervenait que pour la distribution des produits sidérurgiques fabriqués par sa société mère. Autrement dit, si la filiale participait directement à l'entente, sa société mère bénéficiait directement de cet accord, eu égard au maintien de ses capacités de production. Par ailleurs, en 1992, une nouvelle filiale, *ProfilARBED*, dont la société mère détenait la totalité du capital social de la société, avait été créée, en vue du transfert par cette dernière, du secteur d'activités économiques en lien avec l'infraction. Dès lors, dans une seconde décision,[829] sanctionnant respectivement *TradeARBED* et *ARBED*, en leur qualité d'auteur direct de l'infraction et de société mère, la Commission avait également ciblé la société *ProfilARBED*, en tant que successeur économique des activités de sa société mère, et condamné solidairement, *in fine*, ces trois sociétés au paiement d'une même amende.[830]

535. Dans ce contexte factuel, la question principale était celle de savoir si la Commission pouvait imputer l'infraction à *ProfilARBED*, en tant que successeur économique, alors même que sa société mère avait déjà été condamnée dans la décision initiale de la Commission. Les requérantes faisaient valoir que la Commission ne pouvait imputer l'infraction tant au successeur économique et à sa société mère.[831] Selon ces dernières « la Commission ne [pouv]ait, sans violer le principe de l'individualité des peines, imputer une même infraction à la fois à l'entreprise qui a participé à l'infraction et à l'entreprise qui a subséquemment exercé l'activité concernée par l'infraction ».[832] Au soutien des conclusions des requérantes dans cette affaire, il pourrait être ajouté que, dans les affaires *Jungbunzlauer* ou *ETI*, si la Commission a bien recherché la responsabilité du successeur économique de l'infraction, elle n'a pas, dans le même temps, imputé l'infraction à l'auteur direct de l'infraction.

536. Dans cette affaire, le Tribunal considère néanmoins que la Commission était en droit d'imputer l'infraction à *ProfilARBED*, conjointement avec les autres sociétés du groupe *ARBED*. Il précise que, dans l'hypothèse d'une restructuration à l'intérieur d'un groupe,[833] « en cas de transfert de tout ou partie des activités

---

828 Voy. TPICE, 11 mars 1999, ARBED c/ Commission, aff. T-137/94, EU:T:1999:46 et CJCE, 2 octobre 2003, ARBED c/ Commission, aff. C-176/99 P, EU:C:2003:524.

829 Voy. Comm. CE, déc. n° C(2006) 5342 final du 8 novembre 2006, Poutrelles en acier, aff. COMP/F/38.907, résumé au JOCE n° C 235 du 13 septembre 2008, p. 4.

830 Voy. TPICE, 31 mars 2009, ArcelorMittal Luxembourg e.a. c/ Commission, aff. T-405/06, EU:T:2009:90, points 16 à 24.

831 *Ibid., point 79. Les requérantes considéraient que « à supposer même que la Commission puisse imputer à la société de production du groupe ARBED la responsabilité de l'infraction commise par TradeARBED, encore faut-il qu'elle choisisse de poursuivre soit ARBED, en tant que société de production active à l'époque des faits litigieux, soit ProfilARBED, en tant que successeur économique d'ARBED dans le domaine de la production de poutrelles ».*

832 *Ibid., point 80.*

833 Le Tribunal se fonde notamment sur l'arrêt de la Cour du 11 décembre 2007, ETI e.a., aff. C-280/06, EU:C:2007:775, points 40 à 49, et les conclusions de l'avocat général Mme Kokott, présentées le 3 juillet 2007, dans cette affaire, EU:C:2007:404, points 65 à 84. L'avocat général met en avant les dangers d'une non-imputation de l'infraction à un successeur économique à l'intérieur d'un même groupe de sociétés. Elle souligne, en effet, que « la jurisprudence applique le critère de la continuité économique aussi dans les cas de restructurations à l'intérieur d'un groupe d'entreprises, lorsque l'exploitant initial ne cesse pas nécessairement

économiques d'une entité juridique à une autre, la responsabilité de l'infraction commise par l'exploitant initial, dans le cadre des activités en question, p[o]u[vai]t être imputée au nouvel exploitant si celui-ci constitu[ait] avec celui-là une même entité économique aux fins de l'application des règles de concurrence, et ce, même si l'exploitant initial exist[ait] encore en tant qu'entité juridique ».[834]

537. Partant, une imputation au successeur économique n'est possible, dans l'hypothèse d'un transfert d'activités économiques et en l'absence de disparition juridique de l'auteur direct de l'infraction, que si la société en charge des activités concernées constitue avec la société cédante une même unité – et non entité – économique, en application de l'article 101 TFUE ou de l'article 102 TFUE.[835]

538. Toutefois, si une société peut devoir répondre d'une infraction, en sa qualité de successeur économique, les juges de l'Union ne répondent pas précisément à la question de savoir s'il est possible d'imputer simultanément une infraction tant au successeur économique qu'à la société ayant cédé le secteur d'activités en cause. L'imputation de l'infraction au successeur économique devrait plutôt se justifier par la non-imputation de l'infraction à la société ayant cédé le secteur d'activités en cause. Selon le Tribunal, une telle pratique se justifie par l'appartenance des trois sociétés à une même unité économique, au sens des articles 101 TFUE et 102 TFUE. Toutefois, sur ce point, d'aucuns objecteront que la notion d'unité économique, au sens des articles 101 TFUE et 102 TFUE, est limitée à la possibilité de rechercher la responsabilité de la société mère, dans l'hypothèse où une filiale non autonome aurait participé à une infraction. En l'espèce, il n'en était pas ainsi entre les sociétés *ProfilARBED* et *ARBED*, dans la mesure où la première a été créée à la suite de l'infraction. Cette question demeure toutefois en suspens car le Tribunal est à nouveau interrogé sur ce point dans le cadre du recours formé contre la décision de la Commission dans l'affaire du *fret aérien*, à la seule différence que, dans cette affaire, l'infraction a été imputée solidairement au successeur économique et au successeur juridique de la société ayant directement participé à l'infraction, les deux premiers appartenant à un même groupe de sociétés.

---

d'avoir une existence juridique, mais qu'il n'exerce plus d'activité économique notable sur le marché concerné. En effet, s'il existe, entre l'exploitant initial et le nouvel exploitant de l'entreprise impliquée dans l'entente, un lien structurel, les intéressés peuvent se soustraire – que ce soit ou non leur intention – à leur responsabilité au regard du droit des ententes en tirant parti des possibilités de reconfiguration juridique dont ils disposent. Ainsi l'exploitant initial pourrait-il par exemple devenir une « coquille vide sans noyau » à la suite d'une restructuration interne au groupe. Une sanction infligée à son encontre en vertu du droit relatif aux ententes n'aurait donc aucun effet. Elle ajoute que « [s]eule l'imputation de la pratique concertée au nouvel exploitant de l'entreprise permet de garantir, dans les types de cas précités, d'une part, que la personne qui est mise en cause est celle qui a éventuellement tiré des profits ou accru la valeur de son entreprise par sa participation à l'entente et, d'autre part, que la sanction en tant que telle ne reste pas sans effets. En effet, seul le nouvel exploitant économiquement actif peut faire en sorte que l'entreprise se comporte à l'avenir d'une manière qui soit conforme aux règles de la concurrence. La sanction pourrait ne pas atteindre un effet comparable si elle était prononcée à l'encontre de l'exploitant initial de l'entreprise, qui a cessé son activité économique. Quant à l'effet dissuasif de prévention générale à l'égard des autres opérateurs économiques, il serait pour le moins plus faible ».

834 Voy. TPICE, 31 mars 2009, ArcelorMittal Luxembourg e.a. c/ Commission, aff. T-405/06, EU:T:2009:90, point 109.

835 *Ibid.*

539. Au surplus, la question pourrait se poser de savoir s'il n'y a pas un risque à rechercher uniquement la responsabilité de la société qui serait cessionnaire du secteur d'activités en lien avec l'infraction quand sa société mère se maintient juridiquement.

Premièrement, en application du principe de responsabilité personnelle, c'est la société mère qui a commis les actes matériels ayant conduit à la commission de l'infraction. Deuxièmement, elle a également bénéficié des profits découlant de l'infraction. Troisièmement, une société pourrait créer une filiale *ad hoc* à la suite d'une infraction avec un faible chiffre d'affaires pour lui transférer le secteur d'activités et limiter, *in fine*, le poids de l'amende.

2. La pratique à l'échelle nationale

540. Pour ce qui est du transfert d'un secteur d'activités de la société mère à sa filiale, l'Autorité de la concurrence semble adopter une position plus conforme au principe de la responsabilité personnelle.

541. Ainsi, dans l'affaire de l'entente dans le secteur du *zinc laminé*, l'Autorité devait se prononcer sur la responsabilité d'une société mère qui avait, à la suite de l'infraction, transféré le secteur d'activités en lien avec l'infraction, à une filiale créée à cet effet.[836]

542. Pour justifier l'absence de transfert de la responsabilité de la société mère à sa nouvelle filiale, l'Autorité de la concurrence souligne simplement que « [l]a circonstance qu'*Umicore France* ait procédé le 1er juillet 2010 au transfert de sa branche d'activité "produits de construction" à *UPBF*, filiale créée le 28 novembre 2008, ne remet pas en cause sa responsabilité. En effet, malgré ce transfert, Umicore France, société qui a mis en œuvre des pratiques enfreignant les règles de concurrence, subsiste juridiquement et demeure donc responsable de l'infraction ».[837]

543. Il se doit par ailleurs d'être souligné que l'Autorité de la concurrence se fonde sur les principes dégagés par la Cour dans l'affaire *Anic*,[838] et ce alors que cette jurisprudence se limite à apprécier la répartition des responsabilités dans l'hypothèse d'un transfert d'un secteur ou d'une branche d'activités entre deux sociétés qui n'appartiennent pas à un même groupe de sociétés, à la différence des arrêts prononcés par la Cour dans les affaires *Jungbunzlauer*, *ETI* ou *ArcelorMittal*.

544. Certes, à première vue, une telle position de l'Autorité pourrait être analysée comme étant contraire à celle des juges de l'Union. Il n'en demeure pas moins que ces derniers se sont limités à conférer la possibilité et non l'obligation pour les autorités de concurrence de transférer la responsabilité d'une société d'un groupe à une autre dans le cadre d'un transfert d'une branche d'activités à l'intérieur du même groupe.

545. Enfin, indépendamment de la question de la conformité de la pratique décisionnelle de l'Autorité de la concurrence avec la jurisprudence des juges de l'Union,

---

836 Voy. cons. conc., déc. n° 00-D-26 du 21 juin 2000 relative à des pratiques relevées lors d'un marché d'électrification rurale dans le département des Pyrénées-Atlantiques et aut. conc., déc. n° 16-D-14 du 23 juin 2016 relative à des pratiques mises en œuvre dans le secteur du zinc laminé et des produits ouvrés en zinc destinés au bâtiment, point 931.

837 *Ibid., point 932.*

838 *Ibid., points 930 et 931.*

la position adoptée dans l'affaire du *zinc laminé* s'avère conforme au principe de la responsabilité personnelle et a le mérite de la simplicité. La question se pose toutefois de savoir si l'Autorité de la concurrence privilégierait la même approche dans le cas où le transfert d'activités conduirait à l'insolvabilité de l'auteur direct de l'infraction.

§ 2. La cession anticipée d'un secteur d'activités

546. L'hypothèse envisagée est celle de la création d'une filiale *ad hoc* visant au transfert d'une partie d'un secteur d'activités précédant la cession d'une filiale à une société appartenant à un autre groupe. L'affaire *Parker* en fournit une bonne illustration.[839]

547. Dans cette affaire que les juges de l'Union ont eu à connaître, la question qui se posait était celle de savoir si une filiale, créée dans l'unique but de céder un secteur d'activités économiques à la société d'un autre groupe, pouvait être considérée comme un successeur économique et se voir ainsi imputer l'infraction commise par l'une des sociétés du groupe cédant l'activité en cause.

548. En l'espèce, deux groupes étaient concernés. L'un comprenait la société mère *Saiag* et sa filiale *ITR* et, l'autre, comprend, notamment, la société *Parker-Hannifin*. Afin de céder le secteur d'activités des tuyaux marins de la société *ITR* à la société *Parker-Hannifin*, une filiale *ad hoc* est créée : *ITR Rubber*. Cette dernière se voit alors transférée le secteur d'activités, puis est rachetée un mois après par *Parker-Hannifin*, renommant la société *Parker ITR*.[840]

549. Dans sa décision, la Commission ne sanctionne que les sociétés *Parker ITR*, pour sa participation à l'infraction de 1986 à 2007, en tant que successeur économique des sociétés *ITR* et *Saiag*, et la société *Parker-Hannifin* pour sa participation à l'infraction, en sa qualité de société mère de la société *Parker ITR*, postérieurement à son acquisition. S'agissant des sociétés *ITR Rubber* et *Saiag*, ces dernières échappent à la sanction, dans la mesure où l'infraction était prescrite pour ce qui les concernait.[841]

550. À cet égard, devant le Tribunal, les requérantes reprochaient à la Commission d'avoir imputé à *Parker ITR* l'infraction commise par ses anciennes sociétés mères. Selon les requérantes, « la Commission a commis une erreur en traitant le transfert des actifs d'*ITR* à *ITR Rubber* comme un type de restructuration interne de l'entreprise justifiant l'application de la théorie de la succession économique et, partant, une dérogation au principe de responsabilité personnelle ». Elles ajoutent que « la jurisprudence récente confirme que, en cas de transfert d'actifs au sein d'un groupe, la théorie de la succession économique ne peut s'appliquer que si

---

839 Voy. Trib. UE, 17 mai 2013, Parker ITR et Parker-Hannifin c/ Commission, aff. T-146/09 ; CJUE, 18 décembre 2014, Commission c/ Parker Hannifin Manufacturing, aff. C-434/13 P, EU:C:2014:2456 et Trib. UE, 14 juillet 2016, Parker Hannifin Manufacturing et Parker-Hannifin c/ Commission, aff. T-146/09 RENV, EU:T:2016:411.

840 Voy. Trib. UE, 17 mai 2013, Parker ITR c/ Commission, précité, points 11 à 26.

841 Voy. Comm. CE, déc. n° C(2009) 428 final du 28 janvier 2009, Tuyaux marins, aff. COMP/39406, résumé au JOUE n° C 168 du 21 juillet 2009, p. 6, et Trib. UE, 17 mai 2013, Parker ITR c/ Commission, précité, point 112.

les liens structurels entre l'entité cessionnaire et l'entité cédante existent encore au moment de l'adoption de la décision constatant l'infraction par la Commission ».[842]

551. Le Tribunal relève que « le critère de la continuité économique n'a pas pour objet, lorsque des règles de droit, telles que celles qui régissent la prescription, font obstacle à ce qu'une entreprise soit sanctionnée pour avoir commis une infraction au droit de la concurrence, ou lorsque l'entreprise qui a cédé la personne morale ayant commis l'infraction à un tiers indépendant a disparu, de permettre de rechercher et d'engager rétroactivement la responsabilité d'une autre entreprise pour les faits qui auraient été commis par la première, à moins qu'elles n'aient des liens structurels qui les unissent sur le plan économique et organisationnel ».[843]

552. Or, dans cette affaire, les sociétés *ITR* et *Saiag* ne pouvaient être poursuivies, la Commission ayant estimé que l'infraction était prescrite en ce qui les concernait,[844] ce qui ne l'a pas pour autant empêché d'imputer le comportement infractionnel des sociétés *ITR* et *Saiag* à la filiale *ad hoc*, en application du critère de la continuité économique.[845] Toutefois, selon le Tribunal, « [i]l appartenait [...] à la Commission de constater que [*Saiag*] et [*ITR*] étaient responsables de l'infraction jusqu'au 1er janvier 2002, puis, le cas échéant, de constater que cette infraction était prescrite ».[846] Il ajoute même que si une infraction peut être imputée dans un sens ascendant, c'est-à-dire, de la filiale à la mère, elle ne peut être imputée dans un sens descendant, c'est-à-dire de la mère à la filiale, lorsque celle-ci n'a pas participé à l'infraction.[847]

553. Sur pourvoi, la Cour infirme l'arrêt du Tribunal. Elle lui reproche de n'avoir pas analysé l'ensemble des opérations en cause. D'une part, la Cour identifie la création de la filiale *ad hoc* puis, d'autre part, la cession de la société *ITR Rubber* à la société *Parker Hannifin*. À cet égard, la Cour considère que le Tribunal se devait de vérifier l'existence ou non d'une continuité économique et les liens structurels existants entre les différentes sociétés du groupe *Saiag*[848], ce que le Tribunal constate dans son arrêt prononcé sur renvoi.[849]

554. La constatation de l'existence d'une situation de continuité économique dans l'affaire *Parker* n'était pas dénuée d'enjeux. En effet, la Commission s'est trouvée confrontée à la prescription de son action pour les sociétés *Saiag* et *ITR*, de sorte que, pour sanctionner la participation de ces sociétés au cartel et assurer l'effet utile des règles de concurrence, elle a cherché à imputer l'infraction à la filiale *ad hoc* par l'intermédiaire de laquelle le secteur d'activités en lien avec l'infraction a été cédée à un autre groupe. Cette approche aura été, en substance, confirmée par le Tribunal dans l'affaire *Prysmian*, dont le cadre factuel était proche de celui de l'affaire *Parker*. Une différence majeure mérite toutefois d'être

---

842 Voy. Trib. UE, 17 mai 2013, Parker ITR c/ Commission, précité, points 58 et 59.

843 *Ibid., point 98.*

844 *Ibid., point 112.*

845 *Ibid., point 113.*

846 *Ibid., point 118.*

847 *Ibid., point 123. Voy., toutefois, pour une hypothèse où la filiale a participé, du moins en partie, à l'infraction, Trib. UE, 12 décembre 2018, Biogaran c/ Commission, aff. T-677/14, EU:T:2018:910, point 216.*

848 Voy. CJUE, 18 décembre 2014, Commission c/ Parker Hannifin, précité, points 64 à 67.

849 Voy. Trib. UE, 14 juillet 2016, Parker Hannifin Manufacturing e.a. c/ Commission, précité.

relevée. D'une part, dans l'affaire *Pyrsmian*, la cession du secteur d'activités avait été réalisé d'une société sœur à une autre. Dit autrement, l'infraction n'avait pas été commise, à la différence de l'affaire *Parker*, par une société mère. D'autre part, la Commission n'était pas forclose pour rechercher la responsabilité de la société mère. Aussi l'infraction avait-elle été imputée à la société cessionnaire, laquelle avait été cédée à un autre groupe à l'issue de l'infraction, en sa qualité de successeur économique, et à son ancienne société mère.[850]

555. Deux remarques peuvent être formulées. Premièrement, dans la plupart des exemples de continuité économique au sein d'un même groupe de sociétés, les sociétés impliquées faisaient toujours partie du groupe en cause au jour de la décision de la Commission et n'étaient pas destinées à être cédées à un autre groupe de sociétés.[851] La question se pose donc de savoir si, dans l'affaire *Parker*, la Commission ne détourne pas le critère de la continuité économique de sa finalité originelle pour des considérations d'opportunité quant à la sanction.[852]

556. Deuxièmement, le transfert de la responsabilité pourrait s'expliquer sans passer nécessairement par le principe de la continuité économique en s'intéressant davantage à la nature juridique de la restructuration. En effet, en droit des sociétés, une filialisation d'un secteur d'activités par une société peut s'effectuer par le biais d'un apport partiel d'actif, à l'occasion duquel la société cédante acquiert les titres du capital social de sa filiale correspondant au secteur d'activités transféré. Plus précisément, si l'apport partiel d'actifs est réalisé sous le régime des scissions, il entrainera la transmission du passif en lien avec le secteur d'activités transféré, de sorte que la filiale pourrait être considérée comme le successeur juridique de la société cédante.[853] Toutefois, si l'apport partiel d'actif n'emporte pas la transmission du patrimoine, d'aucuns pourrait soutenir que le simple transfert des actifs ne devrait pas permettre de transférer également la responsabilité.

---

850 Voy. Trib. UE, 12 juillet 2018, Prysmian c/ Commission, aff. T-475/14, EU:T:2018:448, points 124 à 141.

851 Voy. TPICE, 31 mars 2009, ArcelorMittal Luxembourg e.a. c/ Commission, aff. T-405/06, EU:T:2009:90, point 108 ; TPICE, 27 septembre 2006, Jungbunzlauer e.a. c/ Commission, aff. T-43/02, EU:T:2006:270, points 131 à 133 et CJCE, 7 janvier 2004, Aalborg Portland e.a. c/ Commission, aff. C-204/00 P, C-205/00 P, C-211/00 P, C-213/00 P, C-217/00 P et C-219/00 P, EU:C:2004:6, points 354 à 359. Voy., contra, CJCE, 11 décembre 2007, ETI e.a., aff. C-280/06, EU:C:2007:775, point 7.

852 Voy. Trib. UE, 17 mai 2013, Parker ITR c/ Commission, précité, point 96. Le Tribunal relève que « [l]a notion de la continuité économique n'a toutefois pas pour objet de permettre de tenir pour responsable d'une infraction une entreprise autre que celle qui, le cas échéant au travers des personnes morales qui la composent, a commis ladite infraction […], à moins que ces deux entreprises n'aient elles-mêmes des liens structurels qui les unissent sur le plan économique et organisationnel […] ou que la personne morale qui a commis l'infraction ait été cédée à un tiers dans des conditions abusives, c'est-à-dire n'étant pas celles du marché, dans l'intention d'échapper aux sanctions prévues par le droit des ententes ». Il appartient toutefois de relever que, dans l'affaire Coveris, le Tribunal juge que « lorsque des actifs d'une entité juridique ayant participé à l'infraction sont transférés à des entreprises indépendantes, la responsabilité suit ces actifs uniquement dans le cas exceptionnel où l'entité juridique qui détenait ces actifs a cessé d'exister juridiquement ou a cessé toute activité économique » (Trib. UE, 6 décembre 2018, Coveris rigid France c/ Commission, aff. T-531/15, EU:T:2018:885, point 40).

853 Voy., notamment, dans l'affaire Prysmian, la cession du secteur d'activités avait été réalisée par le biais d'une scission partielle, laquelle opération, peut, dans certaines hypothèses, entraîner également la transmission des droits et des obligations en lien avec le secteur d'activités transférés. Il sera à cet égard relevé que la Commission avait, dans cette affaire, sanctionné la société Prysmian en qualité de successeur « juridique et économique » de l'auteur direct de l'infraction (voy. Trib. UE, 12 juillet 2018, Prysmian c/ Commission, aff. T-475/14, précité, point 120).

557. Dans le même ordre d'idée, il pourrait être soutenu que la question de la continuité économique ne devrait pas se poser dans l'hypothèse où un groupe de sociétés allonge ou raccourcit la chaîne de contrôle au sein du groupe, ou transfère des activités déterminées en les faisant passer d'une société à l'autre, car, alors, l'entreprise, au sens du droit de la concurrence de l'Union, reste la même, et ce, quand bien même sa structure change.

558. En tout état de cause, si la pratique à l'échelle nationale entend respecter en toutes hypothèses le principe de la responsabilité personnelle ou le principe d'individualité des délits et des peines lorsque l'auteur direct de l'infraction se maintient juridiquement, il n'en va pas nécessairement de même à la lumière de la pratique à l'échelle de l'Union. Ainsi, une distinction doit être faite selon que le transfert d'activités intervient entre deux sociétés d'un même groupe ou d'un groupe différent. Dans la seconde des hypothèses, le principe de la responsabilité personnelle prime, sauf exceptions. En revanche, dans la première des hypothèses, les juges de l'Union confèrent une grande liberté à la Commission. Dans la mesure où les sociétés parties à la restructuration appartiennent à un même groupe de sociétés, chacune est susceptible de répondre de l'infraction de l'autre. Si la filiale commet une infraction, sa société mère pourra devoir en répondre, à la condition que la première ne soit pas autonome. Inversement, si la société mère commet une infraction et transfère son secteur d'activités à sa filiale, cette dernière pourra également devoir en répondre.

559. Force est de relever que les opérations entrainant le transfert des actifs d'une société demeurent à l'origine d'un contentieux important tant à l'échelle de l'Union qu'à l'échelle nationale, dans le cadre duquel s'opposent à nouveau les notions de société et d'entreprise. Lorsque le transfert d'actifs intervient entre deux sociétés n'appartenant pas à un même groupe, les solutions jurisprudentielles s'avèrent, en principe, conformes au principe de la responsabilité personnelle. Dans cette hypothèse, la notion d'entreprise ne saurait être mobilisée. Seule importe l'identification de la société, support juridique de l'entreprise, qui a participé à l'infraction. En d'autres termes, la responsabilité pour la participation à une infraction reste attachée à une entité dotée de la personnalité juridique. En revanche, cette solution de principe est susceptible d'évoluer lorsque le transfert des actifs intervient au sein d'un même groupe de sociétés. Le maintien de la société cédante s'avère indifférent, seule importe la recherche de la société cessionnaire, en sa qualité, non pas de successeur juridique, mais de successeur économique. C'est dans ce contexte que la notion d'entreprise est mobilisée. L'opportunité de cette mobilisation se pose tout autant dans le cadre des opérations entrainant un changement dans le contrôle de la société ayant participé à l'infraction.

Chapitre 3
Le changement de contrôle

560. À la différence des hypothèses de restructurations entraînant la dissolution sans liquidation ou le transfert des actifs de l'auteur direct de l'infraction, l'hypothèse du changement de contrôle est celle dans laquelle la structure de son actionnariat évolue.

561. Il est fréquent que les sociétés fassent l'objet d'acquisitions successives en passant d'un groupe de sociétés à un autre. Une société peut acquérir la totalité du capital social d'une autre société, qui, du fait de cette acquisition, en devient sa filiale. Une société peut également décider de céder la moitié du capital social de sa filiale à une autre société. Dans cette hypothèse, si le contrôle partagé peut être plus difficile à démontrer, il n'est pour autant pas exclu en droit de la concurrence. Il en va de même de l'acquisition d'une participation minoritaire au capital social d'une société, qui, couplée à certains droits spéciaux, peut conférer le contrôle à son acquéreur.

562. Le changement de contrôle d'une société peut également s'inscrire dans une opération plus importante qui est celle de son absorption, opération au terme de laquelle les actionnaires de la société absorbée deviennent actionnaires de la société absorbante.

Or, lorsque la société absorbée est détenue antérieurement à l'opération de fusion par une société mère, la fusion-absorption n'interviendra que dans un second temps. Il appartiendra, dans un premier temps, à la société absorbante de prendre le contrôle de la société absorbée en acquérant auprès de l'ancienne société mère la totalité du capital social.[854] À cet égard, si les conséquences, en termes de responsabilité, de l'absorption d'une société ayant participé à une infraction sont claires, la question se pose en amont de celle de l'éventuelle responsabilité de la société ayant acquis le contrôle. Car, si une société absorbante est susceptible de répondre systématiquement de l'infraction de la société absorbée, il n'en va pas forcément de même de la société qui en a simplement acquis le contrôle.

563. Outre le type d'opérations conduisant au changement du contrôle, le moment auquel ce changement intervient est d'importance aux fins de la détermination des responsabilités. En effet, ces opérations peuvent intervenir pendant l'infraction, après l'infraction, durant la procédure administrative ou encore avant que le juge ne statue.

564. De même, si les opérations de changement de contrôle ne conduisent pas à la dissolution de l'auteur direct de l'infraction, il n'est pas exclu que ce dernier soit dissout à l'issue de l'opération. Toutefois, en pratique, outre l'hypothèse de son absorption ou de sa scission, la dissolution s'accompagnera d'un transfert

---

854 Voy. Cozian, Viandier, Deboissy, op. cit., p. 749.

préalable de ses actifs dans le cadre ou non de procédures collectives, de sorte que les conséquences propres à ce type d'opérations devront être prises en compte par les autorités de concurrence.

565. En clair, l'enjeu n'est pas celui de la responsabilité ou non de l'auteur direct de l'infraction. L'infraction lui sera imputable et, en principe, imputée. La question se pose avec plus d'acuité pour la société qui en acquiert le contrôle. Aussi la répartition des responsabilités dans le cadre d'un changement de contrôle a-t-elle été discutée, d'une part, dans l'hypothèse de l'acquisition du contrôle d'une société autonome (section 1) et, d'autre part, dans l'hypothèse de l'acquisition du contrôle d'une société contrôlée auparavant par une autre société (section 2).

Section 1
L'acquisition du contrôle d'une société autonome

566. L'hypothèse sous examen est celle de l'acquisition du contrôle d'une société isolée ayant participé de manière autonome à une infraction au droit de la concurrence. À cet égard, la question n'est pas tant celle de savoir si l'auteur direct de l'infraction doit répondre de sa participation à l'infraction. Dans le chef de ce dernier, aucune évolution juridique ni même économique ne saurait influer sur son obligation de répondre de son fait personnel. Autrement dit, en application du principe de la responsabilité personnelle, une société qui deviendrait à l'occasion d'une cession de contrôle une filiale d'une autre société est toujours susceptible de répondre de sa participation à l'infraction. En revanche, l'intérêt de cette hypothèse porte plus particulièrement sur la question de savoir dans quelle mesure l'acquéreur de la société, c'est-à-dire sa nouvelle société mère, peut devoir répondre de la participation de sa filiale, antérieurement à son acquisition. Pour répondre à cette question, l'aspect temporel de l'acquisition du contrôle ne devra pas être négligé, selon que l'opération intervient durant l'infraction ou après.

§ 1. La pratique à l'échelle de l'Union

567. Les juges de l'Union ont été les premiers à se prononcer sur cette question, dans l'affaire *Cascades*.[855] En l'espèce, la requérante, la société *Cascades*, avait participé à une infraction sur le marché du carton de 1986 à 1991. En mars 1989, soit pendant l'infraction, cette dernière a racheté deux sociétés, l'une de droit belge, *Van Duffel*, et l'autre de droit suédois, *Djupafors*, qui avaient participé, avant leur acquisition, à un même cartel.[856]

---

[855] Voy. TPICE, 14 mai 1998, Cascades c/ Commission, aff. T-308/94, EU:T:1998:90 et CJCE, 16 novembre 2000, Cascades c/ Commission, aff. C-279/98 P, EU:C:2000:626.

[856] Voy. CJUE, Cascades c/ Commission, précité, point 6. S'agissant du caractère autonome des filiales acquises, il convient de relever que dans cette affaire, la circonstance que ces deux sociétés appartenaient préalablement à

568. S'agissant de la répartition des responsabilités pour la participation à cette infraction, la Commission soulignait, pour sa part, que « lorsqu'une filiale, qui a participé à titre individuel au cartel, est achetée par une autre entreprise, la responsabilité de sa conduite avant le transfert est transférée avec l'acquisition ».[857] Sur ce point, la nouvelle société mère ne reprochait aucunement à la Commission le fait de lui avoir imputé le comportement infractionnel des sociétés acquises, postérieurement à leur acquisition, mais uniquement leur responsabilité antérieurement à l'acquisition.[858]

569. Saisi d'un recours en annulation contre la décision de la Commission, le Tribunal affirme que « le groupe acquéreur d'une société ayant participé à titre individuel à l'infraction doit être destinataire de la décision lorsque plusieurs autres sociétés de ce groupe ont également pris part à l'infraction commise par ladite société ».[859] Il ajoute que, « dans l'hypothèse d'une société ayant, avant son transfert, participé à titre individuel à l'infraction », la responsabilité du comportement infractionnel est imputée au groupe à laquelle la société appartient notamment lorsque plusieurs sociétés du groupe ont participé à l'infraction.[860] Cette solution se justifie d'autant plus, selon le Tribunal, par le fait que la nouvelle société mère avait elle aussi participé à l'infraction. Aussi se devait-elle de répondre de l'infraction dont les sociétés acquises étaient les auteurs directs et ce, pour toute la durée de leur participation à l'infraction.[861]

570. La position du Tribunal dans cette affaire pourrait ne pas convaincre, dans la mesure où elle fait fi de l'ensemble des principes applicables à l'imputabilité d'un comportement infractionnel d'une filiale à sa société mère.[862] Une société mère n'est susceptible de répondre du comportement infractionnel de sa filiale que si elle a exercé de manière effective, sur cette dernière, pendant l'infraction, une influence déterminante. Or, si, postérieurement à l'acquisition, la nouvelle société mère peut avoir exercé un tel pouvoir, il ne saurait en être présumé ainsi antérieurement à l'acquisition.

571. C'est en substance la position privilégiée par la Cour sur pourvoi. Cette dernière précise que l'acquéreur n'est susceptible de devoir répondre du comportement infractionnel des nouvelles filiales, à la seule condition qu'elles forment, ensemble, une même unité économique, postérieurement à l'acquisition.[863]

---

un autre groupe de sociétés et donc étaient sous le contrôle de deux anciennes sociétés mères a été indifférent à la solution du litige.

857 Voy, TPICE, Cascades c/ Commission, précité, point 152.

858 *Ibid., point 138.*

859 *Ibid., point 145.*

860 *Ibid., point 154.*

861 *Ibid., point 158.*

862 Voy. supra, n° 83.

863 Voy. CJCE, Cascades c/ Commission, précité, point 77. Pour une application des règles tenant à l'imputation du comportement infractionnel d'une société transférée, voy. CJCE, 16 novembre 2000, Koninklijke KNP BT c/ Commission, aff. C-248/98 P, EU:C:2000:625, points 71 à 73 ; CJCE, 16 novembre 2000, Stora Kopparbergs Bergslags c/ Commission, aff. C-286/98 P, EU:C:2000:630, points 33 à 40 ainsi que CJUE, 4 septembre 2014, YKK Corporation e.a. c/ Commission, aff. C-408/12 P, EU:C:2014:2153, point 65. Voy., également, TPICE, 14 décembre 2006, Raiffeisen Zentralbank Österreich e.a c/ Commission, aff. T-259/02 à T-264/02 et T-271/02, EU:T:2006:396, point 324.

La Cour ajoute que, en principe, il incombe « à la personne physique ou morale qui dirigeait l'entreprise concernée au moment où l'infraction a été commise de répondre de celle-ci, même si, au jour de l'adoption de la décision constatant l'infraction, l'exploitation de l'entreprise a été placée sous la responsabilité d'une autre personne ».[864]

572. À cet égard, il faut tout d'abord relever que, dans cette affaire, si le Tribunal entendait privilégier une solution pragmatique, dans la mesure où l'acquéreur n'ignorait pas la participation des sociétés acquises à l'infraction, la Cour privilégie, elle, un retour à une certaine orthodoxie juridique en tenant compte de l'aspect temporel au cœur des restructurations sociétaires.

573. Ensuite, la Cour opère une distinction nette entre les sociétés et l'entreprise. Elle s'intéresse « à la personne physique ou morale qui dirigeait l'entreprise concernée au moment où l'infraction a été commise ». Dans ce contexte, l'entreprise n'est dès lors plus conçue comme une « personne », pour justifier l'imputabilité du comportement d'une filiale à sa société mère, mais comme le secteur d'activités en lien avec l'infraction. Autrement dit, en principe, la responsabilité pour une infraction incomberait à la société qui dirigeait l'entreprise pendant l'infraction.

574. Enfin, une telle solution, si elle se justifie en théorie, pourrait ne pas convaincre en pratique. En effet, la question se pose de savoir si, les groupes de sociétés étant verticalement intégrés, l'acquéreur ne devrait pas, du fait d'un mécanisme comptable, supporter au moins une partie de la dette résultant de la condamnation de la société acquise au paiement d'une amende.[865]

§ 2. La pratique à l'échelle nationale

575. À l'échelle nationale, l'Autorité de la concurrence a été confrontée à une hypothèse identique dans l'affaire relative aux *Traitement des chèques*.[866] En l'espèce, la banque *LCL* avait directement participé à une entente dans le secteur bancaire. Toutefois, pendant l'infraction cette dernière avait été acquise par le *Crédit Agricole*, qui avait racheté la totalité de ses actions.[867] La question qui se posait était celle de savoir si l'Autorité de la concurrence pouvait imputer à la banque *LCL*, en tant qu'auteur direct de l'infraction, la responsabilité pour la participation à l'infraction postérieure à son rachat par la banque *Crédit Agricole*. En effet, ces dernières faisaient valoir qu'avec la prise de contrôle de la *LCL* par le *Crédit Agricole*, la première était désormais dépourvue d'autonomie.[868]

---

864 Voy. CJCE, Cascades c/ Commission, précité, point 78.

865 Il y a lieu également de tenir compte de la détermination du plafond de 10 %, qui est calculé sur le chiffre d'affaires de la société mère en cas d'imputation de l'infraction commise par sa filiale : voy. infra, n° 801.

866 Voy. aut. conc., déc. n° 10-D-28, du 20 septembre 2010, relative aux tarifs et aux conditions liées appliquées par les banques et les établissements financiers pour le traitement des chèques remis aux fins d'encaissement.

867 *Ibid., point 613.*

868 Il y a lieu de replacer cette affaire dans le contexte tenant à l'interprétation de la notion d'entreprise par l'Autorité française de concurrence antérieurement à sa décision prononcée dans l'affaire Orange Caraïbe. En effet, l'Autorité de la concurrence imputait l'infraction soit à la filiale, soit à sa société mère, selon que la première était ou non autonome.

576. Sur ce point, l'Autorité de la concurrence rappelle notamment les principes élaborés par la Cour dans l'affaire *Cascades*. Elle souligne que, « lorsque la société qui a commis les pratiques est absorbée par un groupe au sein duquel elle continue, en tant que filiale, à exercer l'activité dans le cadre de laquelle les pratiques ont été commises, elle doit répondre elle-même de son comportement infractionnel antérieur à l'absorption ». Appliqué à l'espèce, la société *LCL* se devait de répondre seule de sa participation à l'infraction antérieurement à son rachat par la société *Crédit Agricole*.[869]

577. En clair, si une société acquiert le contrôle d'une autre à l'issue de l'infraction, elle ne répondra pas de la participation de sa nouvelle filiale à l'infraction. En revanche, si l'acquisition intervient pendant l'infraction, et que la nouvelle filiale continue d'y participer, alors la nouvelle société mère pourra se voir imputer l'infraction à laquelle sa filiale continue de participer, mais seulement pour ce qui concerne la période postérieure à l'acquisition.

Section 2 L'acquisition du contrôle d'une société affiliée

578. Dans la continuité de l'hypothèse précédente, celle de l'acquisition d'une société affiliée, c'est-à-dire une société détenue par une autre, peut également être envisagée. Une société détenant la totalité du capital d'une autre société, c'est-à-dire sa filiale, peut décider de céder cette dernière à une autre société, qui en prendra ainsi le contrôle. Dans cette hypothèse, au jour de la décision d'une autorité de concurrence, la société cédée appartiendra à une nouvelle société mère. En sa qualité d'auteur direct de l'infraction, elle engagera sa responsabilité.

579. Toutefois, la question qui se pose est celle de la répartition des responsabilités entre les sociétés mères. La nouvelle société mère pourrait devoir répondre des agissements de sa filiale, antérieurement à son acquisition. À l'inverse, l'ancienne société mère pourrait demeurer responsable des agissements de son ancienne filiale. Pour y répondre, une distinction doit être faite selon que la cession intervient durant (§2) ou après l'infraction (§1).

§ 1. La cession après l'infraction

580. Lorsque la cession intervient après l'infraction, la question se pose de savoir laquelle des sociétés mères en présence peut être considérée comme responsable du comportement de la filiale, au moment où l'infraction a été commise. Deux hypothèses contentieuses peuvent être distinguées : une cession de contrôle intervenue entre deux groupes de sociétés, à savoir une restructuration externe (A), et une cession de contrôle dans le cadre d'une restructuration interne à un groupe de sociétés (B).

---

869 *Ibid., points 615 à 617.*

A. Les restructurations externes

581. Cette hypothèse ne semble pas différer de celle de l'affaire ayant donné lieu à l'arrêt prononcé par la Cour dans l'affaire *Cascades*. En effet, il ressort de cet arrêt qu'il incombe « à la personne physique ou morale qui dirigeait l'entreprise concernée au moment où l'infraction a été commise de répondre de celle-ci, même si, au jour de l'adoption de la décision constatant l'infraction, l'exploitation de l'entreprise a été placée sous la responsabilité d'une autre personne ».[870] Autrement dit, dans l'hypothèse sous examen, la personne morale en charge de l'exploitation de l'entreprise, au sens de la jurisprudence précitée, n'a pas changé, dans la mesure où la société cédée, auteur direct de l'infraction, a uniquement fait l'objet d'une cession de contrôle. Partant, la responsabilité pour la participation à l'infraction doit logiquement reposer sur cette dernière.

582. Toutefois, outre la situation de la société cédée, il y a également lieu d'envisager celles des sociétés mères respectives. En effet, ainsi qu'il ressort d'une jurisprudence constante, « le comportement d'une filiale ayant une personnalité juridique distincte peut être imputé à la société mère, notamment lorsque ladite filiale ne détermine pas de façon autonome son comportement sur le marché, mais applique pour l'essentiel les instructions qui lui sont données par la société mère ».[871] Partant, la Commission pourrait cibler uniquement la société mère qui contrôlait la société cédée pendant l'infraction.

583. Toutefois, à la lumière du pouvoir discrétionnaire ou du large pouvoir d'appréciation des autorités de concurrence dans l'identification des responsables d'une infraction, l'imputation de l'infraction à l'ancienne société mère n'est qu'une faculté pour la Commission. Il ressort notamment de la jurisprudence que, « lorsqu'il existe plusieurs personnes, physiques ou morales, telles que, [...] une société mère et une [filiale], qui peuvent être tenues pour responsables du comportement infractionnel de l'entreprise en cause, la Commission est libre de choisir d'imputer ledit comportement à l'une d'elles ou à chacune d'elles en même temps ».[872] Partant, la Commission pourrait, sans commettre d'erreurs de droit, imputer le comportement infractionnel à la seule filiale, auteur direct de l'infraction et non cibler l'ancienne société mère.

584. *A contrario*, la nouvelle société mère ne saurait en aucun cas répondre de l'infraction commise antérieurement par la société cédée, conformément aux principes élaborés par la Cour dans son arrêt prononcé dans l'affaire *Cascades*. Dans son arrêt prononcé dans l'affaire *Uralita*, le Tribunal souligne clairement que « [c]onformément [au principe de responsabilité personnelle], la Commission ne saurait imputer à l'acquéreur d'une personne morale la responsabilité du comportement de celle-ci antérieur à son acquisition, cette responsabilité devant être imputée à la société elle-même dans la mesure où celle-ci existe encore ».[873]

---

870 Voy. CJCE, Cascades c/ Commission, précité, point 78.

871 Trib. UE, 25 octobre 2011, Uralita c/ Commission, aff. T-349/08, EU:T:2011:622, point 51. Voy., également, CJCE, 14 juillet 1972, ICI c/ Commission, 48/69, EU:C:1972:70, point 37 ; CJCE, 16 novembre 2000, Metsä-Serla e.a. c/ Commission, aff. C-294/98 P, EU:C:2000:632, point 27 et CJCE, 2 octobre 2003 Aristrain c/ Commission, aff. C-196/99 P, EU:C:2003:529, point 96.

872 Trib. UE, Uralita c/ Commission, précité, point 60.

873 *Ibid., point 61. Voy., également, TPICE, 14 décembre 2006, Raiffeisen Zentralbank Österreich e.a. c/ Commission, aff. T-259/02 à T-264/02 et T-271/02, EU:T:2006:396, point 333 et TPICE, 30 septembre 2009, Hoechst*

585. En clair, s'agissant de la responsabilité, il est vrai qu'il pourrait sembler pour le moins surprenant d'imputer à la nouvelle société mère la responsabilité de sa filiale, antérieurement à son acquisition. Il n'en reste pas moins que, sur les plans comptables et économiques, les groupes de sociétés étant verticalement intégrés, l'acquéreur devra, du fait d'un mécanisme comptable, supporter au moins une partie de la dette résultant de la condamnation de la société acquise et du paiement de l'amende en résultant. Assurément, si la Commission décide d'imputer l'infraction à la société cédée uniquement, la nouvelle société mère, supportera, pour le moins comptablement, l'amende infligée à sa filiale, pour son comportement infractionnel antérieur à l'acquisition.

B. Les restructurations internes

586. L'hypothèse contentieuse qui doit retenir l'attention est celle dont a eu notamment à connaître l'Autorité de la concurrence dans l'affaire des *Produits laitiers*.[874] Dans cette affaire, l'une des filiales qui avait participé à l'infraction, la société Senoble France, avait fait l'objet d'une cession de contrôle lors d'une restructuration interne à un groupe de sociétés. Schématiquement, la société Senoble France était détenue pendant l'infraction par la société Senoble Holding.[875] À l'issue de l'infraction, cette dernière s'était associée avec la société Agrial pour créer une société détenue à parts égales, Senagral Holding, laquelle s'était vu octroyer 100 % du capital de la société Senoble France alors renommée Senagral.[876] Aussi dans ce contexte factuel la question de la répartition des responsabilités s'est-elle posée.

587. S'agissant de la société Senoble France, laquelle a été renommée Senagral, l'imputabilité puis l'imputation de l'infraction ne souffre aucune contestation. En sa qualité d'auteur direct de l'infraction, elle répond assurément de cette dernière. En revanche, l'Autorité de la concurrence a entendu imputer également l'infraction, en sa qualité de société mère, à la société Senagral Holding, nouvellement créée postérieurement à l'infraction. Aussi l'Autorité de la concurrence avait-elle justifié l'imputation de l'infraction à la société Senagral Holding par l'influence déterminante qu'elle avait exercé sur la société Senagral, anciennement Senoble France, pendant l'infraction.

588. À cet égard, il est certes possible de s'interroger sur cette imputation, pour la simple raison que la société Senagral Holding n'existait pas pendant l'infraction. Il n'en reste pas moins que certains éléments factuels doivent être soulignés. Premièrement, la société Senagral Holding a été créée dans le cadre d'une restructuration interne à un groupe, impliquant notamment l'ancienne société mère directe de la société Senoble France. En d'autres termes, s'agissant de la structure du groupe, la société Senagral Holding était uniquement venue s'intercaler entre les deux. Deuxièmement, la société Senagral Holding, tout

---

c/ Commission, aff. T-161/05, EU:T:2009:366, point 60.

874 Voy. aut. conc., déc. n° 15-D-03 du 11 mars 2015 relative à des pratiques mises en œuvre dans le secteur des produits laitiers frais.

875 *Ibid., cons. 35.*

876 *Ibid., cons. 255.*

comme la société Senoble France, avait choisi de ne pas contester les griefs notifiés par l'Autorité de la concurrence. En d'autres termes, elle avait pour ce faire implicitement reconnu sa responsabilité pour la participation de la société Senoble France à l'infraction. Sur ce point, le fait que l'Autorité de la concurrence n'avait pas entendu recourir à la procédure de non-contestation des griefs demeure indifférent. Toutefois, ces circonstances particulières ne sauraient justifier l'imputation de l'infraction à la société Senagral Holding. La Cour d'appel de Paris annule précisément la décision de l'Autorité de la concurrence sur ce point, en constatant simplement que la société Senagral Holding ne saurait avoir formé une même entreprise, au sens du droit de la concurrence, avec la société Senoble France pendant l'infraction puisqu'elle n'existait tout simplement pas juridiquement.[877]

589. Plusieurs enseignements peuvent être tirés de cette affaire. Le premier concerne la position formaliste de la Cour d'appel de Paris, dans la lignée de la jurisprudence de la Cour dans l'affaire *Cascades*. Une société mère n'est susceptible de répondre de l'infraction d'une autre société que si elle en détenait le contrôle pendant la période infractionnelle. L'existence de restructurations internes à un groupe de société postérieures à l'infraction ne saurait faire office d'exception. Certes, il aurait été préférable pour l'Autorité de la concurrence de cibler la société Senoble Holding, devenue l'une des sociétés mères de la société Senagral Holding.

590. Le second enseignement concerne davantage l'incidence d'aménagements conventionnels. L'un des points importants de cette affaire était précisément la reconnaissance par la société Senagral Holding, en substance, de sa responsabilité, d'une part, dans le cadre d'une demande visant à bénéficier de la procédure de non-contestation des griefs, et, d'autre part, dans le cadre des observations écrites.[878] Toutefois, cette circonstance semble demeurer indifférente. A nouveau, il importe uniquement que la société qui se voit imputer l'infraction en qualité de société mère ait exercé une influence déterminante sur une filiale de manière effective pendant l'infraction.

§ 2. La cession durant la période infractionnelle

591. L'appartenance d'une société à deux groupes successifs peut aussi intervenir durant la période infractionnelle. Dans cette hypothèse, chaque société mère pourra se voir imputer l'infraction commise par sa filiale, à concurrence de la durée pendant laquelle chaque société mère aura exercé une influence déterminante.

592. Devant les juges de l'Union, l'affaire *Areva* fournit un bon exemple de pratiques anticoncurrentielles impliquant plusieurs groupes de sociétés se succédant.[879] Dans

---

[877] Voy. CA Paris, 23 mai 2017, n° 2015-08224

[878] *Ibid., cons. 194 et 195.*

[879] Voy. CJUE, 10 avril 2014, Areva e.a. c/ Commission, aff. C-247/11 P et C-253/11 P, EU:C:2014:257, point 6 ; sur cet arrêt, voy., notamment, L. Bernardeau, « Ave Curia, alteri debitores in solidum te salutant ! (premiers commentaires de l'arrêt Areva et Alstom) », RLC, 2014, 40, p. 120 ; Voy., également, pour une affaire similaire, Trib. UE, 13 septembre 2010, Trioplast Industrier c/ Commission, aff. T-40/06, EU:T:2010:388, point 56.

cette affaire, une partie du comportement de la filiale a été imputée à la première société mère, à concurrence de la durée pendant laquelle cette dernière a exercé une influence déterminante sur la filiale, et pour la durée restante, à une nouvelle société mère. Ainsi, l'infraction commise par la filiale avait été imputée à chaque société mère pour la période pendant laquelle celles-ci formaient avec la filiale une même entreprise, au sens du droit de la concurrence. Aussi se posait-il la question de savoir si la première société mère pouvait être exonérée d'une quelconque responsabilité, dans la mesure où la filiale, auteur direct de l'infraction, avait été cédée à une nouvelle société mère.

593. Pour le Tribunal, « il ne résulte pas de la jurisprudence [de la Cour] que, en cas de cession de contrôle de la filiale qui dirigeait directement l'entreprise ayant commis l'infraction, seule l'ancienne société mère, qui dirigeait indirectement l'entreprise par sa filiale, devrait être tenue pour personnellement responsable de la participation de cette entreprise à l'infraction pour la période antérieure à la cession ».[880] Ce dernier valide le raisonnement de la Commission qui a imputé l'infraction commise par la filiale respectivement à chaque société mère à concurrence du contrôle exercée par chacune sur cette dernière et les a condamnés solidairement au paiement d'une même amende[881], ce qui a suscité une controverse propre à la solidarité.[882]

594. Cette solution s'inscrit dans la lignée des principes élaborés par les juges de l'Union. Toutefois des développements inédits doivent être soulignés, en ce que le Tribunal présente à nouveau l'entreprise comme l'activité économique exercée par la filiale. Dans l'affaire *Areva*, une distinction est faite entre la filiale qui exploite directement l'entreprise et la société mère qui l'exploite de manière indirecte.

595. Par ailleurs, il en va de même dans le cadre de la création d'une société commune, détenue, le cas échéant à parts égales. La question demeure identique : la société mère, contrôlant à moitié une filiale, peut-elle se voir imputer une infraction commise par cette dernière, antérieurement à la création de cette société commune ?

596. Une telle situation n'est pas si différente de celle impliquant une succession simple de groupe de sociétés. En application des principes posés, notamment dans l'affaire *Cascades*, la nouvelle société mère ne saurait se voir imputer l'infraction commise par la filiale, antérieurement à l'acquisition de son contrôle. En effet, la personne morale qui était responsable de l'exploitation de l'entreprise au moment

---

880 Voy. Trib. UE, 3 mars 2011, Areva e.a. c/ Commission, aff. T-117/07 et T-121/07, EU:T:2011:69, point 137. La distinction entre exploitation directe ou indirecte pourrait ne pas convaincre. D'aucuns pourrait tenter de soutenir qu'il ne saurait y avoir deux capitaines sur un même bateau.

881 *Ibid., points 138 à 140. Le Tribunal souligne également l'existence d'une clause de garantie de passif qui confirme l'imputation de l'infraction opérée par la Commission « [a]u demeurant, le fait, non contesté par les sociétés du groupe Areva, que celles-ci ont stipulé une clause de garantie de passif dans le contrat de cession, qui couvre, notamment, le risque qu'Areva T & D SA et Areva T & D AG se voient imputer la participation de l'entreprise concernée à une infraction au droit de la concurrence pour la période ayant précédé sa cession et qu'elles soient personnellement sanctionnées à ce titre, démontre que l'imputation de l'infraction à laquelle la Commission a abouti dans la décision attaquée était raisonnablement prévisible, avant même l'adoption de celle-ci, pour les sociétés du groupe Areva, et ce au regard des règles d'imputation des infractions alors applicables ».*

882 Voy. infra, n° 888.

où l'infraction a été commise doit se voir imputer le comportement infractionnel de celle-ci. Tant que cette personne morale existe, la responsabilité suit l'auteur direct de l'infraction. Autrement dit, la filiale, auteur direct de l'infraction doit en répondre. Il en va de même pour l'ancienne société mère, à la condition qu'elle ait exercée sur cette dernière, précédemment à la cession des actions de sa filiale, une influence déterminante.

597. Au surplus, dans le cas où la participation à la société commune se fait durant l'infraction, alors la nouvelle société mère ne sera responsable que si est démontrée l'influence qu'elle a pu exercer sur la filiale, durant la deuxième période de l'infraction.[883] À cet égard, l'imputation du comportement infractionnel aux sociétés mères qui détiendraient chacune la moitié du capital social d'une filiale ne repose sur aucune présomption et nécessitera une analyse précise de l'influence déterminante exercée sur la filiale commune.[884]

598. Ainsi, les hypothèses de changement dans le contrôle de la société ayant participé directement à l'infraction soulèvent peu de difficultés. Les solutions dégagées par les juridictions de contrôle s'inscrivent dans la lignée de la jurisprudence sur la notion d'entreprise, au sens du droit de la concurrence. Les enseignements sont les suivants. D'une part, une société qui acquiert le contrôle d'une autre société ne saurait devoir répondre de la participation antérieure de cette société à l'infraction, dans la mesure où, pendant la participation de cette dernière à l'infraction, la société acquéreuse n'en détenait pas encore le contrôle. D'autre part, la notion d'entreprise, au sens du droit de la concurrence, ne saurait être mobilisée a posteriori, ce qui n'est pas sans interroger quant à la pratique identifiée dans le cadre d'un transfert d'actifs postérieur à l'infraction étant intervenu à l'intérieur d'un groupe de sociétés. Par ailleurs, c'est davantage sur le terrain de la responsabilité de l'ancienne société mère que les hypothèses de changement de contrôle sont susceptibles de soulever des questions, puisque, dans certaines hypothèses, la Commission ne recherche pas la responsabilité de l'ancienne société mère. Il en va ainsi précisément lorsque l'acquisition du contrôle est une opération préalable à l'absorption de la société

---

883 Voy., pour une illustration d'une participation à une société commune durant l'infraction, Trib. UE, 15 juillet 2015, Akzo Nobel e.a. c/ Commission, aff. T-47/10, EU:T:2015:506. Par ailleurs, si la création de la filiale commune intervient à la suite de l'infraction, l'une des sociétés mères, qui n'est pas à l'origine du transfert d'activités ne sera pas responsable de la participation de cette dernière à l'infraction, qui devrait répondre en sa qualité de successeur économique. Voy. CJCE, 7 janvier 2004, Aalborg Portland e.a. c/ Commission, aff. C-204/00 P, C-205/00 P, C-211/00 P, C-213/00 P, C-217/00 P et C-219/00 P, EU:C:2004:6, points 347 et s.

884 Voy. supra, nos 129 à 134.

CONCLUSION DU TITRE II

599. Les hypothèses de restructurations sociétaires invitent à repenser les places de l'entreprise et de la société. Dans ces hypothèses, l'entreprise, entendue comme un ensemble de moyens matériels et humains, est conçue en-deçà de la personne morale, laquelle en constitue le seul support juridique. Autrement dit, une coïncidence doit être observée, en principe, entre l'entreprise et la société. Et lorsque l'entreprise coïncide avec la société ayant directement participé à l'infraction, aucun problème ne saurait, en principe, se poser en termes de responsabilité. En revanche, il n'en va pas de même lorsque l'entreprise ne coïncide plus avec la société ayant directement participé à l'infraction. Il en va ainsi lorsque la société a fait l'objet d'une fusion ou d'une scission ou encore lorsque ses actifs ont été transférés. Dans ces hypothèses, la question s'est posée de savoir sur qui devait reposer la responsabilité relative à l'infraction.

600. Deux fondements ont été dégagés en jurisprudence. Le premier, la continuité juridique, invite à identifier si les droits et obligations de la société ayant participé à l'infraction, laquelle a disparu juridiquement, ont été transférés. Dans l'affirmative, la responsabilité incombera au successeur juridique, ce qui est conforme au principe de la responsabilité personnelle, en ce que le successeur juridique a repris à sa charge les éléments de passif du patrimoine de la société ayant participé directement à l'infraction. Sur ce point, il doit être souligné que la responsabilité repose sur une entité dotée de la personnalité juridique et non sur l'entreprise, dont la mobilisation ne s'avère aucunement nécessaire pour résoudre, à cet endroit, les problèmes de détermination des responsabilités.

601. Le second, la continuité économique, est davantage contestable, en ce qu'elle peut être notamment invoquée – certes dans des hypothèses limitées – lorsque la société ayant participé directement à l'infraction se maintient juridiquement. En d'autres termes, la responsabilité incombera à la société qui poursuit l'activité économique de la société ayant directement participé à l'infraction. Dans ce contexte, il n'est pas aisé de répondre à la question de savoir comment faire peser la responsabilité sur cette dernière, alors que, d'une part, elle n'a commis aucun acte matériel de l'infraction, et, d'autre part, celle y ayant directement participé se maintient juridiquement. C'est dans cette hypothèse précise qu'est de nouveau opportunément mobilisée la notion d'entreprise, au sens du droit de la concurrence, et ce, à double titre. Il sera considéré, d'une part, que c'est à l'entreprise de répondre de l'infraction et, par voie de conséquence, à la société qui en constitue le support juridique, indépendamment du fait qu'elle ne le fût pas pendant l'infraction. D'autre part, hormis les hypothèses discutables de cession d'entreprise dans le cadre d'une opération de liquidation, laquelle entraîne la dissolution de la société cédante, ou entre sociétés indépendantes, le transfert de la responsabilité fondée sur la continuité économique s'opère principalement dans le cadre d'une entreprise,

entendue comme une unité économique. En d'autres termes, si l'existence d'une unité économique permet d'imputer le comportement infractionnel d'une filiale à sa société mère, elle permet également de justifier le transfert de la responsabilité d'une société à son successeur économique lorsque ces derniers sont liés. En tout état de cause, un constat s'impose : la société qui répond de l'infraction en droit de la concurrence n'est pas toujours celle l'ayant commise.

602. Aussi la question peut-elle se poser de savoir s'il doit être privilégié le recours à la continuité dite « juridique » ou à la continuité dite « économique ». La continuité juridique permet de se concentrer sur la transmission des droits et des obligations, rattachées nécessairement à un sujet de droit. En d'autres termes, la société qui acquiert ces droits et obligations acquiert potentiellement la dette tenant à la participation à l'infraction antérieurement à l'opération de la société cédante, telle que l'illustre par analogie la position de la Cour dans l'affaire *Modelo Continente Hipermercados*. Ce fondement doit être privilégié en priorité puisqu'il permet de faire peser la responsabilité d'une infraction sur une personne morale, en d'autres termes sur une entité dotée de la personnalité juridique. En revanche, se fonder sur la continuité économique s'avère beaucoup moins convaincant, en ce qu'elle nécessite de faire peser la responsabilité non plus sur la société mais sur l'entreprise, au sens du droit de la concurrence. L'application dudit critère se doit ainsi d'être limitée à des hypothèses casuistiques et résiduelles, à savoir où la continuité juridique ne saurait être mobilisée.

CONCLUSION DE LA PARTIE I

603. Répondre à la question de savoir laquelle de l'entreprise ou de la société est, en droit de la concurrence, l'auteur de l'infraction n'est pas un exercice des plus aisés. En principe, est privilégiée une lecture pénaliste du droit de la concurrence, l'auteur de l'infraction devrait être la personne qui commet les faits incriminés et, *a fortiori*, celle qui en répond en engageant sa responsabilité, sur le fondement de la responsabilité personnelle.

604. Pour ce qui concerne les questions soulevées par la répartition des responsabilités au sein d'un groupe de sociétés, il y a lieu de relever que, *de lege lata*, l'auteur de l'infraction n'est pas un sujet de droit. L'auteur de l'infraction demeure l'entreprise, au sens du droit de la concurrence, laquelle s'avère dépourvue de personnalité juridique. Si, à première vue, son absence de personnalité juridique peut sembler un obstacle juridique dirimant, dans la mesure où seule une entité dotée de la personnalité juridique est susceptible de commettre une infraction et d'en répondre, il n'en va pas ainsi en droit de la concurrence. C'est bel et bien par le prisme de l'entreprise que les juridictions de contrôle vont vérifier la conformité de la pratique avec le principe de responsabilité personnelle. L'entreprise, au sens du droit de la concurrence, serait donc une « personne » au même titre qu'une entité dotée de la personnalité juridique. Toutefois, l'absence de personnalité juridique demeure un obstacle pour mettre en œuvre de manière effective les règles de concurrence. Il faut bien en convenir seules les sociétés composant l'entreprise, au sens du droit de la concurrence, peuvent se voir notifier une décision sanctionnant le comportement infractionnel de l'entreprise par l'infliction d'une amende. Autrement dit, les sociétés qui composent l'entreprise n'interviennent que pour des considérations procédurales.

605. Pour ce qui concerne les questions soulevées par la répartition des responsabilités dans les hypothèses de restructurations sociétaires, le raisonnement suivi s'avère différent. Il n'est fait référence à l'entreprise que pour justifier le recours au principe de la continuité économique, à savoir pour imputer la responsabilité d'une infraction à une société qui poursuit l'activité économique de la société y ayant, pour sa part, directement participé. Hormis cette hypothèse, la conformité de la pratique avec le principe de la responsabilité personnelle se vérifie uniquement à l'échelle d'une société et non de l'entreprise, laquelle s'apprécie

en-deçà de la société. Dans ces hypothèses, l'auteur de l'infraction pourrait être à nouveau la société.

606. En tout état de cause, le recours à la notion d'entreprise, au sens du droit de la concurrence, poursuit à chaque fois une finalité précise : premièrement, justifier l'imputation du comportement infractionnel d'une filiale à sa société mère, et ce, en l'absence de responsabilité expresse pour un fait d'autrui ; deuxièmement, justifier le recours au principe de la continuité économique, lequel s'avère en contradiction avec le principe de la responsabilité personnelle, sauf bien sûr à faire peser le poids de la responsabilité de l'infraction sur l'entreprise et non sur la société l'ayant directement commise.

607. Ces solutions, certes opportunes sur le plan de l'effectivité des règles de concurrence, demeurent insatisfaisantes sur un plan strictement juridique. À cet égard, s'agissant des fondements de la responsabilité, des alternatives ont pu être identifiées. D'aucuns estiment que l'auteur de l'infraction demeure celui qui exploite l'entreprise, au sens du droit de la concurrence. En d'autres termes, les sociétés qui exploitent l'entreprise pendant l'infraction en seraient les auteurs.

608. Il en va ainsi de la filiale et de la société mère, lesquelles forment une même unité économique, à moins de considérer toutefois que la filiale, dépourvue d'autonomie, ne puisse pas être considérée comme exploitant l'entreprise. Sur ce point, les conclusions de l'avocat général Mme Kokott prononcées dans l'affaire *Akzo Nobel* ou les arrêts prononcés par le Tribunal dans les affaires *Elf Aquitaine* et *Goldman Sachs* pourraient être mis en avant, à la différence de la position de principe exprimée par la Cour dans l'affaire *Siemens Österreich*. Toutefois, cette solution, aussi intéressante soit-elle, invite à se fonder tout autant sur une fiction juridique, puisque la société mère ne saurait, en réalité, être considérée comme ayant commis elle-même les faits infractionnels, seule sa filiale ayant participé à l'infraction.

609. Dans les hypothèses de restructurations sociétaires, il pourrait également être fait référence à l'exploitation de l'entreprise, puisque la question se pose fréquemment de savoir quelle société exploite l'entreprise. Toutefois, dans ce contexte, les hypothèses de continuité économique pourraient être contestées, car seule devrait être auteur de l'infraction la société qui exploite l'entreprise pendant l'infraction ou la société qui en est le successeur juridique. En tout état de cause, force est de constater que, à supposer que l'auteur de l'infraction soit la société qui exploite l'entreprise pendant l'infraction, ce dernier ne sera pas nécessairement celui qui en répond, la continuité économique permettant de faire peser, *de lege lata*, la responsabilité d'une infraction sur la société qui exploite l'entreprise, postérieurement à l'infraction. Là encore, cette solution pourrait être juridiquement imparfaite, à moins de considérer explicitement la continuité économique comme un fondement alternatif à celui de la responsabilité personnelle, comme le Tribunal en a ainsi jugé dans l'affaire *Uralita*.

610. Alternativement, il pourrait être *de lege ferenda* soutenu que l'auteur de l'infraction est uniquement la personne morale y ayant directement participé. Cette solution aurait le mérite de la simplicité et de la clarté. En d'autres termes, seule la filiale ou ses successeurs juridiques pourraient être considérés comme des auteurs de l'infraction. Dans ce contexte, la société mère y répondrait, en sa qualité de société

mère, en application d'un autre fondement, à savoir celui de la responsabilité du fait d'autrui et les successeurs économiques en application du principe de la continuité économique. Au surplus, cette solution, certes hypothétique, permettrait de rattacher à nouveau l'entreprise à un sujet de droit, ainsi qu'il ressort de la position initiale de la Cour exprimée sous l'empire du traité CECA notamment dans l'affaire *Mannesmann*. En tout état de cause, que soit privilégiée l'une ou l'autre des solutions alternatives, un constat s'imposerait : au sein d'un groupe de sociétés, l'auteur de l'infraction demeure la société, non l'entreprise, au sens du droit de la concurrence.

611. Si, au stade des déterminations des responsabilités, la mobilisation de la notion d'entreprise, au sens du droit de la concurrence, est effective mais critiquable, la question de l'incidence de la notion d'entreprise au stade de l'amende se pose avec tout autant d'acuité.

PARTIE II

LE DÉBITEUR DE L'AMENDE

612. Le règlement n° 1/2003 contient un chapitre VI dédié aux « sanctions ». Deux catégories de sanctions sont à distinguer : les amendes, prévues en son article 23, et les astreintes, prévues en son article 24. La Commission sera en mesure d'infliger des amendes en cas, premièrement, d'infraction procédurale, deuxièmement, de violation des articles 101 TFUE et 102 TFUE, troisièmement, de violation d'une décision ordonnant des mesures provisoires ou quatrièmement de non-respect d'un engagement devenu obligatoire. Ces amendes seront infligées à des « entreprises » ou à des « association d'entreprises », aux termes des paragraphes 1 et 2 de l'article 23 du règlement n° 1/2003. Il en va de même en substance des astreintes, ainsi qu'il ressort de l'article 24 du règlement n° 1/2003, dans les hypothèses limitatives mentionnées en son paragraphe 1.

613. En droit français de la concurrence, en vertu de l'article L. 464-2, l'Autorité de la concurrence inflige des « sanctions pécuniaires » aux « organismes », aux « association d'entreprises » et aux « entreprises » ayant enfreint les articles L. 420-1 ou L. 420-2 du code de commerce et, de la même manière qu'en droit de l'Union, en cas « d'inexécution d'une injonction [ou] de non-respect des engagements ». Aux termes de cette disposition, l'Autorité détermine le montant des sanctions en fonction de la « gravité des faits, de l'importance du dommage causé à l'économie, de la situation de l'association d'entreprises ou de l'*entreprise* sanctionné(e) ou du *groupe* auquel l'*entreprise* appartient, et de l'éventuelle réitération d'infractions ». Par ailleurs, l'Autorité de la concurrence peut recourir aux astreintes, infligées, le cas échéant, non plus à des « entreprises » ou à des « associations d'entreprises », mais aux « intéressés » pour reprendre le terme privilégié à cet endroit par le législateur français.

614. À la suite d'une première lecture de ces dispositions, un constat s'impose : en droit de la concurrence de l'Union, le terme « entreprise » est omniprésent, à la différence du terme « société ». Le droit français de la concurrence ne fait quant à lui pas uniquement mention du terme « entreprise ». L'article L. 464-2 du code de commerce mentionne, outre ce dernier, celui d'« organisme » ou d'« intéressés » ou encore le vocable « groupe d'entreprises » ou « personne intéressée », ce qui n'est pas sans soulever des questions complexes.[885]

615. S'agissant de l'étude du débiteur de l'amende, la question cardinale demeure tout autant celle de l'interprétation du terme « entreprise », tel que mentionné aux articles 23 du règlement n° 1/2003 et L. 464-2 du code de commerce, dans les hypothèses contentieuses les plus fréquentes, à savoir celles d'inflictions d'une amende pour sanctionner une infraction matérielle et celles d'infliction d'une amende pour sanctionner une infraction procédurale.

616. Le règlement n° 1/2003 fait, en substance, référence aux amendes infligées aux « entreprises » qui commettent une infraction. À cet égard, il pourrait d'emblée être soutenu que, dans cette hypothèse, le terme « entreprise » ne saurait être synonyme d'entreprise, au sens du droit de la concurrence. En effet, en ce qu'elle

---

885 L'opposition entre les termes « entreprise » et « organisme » a donné lieu à d'intenses débats : voy., notamment, décision n° 2015-510 du Conseil constitutionnel, du 7 janvier 2016, Association Expert-comptable média association. Depuis la transposition de la directive dite « ECN+ » en droit interne, le législateur a introduit la notion d'association d'entreprises en remplacement de celle d'organisme.

est dépourvue de personnalité juridique, cette entreprise ne saurait devoir être tenue – juridiquement – au paiement d'une amende ; seules les sociétés qui la composent devraient être susceptibles d'en répondre. Il pourrait également être défendu le terme « entreprise », tel qu'il figure à l'article L. 464-2 du code de commerce et à l'article 23 du règlement n° 1/2003, ne doit pas être confondu avec le terme « entreprise », tel qu'il est interprété par les juridictions de contrôle aux fins d'identifier l'auteur d'une infraction. Le terme « entreprise », tel qu'utilisé au stade de l'amende, renverrait à une entité dotée de la personnalité juridique,[886] en ce que seule une telle entité demeure en mesure de payer une amende. Ce constat pourrait être corroboré à la lecture de l'article L. 464-2 du code de commerce. La référence au « groupe auquel l'entreprise appartient » n'est pas sans évoquer la « société », dans la mesure où si des groupes de « sociétés » peuvent exister, il n'en va pas de même s'agissant de groupes d'entreprises, au sens du droit de la concurrence. En d'autres termes, la définition du terme « entreprise » pourrait varier selon l'article dans lequel il figure.

617. Si la Commission et l'Autorité de la concurrence se sont progressivement affranchies, au stade de l'imputation des responsabilités, du carcan juridique que pouvait constituer la personnalité juridique des sociétés, par le biais d'une interprétation économique et fonctionnelle de la notion d'entreprise, la société, synonyme quant à elle de personnalité juridique, pourrait ne pas avoir dit son dernier mot, au stade de l'imputation de l'amende.

618. Assurément, la délimitation de la notion d'entreprise, au sens du droit de la concurrence, et de celle de société soulève des questions de plus en plus complexes lorsqu'il s'agit de s'interroger sur l'identité du débiteur de l'amende consécutive à l'infraction. Ces interrogations nécessitent, en premier lieu, de poser la question de l'incidence de la distinction entre l'entreprise, au sens du droit de la concurrence, et les sociétés qui la composent, au stade de la fixation de l'amende (titre 1), puis d'évoquer, en deuxième lieu, la question du paiement de l'amende, et plus précisément celle de l'éventuelle condamnation solidaire d'une filiale et de sa société mère (titre 2). En troisième et dernier lieu, une fois l'amende infligée et payée, l'étude de certains aspects problématiques du contentieux de l'amende devant les juridictions de contrôle se devra d'être conduite (titre 3).

---

886 Sur l'affirmation selon laquelle l'entreprise, au sens de l'article L. 464-2 du code de commerce, est une entité dotée d'une personnalité juridique, voy., notamment, CA Paris, 26 octobre 2017, Caisses des dépôts et consignations, n° 2017-01658. Il peut être ajouté, certes dans un autre contexte, que le législateur français souligne à l'article L. 430-8 du code de commerce que « l'autorité peut infliger aux personnes auxquelles incombait ». Aussi la référence à une « personne » pourrait renvoyer à une entité dotée de la personnalité juridique : voy., notamment, pour la référence au terme « personne » en matière de concentration, décision n° 16-D-24 de l'Autorité de la concurrence du 8 novembre 2016 relative à la situation du groupe Altice au regard du II de l'article L. 430-8 du code de commerce, cons. 335.

TITRE I
LA FIXATION DE L'AMENDE

619. *De lege lata*, à la lumière du principe d'individualité des peines, qui est le pendant pour l'amende du principe de la responsabilité personnelle, une amende sanctionnera un seul et même comportement infractionnel. Dans la mesure où l'auteur de l'infraction est l'entreprise, au sens du droit de la concurrence, chaque entreprise, au sens du droit de la concurrence, impliquée dans l'infraction, se verra, en principe, infliger une amende.

620. Cette affirmation, qui ne saurait être contestée sur un plan théorique, étant donné que l'on dénombre autant d'amendes qu'il y a d'entreprises, au sens du droit de la concurrence, ne correspond pas, en toutes hypothèses, à la réalité pratique. L'amende s'avère infligée, non à l'entreprise, au sens du droit de la concurrence, mais à la ou aux sociétés qui sont susceptibles de la composer, étant donné que l'entreprise, au sens du droit de la concurrence, est dépourvue de toute personnalité juridique. Aussi, lorsque l'entreprise, au sens du droit de la concurrence, n'est composée que d'une seule société, y aura-t-il certes une coïncidence entre l'auteur de l'infraction et le débiteur de l'amende. Toutefois, lorsque l'entreprise, au sens du droit de la concurrence, est composée de plusieurs sociétés, à savoir, schématiquement, d'une filiale et de sa société mère, ces dernières répondront, en général, solidairement du paiement d'une même amende.[887] Dans cette hypothèse, l'identité de l'auteur de l'infraction – l'entreprise – ne coïncidera pas, parfaitement, avec celle du débiteur de l'amende – les sociétés –.

621. Si le principe d'individualité des peines pourrait, *de lege lata*, ne pas s'opposer, en droit de la concurrence de l'Union et en droit français de la concurrence, à ce qu'une société réponde du comportement infractionnel d'une autre société,[888] pour autant qu'elles aient constitué, durant la période infractionnelle, une même entreprise, au sens du droit de la concurrence, il n'en reste pas moins que, en vertu d'un autre principe, à savoir le principe d'individualisation des peines, il appartient également aux autorités de concurrence et aux juridictions de contrôle de moduler le montant de l'amende en fonction des circonstances de l'infraction ainsi que des comportements et des caractéristiques propres à son auteur.[889] Or, s'agissant de l'auteur de l'infraction, la question se pose de savoir si le principe

---

887 Sur la solidarité au paiement d'une amende en droit de la concurrence, voy. infra, nos 919 et s.

888 Voy., pour ce qui est du droit de l'Union, conclusions de l'avocat général M. Mengozzi présentées le 19 septembre 2013 dans les affaires Commission/Siemens Österreich et a. (C-231/11 P), Commission/Siemens Transmission & Distribution (C-232/11 P) et Siemens Transmission & Distribution et Nuova Magrini Galileo/Commission (C-233/11 P), points 74 à 92, et la jurisprudence citée.

889 Voy., en ce sens, CJCE, 7 juin 2007, Britannia Alloys & Chemicals/Commission, C-76/06 P, EU:C:2007:326, point 44.

d'individualisation des peines doit s'apprécier relativement aux caractéristiques propres à l'entreprise, au sens du droit de la concurrence, ou aux sociétés qui la composent ou qui l'ont composée. Ainsi, la distinction entre société et entreprise s'avère tout autant pertinente et non sans soulever certaines difficultés au stade de la détermination du montant de l'amende.

622. La détermination du montant de l'amende répond en effet à une méthodologie particulière. Ainsi, qu'elle ressort, en droit de l'Union, des lignes directrices de la Commission de 1998[890], réformées en 2006[891] et, en droit français, du communiqué sanctions de l'Autorité de la concurrence de 2011, réformées en 2021,[892] l'amende est déterminée suivant plusieurs étapes. La première étape vise schématiquement à arrêter un montant de base qui correspond à une proportion de la valeur des ventes réalisées en lien avec l'infraction multipliée par la durée de l'infraction. S'agissant de la proportion de la valeur des ventes, cette dernière résulte de l'application à la valeur des ventes d'un taux reflétant la gravité de l'infraction. En droit de l'Union, la Commission pourra ajouter à ce montant un montant additionnel ou « droit d'entrée » aux fins de dissuasion, lequel correspond lui aussi à une certaine proportion de la valeur des ventes réalisées pendant l'infraction. La deuxième étape vise à ajuster à la hausse ou à la baisse le montant de base en prenant en compte différents facteurs, ce qui n'est pas sans soulever d'épineuses questions s'agissant de la distinction entre « entreprise » et « société » en droits de la concurrence. Aussi les autorités de concurrence prendront-elles en compte, d'une part, les circonstances aggravantes, telles que, notamment, un rôle de meneur et, d'autre part, les circonstances atténuantes, telles que, notamment, la participation à l'infraction sous la contrainte. D'autres éléments d'individualisation de l'amende peuvent affecter son montant soit à la baisse soit à la hausse. À titre d'illustration, la circonstance aggravante de récidive ou, pour ce qui concerne le droit français de la concurrence, l'appartenance à un groupe de sociétés sont susceptibles d'ajuster à la hausse le montant de l'amende. En tout état de cause, ce dernier ne saurait, en principe, dépasser 10 % de l'entreprise durant l'exercice social précédent la décision infligeant une amende.[893] La troisième étape vise, le cas échéant, à tenir compte, d'une part,

---

890 Voy. lignes directrices pour le calcul des amendes infligées en application de l'article 15, paragraphe 2, du règlement n° 17 et de l'article 65, paragraphe 5, [CECA] (JOCE 1998, C 9, p. 3, ci-après les « lignes directrices de la Commission de 1998 »).

891 Voy. lignes directrices pour le calcul des amendes infligées en application de l'article 23, paragraphe 2, sous a), du règlement (CE) n° 1/2003 (JOCE 2006, C 210, p. 2, ci-après les « lignes directrices de la Commission 2006 »).

892 Voy. communiqué de l'Autorité de la concurrence, du 16 mai 2011, relatif à la méthode de détermination des sanctions pécuniaires, points 3, 5, 20 et 21 (ci-après le « communiqué de l'Autorité de 2011 »), et communiqué de l'Autorité de la concurrence, du 30 juillet 2021, relatif à la méthode de détermination des sanctions pécuniaires, points 18 et 19 (ci-après le « communiqué de l'Autorité de 2021 ») ; disponible sur le site Internet de l'Autorité de la concurrence (<WWW.AUTORITEDELACONCURRENCE.FR>). À cet égard, il y a lieu de préciser que si le communiqué de l'Autorité présente de nombreuses similitudes avec les lignes directrices de la Commission, il présente certaines différences, dans la mesure où le pouvoir de sanction relève de l'autonomie procédurale des États membres. Aussi, lorsque l'Autorité de la concurrence applique simultanément les articles L 420-1 du code de commerce et 101 TFUE, l'amende sera déterminée conformément au communiqué de l'Autorité.

893 Pour les amendes procédurales, la limite est fixée à 1 % du chiffre d'affaires hors taxes réalisé par l'entreprise.

d'une demande de clémence ou de transaction et, d'autre part, d'un défaut de capacité contributive du débiteur de l'amende.

623. À cet égard, le principe d'individualisation de la peine, auquel se réfèrent notamment les juges de l'Union, renvoie en tout point à celui dégagé en droit pénal. L'article L. 132-1 du code pénal dispose que « toute peine prononcée par la juridiction doit être individualisée ». Comme le souligne un auteur, « l'individualisation n'est pas une pratique d'humeur, laissée à la fantaisie du juge ».[894] Elle répond à différents critères, énoncés à l'article L. 132-1 du code pénal « [...] [l]es circonstances de l'infraction [...] la personnalité de son auteur ainsi que [...] sa situation matérielle, familiale et sociale ». À première vue, la méthode de fixation du montant de l'amende, telle qu'elle découle des lignes directrices de la Commission et du communiqué sanctions de l'Autorité, prend en compte l'ensemble de ces facteurs.

624. Entre « entreprises », c'est-à-dire entre coauteurs d'une même infraction, l'amende sera susceptible de varier. Ces derniers répondront chacun de leurs faits « personnels » et se verront imposer une amende qui tiendra compte des circonstances propres à chaque entreprise. Si l'objet et l'étendue de l'infraction constituent, à première vue, le socle commun aux coauteurs d'une même infraction, il peut être aisément identifié, dans le même temps, à la lumière des lignes directrices de 2006 ou du communiqué sanctions, des critères qui leur sont personnels, soit au comportement de chaque auteur pendant l'infraction, soit aux qualités intrinsèques de chaque coauteur de l'infraction. À titre d'illustration, pendant l'infraction, l'un des coauteurs pourra être considéré comme ayant exercé une contrainte sur les autres coauteurs, avoir eu un rôle de meneur, être récidiviste ou encore avoir révélé l'infraction aux autorités de concurrence par une demande d'immunité. Ainsi, pour ce qui concerne les coauteurs d'une même infraction, le principe d'individualisation de la peine peut, sinon doit, conduire à l'infliction d'amendes différentes.

625. Cependant, la question de l'individualisation, non de manière horizontale, entre entreprises, au sens du droit de la concurrence, coauteurs d'une même infraction, mais de manière verticale, c'est-à-dire entre sociétés qui composent une même entreprise, au sens du droit de la concurrence, n'est pas sans soulever des problématiques complexes. Certes, *de lege lata*, le principe de personnalité des peines s'appliquera à l'entreprise, au sens du droit de la concurrence, indépendamment du fait qu'une ou plusieurs personnes morales la composent.[895] En revanche, il pourrait ne pas en aller de même pour ce qui concerne le principe de l'individualisation de la peine. En clair, les critères qui sont personnels à l'auteur de l'infraction concernent-ils l'entreprise, au sens du droit de la concurrence, dans son ensemble, ou potentiellement chaque société qui la compose individuellement ? En d'autres termes, la question se pose de savoir si pour tous ces éléments rattachables à une personne – économique ou juridique –, les lignes directrices de la Commission de 2006 et le communiqué de l'Autorité visent l'« entreprise » ou la « société ».

---

894 Y. Mayaud, Droit pénal général, PUF, 2016, p. 632, n° 530.

895 L'application du principe de personnalité des peines à l'entreprise, au sens du droit de la concurrence, pourrait être contestable, précisément car l'entreprise, au sens du droit de la concurrence, est dépourvue de la personnalité juridique.

626. Cette réflexion se doit d'être conduite pour ce qui concerne les critères relatifs à l'infraction (chapitre 1) et ceux relatifs à son auteur (chapitre 2). Si pour les critères relatifs à l'infraction, il pourrait certes être soutenu que ces derniers ne sauraient varier entre une société mère et sa filiale, il n'en va pas, a priori, de même pour les critères relatifs à son auteur, tout en tenant compte du fait que, *de lege lata*, l'auteur de l'infraction demeure l'entreprise, au sens du droit de la concurrence, que forment ensemble la filiale et sa société mère.

Chapitre 1
Les critères relatifs à l'infraction

627. Pour ce qui concerne les critères relatifs à l'infraction, aucune distinction pourrait ne devoir en principe être opérée entre la filiale et sa société mère. La responsabilité de la société mère serait, d'une part, dérivée de la responsabilité de sa filiale.[896] Aussi la responsabilité de la société mère ne saurait-elle excéder celle de sa filiale.[897] D'autre part, la société mère demeure soit considérée, de par une fiction juridique, comme ayant commis elle-même l'infraction. Les juges de l'Union soulignent notamment que, dans le cadre d'une entreprise, au sens du droit de la concurrence, « la société mère est considérée, à l'égal de la filiale, comme auteur de l'infraction. Elle est censée avoir commis elle-même l'infraction ».[898] Cette logique présente du reste des similitudes évidentes avec la complicité en droit pénal.[899] En cette matière, le complice sera puni, conformément à l'article L. 121-6 du code pénal, comme « auteur » de l'infraction. Comme le souligne à cet endroit un auteur, « il suffit de raisonner comme si le complice avait réalisé lui-même en qualité d'auteur, l'infraction commise ».[900]

628. Si ces critères relatifs à l'infraction ne sont pas, à première vue, susceptibles de varier entre la filiale et sa société mère, la question se pose tout de même de l'incidence à cet endroit des restructurations sociétaires. Certes, en l'absence de restructurations sociétaires, l'entreprise, au sens du droit de la concurrence, telle qu'elle existait pendant l'infraction, n'a fait l'objet d'aucune modification au jour où l'autorité de concurrence concernée rend sa décision. Schématiquement, une filiale qui a participé à une infraction reste contrôlée, au jour de l'adoption d'une décision infligeant une amende, par une même société mère. En présence de restructurations sociétaires, la responsabilité des sociétés est susceptible d'être différente, notamment dans

---

896 Si cette affirmation se vérifie certes en pratique, dans la mesure où la société mère engage sa responsabilité pour la participation de sa filiale à une infraction, il aurait été, à notre sens, plus exacte, en théorie, de considérer que la responsabilité de la société mère est dérivée de celle de l'entreprise, au sens du droit de la concurrence, puisque que c'est l'entreprise, au sens du droit de la concurrence, qui est l'auteur de l'infraction.

897 Nous pouvons toutefois faire valoir que, dans cette hypothèse, le choix du terme « dérivé » pourrait être contestable, la responsabilité de la société mère n'est pas « dérivée » mais « identique » à celle de sa filiale.

898 Trib. UE, 27 juin 2012, Bolloré c/ Commission, aff. T-372/10, EU:T:2012:325, point 193. Voy., également, TPICE, 16 novembre 2000, Metsä-Serla c/ Commission, aff. C-294/98 P, EU:C:2000:632, point 34. Dans cette affaire, les juges de l'Union soulignent que « les requérantes ont été personnellement condamnées pour une infraction qu'elles sont censées avoir commise elles-mêmes en raison des liens économiques et juridiques qui les unissaient à Finnboard et qui leur permettaient de déterminer le comportement de cette dernière sur le marché ».

899 Il ne saurait être soutenu que les réponses aux questions relatives au montant des amendes infligées à différentes sociétés composant une entreprise, au sens du droit de la concurrence, ont pour siège le droit pénal au titre de la complicité et de l'individualisation des peines. Il n'en reste pas moins que les solutions qui y résident peuvent contribuer à clarifier, de lege ferenda, certaines de ces questions, lesquelles ne reçoivent pas, de lege lata, des réponses prétoriennes des plus satisfaisantes en termes d'uniformité et de prévisibilité.

900 Mayaud, op. cit., p. 462, n° 391.

l'hypothèse où soit la filiale soit la société mère ont continué à participer seule ou sous le contrôle d'une autre société à l'infraction. Dans cette hypothèse, il devra être déterminé, pour paraphraser le doyen Carbonnier à propos des relations en droit pénal entre le complice et l'auteur principal d'une infraction, jusqu'où la société mère et sa filiale doivent être « cousu[e]s dans [la même entreprise] ».[901]

629. Corrélativement, se posera la question de savoir si l'amende doit, en ce qu'elle vise avant tout à sanctionner une infraction, être économiquement moulée dans l'entreprise, même si elle ne touche juridiquement que les sociétés qui la composent. Si tel n'est pas le cas, une société pourra en effet devoir payer plus qu'une autre pour le comportement infractionnel de cette dernière.[902] Partant, avant d'apprécier l'incidence des restructurations sociétaires (section 2), sera présenté le régime juridique applicable en l'absence de telles restructurations (section 1).

Section 1
En l'absence de restructurations sociétaires

630. Indépendamment de tout débat relatif aux fondements de la responsabilité de la société mère,[903] un constat s'impose : le fait qui justifie l'engagement de la responsabilité de la société mère et le fait infractionnel de sa filiale sont identiques. Il en va ainsi tant si l'on considère – *quod non* – que le fait dont répondent la société mère et sa filiale est le fait de l'entreprise, au sens du droit de la concurrence, que si l'on considère que chacune répond de son propre fait, la société mère étant supposée avoir commis la même infraction que sa filiale. Autrement dit, si la filiale peut invoquer à son profit le principe d'individualité des peines, selon lequel nul ne peut répondre que de son propre fait, il en irait, *mutatis mutandis*, de même pour sa société mère. Toute modification quant au fait infractionnel devrait ainsi nécessairement affecter la responsabilité de la société mère, notamment quant à la durée de l'infraction et quant à sa gravité.

631. À ce titre, un parallèle avec le droit pénal s'avère riche d'enseignements. Car, en droit pénal, la matérialité de l'infraction se doit d'être appréciée « tant au regard de ses composantes constitutives, que des circonstances aggravantes dont l'impact est objec-

---

901 Voy. J. Carbonnier « Du sens de la répression applicable aux complices selon l'article 59 du Code pénal », JCP 1952, I, 1034.

902 Pour l'avocat général Mme Kokott, « [s]i la Cour a qualifié la responsabilité de la société mère de "dérivée et accessoire" dans la mesure où il s'agit de l'existence d'une infraction et de sa durée, il n'existe toutefois, en dehors de cela, aucun principe général en droit de l'Union prévoyant que la société mère ne pourrait jamais être condamnée au paiement d'une amende d'un montant supérieur à celle infligée à la filiale » (conclusions de l'avocat général Mme Kokott présentées le 11 décembre 2014 dans l'affaire Fresh Del Monte/Commission, précitées, point 263).

903 D'aucuns pourraient souligner qu'il n'en va pas de même d'affirmer que la responsabilité de la société mère est « dérivée » et que la société mère est censée avoir « commis elle-même l'infraction ». Dans le premier cas, le caractère dérivé de la responsabilité renvoie nécessairement à une responsabilité pour autrui, en revanche, le second renvoie à l'hypothèse d'une responsabilité pour un fait personnel. En tout état de cause, force est de souligner que, à cet endroit, l'auteur de l'infraction n'est pas, selon les juges de l'Union, l'entreprise, au sens du droit de la concurrence, mais chaque société individuellement la composant.

tif sur la définition du crime ou du délit, telle une circonstance aggravante "réelle" [...] qui a vocation à s'appliquer à l'ensemble des coauteurs et complices ».[904] Cela se justifie pour le complice, dans la mesure où il emprunte la criminalité de l'auteur direct de l'infraction. Cela se vérifie également au stade de la détermination de la peine, dans la mesure où le complice devra répondre soit des circonstances aggravantes réelles qui, en étant inhérentes à l'infraction, sont susceptibles d'augmenter la peine correspondante, soit des circonstances mixtes, qui, tout étant personnelles à l'auteur de l'infraction, affectent la matérialité de cette dernière.[905]

632. En droit de la concurrence, l'étude des éléments à prendre en compte dans la fixation du montant de l'amende conduit également à opérer une distinction entre des circonstances réelles et des circonstances mixtes. Parmi les critères concernant l'infraction, certains en sont, premièrement, des éléments objectifs, à savoir notamment sa durée, sa nature ou son étendue géographique. D'autres découlent deuxièmement d'une appréciation subjective des autorités de concurrence des faits à l'origine de l'infraction mais demeurent toutefois liés à l'infraction. Il en va ainsi de sa gravité et, pour ce qui concerne uniquement les lignes directrices de la Commission de 2006, du « droit d'entrée » aux fins de dissuasion. Troisièmement, certains critères mixtes concernent le comportement des différentes sociétés pendant l'infraction. Il en va ainsi notamment du rôle de meneur ou de la contrainte exercée sur les coauteurs de l'infraction.

633. Or, s'il est postulé en droit de la concurrence que la société mère a commis elle-même l'infraction de sa filiale, l'infraction ne saurait, d'une part, varier en termes de gravité et de durée entre ces deux sociétés. D'autre part, la société mère devrait être considérée comme ayant agi de la même manière que sa filiale, c'est-à-dire avoir par exemple contraint les autres coauteurs à participer à l'infraction ou encore avoir exercé un rôle de meneur de l'infraction.[906]

634. Pour vérifier cette première appréciation, il devra être vérifié, parmi les données prises en compte dans le cadre de la fixation du montant de l'amende, quelles sont celles qui sont susceptibles d'affecter la responsabilité de la filiale et logiquement celle de sa société mère. Répondre à cette question permettra de déterminer là où commence l'entreprise, au sens du droit de la concurrence, et là où elle s'arrête. A cette fin et par analogie avec le droit pénal, une distinction sera faite entre les critères réels (paragraphe 1) et les critères mixtes (paragraphes 2).

§ 1. Les critères réels

635. L'identification d'une unité économique, c'est-à-dire d'une entreprise, au sens du droit de la concurrence, ne saurait d'emblée avoir une incidence sur la détermination de la valeur des ventes.[907] Si la filiale opère seule sur le secteur d'activité

---

904 Mayaud, op. cit., p. 446, n° 384.

905 Voy., notamment, Bouloc et Matsopoulou, op. cit., pp. 223 et 224, nos 310 à 312.

906 À cet égard, précisons que si nous ne raisonnions non sur une fiction juridique, selon laquelle la société mère a commis, à l'égal de sa filiale, l'infraction, mais sur la base d'une responsabilité pour autrui, le constat serait, à notre sens, identique. Le fait de sa filiale dont devrait répondre la société mère devrait comprendre l'ensemble des critères en lien avec la participation de la filiale à l'infraction.

907 Aux termes du paragraphe 13 des lignes directrices de la Commission de 2006, « [e]n vue de déterminer le montant de base de l'amende à infliger, la Commission utilisera la valeur des ventes de biens ou services,

en lien avec l'infraction, la valeur des ventes réalisées par la seule filiale sur ce marché sera prise en compte. En revanche, si la société mère et sa filiale opèrent sur le même secteur d'activités, la valeur des ventes réalisées par chacune de ces sociétés sera, en principe, prise en compte aux fins de déterminer l'assiette du montant de base de l'amende.

636. En pratique, s'agissant de l'incidence de l'appartenance à un même groupe de sociétés, la question s'est tout de même posée devant le Tribunal de savoir si devaient être intégrées dans la valeur des ventes en lien avec l'infraction les ventes internes réalisés entre la filiale et sa société mère, précisément lorsque la société mère intervient sur un marché aval de distribution d'un produit fini. Sur ce point précis, le Tribunal a jugé que les ventes internes pouvaient être prises en compte aux fins de déterminer l'assiette du montant de base de l'amende.[908] En tout état de cause, la question initiale de la prise en compte de ces ventes est indépendante de la détermination d'une même unité économique, dans la mesure où le critère déterminant demeure les ventes en lien avec l'infraction.

637. La question se pose avec davantage d'intérêt s'agissant, d'une part, des coefficients appliqués à la valeur des ventes qui reflètent la gravité de l'infraction ou concourent à dissuader les sociétés de participer à nouveau à une infraction (A). D'autre part, elle se pose s'agissant de la durée de l'infraction, laquelle ne saurait, en principe, varier entre la filiale et sa société mère, avec, en toile de fond, la question de la prescription des pouvoirs de sanction (B).

A. La valeur des ventes

638. En droit de la concurrence de l'Union, « la première phase de la méthode de fixation de l'amende par la Commission a pour objet de déterminer le montant de base de l'amende infligée à chaque entreprise concernée, et ce, en appliquant sur la valeur des ventes de produits ou services en cause sur le marché géographique concerné de chacune d'elles un premier coefficient multiplicateur reflétant la gravité de l'infraction, voire un second coefficient multiplicateur visant à les dissuader de s'engager de nouveau dans de tels comportements illégaux ».[909] Il en va de même en droit français de la concurrence, dans la mesure où, dans son communiqué sanctions, l'Autorité souligne que le montant de base de l'amende correspondra à une proportion comprise entre zéro et trente pourcents de la valeur des ventes réalisées en lien avec l'infraction.[910] Qui plus, à l'instar de la Commission, cette dernière pourra appliquer un « droit d'entrée » aux fins de dissuasion.[911]

---

réalisées par l'entreprise, en relation directe ou indirecte [...] avec l'infraction, dans le secteur géographique concerné à l'intérieur du territoire de l'EEE ». Ces mêmes lignes directrices précisent, à leur paragraphe 6, que « la combinaison de la valeur des ventes en relation avec l'infraction et de la durée [de celle-ci] est considérée comme une valeur de remplacement adéquate pour refléter l'importance économique de l'infraction ainsi que le poids relatif de chaque entreprise participant à l'infraction ».

908 Voy., notamment, Trib. UE, 9 septembre 2015, LG Electronics c/ Commission, aff. T-97/13, EU:T:2015:609.

909 Trib. UE, 3 octobre 2011, Aragonesas Industrias y Energía c/ Commission, aff. T-348/08, EU:T:2011:621, point 264. Voy., également, lignes directrices de la Commission de 2006, points 19 à 26.

910 Voy. communiqué de l'Autorité de 2011, point 40, et communiqué de l'Autorité de 2021, point 30.

911 Voy. lignes directrices de la Commission de 2006, point 25, et communiqué de l'Autorité de 2021, point 31. Sur ce « droit d'entrée », voy. Bernardeau et Christienne, op. cit., nos I. 191 et s.

639. Si la valeur des ventes est identique aux fins de la détermination de l'assiette du montant de l'amende infligée solidairement à la filiale et sa société mère, la question se pose également pour les coefficients multiplicateurs appliqués à la valeur des ventes en lien avec l'infraction. Dit autrement, la question est celle de savoir si l'infraction peut être considérée comme plus « grave » dans le chef de l'une des deux sociétés.

640. Or, pour ce qui concerne le taux de gravité de l'infraction, dans les rapports entre une filiale et sa société mère, l'appréciation par la Commission de la gravité de l'infraction au stade de la détermination du montant de base de l'amende ne saurait assurément varier en l'absence de toute restructuration sociétaire. Cela se justifie, dans la mesure où la société mère est considérée comme ayant elle-même commis l'infraction de sa filiale. Ainsi, indépendamment de tout débat relatif à l'unicité ou non du taux reflétant la gravité d'une même infraction entre différentes entreprises, au sens du droit de la concurrence, la gravité de l'infraction commise par la filiale s'avère identique à celle de l'infraction supposément commise par la société mère et imputée à cette dernière.

641. Cela se vérifie tout autant pour le « droit d'entrée », plus spécifique à la méthode de calcul des amendes de la Commission, lequel correspond à une proportion de la valeur de ventes. En effet, outre le coefficient multiplicateur qui reflète le degré de gravité de l'infraction, la Commission ou l'Autorité a la possibilité d'« inclur[e] dans le montant de base une somme comprise entre 15 % et 25 % de la valeur des ventes ».[912] À la différence du coefficient multiplicateur appliqué à la valeur des ventes pour refléter la gravité de l'infraction, le « droit d'entrée » poursuit un objectif de dissuasion. Pour autant, la détermination du « droit d'entrée » répond à des règles identiques à celle de la détermination du coefficient multiplicateur au titre de la gravité de l'infraction.[913]

B. La durée de l'infraction

642. Une fois la proportion de la valeur des ventes en lien avec l'infraction déterminée, les autorités de concurrence vont multiplier, en principe, cette proportion par le nombre d'années durant lesquelles l'auteur de l'infraction y a participé. Aussi la détermination du périmètre temporel de l'infraction est-elle essentielle pour la détermination du montant de base de l'amende.

643. Aux termes des lignes directrices de la Commission de 2006 « afin de prendre pleinement en compte la durée de la participation de chaque entreprise à l'infraction, le montant déterminé en fonction de la valeur des ventes sera multiplié par le nombre d'années de participation à l'infraction. Les périodes de moins d'un semestre seront comptées comme une demie année ; les périodes de plus de six mois mais de moins d'un an seront comptées comme une année complète ».[914]

644. Pour sa part, l'Autorité de la concurrence précise dans son communiqué qu'« [a]fin de prendre pleinement en compte la durée de la participation de chaque entreprise à l'infraction, le montant déterminé en fonction de la valeur des

---

912 Lignes directrices de 2006, point 25.

913 Pour un exposé exhaustif du « droit d'entrée », voy. Bernardeau et Christienne, op. cit., nos I. 191 et s.

914 Lignes directrices de la Commission de 2006, point 24.

ventes [...] est multiplié par le nombre d'années de participation à l'infraction. Les périodes de moins d'une année sont prises en compte au *prorata temporis* de la durée de participation de l'entreprise ou de l'association d'entreprises à l'infraction ».[915]

645. À cet égard, si la durée de l'infraction est une donnée objective et réelle, elle est susceptible de varier entre les différentes entreprises, au sens du droit de la concurrence, qui ont participé à l'infraction. En effet, dans le cadre d'une entente horizontale, chaque entreprise, au sens du droit de la concurrence, peut avoir participé à l'entente pour une durée plus ou moins longue. En revanche, dans les rapports entre une filiale et sa société mère, si la filiale a participé à l'infraction pendant une certaine période, la durée ne saurait être différente pour sa société mère, dans l'hypothèse où cette dernière ne répondrait de l'infraction qu'en cette seule qualité. En effet, la durée de l'infraction étant une donnée objective, qui concerne le fait infractionnel, cette dernière ne saurait varier si la société mère n'a pas elle-même et de manière autonome participé à l'infraction.

646. Toutefois, aussi évident que cela puisse paraître, il n'est pas exclu que, en pratique, la détermination du coefficient multiplicateur au titre de la durée ait pu varier entre la filiale et sa société mère, comme l'illustre l'affaire *UTi* portée devant le Tribunal.[916] Dans cette affaire, le Tribunal avait annulé une décision de la Commission, dans laquelle cette dernière n'avait pas apprécié de la même manière la durée de la participation à l'infraction de deux filiales et celle de leur société mère. En effet, « [p]our la société mère, UTi Worldwide, un coefficient de 1,41 a[vait] été retenu, 1 correspondant à une année complète et 0,41 correspondant aux 5 mois supplémentaires, tandis que, pour UTI Worldwide (UK), laquelle a[vait] participé à l'entente pendant une période de 7 mois et 2 jours, cette période ayant été arrondie à la baisse à 7 mois, un coefficient de 0,58 a[vait] été retenu et, pour UTi Nederland, une période de participation à l'entente de 9 mois et 28 jours ayant été retenue, période arrondie à la baisse à 9 mois, un coefficient de 0,75 a[vait] été retenu ».[917]

647. Or, si l'on se conforme au calcul de la Commission, « l'arrondissement à la baisse de la durée de participation des filiales a conduit à une remise cumulée d'une période d'environ un mois en leur faveur qui n'a pas été accordée à la société mère », de sorte que la question se posait de savoir si la Commission se pouvait d'apprécier différemment les durées des filiales et de leur société mère. Selon cette dernière, « [l]e traitement favorable appliqué aux filiales ne discriminerait pas la société mère parce que la durée de participation à l'infraction la placerait dans une situation différente qui ne justifierait aucune réduction ».[918] Elle ajoute qu'« il n'existerait aucune obligation de réduire le montant de l'amende infligée à une société mère si le montant de l'amende infligée à sa filiale solidairement responsable a été réduit pour des raisons qui lui sont propres et le montant des amendes infligées aux différentes entités juridiques au sein d'une même entreprise

---

915 Communiqué de l'Autorité de 2021, point 34. Voy., pour la prise en compte de la durée avant 2021, communiqué de l'Autorité de 2011, point 42.

916 Trib. UE, 29 février 2016, UTi Worldwide e.a. c/ Commission, aff. T-264/12, EU:T:2016:112.

917 *Ibid., point 326.*

918 *Ibid., point 318.*

pourraient varier pour de multiples raisons ».[919] Toutefois, le Tribunal ne fait pas sien la thèse de la Commission. Il juge, à juste titre, que « dans la situation où la responsabilité de la société mère est purement dérivée de celle de sa filiale et dans laquelle aucun autre facteur ne caractérise individuellement le comportement reproché à la société mère, la responsabilité de cette société mère ne saurait excéder celle de sa filiale ».[920] Il en va assurément ainsi de la durée de l'infraction. Partant, si la Commission arrondit à la baisse la durée de participation des filiales à l'infraction, il doit en aller de même pour leur société mère.

648. L'identité de la durée de la participation à l'infraction de la filiale et de sa société mère, en l'absence de restructurations sociétaires, n'est également pas sans incidence au stade de l'étude de la prescription des pouvoirs de sanction. En droit de l'Union, l'article 25 du règlement n° 1/2003 prévoit en effet trois différents délais de prescription aux termes desquels la Commission ne sera plus en mesure d'infliger une amende. Ces délais sont de trois ans pour les amendes procédurales, cinq ans pour les autres infractions et un délai préfixe de dix ans pour infliger une amende à compter. Les délais de trois ans et de cinq ans peuvent par ailleurs faire l'objet d'interruptions[921] et de suspensions,[922] en application, respectivement, des paragraphes 3 et 6 de l'article 25 du règlement n° 1/2003, à la différence du délai de dix ans, lequel ne peut que faire l'objet de suspension. En droit français, le code de commerce prévoit tout autant en son article L. 462-7 des délais de prescription « de l'action publique ».[923] Hormis les différences notables en termes de nature et de délais entre la prescription de l'Union et en droit français, l'ensemble de ces délais courent, aux termes de l'article 25 du règlement n° 1/2003 et L. 467-2 du code de commerce, à compter de la commission de l'infraction ou, dans l'hypothèse d'une infraction continue, à compter de la fin de l'infraction.

649. S'agissant du point de départ des délais de prescription, il peut être notamment observé, après une première lecture de l'article 25, paragraphe 2, du règlement n° 1/2003, que le législateur de l'Union vise uniquement « le jour où l'infraction a été commise » ou, dans l'hypothèse d'une infraction continue, « à compter du

919 *Id.*

920 *Ibid., point 330.*

921 S'agissant de l'interruption du délai de prescription, l'interruption produit des effets erga omnes, de sorte que tout acte d'enquête de la Commission entraîne la remise à zéro du délai de prescription pour l'ensemble des sociétés concernées par une infraction, qu'elles appartiennent à une même entreprise, au sens du droit de la concurrence, ou non. Voy., notamment, pour ce qui concerne le droit de la concurrence de l'Union, Trib. UE, 6 octobre 2015, Corporación Empresarial de Materiales de Construcción c/ Commission, aff. T-250/12, EU:T:2015:749, point 89. En droit français de la concurrence, voy., notamment, Cass. com., 13 octobre 2009, Colas Ile-de-France Normandie. Voy., également, Cass. com., 12 juillet 2005, CNPA et, Cass. com. 10 juillet 2008, Sephora. Voy., plus récemment, CA Paris, 26 mars 2015, Reckitt Benckiser. À cet égard, cette affaire présente un intérêt car les actes interruptifs de la prescription portaient sur une enquête pour un abus de position dominante et non pour l'entente, pour lesquels l'infraction était prescrite. La Cour d'appel a considéré que l'Autorité de la concurrence était saisie « in rem » de sorte que les actes d'instruction pour l'abus de position dominante interrompaient aussi la prescription pour l'entente.

922 La suspension de la prescription des pouvoirs de sanction des autorités de concurrence étant subordonnée à l'exercice d'un recours devant une juridiction de contrôle, ce point sera abordé dans le chapitre 2 du titre 2 de la présente partie, portant sur le contentieux à la suite du paiement de l'amende. Voy. infra, nos 1096 et s.

923 À la différence du droit de la concurrence de l'Union, les délais de prescription prévus à l'article L. 462-7 du Code de commerce portent tant sur la poursuite que sur la sanction des infractions. De même, l'article L. 462-7 du Code de commerce ne prévoit qu'un délai de prescription de cinq ans et un délai butoir de dix ans.

jour où l'infraction a pris fin ». Autrement dit, la question pourrait se poser de savoir si, en visant seulement « l'infraction », le législateur de l'Union prend en compte l'infraction dans sa globalité ou s'il n'exclut pas de tenir compte de la participation différente de chaque entreprise, au sens du droit de la concurrence, à l'infraction.

650. La réponse apportée à cette première question n'est pas dénuée d'intérêt, puisqu'elle est un préalable nécessaire aux fins de répondre à une seconde question, celle de savoir si l'interruption par une filiale de sa participation à l'infraction permet de faire courir tant à son égard qu'à celle de sa société mère le délai de prescription des pouvoirs de sanction. En effet, en l'absence de toutes restructurations sociétaires, il doit être considéré que la société mère ne poursuit pas sa participation à l'infraction, que ce soit seule ou par le biais du contrôle exercé sur une autre société. Or, dans cette hypothèse, la société mère et sa filiale devraient nécessairement partager le même point de départ du délai de prescription, à savoir le jour de la fin de la participation à l'infraction de la filiale, dans la mesure où ce jour correspond, en théorie, à la fin de la participation à l'infraction de l'entreprise, au sens du droit de la concurrence, que forment ensemble la filiale et sa société mère.

651. À cet égard, il doit être répondu positivement à la première question. Le point de départ du délai de prescription coïncide, *de lege lata*, avec la fin de la participation de la filiale à l'infraction, et non avec la fin de l'infraction prise dans sa globalité.[924] En d'autres termes, la filiale et sa société mère partageront le même point de départ du délai de prescription des pouvoirs de sanction.

652. Cette règle a été mise en lumière par l'avocat général M. Wahl. Dans ses conclusions présentées dans le cadre du pourvoi formé contre l'arrêt du Tribunal prononcé dans l'affaire *Akzo Nobel* : « s'il est bien acquis que la Commission peut légitimement défendre une approche unitaire, fondée sur la notion fonctionnelle d'entreprise, au stade de l'imputation de la responsabilité des comportements anticoncurrentiels, elle doit appréhender toutes les implications de cette approche au stade de la sanction desdits comportements, y compris lorsqu'est en cause la problématique de la prescription du pouvoir de sanction de la Commission ».[925] En d'autres termes, dans la mesure où, dans la présente affaire, la responsabilité de la société mère était uniquement dérivée de celle de sa filiale, la prescription des pouvoirs de sanction de la Commission à l'égard de la filiale devait aussi profiter à sa société mère.[926]

653. D'aucuns pourraient toutefois s'interroger, notamment en droit de la concurrence de l'Union, sur l'opportunité d'une telle interprétation de l'article 25, paragraphe 2, du règlement n° 1/2003. Ce dernier vise en effet seulement « l'infraction » et non la participation à l'infraction des entreprises, au sens du droit de la concurrence. Cette nuance est d'importance car, d'une part, elle rend plus difficile la sanction

---

924 Voy., en ce sens, en droit de la concurrence de l'Union, Trib. UE, 8 novembre 2011, Elementis c/ Commission, aff. T-43/10, EU:T:2011:643, et Trib. UE, 15 juillet 2015, Akzo Nobel c/ Commission, aff. T-47/10, EU:T:2015:506.

925 Conclusions de l'avocat général M. Wahl présentées le 21 décembre 2016 dans le cadre de l'affaire *Akzo Nobel c/ Commission*, aff. C-516/15 P, EU:C:2016:1004, point 89.

926 *Ibid., point 82.*

par la Commission de comportements infractionnels et, d'autre part, soulève des questions complexes dans l'hypothèse de restructurations sociétaires. Ainsi, il pourrait, *de lege ferenda*, être défendu l'idée, selon laquelle un seul et unique point de départ du délai de prescription devrait être pris en compte, à savoir, dans l'hypothèse d'une infraction continue, la fin de l'infraction prise dans sa globalité ; les durées différentes de participation des entreprises, au sens du droit de la concurrence, à l'infraction pourraient n'avoir d'incidence qu'au seul stade de la détermination du montant de l'amende.

654. Outre la durée de l'infraction et la proportion de la valeur des ventes à prendre en compte, lesquelles données sont des données réelles, en ce qu'elles sont directement en lien avec l'infraction,[927] d'autres données ne sauraient tout autant varier entre une filiale et sa société mère. Toutefois, ces données sont, à la différence des premières, des données mixtes. Elles sont certes propres à chaque participant mais reflètent avant tout la manière dont ces derniers ont participé à l'infraction.

§ 2. Les critères mixtes

655. Une fois le montant de base de l'amende calculé, ce dernier pourra faire l'objet d'ajustements à la hausse ou à la baisse. Ainsi que le souligne le Tribunal, en droit de la concurrence de l'Union, « [le] montant de l'amende [peut être modulé] en fonction de certaines circonstances aggravantes et atténuantes, qui sont *propres* à chacune des *entreprises* ayant participé à l'infraction ».[928] Si ces critères sont propres à chacune des entreprises, ils sont ainsi susceptibles de varier entre elles. Or, à nouveau, il convient de s'entendre à cet endroit sur l'interprétation du terme « entreprise ». Il pourrait être considéré que, par le terme « entreprise », il est fait référence soit à l'entreprise, au sens du droit de la concurrence, soit à chaque société susceptible d'être concernée par l'infraction.

656. Par analogie avec les principes dégagés en droit pénal, certaines données, certes personnelles, présentent tout de même un lien de rattachement avec l'infraction. À titre d'illustration, le complice sera notamment concerné, à l'occasion d'un meurtre, par la circonstance aggravante de préméditation, dans la mesure où cette circonstance personnelle aggrave la répression en qualifiant le meurtre d'assassinat. Aussi la doctrine justifie-t-elle, en droit pénal, l'imputation au complice de cette circonstance aggravante par le principe de l'emprunt de criminalité, dans la mesure où « les effets sont réels pour participer juridiquement de la définition de l'infraction ».[929]

657. En droits de la concurrence, les circonstances aggravantes ou atténuantes qui sont prises en compte pour ajuster le montant de base de l'amende ne modifient certes pas la nature de l'infraction. L'analogie avec le droit pénal pourrait dès lors s'avérer

---

[927] Précisons toutefois que, s'agissant de la gravité de l'infraction, la détermination du coefficient multiplicateur découlera d'une appréciation subjective des autorités de concurrence, dans la mesure où ce dernier est susceptible de varier de zéro pourcent à 30 pourcent.

[928] Trib. UE, 3 mars 2011, Areva e.a. c/ Commission, aff. jointes T-117/07 et T-121/07, EU:T:2011:69, point 279 (italiques ajoutés). Voy., également, Trib. UE, Aragonesas Industrias y Energía c/ Commission, aff. T-348/08, EU:T:2011:621, point 287.

[929] Mayaud, op. cit., p. 463, n° 391.

à première vue limitée. Il n'en reste pas moins que, dans les rapports entre sociétés mères et filiales, composant une même entreprise, au sens du droit de la concurrence, cette analogie n'est pas dénuée de tout intérêt. La société mère étant considérée, par une fiction juridique, comme ayant commis elle-même l'infraction de sa filiale,[930] elle devrait être considérée *a fortiori* comme s'étant comportée de la même manière que sa filiale pendant l'infraction. Or, dans le cadre de la fixation du montant de l'amende, certains critères portent précisément sur le comportement qu'adopte la filiale pendant l'infraction. Il en va ainsi notamment du fait pour cette dernière d'avoir joué un rôle de meneur pendant cette dernière ou de s'être soustrait à l'entente en adoptant un comportement concurrentiel. Aussi la société mère devrait-elle être considérée comme ayant agi de la même manière que sa filiale.

658. Partant, par analogie avec le droit pénal, ces critères pourraient être qualifiés de circonstances mixtes, en ce qu'ils seraient certes personnels à la filiale participant à l'infraction, mais avec des effets « réels », uniquement dans les rapports entre sociétés, ayant composé pendant l'infraction une même entreprise, au sens du droit de la concurrence. Cette interprétation pourrait d'autant plus trouver un écho favorable à la lecture du communiqué de l'Autorité. Cette dernière distingue nettement, à la différence de la Commission dans ses lignes directrices de 2006, les circonstances aggravantes et atténuantes en lien avec l'infraction des autres éléments détachables de l'infraction, qui sont également pris en compte pour individualiser l'amende.

659. S'agissant des critères mixtes, deux catégories peuvent être identifiées. La première concerne les critères qui sont susceptibles de conduire à une majoration du montant de base de l'amende (A). La seconde concerne les critères qui sont susceptibles de conduire à une minoration du montant de base de l'amende (B). Que ce soit l'une ou l'autre de ces catégories, un point commun se doit d'être souligné : ils sont, à notre sens, communs aux sociétés composant une même entreprise, au sens du droit de la concurrence.

A. Les causes de majoration

660. Différentes causes de majoration peuvent être isolées. Une filiale peut avoir exercé un rôle de meneur ou d'incitateur durant l'infraction (1), contraint d'autres sociétés à participer à l'infraction (2), continué l'infraction à la suite des premiers actes d'enquête (3) ou encore refuser de coopérer pendant la procédure administrative (4). Pour chacune de ces causes de majoration, il y a lieu de répondre à la question de savoir si elles doivent être communiquées à la société mère, dans l'hypothèse où cette dernière forme avec sa filiale une même entreprise, au sens du droit de la concurrence.

1. Le rôle de meneur ou d'incitateur

661. Pour ce qui concerne la Commission, cette dernière indique au point 28 de ses lignes directrices de 2006, que « [l]e montant de base de l'amende peut être

930 Voy., notamment, Trib. UE, 15 juillet 2015, Akzo Nobel c/ Commission, aff. T-47/10, EU:T:2015:506, points 193 et jurisprudence citée.

augmenté lorsqu'[elle] constate l'existence de circonstances aggravantes, tell[e] que [le] [r]ôle de meneur ou d'incitateur de l'infraction [...] ».[931] De son côté, l'Autorité de la concurrence précise également, au point 46 de son communiqué, que « [l]es circonstances aggravantes en considération desquelles [elle] peut augmenter le montant de base de la sanction pécuniaire, pour une entreprise ou un organisme, peuvent notamment tenir au fait que (i) l'entreprise ou l'organisme a eu un rôle de meneur ou d'incitateur, ou a eu un rôle particulier dans la conception ou dans la mise en œuvre de l'infraction ».[932]

662. À première vue, tant la Commission que l'Autorité de la concurrence font référence dans leurs textes respectifs, directement ou indirectement, au terme « entreprise ».[933] Ce premier constat se vérifie en droit de la concurrence de l'Union à la lecture notamment de la jurisprudence du Tribunal. Ce dernier considère en effet que « pour être qualifiée de meneur d'une entente, une *entreprise* doit avoir représenté une force motrice significative pour l'entente ou avoir porté une responsabilité particulière et concrète dans le fonctionnement de celle-ci. Cette circonstance peut, notamment, être inférée de ce que l'*entreprise*, par des initiatives ponctuelles, a donné spontanément une impulsion fondamentale à l'entente, ou d'un ensemble d'indices révélant le dévouement de l'*entreprise* à assurer la stabilité et la réussite de l'entente ».[934] Il souligne qu'il en sera ainsi « lorsqu'il est avéré que ladite *entreprise* a joué un rôle central dans le fonctionnement concret de l'entente, par exemple en organisant de nombreuses réunions, en collectant et en distribuant les informations au sein de l'entente, et en formulant le plus souvent des propositions relatives au fonctionnement de l'entente ».[935] Aussi la question se pose-t-elle à nouveau de savoir si le terme « entreprise » doit être considéré uniquement comme un synonyme de « société » ou s'il peut également viser l'entreprise, au sens du droit de la concurrence.

663. Cette question reçoit une réponse affirmative, à la lumière, notamment, des décisions de la Commission rendues dans les affaires des cartels du *bitume routier*,[936] *des appareillages à commutation gazeuse*[937] ou encore du *marché des jeux vidéo*.[938] Dans l'affaire du *bitume routier*, la Commission relève qu'« en prenant en compte

---

931 Lignes directrices de la Commission de 2006, point 28.

932 Communiqué de l'Autorité de 2011, point 46, et communiqué de l'Autorité de 2021, point 38.

933 Dans son communiqué de 2011, l'Autorité de la concurrence mentionnait également le terme « organisme ». Sur ce terme, voy., supra, note en bas de page n° 6. Voy., également, communiqué de l'Autorité de 2021, lequel, dans le prolongement de la transposition en droit interne de la directive dite « ECN+ » remplace le terme « organisme » par celui d'« association d'entreprises ».

934 TPICE, 15 mars 2006, BASF c/ Commission, aff. T-15/02, EU:T:2006:74, points 370 à 375 et 427 (italiques ajoutés) ; Trib. UE, 14 juillet 2016, Parker Hannifin c/ Commission, aff. T-146/09 RENV, EU:T:2016:411, point 100. Voy., également, pour un exposé de la jurisprudence pertinente relative au rôle de meneur, Trib. UE, 11 juillet 2014, Sasol c/ Commission, aff. T-541/08, EU:T:2014:628, points 355 à 361.

935 Trib. UE, 27 septembre 2012, Koninklijke Wegenbouw Stevin c/ Commission, T-357/06, EU:T:2012:488, point 284 (italique ajouté).

936 Comm. CE, déc. n° 2007/534/CE du 13 septembre 2006, Bitume (Pays-Bas), aff. COMP/F/38.456, résumé au JOCE n° L 196 du 28 juillet 2007, p. 40.

937 Comm. CE, déc. n° C(2006) 6762 final du 24 janvier 2007, Appareillages de commutation à isolation gazeuse, aff. COMP/F/38.899, résumé au JOCE n° C 5 du 10 janvier 2008, C 5, p. 7.

938 Comm. CE, déc. n° 2003/675/CE du 30 octobre 2002, Video Games, aff. COMP/35.587 P, Nintendo Distribution, aff. COMP/35.706 PO et Omega – Nintendo, aff. COMP/36.321, JOCE n° L 255 du 8 octobre 2003, p. 33.

le rôle de[s] [filiales] comme incitateur et meneur de l'entente, [le montant de base de l'amende sera augmenté pour chaque entreprise de 50 pourcent] ».[939] Aussi cette augmentation du montant de base de l'amende concerne-t-elle l'amende imputée aux filiales mais également celle imputée aux sociétés mères respectives. En d'autres termes, elle concerne l'entreprise, au sens du droit de la concurrence. Il en va de même dans l'affaire des *appareillages à commutation gazeuse*, dans laquelle la Commission a considéré que les sociétés mères et les filiales avaient joué un rôle de meneur de l'infraction par leur activité de secrétariat de l'entente.[940] Dans sa décision rendue dans l'affaire du cartel du *marché des jeux vidéo*, la Commission applique également le critère tenant au rôle de leader au groupe de sociétés dans son ensemble, constitué par la société mère et ses filiales, dont la société mère détenait la totalité du capital social.

664. Or, si dans les affaires du *marché des jeux vidéo* ou des *appareillages à commutation gazeuse*, les sociétés mères n'étaient pas totalement étrangères à l'infraction, il n'en allait pas de même dans l'affaire du *bitume routier*. Dans cette dernière affaire, la société mère et la société grand-mère de la filiale, auteur direct de l'infraction, faisaient valoir qu'elles n'avaient jamais eu connaissance de l'infraction et qu'elles n'y avaient jamais participé directement ou indirectement. Toutefois, si elles contestent l'imputation de l'infraction, elles ne contestent pas pour autant l'imputation de la circonstance aggravante tirée du rôle de meneur de leur filiale pendant l'infraction. Il en va de même, dans le cadre des recours formés contre la décision de la Commission dans l'affaire du cartel dans le secteur des *jeux vidéo* ou des *appareillages à commutation gazeuse*.

665. À cet égard, il pourrait être soutenu que, d'un point de vue théorique, lorsque la société mère est étrangère à l'infraction de sa filiale et n'y répond uniquement que par le prisme de la présomption de contrôle, le rôle de meneur est une circonstance de l'infraction propre à sa filiale, sauf à prouver que la société mère a eu une influence sur sa filiale précisément quant à son rôle de meneur ou d'incitateur. Toutefois, un tel argument ne saurait prospérer. Cette imputation se justifie pleinement, étant donné que la société mère répond de l'infraction de sa filiale comme si elle l'avait elle-même commise.[941]

666. S'agissant de la pratique décisionnelle de l'Autorité de la concurrence, cette dernière impute également la circonstance aggravante de meneur de la filiale à sa société mère. La décision rendue dans l'affaire des commodités chimiques en constitue une illustration, dans la mesure où l'Autorité impute le rôle de meneur de la société Brenntag à sa société mère durant l'infraction, la société DBML.[942] Le même constat se doit d'être fait pour la majoration du montant de base de l'amende, dans l'hypothèse où une société aurait contraint d'autres sociétés à participer à une infraction.

---

939 Comm. CE, déc. n° 2007/534/CE du 13 septembre 2006, Bitume (Pays-Bas), précitée, cons. 342.

940 Comm. CE, déc. n° C(2006) 6762 final du 24 janvier 2007, Appareillages de commutation à isolation gazeuse, précitée, cons. 514.

941 Voy., notamment, CJUE, 10 avril 2014, Commission e.a. c/ Siemens Österreich e.a., aff. C-231/11 P à C-233/11 P, EU:C:2014:256, points 46 et 47 et jurisprudence citée. Voy., également, Trib. UE, 29 février 2016, UTi Worldwide c/ Commission, aff. T-264/12, EU:T:2016:112, point 329.

942 Voy. aut. conc., déc. n° 13-D-09 du 28 mai 2013 relative à des pratiques mises en œuvre dans le secteur de la commercialisation de commodités chimiques, cons. 954 et 1071.

2. Le fait de contraindre d'autres sociétés à participer à une infraction

667. En application du point 28 des lignes directrices de la Commission de 2006, il « [sera portée] une attention particulière à toute mesure prise en vue de contraindre d'autres entreprises à participer à l'infraction et/ou à toute mesure de rétorsion prises à l'encontre d'autres entreprises en vue de faire respecter les pratiques constitutives d'une infraction ».[943] Pour sa part, l'Autorité de la concurrence prévoit également que l'amende sera aggravée si « l'entreprise ou l'organisme a pris des mesures en vue d'en contraindre d'autres à participer à l'infraction ou a pris des mesures de rétorsion à leur encontre en vue de faire respecter celle-ci [et si] l'entreprise ou l'organisme jouit d'une capacité d'influence ou d'une autorité morale particulières, notamment parce qu'il est chargé d'une mission de service public ».[944]

668. À cet égard, ni les lignes directrices de la Commission de 2006 ni le communiqué de l'Autorité ne distinguent entre la filiale et sa société mère, seule le terme « entreprise » demeure mentionné. Toutefois, de la même manière que pour la circonstance de meneur ou d'incitateur, ce terme « entreprise » est susceptible de renvoyer à l'entreprise, au sens du droit de la concurrence. Dans le cadre d'une infraction commise uniquement par une filiale, pour laquelle une autre société en répond en sa seule qualité de société mère, cette dernière se verra également imputer la circonstance aggravante tirée de la contrainte exercée par sa filiale sur les autres participants à l'infraction, étant donné que cette circonstance porte sur le comportement de sa filiale pendant l'infraction.

3. La continuation de l'infraction après les premiers actes d'enquêtes

669. Les lignes directrices de la Commission de 2006 ne prévoient certes pas, au titre des circonstances aggravantes, le fait pour l'auteur de l'infraction de continuer cette dernière à la suite des premiers actes d'enquête de la Commission. Il n'en reste pas moins que cette dernière considère être en droit « de tenir compte, en tant que circonstance aggravante, de la poursuite délibérée d'une infraction manifeste par les parties après les vérifications de la Commission sur le comportement des parties à une infraction, étant donné qu'un tel comportement témoigne de la détermination particulière des participants à l'infraction de continuer celle-ci en dépit du risque de se voir infliger une sanction ».[945] L'existence d'une telle circonstance aggravante pourrait se justifier par symétrie avec la circonstance atténuante, prévue par le point 29 des lignes directrices de la Commission de 2006, en application duquel, la cessation de l'infraction dès les premiers actes d'enquête permet d'obtenir un ajustement à la baisse du montant de l'amende.[946]

---

943 Lignes directrices de la Commission de 2006, point 28.

944 Communiqué de l'Autorité de 2011, point 46, et communiqué de l'Autorité de 2021, point 38.

945 Comm. CE, déc. n° 2007/691/CE du 20 septembre 2006, Raccords, aff. COMP/F/38.121, résumé au JOUE n° L 283 du 27 octobre 2007, p. 63, cons. 20 du résumé. Sur ce point, voy., notamment, Bernardeau et Christienne, op. cit, n° I.331.

946 Dans son arrêt prononcé dans l'affaire Asea Brown Boveri, le Tribunal a validé cette pratique de la Commission, certes sous l'empire des lignes directrices de 1998, en jugeant que la Commission pouvait prendre en compte le fait que l'un des auteurs de l'infraction avait continué cette dernière à la suite des premiers actes d'enquête, non seulement au stade de la détermination de la durée de l'infraction, mais aussi en tant que circonstance

670. S'agissant de la question de savoir si une société mère d'une filiale qui n'aurait pas cessé sa participation à une infraction à la suite des premiers actes d'enquête peut se voir imputer également cette circonstance aggravante, il doit être tout autant relevé que cette circonstance concerne uniquement le fait infractionnel, dont répondent tant la société mère que sa filiale. Aussi la société mère, dans cette hypothèse, ne saurait-elle échapper à nouveau à l'ajustement à la hausse du montant de base de l'amende. Cette conclusion ne pourrait pas être remise en cause par des arguments tenant à la violation par la filiale d'instructions précises données par sa société mère de cesser toute participation à l'infraction. Il est vrai qu'il pourrait être soutenu que cette circonstance aggravante ne saurait concerner la société mère, dans l'hypothèse où cette dernière aurait délibérément enjoint à sa filiale de cesser toute participation à l'infraction.[947] Toutefois, la position des juges de l'Union demeure stricte sur ce point : la seule limite étant le non-respect généralisé et constant des instructions données par la société mère à sa filiale.[948]

4. Le refus de coopérer pendant la phase administrative

671. Si le comportement adopté par la filiale pendant l'infraction est susceptible, dans certaines hypothèses, de conduire à une majoration du montant de l'amende tant à son égard que pour sa société mère, il en va également de même du comportement que la filiale est susceptible d'adopter pendant la procédure administrative. Aux termes du point 28, deuxième tiret, des lignes directrices de la Commission de 2006 « le montant de base de l'amende peut être augmenté lorsque la Commission constate l'existence de circonstances aggravantes telles que [le] refus de coopérer ou [en raison d']une obstruction pendant l'enquête ».[949]

672. D'emblée, un constat doit être fait. Aucune référence n'est faite tant au terme « entreprise » qu'au terme « société ». Pour autant, la même question se pose, à savoir celle de savoir si cette circonstance aggravante s'applique à l'entreprise, au sens du droit de la concurrence, c'est-à-dire cumulativement ou alternativement à la filiale et sa société mère.

673. Une étude de la pratique de la Commission révèle que, sous l'empire des lignes directrices de 1998, cette dernière a tenu compte à plusieurs reprises de cette circonstance aggravante, notamment dans les affaires *Conduites précalorifugées*,[950]

---

aggravante autonome du montant de base de l'amende (TPICE, 20 mars 2002, ABB Asea Brown Boveri/ Commission, aff. T-31/99, EU:T:2002:77, point 211).

947 Voy., par analogie, CJUE, 16 juin 2016, Evonik Degussa e.a. c/ Commission, aff. C-155/14 P, EU:C:2016:446, point 40.

948 Voy. conclusions de l'avocat général M. Mengozzi présentées le 3 septembre 2015 dans l'affaire Evonik Degussa et Alzchem c/ Commission, aff. C-155/14 P, EU:C:2015:529, point 53.

949 Lignes directrices de la Commission de 2006, point 28, deuxième tiret. Cette circonstance aggravante était déjà prévue par la Commission dans ses lignes directrices de 1998. Aux termes du point 2, deuxième tiret, desdites lignes directrices, la Commission précisait que sera prise en compte, au titre d'une circonstance aggravante, « le refus de toute coopération, voire [la] tentative d'obstruction pendant le déroulement de l'enquête ». Pour sa part, le communiqué de l'Autorité ne prévoit pas une telle circonstance aggravante.

950 Voy. Comm. CE, déc. n° 1999/60/CE du 21 octobre 1998, Conduites précalorifugés, aff. IC/35.691/E-4, JOCE n° L 24 du 30 janvier 1999, p. 1.

Électrodes de graphite[951] et *Consoles de jeux.*[952] Dans la première décision, la Commission a tenu compte d'une obstruction. Toutefois, la décision n'est pas des plus explicites relativement à l'auteur de cette obstruction, la Commission visant seulement le « groupe *Henss/Isoplus* » dans son ensemble.[953] Dans la seconde et la troisième décision, la circonstance aggravante a été imputée à une société autonome, de sorte que la question de l'imputation d'une telle circonstance dans les rapports entre une filiale et sa société mère ne se posait pas.[954]

674. En revanche, sous l'empire des lignes directrices de 2006, les décisions rendues dans les affaires *Bandes vidéo professionnelles*[955] et *Raccords*[956] présentent un intérêt certain. S'agissant de la première décision, la Commission a schématiquement imputé à une filiale et à sa société mère une circonstance aggravante relative au refus de la première de coopérer avec la Commission. Le défaut de coopération s'était matérialisé, d'une part, par le refus d'une filiale de répondre à des questions de la Commission et, d'autre part, par la destruction de documents par des employés d'une autre filiale. Sans contester la matérialité de ces faits, la société mère avait néanmoins tenté d'en diminuer l'importance. Toutefois, pour la Commission, ce comportement justifiait une augmentation de 30 pour cent de l'amende dont les filiales et leur société mère devaient être tenues solidairement. Ainsi, cette décision illustre sans ambiguïté que le comportement d'une filiale pendant la procédure administrative engage également sa société mère.

675. Cette solution peut se justifier. Si la filiale agit sous le contrôle de sa société mère, le comportement qu'elle adopte pendant la procédure administrative devrait nécessairement engager sa société mère. En d'autres termes, la notion d'entreprise, au sens du droit de la concurrence, pourrait être utilement mobilisée à cet endroit. Certes, on pourra objecter que cette circonstance n'a aucun lien avec l'infraction faisant l'objet de l'instruction et que le refus de coopérer durant ladite instruction est nécessairement postérieur à l'infraction. Il n'en reste pas moins que cette circonstance aggravante présente une proximité importante avec les infractions procédurales.

676. Comme le souligne le Tribunal dans l'affaire *IBP*, « le fait que le règlement [n° 1]/2003 permet[te] à la Commission d'infliger une amende d'un montant maximal de 1 % du chiffre d'affaires d'une entreprise pour l'obstruction ou la fourniture d'informations inexactes ou dénaturées en réponse à une demande de renseignements, en tant qu'infraction autonome, ne remet pas en cause la possibilité d'en tenir compte comme une circonstance aggravante ».[957] Cette proximité évidente est renforcée par le caractère alternatif des infractions procédurales et de

---

951 Voy. Comm. CE, déc. n° 2002/271/CE du 18 juillet 2001, Électrodes de graphite, aff. COMP/E-1/36.490, JOCE n° L 100 du 16 avril 2002, p. 1.

952 Voy. Comm. CE, déc. n° 2003/675/CE du 30 octobre 2002, Video Games, aff. COMP/35.587 P, Nintendo Distribution, aff. COMP/35.706 PO et Omega – Nintendo, aff. COMP/36.321, précitée.

953 Voy. Comm. CE, déc. n° 1999/60/CE du 21 octobre 1998, précitée, cons. 151.

954 Voy. Comm. CE, déc. n° 2002/271/CE du 18 juillet 2001, précitée, cons. 160 et du 30 octobre 2002, Consoles de jeux, précitée, cons. 413 et s.

955 Voy. Comm. CE, déc. n° C(2007) 5469 fina du 20 novembre 2007, Bandes vidéo professionnelles, aff. COMP/38.432, résumé au JOCE n° C 57 du 1er mars 2008, p. 9.

956 Voy. Comm. CE, déc. n° 2007/691/CE du 20 septembre 2006, Raccords, aff. COMP/F/38.121, résumé au JOUE n° L 283 du 27 octobre 2007, p. 63.

957 Trib. UE, 24 mars 2011, IPB c/ Commission, T_384/06, EU:T:2011:113, point 109.

cette circonstance aggravante. Car, comme le souligne le Tribunal, « […] retenir l'une des deux qualifications exclut la possibilité de pouvoir retenir simultanément l'autre en ce qui concerne le même comportement ».[958]

677. Or, s'agissant des infractions procédurales, une société mère devrait tout autant être tenue de répondre du comportement infractionnel de sa filiale. Un raisonnement identique à l'imputation des infractions aux articles 101 TFUE et 102 TFUE doit s'appliquer aux infractions procédurales.[959] Toutefois, s'il s'avère cohérent de considérer que la majoration de l'amende qui découle de cette circonstance aggravante doit être communiquée à la société mère, c'est à la condition qu'il puisse être valablement démontré que la société mère continue d'exercer sur sa filiale une influence déterminante de manière effective. Ce tempérament invite à préciser que si le refus de coopérer pendant la procédure administrative est imputable à la seule société mère, sa filiale ne saurait en être concernée, pour la simple raison qu'elle n'exerce pas sur sa société mère une influence déterminante.

678. Si le comportement de la filiale peut conduire à l'infliction d'une majoration du montant de l'amende de sociétés de l'entreprise, à laquelle elle appartient, il peut également conduire à sa minoration, dont bénéficiera tout autant sa société mère.

B. Les causes de minoration

679. Les causes de minoration en lien avec l'infraction s'avèrent en pratique des hypothèses d'école. De la même manière que pour les causes de majoration, dont elles constituent pour certaines l'exacte symétrie, les causes de minoration doivent bénéficier tant à la filiale qu'à sa société mère. Il en va ainsi de la participation à l'infraction conformément à une décision d'une autorité publique, de la participation à une infraction sous la contrainte, des hypothèses de négligence ou encore de participation réduite à l'infraction.

680. Premièrement, la participation à l'infraction conformément à une décision d'une autorité publique est prévue par les lignes directrices de 2006. Ces dernières envisagent la minoration du montant de l'amende, dans l'hypothèse où « le comportement anti-concurrentiel a été autorisé ou encouragé par les autorités publiques ou la réglementation ».[960] Il en va tout autant du communiqué de l'Autorité, lequel dispose que sera pris en compte en tant que circonstance atténuante le fait que « l'infraction a[it] été autorisée ou encouragée par les autorités publiques ».[961]

681. Cette circonstance atténuante est un élément objectif de l'infraction, qui est susceptible d'influer sur le comportement des sociétés participant à l'infraction. En

---

958 *Ibid.*

959 Certes, la pratique du droit de la concurrence de l'Union ne présente pas d'illustrations d'imputation d'une infraction procédurale d'une filiale à sa société mère, le seul exemple pouvant être mentionné concerne l'affaire E.ON, dans laquelle la Commission n'a pas imputé à la société mère l'infraction procédurale mise à la charge de sa filiale. Toutefois, une telle hypothèse ne saurait pour autant être exclue. La pratique française du droit de la concurrence le reconnaît pour sa part expressément, ainsi qu'il ressort de la décision prononcée par l'Autorité de la concurrence dans l'affaire Brenntag. Voy. décision n° 17-D-27 de l'Autorité de la concurrence du 21 décembre 2017 relative à des pratiques d'obstruction mises en œuvre par Brenntag.

960 Lignes directrices de la Commission de 2006, point 28.

961 Communiqué de l'Autorité de 2011, point 45, troisième tiret, et communiqué de l'Autorité de 2021, point 37, cinquième tiret.

effet, les participants à l'infraction n'auraient potentiellement pas agi ou à tout le moins limité leur collaboration. S'agissant des rapports entre une filiale et sa société mère, dans la mesure où l'existence d'une décision d'une autorité publique a trait uniquement à l'infraction, dans son ensemble, une société mère devrait nécessairement devoir bénéficier de la réduction du montant de l'amende de sa filiale sur le fondement de cette circonstance atténuante.

682. Deuxièmement, les lignes directrices de la Commission de 2006 disposent que le montant de base de l'amende pourra être ajusté à la baisse si « l'entreprise concernée apporte la preuve que l'infraction a été commise par négligence ».[962] Si cette circonstance atténuante, telle qu'elle figure dans les lignes directrices de 2006,[963] n'a semble-t-il jamais été appliquée par la Commission,[964] la question peut toujours se poser de savoir si une société mère doit bénéficier de la négligence de sa filiale. À notre sens, cette question doit recevoir une réponse positive. En effet, d'une part, la circonstance atténuante tenant à la négligence de la filiale est une circonstance rattachable à l'infraction, dont répond la société mère. D'autre part, si la société mère exerce un contrôle sur sa filiale, il ne saurait être valablement soutenu que si la filiale a agi avec négligence la société mère n'ait pas agi de la même manière. En tout état de cause, il peut être soutenu que cette question demeure des plus théoriques, car si la société mère exerce un contrôle sur sa filiale, l'existence d'une négligence dans le chef des deux sociétés pourrait être plus difficile à prouver.

683. Troisièmement, la circonstance atténuante dont bénéficierait une société qui aurait participé à l'infraction sous la contrainte d'autres sociétés est expressément prévue par le communiqué sanctions. Aux termes de ce dernier, il sera tenu compte du fait que « l'entreprise ou l'organisme apporte la preuve qu'il a été contraint à participer à l'infraction ».[965] Pour leur part, les lignes directrices de la Commission de 2006 demeurent muettes. Il n'en reste pas moins que, dans certaines hypothèses, la Commission a tenu compte pour certaines participantes à l'infraction du fait qu'elles avaient agi sous la contrainte.[966] S'agissant de la question des rapports entre une filiale et sa société mère, si la filiale obtient une réduction du montant de l'amende pour ce motif, la société mère devrait tout autant en bénéficier.

---

962 Cette circonstance atténuante était déjà mentionnée par les lignes directrices de 1998 qui visaient précisément la possibilité de réduire le montant de l'amende si l'infraction n'avait pas été commise de « propos délibéré ». Sur ce point, voy., notamment, Bernardeau et Christienne, op. cit, n° I.380.

963 Sous l'empire des lignes directrices de 1998, la Commission prévoyait la possibilité de tenir compte du doute raisonnable quant au caractère infractionnel du comportement adopté. Voy., notamment, Comm. CE, déc. n° 2000/12/CE du 20 juillet 1999, Coupe du monde de football 1998, aff. IV/36.888, JOCE n° L 5 du 8 janvier 2000, p. 55, cons. 122 à 125.

964 Voy., notamment, Bernardeau et Christienne, op. cit, n° I.380. Les auteurs soulignent que « la Cour a dit pour droit que l'article 101 TFUE doit être interprété en ce sens qu'une entreprise ayant enfreint cette disposition ne peut pas échapper à l'infliction d'une amende lorsque ladite infraction a pour origine une erreur de cette entreprise sur la licéité de son comportement en raison de la teneur d'un avis juridique d'un avocat ou de celle d'une décision d'une ANC » : CJUE, 18 juin 2013, Schenker e.a., aff. C-681/11, EU:C:2013:404, point 43.

965 Communiqué de l'Autorité de 2011, point 45, deuxième tiret, et communiqué de l'Autorité de 2021, point 37, troisième tiret.

966 Voy., notamment, Comm. CE, déc. n° 2003/600/CE du 2 avril 2003, Viandes bovines françaises, aff. COMP/C.38.279/F3, JOCE n° L 209 du 19 août 2003, p. 12, cons. 177. Sur ce point, voy. Bernardeau et Christienne, op. cit, n° I.394.

En effet, cette circonstance atténuante vise à prendre en compte le comportement infractionnel de la filiale, lequel est commun à cette dernière et à sa société mère.

684. Quatrièmement, les lignes directrices de la Commission de 2006 prévoient, au titre des circonstances atténuantes, celle de la participation réduite à l'infraction.[967] Pour sa part, l'Autorité de la concurrence tient également compte du fait que « l'entreprise ou l'organisme apporte la preuve qu'il a durablement adopté un comportement concurrentiel, pour une part substantielle des produits ou services en cause, au point d'avoir perturbé, en tant que franc-tireur, le fonctionnement même de la pratique en cause ».[968]

685. À cet égard, cette circonstance atténuante concerne directement la participation à l'infraction. Aussi, dans les rapports entre société mère et filiale, la société mère se devrait-elle, en principe, de bénéficier d'une réduction du montant de l'amende, à la condition que sa filiale se soit soustraite, pendant l'infraction, à l'application de l'accord anti-concurrentiel. En effet, si la société mère a exercé un contrôle sur sa filiale pendant toute la durée de l'infraction et répond de son fait infractionnel, il y aura lieu de prendre en compte du comportement de la filiale pendant l'infraction et, notamment, de sa soustraction ou non à l'accord.

686. Assurément, en l'absence de restructurations sociétaires, certains critères pris en compte aux fins de la détermination du montant de l'amende seront communs à la filiale et à sa société mère. Deux catégories ont été identifiées à cette fin : les critères réels et les critères mixtes. En ce que ces derniers sont en lien avec l'infraction, leur application ne saurait varier entre la filiale et sa société mère. Pour le justifier, il peut certes être opportunément convoqué à cet endroit la notion d'entreprise, au sens du droit de la concurrence, puisque l'infraction est commise, *de lege lata*, par une entreprise, au sens du droit de la concurrence, à laquelle la filiale et sa société mère appartiennent. En revanche, en présence de restructurations sociétaires, la question de l'application commune ou non de ces critères se pose, non plus dans des rapports entre sociétés qui appartiennent à une même entreprise, au sens du droit de la concurrence, mais entre des sociétés constituant chacune, au jour de l'adoption de la décision, une entreprise autonome et distincte.

Section 2
En présence de restructurations sociétaires

687. Les restructurations sociétaires peuvent s'effectuer de diverses manières.[969] Aux fins de l'étude de l'incidence des restructurations, seules celles entraînant soit un changement de contrôle de la filiale, soit une cession suivie de sa disparition

---

967 Aux termes du paragraphe 29, alinéa 3 des lignes directrices de 2006, si « l'entreprise concernée apporte la preuve que sa participation à l'infraction est substantiellement réduite et démontre par conséquent que, pendant la période au cours de laquelle elle a adhéré aux accords infractionnels, elle s'est effectivement soustraite à leur application en adoptant un comportement concurrentiel sur le marché », cette dernière pourra bénéficier d'une circonstance atténuante.

968 Communiqué de l'Autorité de 2011, point 45, premier tiret, et communiqué de l'Autorité de 2021, point 37, deuxième tiret.

969 Voy. infra, nos 401, 460 et 560.

juridique s'avèrent pertinentes. En effet, dans les hypothèses où la filiale se maintient juridiquement et ne cède que ses éléments d'actifs, cette dernière demeure responsable de sa participation à l'infraction tout comme sa société mère, et ce, dans une configuration identique à celle étudiée précédemment. En d'autres termes, les hypothèses sous examen sont celles dans lesquelles, pendant ou après l'infraction, la filiale devient soit autonome, soit opère sous le contrôle d'une nouvelle société mère ou dans lesquelles une société ayant acquis son patrimoine continue l'infraction de la filiale.

688. Dans ces hypothèses, l'ancienne filiale peut certes poursuivre sa participation à l'infraction. Toutefois, il se peut également que, du fait de la restructuration, l'ancienne filiale cesse sa participation à l'infraction, à la différence de son ancienne société mère, laquelle continue à y participer par l'intermédiaire d'une autre de ses filiales. Autrement dit, l'ancienne filiale et l'ancienne société mère apparaissent, à l'issue de l'opération de restructuration, non plus comme des sociétés appartenant à une même entreprise, au sens du droit de la concurrence, mais potentiellement comme des entreprises différentes, au sens du droit de la concurrence.

689. Ainsi, la question se pose avec une certaine acuité de savoir si les critères relatifs à l'infraction varient à la suite d'une opération de restructurations. Pour y répondre, une nouvelle étude des critères réels (§1) et des critères mixtes (§2) sera conduite.

§ 1. Les critères réels

690. Pour ce qui concerne la durée de l'infraction, cette dernière est assurément susceptible de varier entre l'ancienne société mère et l'ancienne filiale, lorsque l'une des deux poursuit seule la participation à l'infraction. Le coefficient reflétant la durée de l'infraction sera potentiellement plus important pour l'une ou l'autre. Il en va tout autant s'agissant de la valeur de ventes en lien avec l'infraction. Toutefois, c'est davantage sur le terrain de la prescription des pouvoirs de sanction, que les restructurations sociétaires sont susceptibles d'avoir une incidence importante.

691. Le même constat peut être fait s'agissant du coefficient reflétant la gravité de l'infraction.[970] Schématiquement, la question qui se pose est celle de savoir si l'appréciation de la gravité de l'infraction, au stade de la détermination du montant de base de l'amende peut varier entre l'ancienne filiale et son ancienne société mère, lorsque l'une ou l'autre poursuit la participation à l'infraction. Plus généralement, cette question conduit à s'interroger sur la possibilité d'appliquer différents taux de gravité en tenant compte de la participation plus ou moins relative de chaque entreprise, au sens du droit de la concurrence à l'infraction.

692. Deux points seront ainsi étudiés : la durée de l'infraction, avec en toile de fond la question de la prescription des pouvoirs de sanction (B) et les coefficients appliqués à la valeur des ventes en lien avec l'infraction (A).

---

970 Il en va de même mutatis mutandis du coefficient appliqué à la valeur des ventes au titre du « droit d'entrée ».

A. La valeur des ventes

693. Aux termes du point 22 des lignes directrices de 2006, la Commission précise qu'« [a]fin de décider si la proportion de la valeur des ventes à prendre en considération dans un cas donné devrait être au bas ou au haut [du taux de 30 %], [elle] tiendra compte d'un certain nombre de facteurs, tels que la nature de l'infraction, la part de marché cumulée de toutes les parties concernées, l'étendue géographique de l'infraction, et la mise en œuvre ou non de l'infraction ».

694. Une disposition similaire se retrouve dans le communiqué sanctions de l'Autorité, lequel souligne que « [l]e montant de base de la sanction est déterminé par une proportion de la valeur des ventes du ou des produit(s) ou service(s) en relation avec l'infraction, et est fonction de l'appréciation portée par l'Autorité sur [notamment] la gravité des faits [au vu de l'ensemble des éléments pertinents au cas d'espèce] », parmi lesquels la nature de l'infraction, la nature des activités, les sociétés susceptibles d'être affectées par l'infraction ou encore les caractéristiques objectives de l'infraction.[971]

695. À cet égard et à première vue, la nature de l'infraction, son étendue géographique et sa mise en œuvre pourraient varier selon les différentes entreprises, au sens du droit de la concurrence. En poursuivant sa participation à l'infraction, une ancienne filiale – qui devient de ce fait une entreprise distincte, au sens du droit de la concurrence – peut en effet étendre son implication géographique dans l'infraction. Elle peut également prendre part à d'autres pratiques pouvant faire l'objet de qualifications juridiques différentes, à savoir non seulement une entente sur le prix, mais aussi une répartition des marchés. Autrement dit, il n'est pas exclu que ces données fassent l'objet d'appréciations différentes entre entreprises, au sens du droit de la concurrence, ainsi que cela ressort de la pratique à l'échelle de l'Union (1) et à l'échelle nationale (2).

1. La pratique à l'échelle de l'Union

696. Pour ce qui est de la nature de l'infraction, cette dernière requiert d'identifier la catégorie d'infraction en cause : un accord vertical ou un accord horizontal. Pour les accords horizontaux, une distinction supplémentaire pourra notamment être faite selon que l'infraction consiste en un accord sur les prix ou une répartition des marchés entre concurrents. Cet élément est susceptible de varier entre les entreprises, au sens du droit de la concurrence, ainsi qu'il ressort notamment de la décision de la Commission rendue dans l'affaire des *Cires de bougies*.[972]

697. Dans cette affaire, la Commission avait condamnée différentes entreprises, au sens du droit de la concurrence, pour s'être entendues dans les secteurs des Cires de bougies et du gatsch. Quand bien même l'infraction portait sur deux secteurs d'activités, la Commission avait entendu faire une distinction au titre de l'appréciation du taux de gravité de l'infraction selon les secteurs d'activités concernés. L'infraction commise dans le premier secteur d'activités avait consisté, schématiquement,

---

971 Voy. communiqué de l'Autorité de 2011, point 26, et communiqué de l'Autorité de 2021, point 28.

972 Voy. Comm. CE, déc n° C(2008) 5476 final du 1er octobre 2008, Cires de bougie, aff. COMP/39.181, résumé au JOUE n° C 295 du 4 décembre 2009, p. 17.

en un accord sur les prix et de répartition de marchés. En revanche, pour le second, l'infraction n'avait consisté qu'en un accord sur les prix. Cette différence justifiait, selon la Commission, une différence de taux entre les infractions commises dans les différents secteurs d'activités.[973]

698. L'étendue géographique de l'infraction peut tout autant varier entre les différents participants. Toujours dans sa décision rendue dans l'affaire des *Cires de bougies*, la Commission avait relevé que, pour le second des secteurs d'activités concernés, l'infraction s'était limitée, pour l'ensemble des participants, au territoire de l'Allemagne. Aussi avait-elle également tenu compte de cette différence au stade de la détermination du taux de gravité de l'infraction. L'on relèvera toutefois que la Commission n'ajustera pas nécessairement, selon les participants à l'infraction, le taux de gravité en fonction de divergences dans son étendue géographique. Dans l'affaire des *Installations sanitaires*, la Commission avait sanctionné une infraction, laquelle avait couvert jusqu'à six États membres. Or, certains participants avaient limité leur participation au territoire de deux, voire un seul État membre, ce qui aurait pu, ainsi qu'il a pu être soutenu devant les juges de l'Union, justifier un taux de gravité différent.[974]

699. Sur ce point, la Cour ne reproche aucunement à la Commission d'avoir appliqué un même taux pour toutes les entreprises, au sens du droit de la concurrence. Elle n'exclut pas pour autant qu'elle puisse le faire. Selon la Cour, « [s]i, pour apprécier la gravité d'une infraction et, par la suite, fixer le montant de l'amende à imposer, il peut être tenu compte, notamment, de l'étendue géographique de l'infraction, la circonstance qu'une infraction couvre une plus grande étendue géographique qu'une autre ne saurait, à elle seule, *nécessairement* impliquer que cette première infraction, considérée dans son ensemble, et notamment au regard de sa nature, doive être qualifiée comme étant plus grave que la seconde et comme justifiant, ainsi, la fixation de coefficients "gravité de l'infraction" et "montant additionnel" supérieurs à ceux retenus pour le calcul de l'amende sanctionnant cette seconde infraction ».[975] Cette affirmation ne saurait être utilement contesté, en ce que la gravité de l'infraction ne saurait être uniquement fonction de son étendue géographique.

700. Le critère tenant à la mise en œuvre de l'infraction soulève enfin des questions plus complexes. Dans l'affaire des *Stabilisants thermique*,[976] la Commission avait appliqué un taux de gravité différent selon les entreprises, au sens du droit de la concurrence, précisément car certaines d'entre elles n'avaient que partiellement mis en œuvre l'infraction. Elle avait notamment retenu que « Faci a[vait] rejoint l'entente sur l'ESBO/les esters relativement tardivement (le 6 novembre

973 *Ibid., cons. 653.*

974 Voy. Comm eur., déc. n° C(2010) 4185 final du 23 juin 2010, Installations sanitaires pour salles de bains, aff. COMP/39092, résumé au JOUE n° C 348 du 29 novembre 2011, p. 12. Voy., également, Comm. eur., déc. n° C(2013) 8286 final du 27 novembre 2013, Crevettes, aff. AT.39633, résumé au JOUE n° C 453 du 17 décembre 2014, p. 16, cons. 494 à 498, 502 et 503. Sur cette décision, voy., Trib. UE, 13 juillet 2018, Stührk Delikatessen Import c/ Commission, aff. T-58/14, EU:T:2018:474, point 187.

975 Voy., notamment, CJUE, 26 janvier 2017, Laufen Austria c/ Commission, aff. C-637/13 P, EU:C:2017:51, point 68 (italique ajouté).

976 Voy. Comm. CE, déc. n° C(2009) 8682 final du 11 novembre 2009, Stabilisants thermiques, aff. COMP/38589, JOCE n° C 307 du 12 novembre 2010, p. 9

1996). Chemtura a[vait] rejoint les deux ententes le 29 mai 1998. Pour Arkema France [...] la deuxième partie seulement de l'infraction sur les stabilisants étain (à savoir du 9 septembre 1997 au 21 mars 2000) [était] sujette aux amendes ».[977] Puis concluait que « la mise en œuvre stricte de l'infraction ne sera[it] pas prise en considération dans l'établissement du montant des amendes pour Faci (pour l'infraction sur l'ESBO/les esters, Chemtura (pour les deux infractions) et Arkema France (pour l'infraction sur stabilisants étain) ».[978] Ainsi, la Commission avait apprécié le critère tenant à la mise en œuvre de l'infraction non pas à la lumière de l'infraction dans son ensemble, mais à la lumière de la participation respective de chaque entreprise, au sens du droit de la concurrence.

701. À la lumière de la pratique, il peut être constaté que la Commission applique généralement des taux de gravité différents si l'infraction sanctionnée présente plusieurs volets distincts, lesquels peuvent être identifiés selon les secteurs d'activités concernés, la qualification des pratiques mises en œuvre ou encore les divergences dans l'étendue géographique de l'infraction. Toutefois, au sein d'un même volet, le taux de gravité de l'infraction ne saurait, en principe, varier. À cet endroit, la prise en compte de différences dans la mise en œuvre de l'infraction, au stade de la détermination de sa gravité, pourrait ne pas convaincre.

702. À première vue, il pourrait être fait certes référence à l'arrêt prononcé par le Tribunal dans l'affaire *Groupe Danone*. Le Tribunal juge que, conformément au principe d'individualité des peines, « lorsqu'une infraction a été commise par plusieurs entreprises, il y a lieu, dans le cadre de la détermination du montant des amendes, d'examiner *la gravité relative* de la participation de chacune d'entre elles [...], ce qui implique, en particulier, d'établir leurs rôles respectifs dans l'infraction pendant la durée de leur participation à celle-ci ».[979] De même, dans l'affaire *Areva*, le Tribunal souligne que « [l]orsque la responsabilité de certaines sociétés est engagée en raison de la participation de plusieurs entreprises à une infraction à l'article 81 CE et/ou à l'article 53 de l'accord EEE, il y a lieu pour la Commission, *lorsqu'elle détermine le montant de base des amendes à infliger à chacune de ces sociétés*, en application de l'article 15, paragraphe 2, du règlement n° 17 ou de l'article 23, paragraphe 2, du règlement n° 1/2003, d'examiner la *gravité relative* de la participation à l'infraction de l'entreprise qu'elle dirigeait [...] ». Il ajoute de même qu'il convient « d'établir le rôle relatif dans l'infraction de chaque entreprise pendant la période durant laquelle elle a participé à celle-ci [...]. Cette conclusion constitue *la conséquence logique du principe d'individualité des peines et des sanctions* [...] ».[980]

703. Il n'en reste pas moins que, dans le cadre, d'une part, de l'affaire *Groupe Danone*, la « gravité relative » à laquelle les juges de l'Union font référence ne peut se comprendre que relativement à la circonstance aggravante de contrainte imputée à la requérante. Aussi y-a-t-il lieu de la comprendre comme faisant référence à l'ajustement du montant de base de l'amende. D'autre part, la position du Tribunal dans l'affaire *Areva* pourrait aussi prêter à confusion. Il s'agissait

---

977 *Ibid., cons. 707.*

978 *Ibid., cons. 708.*

979 TPICE, 25 octobre 2005, Groupe Danone c/ Commission, aff. T-38/02, EU:T:2005:367, point 277.

980 Trib. UE, 3 mars 2011, Areva e.a. c/ Commission, aff. jointes T-117/07 et T-121/07, EU:T:2011:69, point 278.

à nouveau d'une question tenant à l'individualisation du montant de l'amende. Les filiales, en leur qualité d'auteur direct de l'infraction, reprochaient à la Commission « une violation du principe de proportionnalité en ce que l'écart entre la gravité de l'infraction commise par l'entreprise concernée et celle des infractions commises par les autres membres de l'entente ne serait pas suffisant pour justifier une majoration de 50 % du montant de base des amendes [au titre de la circonstance aggravante de meneur] qui leur ont été infligées ».[981] Toutefois, indépendamment de cette particularité, le Tribunal affirme, tout en faisant référence à la gravité relative de l'infraction, que lorsque la Commission détermine le montant de base des amendes à infliger à chacune de ces sociétés, il lui revient d'établir le rôle relatif dans l'infraction de chaque entreprise pendant la période durant laquelle elle a participé à l'infraction.[982] Ainsi, la référence à la « gravité relative » de l'infraction dans ces deux affaires devrait être limitée à l'ajustement du montant de base de l'amende et non à la détermination de son montant de base.

704. S'agissant de la prise en compte de la gravité relative de la participation de chaque entreprise, au sens du droit de la concurrence, la solution apportée par le Tribunal dans son arrêt prononcé dans l'affaire *Aragonesas* – certes isolée – est davantage appropriée.[983] Dans cette affaire, la requérante soulignait que « la Commission a[vait] [...] commis une erreur d'appréciation au titre de la détermination de la gravité de l'infraction qu'elle a commise, en lui appliquant le même degré de gravité qu'aux chefs de file destinataires de la décision attaquée ». Et d'ajouter que « la nature de l'infraction commise par la requérante n'était pas [...] comparable à celle commise par les autres participants à l'entente en cause. Ainsi, la Commission n'aurait pas tenu compte du fait que sa participation à l'infraction n'avait pas duré, selon les conclusions de la Commission, plus de trois années et demie, qu'elle ne portait que sur trois marchés géographiques nationaux de l'EEE, que sa part de marché n'était que de 5 %, qu'elle n'avait pas participé à une infraction unique et continue, et que plusieurs indices démontreraient qu'elle n'avait pas effectivement suivi les accords allégués ».[984]

705. Or, le Tribunal juge que, « lors de la détermination du montant [du coefficient multiplicateur reflétant la gravité de l'infraction], [il n'y a pas lieu] de tenir compte des caractéristiques spécifiques liées à l'infraction commise par chacun des participants pris individuellement »,[985] car « les facteurs énumérés au point 22 des lignes directrices de 2006, afin de déterminer [...] le coefficient multiplicateur "gravité de l'infraction" (point 21 des lignes directrices de 2006) [...][a] pour objet d'évaluer l'infraction aux règles de concurrence de l'Union, prise dans son ensemble ».[986] En clair, si ce qui importe est l'infraction dans son ensemble, les critères devraient être appréciés nécessairement de la même manière.

---

981 Trib. UE, 3 mars 2011, Areva e.a. c/ Commission, aff. jointes T-117/07 et T-121/07, EU:T:2011:69, point 277.

982 Voir, en ce sens, Trib. UE, 3 mars 2011, Areva e.a. c/ Commission, aff. jointes T-117/07 et T-121/07, EU:T:2011:69, point 278.

983 Trib. UE, 3 octobre 2011, Aragonesas Industrias y Energía c/ Commission, aff. T-348/08, EU:T:2011:621.

984 Ibid., point 251.

985 *Ibid.*

986 Ibid., point 267.

706. La position de la Cour dans son arrêt prononcé dans l'affaire *Laufen Austria* pourrait remettre en cause, du moins partiellement, l'appréciation du Tribunal dans l'affaire *Aragonesas*.[987] Dans cette affaire, la requérante « reproch[ait] au Tribunal d'avoir violé [...] les principes d'individualisation de la sanction et de responsabilité personnelle, de proportionnalité, d'égalité de traitement et de protection de la confiance légitime ainsi que son obligation de motivation en ce qu'il n'a[vait] pas tiré les conséquences qu'imposait la constatation par le Tribunal selon laquelle la gravité de la participation à l'infraction imputée à Laufen Austria était moindre que celle des autres participants à l'entente ».[988] Si la Cour n'approuve pas le raisonnement du Tribunal, elle souligne toutefois que « la prise en compte, pour apprécier la gravité d'une infraction [...] de différences entre les entreprises ayant participé à une même entente [...] ne doit pas nécessairement intervenir lors de la fixation des coefficients "gravité de l'infraction" et "montant additionnel", mais peut intervenir à un autre stade du calcul de l'amende, tel que lors de l'ajustement du montant de base en fonction de circonstances atténuantes et aggravantes ».[989] Ainsi, la Cour juge que les taux reflétant la gravité de l'infraction et le droit d'entrée peuvent être modulés selon les degrés de participation à l'infraction de chaque entreprise, au sens du droit de la concurrence.

707. Partant, quand bien même ces critères sont rattachés à des données objectives et réelles, ils sont tout de même susceptibles de varier entre les entreprises, au sens du droit de la concurrence.[990] S'il peut être justifié d'appliquer des taux différents si l'infraction en elle-même présente plusieurs volets distincts, l'application de taux différent au sein d'un même volet se doit d'être discuté. En tout état de cause, ce constat conduit également à considérer qu'une ancienne filiale pourra se voir appliquer un taux de gravité plus important que son ancienne société mère si, après l'opération de restructurations, elle poursuit sa participation à l'infraction et en aggrave la teneur.

2. La pratique à l'échelle nationale

708. Les décisions de l'Autorité de la concurrence font une nette distinction entre les différents griefs composant une même infraction. Cette dernière analyse donc la gravité non de l'infraction dans son ensemble mais de chaque grief pris

---

[987] Voy. CJUE, 26 janvier 2017, Laufen Austria c/ Commission, aff. C-637/13 P, EU:C:2017:51, points 58 et s. Voy., également, CJUE, 26 janvier 2017, Aloys F. Dornbracht c/ Commission, aff. C-604/13 P, EU:C:2017:45, points 65 et s. ; Roca Sanitario c/ Commission, aff. C-636/13 P, EU:C:2017:56, points 56 et s. ; Roca c/ Commission, aff. C-638/13 P, EU:C:2017:53, points 58 et s. Il sera toutefois relevé que, dans sa décision sanctionnant l'infraction dans le secteur des installations sanitaires pour salle de bain, la Commission avait identifié plusieurs volets de l'infraction, ainsi que cela ressort du dispositif de ladite décision, au contraire de la décision sanctionnant l'infraction dans le secteur du Chlorate de Sodium, à l'origine de l'affaire Aragonesas (voy. Comm. CE, déc. n° C(2008) 2626 final du 11 juin 2008, Chlorate de sodium, aff. COMP/38.695, résumé au JOCE n° C 137 du 17 juin 2009, p. 6).

[988] CJUE, 26 janvier 2017, Laufen Austria c/ Commission, aff. C-637/13 P, EU:C:2017:51, point 52.

[989] *Ibid., point 71.*

[990] Il convient toutefois de relever que si la Commission tient d'ores et déjà compte de la participation différente d'une société à l'infraction au stade de l'ajustement du montant de base de l'amende, elle n'est en rien tenue de le faire également au stade de la détermination du montant de base (voy. Trib. UE, 13 juillet 2018, Stührk Delikatessen Import c/ Commission, aff. T-58/14, EU:T:2018:474, points 188 à 191).

individuellement. Il n'en reste pas moins que pour chaque grief, le taux de gravité ne varie pas entre les entreprises concernées.[991]

709. Une décision de l'Autorité de la concurrence pourrait toutefois faire office d'exception. Dans sa décision rendue dans l'affaire *Nourriture pour chien et chat*, l'Autorité de la concurrence a, pour une même infraction, calculé deux taux de gravité différents.[992] Pour la société Hill's, elle précise qu'elle retiendra une proportion de la valeur des ventes comprises entre 3 et 7 pour cent et, pour les sociétés NPPF et Royal Canin, une proportion de la valeur des ventes comprises entre 5 et 10 pour cent. Selon l'Autorité, cette différence se justifiait par le fait que les deux dernières sociétés avaient mis en œuvre « de multiples pratiques affectant des paramètres de concurrence distincts, tout en poursuivant le même objectif anticoncurrentiel en accroît la gravité intrinsèque ».[993] En tout état de cause, indépendamment de cette décision dont la différence de taux peut s'expliquer par la particularité des pratiques sanctionnées, l'Autorité ne semble pas différencier, au contraire de la Commission, selon la participation de chaque entreprise, aux fins de déterminer le taux de gravité de l'infraction.

B. La durée de l'infraction

710. L'appréciation de la durée de l'infraction ne soulève que peu d'interrogations en présence de restructurations sociétaires. Si une ancienne filiale poursuit sa participation à l'infraction sous le contrôle d'une autre société ou si elle transmet son patrimoine à une autre société, laquelle poursuit l'infraction, la durée de sa participation à l'infraction sera plus longue que celle de son ancienne société mère. Toutefois, si ce point ne saurait faire l'objet d'aucun débat, il n'en va de même de l'appréciation de la prescription des pouvoirs de sanctions de la Commission, ainsi que l'illustre l'affaire *Akzo Nobel* portée devant le Tribunal puis la Cour.

711. Deux hypothèses, propres au droit de la concurrence de l'Union,[994] peuvent être étudiées. Dans la première hypothèse, il sera supposé qu'une filiale cesse sa participation à l'infraction, à la différence de sa société mère, laquelle poursuit la participation de la première à l'infraction, soit seule soit par l'intermédiaire d'une autre filiale. La seconde, plus classique, est celle où une société mère cède le contrôle de sa filiale, laquelle continue de participer à l'infraction.

712. Dans la première des hypothèses, la question qui se pose est celle de savoir si la société mère peut bénéficier de la prescription des pouvoirs de sanctions, dont est susceptible de bénéficier sa première filiale pour la première période

---

991 Voy., à titre d'illustration, aut. conc., déc. n° 12-D-09 du 13 mars 2012 relative à des pratiques mises en œuvre dans le secteur des farines alimentaires, cons. 822, 920 et 921. Voy., également, aut. conc., déc. n° 16-D-09 du 12 mai 2016 relative à des pratiques mises en œuvre dans les secteurs des armatures métalliques et des treillis soudés sur l'île de la Réunion, cons. 471 et 523. Voy., également, pour une confirmation du principe selon lequel le taux appliqué à la valeur des ventes au titre de la gravité de l'infraction résulte d'une approche globale de cette dernière, Cass. com., 27 mars 2019, n° 16-26.472 e.a., p. 65.

992 Voy. aut. conc., déc. n° 12-D-10 du 20 mars 2012 relative à des pratiques mises en œuvre dans le secteur de l'alimentation pour chiens et chats, cons. 265 et 266. Relevons toutefois que cette décision visait à sanctionner des pratiques de fournisseurs avec leurs distributeurs respectifs qui aboutissaient à un cloisonnement du marché.

993 *Ibid., point 251.*

994 Elle se pose toutefois en des termes identiques en droit français de la concurrence, sous la seule réserve que la prescription n'y est pas de même nature.

infractionnelle. À première vue, la continuation de l'infraction par la société mère postérieurement à la cessation de l'infraction par sa première filiale pourrait militer pour une solution en défaveur de la société mère. Si la première filiale peut certes invoquer à son profit la prescription des pouvoirs de sanctions, du fait de sa cessation de l'infraction, il pourrait ne pas en aller de même pour sa société mère, laquelle pourrait toujours se voir infliger une amende pour la période durant laquelle elle exerçait un contrôle sur la première filiale.

713. En effet, le point de départ du délai quinquennal commence à courir au jour de la fin de l'infraction. Or, en cessant sa participation à l'infraction, la première filiale acquiert assurément la possibilité d'invoquer à son profit l'expiration du délai quinquennal. Toutefois, si la situation juridique de la première filiale ne saurait faire débat, celle de sa société mère s'avère toutefois plus complexe, ainsi que l'illustre au demeurant l'affaire *Akzo Nobel*.

714. Pour la première période infractionnelle, à savoir celle durant laquelle la première filiale participait à l'infraction sous le contrôle de sa société mère, elles formaient ensemble une même entreprise, au sens du droit de la concurrence. Or, *de lege lata*, l'auteur de l'infraction demeure l'entreprise, au sens du droit de la concurrence. Ainsi, la cessation de l'infraction de la première filiale pourrait impliquer *a fortiori* la cessation de l'infraction par l'entreprise, au sens du droit de la concurrence, qu'elle formait avec sa société mère. Dans le même ordre d'idée, la continuation de l'infraction par la société mère ne saurait s'analyser comme la poursuite de l'infraction de l'entreprise, au sens du droit de la concurrence, qu'elle formait avec sa première filiale. Ainsi, en mobilisant à cet endroit cette notion, il pourrait être considéré que pour la première période infractionnelle, la Commission serait forclose pour infliger une amende tant à la première filiale qu'à sa société mère.

715. Une position différente pourrait être privilégiée. En rattachant la durée de participation à l'infraction non plus à l'entreprise, au sens du droit de la concurrence, mais à chaque société, le point de départ du délai de prescription des pouvoirs de sanction pourrait varier entre la première filiale et sa société mère. Toutefois, si cette position permet de contourner opportunément les difficultés soulevées par les restructurations sociétaires, elle n'est pas non plus sans interroger sur le rôle de la notion d'entreprise, au sens du droit de la concurrence. Soit cette entreprise est l'auteur de l'infraction, de sorte que le point de départ de la prescription est la fin de la participation de l'entreprise à l'infraction, soit l'auteur de l'infraction est en réalité chaque société, prise individuellement.

716. Or, ce point a été tranché par les juges de l'Union dans ses arrêts prononcés par le Tribunal puis la Cour dans l'affaire *Akzo Nobel*. Le Tribunal y estime que « le seul fait pour une [filiale] d'un groupe de sociétés, au sens d'une unité économique, de bénéficier de l'écoulement du délai de prescription n'avait pas pour conséquence de remettre en cause la responsabilité de la société mère et d'empêcher les poursuites à son égard ».[995]

717. Cette appréciation est partagée en tous points par la Commission dans le cadre du pourvoi formé par la société mère. Elle souligne que « la durée de la participation d'une société mère et d'une filiale peuvent [...] être différentes, par exemple, si

995 Trib. UE, 15 juillet 2015, Akzo Nobel c/ Commission, aff. T-47/10, EU:T:2015:506, point 126.

une filiale a mis fin à sa participation, mais qu'une autre filiale du même groupe, ou la société mère de manière directe, a poursuivi sa participation. Dans une telle hypothèse, la prescription pourrait éventuellement s'appliquer à la première filiale directement impliquée dans l'entente, mais pas à la société mère ».[996]

718. Pour sa part, la Cour confirme la position du Tribunal. Elle juge que « la circonstance que certaines sociétés ne peuvent plus se voir infliger des sanctions pour cause de prescription ne s'oppose pas à ce qu'une autre société considérée comme responsable à titre personnel et solidaire avec elles pour les mêmes agissements anticoncurrentiels, et à l'égard de laquelle la prescription n'est pas acquise, soit poursuivie ».[997] Au soutien de cette affirmation, elle rappelle que « les agissements anticoncurrentiels relatifs à la première période infractionnelle n'en sont pas moins considérés comme ayant été commis par [la société mère] elle-même, étant donné que celle-ci formait une unité économique, au sens de la jurisprudence de l'Union, avec [ses filiales] »[998] et ajoute que « des facteurs propres à [une] société mère peuvent justifier d'apprécier sa responsabilité et celle de [s]a filiale d'une manière différenciée, quand bien même la responsabilité de la première serait exclusivement fondée sur le comportement infractionnel de la seconde ».[999]

719. Ainsi, les juges de l'Union ne mobilisent pas à cet endroit la notion d'entreprise, au sens du droit de la concurrence, laquelle apparaît à nouveau à géométrie variable. Au contraire, ils semblent faire application de la jurisprudence, selon laquelle, du fait de son appartenance à une entreprise, au sens du droit de la concurrence, durant la première période infractionnelle, la société mère doit être considérée comme ayant commis elle-même l'infraction, comme si elle en avait été l'auteur. Cette position de la Cour demeure contestable,[1000] ainsi que l'illustrent les conclusions prononcées dans cette affaire par son avocat général. Ce dernier souligne fort justement que « s'il est bien acquis que la Commission peut légitimement défendre une approche unitaire, fondée sur la notion fonctionnelle d'entreprise, au stade de l'imputation de la responsabilité des comportements anticoncurrentiels, elle doit appréhender toutes les implications de cette approche au stade de la sanction desdits comportements, y compris lorsqu'est en cause la problématique de la prescription du pouvoir de sanction de la Commission ».[1001]

720. S'agissant de la seconde hypothèse, à savoir celle où une société mère cède le contrôle de sa filiale, laquelle continue de participer à l'infraction, la prescription des pouvoirs de sanction ne sera pas acquise pour la filiale cédée. Cette dernière pourra toujours devoir répondre de l'infraction commise antérieurement à la cession de son contrôle, à condition toujours que la décision la sanctionnant intervienne dans le délai de cinq ans. Il en ira de même pour sa seconde société

---

996 Conclusions de l'avocat général M. Wahl présentées le 21 décembre 2016 dans l'affaire Akzo Nobel c/ Commission, aff. C-516/15 P, EU:C:2016:1004, point 40.

997 CJUE, 27 avril 2017, Akzo Nobel e.a. c/ Commission, aff. C-516/15 P, EU:C:2017:314, point 70.

998 *Ibid., point 72.*

999 *Ibid., point, 74.*

1000 Dans l'affaire Akzo Nobel, il en aurait été autrement, à notre sens, si la Commission avait choisi de recourir au principe de la continuité économique pour imputer le comportement des filiales pour la première période infractionnelle à la filiale commune en sa qualité de successeur économique.

1001 Conclusions de l'avocat général M. Wahl présentées le 21 décembre 2016 dans le cadre de l'affaire Akzo Nobel c/ Commission, aff. C-516/15 P, EU:C:2016:1004, point 89.

mère qui devra répondre de l'infraction de sa filiale postérieurement à la cession. La première société mère, en revanche, pourra invoquer potentiellement à son profit la prescription des pouvoirs de sanction. Ainsi, à la lumière de cette seconde hypothèse, la solution de la Cour dans l'affaire *Akzo Nobel* pourrait être justifiée, sous la seule réserve que, dans la première hypothèse, la responsabilité de la société mère n'est que dérivée de sa filiale, alors que, dans la seconde hypothèse, la responsabilité de la filiale émane de sa participation directe à l'infraction.

§ 2. Les critères mixtes

721. Les critères mixtes, en ce qu'ils visent à tirer des conséquences du comportement adopté par la filiale pendant l'infraction, concernent tant cette dernière que sa société mère. La responsabilité de la société mère étant dérivée de celle de sa filiale, l'infraction dont la première répond ne saurait être différente de celle dont répond la deuxième. Dans cette hypothèse, l'incidence des restructurations sociétaires pourrait s'avérer nulle. Il n'en reste pas moins que, en pratique, certaines questions se sont posées, en particulier pour la circonstance aggravante tirée du rôle de meneur de la filiale.

722. Dans l'affaire *Parker*, une des questions qui se posait était celle de savoir si une société qui acquiert le contrôle d'une filiale, au cours de la participation de cette dernière à une infraction, doit répondre du rôle de meneur de cette filiale, antérieurement à son acquisition.[1002] En réponse au moyen qui visait à contester l'imputation à la nouvelle société mère par la Commission du rôle de meneur de la filiale antérieurement à l'acquisition, le Tribunal mobilise le principe de la responsabilité personnelle. Il s'attache, à juste titre, à vérifier pour quelle période de l'infraction la nouvelle société mère se devait de répondre du comportement de sa nouvelle filiale. Or, le Tribunal constate que « le montant de l'amende devant être payée solidairement par [la nouvelle société mère] n'a pas été déterminé en fonction de la gravité de l'infraction commise individuellement par [sa nouvelle filiale] après son acquisition ».[1003] Aussi le Tribunal fait-il référence à la « gravité de l'infraction commise individuellement après son acquisition » par la filiale. En d'autres termes, en principe, l'infraction dont doit répondre la société mère présente le même degré de gravité que celle commise par sa filiale, proportionnellement à la durée du contrôle qu'exerçait la première sur la seconde pendant l'infraction.

723. Par ailleurs, le degré de gravité de l'infraction commise individuellement doit être ici compris comme prenant en compte les circonstances aggravantes imputées à la filiale pendant sa participation à l'infraction. Or, à l'issue de son acquisition, la filiale ne devait pas répondre de la circonstance aggravante de meneur, de sorte qu'il en allait *a fortiori* de même, selon les juges de l'Union, pour sa nouvelle société mère.

724. Si, dans le cadre d'une cession de contrôle, une attention particulière devra être portée à la temporalité pour déterminer si une des sociétés mères se verra imputer

---

1002 Trib. UE, 14 juillet 2016, Parker Hannifin c/ Commission, aff. T-146/09 RENV, EU:T:2016:411, point 140.

1003 *Ibid., points 153 et 154.*

la circonstance aggravante de meneur de sa filiale, la question se pose également de l'incidence d'une simple cession d'un secteur d'activités. Dans cette hypothèse, il s'agit de déterminer si la société cessionnaire peut répondre du rôle de meneur de la société cédante. Cette question n'est pas un cas d'école puisqu'elle s'est posée dans l'affaire *Parker*. Une société mère avait filialisé son secteur d'activité en lien avec l'infraction en prévision de la vente dudit secteur à un autre groupe de sociétés. La filiale contestait devant le Tribunal l'imputation par la Commission du rôle de meneur de sa société mère.

725. À cet égard, ce dernier juge que la Commission était en droit de lui imputer le rôle de meneur en sa qualité de successeur économique de l'infraction de son ancienne société mère.[1004] Toutefois, l'imputation du rôle de meneur dans l'hypothèse d'une simple succession économique est contestable. Si le transfert du secteur d'activités consiste uniquement dans la cession des éléments d'actifs, la transmission des seuls éléments d'actifs ne permet pas de transférer la responsabilité. Toutefois, si la cession des éléments d'actifs emporte également la transmission des droits et des obligations en lien avec le secteur d'activités transféré, cette transmission permettra l'imputation du rôle de meneur.[1005] Ainsi, dans l'hypothèse d'une fusion-absorption, la société absorbante se verra imputer le rôle de meneur de la société absorbée. En effet, parmi les obligations acquises par la société absorbante figurent les obligations qui découlent de son rôle de meneur pendant l'infraction. Il en va de même pour une simple cession d'un secteur d'activités, à condition toujours que soit également transmis les éléments de passif en lien avec le secteur d'activités transféré.

726. En clair, pour ce qui concerne le rôle de meneur, la solution proposée par le Tribunal dans l'affaire *Parker* se doit d'être approuvée. Seul le critère de la temporalité importe : le moment où intervient la restructuration. En présence d'une cession de contrôle, une nouvelle société mère ne saurait être assurément responsable des agissements de sa nouvelle filiale antérieurement à la cession.

727. Cette solution s'applique tout autant pour les autres circonstances mixtes permettant d'ajuster soit à la baisse soit à la hausse le montant de l'amende, telles que le fait pour la filiale d'avoir contraint d'autres sociétés à participer à une infraction. L'application de cette dernière circonstance aggravante ne sera pas dénuée d'incidence, notamment du point de vue de la clémence. Si une société mère acquiert pendant l'infraction le contrôle d'une filiale, laquelle filiale aurait contraint d'autres sociétés à y participer antérieurement à la cession, la question se pose de savoir si la nouvelle société mère sera concernée par cette circonstance aggravante. En principe, lorsque la filiale a contraint d'autres sociétés à participer à l'infraction, la nouvelle société mère n'exerçait aucune influence déterminante sur la filiale. Elle pourrait donc soutenir que, à la différence de sa filiale, elle ne saurait être concernée par une majoration de l'amende sur ce fondement. Dans cette hypothèse, il ne saurait être exclu que, dans le cadre d'une demande de

---

1004 Trib. UE, 14 juillet 2016, Parker Hannifin c/ Commission, aff. T-146/09 RENV, EU:T:2016:411, point 182.

1005 Dans l'affaire Parker, si l'opération n'est pas renseignée, il demeure toutefois très probable que la filialisation du secteur d'activités en cause ait entrainé tant le transfert des éléments d'actifs mais aussi de passif en lien avec ledit secteur.

clémence, la filiale ne puisse obtenir l'immunité d'amende à la différence de sa nouvelle société mère.[1006]

728. Si l'invariabilité des critères réels et mixtes ne saurait être contestée, la question se pose de manière plus pregnante lorsque les critères pris en compte n'ont aucun lien avec l'infraction, mais s'attachent à tirer des conséquences de la situation personnelle de son auteur. À cet endroit, la mobilisation de la notion d'entreprise, au sens du droit de la concurrence, est d'autant moins convaicante (chapitre 2).

1006 Sur l'exclusion du bénéfice de l'immunité d'amende dans le cadre d'une demande de clémence, voy., pour ce qui concerne le droit de la concurrence de l'Union, communication de la Commission sur l'immunité d'amendes et la réduction de leur montant dans les affaires portant sur des ententes, cons. 13.

Chapitre 2
Les critères relatifs à l'auteur

729. Outre les critères relatifs à l'infraction, les autorités de concurrence sont amenées à prendre en compte, au stade de l'ajustement du montant de base de l'amende, des données qui sont relatives à l'auteur de l'infraction. Il en va ainsi, à titre d'illustration, de la circonstance aggravante de récidive, du plafond légal de 10 % du chiffre d'affaires ou encore de la capacité financière. À cet égard, lorsque l'infraction est commise par une société autonome, aucune difficulté ne saurait être envisagée. En revanche, lorsque l'infraction est commise par une filiale sous le contrôle de sa société mère, lesquelles forment une même entreprise, au sens du droit de la concurrence, l'application de ces critères s'avère plus complexe. Dans cette hypothèse, la question se pose de savoir si la filiale et sa société mère se verront infliger une amende identique.

730. La réponse à cette question s'avère moins évidente que celle proposée à l'égard des critères relatifs à l'infraction. Répondre à cette question invite en effet à nouveau à s'interroger sur l'identité de l'auteur de l'infraction, à savoir l'entreprise, au sens du droit de la concurrence, ou les sociétés qui la composent. Certes, la notion d'entreprise pourrait à nouveau être mobilisée. Cette dernière étant, *de lege lata*, l'auteur de l'infraction, les critères y relatifs ne devraient pas varier entre la filiale et sa société mère, à plus forte raison lorsqu'elles appartiennent toujours, au jour de la décision infligeant une amende, à une même entreprise, au sens du droit de la concurrence.

731. Toutefois, d'autres options mériteraient d'être envisagées. D'une part, pourraient être transposées certaines solutions de droit pénal, lequel sanctionne le complice « comme auteur » de l'infraction. Aussi l'idée selon laquelle la société mère se doit d'être sanctionnée comme si elle avait elle-même commis l'infraction n'est pas dénuée d'intérêt. En somme, les critères relatifs à l'auteur de l'infraction pourraient varier de la filiale à sa société mère.

D'autre part, tout en considérant que l'auteur de l'infraction demeure l'entreprise, au sens du droit de la concurrence, une attention plus particulière devrait être portée à la nature des critères en cause. Si les critères sont certes relatifs à l'auteur de l'infraction, certains visent davantage à tenir compte de la situation économique du débiteur de l'amende. Or, lorsque l'entreprise, au sens du droit de la concurrence, est composée de plusieurs sociétés, l'auteur de l'infraction ne coïncide pas avec le débiteur de l'amende, en ce que chaque société la composant en est débitrice. *De lege ferenda*, différents critères, lesquels seraient propres à chaque société, indépendamment de leur appartenance ou non à une même entreprise, au sens du droit de la concurrence, pourraient être aisément identifiés. Il en irait ainsi des critères qui visent avant tout à tenir compte de la situation économique du débiteur de l'amende.

732. À cet égard, une première étude de la jurisprudence illustre le fait que la notion d'entreprise, au sens du droit de la concurrence, a une incidence importante au

stade de la détermination du montant de l'amende. En l'absence de toute restructuration sociétaire, une étude de la pratique révèle une tendance majoritaire, à savoir celle de « coudre dans le même sac », pour reprendre les termes du Doyen Carbonnier, la filiale et sa société mère, en ayant opportunément recours à la notion d'entreprise, au sens du droit de la concurrence.

733. Or, cette pratique pourrait ne pas être dépourvue d'ambiguïté, car si la notion d'entreprise est notamment mobilisée pour des critères qui visent à tenir compte des spécificités de la situation financière du débiteur de l'amende, elle n'est au contraire pas mobilisée pour ce qui concerne l'état de récidive dans lequel pourrait se trouver les sociétés de l'entreprise, alors même que, pour ce qui concerne la récidive, ce critère exige une identité d'auteur entre deux infractions.

734. Cette première étude mérite d'être tout autant tempérée dans des hypothèses plus complexes de restructurations sociétaires. Dans ces hypothèses, la notion d'entreprise, au sens du droit de la concurrence, n'est plus mobilisée. Seule est prise en compte la situation respective de chaques sociétés, lesquelles formaient une même entreprise, au sens du droit de la concurrence, pendant l'infraction. Ainsi, une distinction sera faite entre l'application des critères en l'absence de restructurations sociétaires (section 1) et en présence de telles restructurations (section 2).

Section 1
En l'absence de restructurations sociétaires

735. En l'absence de restructurations sociétaires, la filiale et sa société mère forment, au jour où l'autorité de concurrence adopte sa décision, la même entreprise, au sens du droit de la concurrence, qu'elles formaient pendant l'infraction. Dans cette hypothèse, la société mère répondra du fait infractionnel de sa filiale. Aussi l'ensemble des critères en lien avec l'infraction à laquelle la filiale a participé s'appliqueront-ils de la même manière à la filiale et à sa société mère. En revanche, la question se pose avec davantage de difficultés en ce qui concerne les critères en lien avec l'auteur de l'infraction.

736. *De lege lata*, l'auteur de l'infraction demeure l'entreprise, au sens du droit de la concurrence, que forment la filiale et sa société mère. Aussi l'ensemble des critères y relatifs devraient, à première vue, s'appliquer également de la même manière à la filiale et à sa société mère. Il n'en reste pas moins que la notion d'entreprise n'est pas toujours mobilisée, en témoigne le critère tenant à la sanction d'un état de récidive (§1). De ce critère se distinguent ceux qui visent à tenir compte de la situation économique du débiteur de l'amende, lequel ne coïncide pas, dans l'hypothèse sous examen, avec l'auteur de l'infraction, pour lesquels la notion d'entreprise est mobilisée non sans ambiguité (§2). L'application des critères qui visent à tenir compte de la coopération des sociétés lors de la procédure administrative peut en revanche s'expliquer plus aisément par le prisme de la notion d'entreprise, au sens du droit de la concurrence (§3).

§ 1. La récidive

737. Tout comme en droit pénal, la récidive constitue une circonstance aggravante en droits de la concurrence. Elle entraînera une majoration de la sanction, lorsque, schématiquement, une nouvelle infraction a été commise par le même auteur.[1007] Pour que l'état de récidive soit constaté, au moins, deux conditions doivent être réunies : la première est celle portant sur l'identité d'infraction et la seconde est celle portant sur l'identité d'auteur.

738. Pour ce qui concerne la seconde condition, la question de l'identification de l'auteur de l'infraction se pose avec une grande acuité s'agissant de la distinction entre entreprise et société, en droits de la concurrence.[1008] Si les deux infractions sont commises par une société autonome,[1009] il va de soi que cette dernière sera susceptible de se voir imputer une circonstance aggravante de récidive, à supposer que la première condition de la récidive soit remplie. En revanche, lorsque l'infraction est commise par une filiale, dont le comportement infractionnel a été imputé à sa société mère, l'identification de l'auteur de l'infraction s'avère sensible.

739. Dans cette hypothèse, l'auteur de l'infraction est, *de lege lata*, l'entreprise, que forment ensemble la société mère et sa filiale.[1010] Aussi la question se pose-t-elle de savoir si la récidive doit s'apprécier à l'échelle de l'entreprise, au sens du droit de la concurrence.[1011] Or, si au stade de l'identification des responsabilités, il est considéré que l'auteur de l'infraction est l'entreprise, au sens du droit de la concurrence, ce constat devrait également conduire à considerer qu'il n'y a récidive que si la filiale commet une nouvelle infraction sous le contrôle de la même société mère, à laquelle l'infraction aurait été préalablement imputée. Dans la négative, il ne saurait y avoir une identité d'auteur entre deux infractions. Si ce raisonnement a certes le mérite de la simplicité, il pourrait en revanche ne pas convaincre en termes d'opportunité. En effet, la probabilité qu'une filiale commette une seconde infraction sous le contrôle de la même société mère demeure, à première vue, faible.[1012]

740. Il pourrait, au contraire, être considéré que la circonstance aggravante de récidive concerne individuellement chaque société qui compose cette même entreprise, au sens du droit de la concurrence. Dès lors, une société mère pourrait se voir imputer une circonstance aggravante de récidive pour le comportement infractionnel

---

1007 L. Bernardeau, La récidive en droits de la concurrence, préf. N. Wahl , Bruylant, 2017, avant-propos, p. IX.

1008 Sur ce point, voy., en particulier, Bernardeau, op. cit., nos 48 et s., p. 71. Voy., également, C. Lemaire, « Responsabilité concurrentielle des groupes de sociétés », CCC, n° 7, juillet 2017, dossier 5, points 49 à 58.

1009 Il en va ainsi à notre sens même dans l'hypothèse où la deuxième infraction est commise par le successeur juridique de la société ayant participé à l'infraction.

1010 L'auteur de l'infraction est l'entreprise, au sens du droit de la concurrence, ainsi qu'il ressort, en l'état actuel du droit, de la position exprimée par la Cour dans son arrêt prononcé dans l'affaire Siemens Österreich : voy. infra, n° 382.

1011 Les réponses apportées à cette question ne sont au demeurant pas sans incidence sur les réponses apportées à la question de savoir, au sein d'une entreprise, laquelle de la société ou de l'entreprise, au sens du droit de la concurrence, est l'auteur de l'infraction.

1012 Au demeurant cette possibilité s'avèrerait subordonnée à l'imputation de l'infraction à la société mère dans les deux hypothèses.

d'une autre de ses filiales.[1013] Cette possibilité trouverait un écho favorable dans la jurisprudence, selon laquelle la société mère doit être considérée comme ayant commis l'infraction, à savoir comme si elle en avait été elle-même l'auteur.

741. Outre la question tenant à l'identification de l'auteur de l'infraction, la question incidente se pose de savoir si la récidive est une circonstance personnelle à chaque société qui compose une même entreprise, au sens du droit de la concurrence. Le cas échéant, une société mère ne sera pas tenue de répondre solidairement de l'amende correspondant à la circonstance aggravante de récidive imputée à sa filiale. Une société mère ou une filiale pourrait donc se voir imputer une amende personnelle, du fait de sa situation de récidive. Ces questions se posent avec une grande acuité à la lumière tant de la pratique à l'échelle de l'Union (A) que de la pratique à l'échelle nationale (B).

A. La pratique à l'échelle de l'Union

742. Dès ses lignes directrices de 1998, la Commission avait prévu la possibilité de tenir compte de l'état de récidive de l'auteur de l'infraction. À cette fin, elle disposait que l'amende pouvait être majorée en cas de « récidive de la même *entreprise* ou *mêmes entreprises* pour une infraction de même type ».[1014] Cette possibilité se retrouve également aux termes du point 28 des lignes directrices de 2006. La Commission y souligne également que l'amende pourra être majorée « [l]orsqu'une *entreprise* poursuit ou répète une infraction identique ou similaire après que la Commission ou une autorité nationale de concurrence a constaté que cette *entreprise* a enfreint les dispositions [des articles 101 TFUE et 102 TFUE]. Le montant de base sera augmenté jusqu'à 100 % par infraction constatée ». À cet égard, le terme « entreprise » est omniprésent, à la différence du terme « société ». Aussi la circonstance aggravante tirée d'une situation de récidive pourrait-elle ne concerner que l'entreprise, au sens du droit de la concurrence.

743. Toutefois, à la lumière de la pratique décisionnelle de la Commission, telle que contrôlée par les juges de l'Union, le critère tenant à l'identité d'auteur ne s'apprécie pas dans le chef de l'entreprise, au sens du droit de la concurrence, mais dans le chef des sociétés qui la composent. En d'autres termes, l'auteur de l'infraction, au sens des dispositions prévoyant la récidive en droit de la concurrence de l'Union, ne serait pas l'entreprise, au sens dudit droit, mais individuellement chaque société s'étant vue imputer l'infraction.

744. Ainsi, dans l'affaire *Michelin II*, la Commission a imputé une circonstance aggravante de récidive à une société mère pour des infractions commises successivement par deux filiales différentes. La première infraction avait été commise par une première filiale, qui n'avait pas été imputée à sa société mère, à la différence

---

1013 Sur cette hypothèse, voy., précisément, Comm. eur., déc. n° C(2014) 7465 final du 15 octobre 2014, Slovak Telekom, aff. AT.3952, résumé au JOUE n° C 314 du 23 septembre 2015, p. 7. Voy., également, Trib. UE, 13 décembre 2018, Deutsche Telekom, T-827/14, EU:T:2018:930, points 501 à 514.

1014 La référence aux « mêmes entreprises » n'est pas sans soulever des interrogations. Nous pourrions à cet égard soutenir que en visant le terme « entreprise » au pluriel, ce dernier ne peut se comprendre que comme synonyme du terme « société ».

d'une seconde infraction commise par une filiale différente.[1015] Or, dans cette hypothèse, l'entreprise, au sens du droit de la concurrence, telle que visée par la première décision de la Commission, est différente de l'entreprise, au sens du droit de la concurrence, telle que visée par la seconde décision. Autrement dit, la première entreprise était constituée par la première filiale seule et, la seconde entreprise, par la seconde filiale et sa société mère.[1016] Ainsi, l'identité d'auteur de l'infraction ne se vérifie pas à l'échelle de l'entreprise, au sens du droit de la concurrence, mais à l'échelle de chaque société.

745. Il en allait de même dans plusieurs affaires postérieures où la question de l'identité d'auteur s'est de nouveau posée. Il peut être fait référence, à cet endroit, non de manière exhaustive, aux affaires *BPB*,[1017] *Hoechst*,[1018] *Shell Petroleum*[1019] ou encore *ENI/Versalis*.[1020] Le point commun entre toutes ces affaires est que le périmètre de l'entreprise, telle que sanctionnée au titre de la première infraction, était différent de celui de l'entreprise, au sens du droit de la concurrence, sanctionnée dans la seconde décision.[1021]

746. Or, si la récidive peut concerner différemment une filiale et sa société mère, cela implique nécessairement que la récidive s'apprécie à l'échelle de chaque société et non de l'entreprise, au sens du droit de la concurrence. Partant, l'auteur de l'infraction, aux fins du constat d'une situation de récidive, n'est pas l'entreprise, au sens du droit de la concurrence, mais potentiellement chaque société, qui ont composé une même entreprise, pendant l'infraction. Dans ce contexte, une société mère pourra se voir imputer une circonstance aggravante de récidive pour deux infractions commises successivement par deux filiales différentes. Il en va de même dans l'hypothèse où la société mère se voit imputer une circonstance aggravante de récidive en raison d'une première infraction commise par l'une de ses filiales et une seconde infraction commise par la société mère.

1015 Voy. TPICE, 30 septembre 2003, Michelin c/ Commission, aff. T-203/01, EU:T:2003:250. Sur cet arrêt, voy. Bernardeau, op. cit.. n° 57.

1016 Soulignons que si nous admettons que la Commission puisse imputer l'infraction de la première filiale à sa société mère rétroactivement par le recours à la notion d'entreprise, au sens du droit de la concurrence, les deux entreprises, visées par les deux décisions diffèreraient toujours.

1017 Voy. TPICE, 8 juillet 2008, BPB c/ Commission, aff. T-53/03, EU:T:2008:254. Sur cet arrêt, voy. Bernardeau, op. cit., n° 58.

1018 Voy. TPICE, 30 septembre 2009, Hoechst c/ Commission, aff. T-161/05, EU:T:2009:366. Sur cet arrêt, voy. Bernardeau, op. cit., n° 59.

1019 Voy. Trib. UE, 27 septembre 2012, Shell Petroleum e.a. c/ Commission, aff. T-343/06, EU:T:2012:478. Sur cet arrêt, voy. Bernardeau, op. cit., n° 60.

1020 Voy. Trib. UE, 13 décembre 2012, Versalis et ENI c/ Commission, aff. T-103/08, EU:T:2012:686 et CJUE, 5 mars 2015, Commission c/ Versalis et ENI et Versalis et ENI c/ Commission, aff. C-93/13 P et C-123/13 P, EU:C:2015:150. Sur ces affaires, voy. Bernardeau, op. cit., nos 71 et s.

1021 Cette affirmation pourrait, de lege lata, être tempérée s'il était considéré que l'auteur, au sens des dispositions sur la récidive est l'entreprise, au sens du droit de la concurrence – quod none. En droit de la concurrence de l'Union, il n'est pas exclu que la Commission mobilise la notion d'entreprise, au sens du droit de la concurrence, a posteriori. En d'autres termes, si pour la première infraction, cette dernière, commise par la filiale A, n'est pas imputée à la société mère B, mais que, pour la seconde infraction, cette dernière commise par la même filiale est imputée à la société mère B, la Commission pourrait tout de même imputer une circonstance aggravante de récidive dans le chef des deux sociétés. Voy., notamment, sur la possibilité de mobiliser a posteriori la notion d'entreprise, au sens du droit de la concurrence, CJUE, 5 mars 2015, Commission c/ Versalis et ENI et Versalis et ENI c/ Commission, aff. C-93/13 P et C-123/13 P, EU:C:2015:150.

747. Si la récidive ne s'apprécie que dans le chef de chaque société et non de l'entreprise, au sens du droit de la concurrence, une filiale ne devrait pas, en principe, répondre de la récidive de sa société mère. Cela découle précisément de la nature personnelle de la circonstance aggravante de récidive. Certes, le Tribunal a jugé que, « dans la situation où la responsabilité de la société mère est purement dérivée de celle de sa filiale et dans laquelle aucun autre facteur ne caractérise individuellement le comportement reproché à la société mère, la responsabilité de cette société mère ne saurait excéder celle de sa filiale ».[1022] Il n'en reste pas moins que la récidive est un facteur qui caractérise individuellement le comportement reproché à la société mère. Ainsi, l'application de la circonstance aggravante de récidive pourrait permettre d'aboutir à des montants d'amende différents pour la filiale et sa société mère.

748. Le Tribunal a jugé précisément en ce sens dans son arrêt prononcé dans l'affaire *Uti*. Dans cette affaire, il souligne clairement que « [des] circonstances propres à la situation de la société mère ou de la filiale pourraient mener à des montants différenciés, comme dans le cas de la prise en compte de la circonstance aggravante de récidive retenue à l'encontre d'une société mère et non de sa filiale ».[1023] Aussi admet-il par principe que la circonstance aggravante de récidive est une circonstance propre à chaque société, c'est-à-dire une circonstance personnelle à la filiale ou à sa société mère.[1024] En d'autres termes, elles devraient en principe être tenues séparément de la partie de l'amende correspondant à la circonstance aggravante de récidive.[1025]

749. Pour autant, en pratique, la Commission ne tire pas toujours les conséquences légales de l'imputation d'une circonstance aggravante à une seule société qui compose avec d'autres une même entreprise, au sens du droit de la concurrence. D'aucuns ont pu faire observer qu'« il ressort de la pratique de la Commission, validée dans certains arrêts des juges de l'Union, que le double jeu de la notion d'entreprise, [au sens du droit de la concurrence], et de la condamnation *in solidum* permet de majorer, au titre de la récidive, non seulement le montant de l'amende de la société mère, mais également celui de l'amende de la filiale, quand bien même ces deux sociétés ne se seraient vu imputer qu'une seule infraction ».[1026] Plus précisément, par ce mécanisme, il est possible d'imputer à une filiale sœur

---

1022 Trib. UE, 29 février 2016, UTi Worldwide e.a. c/ Commission, aff. T-264/12, EU:T:2016:112, point 330. Pour une confirmation, voy., plus récemment, Trib. UE, 13 décembre 2018, Deutsche Telekom c/ Commission, aff. T-827/14, EU:T:2018:930, points 501 à 514.

1023 *Ibid., point 327.*

1024 Une analogie avec le droit pénal permet au demeurant de conforter cette appréciation. Au titre de l'individualisation de la peine, le complice n'est pas concerné par la circonstance aggravante de récidive de l'auteur principal de l'infraction (Voy. Bouloc et Matsopoulou, op. cit., p. 224, n° 312).

1025 La référence, dans l'affaire Uti, au point de l'arrêt prononcé dans l'affaire Tomkins, tel que modifiée par la Cour dans l'affaire Total, pourrait prêter à confusion. Dans ces affaires, la question qui se posait relativement à la relation entre une filiale et sa société mère avait seulement trait à la durée de l'infraction. Or, la durée de l'infraction est une donnée en lien avec l'infraction à la différence de la récidive. Aussi la référence au « facteur qui ne caractérise individuellement le comportement reproché à la société mère » ne peut-il se comprendre que relativement à la responsabilité de la société mère en lien avec cette même infraction, non comme une référence à des circonstances personnelles, comme la récidive (Trib. UE, 29 février 2016, UTi Worldwide e.a. c/ Commission, aff. T-264/12, EU:T:2016:112, point 330).

1026 Bernardeau, op. cit., n° 170.

une circonstance aggravante de récidive de sa société mère, lorsque les deux infractions sont commises successivement par deux filiales différentes, ce qui constitue une violation du principe d'individualité des peines. Or, le principe d'individualisation de la sanction commande, en droit de la concurrence, que la société qui se voit imputer une circonstance aggravante de récidive en réponde seule et non solidairement avec les autres sociétés qui composent une même entreprise, au sens du droit de la concurrence. Cet impératif se doit d'être respecté, en particulier en présence de restructurations sociétaires.[1027]

B. La pratique à l'échelle nationale

750. Pour ce qui concerne le droit français de la concurrence, le législateur dispose à l'article L. 464-2 du code de commerce dispose que « [l]es sanctions pécuniaires sont proportionnées à la gravité des faits reprochés, à l'importance du dommage causé à l'économie, à la situation de l'association d'entreprises ou de l'entreprise sanctionné ou *du groupe auquel l'entreprise appartient* et à l'éventuelle *réitération* de pratiques prohibées par le présent titre. Elles sont déterminées individuellement pour chaque entreprise ou organisme sanctionné et de façon motivée pour chaque sanction ».[1028] À cet égard, l'article L. 464-2 du code de commerce ne donne aucune précision relativement à l'auteur de l'infraction qui serait susceptible de répéter ou « réitérer » sa participation à une infraction. Il vise toutefois « l'entreprise » et « le groupe auquel l'entreprise est susceptible d'appartenir », de sorte que la question pourrait se poser de savoir si le terme « entreprise », tel que visé par l'article L. 464-2 du code de commerce, s'interprète de la même manière que l'entreprise au sens des articles L. 420-1 et L. 420-2 du code de commerce.

751. Pour sa part, l'Autorité de la concurrence précise dans son communiqué qu'il sera tenu compte de « la propension de l'*entreprise* ou de l'*association d'entreprises* à s'affranchir des règles de concurrence » et souligne que « [l]'existence même d'une situation de *réitération* démontre en effet que le précédent constat d'infraction et la sanction pécuniaire dont il a pu être assorti n'ont pas suffi à conduire l'*intéressée* à respecter les règles de concurrence ».[1029] Toutefois, le communiqué de l'Autorité manque à nouveau de clarté relativement à la condition tenant à l'identité d'auteur de l'infraction. S'agissant de la « réitération », le communiqué ne fait référence qu'à « l'intéressé » tenu de respecter les règles de concurrence. Comme le souligne un auteur, « [la] condition [tenant à l'identité d'auteur] ne figure pas parmi celles énoncées par l'Autorité dans son communiqué, à savoir l'existence d'un précédent constat d'infraction et son caractère définitif, l'identité ou la similarité des pratiques, un délai de moins de quinze ans écoulés entre le précédent constat d'infraction et la pratique en cause ».[1030]

1027 Sur ce point, voy. Bernardeau, op. cit., n° 170. La Commission semble avoir tenu compte de cet impératif, dans sa décision prononcée dans l'affaire Slovak Telekom : voy. Comm. eur., déc. n° C(2014) 7465 final du 15 octobre 2014, Slovak Telekom, aff. AT.3952, résumé au JOUE n°C 314 du 23 septembre 2015, p. 7.

1028 Par l'usage du terme « réitération », le législateur vise en réalité une situation de récidive. Sur cette distinction, voy. L. Idot, « récidive ou réitération », Concurrences, 2010, n° 4, p. 26.

1029 Voy. Communiqué de l'Autorité de 2011, point 50, et communiqué de l'Autorité de 2021, point 43.

1030 Voy. Bernardeau, op. cit., n° 79, p. 69.

752. En pratique, l'Autorité de la concurrence retiendra, au titre de la réitération, une infraction commise par une autre société appartenant à un groupe, alors que la seconde infraction est commise par une société appartenant au même groupe. En substance, il n'est pas exigé que les deux infractions soient commises par une même entreprise, au sens des articles L. 420-1 et L. 420-2 du code de commerce.

753. À titre d'illustration, dans sa décision rendue dans l'affaire des *panneaux de signalisation routière verticale,* l'Autorité de la concurrence a imputé la circonstance aggravante tirée de la réitération des pratiques de la société Aximum.[1031] Or, si l'infraction qui constitue le premier terme de la récidive avait été commise par cette dernière, elle ne répondait de la seconde infraction qu'en sa qualité de société mère. Cette dernière n'avait pas manqué de faire valoir cet argument devant la Cour d'appel de Paris, laquelle a jugé que « la société Aximum n'est pas fondée à invoquer une absence d'identité du "contrevenant" alors même que, sanctionnée par la décision n° 05-D-67, elle est également sanctionnée par la [d]écision, peu important à cet égard qu'elle le soit en tant que société mère d'une filiale dépourvue d'autonomie à son égard ».[1032] Aussi la société récidiviste tentait-elle de faire valoir que le « contrevenant » de la première infraction était différent du « contrevenant » de la seconde infraction. Autrement dit, l'entreprise, au sens du droit de la concurrence, sanctionnée au titre de la première décision n'était pas la même entreprise, au sens du droit de la concurrence, sanctionnée au titre de la seconde décision. Pour autant, selon la Cour d'appel de Paris, cette circonstance est indifférente au constat d'une réitération d'infraction dans le chef de la société mère.

754. Il en va de même dans la décision de l'Autorité de la concurrence relative à la *reconstruction des miradors du centre pénitentiaire de Perpignan.*[1033] Dans cette affaire, l'Autorité a souligné que « la question [se posait] de savoir si les pratiques anticoncurrentielles d'Eiffage Construction SAS précédemment constatées par le Conseil de la concurrence pouv[ai]ent constituer le premier terme d'une situation de réitération retenue à son encontre du fait de pratiques ultérieures mises en œuvre par sa filiale Eiffage Construction Languedoc Roussillon SAS ».[1034] Faisant application et au visa de l'arrêt du Tribunal prononcé dans l'affaire *Hoechst* et de l'arrêt de la Cour d'appel de Paris prononcé dans l'affaire *Lacroix Signalisation*, l'Autorité justifie l'imputation de la circonstance aggravante tirée de la réitération des pratiques.

755. La Cour de cassation a validé une telle pratique, certes implicitement, en soulignant, dans l'affaire *France Telecom*, « que les règles en matière de réitération doivent suivre celles appliquées en matière d'imputabilité et qu'il doit en conséquence être tenu compte, pour apprécier cette circonstance aggravante, du fait que l'une des personnes morales composant l'entreprise en cause, au sens des

---

1031 Aut. conc., déc. n° 10-D-39 du 22 décembre 2010 relative à des pratiques mises en œuvre dans le secteur de la signalisation routière verticale.

1032 CA Paris, 29 mars 2012, Lacroix Signalisation e.a., n° 2011/01228.

1033 Aut. conc., déc. n° 13-D-09 du 17 avril 2013 relative à des pratiques mises en œuvre sur le marché de la reconstruction des miradors du centre pénitentiaire de Perpignan, points 187 et 189.

1034 *Ibid.*

articles 101 et 102 TFUE, a déjà été sanctionnée pour avoir commis une infraction de même type [...] ».[1035]

756. Si la réitération des pratiques anticoncurrentielles se vérifie individuellement dans le chef de chaque société, qui constitue ou non une même entreprise, au sens du droit de la concurrence, il peut être tout autant soutenu, de la même manière qu'en droit de la concurrence de l'Union, que la circonstance aggravante de récidive est une donnée personnelle. L'Autorité de la concurrence fait une nette distinction entre la part de l'amende imputée en propre à la société en situation de réitération et la part de l'amende correspondant uniquement à la seconde infraction, pour laquelle les sociétés qui composent une même entreprise en répondent solidairement. Autrement dit, en droit français de la concurrence, une société mère peut également devoir payer plus que sa filiale et inversement en raison de la circonstance tenant à la réitération.[1036]

757. En clair, la notion d'entreprise, au sens du droit de la concurrence, ne saurait être utilement mobilisée pour ce qui concerne la circonstance aggravante de récidive. À cet endroit, une divergence d'interprétation quant à la notion d'auteur de l'infraction quant à la récidive et quant à l'infraction interpelle, de même que pour ce qui est des critères visant à tenir compte de la situation économique de l'auteur de l'infraction.

§ 2. La situation économique

758. Les autorités de concurrence vont être amenées à prendre en compte la situation économique de l'auteur de l'infraction au stade de l'ajustement du montant de l'amende. Schématiquement, cette dernière peut être majorée si l'auteur de l'infraction dispose de ressources financières importantes ou, au contraire, être minorée si l'auteur de l'infraction se trouve, en raison de difficultés financières, dans l'impossibilité de s'acquitter de l'amende lui étant infligée. De même, l'amende ne saurait excéder un montant équivalent à 10 % du chiffre d'affaires de l'auteur de l'infraction. Le communiqué de l'Autorité prévoit en outre, à la différence des lignes directrices de la Commission, la possibilité de prendre en compte le caractère mono-produit de l'activité de l'auteur de l'infraction.

759. Lorsque l'infraction est commise par une société autonome, aucune difficulté ne saurait être envisagée pour l'application de ces critères. Ces derniers seront pris en compte à la lumière, en principe, de la seule situation économique de ladite

---

1035 Cass. com., 6 janvier 2015, nos 13-21.305 et 13-22.477. Dans cette affaire, le Conseil de la concurrence avait imputé à France Telecom une circonstance aggravante au titre de la récidive en raison schématiquement d'une première infraction commise en propre et une seconde infraction en sa qualité de société mère.

1036 Indépendamment de ce constat, la récidive relève de l'individualisation de la sanction, ainsi que cela ressort expressément de la structuration des décisions de l'Autorité de la concurrence (voy., en particulier, aut. conc., déc. n° 11-D-17 du 8 décembre 2011 relative à des pratiques mises en œuvre dans le secteur des lessives ; n° 12-D-08 du 6 mars 2012 relative à des pratiques mises en œuvre dans le secteur de la production et de la commercialisation des endives, cons. 717 et s. ; n° 12-D-09 du 13 mars 2012 relative à des pratiques mises en œuvre dans le secteur des farines alimentaires, et n° 16-D-14 du 23 juin 2016 relative à des pratiques mises en œuvre dans le secteur du zinc laminé et des produits ouvrés en zinc destinés au bâtiment, cons. 1017 et 1023 et s.).

société. En revanche, dans l'hypothèse d'une infraction commise par une filiale sous le contrôle d'une société mère, l'application de ces critères s'avère plus complexe. Une étude de la pratique révèle que, en l'absence de restructurations sociétaires, la notion d'entreprise est, à cet endroit, opportunément mobilisée, en ce sens que c'est à l'échelle de l'entreprise, au sens du droit de la concurrence, que sera appréciée la situation financière tant de la filiale que de sa société mère. Or, dans la mesure où ils ne sont pas relatifs à l'infraction, ces critères devraient pourtant s'appliquer de manière distributive à la filiale et à sa société mère

760. A cet égard, tout en présentant successivement la prise en compte de l'activité mono-produit (A), l'application d'une majoration dissuasive (B), le plafond de l'amende (C) et le régime de la procédure d'incapacité contributive (D), une distinction devra être faite entre la pratique à l'échelle de l'Union et la pratique à l'échelle nationale.

A. L'activité mono-produit

761. Si en droit de la concurrence de l'Union, la Commission n'est pas tenue de prendre en compte le caractère « mono-produit » de l'activité d'une société,[1037] il n'en va pas de même en droit français de la concurrence.[1038] Lorsque l'infraction porte sur le seul secteur d'activité d'une société, l'amende infligée à cette dernière sera très importante, étant donné qu'elle est calculée en fonction du chiffre d'affaires commis dans le secteur en lien avec l'infraction. Aussi l'Autorité de la concurrence prend-elle en compte le caractère « mono-produit » de l'activité d'une société au stade de l'individualisation du montant de l'amende.[1039]

762. Cette possibilité se retrouve uniquement dans le cadre du communiqué sanctions de l'Autorité de la concurrence. En application du point 40 du communiqué sanctions, l'Autorité « peut [...] adapter à la baisse [le montant de l'amende] pour tenir compte du fait que l'entreprise concernée mène l'essentiel de son activité sur le secteur ou marché en relation avec l'infraction ».[1040] Si l'on se limite à la rédaction du point 40 du communiqué de l'Autorité, aucune référence n'est faite au

---

1037 Voy., notamment, CJUE, 7 septembre 2016, Pilkington c/ Commission, aff. C-101/15 P, EU:C:2016:631, point 65. Sur la prise en compte d'une activité mono-produit au titre du point 37 des lignes directrices de 2006, voy., toutefois, Trib. UE, 13 juillet 2018, Stührk Delikatessen Import c/ Commission, aff. T-58/14, EU:T:2018:474, point 300.

1038 La Cour de cassation n'y voit aucun inconvénient. Elle juge que « si la Cour de justice de l'Union européenne a exclu que la différence de pourcentage que représenterait l'amende dans le chiffre d'affaires total des entreprises concernées constitue un motif suffisant pour justifier que la Commission s'écarte de la méthode de calcul, ne prévoyant pas la prise en compte de cette situation, qu'elle s'est elle-même fixée (arrêt du 7 septembre 2016, aff. C-101/15, aff. Pilkington), cette analyse ne s'oppose pas à ce que l'Autorité retienne ce facteur d'appréciation, prévu par son communiqué du 16 mai 2011 » : Cass. com., 8 novembre 2017, nos 16-17226 et 16-17330, p. 5.

1039 S'agissant de l'activité « mono-produit », voy. aut. conc., déc. n° 16-D-11 du 6 juin 2016 relative à des pratiques mises en œuvre dans le secteur de la diffusion de la télévision par voie hertzienne terrestre, points 344 et s. Voy., également, CA Paris, 27 octobre 2016, n° 15-01673, point 461.

1040 Voy., antérieurement communiqué de l'Autorité de 2021, communiqué de l'Autorité de 2011, point 48. En droit de la concurrence de l'Union, la Commission se réserve la possibilité de tenir compte, à titre exceptionnel, de la nature « mono-produit » de l'activité d'une société en application du point 37 des lignes directrices de 2006. Voy., notamment, Trib. UE, 13 juillet 2018, Stührk Delikatessen c/ Commission, aff. T-58/14, EU:T:2018:474, points 293 et 310.

groupe de sociétés. Toutefois, dans sa décision *Treillis soudés*, l'Autorité précise que « [l]a détermination du caractère “mono-produit” d'une entreprise s'apprécie en tenant compte de la valeur des ventes utilisée comme assiette de la sanction, et en comparant ce chiffre au montant du chiffre d'affaires annuel total déclaré par l'entreprise ou, le cas échéant, au montant du chiffre d'affaires annuel total consolidé du groupe auquel celle-ci appartient ».[1041]

763. La précision du point 40 du communiqué sanctions de l'Autorité n'est pas dénuée d'ambiguïté. D'aucuns pourraient le comprendre en ce sens : la détermination du caractère « mono-produit » s'apprécie en comparant la valeur des ventes de l'infraction avec le chiffre d'affaires annuel de la société ayant participé à l'infraction ; et, si les comptes de la société sont consolidés, la valeur des ventes en lien avec l'infraction sera comparée avec le chiffre d'affaires annuel total consolidé du groupe. Toutefois, la référence au terme « entreprise » rend plus complexe cet exercice d'interprétation. S'il est fait référence au terme « entreprise », ce terme pourrait être synonyme d'entreprise, au sens du droit de la concurrence.

764. Aussi deux questions se posent. La première demeure celle de savoir si par le terme « entreprise », l'Autorité de la concurrence vise l'entreprise, au sens du droit de la concurrence, ou, si ce terme est synonyme de « société ». Une première réponse pourrait être apportée à cette question, dans la mesure où l'Autorité précise qu'il sera tenu compte des comptes consolidés du groupe auquel « l'entreprise » appartient. Or, seule une société peut appartenir à un groupe. En revanche, si ce terme est synonyme d'entreprise, au sens du droit de la concurrence, la valeur des ventes en lien avec l'infraction pourrait s'apprécier par rapport au chiffre d'affaires de la société mère, et ce, même en l'absence de consolidation des comptes. La seconde question porte davantage sur la deuxième hypothèse envisagée par l'Autorité de la concurrence dans sa décision *Treillis soudés*. Reste ouverte la question de savoir si la prise en compte des comptes consolidés du groupe requiert nécessairement l'imputation de l'infraction à une société de tête et donc l'appartenance à une même entreprise, au sens du droit de la concurrence.

765. La réponse à ces questions n'est pas des plus évidentes à la lumière de la pratique. Assurément, lorsque l'infraction est commise par une société autonome, la nature « mono-produit » de son activité sera appréciée relativement à son propre chiffre d'affaires. Lorsque l'infraction est commise par une filiale, si les comptes de cette dernière sont consolidés, la valeur des ventes en lien avec l'infraction ne représentera qu'une faible proportion du chiffre d'affaires du groupe de sociétés dans son ensemble. Une telle situation pourrait s'avérer contestable, à défaut d'imputation de l'infraction à une société du groupe.

766. Toutefois, la prise en compte des comptes consolidés semble, en pratique, subordonnée à une telle imputation.[1042] En d'autres termes, les comptes consolidés

---

[1041] Aut. conc., déc. n° 16-D-11 du 12 mai 2016 relative à des pratiques mises en œuvre dans les secteurs des armatures métalliques et des treillis soudés sur l'île de la Réunion, cons. 481.

[1042] Voy. aut. conc., déc. n° 16-D-11 du 6 juin 2016 relative à des pratiques mises en œuvre dans le secteur de la diffusion de la télévision par voie hertzienne terrestre, cons. 344 et s. et n° 14-D-19 du 18 décembre 2014 relative à des pratiques mises en œuvre dans le secteur des produits d'entretien et des insecticides et dans le secteur des produits d'hygiène et de soins pour le corps, cons.1507 et 1551.

ne seraient pris en compte que lorsque la filiale et sa société mère forment une même entreprise, au sens du droit de la concurrence. Ce constat pourrait être également confirmé à la lecture de l'arrêt prononcé par la Cour d'appel de Paris dans l'affaire *Hygiène et entretien.*[1043] Cependant, le texte même du point 48 du communiqué de l'Autorité renvoie à l'existence ou non de comptes consolidés sans exiger l'imputation du comportement de la filiale à la société mère. Cela pourrait toutefois aboutir à des solutions contestables en pratique, dans des hypothèses où, par analogie avec l'affaire des *Treillis soudés sur l'île de la Réunion*, l'infraction est imputée à une société mère mais que les comptes de la filiale ne sont pas consolidés.

767. L'existence de comptes consolidés a été également à l'origine d'un contentieux porté devant la Cour de cassation, non plus en ce qui concerne l'exigence ou non d'imputation de l'infraction, mais en ce qui concerne l'assiette de la valeur des ventes devant être comparée avec le chiffre d'affaires annuel total consolidé du groupe. Dans l'affaire *Papier peints*, l'Autorité avait en effet refusé le bénéfice de l'activité « mono-produit » au motif que la valeur des ventes en lien avec l'infraction ne représentait qu'une petite proportion du chiffre d'affaires consolidé du groupe.[1044] La Cour d'appel de Paris avait pour sa part estimé au contraire que « la prise en compte du chiffre d'affaires consolidé [...] doit conduire à y rapporter, non pas seulement les ventes de papiers peints [de la filiale ayant directement participé à l'infraction], mais aussi [celles] effectuées [par la société mère] ».[1045] Aussi avait-elle réformé sur ce point la décision de l'Autorité, étant parvenue à démontrer le caractère « mono-produit » de l'activité. Cette solution, isolée, a fait l'objet d'une censure par la Cour de cassation par un arrêt prononcé le 8 novembre 2017.[1046] Pour la Cour de cassation, la prise en compte de la valeur des ventes est limitée à celle ayant été en lien avec l'infraction.

768. Par ailleurs, lorsque les comptes de la filiale ne sont pas consolidés, la valeur des ventes en lien avec l'infraction devrait ainsi, à première vue, être comparée par rapport au chiffre d'affaires de la société ayant participé à l'infraction, et ce, même en présence d'une imputation de l'infraction. Toutefois, la référence au terme « entreprise » au point 40 du communiqué sanctions de l'Autorité de la concurrence aboutit à nouveau à un résultat différent. Dans l'affaire *Hygiène entretien*, la société Vania s'était vue refuser le bénéfice de la circonstance tirée de l'activité « mono-produit » puisque la valeur des ventes en lien avec l'infraction était bien en-deçà du chiffre d'affaires de la société Vania et de ses deux sociétés mères, auxquelles l'infraction avait été imputée. Sur ce point, aucune référence n'était faite à l'existence de comptes consolidés. Pour sa part, la Cour d'appel confirme la pratique de l'Autorité en relevant que le communiqué de l'Autorité se réfère à « l'entreprise, au sens d'entité économique du terme » et à

1043 Voy. CA Paris, 27 octobre 2016, n° 15-01673, points 463 et 465. Pour une confirmation par la Cour de cassation de l'approche de la Cour d'appel, voy. Cass. com., 27 mars 2019, n° 16-26.472 e.a., p. 71.

1044 Voy. Décision n° 14-D-20 de l'Autorité de la concurrence du 22 décembre 2014 relative à des pratiques mises en œuvre dans le secteur du papier peint en France, cons. 307.

1045 Voy. CA Paris, 14 avril 2016, n° 15-01855, p. 13.

1046 Voy. Cass. com., 8 novembre 2017, nos 16-17226 et 16-17330, p. 6. Pour l'arrêt confirmatif, rendu sur renvoi après cassation, voy. CA Paris, 20 décembre 2018, n° 1721459, pp. 16 et 21.

l'« entreprise sanctionnée ».[1047] Autrement dit, seule compterait l'imputation ou non du comportement infractionnel permettant d'identifier une même entreprise, au sens du droit de la concurrence. Cela pose nécessairement la question du caractère opérant du constat de l'existence de comptes consolidés ou non, étant donné que l'appréciation du caractère « mono-produit » par rapport au chiffre d'affaires du groupe requiert, en principe, l'imputation préalable de l'infraction.

769. En tout état de cause, pour éviter l'ambiguité soulevée par l'utilisation du terme « entreprise », l'activité « mono-produit » devrait être considérée comme une circonstance propre à chaque société. L'activité « mono-produit » est une circonstance propre à chaque société, qu'elles appartiennent ou non à un groupe de sociétés. L'appréciation de la nature « mono-produit » ou non de l'activité devrait s'apprécier relativement au chiffre d'affaires de chaque société et non du chiffre d'affaires consolidés du groupe. Certes, une telle évolution inciterait davantage les autorités nationales de concurrence à imputer l'infraction aux sociétés du groupe. Toutefois, en pratique, les barrières à l'imputation se révèlent de moins en moins importantes, comme l'illustrent les récentes décisions de l'Autorité.[1048]

770. Ainsi, *de lege ferenda*, si l'infraction est imputée à une société mère, cette dernière pourrait être susceptible de ne pas bénéficier de la circonstance atténuante tirée de l'activité « mono-produit » de sa filiale, à la différence de cette dernière. Parmi les critères relatifs à la situation financière de l'auteur de l'infraction, la majoration d'une amende en raison de la prise en compte de la puissance financière importante de l'auteur de l'infraction soulève des problématiques sensiblement similaires.

B. La majoration dissuasive

771. L'augmentation du montant de l'amende au titre de la dissuasion répond à des régimes juridiques différents ainsi qu'il ressort de la pratique à l'échelle de l'Union (1) et de la pratique à l'échelle nationale (2).

1. La pratique à l'échelle de l'Union

772. La possibilité de tenir compte des capacités financières de l'auteur de l'infraction, aux fins de dissuasion, n'est pas une nouveauté des lignes directrices de 2006. Cette possibilité était en effet prévue dès l'adoption des lignes directrices de 1998, lesquelles prévoyaient, d'une part, la possibilité de « prendre en considération la capacité économique effective des auteurs d'infraction à créer un dommage important aux autres opérateurs, notamment aux consommateurs, et de déterminer le montant de l'amende à un niveau qui lui assure un caractère suffisamment dissuasif ». D'autre part, la Commission ajoutait qu'« il pou[vait] également être

---

[1047] Voy. CA Paris, 27 octobre 2016, n° 15-01673, points 457 et 459.

[1048] Il sera toutefois relevé que la prise en compte à l'avenir de l'activité « mono-produit » par l'Autorité pourrait être discutée, à la lumière de ses observations devant la Cour de cassation dans l'affaire Papiers peints. Voy. Cass. com. 8 novembre 2017, nos 16-17.226 et 16-17.330, p. 4. L'Autorité souligne notamment, à la lumière de l'arrêt de la Cour dans l'affaire Pilkington, que « l'activité de certaines entreprises sanctionnées "ne saurait en soit constituer un motif suffisant pour justifier" une réduction du montant de la sanction, car une telle réduction "reviendrait à avantager les entreprises les moins diversifiées, sur la base de critères qui sont sans pertinence au regard de la gravité et de la durée de l'infraction" ».

tenu compte du fait que les entreprises de grande dimension disposent la plupart du temps de connaissances et des infrastructures juridico-économiques qui leur permettent de mieux apprécier le caractère infractionnel de leur comportement et les conséquences qui en découlent du point de vue du droit de la concurrence ».[1049]

773. Dans les lignes directrices de 2006, cette possibilité s'exprime de deux manières. D'une part, par le biais d'un droit d'entrée,[1050] et d'autre part, par l'imputation d'une circonstance aggravante, au titre de l'individualisation de l'amende. Aux termes du point 30 des lignes directrices de 2006, la Commission indique qu'« elle portera une attention particulière au besoin d'assurer que les amendes présentent un effet suffisamment dissuasif ; à cette fin, elle peut augmenter l'amende à imposer aux entreprises dont le chiffre d'affaires, au-delà des biens et services auxquelles l'infraction se réfère, est particulièrement important ».[1051]

774. À cet égard, s'agissant des rapports entre une filiale et sa société mère, devra être évoquée la pratique décisionnelle de la Commission tant sous l'empire des lignes directrices de 1998 que sous l'empire de celles de 2006, les solutions dégagées sous l'empire des premières valant *mutatis mutandis* à l'égard des secondes.

775. Lorsque l'infraction est commise par une société autonome, l'appréciation individuelle de ses capacités financières s'effectue certes relativement à son chiffre d'affaires personnel. En revanche, lorsque l'infraction est commise par une filiale appartenant à un groupe, la question se pose de savoir si ses capacités financières sont celles du groupe.

776. Une première étude littérale des lignes directrices de 1998 et du point 30 des lignes directrices de 2006 révèle que le terme « entreprise » est sans surprise privilégié.[1052] Aussi la question se pose-t-elle à nouveau de savoir si le terme « entreprise », visé par lesdites lignes directrices, est synonyme de « société » ou si l'entreprise, au sens dudit point, doit s'interpréter de la même manière que l'entreprise, au sens du droit de la concurrence. Plus précisément, si le terme « entreprise » est synonyme de « société », les autorités de concurrence se devraient de vérifier l'application d'une telle majoration pour la filiale et pour sa société mère à la lumière de leurs ressources financières respectives. En revanche, si le terme « entreprise » est synonyme d'entreprise, au sens du droit de la concurrence, la majoration dissuasive est susceptible de concerner la filiale et sa société mère conjointement, à condition toutefois que l'infraction commise par la première soit imputée à la seconde. L'opportunité d'appliquer une majoration dissuasive pour ces deux sociétés serait alors discutée à la lumière des seules capacités financières de la société mère.

777. Ainsi, deux hypothèses se doivent d'être étudiées. La première est celle dans laquelle l'infraction commise par la filiale n'est pas imputée à sa société mère.

1049 Lignes directrices de la Commission de 1998, I, A), cinquième alinéa. À cet égard, il faut avant tout souligner que cette majoration dissuasive était prévue afin de corriger les défauts qui résultaient de la détermination du montant de base de l'amende sur une base forfaitaire pour toutes les entreprises. Aussi la Commission prenait-elle en compte les capacités financières de chaque société en infligeant, le cas échéant, un montant additionnel (voy. Bernardeau et Christienne, op. cit., p. 277, nos I. 177 et s.).

1050 Voy. infra, n° 638.

1051 Lignes directrices de la Commission de 2006, point 30.

1052 Certes, les lignes directrices de 1998 visent également « les auteurs d'infraction », sans toutefois préciser selon qu'il s'agit de l'entreprise ou des sociétés.

Il s'agira de vérifier si la majoration dissuasive est déterminée relativement au groupe dans son ensemble ou relativement aux capacités financières de la seule filiale. La seconde est celle où l'infraction de la filiale est imputée à sa société mère, dans la mesure où elles forment une même entreprise, au sens du droit de la concurrence. À cette fin, il s'agira de vérifier si la majoration dissuasive est appréciée relativement aux capacités financières de chaque société ou s'il est tenu compte de l'existence d'une entreprise, au sens du droit de la concurrence.

778. En premier lieu, lorsque l'infraction est commise par une société, la question se pose de savoir si l'opportunité de majorer l'amende pour garantir son effet dissuasif est appréciée relativement au chiffre d'affaires de cette société ou de sa société mère, quand bien même l'infraction ne lui aurait pas été imputée.

779. Il ressort de sa pratique décisionnelle, en particulier dans l'affaire *Interbrew/ Alken-Maes*, que la Commission a entendu prendre en compte le chiffre d'affaires de la seule filiale pour majorer l'amende au titre de la dissuasion et non le chiffre d'affaires de sa société mère, à laquelle l'infraction n'avait pas été imputée.[1053] Ainsi, en l'absence d'imputation de l'infraction à la société mère, le chiffre d'affaires de cette dernière ne saurait être pris en compte. Ce point a toutefois été débattu devant le Tribunal dans l'affaire *World Wide Tobacco España*.[1054] Schématiquement, la requérante soutenait que la Commission avait violé le principe d'égalité de traitement en lui imputant, en sa qualité de société mère, et à sa filiale une majoration de l'amende au titre de la dissuasion, alors même que la Commission n'en avait pas fait de même pour les autres filiales qui appartenaient elles-aussi à des groupes d'envergure internationale. Elle ajoutait de même qu'il était indifférent que les sociétés mères des autres filiales n'aient pas été tenues responsables de la participation de ces dernières à l'infraction.[1055] À cet égard, le Tribunal juge premièrement que « ce n'est pas le simple fait que [la requérante] appartien[ne] à un groupe de sociétés ayant une force économique et financière considérable qui a conduit la Commission à majorer le montant de départ de son amende afin d'assurer à celle-ci un effet dissuasif suffisant. Si, certes, cette majoration visait à tenir compte de la taille et des ressources globales du groupe [...], il n'en demeure pas moins que la Commission n'y a procédé que parce que la requérante, en plus d'appartenir à ce groupe, formait avec celui-ci une entité économique unique ou, en d'autres termes, une seule et même entreprise au sens de l'article 81 CE ».[1056] Deuxièmement, il ajoute que « lorsque [...] la Commission utilise, en tant qu'éléments d'appréciation pour décider de l'application d'un coefficient multiplicateur aux fins de dissuasion, la taille et les ressources globales de l'entreprise concernée, cette dernière entreprise ne saurait, en effet, englober les sociétés mères de la société ayant commis l'infraction aux règles communautaires de la concurrence que dans l'hypothèse où elles exercent effectivement une influence

---

1053 Voy. Comm. CE, déc. n° 2003/569/CE du 5 décembre 2001, Interbrew et Alken-Maes, aff. IV/37.614/F3 PO, JOCE n° L 200 du 7 août 2003, p. 1.

1054 Trib. UE, 8 mars 2011, World Wide Tobacco España c/ Commission, aff. T-37/05, EU:T:2011:76.

1055 *Ibid., points 88 à 91.*

1056 *Ibid., point 116. Pour une confirmation, voy. Trib. UE, 9 septembre 2015, LG Electronics c/ Commission, aff. T-91/13, EU:T:2015:609, points 101 à 103.*

déterminante sur le comportement de ladite société ».[1057] Ainsi, en l'absence d'imputation de l'infraction d'une filiale à sa société mère, l'opportunité de majorer ou non l'amende afin de garantir son effet dissuasif s'apprécie uniquement à la lumière du seul chiffre d'affaires de la filiale.

780. En second lieu, lorsque l'infraction d'une filiale est imputée à sa société mère, il devrait fort logiquement être tenu compte du seul chiffre d'affaires de la société mère aux fins de la majoration dissuasive. Dans l'affaire *World Wide Tobacco España*, le Tribunal précise que « [l]'entreprise dont la taille et les ressources globales sont utilisées en tant qu'éléments d'appréciation pour décider de l'application d'un coefficient multiplicateur aux fins de dissuasion se confond nécessairement avec l'entreprise telle qu'ainsi définie par la jurisprudence ».[1058] En d'autres termes, le Tribunal vise à cet endroit l'entreprise, au sens du droit de la concurrence, à savoir l'unité économique que la filiale et sa société mère sont susceptibles de former. *A contrario*, il souligne clairement que « [...] dans l'hypothèse où la société ayant commis l'infraction se comporte de manière autonome sur le marché et constitue donc, à elle seule, une entreprise, cet objectif [de dissuasion] ne peut, eu égard à cette autonomie, logiquement viser que ladite société, et non, en outre, d'autres sociétés du groupe auquel elle appartiendrait. Si, dans une telle hypothèse, la Commission devait tenir compte de la taille et de la puissance économique dudit groupe pour décider de l'application d'un coefficient multiplicateur aux fins de dissuasion, non seulement l'effet dissuasif recherché s'exercerait en fait sur une entité autre que l'entreprise responsable de l'infraction, mais en plus l'amende pourrait être rendue excessive, notamment au regard de la capacité financière de cette entreprise, et ce en violation du principe de proportionnalité ».[1059] Il ressort de cet arrêt que, si la filiale et sa société mère constituent toujours une même entreprise, au sens du droit de la concurrence, au jour de l'adoption de la décision par la Commission, il sera tenu compte du seul chiffre d'affaires de la société mère pour apprécier l'effet dissuasif de l'amende pour l'entreprise qu'elle forme avec sa filiale. Aussi la filiale et sa société mère se verront-elles, *de lege lata*, imputer le même coefficient de dissuasion.

781. Ainsi, lorsque la filiale appartient à une même entreprise, au sens du droit de la concurrence, l'application de la majoration dissuasive se fera en principe, tant pour la filiale que pour sa société mère, à la lumière des capacités financières de cette dernière. La question s'est posée toutefois en pratique de savoir si la Commission était libre de ne majorer l'amende que de la société mère.

782. À première vue, lorsque la filiale et sa société mère forment toujours une même entreprise, au sens du droit de la concurrence, au jour où la Commission adopte sa décision, il est constant que, hormis pour ce qui est de la récidive, l'amende infligée se moule dans l'entreprise, au sens du droit de la concurrence. Le critère tenant à la « majoration dissuasive » s'applique à cette entreprise et non respectivement à chaque société la composant. S'il n'en était pas ainsi, la majoration de l'amende devrait en effet s'apprécier relativement aux capacités financières de

---

1057 Trib. UE, 8 mars 2011, World Wide Tobacco España c/ Commission, aff. T-37/05, précité, point 117.

1058 *Ibid., point 124.*

1059 *Ibid.*

chaque société, ce qui n'est assurément pas le cas en pratique lorsque la filiale appartient à une même entreprise, au sens du droit de la concurrence. La majoration de l'amende de la seule société mère contreviendrait alors à cette règle en faisant de la « majoration dissuasive » un critère propre à chaque société.

783. L'affaire *Deutsche Telekom* apporte toutefois un éclairage différent sur cette question. Dans cette affaire, la Commission a notamment choisi de ne majorer l'amende que de la société mère et non celle de sa filiale, *Slovak Telekom*, et ce alors même qu'elles appartenaient toujours à une même entreprise, au sens du droit de la concurrence, au jour de l'adoption de la décision. La société mère s'est vue infliger en propre une amende en raison de l'application à elle-seule d'une « majoration dissuasive », ce qu'elle n'a pas manqué de contester devant le Tribunal.[1060]

784. À cet égard, si la Commission peut certes choisir d'imputer une amende à une société mère pour le comportement de sa filiale, elle se doit, lorsqu'elle exerce ses pouvoirs de sanction, de respecter ses lignes directrices. Or, dans cette affaire, la Commission avait choisi de sanctionner solidairement la filiale et sa société mère. Aussi se devait-elle d'appliquer à la société mère et à sa filiale les critères qui, *de lege lata*, concernent l'entreprise, au sens du droit de la concurrence, en ce compris la majoration dissuasive. C'est, en substance, la position défendue par le Tribunal, lequel annule la décision de la Commission sur ce point. Il juge que la Commission se devait de mobiliser la notion d'entreprise et d'appliquer la majoration dissuasive tant à la filiale qu'à sa société mère et non seulement à cette dernière.[1061] Valider la décision de la Commissions sur ce point aurait pu conduire à considérer que cette majoration devait concerner respectivement chaque société, et ce, même dans l'hypothèse où les sociétés en cause appartiennent toujours à une même entreprise, au sens du droit de la concurrence.

785. Il n'en reste pas moins que si cette approche se comprend à la lumière d'une mobilisation opportune de la notion d'entreprise, certains motifs d'annulation du Tribunal pourraient être discutés. Le Tribunal justifie la non-application à la seule société mère de la majoration dissuasive par le fait que son chiffre d'affaires ne saurait caractériser, au sens de la jurisprudence de la Cour, un comportement individuel reproché à la société mère, lequel permettrait de lui infliger une amende supérieure à celle de sa filiale.[1062] Or, il ne saurait être utilement contesté le fait que le chiffre d'affaires de la société mère ne présente aucun lien avec l'infraction, précisément car c'est une donnée relative à son auteur. Le débat est davantage celui de savoir s'il est justifié de considérer que la filiale réponde solidairement avec sa société mère de la majoration de l'amende calculée à la lumière du seul chiffre d'affaires de sa société mère, en raison de leur appartenance à une même entreprise, au sens du droit de la concurrence.

1060 Voy. Trib. UE, 13 décembre 2018, Deutsche Telekom c/ Commission, aff. T-827/14, EU:T:2018:930, points 483 et s.

1061 *Ibid., points 518 à 522. D'aucuns pourront s'interroger sur l'annulation à cet endroit de la décision de la Commission, en ce que la société mère tentait d'obtenir l'annulation pour une erreur dans l'application de la notion d'entreprise en faveur de sa filiale.*

1062 Voy. Trib. UE, 13 décembre 2018, Deutsche Telekom c/ Commission, aff. T-827/14, précité, point 520, et, pour le renvoi au critère posé par la Cour dans l'affaire Total, voy. point 499 du même arrêt.

786. *De lege ferenda*, il pourrait être défendu que ce critère doit s'appliquer de manière distributive pour les sociétés composant une même entreprise, au sens du droit de la concurrence. Ce critère vise à adapter la sanction aux capacités financières de la personne qui est susceptible de s'acquitter du paiement de l'amende. Or, d'une part, tant la filiale que la société mère sont susceptibles de s'en acquitter. D'autre part, la filiale n'a assurément pas les mêmes capacités financières que celles de sa société mère. Ainsi, chaque société pourrait devoir se voir appliquer une majoration dissuasive distincte selon ses capacités financières. Cette solution aurait le mérite de ne pas assimiler les capacités financières d'une filiale à celle de sa société mère.

2. La pratique à l'échelle nationale

787. La possibilité de majorer l'amende pour garantir son effet dissuasif n'est pas propre au droit de la concurrence de l'Union, on la retrouve en droit français.[1063] Le communiqué sanctions de l'Autorité prévoit ainsi, en son point 49, la possibilité d'augmenter le montant de l'amende pour garantir son effet dissuasif. Toutefois, à la différence du droit de la concurrence de l'Union, le droit français de la concurrence envisage cette possibilité dans deux hypothèses à première vue distinctes.

788. La première est l'hypothèse dans laquelle « l'entreprise concernée dispose d'une taille, d'une puissance économique ou de ressources globales importantes, notamment par rapport aux autres auteurs de l'infraction ». Cette hypothèse est similaire à celle envisagée par les lignes directrices de la Commission de 2006. À cet égard, une référence à son énoncé révèle que le terme « entreprise » est une nouvelle fois privilégié. Aussi la question se pose-t-elle en des termes identiques en droit français de la concurrence et en droit de la concurrence de l'Union : celle de savoir si le terme « entreprise » visé par le premier tiret du point 49 du communiqué de l'Autorité est synonyme de société ou d'entreprise, au sens du droit de la concurrence. Cette question se pose lorsque l'infraction est commise par une filiale et non par une société autonome, dans la mesure où si l'infraction est commise par une société autonome, l'opportunité de majorer son amende aux fins de dissuasion sera appréciée relativement à son chiffre d'affaires personnel.

789. En pratique, cette question s'est posée dans l'affaire *Hygiène et entretien*, dans laquelle une des sociétés mères contestait la majoration dissuasive qui lui avait été appliquée par l'Autorité, sans que cette dernière n'ait satisfait aux exigences probatoires posées par les arrêts de la Cour de cassation dans les affaires *monuments historiques*[1064] pour prendre en compte l'appartenance d'une filiale à un groupe. Sans étudier à ce stade lesdites exigences,[1065] la Cour d'appel relève que « les arrêts [invoquées par la requérante] concernent des situations différentes de majoration de sanctions en raison de l'appartenance d'un des auteurs de l'infraction

1063 Sur la majoration dissuasive pour appartenance à un groupe en droit français de la concurrence, voy. M. Hauviller, « L'appartenance à un groupe à l'épreuve de la jurisprudence récente de la Cour de cassation », Concurrences n° 1-2015.

1064 Voy. Cass. com., 18 février 2014, Société Degaine, nos 12-27.643, 12-27.697, 12-27.698, 12-27.700 et 12-28.026. Voy., également, Cass. com., 21 octobre 2014, Société Spie Sud-Ouest, nos 13-16.602, 13-16.696 et 13-16.905.

1065 Voy. supra, nos 787 et s.

à un groupe, sans que la société mère, tête de groupe, se soit vu[e] imputer les griefs ».[1066] Or, « l'Autorité ne doit pas démontrer en quoi l'appartenance à un groupe a joué un rôle dans la commission des pratiques, dès lors que la société faitière du groupe, la société mère, qui s'est vu imputer les pratiques, et la société auteur des pratiques constituent une *entreprise unique, au sens du droit de la concurrence »*.[1067] Ainsi, lorsque l'infraction est imputée à la société mère, la majoration dissuasive relève, d'une part, du premier tiret du point 49 du communiqué de l'Autorité.[1068] D'autre part, selon la Cour d'appel, l'« entreprise », visé par ledit tiret, est synonyme d'entreprise, au sens du droit de la concurrence ».[1069]

790. Toutefois, pour les mêmes motifs qu'en droit de la concurrence de l'Union, il pourrait être soutenu qu'une filiale ne devrait pas se voir imputer une majoration dissuasive à la lumière du chiffre de d'affaires de sa société mère. En effet, cette hypothèse de majoration dissuasive permet d'assurer que l'amende ait un effet suffisamment dissuasif relativement aux capacités financières du débiteur de l'amende. Or, le débiteur de l'amende n'est pas l'entreprise, au sens du droit de la concurrence, mais potentiellement chaque société qui compose cette même entreprise. Aussi la majoration dissuasive devrait-elle varier de la filiale à sa société mère.

791. La seconde hypothèse est propre au communiqué sanctions de l'Autorité. Elle est celle dans laquelle « le *groupe* auquel appartient l'*entreprise* concernée dispose lui-même d'une taille, d'une puissance économique ou de ressources globales importantes, cet élément étant pris en compte, *en particulier*, dans le cas où l'infraction est également *imputable* à la société qui la contrôle au sein du groupe ». Si le terme « entreprise » est une nouvelle fois privilégié à cet endroit, ce dernier est également combiné aux termes « groupe » et « société », de sorte que la question se pose à nouveau de savoir si l'« entreprise » que vise le second tiret du point 49 du communiqué de l'Autorité est synonyme de « société » ou si l'« entreprise », au sens dudit point, doit s'interpréter de la même manière que l'« entreprise », au sens du droit de la concurrence.

792. La prise en compte de l'appartenance à un groupe trouve son fondement légal à l'article L. 464-2 du code de commerce, qui inclut la référence « au groupe auquel l'*entreprise* appartient ». La référence au groupe se justifie, selon les travaux préparatoires de la loi NRE, par la nécessité d'assurer la dissuasion des sanctions « la capacité financière du groupe étant généralement supérieure à celle de l'une ou l'autre de ses filiales ».[1070] Comme le relève un auteur, « le législateur

---

1066 CA Paris, 27 octobre 2016, hygiène et entretien, n° 15-01673, n° 426.

1067 *Ibid. Voy., également, CA Paris, 18 juin 2020, L'Oréal, n° 1908826, n° 116. Voy. tout autant, pour un rappel de la jurisprudence pertinente, aut. conc., déc. n° 21-D-09 du 24 mars 2021 relative à des pratiques mises en œuvre dans le secteur de la fabrication et de la commercialisation de sandwichs sous marque de distributeur, cons. 292, 295 et 299.*

1068 Voy., notamment, aut. conc., déc. n° 16-D-09 du 2 mai 2016 relative à des pratiques mises en œuvre dans les secteurs des armatures métalliques et des treillis soudés sur l'île de la Réunion, cons. 535 à 540, et n° 20-D-09 du 16 juillet 2020 relative à des pratiques mises en œuvre dans le secteur des achats et ventes des pièces de porc et de produits de charcuterie, cons. 911, 915, 921 et 926. Voy., également, CA Paris, 15 mars 2018, Sermétal e.a., n° 16/14231, points 201 et 202.

1069 Voy., notamment, CA Paris, 26 octobre 2017, Caisses des dépôts et consignations, n° 17/01658, p. 19. Pour une confirmation, voy. Cass. com., 27 mars 2019, n° 16-26.472 e.a., pp. 72 et 73.

1070 Voy. rapport fait au nom de la commission des finances, de l'économie générale et du plan sur le projet de loi relatif aux nouvelles régulations économiques, par E. Besson, n° 2327, 12 avril 2000.

français souhaitait lutter efficacement contre les groupes – notamment du secteur du BTP – qui rivalisaient d'imagination pour filialiser leurs différentes activités et créer ainsi des entités poursuivies s'apparentant à des "coquilles vides" ».[1071]

793. S'agissant plus précisément des rapports entre sociétés mères et filiales, les références au « *groupe* auquel l'*entreprise* appartient » et au terme « société » renforcent l'idée selon laquelle est ici visée la société plutôt que l'entreprise, au sens du droit de la concurrence. Car, s'il existe des groupes de sociétés, il ne saurait exister des groupes d'entreprises, au sens du droit de la concurrence.[1072] D'autre part, le fait que cette hypothèse soit applicable « en particulier, dans le cas où l'infraction est également *imputable* à la société qui la contrôle au sein du groupe » suffit à convaincre qu'est ici visée la société et non l'entreprise, au sens du droit de la concurrence.

794. À la lumière de cette disposition, trois hypothèses contentieuses doivent être envisagées.[1073] La première est celle dans laquelle le comportement infractionnel de la filiale est imputé à sa société mère. Dans cette hypothèse, l'Autorité de la concurrence appréciera les capacités financières par rapports au chiffre d'affaires de la société mère.[1074] Cela se justifie à double titre. Premièrement, de la même manière qu'en droit de la concurrence de l'Union, l'entreprise, au sens du premier tiret du point 49 du communiqué de l'Autorité, est synonyme de l'entreprise, au sens des articles L. 420-1 et L. 420-2 du code de commerce. En clair, lorsque l'entreprise sanctionnée est composée, schématiquement, de la filiale et de sa société mère, il y a lieu de prendre en compte le chiffre d'affaires de cette dernière. Deuxièmement, si, en droit de la concurrence de l'Union, les juges de l'Union considèrent certes que l'entreprise, au sens du point 30 des lignes directrices, s'apprécie de la même manière que l'entreprise, au sens des articles 101 TFUE et 102 TFUE, il n'en reste pas moins que la prise en compte en droit français de la concurrence du chiffre d'affaires de la société mère pourrait également se justifier par la combinaison des deux critères du point 49 du communiqué de l'Autorité. Plus précisément, ledit point permet de prendre en compte les capacités financières de l'« entreprise » mais aussi celles du groupe auquel cette dernière est susceptible d'appartenir. Aussi l'Autorité tirerait-t-elle précisément les conséquences de l'appartenance de la filiale à un groupe de société.

795. La seconde hypothèse est celle dans laquelle l'infraction n'est pas imputée à la société mère, alors même que cette dernière lui était tout de même imputable. Ici, la question se pose de savoir si l'Autorité peut prendre en compte l'appartenance de la filiale à un groupe de sociétés, au titre du point 49 du communiqué.

796. À première vue, le premier tiret du point 49 du communiqué de l'Autorité n'est d'aucune utilité. Car, si l'infraction n'est pas imputée à la société mère, quand

---

1071 Voy. M. Hauviller, « L'appartenance à un groupe à l'épreuve de la jurisprudence récente de la Cour de cassation », Concurrences, 2015, n° 1, nos 13 à 15. Voy., également, CA Paris, 29 mars 2012, Lacroix signalisation e.a., RG n° 2011/01228, p. 33 et Cass. com., 28 mai 2013, Lacroix signalisation e.a., nos 12-18.195, 12- 18.410 et 12-18.577.

1072 S'agissant d'une référence à un groupe d'entreprises en droit de la concurrence de l'Union, voy. CJUE, 4 septembre 2014, YKK e.a. c/ Commission, aff. C-408/12 P, EU:C:2014:2153.

1073 Voy., en particulier, Lemaire, précité, points 33 à 48.

1074 Voy., notamment, aut. conc., déc. n° 12-D-24 du 13 décembre 2012 relative à des pratiques mises en œuvre dans le secteur de la téléphonie mobile à destination de la clientèle résidentielle en France métropolitaine.

bien même cette dernière lui serait imputable, l'entreprise, au sens du droit de la concurrence, n'est composée que de la seule filiale. En revanche, le deuxième tiret du point 49 du communique de l'Autorité précise que sera tenu compte de l'appartenance d'une « entreprise » à un groupe d'« entreprises » « en particulier lorsque l'infraction est également *imputable* à la *société* qui la contrôle au sein du groupe ». Aussi les termes « en particulier » signifient, à notre sens, qu'il en va surtout ainsi lorsque l'infraction est imputable à une société mère. Autrement dit, il incombera à l'Autorité de démontrer à suffisance de droit que l'infraction est imputable à la société mère tout en faisant application de son pouvoir discrétionnaire dans le cadre de l'imputation de l'infraction. Toutefois, la filiale se verra seule imposer une amende plus importante.

797. Dans une troisième hypothèse, correspondant à la situation de la société autonome, lorsque l'infraction de la filiale n'est pas imputable à sa société mère, la question se pose également de savoir si le montant de son amende peut être majoré en raison de sa seule appartenance à un groupe de sociétés. Si, dans certaines décisions, l'Autorité a pu, dans un premier temps, majorer automatiquement le montant de l'amende sans se référer à l'imputabilité de l'infraction à une société du groupe,[1075] certains arrêts prononcés par la Cour d'appel de Paris[1076] et la Cour de cassation ont pu laisser envisager une solution contraire.[1077] Il ressort en substance de ces arrêts que l'Autorité se doit de démontrer que le comportement de la filiale a été « *influencé* ou *facilité* du fait de [l']appartenance à un groupe d'envergure important ou que ce groupe aurait été particulièrement reconnu dans le domaine concerné par les pratiques, ou encore que cette appartenance aurait permis [aux] société[s] d'entrainer dans [leurs] pratiques des entreprises d'importance moindre ».[1078] Ces conditions ne sont pas sans rappeler les conditions auxquelles sont soumises l'imputabilité et *a fortiori* l'imputation de l'infraction. En effet, l'imputabilité de l'infraction à une société du groupe nécessite que soit démontré qu'une société mère a exercé de manière effective une influence déterminante dans le comportement infractionnel de sa filiale.

1075 Voy. aut. conc., déc. n° 11-D-02 du 26 janvier 2011 relative à des pratiques mises en œuvre dans le secteur de la restauration des monuments historiques ; n° 12-D-02 du 12 janvier 2012 relative à des pratiques mises en œuvre dans le secteur de l'ingénierie des loisirs, de la culture et du tourisme ; n° 12-D-27 du 20 décembre 2012 relative à des pratiques relevées dans le secteur de la billetterie de spectacles ; n° 13-D-03 du 13 février 2013 relative à des pratiques mises en œuvre dans le secteur du porc charcutier ; n° 13-D-20 du 17 décembre 2013 relative à des pratiques mises en œuvre par EDF dans le secteur des services destinés à la production d'électricité photovoltaïque. Voy., également, CA Paris, 11 octobre 2012, monuments historiques, n° 11/03298.

1076 Voy. CA Paris, 21 janvier 2016, INEO réseaux sud-ouest et SPIE sud-ouest, RG n° 14/22811 et CA Paris, 28 mai 2015, Monuments historiques, n° 14-09272. Voy., également, CA Paris, 27 octobre 2016, Hygiène et entretien, n° 2015-0167, CA Paris, 26 octobre 2017, Caisse des Dépôts et Consignations, n° 2017-01658 et CA Paris, 23 mai 2017, Produits laitiers, n° 2015-08224.

1077 Cass. com., 21 octobre 2014, Société Spie Sud-Ouest, nos 13-16.602, 13-16.696 et 13-16.905 ; Cass. com., 18 février 2014, Société Degaine, nos 12-27.643, 12-27.697, 12-27.698, 12-27.700 et 12-28.026 et Cass. com., 19 novembre 2013, INEO réseaux Sud-Ouest, RG n° 13-16.602.

1078 CA Paris, 21 janvier 2016, INEO réseaux sud-ouest et SPIE sud-ouest, RG n° 14-22817. Voy., pour un exemple récent, aut. conc., déc. n° 19-D-11 du 29 mai 2019 relative à des pratiques mises en œuvre dans le secteur de la commercialisation de réactifs et consommables pour laboratoires hospitaliers sur le territoire de la Guyane, cons. 105.

798. Certes, les exigences probatoires posées par la Cour de cassation ne sont pas en tout point identiques : cette dernière met uniquement à la charge de l'Autorité la preuve que le comportement de la filiale a été influencé par l'appartenance à un groupe. En d'autres termes, il n'est nullement exigé la démonstration de l'exercice de manière effective par la société mère d'une influence déterminante sur sa filiale. Il n'en reste pas moins qu'un alignement avec la jurisprudence des juges de l'Union pourrait s'opérer en pratique, à la lumière des récentes décisions de l'Autorité, dans la mesure où la majoration dissuasive s'accompagne de l'imputation de l'infraction, ce qui n'est pas sans soulever d'interrogation sur l'opportunité de maintenir dans le communiqué de l'Autorité la seconde hypothèse de majoration de l'amende au titre de la dissuasion.[1079]

799. Toutefois, l'arrêt prononcé plus récemment par la Cour d'appel de Paris à la suite du recours formé contre la décision de l'Autorité rendue dans l'affaire des *Produits laitiers* pourrait remettre en cause cette appréciation. La Cour d'appel y affirme clairement que la majoration dissuasive pour appartenance à un groupe doit être vérifiée même si est en cause une filiale autonome.[1080]

C. Le plafond de l'amende

800. La question du plafond légal de l'amende doit être envisagée à la lumière tant du plafond de l'amende pour les infractions matérielles que pour celui prévu pour les infractions procédurales dans le contexte des pratiques anticoncurrentielles. Dans cette optique, il y a encore lieu de différencier la pratique à l'échelle de l'Union (1) de celle à l'échelle nationale (2).

1. La pratique à l'échelle de l'Union

801. Pour ce qui concerne le droit de la concurrence de l'Union, le paragraphe 2 de l'article 23 du règlement n° 1/2003 dispose que « [p]our chaque entreprise et association d'entreprises participant à l'infraction, l'amende n'excède pas 10 % de son chiffre d'affaires total réalisé au cours de l'exercice social précédent ». Le législateur de l'Union privilégie une nouvelle fois le terme « entreprise » et ne distingue pas selon que l'infraction est commise par une société autonome ou par une filiale agissant sous le contrôle de sa société mère.

802. Dans cette dernière hypothèse, la question pourrait ainsi se poser de savoir si le plafond de 10 % se calcule en prenant en compte le chiffre d'affaires de l'entreprise, que sont susceptibles de former une filiale et sa société mère, c'est-à-dire schématiquement le chiffre d'affaires de la société mère, ou bien respectivement, le chiffre d'affaires de la filiale puis de sa société mère. Dit autrement, la question

---

1079 Relevons que sur ce point la majoration dissuasive ne relève plus du deuxième tiret mais du premier tiret du point 49 du communique de l'Autorité.

1080 Voy. CA Paris, 23 mai 2017, Produits laitiers, n° 2015-08224, point 436. La Cour d'appel de Paris pourrait avoir clos, selon nous, ce débat : la non-imputation de l'infraction ne constitue pas un obstacle à la majoration de l'amende en raison de l'appartenance à un groupe, dans la mesure où elle vise, aux fins de la présentation du cadre juridique, « l'appartenance à un groupe d'une entreprise s'étant comportée de manière autonome sur le marché ».

pourrait se poser de savoir si l'amende doit être proportionnée au chiffre d'affaires de l'entreprise, au sens du droit de la concurrence, ou au chiffre d'affaires respectifs des sociétés qui la composent.

803. Cette question s'est posée pour la première fois devant le Tribunal dans l'affaire *HFB.*[1081] Les requérantes reprochaient à la Commission d'avoir calculé le plafond de 10 % en tenant compte du chiffre d'affaires cumulé des sociétés composant une même entreprise. Ces dernières faisaient notamment valoir que « la condamnation au paiement indivisible de l'amende doit être limitée, pour chacune des [sociétés] coresponsables, au plafond de 10 % de son chiffre d'affaires durant le dernier exercice social ».[1082] Et d'ajouter qu'elles « auraient été condamnées au paiement solidaire d'une somme qui dépasse, pour chacune des requérantes, le plafond de 10 % de son chiffre d'affaires ». Or, précisément, « si l'une d'entre elles devenait insolvable, cela signifierait nécessairement que les autres [sociétés] devraient payer une amende supérieure à 10 % de leur chiffre d'affaires ».[1083] Pour sa part, la Commission se contentait de souligner que les sociétés condamnées solidairement au paiement d'une même amende appartenaient à une même entreprise, au sens du droit de la concurrence, de sorte qu'il était justifié de calculer le plafond en prenant en compte le chiffre d'affaires cumulé de ces dernières.[1084]

804. À cet égard, le Tribunal considère que, pour ce qui concerne le plafond de 10 %, ce dernier est calculé en prenant en compte le chiffre d'affaires cumulé de l'ensemble des sociétés qui composent une même entreprise, au sens du droit de la concurrence, à savoir celui d'une société mère, dans l'hypothèse où le chiffre d'affaires est consolidé au sein d'un groupe de sociétés. Cette solution se justifierait par analogie avec les règles applicables aux associations d'entreprises. En effet, pour une association d'entreprises, le chiffre d'affaires à prendre en compte afin de déterminer la limite légale de l'amende est le chiffre d'affaires cumulé de l'ensemble de ses membres. Selon le Tribunal, « il peut être tenu compte, notamment, de l'influence qu'une association d'entreprises a pu exercer sur le marché, qui ne dépend pas de son propre "chiffre d'affaires" qui ne révèle ni sa taille ni sa puissance économique, mais bien du chiffre d'affaires de ses membres, qui constitue une indication de sa taille et de sa puissance économique ».[1085] Ainsi, *de lege lata*, dans l'hypothèse d'une infraction commise par une filiale dont sa société mère doit répondre, le chiffre d'affaires pris en compte aux fins de déterminer la limite légale de l'amende sera celui de sa société mère.

805. Cette pratique demeure aujourd'hui constante que l'on soit en présence d'une infraction matérielle ou d'une infraction procédurale.[1086] En l'absence de restructurations sociétaires, le plafond de l'amende sera calculé par rapport au chiffre

---

1081 Voy. TPICE, 20 mars 2002, HFB e.a. c/ Commission, aff. T-9/99, EU:T:2002:70.

1082 *Ibid., point 520.*

1083 *Id.*

1084 *Ibid., point 521.*

1085 *Ibid., point 529.*

1086 En application du paragraphe premier de l'article 23 du règlement n° 1/2003, la Commission peut infliger une amende d'un montant maximal de 1 % du chiffre d'affaires d'une « entreprise » pour l'obstruction ou la fourniture d'informations inexactes ou dénaturées en réponses à une demandes de renseignements.

d'affaires de l'entreprise, au sens du droit de la concurrence, à savoir par rapport au chiffre d'affaires cumulé de celui de la filiale et de sa société mère.[1087]

806. Toutefois, en droit, l'amende est infligée non à une entreprise, au sens du droit de la concurrence, mais à des sociétés. Et il pourrait être soutenu, de manière convaincante, que les capacités financières d'une filiale ne devraient pas être appréciées à la lumière des capacités financières de sa société mère. Si elles appartiennent certes à un même groupe de sociétés, elles n'en restent pas moins deux sociétés différentes. Deuxièmement, le plafond de 10 % de l'amende est une donnée qui est étrangère à l'infraction. En d'autres termes, c'est une donnée personnelle à chaque société, qui poursuit un seul objectif : faire en sorte que l'amende ne soit pas disproportionnée eu égard à la capacité financière de chaque débiteur de l'amende. Troisièmement, l'article 23, paragraphe 2, du règlement n° 1/2003 fait bien référence à l'exercice social d'une « entreprise », qui ne peut être, en droit des sociétés, compris que comme une référence à l'exercice social d'une société et non d'une unité économique.[1088] Quatrièmement, ledit article vise « l'entreprise […] participant à l'infraction ». Or, précisément, la société mère est considérée, certes par le prisme d'une fiction juridique, comme ayant commis l'infraction à l'égal de sa filiale. Aussi cette dernière pourrait-elle être considérée comme ayant participé à l'infraction, au sens dudit article. Cinquièmement, les motifs ayant conduit le Tribunal dans l'affaire *HFB*[1089] à valider cette pratique de la Commission demeurent contestables, pour la simple raison qu'une « association d'entreprises » est, à la différence d'une entreprise, au sens du droit de la concurrence, seule débitrice de l'amende.

2. La pratique à l'échelle nationale

807. En droit français de la concurrence, l'article L. 464-2 du code de commerce dispose que « le montant maximum de la sanction pécuniaire est, pour une entreprise, de 10 % du chiffre d'affaires mondial hors taxes le plus élevé réalisé au cours d'un des exercices clos depuis l'exercice précédant celui au cours duquel les pratiques ont été mises en œuvre ».[1090] S'agissant du plafond de 10 %, le législateur précise que « [s]i les comptes de l'entreprise concernée ont été consolidés ou combinés en vertu des textes applicables à sa forme sociale, le chiffre d'affaires pris en compte est celui figurant dans les comptes consolidés ou combinés de l'entreprise consolidante ou combinante ». En revanche, pour ce qui concerne les infractions procédurales, l'article L. 464-2 du code de commerce dispose seulement que « [l]e montant maximum de [l'amende] ne peut excéder 1 % du montant du chiffre d'affaires mondial

---

1087 Pour une confirmation de la jurisprudence HFB, voy., notamment, TPICE, 15 juin 2005, Tokai Carbon e.a. c/ Commission, aff. T-71/03, T-74/03, T-87/03 et T-91/03, EU:T:2005:220, point 390, et Trib. UE, 15 juillet 2015, HIT Groep c/ Commission, T-436/10, EU:T:2015:514, point 161 ou encore, en ce sens, CJUE, 4 septembre 2014, YKK c/ Commission, aff. C-408/12 P, EU:C:2014:2153, points 60 et 61.

1088 Voy., contra, certes dans un autre contexte, CJUE, 4 septembre 2014, YKK c/ Commission, aff. C-408/12 P, précité, point 60.

1089 Voy. supra, n° 803.

1090 Cet article a fait l'objet d'une question prioritaire de constitutionnalité : voy. cons. const., 14 octobre 2015, Société Grands Moulins de Strasbourg SA et autre, n° 2015-489. Dans cette affaire, le Conseil constitutionnel a déclaré cette disposition conforme à la constitution et plus précisément aux principes de nécessité et de proportionnalité des peines, le principe d'individualisation des peines et le principe selon lequel nul n'est responsable que de son propre fait.

hors taxes le plus élevé réalisé au cours d'un des exercices clos depuis l'exercice précédant celui au cours duquel les pratiques ont été mises en œuvre ».

808. D'emblée, il doit être observé que le législateur vise le terme « entreprise » tout en faisant référence à sa forme sociale, à son exercice social ou encore à ses comptes. Aussi, à première vue, pourrait-il être considéré que, à l'article L. 464-2 du code de commerce, le législateur a entendu se référer à la société et non à l'entreprise, au sens du droit de la concurrence, dans la mesure où cette dernière ne saurait notamment avoir un quelconque exercice social. Au contraire, si seule la première partie de l'article L. 464-2 du code de commerce est prise en compte, à savoir celle où le législateur dispose que le montant maximum de l'amende est, pour une « entreprise », de 10 % de son chiffre d'affaires, la similitude avec le texte de l'article 23 du règlement n° 1/2003 s'avère flagrante.[1091] Or, la pratique décisionnelle de la Commission, telle que validée par les juges de l'Union, est claire à ce sujet : le plafond de l'amende se doit, à l'échelle de l'Union, d'être le même pour la filiale et pour sa société mère, dans l'hypothèse où elles forment ensemble une même entreprise, au sens du droit de la concurrence.

809. En pratique, la prise en compte, en droit interne, du chiffre d'affaires de la société mère s'explique toutefois moins par l'appartenance de cette dernière à une même entreprise avec sa filiale que par la consolidation des comptes de cette dernière.[1092] À la différence du législateur de l'Union, son homologue français souligne, en substance, que le chiffre d'affaires de la société mère sera pris en compte lorsque les comptes de la filiales ont été consolidés, sans référence aucune à l'imputation ou non de l'infraction. Cela se vérifie largement en pratique, dans la mesure où la notion d'entreprise n'est aucunement mobilisée. Seul compte la consolidation des comptes de la filiale et de sa société mère.

810. À titre d'illustration, dans sa décision rendue dans l'affaire de l'entente sur le marché de *l'aéroport de la Réunion*,[1093] l'Autorité a notamment calculé le plafond de l'amende pour une filiale à la lumière du chiffre d'affaires de sa société mère, et ce, alors même que l'infraction n'avait pas été imputée à la seconde. L'Autorité relève que « [l]es comptes de la société Shell SPS sont consolidés au sein de ceux du groupe Shell, qui a réalisé un chiffre d'affaires de 355 milliards de dollars américains au cours de l'exercice 2007 ».[1094] Aussi considère-t-elle que « [l]e plafond de la sanction susceptible d'être infligée à la société Shell SPS est donc 35,6 milliards de dollars, soit environ 25 milliards d'euros ».[1095]

1091 Dans la mesure où l'ajout d'un plafond légal est issu de la loi NRE, laquelle date de 2001, la disposition de référence en droit de l'Union est l'article 23, paragraphe 5, du règlement n° 17/62.

1092 Sur ce point, voy., en particulier, C. Lemaire, « Responsabilité concurrentielle des groupes de sociétés », CCC, n° 7, juillet 2017, dossier 5, points 27 à 29.

1093 Voy., notamment, cons. conc., déc. n° 08-D-30 du 4 décembre 2008 relative à des pratiques mises en œuvre par les sociétés des Pétroles Shell, Esso SAF, Chevron Global Aviation, Total Outre-Mer et Total Réunion. Voy., également, pour une référence à la consolidation des comptes et également à l'existence d'une même entreprise, au sens du droit de la concurrence, aut. conc., déc. n° 19-D-24 du 17 décembre 2019 relative à des pratiques mises en œuvre dans le secteur des fruits vendus en coupelles et en gourdes, cons. 760.

1094 *Ibid., cons. 533. Voy., également, aut. conc., déc. n° 11-D-02 du 26 janvier 2011 relative à des pratiques mises en œuvre dans le secteur de la restauration des monuments historiques, cons 616 et 746.*

1095 *Ibid. Certes, l'amende infligée à la filiale est inférieure au plafond de sa société mère mais également à son propre plafond. Il n'en reste pas moins que la question se pose de savoir si l'Autorité de la concurrence eût*

811. Corrélativement, dans l'hypothèse où, d'une part, les comptes de la filiale ne sont pas consolidés et, d'autre part, l'infraction de cette dernière est imputée à sa société mère, le chiffre d'affaires à prendre en compte aux fins de la détermination du plafond de 10 % sera celui de la filiale. Dans sa décision rendue dans l'affaire du cartel des *treillis soudés sur l'île de la Réunion*,[1096] l'Autorité de la concurrence considère que « [p]our ce qui concerne la société C. Steinweg NV, celle-ci a indiqué ne pas consolider les comptes de sa fille la société C. Steinweg, précisant en être exemptée au regard du droit belge ».[1097] Aussi le plafond doit-il être, selon l'Autorité, calculé en prenant en compte uniquement le chiffre d'affaires de la filiale et ce, quand bien même l'infraction de cette dernière avait été imputée à sa société mère belge. Il ressort ainsi de cette affaire que, même dans l'hypothèse où la filiale et sa société mère forment une même entreprise, au sens du droit de la concurrence, le plafond de l'amende peut ne pas être déterminé relativement au chiffre d'affaires de l'entreprise, à savoir celui de la société mère.

812. Une telle pratique n'est pas sans soulever diverses interrogations,[1098] car elle subordonne la prise en compte des capacités financières du groupe, au titre du plafond de l'amende, à l'existence d'un mécanisme comptable et non à l'imputation ou non de l'infraction à une société mère, ainsi qu'a tenté de le faire valoir la société Axiane Meuneurie lors d'une question prioritaire de constitutionnalité posée dans l'affaires des *farines*.[1099]

813. Dans sa décision, le Conseil constitutionnel a certes validé une telle pratique en se fondant sur les travaux préparatoires de la loi de 2001 sur les nouvelles régulations économiques. La prise en compte des comptes consolidés se justifierait par le fait que le législateur souhaitait « prévenir des stratégies consistant à réduire, par des restructurations du capital des sociétés, le chiffre d'affaires des entreprises se livrant à des pratiques anticoncurrentielles afin de minorer le maximum de la sanction encourue ».[1100] De même, « le fait que le maximum de cette sanction soit déterminé par référence au chiffre d'affaires du groupe auquel l'entreprise appartient n'a ni pour objet ni pour effet, [selon le Conseil], de sanctionner le groupe pour des actes qu'il n'a pas commis ».[1101] Il n'en reste pas moins que, sans souligner l'utilisation ambiguë des termes « société » et « entreprise », il peut être, tout d'abord, observé qu'un des rapporteurs de la loi de 2001 proposait au contraire d'adapter le texte afin « de ne prendre en considération le chiffre d'affaires figurant dans les comptes consolidés ou

décidé de la même manière si l'amende infligée à la filiale s'était avérée supérieure à son plafond mais inférieure au plafond de sa société mère. En tout état de cause, il pourrait être considéré que la prise en compte du chiffre d'affaires d'une société n'est pas liée à l'engagement de sa responsabilité, seule compterait, en droit français de la concurrence, l'existence ou non de comptes consolidés.

1096 Voy. aut. conc., déc. n° 16-D-09 du 12 mai 2016 relative à des pratiques mises en œuvre dans les secteurs des armatures métalliques et des treillis soudés sur l'île de la Réunion.

1097 *Ibid., point 544.*

1098 Voy., en particulier, Lemaire, précité, point 32.

1099 Voy., notamment, Cass. com., 4 octobre 2017, nos 14-28234 e.a..

1100 Cons. const., 14 octobre 2015, Société Grands Moulins de Strasbourg SA e.a., n° 2015-489.

1101 *Ibid., point 19.*

combinés de l'entreprise consolidante ou combinante, que si cette dernière a[vait] concouru effectivement aux pratiques prohibées ».[1102]

814. Ensuite, d'aucuns pourraient également faire valoir que si l'Autorité identifie des stratégies visant à réduire l'assiette de l'amende d'une filiale, cela constitue un indice sinon une preuve du contrôle que la société mère détient sur sa filiale, de sorte que l'infraction pourrait lui être imputée. Enfin, s'agissant du grief tiré de la violation du principe de personnalité des peines, la position du Conseil peine tout autant à convaincre, car ce dernier vérifie l'application dudit principe dans le chef du groupe lui-même. Or, un groupe de sociétés n'a, *de lege lata*, aucune personnalité juridique, de sorte qu'il pourrait être contestable d'appliquer ledit principe audit groupe. Si la réponse du Conseil constitutionnel doit se comprendre comme vérifiant ledit principe dans le chef de la société mère, cela ne saurait non plus convaincre. Car, si l'amende est disproportionnée pour sa filiale, la société mère sera certainement amenée à y répondre de manière indirecte sauf à ne pas faire obstacle à un possible défaut de paiement de sa filiale.

815. L'on relevera tout autant que, *de lege lata*, cette lecture aura été confirmé par la Cour d'appel de Paris dans son arrêt prononcé dans l'affaire *messageries*. La Cour d'appel souligne que « la prise en compte du chiffre d'affaires figurant dans les comptes consolidés ou combinés de l'entreprise consolidante ou combinante n'est pas subordonnée au constat que cette dernière a exercé une influence déterminante sur le comportement de l'entreprise sanctionnée. Le plafond légal sera donc calculé par rapport à ce chiffre d'affaires, même lorsque l'entreprise sanctionnée a agi de façon autonome et que la pratique n'a donc pas été imputée à sa société mère ni, a fortiori, à la société faîtière du groupe auquel elle appartient ». Il en va tout autant si « l'appartenance de l'entreprise sanctionnée à un groupe [n'a pas] joué un rôle dans la mise en œuvre des pratiques anticoncurrentielles ou [n'a pas été] de nature à influer sur l'appréciation de leur gravité, de sorte que ledit chiffre d'affaires doit servir de base au calcul du plafond légal, que la sanction ait ou non été majorée en raison de l'appartenance de l'entreprise sanctionnée à un groupe ».[1103] En d'autres termes, la prise en compte du chiffre d'affaires du groupe n'est conditionnée qu'au seul constat de la consolidation des comptes de la filiale.

816. Trois remarques supplémentaires peuvent être faites. La précision tenant à la prise en compte des comptes consolidés a été, premièrement, ajoutée en 2001, c'est-à-dire à une période où le Conseil de la concurrence ne tirait pas toutes les conséquences juridiques de la notion d'entreprise, au sens du droit de la concurrence. Deuxièmement, l'ajout en 2008 à l'article L. 464-2 du code de commerce d'une disposition spécifique pour le plafond de 1 % de l'amende pour les infractions procédurales ne s'est pas accompagnée d'une disposition équivalente sur l'exigence comptable de consolidation à celle prévue pour le plafond de 10 %. Or, il ne saurait exister deux régimes pour l'application du maximum de l'amende que l'on soit en présence d'une infraction matérielle ou d'une infraction procédurale. S'agissant du plafond de l'amende pour cette

---

1102 Rapport législatifs relatif à la loi sur les nouvelles régulations économiques, Sénat, 2001, disponible à l'adresse suivante : https://www.senat.fr/rap/l00-005/l00-00513.html.

1103 CA Paris, 19 juillet 2018, Chronopost e.a., n° 16/01270, points 1254 et 1255.

dernière catégorie d'infractions, l'affaire *Brenntag* doit assurément être relevée, dans la mesure où, dans cette affaire, l'Autorité a imputé l'infraction procédurale commise par une filiale à sa société mère tout en calculant la limite du montant de l'amende procédurale à la lumière du chiffre d'affaires réalisé par le « groupe Brenntag ».[1104] Troisièmement, une symétrie serait souhaitable entre la pratique à l'échelle de l'Union et la pratique à l'échelle nationale, et ce, d'autant plus lorsque l'Autorité applique simultanément les dispositions du droit de la concurrence de l'Union et celles du droit français de la concurrence. L'autonomie procédurale pourrait être, dans cette hypothèse, plus que limitée pour le plafond de 10 % dans la mesure où ce dernier découle d'une disposition expresse du règlement n° 1/2003.[1105]

817. Toutefois, à supposer que cette subtilité du droit français ait vocation à disparaître,[1106] les remarques formulées à la lumière de la pratique en droit de la concurrence de l'Union valent tout autant dans la pratique en droit français de la concurrence. Si l'infraction est certes commise, en théorie, par une entreprise, au sens du droit de la concurrence, ce sont les sociétés, qui la composent, qui sont débitrices de l'amende. Or, le plafond de l'amende vise précisément à limiter le poids de l'amende par rapport aux capacités financières de son débiteur. Aussi lorsqu'une infraction est commise par une entreprise, au sens du droit de la concurrence, composée de plusieurs débiteurs, le plafond se devrait-il d'être appliqué de manière distributive entre la filiale et sa société mère.

D. La capacité contributive

818. La Commission n'est pas indifférente à la recherche d'un équilibre entre l'imposition d'une amende suffisamment élevée aux fins de dissuasion et la prise en compte de la situation économique du destinataire de la décision. C'est là notamment tout l'enjeu de la notion d'incapacité contributive.[1107] L'incapacité contributive désigne, schématiquement, la situation de fait d'un débiteur d'une amende se trouvant dans l'incapacité de faire face au paiement de cette dernière en raison de sa mauvaise situation économique.

1104 Voy. aut. conc., déc. n° 17-D-27 du 21 décembre 2017 relative à des pratiques d'obstruction mises en œuvre par Brenntag, cons. 245 et 246. L'Autorité relève toutefois que le chiffre d'affaires du groupe Brenntag était consolidé.

1105 Le plafonnement de l'amende à 10 % du chiffre d'affaires de l'« entreprise » est prévu par l'article 23 du règlement n° 1/2003, lequel vise à fixer le cadre d'application des articles 101 TFUE et 102 TFUE. Or, le principe d'autonomie procédurale ne devrait pas s'appliquer s'agissant dudit plafond, lorsque l'Autorité applique les articles du traité. La question pourrait se poser à cet endroit de savoir si le règlement n° 1/2003 ne vise que l'action de la Commission.

1106 L'article L. 464-2 du code de commerce n'a pas été modifié sur ce point dans le cadre de la transposition de la directive dite « ECN+ ». Des réserves auraient pu être émises sur une telle modification, dans la mesure où le droit français limite d'ores et déjà textuellement l'amende à 10 % du chiffre d'affaires de l'entreprise, comme l'exige au demeurant le texte de la directive. Il pourrait tout autant être invoqué ici le fait que le règlement n° 1/2003 vise uniquement à régir l'action de la Commission (voy. CJUE, 28 juin 2016, Autorità Garante della Concorrenza e del Mercato, aff. C-450/15, EU:C:2016:508, points 17 et 18).

1107 Voy. Lignes directrices de la Commission de 2006, point 35, et le communiqué de l'Autorité de 2011, points 62 et s, et communiqué de l'Autorité de 2021, points 54 à 58.

1. La pratique à l'échelle de l'Union

819. La Commission peut, sous certaines conditions, reconnaître la réalité de cette situation et, ainsi, moduler le montant de l'amende afin d'assurer un équilibre entre la sanction de la pratique anticoncurrentielle et la survie de la société débitrice. Aux termes du point 35 des lignes directrices de la Commission de 2006, elle souligne que « [d]ans des circonstances exceptionnelles, la Commission peut, sur demande, tenir compte de l'absence de capacité contributive d'une entreprise dans un contexte social et économique particulier. Aucune réduction d'amende ne sera accordée à ce titre par la Commission sur la seule constatation d'une situation financière défavorable ou déficitaire. Une réduction ne pourrait être accordée que sur le fondement de preuves objectives que l'imposition d'une amende, dans les conditions fixées par les présentes lignes directrices, mettrait irrémédiablement en danger la viabilité économique de l'entreprise concernée et conduirait à priver ses actifs de toute valeur ».[1108]

820. En d'autres termes, en droit de la concurrence de l'Union, les conditions en application desquelles une société pourrait bénéficier de la procédure d'incapacité contributive s'avèrent difficile à remplir. En effet, la possibilité d'obtenir une réduction résulte d'un contexte social et économique particulier pouvant être mis en valeur par les conséquences économiques que pourrait avoir le paiement de l'amende, sur le plan de l'augmentation du chômage ou d'une détérioration des secteurs économiques en amont ou en aval de l'entreprise.[1109] Cette condition, en posant des critères très généraux, montre que la Commission a cherché à se ménager une importante marge d'appréciation dans la reconnaissance de l'incapacité contributive. En outre, l'imposition de l'amende doit porter atteinte à la viabilité économique de l'entreprise et conduire à la perte de toute valeur de ses actifs. Cette dernière condition, ne correspondant manifestement pas à un état de faillite, pourrait avant tout illustrer que, afin d'éviter une multiplication des demandes, la possibilité d'obtenir une modulation de l'amende est soumise à de strictes conditions et reste dès lors exceptionnelle. À cet égard, les juges de l'Union ont précisé que la condition tenant à la privation des actifs de l'entreprise concernée de toute valeur ne doit pas être appréciée littéralement. Cette condition peut s'analyser en déterminant si la reprise des actifs de la société en cause parait improbable voire impossible.[1110]

1108 Cette notion a été introduite par la Commission, dans l'exercice du pouvoir d'appréciation dont elle dispose en matière d'amende. Pour trouver mention de l'incapacité contributive, il faut rechercher dans ses lignes directrices relatives au calcul des amendes ; dès 1998, celles-ci prévoyaient la possibilité de prendre en compte, in fine, des données objectives telles qu'un contexte économique particulier et la capacité contributive réelle des entreprises dans ce contexte : voy. Lignes directrices de 1998, point 5, sous b). Cette mesure n'a toutefois été mise en œuvre que de manière exceptionnelle. À cet égard, le juge de l'Union, peu enclin à soutenir des entreprises en situation de faiblesse économique, approuvait constamment les refus de la Commission. Elle rappelait à ce titre que la Commission n'était pas obligée, lors de la détermination du montant de l'amende, de tenir compte de la situation financière déficitaire d'une entreprise, étant donné que la reconnaissance d'une telle obligation reviendrait à procurer un avantage concurrentiel injustifié aux entreprises les moins adaptées aux conditions du marché : voy., notamment, CJCE, 29 juin 2006, SGL Carbon c/ Commission, aff. C-308/04 P, EU:C:2006:433, point 105, et CJCE, 8 novembre 1983, IAZ International Belgium e.a. c/ Commission, aff. 96/82 à 102/82, 104/82, 105/82, 108/82 et 110/82, EU:C:1983:310, points 54 et 55.

1109 Voy. CJCE, 29 juin 2006, SGL Carbon c/ Commission, précité, point 106.

1110 Voy. Trib. UE, 12 décembre 2012, Novácke Chemické Závody, a.s. c/ Commission, aff. T-352/09, points 190 et 191 ; Trib. UE, 12 décembre 2012, Ecka Granulate c/ Commission, aff. T-400/09, EU:T:2012:675, point 98, et Trib. UE, 12 décembre 2012, Garantovaná c/ Commission, aff. T-392/09, EU:T:2012:674, point 147.

821. Au-delà du constat de la reconnaissance de l'incapacité contributive, il convient de mesurer les enjeux qu'elle soulève, pour ce qui concerne les relations entre une société mère et sa filiale. Si la société qui sollicite le bénéficie de la procédure d'incapacité contributive est une société autonome, sa capacité financière sera, en principe, appréciée eu égard à ses propres données économiques. En revanche, lorsque la société qui sollicite la procédure d'incapacité contributive est une filiale qui appartient à un groupe de société, sa capacité financière pourrait être appréciée à la lumière des capacités financières du groupe auquel elle appartient. En d'autres termes, la question se pose de savoir si sa capacité contributive doit s'apprécier eu égard aux données économiques du groupe tout entier, c'est-à-dire schématiquement de la société mère ou bien toujours eu égard à ses propres données économiques. Or, il serait pour le moins inopportun d'apprécier, dans cette hypothèse, la capacité contributive de la filiale eu égard à ses propres données économiques si sa société mère est particulièrement riche.

822. C'est, en substance, la position adoptée par la Cour dans son arrêt prononcé dans l'affaire *Schindler Holding*.[1111] Dans cette affaire, les requérantes faisaient valoir que l'amende imposée au groupe Schindler était disproportionnée. Plus précisément, l'amende, solidairement imputée à chaque société du groupe, avait été calculée en tenant compte, au titre du plafond de 10 %, du chiffre d'affaires de la société mère. Aussi les filiales faisaient-elles notamment valoir que cette amende était disproportionnée eu égard à leurs capacités contributives respectives.[1112]

823. Sur ce point, la Cour considère que, « dans l'hypothèse où des amendes sont infligées à une entreprise qui constitue une unité économique et qui ne se compose que formellement de plusieurs personnes morales, la capacité contributive de ces dernières ne saurait être prise en considération de manière individualisée ».[1113] Elle ajoute que « c'est à juste titre que, tenant compte de la gravité des pratiques concernées, de la taille ainsi que de la puissance économique du groupe Schindler, le Tribunal a constaté [...] que le montant total des amendes imposées aux requérantes représente environ 2 % de leur chiffre d'affaires consolidé en 2005, ce qui ne saurait être considéré comme disproportionné par rapport à la taille du groupe concerné ».[1114] Cette position était celle initialement proposée par l'avocat général Mme Kokott dans ses conclusions présentées dans cette même affaire. Cette dernière soulignait que « [une] prise en considération individualisée de la situation des différentes personnes morales est [...] interdite lorsqu'il s'agit d'amendes infligées à une entreprise qui constitue une unité économique et qui ne se compose que formellement de plusieurs personnes morales ».[1115]

824. Toutefois, la position de la Cour est limitée à l'hypothèse dans laquelle l'infraction de la filiale a été imputée à sa société mère. Corrélativement, la question se pose de savoir si, en l'absence d'imputation, la Commission peut tout de même tenir compte des capacités financières du groupe auquel la filiale appartient. À cet

---

1111 Voy. CJUE, 18 juillet 2013, Schindler Holding c/ Commission, aff. C-501/11 P, EU:C:2013:522.
1112 *Ibid., point 162.*
1113 CJUE, 18 juillet 2013, Schindler Holding c/ Commission, précitée, EU:C:2013:522, point 169.
1114 *Ibid.*
1115 Conclusions de l'avocat général Mme Kokott présentées le 18 avril 2013 dans l'affaire Schindler Holding c/ Commission, aff. C-501/11 P, EU:C:2013:248, point 216.

égard, une interprétation *a contrario* de l'arrêt de la Cour révèle que les capacités financières de la société mère seront prises en compte seulement dans l'hypothèse où elle se serait vue imputer préalablement l'infraction de sa filiale. Cette interprétation se doit d'être privilégiée, dans la mesure où, en l'absence d'imputation de l'infraction à la société mère, il n'existe aucune garantie que cette dernière contribue à l'amende ni facilite le paiement de l'amende par sa filiale. La pratique de l'Autorité de la concurrence fournit sur ce point un éclairage toutefois différent.

2. La pratique à l'échelle nationale

825. Le communiqué de l'Autorité exige des conditions en apparence moins restrictives que celles posées par les lignes directrices de la Commission. Le communiqué précise qu'« [u]ne réduction du montant final de la sanction pécuniaire ne peut être accordée à ce titre que si ces éléments constituent des preuves fiables, complètes et objectives attestant l'existence de difficultés réelles et actuelles empêchant l'entreprise ou l'organisme en cause de s'acquitter, en tout ou partie, de la sanction pécuniaire pouvant lui être imposée. La situation de l'intéressé s'apprécie au jour de la prise de la décision de l'Autorité et au regard de l'ensemble des exercices pertinents ».[1116]

826. S'agissant de la procédure d'incapacité contributive, l'Autorité vérifie en général la capacité contributive d'une filiale à la lumière des capacités financières du groupe auquel elle appartient, et ce, même en l'absence de l'imputation de l'infraction à sa société mère.[1117]

827. Sur cette pratique, la position de la Cour d'appel de Paris s'avère toutefois plus nuancée. Dans l'affaire *Degaine*, l'une des requérantes reprochait précisément à l'Autorité d'avoir refusé de lui accorder une réduction d'amende pour le seul motif « qu'elle appartenait à un groupe disposant de ressources financières considérables ».[1118] Selon la Cour d'appel, « le seul fait que les comptes des filiales soient consolidés au sein du groupe constitue un indice, mais ne démontre pas à lui seul que les difficultés de l'une d'entre elles puissent être résolues par des synergies ou des partenariats de la part de la société mère ou des autres filiales ».[1119] Elle ajoute que « la constitution d'un groupe de sociétés peut être justifiée par de multiples raisons économiques, juridiques et financières et il ne peut être déduit de la seule existence d'un groupe, un intérêt pour celui-ci à ne pas laisser une filiale assumer seule ses difficultés ».[1120]

828. Partant, « [il] incombe[ra] [à l'Autorité de la concurrence puis à la Cour d'appel dans le cadre de son contrôle de pleine juridiction] la charge de la preuve de ce que cette société pourrait mobiliser auprès du groupe auquel elle appartient les fonds lui permettant de payer la sanction pécuniaire qui pourrait lui être infligée ».[1121]

1116 Communiqué de l'Autorité de 2011, point 65, et communiqué de l'Autorité de 2021, point 57.

1117 Voy., notamment, aut. conc., déc. n° 11-D-02 du 26 janvier 2011 relative à des pratiques mises en œuvre dans le secteur de la restauration des monuments historiques.

1118 Voy. CA Paris, 28 mai 2015, Degaine Pradeau et Morin, p. 8.

1119 *Id.*

1120 *Id.*

1121 *Id.*

Autrement dit, si la Cour d'appel n'exclut pas que, en l'absence d'imputation de l'infraction à une société mère, la capacité contributive de sa filiale soit appréciée relativement à son chiffre d'affaires, il n'en reste pas moins que l'Autorité ne saurait automatiquement refuser à une filiale le bénéficie d'une réduction d'amende au titre de sa capacité contributive, en raison de la simple appartenance de cette dernière à un groupe de sociétés.[1122]

829. Toutefois, il pourrait ne pas en aller systématiquement ainsi. L'arrêt prononcé par la Cour d'appel de Paris dans l'affaire *Inéo Réseaux* semble indiquer une pratique différente. Dans cette affaire, cette dernière a réduit l'amende de cette filiale en raison des difficultés financières dont elle faisait état devant la Cour d'appel. En revanche, il ressort des motifs de l'arrêt que la Cour d'appel s'est abstenue de rechercher si la filiale pouvait mobiliser les fonds auprès de sa société mère, dans l'hypothèse d'une non-imputation de l'infraction à cette dernière.[1123] L'on relevera tout de même l'arrêt prononcé dans l'affaire des *Yaourts*, où la Cour d'appel de Paris ne semble pas clarifier cette question.[1124]

830. À cet égard, si l'appréciation des capacités financières de la filiale à la lumière de celles de sa société mère peut se justifier en termes d'opportunité, elle pourrait ne pas convaincre juridiquement. Une amende est certes imputée à « une entreprise, [laquelle] constitue une unité économique ». Il n'en reste pas moins que ce sont les sociétés qui en sont débitrices. Aussi les sociétés qui sont condamnées solidairement au paiement d'une même amende ne sauraient-elle disposer des mêmes capacités financières, et ce, d'autant plus que la limite maximale de l'amende est calculée en tenant compte du chiffre d'affaires de la société de tête. Dans la mesure où l'amende est, en pratique, portée au compte des sociétés, la capacité financière de chacune devrait être analysée à la lumière respectivement de leurs données économiques et non à la lumière des données économiques de la société de tête.

831. En tout état de cause, s'agissant de la plupart des critères relatifs à la situation financière de l'auteur de l'infraction ou du débiteur de l'amende, l'entreprise, au sens du droit de la concurrence, demeure centrale. Si la pratique actuelle s'explique par le fait que l'entreprise est considérée, de par une fiction juridique, comme l'auteur de l'infraction, mais aussi comme le débiteur de l'amende, force est de relever que, pour ce qui concerne à tout le moins le débiteur de l'amende, cette fiction pourrait être très fortement débattue. Ce sont bien les sociétés qui

---

1122 Si la prise en compte du groupe se conçoit dans un sens vertical ascendant, l'affaire des yaourts dont la Cour d'appel de Paris a eu à connaître constitue un bon exemple, dans l'hypothèse d'un défaut de capacité contributive d'une société mère, de la prise en compte de la situation économique de ses filiales, à savoir dans un sens vertical descendant (voy., s'agissant de la société MLC, CA Paris, 23 mai 2017, Produits laitiers, n° 15/08224, points 712 à 714).

1123 Voy. CA Paris, 21 janvier 2016, INEO réseaux sud-ouest et SPIE sud-ouest, n° 2014/22811, p. 12. Il peut être considéré que la prise en compte du groupe ne sera pas systématique, ce qui n'est pas sans présenter le risque d'une pratique ambiguë.

1124 Voy. CA Paris, 23 mai 2017, Produits laitiers, précité, points 715 à 727 : pour la société Novandie, la Cour d'appel accorde à cette dernière une réduction du montant de l'amende, alors même qu'elle a constaté qu'elle appartenait à un groupe important dont l'infraction avait été imputée à la société de tête. Voy., également, arrêt précité, points 728 à 736 : pour la société Senagral, en revanche, la Cour d'appel de Paris a examiné sa capacité contributive à la lumière de sa seule situation économique, dans la mesure où l'infraction n'avait pas été imputée à une société du groupe, et que l'appartenance à ce dernier n'avait joué aucun rôle dans la commission de l'infraction.

composent l'entreprise, au sens du droit de la concurrence, qui en sont les codébitrices. Aussi l'ensemble de ces critères devraient-ils être appréciées dans le chef de chaque société. Cette critique procède assurément d'une approche orthodoxe de la matière. Toutefois, elle n'est pas susceptible pour autant d'affaiblir l'effet utile des règles de concurrence, dans la mesure où elle implique de faire peser sur la société mère une amende plus importante que celle de sa filiale, cette diffèrence s'expliquant simplement par leurs situations financières différentes. Une même différence se retrouve dans le cadre des procédures négociées mais sur d'autres fondements.

§ 3. Les procédures dites négociées

832. Les comportements que sont susceptibles d'adopter les sociétés pendant la procédure administrative peuvent avoir une incidence importante sur l'amende. Une société peut obtenir une réduction de son amende, voire son immunité, dans différentes hypothèses, lesquelles présentent un point commun qui est celui de la coopération avec les autorités de concurrence pendant la procédure administrative. Ainsi, dans l'ordre chronologique de la procédure administrative, une société pourra voir son amende sensiblement réduite si elle bénéficie d'un programme de clémence (A).

833. Dans le même ordre d'idée, indépendamment de la clémence, elle pourra bénéficier, du moins pour ce qui concerne le droit de la concurrence de l'Union, d'une réduction si l'entreprise coopère activement avec la Commission, laquelle, en raison de champ d'application limité, ne fera pas l'objet d'une étude.[1125] Elle pourra, par ailleurs, solliciter le bénéfice de la procédure de transaction auprès des autorités de concurrence et obtenir le cas échéant une réduction de son amende (B).

A. La clémence

834. Le terme « entreprise » est central dans les communications de la Commission sur la clémence, qu'il s'agisse de celle de 1996[1126] ou de celle de 2002[1127] ou encore

---

1125 En application du point 29 des lignes directrices de la Commission de 2006, « lorsque l'entreprise concernée coopère effectivement avec la Commission, en dehors du champ d'application de la communication sur la clémence et au-delà de ses obligations juridiques de coopérer », cette dernière peut obtenir une réduction du montant de base de l'amende ». Cette circonstance atténuante ne s'applique qu'en dehors du champ d'application de la communication sur la clémence. En d'autres termes, une société ne peut bénéficier, en principe, au titre de sa coopération, d'une « double réduction du montant de l'amende, au titre de la communication sur la [clémence] et au titre des lignes directrices de 2006, pour la même coopération avec la Commission » (Voy., notamment, Bernardeau et Christienne, op. cit, n° I. 372). Ainsi, l'application de cette circonstance atténuante est limitée aux restrictions verticales ou aux abus de position dominante. Toutefois, il n'est pas exclu, en pratique, que la Commission applique tout de même cette circonstance atténuante lorsque les conditions d'application de la communication sur la clémence ne sont pas réunies. Pour une illustration, voy. Comm CE, déc. n° 2006/901/CE du 20 octobre 2005, Tabac brut (Italie), aff. COMP/C.38.281/B.2, résumé au JOCE n° L 353 du 13 décembre 2006, p. 45.

1126 Communication de la Commission concernant la non-imposition d'amendes ou la réduction de leur montant dans les affaires portant sur des ententes, JOCE n° C 207 du 18 juillet 1996, p. 4.

1127 Communication de la Commission sur l'immunité d'amendes et la réduction de leur montant dans les affaires portant sur des ententes, JOCE n° C 45 du 19 décembre 2002, p. 3.

de celle de 2006,[1128] au contraire du terme « société » qui n'y figure pas.[1129] Pour la prise en compte de la coopération, la Commission a également ignoré le terme de « société ». En revanche, elle use du terme général d'« entité juridique » pour désigner le demandeur de clémence.[1130] En clair, une opposition est faite, non sans ambiguité, entre « l'entité juridique » qui dépose une demande de clémence et la « déclaration de l'entreprise ».

835. Une disposition identique se retrouve en droit français de la concurrence. L'article L. 464-2, IV, du code de commerce associe la demande de clémence à l'« entreprise ». Il dispose que, « [u]ne exonération totale ou partielle des sanctions pécuniaires peut être accordée à une *entreprise* ou à une *association d'entreprises* qui a, avec d'autres, mis en oeuvre une pratique prohibée par les dispositions de l'article L. 420-1 s'il a contribué à établir la réalité de la pratique prohibée et à identifier ses auteurs, en apportant des éléments d'information dont l'Autorité ou l'administration ne disposaient pas antérieurement ».[1131] Aussi la clémence, à première vue, concernerait-elle, en droit de la concurrence de l'Union et en droit français de la concurrence, les seules entreprises, au sens du droit de la concurrence, et non les sociétés qui la composent.

836. La question qui se pose est celle de savoir si, dans l'hypothèse où une filiale dépose une demande en vue de bénéficier de l'immunité ou d'une réduction d'amende en vertu de la communication sur la clémence, cette demande produira automatiquement les mêmes effets pour sa société mère.[1132] Il pourrait d'emblée être répondu à cette question par l'affirmative. Il serait en effet pour le moins surprenant qu'une société mère et sa filiale soient classées différemment en tant que demandeur de clémence. En d'autres termes, une société mère ne devrait pas, en principe, obtenir l'immunité sans sa filiale et inversement.

837. À cet égard, il ressort de la pratique que, *de lege lata*, la société mère ne bénéficiera des effets qui découlent de la demande de sa filiale que si, au jour de la demande, elles appartiennent toujours à la même entreprise, au sens du droit de la concurrence. En d'autres termes, la détermination, au jour de la demande, du périmètre de l'entreprise sera essentielle afin d'identifier les sociétés qui en bénéficieront. Ainsi, si la filiale est demandeur de clémence de premier rang, l'ensemble des sociétés qui composent une même entreprise, au sens du droit de la concurrence, au jour de la demande, bénéficieront de l'immunité d'amende.

1128 Communication de la Commission sur l'immunité d'amendes et la réduction de leur montant dans les affaires portant sur des ententes, JOCE n° C 298 du 8 décembre 2006, p. 11, ci-après la « communication sur la coopération de 2006 »).

1129 La communication de 1996 compte 28 occurrences pour le terme « entreprise », celle de 2002 pas moins de 52 et celle de 2006, 93. Mais aucune ne fait référence aux « sociétés ».

1130 Le considérant 9 de la Communication de 2006 précise qu'« une déclaration de l'entreprise [comprend] le nom et l'adresse de l'entité juridique qui présente la demande d'immunité, ainsi que le nom et l'adresse de toutes les autres entreprises qui participent ou ont participé à l'entente présumée ».

1131 Avant sa modification opérée dans le cadre de la transposition de la directive dite « ECN+ », l'article L. 464-2, IV, du code de commerce envisageait les demandes de clémence introduites par les « entreprises » et « organismes ».

1132 Sur ce point, voy., en particulier, Lemaire, précité, points 59 à 68.

838. Cette condition a été posée de manière très claire par le Tribunal dans l'affaire *SKW*.[1133] La requérante y contestait la décision de la Commission, en ce que cette dernière lui avait refusé le bénéfice de la réduction d'amende accordée à son ancienne société mère *Degussa*. Selon le Tribunal, il convient de faire bénéficier de la clémence « [l'entreprise] dans sa composition au moment de la présentation de la demande d'application de la communication sur la clémence ». Cela se justifie, eu égard à la finalité de la communication. Pour le Tribunal « [i]l est logique, compte tenu de cette finalité, de faire bénéficier de la coopération non seulement l'entité ayant présenté la demande de clémence, mais également l'ensemble de l'entreprise dont celle-ci fait partie. [...] S'agissant d'une unité économique dont le comportement est déterminé de manière centralisée, la coopération d'une des entités la composant suppose nécessairement et implique la coopération des autres entités faisant partie de la même entreprise au moment où cette coopération est fournie ».[1134]

839. À cela s'ajoute une deuxième condition, selon laquelle le bénéfice de la clémence ne profite qu'aux sociétés dont la responsabilité est dérivée du demandeur de clémence. Ainsi si une filiale dépose une demande de clémence, sa société mère, en ce que sa responsabilité est dérivée, bénéficiera de l'immunité ou de la réduction de l'amende, selon le classement de la demande de sa filiale. Cette condition a été posée par le Tribunal dans son arrêt prononcé dans l'affaire *Laufen Austria*.[1135] Il y souligne clairement qu'une demande de clémence ne saurait bénéficier à une société sœur, dont la responsabilité n'était pas dérivée de celle du demandeur de clémence.[1136]

840. Certes, la mobilisation à cet endroit de la notion d'entreprise, au sens du droit de la concurrence, pourrait à première lecture ne pas convaincre, dans la mesure où cette notion apparaît limitée à l'imputation à la société mère du comportement infractionnel de sa filiale. Elle ne saurait jouer un rôle au moment de la procédure administrative, puisque ce sont des sociétés qui sont susceptibles de coopérer avec les autorités de concurrence et non une entreprise, dépourvue de la personnalité juridique. Aussi certaines réserves pourraient-elles être émises lorsque le Tribunal affirme dans son affaire SKW qu'« il est *évident* qu[e] [la notion d'entreprise] doit être interprétée de la même manière aux fins de l'application tant de l'article [101 TFUE] que de la communication sur la clémence ».[1137]

841. Deuxièmement, les mêmes réserves pourraient être exprimées lorsque le Tribunal juge que « lorsque la responsabilité d'une société mère est dérivée uniquement de celle de sa filiale qui a participé à l'entente, une réduction du montant de l'amende accordée à cette dernière, à la suite d'une demande qu'elle a introduite en application de la communication de 2002 sur la coopération, doit bénéficier à la société mère ».[1138] Si la responsabilité de la société mère est dérivée de celle

---

1133 Voy. Trib. UE, 23 janvier 2014, SKW e.a. c/ Commission, aff. T-384/09, EU:T:2014:27. Voy., également, TPICE, 30 septembre 2009, Hoechst c/ Commission, aff. T-161/05, EU:T:2009:366, points 74 et s.

1134 *Ibid., point 238.*

1135 Voy. Trib. UE, 16 septembre 2013, Laufen Austria c/ Commission, précité.

1136 *Ibid., points 229 à 233.*

1137 Trib. UE, 23 janvier 2014, SKW e.a. c/ Commission, aff. T-384/09, EU:T:2014:27, point 238.

1138 Trib. UE, 16 septembre 2013, Laufen Austria c/ Commission, précité, point 228.

de sa filiale, puisque la première emprunte à la seconde l'infraction, l'existence d'une telle responsabilité dérivée pourrait ne pas permettre de justifier l'extension à la société mère du bénéfice de la demande de clémence de sa filiale. Cependant, la procédure de clémence est étrangère à toute idée de responsabilité. Elle est uniquement une procédure par laquelle les autorités de concurrence vont récompenser une société pour sa coopération.

842. Il n'en reste pas moins que la mobilisation de la notion d'entreprise, au sens du droit de la concurrence, apparaît à cet endroit comme une solution cohérente. Cette dernière se fonde en effet sur l'idée selon laquelle une société exerce de manière effective une influence sur une autre. Ainsi, le dépôt par une filiale d'une demande de clémence permettra de présumer qu'elle émane également de sa société mère. Toutefois, elle engagera également cette dernère, dans la mesure où la société mère devra tout comme sa filiale se conformer aux obligations énoncées dans la communication sur la clémence, en apportant une coorépartion véritable, totale, permanente et rapide.[1139] Toutes violations de ces obligations devraient conduire à exclure du bénéfice de la clémence tant la filiale que sa société mère.

843. Il peut être fait référence à cet endroit à la pratique française, laquelle illustre le fait que toute violation par une des sociétés des conditions pour bénéficier du régime de la clémence concerne l'ensemble des sociétés du groupe. Dans l'affaire *Messagerie*, l'Autorité de la concurrence soulignait que l'une des sociétés n'avait pas respecté l'une des conditions pour bénéficier *in fine* de la clémence.[1140] En conséquence, cette dernière a appliqué une amende imposée solidairement à la filiale et sa société mère. En d'autres termes, le non-respect par une des sociétés visées par l'avis de clémence d'une des conditions pour en bénéficier impacte l'ensemble des sociétés visées par ledit avis.

844. Le recours à la notion d'entreprise pourrait d'autant plus se justifier que le fait pour la filiale d'avoir exercé une contrainte sur les autres sociétés ayant participé à l'infraction concerne également sa société mère, et ce, en application de la notion d'entreprise, au sens du droit de la concurrence.[1141]

845. La position du Tribunal dans l'affaire *Laufen Austria* pourrait toutefois ne pas faciliter la compréhension du régime de la clémence au sein d'un groupe de sociétés. Le Tribunal souligne en effet que « seule [la société] auteur de la demande tendant à bénéficier d'une réduction du montant de l'amende [...] ainsi que, le cas échéant, *les entités au nom desquelles cette demande a été formulée* et *qui coopèrent avec la Commission* peuvent bénéficier d'une réduction d'amende à ce titre ».[1142] En clair, le Tribunal semble dans cette affaire subordonner le bénéfice de la clémence, outre aux sociétés qui cooopérent, aux seules sociétés mentionnées dans la demande en vue de bénéficier de la clémence.

1139 Voy. Communication sur la coopération de 2006, cons. 12.

1140 *Ibid., point 1335.*

1141 Sur le fait pour la « contrainte » de concerner tant la filiale que sa société mère, voy., supra, n° 668. Sur l'exclusion du bénéfice de l'immunité d'amende, voy. Communication sur la coopération de 2006, cons. 13 : « [t]oute entreprise qui a pris des mesures pour contraindre d'autres entreprises à se joindre à l'entente ou à y rester ne peut prétendre au bénéfice de l'immunité d'amende. Elle peut toujours prétendre à une réduction d'amende si elle satisfait aux critères fixés et remplit toutes les conditions requises » (italiques ajoutés).

1142 *Ibid., point 227 (italiques ajoutés).*

846. Or cette condition formelle pourrait s'avérer contraignante pour les sociétés souhaitant dénoncer une entente.[1143] La question pourrait en effet se poser de savoir si une filiale qui ne mentionnerait pas sa société mère sur sa demande de clémence l'en exclut nécessairement. Une approche littérale de la position du Tribunal conduit à répondre à cette question par l'affirmative. Autrement dit, la clémence et, en toile de fond, l'obligation de coopération ne seraient qu'une affaire de « société(s) » et non d'« entreprise ». L'extension du bénéfice de la clémence à la société mère ou, inversement, de la société mère à sa filiale, ne saurait être automatique.

847. Cette réponse s'avère contestable. Certes, une filiale peut sans conteste mentionner plusieurs sociétés susceptibles d'être concernées par une demande de clémence.[1144] Il n'en reste pas moins que s'il est privilégié une approche fondée sur la notion d'entreprise, au sens du droit de la concurrence, laquelle permettrait de présumer que la filiale a déposé également une demande au nom de sa société mère, l'ajout d'un critère formel se révèle inutile. Au surplus, ce dernier implique une analyse juridique par la filiale précédemment au dépôt de sa demande, laquelle requiert de déterminer si l'infraction est susceptible d'être imputée à sa société mère. Toutefois, eu égard à l'application variable de cette notion, cet exercice ne saurait être des plus aisés. En tout état de cause, la Commission ne saurait non plus être liée par les sociétés au nom et pour le compte desquelles une demande de clémence a été effectuée. Elle peut tout autant imputer l'infraction à d'autres sociétés et constater une infraction dans leur chef sans pour autant leur infliger une amende, à supposer qu'elles appartiennent toujours, avec le demandeur de clémence, à une même entreprise, au sens du droit de la concurrence, cette condition s'avèrant prégnante pour ce qui est de la transaction.

B. La transaction

848. La transaction est une procédure au terme de laquelle l'auteur de l'infraction ne conteste pas les griefs qui lui sont reprochés[1145] et se voit proposer une fourchette de l'amende qui lui sera infligée. Le recours à la transaction demeure toutefois à l'initiative des autorités de concurrence, lesquelles peuvent, le cas échéant, demander aux sociétés ayant participé à une infraction si elles souhaitent transiger.

849. En droit de la concurrence de l'Union, l'introduction d'une demande de transaction par les sociétés doit se faire avant la communication des griefs. Elle peut être introduite par les sociétés, sur proposition de la Commission, directement dès la phase d'enquête. La Commission peut également interroger les parties au plus tard au jour de la communication des griefs sur leur souhait de recourir à la procédure de transaction. Elles disposeront d'un délai de deux semaines pour débuter des discussions en ce sens avec la Commission. Cette dernière disposant

---

1143 Il en va semble-t-il de même devant l'Autorité de la concurrence, laquelle exige des sociétés demanderesses de clémence, la liste de l'ensemble des sociétés au nom et pour le compte desquelles une telle demande a été formulée.

1144 Pour une illustration, voy. aut. conc., déc. n° 15-D-19 du 15 décembre 2015 relative à des pratiques mises en œuvre dans les secteurs de la messagerie et de la messagerie express, point 1324.

1145 À l'échelle de l'Union, les sociétés souhaitant transiger devront en plus, à la différence de la procédure à l'échelle nationale, reconnaître leur responsabilité dans la participation à l'infraction.

toutefois d'un pouvoir discrétionnaire quant à l'opportunité de recourir ou non, *in fine*, à une transaction.[1146] À l'échelle nationale, la procédure diffère quelque peu, dans la mesure où elle intervient surtout après la notification des griefs et à l'initiative du rapporteur général de l'Autorité.[1147]

850. S'agissant des dispositions portant sur la procédure de transaction en droit de la concurrence de l'Union, le terme « entreprise » demeure central.[1148] La communication de la Commission précise que c'est l'« entreprise » qui demandera la transaction.[1149] Toutefois, la Commission semble également faire une distinction entre les différentes personnes qui composeraient une même « entreprise » et prévoit des dispositions spécifiques quand une procédure est ouverte contre deux ou plusieurs parties qui composent une même « entreprise ».

851. Pour sa part, l'article L. 464-2, III, du code commerce associe également ladite procédure à l'« entreprise » mais aussi à l'organisme concerné. Le terme « société », quant à lui, demeure absent du texte : la seule référence est faite à l'« entreprise ». De même, le communiqué de procédure du 21 décembre 2018 relatif à la procédure de transaction mentionne uniquement les termes « entreprise » et « organisme », voire à quelques reprises le termes « parties ». Autrement dit, à première vue, seule la Communication de la Commission sur la transaction envisage l'hypothèse de sociétés appartenant à une même entreprise, au sens du droit de la concurrence.

852. À cet égard, lorsque la filiale est autonome aucune difficulté ne se pose. Dans la mesure où elle sera seule destinataire de la décision de l'autorité de concurrence concernée, elle sera seule à transiger.[1150] En revanche, lorsque la procédure de transaction est susceptible de concerner plusieurs sociétés appartenant à une même entreprise, au sens du droit de la concurrence, la question se pose de savoir si le choix de recourir à la transaction est propre à chaque société. En d'autres termes, la question est celle de savoir si une filiale peut décider de transiger à la différence de sa société mère ou si elles se doivent de faire un choix en commun.

1146 Sur ce point, voy., notamment, Bernardeau et Christienne, op. cit., p. 277, nos I. 704 à I. 709.

1147 Communiqué de procédure du 10 février 2012 de l'Autorité de la concurrence relatif à la non-contestation des griefs, points 23 et 24. Relevons à cet égard qu'initialement la procédure était dénommée procédure de « non contestation des griefs ». Or, depuis la loi n° 2015-990 du 6 août 2015 pour la croissance, l'activité et l'égalité des chances économiques modifiant l'article L 464-2 du code de commerce, ladite procédure est également dénommée « transaction ». Voy, s'agissant de la procédure de transaction, communiqué de procédure du 21 décembre 2018 relatif à la procédure de transaction. Sur l'incidence de l'introduction d'une procédure dite de « transaction », voy., notamment, L. Idot, La preuve en droit de la concurrence, Actes du colloque du 1er décembre 2016 de l'Association Française d'Étude du droit de la Concurrence portant sur le droit français de la concurrence, trente ans après, LGDJ, p. 167, n° 18.

1148 Communication de la Commission relative aux procédures de transaction engagées en vue de l'adoption de décisions en vertu des articles 7 et 23 du règlement (CE) n° 1/2003 du Conseil dans les affaires d'entente, JOCE n° C 167 du 2 juillet 2008, p. 1. La communication de 2008 compte quinze occurrences pour le terme « entreprise » et aucune ne fait référence aux « sociétés ».

1149 Voy. Communication de la Commission, précitée, point 7.

1150 Sur la procédure de transaction, voy. règlement (CE) n° 773/2004 de la Commission du 7 avril 2004 relatif aux procédures mises en œuvre par la Commission en application des articles 81 et 82 du traité CE, JOCE n° L 123 du 27 avril 2004, p. 18, tel que modifié par le règlement (CE) n° 622/2008 de la Commission du 30 juin 2008 en ce qui concerne les procédures de transaction engagées dans les affaires d'ententes et également la communication de la Commission relative aux procédures de transaction engagées dans les affaires d'ententes, JOCE n° L 171 du 1er juillet 2008, p. 3.

1. La pratique à l'échelle de l'Union

853. À première vue, si la filiale appartient toujours avec sa société mère à une même entreprise, au sens du droit de la concurrence, les deux sociétés devraient adopter un choix identique. En effet, si la filiale n'agissait pas de manière autonome pendant l'infraction, elle ne saurait non plus agir, en principe, de manière autonome au moment de la procédure de transaction. Pour ce qui concerne la procédure de transaction à l'échelle de l'Union, cette dernière requiert une reconnaissance expresse de responsabilité de chaque société. À cet égard, si une filiale doit, pour ce faire, reconnaître qu'elle a directement participé à l'infraction, sa société mère doit, en revanche, reconnaître également qu'elle a exercé sur sa filiale, pendant l'infraction, une influence déterminante. Or, la société mère pourrait admettre la participation de sa filiale à l'infraction tout en excluant la possibilité de se la voir imputer. En clair, un choix différent entre une filiale et sa société mère pourrait être envisagé.

854. La communication sur la transaction ne tient toutefois pas compte de cette éventualité. Le point 12 fait expressement référence au terme « entreprise » et à l'appartenance de « deux ou plusieurs parties à la même entreprise ». Les « parties » appartenant à la même entreprise doivent en effet désigner une représentation commune dans un souci de bonne administration. Ainsi, la filiale et sa société mère n'auront d'autres choix que de s'accorder pour entamer des discussions de transaction avec la Commission. À défaut, toute transaction devrait, en principe, être refusée tant à la filiale qu'à sa société mère, dans la mesure où cette représentation commune est une obligation à leur charge.

855. En pratique, la Commission indiquera aux parties susceptibles de transiger les sociétés avec lesquelles elles doivent convenir d'une représentation commune, ainsi que cela ressort de sa communication. Le point 12 ajoute que « [l]a désignation d'une représentation commune vise uniquement à faciliter les discussions de transaction et ne préjuge en rien de l'attribution de la responsabilité de l'infraction aux différentes parties ». Cette précision se comprend aisément, dans la mesure où la transaction à l'échelle de l'Union peut intervenir avant l'envoi de toute communication des griefs, à un stade où les responsabilités ne sauraient être établies. En clair, l'appartenance de plusieurs sociétés à une même entreprise, au sens du droit de la concurrence, vise, à cet endroit, non pas à engager la responsabilité de la société mère, mais à définir simplement une représentation commune.[1151]

856. La représentation commune de la filiale et de sa société mère, certes même à un stade liminaire, les obligera à s'entendre sur la proposition de transaction présentée ultérieurement à la Commission, laquelle requiert que chaque société reconnaisse « en termes clairs et non équivoques »[1152] leur participation à l'infraction. Dans la mesure où cette représentation commune n'est pas optionnelle pour la filiale et sa société mère, la Commission se préserve ainsi de tout choix procéduraux

---

1151 Tóutefois, dès le moment où la filiale et sa société mère décident de définir une représentation commune, la seconde ne pourra plus contester l'exercice d'une influence déterminante sur sa filiale, sauf à faire perdre à cette dernière le bénéfice de la procédure de transaction.

1152 Communication de la Commission, précitée, point 20.

différents. Pour bénéficier de la procédure de transaction, les sociétés appartenant à une même entreprise, au sens du droit de la concurrence, se devront d'adopter un comportement identique vis-à-vis de la Commission. Sur ce point, la pratique à l'échelle nationale gagnerait à être clarifiée.

2. La pratique à l'échelle nationale

857. La pratique française fournit un éclairage différent à la faveur d'une décision, certes isolée, rendue, non sous le régime de la procédure de transaction, telle qu'elle découle de la modification opérée par la loi Macron,[1153] mais de l'ancienne procédure de non-contestation des griefs. Toutefois, si le régime de la non-contestation des griefs diffère de l'actuelle procédure de transaction, la question de l'incidence d'une telle procédure dans les rapports entre une filiale et sa société mère se pose en des termes identiques.[1154]

858. Dans l'affaire *Mobilitas* dont l'Autorité de la concurrence, la Cour d'appel de Paris et la Cour de cassation ont eu à connaître,[1155] la filiale, qui avait participé directement à l'infraction, avait choisi de recourir à la procédure de non-contestation des griefs. Toutefois, à la différence de sa filiale, la société mère avait choisi de contester devant l'Autorité l'imputation du comportement infractionnel de sa filiale. Or, ce choix procédural ne s'est pas avéré bénéfique pour la société mère, dans la mesure où l'infraction lui a *in fine* été imputée et que la réduction de 10 %, au titre de la procédure de non-contestation des griefs, dont sa filiale a participé ne lui a pas été étendue.

859. Aussi la société mère contestait-elle devant la Cour d'appel de Paris notamment le fait que la réduction de l'amende dont avait bénéficié sa filiale devait également lui être appliquée. La société mère soutenait que, dans la mesure où sa responsabilité était dérivée de celle de sa filiale, elle devait bénéficier de la réduction d'amende octroyée à cette dernière. Il s'avérerait contradictoire « de poser, d'une part, que l'infraction, qui a été commise exclusivement par la filiale, puisse être imputée à sa mère et que cette dernière se voit infliger une amende à ce titre, parce qu'elles constituent une "entreprise", au sens des règles de concurrence, et, d'autre part, au stade de la sanction, que cette "entreprise" s'est en quelque sorte diluée pour laisser place à des personnes juridiques appelant une individualisation des peines pour chaque société, mais non pour l'"entreprise" ».[1156] La Cour d'appel de Paris rejette toutefois son recours, confirmé en ce sens par la Cour de cassation, en se fondant à nouveau sur le fait que la procédure de transaction résulte d'un choix procédural propre à chaque société, indépendamment du fait qu'ils appartiennent ou non à une même entreprise, au sens du droit de la concurrence.

1153 La loi n° 2015-990 du 6 aout 2015 pour la croissance, l'activité et l'Egalité des chances économiques a modifié les dispositions du III de l'article L. 464-2 du code de commerce, en créant une nouvelle procédure de transaction qui a remplacé l'ancienne procédure de non-contestation des griefs.

1154 Il peut être remarqué que le communiqué de procédure relatif à la procédure de transaction du 21 décembre 2018 ne mentionne aucunement cette hypothèse.

1155 Voy. aut. conc., déc. n° 14-D-16 du 18 novembre 2014 relative à des pratiques mises en œuvre dans le secteur du déménagement des militaires affectés en Martinique, points 149 et s. Voy., également, CA Paris, 19 mai 2016, Mobilitas, n° 14-25803 et Cass. com., 18 octobre 2017, Mobilitas, n° 16-19.12. Sur cet arrêt, voy., notamment, L. Bernardeau, Concurrences 2018, n° 1.

1156 E. Thomas, Concurrences, 2016, n° 3, p. 63.

860. Cette solution inédite, laquelle concerne la procédure de non-contestation des griefs, tranche avec la pratique à l'échelle de l'Union et n'est pas sans soulever d'interrogations sur la pratique à venir de l'Autorité dans le cadre de la procédure de transaction. Certes, il peut être soutenu que la transaction relève d'un choix fait individuellement par chaque société durant la procédure administrative. Toutefois, c'est davantage des considérations d'opportunité qui doivent à cet endroit gouverner l'action de l'Autorité. La transaction permet de conférer un gain procédural important. Or, si la société mère ne s'accorde pas avec sa filiale, le gain procédural s'avère limité. En d'autres termes, il conviendrait d'amender la communiqué de procédure du 21 décembre 2018 relatif à la procédure de transaction et d'y insérer une mention identique au considérant 12 du communiqué sur la transaction de la Commission. Dans le même ordre d'idée, il peut être souligné que communiqué du 21 décembre 2018 précise que « les avantages liés à la mise en œuvre d'une [procédure de transation] à l'égard d'une ou plusieurs parties sont généralement plus réduits lorsque, dans la même affaire, une ou plusieurs autres parties contestent les griefs notifiés. L'Autorité entend, de façon générale, privilégier la mise en œuvre de la procédure de transaction dans les affaires dans lesquelles l'ensemble des parties renoncent à contester les griefs et sollicitent le recours à une telle procédure ». En d'autres termes, dans la mesure où le rapporteur dispose d'un pouvoir d'appréciation au regard de la mise en œuvre de la procédure de transaction, l'absence de coordination entre la filiale et sa société mère devrait conduire à un refus de la part du rapporteur de donner suite à la demande de transaction. En clair, la procédure de transaction devrait être l'affaire d'une entreprise, au sens du droit de la concurrence, et non de sociétés, comme semble l'indiquer la Cour d'appel de Paris dans l'affaire *Mobilitas*.

861. S'il est fait utilement recours ou non à la notion d'entreprise, au sens du droit de la concurrence, en l'absence de restructurations sociétaires, l'existence de telles restructurations est un paramètre que les autorités de concurrence et les groupes de sociétés ne se doivent pas de négliger en ce qu'elles modifient grandement la manière d'ajuster le montant de l'amende.

Section 2
En présence de restructurations sociétaires

862. Les restructurations sociétaires qui sont susceptibles d'avoir une incidence sur l'application des critères relatif à l'auteur de l'infraction sont celles qui emportent la disparition de l'entreprise, au sens du droit de la concurrence, que formaient la filiale et sa société mère, pendant l'infraction. Il sera tenu compte des hypothèses de cessions de contrôle d'une filiale, laquelle cession peut intervenir pendant ou à l'issue de l'infraction. Dans ce contexte, la question se pose de savoir où s'arrete l'entreprise, au sens du droit de la concurrence, et où commence la société. Autrement dit, il devra toujours être répondu à la question de savoir jusqu'où la filiale et sa société mère seront « cousus dans le même sac ».[1157]

[1157] J. Pradel, Droit pénal général, Cujas, Paris, 17e éd., 2009, n° 423, p. 405.

863. Le critère visant à tenir compte de la situation de récidive, en ce que ce dernier s'applique, en l'absence de restructurations sociétaires, d'ores et déjà respectivement à chaque société, la modification de la structure de l'entreprise, au sens du droit de la concurrence, ne saurait aboutir à une pratique différente.

864. En revanche, il n'en va pas de même s'agissant des critère visant à tenir compte de la situation économique du débiteur de l'amende (§1) et du comportement des sociétés pendant la procédure administrative (§2). Dans l'un comme dans l'autre cas, l'entreprise, au sens du droit de la concurrence, est absente. Seule compte la société. Toutefois, si dans la pratique à l'échelle de l'Union le raisonnement se limitera à l'échelle de la société, la pratique à l'échelle nationale s'en démarque, en ce que l'Autorité peut, pour certains critères, raisonner à l'échelle du groupe, en l'absence de toute imputation de l'infraction à une nouvelle société mère.

§ 1. La situation économique

865. L'ensemble des critères visant à tenir compte de la situation financière du débiteur de l'amende sont impactés par la modification du périmètre de l'entreprise, au sens du droit de la concurrence, entre la participation d'une filiale à l'infraction et l'adoption d'une décision par une autorité de concurrence. Pour ce qui concerne, l'incidence des restructurations sociétaires sur la procédure d'incapacité contributive, l'incidence demeure toutefois limitée. Les solutions dégagées en l'absence de restructurations sociétaires s'appliquent, *mutatis mutandis*, car l'opportunité du bénéfice d'une telle procédure s'apprécie relativement à la situtation de la société demandeuse précédemment à l'adoption d'une décision infligeant une amende.[1158] Aussi une attention particulière ne sera-t-elle portée que sur l'incidence de telles restructurations pour le critère tenant compte de l'activité mono-produit (A), de la majoration dissuasive (B) et du plafond légal de l'amende (C).

A. L'activité mono-produit

866. Lorsqu'une filiale forme avec sa société mère une même entreprise, au sens du droit de la concurrence, l'application du critère tiré de l'activité mono-produit n'est pas sans soulever des questions complexes. En l'absence de restructurations sociétaires, une tendance majoritaire peut être certes dégagée, à la lumière de la pratique de l'Autorité, à savoir celle de comparer la valeur des ventes en lien avec l'infraction au chiffre d'affaires de la société mère, à la condition que l'infraction lui ait été préalablement imputée. Autrement dit, si l'on se limite à la formulation du point 40 du communiqué sanctions de l'Autorité, il pourrait être considéré que l'imputation de l'infraction est un prérequis à la prise en compte du chiffre d'affaires de la société mère, en ce que ce dernier vise le terme « entreprise ».

[1158] Seule l'hypothèse d'une restructuration postérieurement à l'adoption d'une décision de la Commission ou de l'Autorité pourrait conduire une filiale à devenir autonome et à supporter potentiellement une amende importante. Cette hypothèse fera toutefois l'objet d'une étude au titre des demandes de sursis à exécution de l'amende.

867. Dans l'hypothèse de restructurations sociétaires, la question se pose de savoir si la circonstance tirée de l'activité mono-produit est propre à l'entreprise, au sens du droit de la concurrence, ou à chaque société l'ayant composé. Plus précisément, il est question de savoir si la détermination du caractère mono-produit se vérifie à la lumière du chiffre d'affaires de l'ancienne société mère et ce quand bien même elle aurait cédé sa filiale postérieurement à l'infraction et antérieurement à la décision de l'Autorité.

868. Sur ce point, la réponse s'impose avec évidence. Le caractère mono-produit doit s'apprécier relativement à la situation de chaque débiteur potentiel d'une amende, à plus forte raison dans l'hypothèse où la filiale et sa société mère ne forment plus, au jour de la décision de l'Autorité, une même entreprise. Aussi une ancienne filiale pourrait, à la différence de son ancienne société mère, bénéficier d'une réduction du montant de son amende en raison du caractère mono-produit de son activité.

869. Toutefois, s'agissant du la situation de l'ancienne filiale, une autre question se pose, dans le prolongement de la précision apportée par l'Autorité dans sa décision *Treillis soudés sur l'île de la Réunion*. L'Autorité y soulignait que « [l]a détermination du caractère "mono-produit" d'une entreprise s'apprécie en tenant compte de la valeur des ventes utilisée comme assiette de la sanction, et en comparant ce chiffre au montant du chiffre d'affaires annuel total déclaré par l'entreprise ou, le cas échéant, au montant du chiffre d'affaires annuel total consolidé du groupe auquel celle-ci appartient ».[1159] Aussi la référence au chiffre d'affaires annuel total consolidé du groupe auquel appartient l'« entreprise » pourrait, à première vue, permettre de prendre en compte le chiffre d'affaires de l'ensemble des sociétés du nouveau groupe de l'ancienne filiale pour vérifier si cette dernière peut bénéficier d'une réduction de son amende.

870. Pour répondre à cette interrogation, il convient de préciser que le chiffre d'affaires qui sera pris en compte aux fins de déterminer ou non l'existence d'une activité mono-produit sera celui de l'exercice social correspondant à la fin de l'infraction.[1160] Or, si la cession de contrôle a eu lieu après l'infraction, seul le chiffre d'affaires de la filiale sera pris en compte.

871. Cela se vérifie notamment dans l'affaire *Hygiène et entretien*, où l'Autorité de la concurrence avait fait bénéficier la société Johnson et Johnson France d'une réduction de l'amende au titre de l'activité mono-produit de son prédécesseur juridique la société Laboratoires Vendôme. En effet, à l'issue de l'infraction, cette dernière n'avait pas encore été absorbée par la société Johnson et Johnson France, de sorte que l'Autorité de la concurrence avait vérifié la nature « mono-produit » de l'activité de Laboratoires Vendôme, à la lumière uniquement de son chiffre d'affaires à l'issue de l'infraction.[1161]

1159 Aut. conc., déc. n° 16-D-11 du 12 mai 2016 relative à des pratiques mises en œuvre dans les secteurs des armatures métalliques et des treillis soudés sur l'île de la Réunion, cons. 481.

1160 Voy., notamment, aut. conc., déc. n° 14-D-19 du 18 décembre 2014 relative à des pratiques mises en œuvre dans le secteur des produits d'entretien et des insecticides et dans le secteur des produits d'hygiène et de soins pour le corps, point 1551 ; n° 11-D-19 du 15 décembre 2011 relative à des pratiques mises en œuvre dans le secteur de la distribution de gadgets et articles de fantaisie ; n° 12-D-02 du 12 janvier 2012 relative à des pratiques mises en œuvre dans le secteur de l'ingénierie des loisirs, de la culture et du tourisme ; n° 13-D-03 du 13 février 2013 relative à des pratiques mises en œuvre dans le secteur du porc charcutier ; n° 14-D-20 du 22 décembre 2014 relative à des pratiques mises en œuvre dans le secteur du papier peint en France.

1161 Voy. aut. conc., déc. n° 14-D-19 du 18 décembre 2014 relative à des pratiques mises en œuvre dans le secteur des produits d'entretien et des insecticides et dans le secteur des produits d'hygiène et de soins pour le corps,

B. La majoration dissuasive

872. De la même manière que pour le critère tiré d'une activité mono-produit, la modification du périmètre de l'entreprise, au sens du droit de la concurrence, a une incidence sur l'application de la majoration dissuasive. L'hypothèse principale sous examen est celle où l'infraction a été imputée à une société mère, laquelle a cédé sa filiale à l'issue de l'infraction. Dans cette hypothèse, la question se pose de savoir si la filiale et son ancienne société mère seront concernées par la même majoration dissuasive.

1. La pratique à l'échelle de l'Union

873. Cette question s'est posée en pratique dans les affaires *Pegler*,[1162] *Elf Aquitaine*[1163] et *Arkema*,[1164] ou encore *YKK*.[1165] Tout d'abord, dans la première affaire, la Commission avait calculé la majoration dissuasive de la filiale en tenant compte du chiffre d'affaires de son ancienne société mère l'année précédant l'adoption de la décision. Certes la Commission faisait valoir que pendant l'infraction la filiale et son ancienne société mère formaient une même entreprise, au sens du droit de la concurrence, de sorte que la Commission justifiait la prise en compte du chiffre d'affaires de l'ancienne société mère.

874. Sur ce point, la réponse du Tribunal ne manque pas de clarté. Pour ce dernier, « [d]ès lors qu'une société mère et sa filiale ne forment plus une entité économique au sens de l'article 81 CE à la date de l'adoption de la décision par laquelle l'amende leur est infligée pour l'infraction commise, la Commission ne peut pas se fonder sur le chiffre d'affaires de l'ex-société mère de l'année précédant l'adoption de ladite décision afin de déterminer le facteur dissuasif applicable à deux sociétés constituant une seule entreprise à l'époque des faits, mais qui a entre-temps été scindée. En effet, ce chiffre d'affaire ne reflète pas la capacité économique effective de ladite entreprise à créer un dommage aux autres opérateurs au moment de l'infraction ».[1166]

875. Ensuite, la seconde affaire illustre davantage la problématique des restructurations sociétaires. Le Tribunal avait rejeté les arguments de la société *Elf Aquitaine* qui s'était vue infliger une amende en propre correspondant à une majoration de l'amende, au titre de la dissuasion, pour une infraction commise par son ancienne filiale. Ce dernier relève que « si la [société mère] et [sa filiale] formaient à l'époque de l'infraction en cause une entreprise au sens de l'article 81 CE, ladite entreprise n'existait plus au jour de l'adoption de la décision attaquée ».[1167] Ainsi,

---

points 1552 et 1553. D'aucuns pourraient souligner que cette solution n'est pas satisfaisante, dans la mesure où le chiffre d'affaires du successeur juridique atteignait plus de 2 milliard d'euros l'année précédant l'adoption de la décision de l'Autorité.

1162 Voy. Trib. UE, 24 mars 2011, Pegler c/ Commission, aff. T-386/06, EU:T:2011:115.

1163 Voy. Trib. UE, 17 mai 2011, Elf Aquitaine c/ Commission, aff. T-299/08, EU:T:2011:217.

1164 Voy. Trib. UE, 7 juin 2011, Arkema c/ Commission, aff. T-217/06, EU:T:2011:251.

1165 Voy. Trib. UE, 27 juin 2012, YKK e.a. c/ Commission, aff. T-448/07, EU:T:2012:322 et CJUE, 4 septembre 2014, YKK e.a. c/ Commission, aff. C-408/12 P, EU:C:2014:2153.

1166 Trib. UE, 24 mars 2011, Pegler c/ Commission, aff. T-386/06, EU:T:2011:115., point 133.

1167 Trib. UE, 17 mai 2011, Elf Aquitaine c/ Commission, aff. T-299/08, EU:T:2011:217, point 255.

le Tribunal juge que la Commission pouvait sans commettre d'erreurs de droit imputer à l'ancienne société mère, au jour de sa décision, une majoration dissuasive pour prendre en compte ses capacités financières. En revanche, comme elle ne constituait plus une même entreprise, au sens du droit de la concurrence, avec son ancienne filiale, cette dernière ne pouvait être concernée par cette majoration.

876. Par ailleurs, la position du Tribunal est identique dans l'affaire *Arkema*. Il souligne que, pour ce qui concerne la filiale, « [s]a taille et [s]a puissance économique [...] devaient être appréciées, aux fins de l'application du facteur multiplicateur, au jour de la décision attaquée, compte tenu d[e] [son] chiffre d'affaires global [...]. En particulier, dans la mesure où [...] la prise en considération de ces éléments résidait [...] dans l'impact recherché de l'amende sur l'entreprise concernée, et que l'unité économique qui liait [la filiale] à [à sa société mère] a été rompue avant la date d'adoption de la décision attaquée, les ressources de cette dernière société ne pouvaient être prises en compte pour la détermination du facteur multiplicateur applicable à [sa filiale] ».[1168] Ainsi, si le périmètre de l'entreprise, au sens du droit de la concurrence, a évolué, c'est-à-dire que la filiale et sa société mère ne forment plus une même unité économique, la majoration dissuasive sera de nouveau appréciée conformément au chiffre d'affaires de chaque société.

877. Enfin, l'affaire *YKK* illustre également la problématique des restructurations sociétaires pour l'application du coefficient de dissusasion mais dans une hypothèse contentieuse quelque peu différente des précèdentes. En effet, dans cette affaire, la question qui se posait était celle de savoir si la Commission pouvait appliquer un coefficient de dissuasion unique à une société mère et sa filiale pour l'ensemble de l'infration, alors même que la filiale avait, avant son acquisition, participé de manière autonome à l'infraction.[1169]

878. Si l'avocat général M. Wathelet avait proposé à la Cour, dans cette affaire, de juger que le coefficient de dissuasion devait s'appliquer de manière distributive pour les entreprises, au sens du droit de la concurrence, concernées par chaque période infractionnelle, la Cour fait sienne la thèse de la Commission. Autrement dit, la Cour juge qu'il convient de prendre en compte la taille et les ressources des sociétés concernées au jour où la Commission adopte sa décision.[1170]

879. En clair, l'acquisition en cours d'infraction d'une société n'implique pas, selon la Cour, l'application distributive de la majoration dissuasive. Cette position peut se comprendre, à la lumière des faits à l'origine de l'affaire *YKK*. En effet, la filiale ayant été acquise au cours de l'infraction appartenait au même groupe. Elle pourrait toutefois manquer de cohérence, d'une part, dans une hypothèse différente, où la filiale acquise appartenait à un groupe différent.[1171] D'autre part, dans l'hypothèse contraire, à savoir celle de l'affaire *Arkema*, où la filiale quitte

---

1168 Trib. UE, 7 juin 2011, Arkema c/ Commission, aff. T-217/06, EU:T:2011:251, point 272.

1169 Voy. en particulier, Lemaire, précité, points 160 à 167.

1170 Pour une confirmation de cette pratique dans une hypothèse d'abus, voy., récemment, Comm. eur., déc. n° C(2017) 4444 final du 27 juin 2017, Google Search (Shopping), aff. AT.39741, résumé au JOUE n° C 9 du 12 janvier 2018, p. 11, cons 754 et 755.

1171 Il sera toutefois observé que cette pratique ne se concilie pas de manière optimale avec celle consistant à calculer le plafond de manière distributive lorsqu'une filiale est acquise en cours d'infraction.

l'entreprise, au sens du droit de la concurrence, le coefficient de dissuasion est quant à lui appliqué de manière distributive.

2. La pratique à l'échelle nationale

880. Ces solutions valent tout autant en droit français de la concurrence. Dans la mesure où l'opportunité d'une majoration de l'amende s'apprécie par rapport à la situation financière de la société au jour de la décision de l'Autorité de la concurrence, une cession de contrôle intervenue antérieurement à ladite décision aboutit à l'application distributive d'une telle majoration. En d'autres termes, si la filiale n'appartient plus à la même société mère, elle pourra, le cas échéant, ne pas se voir imputer une telle majoration, à la différence de son ancienne société mère.[1172]

881. Par ailleurs, la différence de régime qui caractérise la majoration dissuasive pour appartenance à un groupe, propre au droit français, ne saurait affecter ce constat. En effet, si l'exigence d'imputation préalable de l'infraction à une société mère n'est pas requise,[1173] encore faut-il que l'appartenance au groupe ait pu avoir une incidence sur la participation de la filiale à l'infraction. En d'autres termes, il ne saurait être tenu compte de l'appartenance d'une filiale à un nouveau groupe après l'infraction. Son appartenance audit groupe ne saurait avoir eu une quelconque incidence sur sa participation à l'infraction.

C. Le plafond de l'amende

882. La pratique à l'échelle de l'Union doit être distinguée de celle à l'échelle nationale, en ce que, pour l'application du plafond de l'amende, cette dernière entend uniquement tirer des conséquences de la consolidation ou non des comptes de la filiale.

1. La pratique à l'échelle de l'Union

883. Les hypothèses de restructurations sociétaires ont généré un contentieux important, en particulier celles dans lesquelles la filiale ayant participé à l'infraction est cédée à une nouvelle société mère.[1174] Il peut être notamment fait référence, à cet endroit, aux affaires *Tokaï Carbon*,[1175] *Laufen Austria*,[1176] *Areva*[1177] ou encore *YKK*.[1178]

884. Dans l'affaire *Tokai Carbon*, les requérantes reprochaient, d'une part, à la Commission, tout comme dans l'affaire *HFB*,[1179] d'avoir pris en compte leurs chiffres d'affaires

---

1172 Voy. contra, aut. conc., déc. n° 14-D-19 du 18 décembre 2014 relative à des pratiques mises en œuvre dans le secteur des produits d'entretien et des insecticides et dans le secteur des produits d'hygiène et de soins pour le corps et CA Paris, 27 octobre 2016, hygiène et entretien, n° 15/01673, nos 440 et s.

1173 Voy. supra, nos 787 et s.

1174 Sur ce point, voy., en particulier, Lemaire, précité, points 154 et s.

1175 Voy. TPICE, 15 juin 2005, Tokai Carbon e.a. c/ Commission, aff. T-71/03, T-74/03, T-87/03 et T-91/03, EU:T:2005:220.

1176 Voy. Trib. UE, 16 septembre 2013, Laufen Austria c/ Commission, aff. T-411/10, EU:T:2013:443 et CJUE, 26 janvier 2017, Laufen Austria c/ Commission, aff. C-637/13 P, EU:C:2017:51.

1177 Voy. CJUE, 10 avril 2014, Areva e.a. c/ Commission, C-247/11 P et C-253/11 P, EU:C:2014:257.

1178 Voy. Trib. UE, 27 juin 2012, YKK e.a. c/ Commission, aff. T-448/07, EU:T:2012:322 et CJUE, 4 septembre 2014, YKK e.a. c/ Commission, aff. C-408/12 P, EU:C:2014:2153.

1179 Voy. supra, n° 806.

cumulés aux fins de déterminer le plafond de 10 %. Sur ce point, le Tribunal réaffirme sa jurisprudence : « l'objectif poursuivi par l'introduction du plafond de 10 % ne peut être réalisé que si ce plafond est appliqué [...] à chaque destinataire séparé de la décision infligeant l'amende [et que] [c]e n'est que s'il s'avère [...] que plusieurs destinataires constituent [une] entreprise, au sens [de l'unité] économique responsable de l'infraction sanctionnée, et ce encore à la date d'adoption de cette décision, que le plafond peut être calculé sur la base du chiffre d'affaires global de cette entreprise, c'est-à-dire de toutes ses composantes cumulées ».[1180]

885. D'autre part, les requérantes attiraient surtout l'attention du Tribunal sur le fait que l'un des codébiteurs solidaires n'appartenait plus à la même unité économique au jour de l'adoption de la décision de la Commission. À cet endroit, cette dernière soutenait, de manière opportune, qu'elle « [avait] sanctionné, en l'espèce, l'entreprise dans sa composition historique, donc telle qu'elle existait au moment de l'infraction ». Selon elle, « [s]eules les composantes historiques de l'entreprise ayant commis l'infraction seraient les destinataires de la [d]écision ». Aussi serait-il « logique que, compte tenu de ces composantes, la Commission ait aussi calculé le plafond de la sanction [...] comme un montant global ».[1181] Toutefois, le Tribunal se prononce au contraire pour une application distributive du plafond de l'amende. Il juge que « si [l']unité économique a entre-temps été rompue, chaque destinataire de la décision a le droit de se voir appliquer individuellement le plafond en cause ».[1182] Autrement dit, il doit être tenu compte de la composition de l'entreprise, au sens du droit de la concurrence, non au jour de la commission de l'infraction mais au jour de la décision de la Commission. Si, au jour de la décision de la Commission, la filiale n'appartient plus au même groupe de sociétés, le plafond de l'amende sera calculé en fonction de son propre chiffre d'affaires. Cette position a été par la suite confirmée par les juges de l'Union dans plusieurs arrêts, notamment dans l'affaire *Kendrion*.[1183]

886. Par ailleurs, si, initialement, l'hypothèse contentieuse portait sur la cession de la filiale après l'infraction, elle a été étendue à l'acquisition de cette dernière pendant l'infraction. Deux affaires peuvent être à cette fin mentionnées : l'affaire *YKK*[1184] et l'affaire *Laufen Austria*.[1185] Dans ces affaires, les requérantes avaient acquis, pendant l'infraction, le contrôle d'une société y participant de manière autonome. Aussi la Commission avait-elle calculé le plafond de l'amende, pour la totalité de l'infraction, en tenant uniquement compte du chiffre d'affaires de la

---

1180 Voy. TPICE, 15 juin 2005, Tokai Carbon e.a. c/ Commission, précité, point 390.

1181 *Ibid., point 386.*

1182 *Ibid., point 390.*

1183 Voy. Trib. UE, 16 novembre 2011, Kendrion c/ Commission, aff. T-54/06, EU:T:2011:667, points 92 et 93 et CJUE, 26 novembre 2013, Kendrion c/ Commission, aff. C-50/12 P, EU:C:2013:771, points 62 à 68. Sur ce point, voy., en particulier, C. Lemaire, « Responsabilité concurrentielle des groupes de sociétés », CCC, n° 7, juillet 2017, dossier 5, points 154 à 158. Voy., pour l'application de ce principe par le Tribunal dans l'exercice de sa compétence de pleine juridiction, Trib. UE, 11 juillet 2014, Sasol c/ Commission, T-541/08, EU:T:2014:628, points 440 à 454.

1184 Voy. Trib. UE, 27 juin 2012, YKK e.a. c/ Commission, T-448/07, EU:T:2012:322 et CJUE, 4 septembre 2014, YKK e.a. c/ Commission, aff. C-408/12 P, EU:C:2014:2153.

1185 Voy. Trib. UE, 16 septembre 2013, Laufen Austria c/ Commission, T-411/10, EU:T:2013:443 et CJUE, 26 janvier 2017, Laufen Austria c/ Commission, aff. C-637/13 P, EU:C:2017:51.

société mère au jour de l'adoption de la décision, dans la mesure où, selon cette dernière, « il s'agit d'un maximum légal qui se rapporte à la capacité financière de payer l'amende, visant principalement à protéger l'entreprise contre l'infliction d'une amende excessive, compte tenu de sa taille, lors de l'adoption de la décision infligeant l'amende. Ce qui importe serait donc la puissance économique de l'entreprise, dont le chiffre d'affaires global donne une indication, telle qu'elle existe lors de l'adoption de la décision infligeant l'amende ».[1186] Autrement dit, elle était fondée à prendre en compte le chiffre d'affaires de la société mère pour déterminer le plafond de l'amende, puisqu'elle formait avec sa filiale un même groupe de sociétés au jour de l'adoption de la décision.

887. Dans l'affaire *YKK*, le Tribunal avait donné raison à la Commission, en faisant une application cohérente de sa jurisprudence *Tokai Carbon*.[1187] Toutefois, sur pourvoi, la Cour fait droit aux demandes des requérantes et souligne que « lorsqu[']une entreprise considérée par la Commission comme responsable d'une violation de l'article 81 CE est acquise par une autre entreprise au sein de laquelle elle conserve, en tant que filiale, la qualité d'entité économique distincte, la Commission doit tenir compte du chiffre d'affaires propre à chacune de ces entités économiques afin de leur appliquer, le cas échéant, le plafond de 10 % ».[1188] En clair, la Commission se devait d'appliquer, d'une part, le plafond de 10 % à la seule filiale pour la période où elle participait de manière autonome à l'infraction. D'autre part, elle se devait de calculer le plafond de 10 % relativement au chiffre d'affaires de la société mère pour la seconde période infractionnelle, durant laquelle cette dernière formait avec sa filiale une même entreprise, au sens du droit de la concurrence. Cette solution a été confirmée par la Cour dans son affaire *Laufen Austria*, dont les problématiques à cet endroit étaient identiques à celles de l'affaire *YKK*.[1189]

888. Si cette solution peut se comprendre, dans l'hypothèse où une société acquiert pendant l'infraction le contrôle d'une autre société agissant de manière autonome, il pourrait ne pas en aller de même lorsque la société dont le contrôle est acquis pendant l'infraction opérait d'ores et déjà sous le contrôle d'une autre société. L'affaire *Areva*[1190] en constitue la parfaite illustration en ce qu'elle permet d'attirer

---

1186 CJUE, 4 septembre 2014, YKK e.a. c/ Commission, aff. C-408/12 P, EU:C:2014:2153, point 52. Sur cet arrêt, Sur ce point, voy., en particulier, Lemaire, précité, points 147 et s.

1187 Voy. Trib. UE, 27 juin 2012, YKK e.a. c/ Commission, aff. T-448/07, EU:T:2012:322, points 192 à 195.

1188 CJUE, 4 septembre 2014, YKK e.a. c/ Commission, précité, EU:C:2014:2153, point 60.

1189 Voy. CJUE, 26 janvier 2017, Laufen Austria c/ Commission, aff. C-637/13 P, EU:C:2017:51, points 44 à 51. Il peut être relevé que la pratique de la Commission n'était pas dénuée d'ambiguïté, en ce que, notamment dans deux décisions, antérieures à l'arrêt de la Cour prononcé dans l'affaire YKK, la Commission avait, sur le fondement du point 37 de ses lignes directrices de 2006, procédé à l'application distributive du plafond (voy. Comm. eur., déc. n° C(2014) 1788 final du 19 mars 2014, Roulements, aff AT.39922, résumé au JOUE n° C 238 du 23 juillet 2014, p. 10, cons. 100, et n° C(2014) 2139 final du 2 avril 2014, Câbles électriques, aff. AT/39610, résumé au JOUE n° C 319 du 17 septembre 2014, p. 10, cons. 1053 et 1054. D'aucuns pourront évoquer à cet endroit une application contra legem in favorem.

1190 Voy. CJUE, 10 avril 2014, Areva e.a. c/ Commission, C-247/11 P et C-253/11 P, EU:C:2014:257 ; sur cet arrêt, voy., notamment, L. Bernardeau « Ave Curia, alteri debitores in solidum te salutant ! (premiers commentaires de l'arrêt Areva et Alstom) », RLC, 2014, 40, p. 120 ; E. Bueren, « Einer für alle, alle für einen ? Gesamtschuldnerische Bußgeldhaftung im europäischen Kartellrecht : Grundlage, Ausgestaltung und Konsequenzen », ZWeR, 2011, pp. 285-311 et M. Behar-Touchais, « Imputabilité d'une pratique anticoncurrentielle de la filiale à sa mère et action privée », Revue des contrats 2014, pp.730 à 734.

l'attention sur la conciliation de cette pratique à la condamnation solidaire au paiement d'une amende entre une société mère et sa filiale.

889. Dans cette affaire, la Cour a en effet jugé que lorsque la responsabilité de deux sociétés mères respectives est dérivée de la responsabilité d'une même filiale, « la somme totale des montants auxquels les sociétés mères sont condamnées ne peut excéder le montant auquel est condamnée cette filiale ».[1191] Or, en l'espèce, la filiale avait été condamnée à hauteur de 53 millions d'euros pour l'ensemble de l'infraction et ses sociétés mères solidairement respectivement à hauteur de 53 millions d'euros et 25 millions d'euros.

890. Certes, cette configuration s'explique par l'infliction erronée d'une amende unique pour la filiale et non de deux amendes séparées, chacune par période de contrôle différente. Il n'en reste pas moins que, indépendamment de ce constat, l'affaire *Areva* révèle malgré elle une faille dans l'application distributive du plafond de l'amende. En effet, si à la suite de l'ajustement du montant de base de l'amende le plafond avait été atteint pour chaque période infractionnelle pour chaque société mère, l'application distributive du plafond, pour la première période infractionnelle, aurait nécessairement abouti à ce que la somme totale des montants auxquels les sociétés mères sont condamnées excède le montant auquel est condamnée la filiale. Pour la première période infractionnelle, le plafond de l'amende pour la première société mère sera supérieur au plafond de son ancienne filiale. En revanche, pour la seconde période infractionnelle, le plafond de l'amende pour la seconde société mère et pour la filiale sera identique.

891. À cet égard, l'affirmation de la Cour, selon laquelle « la somme totale des montants auxquels les sociétés mères sont condamnées ne peut excéder le montant auquel est condamnée cette filiale »[1192] ne pourrait, tout d'abord, se vérifier que si, pour la première période infractionnelle, le plafond de l'amende de la filiale est déterminé à la lumière du chiffre d'affaires de son ancienne société mère, en violation toutefois de la règle édictée dans l'affaire *Tokaï Carbon*. Ensuite, la position de la Cour dans l'affaire *Areva* mèle des considérations en termes de responsabilité et des considérations en termes d'amende. La Cour déduit cette règle notamment de l'existence d'une responsabilité dérivée des sociétés mères successives de celle de la filiale.[1193] Or, cela revient, en substance, à considérer que l'amende de la société mère ne saurait excéder celle de sa filiale, laquelle affirmation ne saurait prospérer, précisément dans l'hypothèse de restructurations sociétaires. Enfin, la position de la Cour dans l'affaire *Areva* pourrait résulter à cet endroit d'une mobilisation injustifiée de la notion d'entreprise, au sens du droit de la concurrence. En effet, le plafond de l'amende, tout comme la majoration dissuasive, est un critère propre à chaque société, en ce qu'il vise à éviter que l'amende excède les capacités financières de son débiteur. Or, dans une entreprise, au sens du droit de la concurrence, il peut être dénombré plusieurs débiteurs. Aussi le plafond devrait-il, en toute hypothèse, s'appliquer de manière distributive entre une filiale et sa société mère. Dans ce cas, le somme totale des montants auxquels les sociétés mères sont condamnées pourraient assurément excéder le montant auquel est condamnée la filiale.

[1191] Voy. CJUE, 10 avril 2014, Areva e.a. c/ Commission, précité, point 138.

[1192] *Id.*

[1193] *Ibid., points 137 et 138.*

2. La pratique à l'échelle nationale

892. En droit français de la concurrence, l'incidence des restructurations sociétaires se pose dans des hypothèses contentieuse très proches. Les solutions dégagées en pratique différent toutefois nettement de celles en droit de l'Union. Cette différence s'explique aisément par le fait que la prise en compte du chiffre d'affaires du groupe de sociétés n'est pas subordonnée à l'imputation de l'infraction à une société mère mais uniquement au constat de l'existence d'un mécanisme comptable de consolidation des comptes d'une société seront consolidés au sein d'une autre.[1194]

893. En premier lieu, lorsqu'une filiale est cédée à l'issue de l'infraction, la détermination du plafond de l'amende variera selon que ses comptes étaient ou non consolidés et selon que, à l'issue de la cession, la filiale opère de manière autonome ou opère au sein d'un nouveau groupe de sociétés. Si la filiale est cédée à un nouveau groupe, le calcul de son plafond sera effectué à l'aune du chiffre d'affaires de sa nouvelle société mère, si ses comptes sont consolidés au sein du nouveau groupe. En revanche, si ses comptes ne sont pas consolidés ou si la filiale opère de manière autonome, le plafond de l'amende sera déterminé par rapport à son propre chiffre d'affaires.

894. L'affaire des *Farines* permet d'illustrer clairement l'hypothèse de la cession d'une filiale à l'issue de l'infraction à un nouveau groupe, laquelle hypothèse n'aura pas été sans générer un contentieux important, en particulier devant le Conseil constitutionnel.[1195] Schématiquement, une société avait été acquise à l'issue de l'infraction par un nouvelle société mère : ses comptes étant consolidés, il avait été tenu compte, pour la détermination du plafond de l'amende, du chiffre d'affaires de la nouvelle société mère.[1196] À cet égard, l'une des requérantes avait sollicité le renvoi par la Cour de cassation de plusieurs questions au Conseil constitutionnel portant précisément sur la conformité à la Constitution de l'article L. 464-2 du code de commerce, en ce qu'il permet de prendre en compte, en substance, le chiffre d'affaires d'un groupe qui avait été étranger à l'infraction. Il était soutenu que ledit article était contraire aux principes d'individualisation, de nécessité et de proportionnalité des peines et du principe selon lequel nul n'est responsable que de son propre fait, l'Autorité se devant, selon la requérante dans cette affaire, tenir compte des « restructurations d'entreprises et spécialement de la succession de plusieurs sociétés mères entre la commission d'une infraction par une filiale et sa sanction par l'Autorité de la concurrence ».[1197] Le Conseil constitutionnel rejette l'ensemble des griefs d'inconstitutionnalité.[1198] Pour ce qui concerne plus précisément le principe de la responsabilité personnelle, il relève que « le fait que

---

1194 Sur la prise en compte du chiffre d'affaires consolidé, voy. supra, n° 816.

1195 Voy., dans l'ordre chronologique, aut. conc., déc. n° 12-D-09 du 13 mars 2012 relative à des pratiques mises en œuvre dans le secteur des farines alimentaires, cons. 745 et 849 ; CA Paris, 20 novembre 2014, Grands moulins de Paris e.a., 12/06826 ; Cons. const., 14 octobre 2015, Société Grands Moulins de Strasbourg, n° 2015-489 QPC ; Cass. com., 8 novembre 2016, GoodMills Deutschland, n° 14-28.234 e.a. ; Cass. com., 4 octobre 2017, nos D 14-28.234 et, enfin, CA Paris, 25 janvier 2018, Autorité, Moulins Soufflet et Grands Moulins Storione, n° 17/20545.

1196 Voy., notamment, Cass. com., 4 octobre 2017, nos 14-28.234 e.a.

1197 Cass. com., 9 juillet 2015, Société Grands Moulins de Strasbourg e.a., saisine du Conseil constitutionnel, pourvois n° 14-29354 et 14-29542.

1198 Cons. const., 14 octobre 2015, Société Grands Moulins de Strasbourg, n° 2015-489 QPC, points 9 à 21.

le maximum de cette sanction soit déterminé par référence au chiffre d'affaires du groupe auquel l'entreprise appartient n'a ni pour objet ni pour effet de sanctionner le groupe pour des actes qu'il n'a pas commis », de sorte que le grief tiré de la violation du principe selon lequel nul n'est responsable que de son propre fait manquerait en fait.[1199] D'aucuns pourraient toutefois ne pas être convaincu par le rejet dudit grief. Si l'infraction n'est certes pas imputée à une société mère, cette dernière subira toutefois l'amende d'un point de vue comptable par les difficultés financières que pourrait engendrer pour sa filiale le paiement d'une amende plus importante, par rapport aux capacités financières du groupe.

895. En second lieu, une filiale peut être cédée pendant l'infraction ou dit autrement, si l'on se place du point de vue du groupe cessionnaire, acquis pendant l'infraction.[1200] Cette hypothèse contentieuse renvoie assurément, en substance, à l'hypothèse ayant donné lieu à l'arrêt *YKK* prononcé par la Cour.[1201] Dans cette hypothèse, il pourrait être soutenu, à la lumière de la règle posée dans l'arrêt *YKK*, que pour la période infractionnelle antérieurement à l'acquisition de la filiale, le plafond de l'amende se doit d'être calculé non en référence au chiffre d'affaires du nouveau groupe de sociétés si les comptes de la nouvelle filiale y sont consolidées. Le plafond se devrait d'être appliqué de manière distributive selon les périodes infractionnelles. Toutefois, il n'en est rien en pratique, car ce qui importe est la situation de la société filialisée au jour de la décision de l'Autorité de la concurrence. En d'autres termes, il sera tenu compte du chiffre d'affaires du nouveau groupe, si les comptes y sont consolidés. Au contraire, en l'absence de consolidation des comptes, le plafond de l'amende sera déterminé relativement au chiffre d'affaires de la filiale.

896. Ainsi, dans l'affaire *Messageries*, l'Autorité de la concurrence a calculé le plafond de l'amende d'une société qui avait été acquise quelque temps avant la fin de l'infraction, à la lumière du chiffre d'affaires du nouveau groupe de sociétés, puisque les comptes y étaient consolidés.[1202] Cette pratique a tout autant été validée par la Cour d'appel de Paris qui relève dans son arrêt dans la même affaire que la règle posée par la Cour dans son arrêt *YKK* ne saurait s'appliquer *mutatis mutandis* en droit interne.[1203] Selon la Cour d'appel de Paris, laquelle se réfère à une ordonnance de la Cour, l'interprétation de l'article 23 du règlement n° 1/2003 ne vaut que lorsque la Commission inflige une amende et non lorsqu'une amende est infligée par une autorité nationale de la concurrence. Aussi le calcul de l'amende ne doit-il se faire que conformément à l'article L. 464-2 du code de commerce, et ce que l'on se situe dans une situation d'application simultanée du droit interne et du droit de l'Union de la concurrence.[1204]

1199 *Ibid., point 19.*

1200 Cette hypothèse se pose en des termes identiques si ce n'est pas une filiale mais une société autonome qui est acquise.

1201 Voy. CJUE, 4 septembre 2014, YKK e.a. c/ Commission, aff. C-408/12 P, EU:C:2014:2153, point 60.

1202 Voy. Décision n° 15-D-19 de l'Autorité de la concurrence du 15 décembre 2015 relative à des pratiques mises en œuvre dans les secteurs de la messagerie et de la messagerie express, point 63. Dans cette affaire la société Kühne Nagel a racheté l'un des auteurs de l'infraction juste avant la fin de l'infraction.

1203 CA Paris, 18 juillet 2018, Chronopost e.a., n° 16/01270, points 1250 à 1255.

1204 Voy. CJUE, 28 juin 2016, Autorità Garante della Concorrenza e del Mercato, aff. C-450/15, EU:C:2016:508, points 17 et 18. La Cour se déclare manifestement incompétente dans cette affaire pour répondre à la question qui lui est posée : « [e]n ce qui concerne les amendes infligées aux entreprises ou aux associations d'entreprises

§ 2. Les procédures dites négociées

897. De même, tant la procédure de clémence (A) que celle de transaction (B) sont susceptibles d'être affectées par les restructurations sociétaires, en particulier celles aux termes desquelles une filiale et sa société mère n'appartiennent plus, au jour de la demande, à une même entreprise, au sens du droit de la concurrence.

A. La clémence

898. Lorsque la filiale et sa société mère n'appartiennent plus au jour de l'introduction d'une demande de clémence à une même entreprise, au sens du droit de la concurrence, les effets d'une telle demande vont varier entre elles. Si l'ancienne filiale dénonce à une autorité de concurrence l'infraction à laquelle elle a participé, elle sera susceptible de bénéficier de l'immunité d'amende. En revanche, son ancienne société mère ne saurait, dans cette hypothèse, s'en prévaloir. Il lui appartiendra, le cas échéant, de déposer séparément une demande de clémence. Cette non-extension du bénéfice de l'immunité à l'ancienne société mère se justifie, à la lumière notamment de l'affaire *SKW*,[1205] dans la mesure où, ne formant plus une même entreprise, au sens du droit de la concurrence, la coopération de la filiale n'implique plus la coopération de son ancienne société mère.[1206] Il en va tout autant dans l'hypothèse inverse où la demande est introduite par l'ancienne société mère et non par la filiale. En clair, une filiale pourrait bénéficier d'une immunité d'amende et sa société mère devoir être seule redevable de l'amende, et ce quand bien même la responsabilité de cette dernière serait dérivée de celle de sa filiale. Cette solution se doit d'être nuancée dans l'hypothèse où serait opposée à une filiale le fait d'avoir contraint d'autres sociétés à participer à l'infraction.[1207] Car, dans cette hypothèse, la filiale et son ancienne société mère se verront toutes deux refuser le bénéfice de l'immunité d'amende. Toutefois, si cela vaut pour le bénéfice de l'immunité d'amende, les sociétés pourront, selon leur classement, tout de même bénéficier d'un taux de réduction éventuellement différent.

899. La pratique à l'échelle nationale permet également d'illustrer le contentieux généré par les demandes de clémence dans les hypothèses de restructurations sociétaires. Dans l'affaire des *Commodités chimiques*, l'Autorité de la concurrence

---

pour infraction aux règles de concurrence de l'Union, il convient de constater que l'article 23, paragraphe 2, du règlement n° 1/2003 prévoit des règles uniquement pour des situations dans lesquelles de telles amendes sont imposées par la Commission. Les lignes directrices de 2006 sont également applicables uniquement à de telles situations. En revanche, selon l'article 5 du règlement n° 1/2003, les autorités de la concurrence des États membres infligent des amendes selon leur droit national. L'interprétation des règles du droit national ne relève pas de la compétence de la Cour ».

1205 Voy. Trib. UE, 23 janvier 2014, SKW e.a. c/ Commission, aff. T-384/09, EU:T:2014:27, point 238.

1206 Voy., supra, nos 834 et s. Voy., également, par analogie, pour la non extension à une ancienne filiale du bénéfice d'une réduction de l'amende pour une coopération en dehors de la procédure de clémence, Comm. eur., déc. n° C(2011) 2269 final du 30 juin 2010, Acier de précontrainte, aff. COMP/38344, résumé au JOUE n° C 339 du 19 novembre 2011, p. 7, cons. 1011.

1207 Sur la contrainte et la « clémence », voy., supra, n° 844.

a refusé d'octroyer à une société mère le bénéfice d'une demande de clémence faite par son ancienne filiale :[1208] « une telle approche fondée sur la notion d'entreprise est […] justifiée par le fait qu'il appartient aux entreprises [autrement dit aux sociétés] qui en contrôlent d'autres de prendre en temps utile toutes dispositions de nature à leur permettre de prévenir la mise en œuvre de pratiques anticoncurrentielles en leur sein et, à défaut, de les détecter ».[1209] Cette pratique a été validée tant par la Cour d'appel de Paris[1210] que par la Cour de cassation,[1211] laquelle juge qu'une ancienne société mère ne saurait bénéficier de la clémence de son ancienne filiale, dans la mesure où elles n'appartenaient plus à une même entreprise, au sens du droit de la concurrence, au jour de la demande. La position de la Cour de cassation doit d'autant plus être remarquée, en ce qu'elle considère que, s'agissant de cette question, le principe d'autonomie procédurale ne s'oppose pas à ce qu'une autorité nationale s'inspire des principes procéduraux dégagés à l'échelle de l'Union, et ce, à plus forte raison dans la mesure où cette pratique est fondée sur la notion d'entreprise.

900. Cette pratique a par ailleurs été confirmée par la Cour d'appel de Paris, dans le cadre du recours formé contre la décision de l'Autorité de la concurrence dans l'affaire *Hygiène et entretien*. Au soutien de son recours, la société Colgate Palmolive considérait que la réduction du montant de l'amende qui lui avait été accordé au titre de la clémence soit étendu à la société qu'elle avait acquise et qui avait, antérieurement à son acquisition, participé à l'infraction, sans de son côté demander elle-même une réduction de son amende. La Cour d'appel, tout en constatant que Colgate Palmolive ne formait pas une même unité économique avec la société nouvellement acquise au jour de la demande de clémence, refuse, à juste titre, d'étendre le bénéfice de la clémence à la société acquise.[1212] Au surplus, le fait que Colgate Palmolive ait absorbé la société pour laquelle elle demandait l'extension de la clémence ne pouvait être pris en compte.[1213] Seule l'entreprise, au sens du droit de la concurrence, ayant déposé la demande de clémence est susceptible d'en bénéficier, cette appréciation valant tout autant pour la transaction.

1208 Voy., en particulier, Lemaire, précité, points 181 à 188.

1209 Aut. conc., déc. n° 13-D-12 du 28 mai 2013 relative à des pratiques mises en œuvre dans le secteur de la commercialisation de commodités chimiques, point 1035.

1210 Voy. CA Paris, 2 février 2017, GEA Group e.a., n° 13/13058, points 83 à 90.

1211 Voy. Cass. com., 10 juillet 2018, GEA Group, n° 17-13.973 et 17-13.140, non publié. Il sera également relevé des passages inédits de l'arrêt de la chambre commerciale, dans lesquelles les magistrats de la Cour de cassation précise que l'octroi d'une immunité d'amende à l'une des sociétés ayant composé l'entreprise, au sens du droit de la concurrence, ne s'analyse pas comme une division de la dette, au sens de l'article 1210 du code civil (numérotation en vigueur jusqu'au 1er octobre 2016). En clair, selon la Cour de cassation, si une ancienne société mère ne bénéficie pas de la clémence, elle demeurerait en mesure de demande une contribution au paiement auprès de son ancienne filiale. Toutefois, cette position demeure contestable, en ce que si une ancienne filiale bénéficie notamment d'une immunité d'amende, elle ne sera pas tenue solidairement avec son ancienne société mère de son paiement. Aussi, en l'absence de rapport de solidarité, aucun recours en contribution ne saurait-il être valablement formé.

1212 CA Paris, 27 octobre 2016, n° 15/01673, point 492.

1213 Voy. Lemaire, précité, points 192 à 194. L'auteur défend toutefois une position différente. Selon ce dernier, « l'extension de la responsabilité s'agissant de l'imputabilité [devrait avoir] pour corollaire le droit pour la société absorbante de faire bénéficier à l'entité absorbée des droits dont elle jouit ».

B. La transaction

901. L'incidence des restructurations sociétaires sur la procédure de transaction ne s'impose pas avec la même évidence. Dans la pratique à l'échelle de l'Union, si la Commission exige certes des sociétés qui forment une même entreprise, au sens du droit de la concurrence, de désigner une représentation commune, rien n'interdit que ces sociétés lorsqu'elles n'appartiennent plus à cette même entreprise de défendre des intérêts différents. Les différentes hypothèses envisageables ne devraient poser aucune difficulté à la Commission. Si la filiale ne conteste pas les griefs à la différence de son ancienne société mère, la Commission pourra assurément se limiter à démontrer l'exercice par l'ancienne société mère d'une influence déterminante sur son ancienne filiale pendant l'infraction. Il en va de même dans l'hypothèse inverse.

902. Dans la pratique à l'échelle nationale, l'affaire *Mobilitas*, laquelle concerne certes la procédure de non-contestation des griefs, illustre au demeurant la possibilité pour deux sociétés d'adopter des stratégies contentieuses différentes.[1214] Il n'en reste pas moins que des positions divergentes entre les différentes sociétés pourrait conduire l'Autorité à de pas recourir à la transaction. Le communiqué du 21 décembre 2018 sur la procédure de transaction, laquelle remplace l'ancienne procédure de non-contestation des griefs au coeur de l'affaire *Mobilitas*, prévoit précisément que « [l]'Autorité entend, de façon générale, privilégier la mise en œuvre de la procédure de transaction dans les affaires dans lesquelles l'ensemble des parties renoncent à contester les griefs et sollicitent le recours à une telle procédure ».[1215]

903. Comme il vient d'être vu, certains critères ne sauraient concerner l'entreprise, au sens du droit de la concurrence. Ils s'appliquent respectivement à chaque société, composant ou non une même entreprise, au sens du droit de la concurrence. Il en va ainsi des critères qui visent à tenir compte des circonstances personnelles. Parmi ces derniers, peuvent être aisément identifiés l'activité « mono-produit, les capacités financières, lesquelles peuvent être prises en compte au titre du défaut de capacité contributive, de la majoration dissuasive de l'amende ou les plafonds légaux de l'amende. Indépendamment de toute volonté de conduire un inventaire exhaustif, un point commun entre tous ces critères doit être relevé. L'ensemble de ces critères sont étrangers à toute idée d'infraction, qu'elle soit principale ou procédurale. En d'autres termes, la notion d'entreprise, au sens du droit de la concurrence, ne saurait être mobilisée que pour les critères qui concerne de près ou de loin l'idée même d'infraction. Certes, *de lege lata*, une différence de régime doit être observée selon que la filiale et sa société mère appartiennent toujours ou non à une même entreprise, au sens du droit de la concurrence, au jour où l'autorité de concurrence concernée adopte sa décision. En effet, en l'absence de restructurations sociétaires, les autorités raisonnent par rapport à l'entreprise, au sens du droit de la concurrence. Toutefois, cette

---

1214 Sur l'affaire Mobilitas, voy., supra, n° 858.

1215 Communiqué de procédure de l'Autorité de la concurrence relatif à la procédure de transaction du 21 décembre 2018, point 19.

pratique pourrait ne pas convaincre, dans la mesure où les critères précités sont, hormis l'état de récidive, des critères qui visent davantage à tenir compte de la situation financière du débiteur de l'amende. Or, dans une entreprise, au sens du droit de la concurrence, il peut être dénombré plusieurs codébiteurs d'une même amende. Ainsi, en toutes hypothèses, ces critères devraient s'appliquer de manière distributive entre la filiale et sa société mère.

CONCLUSION DU TITRE I

904. Si, tant en droit de la concurrence de l'Union qu'en droit français de la concurrence, le terme « entreprise » est visé par les dispositions portant sur l'infliction et la fixation d'une amende, ce dernier ne saurait nécessairement être synonyme, en toutes hypothèses, d'entreprise, au sens du droit de la concurrence.

905. Certes, *de lege lata*, une seule amende sera, en principe, infligée par entreprise ayant participé à l'infraction. De fait, certains critères pris en compte aux fins de la fixation du montant de l'amende seront communs à la filiale et sa société mère. Ces derniers peuvent être classés en deux catégories. La première concerne les circontances réelles, à savoir celles qui sont en lien avec l'infraction, prise de manière objective, dont la valeur des ventes et la durée de l'infraction. La seconde catégorie comprend les critères qui concernent le comportement infractionnel de la filiale pendant l'infraction. En d'autres termes, il pourrait s'agir de circonstances « mixtes », au sens du droit pénal. Si cette qualification pourrait certes être contestable, puisqu'en droit pénal les circonstances « mixtes », lesquelles sont personnelles à l'auteur de l'infraction, sont susceptibles d'affecter la matérialité de celle-ci, l'analogie demeure toutefois tentante en droit de la concurrence. En tout état de cause, ces critères ne sauraient s'appliquer différement entre la filiale et sa société mère.

906. Ces critères ne varient pas entre la filiale et sa société mère pour la simple raison qu'elles appartiennent ensemble à une même entreprise, au sens du droit de la concurrence. L'entreprise étant, *de lege lata*, l'auteur de l'infraction, et les sociétés la composant répondant de l'infraction en leur qualité de support juridique de l'entreprise, tout ce qui se rattache à l'infraction de l'entreprise, au sens du droit de la concurrence, concerne l'ensemble des sociétés la composant. Dans ce contexte, le principe de l'individualité des peines, pendant du principe de la responsabilité personnelle, devrait s'appliquer à l'entreprise, au sens du droit de la concurrence. Toutefois, sur ce point, les mêmes remarques faites au sujet de l'application du principe de la responsabilité personnelle à l'entreprise, au sens du droit de la concurrence, valent, *mutatis mutantis*, au stade de l'amende.

907. Alternativement, il pourrait être soutenu que chaque société composant l'entreprise est réputée avoir commis l'infraction, en qualité d'auteur, ainsi qu'il ressort notamment de l'arrêt du Tribunal dans l'affaire *Bolloré*. Dans cette hypothèse, le principe de l'individualité des peines, tout comme le principe de la responsabilité personnelle, devrait s'appliquer à chaque société composant l'entreprise, au sens du droit de la concurrence, puisqu'elles seraient, chacune, considérées comme un auteur à part entière de l'infraction, tant sur le plan de la responsabilité que de la sanction.

908. Toutefois, d'aucuns pourraient parvenir à la même conclusion sans pour autant mobiliser la notion d'entreprise. Il en va particulièrement ainsi lorsqu'il est jugé,

non sans ambiguité, que la responsabilité de la société mère est « dérivée » de celle de sa filiale. Cette hypothèse de responsabilité « dérivée » n'est pas sans rappeler celle de la responsabilité du fait d'autrui, la société mère répondant du fait infractionnel de sa filiale. Sur le terrain de l'amende, la société mère, laquelle répondrait de l'infraction non plus sur le fondement d'une responsabilité personnelle mais d'une responsabilité pour autrui, pourrait se voir infliger une amende identique à celle de sa filiale, du moins pour ce qui concerne les éléments objectifs de l'infraction. À nouveau, l'analogie avec le droit pénal ne s'avère pas dénuée de tout intérêt, en particulier pour ce qui concerne la sanction des actes de complicité. En effet, le complice est puni, en droit pénal, comme « auteur » de l'infraction. Il pourrait, uniquement sur le terrain de l'amende, en aller de même en droit de la concurrence.

909. S'il peut être débattu de la question de savoir à qui de l'entreprise, au sens du droit de la concurrence, ou de la société le principe d'individualité des peines s'applique, il en va de manière plus pregnante de la question de savoir à qui de l'entreprise ou de la société le principe de l'individualisation des peines s'applique. Dans ce contexte, la question cardinale demeure celle de savoir si une filiale et sa société mère ne peuvent que se voir infliger une amende identique, puisqu'elles appartenaient pendant l'infraction à une même entreprise, au sens du droit de la concurrence. L'étude des critères de fixation du montant de l'amende permet d'observer que la pratique n'est pas des plus claires. L'Autorité de la concurrence et la Commission tirent déjà pour certains critères des conséquences de leur nature personnelle. Il en va précisément ainsi pour la circonstance aggravante tenant à l'état de récidive de la filiale ou de la société mère, ce qui n'est pas sans relancer au demeurant le débat sur l'identité de l'auteur d'une infraction. En effet, le critère de la récidive implique que soit vérifiée la condition tenant à l'identité d'auteur entre deux infractions. Or, pour ce critère, l'auteur n'est plus opportunément l'entreprise, au sens du droit de la concurrence, mais chaque société la composant. Assurément, la grande liberté prise par les autorités de concurrence dans l'application de ces critères n'est pas sans interpeller.

910. Toutefois, pour d'autres critères, en particulier celui du plafond de l'amende ou celui de sa majoration pour tenir compte de la puissance économique du « débiteur » de l'amende, la notion d'entreprise est, à l'échelle de l'Union, pleinement mobilisée, et ce alors même qu'il s'agit, pour ces deux exemples, de critères qui n'ont aucun rapport avec l'infraction. Ces critères pourraient devoir s'appliquer, *de lege ferenda*, de manière distributive à la filiale et à sa société mère, ce qui pourra certes aboutir à ce que la seconde soit redevable, outre d'une amende infligée solidairement avec sa filiale, d'une amende personnelle pour la participation de cette dernière à l'infraction. Il en va précisément ainsi du plafond de l'amende, de l'analyse de la capacité contributive, de la majoration dissuasive pour tenir compte des capacités financières du débiteur de l'amende.

911. Seules les procédures de clémence et de transaction pourraient justifier que la notion d'entreprise, au sens du droit de la concurrence, soit mobilisée. Toutefois, cette mobilisation n'aurait pour but d'identifier ni un auteur fictif de l'infraction ni un débiteur fictif de l'amende mais simplement de tirer, pour des raisons procédurales, des conséquences légales d'une réalité, à savoir celle d'une unité formée

par une filiale et sa société mère. En clair, les sociétés se doivent de parler d'une seule et même voix.

912. Au surplus, la pratique de l'Autorité de la concurrence est beaucoup plus audacieuse que celle de la Commission, car, même dans l'hypothèse où l'infraction n'est pas imputée à une société mère, elle ne s'interdit pas de prendre en compte les capacités financières du groupe auquel appartiendrait une société ayant participé à une infraction. Il en va ainsi pour majorer le montant de l'amende du fait de la puissance économique du groupe ou pour refuser une réduction en raison d'un défaut de capacité contributive. Là encore, une position claire doit être adopée : en l'absence d'imputation de l'infraction à une société mère, il ne saurait être tenu compte des capacités financières à l'échelle du groupe, dans la mesure où cela revient, en substance, à glisser de la responsabilité vers l'amende et inversement. En tout état de cause, si la notion d'entreprise, au sens du droit de la concurrence, présente des limites au stade de la fixation de l'amende, la place de la notion d'entreprise doit être vérifiée tout autant au stade de son paiement (titre II).

TITRE II

LE PAIEMENT DE L'AMENDE

913. À la suite d'une décision infligeant une amende, les autorités de concurrence procèdent à son recouvrement auprès des sociétés, non de l'entreprise, au sens du droit de la concurrence. En effet, en l'absence de patrimoine propre et de personnalité juridique, l'entreprise, au sens du droit de la concurrence, ne saurait valablement procéder à son paiement : pour des raisons procédurales évidentes, l'entreprise, au sens du droit de la concurrence, pourrait, à première lecture, n'avoir qu'un rôle limité au stade du paiement de l'amende.

914. Cette opération s'avère dominée par la relation entre le débiteur de l'amende et l'autorité de concurrence concernée. Une relation verticale qui découle du dispositif de la décision de l'autorité de concurrence concernée, laquelle est un titre exécutoire, en application duquel toute autorité peut exiger le paiement de l'amende.[1216] Plus précisément, la décision infligeant une amende sera exécutoire à l'issue du délai fixé par l'autorité de concurrence concernée.[1217] À l'expiration dudit délai, l'amende sera due, majorée le cas échéant d'intérêts de retard.

915. Cette précision faite, l'appartenance de plusieurs sociétés à une même entreprise, au sens du droit de la concurrence, ne sera pas dénuée d'incidence, en ce que cette obligation pèse sur chaque société composant le cas échéant l'entreprise, au sens du droit de la concurrence. En clair, plus l'entreprise est composée de sociétés, plus l'autorité de concurrence concernée pourra se préserver contre le risque d'insolvabilité d'une ou de plusieurs sociétés. En pratique, il appartiendra toutefois aux sociétés du groupe et à ses organes de direction d'identifier la société qui sera la plus à même de s'acquitter de l'amende.

916. Une autre relation, horizontale, ne doit pas être négligée. D'autres sociétés peuvent être tenue de contribuer au paiement de l'amende, non pas par l'autorité de concurrence, mais par la société l'ayant désinteressée. Aussi, outre l'obligation au paiement de l'amende, convient-il d'envisager avec tout autant d'intérêt la contribution au paiement de l'amende. Celle-ci peut avoir différents fondements : la solidarité ou le contrat. Assurément, l'appartenance de plusieurs sociétés à une même entreprise, au sens du droit de la concurrence, ne sera pas sans incidence sur le régime de la contribution au paiement de l'amende.

1216 Voy., à l'échelle de l'Union, l'article 90, paragraphe 1, du règlement délégué (UE) n° 1258/2006, lequel dispose que « [l]orsqu'un recours est introduit devant la Cour de justice de l'Union européenne contre une décision de la Commission imposant une amende ou d'autres sanctions au titre du TFUE ou du traité Euratom et aussi longtemps que toutes les voies de recours ne sont pas épuisées, le débiteur verse à titre provisoire les montants en question sur le compte bancaire indiqué par le comptable ou constitue une garantie financière acceptable pour le comptable ».

1217 Sur ce point, voy., en droit de l'Union, Bernardeau et Christienne, op. cit., nos I. 766 et s.

917. La question du paiement de l'amende ne se limite pas à l'adoption de la décision de l'autorité de concurrence. Elle concerne également la phase juridictionnelle, dans le cadre de laquelle la décision de la Commission ou celle de l'Autorité de la concurrence peuvent faire l'objet d'un recours en annulation, pouvant conduire au remboursement total ou partiel de l'amende.

918. Ainsi, après une présentation de l'obligation au paiement de l'amende (chapitre 1), incombant à chaque société composant une même entreprise, au sens du droit de la concurrence, seront successivement conduites l'étude de la contribution au paiement de l'amende (chapitre 2) et celle du contentieux en cas de recours formé par une société de l'entreprise, au sens du droit de la concurrence, contre la décision d'une autorité de concurrence (chapitre 3).

Chapitre 1
L'obligation au paiement de l'amende

919. Une étude de l'obligation au paiement de l'amende invite schématiquement à s'interroger sur son exécution. En principe, elle doit intervenir immédiatement à l'issue du délai fixé par l'autorité de concurrence concernée. Tout retard dans le paiement pourra conduire à la majoration du montant de l'amende par l'application d'intérêts de retard. Autrement dit, le débiteur de l'amende ne saurait tarder avant de procéder à son paiement, et ce quand bien même un recours en annulation contre la décision de l'autorité de concurrence concernée serait pendant, dans la mesure où un tel recours ne produit aucun effet suspensif.[1218]

920. Lorsque l'entreprise, au sens du droit de la concurrence, n'est composée que d'une seule société, l'exécution de l'obligation au paiement de l'amende ne soulève aucune difficulté. Il incombe à cette dernière de s'acquitter de la totalité de l'amende dans les plus brefs délais. En revanche, l'appartenance de plusieurs sociétés à une même entreprise, au sens du droit de la concurrence, ou à un même groupe de sociétés n'est pas sans incidence sur cette obligation. Dans cette hypothèse, une filiale et sa société mère, en ce qu'elles composent une même entreprise, au sens du droit de la concurrence, seront chacune tenue du paiement d'une même amende, à savoir celle correspondant au comportement de l'entreprise à laquelle elles appartiennent. Il ne saurait en effet y avoir plus d'amendes que d'entreprises participant à l'infraction. La question se pose dès lors de savoir comment les autorités de concurrence seront en mesure de recouvrer l'amende infligée à plusieurs sociétés appartenant, pendant l'infraction, à une même entreprise.

921. À cet égard et à première vue, si plusieurs sociétés sont tenues d'une même obligation, cette dernière peut être soit conjointe soit solidaire. Une obligation conjointe se différencie assurément d'une obligation solidaire, en ce que le « créancier d'une dette conjointe [se doit de] partager son recours entre ses codébiteurs tandis qu'une dette solidaire lui permet de s'adresser pour le tout à l'un quelconque d'entre eux ».[1219] Pour ce qui concerne le droit de la concurrence de l'Union, certaines traductions en langue anglaise pourraient

---

1218 Voy., à l'échelle de l'Union, article 108 du règlement (UE, Euratom) 2018/1046 du Parlement européen et du Conseil du 18 juillet 2018 relatif aux règles financières applicables au budget général de l'Union, modifiant les règlements (UE) n° 1296/2013, (UE) n° 1301/2013, (UE) n° 1303/2013, (UE) n° 1304/2013, (UE) n° 1309/2013, (UE) n° 1316/2013, (UE) n° 223/2014, (UE) n° 283/2014 et la décision n° 541/2014/UE, et abrogeant le règlement (UE, Euratom) n° 966/2012, JOUE n° L 193 du 30 juillet 2018, p. 1. Sur ce point, voy., en particulier, Bernardeau et Christienne, op. cit., n° I. 809.

1219 M. Lenoble-Pinson, Dire et écrire le droit en français correct – Au plaisir des gens de robe, Bruxelles, Bruylant, 2014, vis « conjoint, -ointe ». Voy., également, Cornu, op. cit., vo « obligation », p. 701.

prêter à confusion.[1220] Le vocable français « responsabilité solidaire » semble correspondre en anglais à l'expression « joint and several liability ». Or, la responsabilité au paiement de l'amende ne saurait assurément être à la fois conjointe et solidaire.

922. Indépendamment de ces quelques flottements terminologiques, d'aucuns pourraient tenter de se prononcer, à cet endroit, en faveur d'une obligation conjointe : les sociétés qui composent une même entreprise, au sens du droit de la concurrence, devraient répondre de l'amende qu'à concurrence de leurs parts respectives dans le dommage causé à l'économie. Toutefois, si la formule souvent retenue par la Commission dans ses décisions « "condamne conjointement et solidairement" » est impropre, il ressort nettement de la pratique, tant à l'échelle nationale qu'à l'échelle de l'Union, que cette obligation est une obligation solidaire, sans qu'il soit, à ce stade du raisonnement, fait référence à la distinction propre au droit français entre les obligations dites « *in solidum* » et les obligations dites « solidaires ».[1221] En d'autres termes, les autorités de concurrence se réservent schématiquement la possibilité d'exiger le paiement de la totalité de l'amende, correspondant au comportement de l'entreprise, à chacune des sociétés composant cette même entreprise, au sens du droit de la concurrence.[1222]

923. L'instauration d'un rapport de solidarité en droit de la concurrence poursuit différents objectifs, mis notamment en lumière à l'échelle de l'Union par l'avocat général M. Mengozzi dans ses conclusions présentées dans l'affaire *Siemens Österreich*.[1223] Ce dernier y fait clairement observer que « le mécanisme de la solidarité constitue un instrument juridique supplémentaire résultant de la nécessité de garantir l'efficacité de [l']action [de la Commission] visant à garantir l'effectivité de la mise en œuvre des règles de concurrence de l'Union, ainsi que de la répression de leur violation ».[1224] Il ajoute que, « en élargissant le nombre des personnes desquelles [cette dernière] peut exiger le paiement de l'intégralité de l'amende, le mécanisme de la solidarité favorise l'exécution effective de la sanction en réduisant les risques d'insolvabilité et d'opérations frauduleuses visant à éluder son paiement, en contribuant [...] à l'objectif de dissuasion visant à assurer le respect par les entreprises des règles de concurrence de l'Union ».[1225]

924. Autrement dit, l'obligation au paiement de l'amende est, *de lege lata*, gouvernée, dans les rapports entre sociétés composant une même entreprise, au sens du droit de la concurrence, par l'idée de solidarité au paiement. C'est cette idée

---

1220 Voy., ex multis, Comm. CE, déc. n° C(2006) 6762 final du 24 janvier 2007, Appareillages de commutation à isolation gazeuse, aff. COMP/F/38.899, résumé au JOCE n° C 5 du 10 janvier 2008, C 5, p. 7, point 27 du résumé (neuf occurrences).

1221 La responsabilité des entreprises, au sens du droit de la concurrence, est quant à elle conjointe, alors que celle des sociétés qui ont composé une entreprise, au sens du droit de la concurrence, peut être solidaire.

1222 Le montant de l'amende concernée par l'obligation de paiement solidaire correspond au montant de l'amende tel qu'il découle des critères communs à la filiale et sa société mère. Ce point relèvera de la détermination de l'assiette de l'amende solidairement infligée.

1223 Conclusions de l'avocat général M. Mengozzi présentées 19 septembre 2013 dans les affaires jointes C-231/11 P, C-232/11 P et C-233/11 P, Commission c/ Siemens AG Österreich e.a. (C-231/11 P), Siemens Transmission & Distribution (C-232/11 P), Siemens Transmission & Distribution SA et Nuova Magrini Galileo SpA c/ Commission (C-233/11 P), EU:C:2013:578.

1224 *Ibid., point 52.*

1225 *Id.*

qu'il convient de présenter en insistant sur le régime de la solidarité (section 1) puis sur son fondement (section 2). Ce dernier point n'est pas sans soulever des questions sensibles, en ce que les dispositions textuelles conférant aux autorités de concurrence la possibilité d'infliger des amendes pour sanctionner un comportement anticoncurrentiel ne prévoient aucunement la possibilité d'infliger une même amende solidairement à plusieurs sociétés.

Section 1
Le régime de la solidarité au paiement de l'amende

925. Pour ce qui concerne le régime de la solidarité au paiement de l'amende, deux aspects se doivent d'être classiquement étudiés : les aspects théoriques puis pratiques. Les premiers invitent à se concentrer sur le cadre juridique réglementant, en droit de la concurrence, la solidarité au paiement de l'amende. Ce cadre n'est défini par aucunes dispositions textuelles spécifiques au droit de la concurrence tant en droit de l'Union qu'en droit français, en ce que la solidarité au paiement des amendes y est d'origine exclusivement prétorienne. Sans toutefois tirer hâtivement à cet endroit la conclusion selon laquelle la solidarité au paiement des amendes en droit de la concurrence relève du régime des obligations dites « *in solidum* » par opposition à celui des obligations dites « solidaires »,[1226] le régime d'une telle solidarité pourrait présenter, à première vue, des similitudes avec d'autres régimes légaux de solidarité passive au paiement d'amendes, notamment ceux en matières pénale, fiscale ou douanière. En ces matières, le législateur français a prévu un mécanisme de solidarité pour assurer le recouvrement par l'administration des amendes susceptibles d'être infligées, non sans faire l'objet de critiques.

926. Sur le plan pratique, la question qui se pose est davantage celle de la mise en œuvre de la solidarité au paiement de l'amende. En d'autres termes, il devra être précisé dans quelles hypothèses le paiement de l'amende sera considéré comme effectué ou, au contraire, toujours dû. Cette question n'est pas dénuée d'incidence, dans la mesure où tout retard dans le paiement de l'amende est susceptible de conduire à la majoration d'intérêts. En tout état de cause, il devra être vérifié si la mise en œuvre de la solidarité au paiement de l'amende en droit de la concurrence (§2) se révèle conforme aux aspects théoriques d'une telle solidarité (§1).

§ 1. Les aspects théoriques

927. Assurément, la solidarité au paiement des amendes en droit de la concurrence est un régime de solidarité passive,[1227] à savoir un régime dans lequel plusieurs

---

1226 En tout état de cause, et à ce stade, le régime des obligations in solidum et solidaire est identique pour ce qui concerne les rapports entre les codébiteurs et leur créancier.

1227 Voy. Cornu, op. cit., vo « solidarité », p. 977.

codébiteurs – les sociétés composant une même entreprise – sont tenus d'une même obligation de paiement à l'égard d'un seul créancier – la Commission ou l'Autorité de la concurrence. Ce domaine limité implique corrélativement que l'assiette de l'obligation de paiement solidaire sera uniquement composée de l'amende qui sanctionne le comportement de l'entreprise pendant l'infraction, laquelle amende correspondra au montant déterminé en application des critères des lignes directrices de la Commission de 2006 ou du communiqué de l'Autorité, qui sont communs à la société mère et à sa filiale.[1228] Chacun des codébiteurs sera donc tenu de la totalité de l'amende solidaire, en qualité de débiteur principal. La Commission ou l'Autorité de concurrence ne seront pas tenus d'agir contre toutes les sociétés composant l'entreprise ; elles pourront limiter leur action auprès d'une seule société. Aucune division ne sera opérée, à ce stade, et ce, quand bien même une obligation de somme d'argent est en principe divisible.[1229]

928. En pratique, l'identité de la société débitrice de l'amende sera déterminée au sein même du groupe de sociétés. Cette question peut toutefois s'avérer plus complexe en cas de restructurations sociétaires, à savoir lorsque la composition de l'entreprise, au sens du droit de la concurrence, a évolué entre l'infraction et la décision infligeant solidairement une amende. Dans cette hypothèse, une ancienne société mère pourrait tenter d'invoquer à son profit un bénéfice de discussion, à savoir défendre l'idée selon laquelle l'autorité de la concurrence doit agir en paiement avant tout à l'égard de son ancienne filiale, dans la mesure où sa reponsabilité ne serait que dérivée. Toutefois, la Commission ne saurait accorder à l'un ou l'autre des codébiteurs solidaires un bénéfice de discussion.[1230] Schématiquement, les autorités de concurrence peuvent donc demander l'entier paiement à chaque codébiteur, à condition qu'ils appartenaient pendant l'infraction à une même entreprise.

929. Cela dit, le périmètre de l'obligation de paiement solidaire ne saurait être étendu à l'ensemble des amendes infligées dans une décision.[1231] Il ne saurait y avoir une solidarité au paiement des amendes entre différentes entreprises, au sens du droit de la concurrence, à savoir de rapports de solidarité entre « coauteurs » d'une même infraction. L'objet de l'obligation demeure l'amende infligée pour le

---

1228 Le montant de l'amende qui serait déterminé relativement aux critères propres à chaque société et qui aggraverait ou atténuerait le montant de l'amende solidaire ne fait, à notre sens, pas partie de la solidarité et est donc dû par chaque société individuellement. Partant, il appartient à la Commission à l'Autorité de la concurrence d'exiger la part excédant le montant de l'amende solidaire à chaque société qui en serait redevable.

1229 Voy., notamment, J. Carbonnier, Droit civil – Vol. II : Les biens – Les obligations, Paris, PUF, rééd. des éditions de 1955 et de 1956, 2004, p. 2497, no 1262.

1230 Voy. Trib. UE, 12 juillet 2018, Pirelli c/ Commission, aff. T-455/14, EU:T:2018:450, points 147 et 148, et CJUE, 28 octobre 2020, Pirelli c/ Commission, aff. C-611/18 P, EU:C:2020:868, points 85, 91 et 92.

1231 Sur l'absence de solidarité entre entreprises, au sens du droit de la concurrence, voy. Bernardeau, « Ave Curia, alteri debitores in solidum te salutant ! (premiers commentaires de l'arrêt Areva et Alstom) », précité, p. 120. Voy., également, Lemaire, précité, point 72. S'il en va ainsi pour le paiement des amendes, il en va différemment pour le paiement des dommages et intérêts en cas d'action en réparation. En effet, en application de l'article 11 de la directive 2014/104/UE, les États membres se doivent de prévoir une disposition aux termes de laquelle « les entreprises qui ont enfreint le droit de la concurrence par un comportement conjoint soient solidairement responsables du préjudice causé par l'infraction au droit de la concurrence ; cela a pour effet que chacune de ces entreprises est tenue d'indemniser le préjudice dans son intégralité et que la partie lésée a le droit d'exiger de chacune d'elles la réparation intégrale de ce préjudice jusqu'à ce qu'elle ait été totalement indemnisée ».

comportement de l'entreprise, au sens du droit de la concurrence, non l'ensemble des amendes infligées pour les comportements de toutes les entreprises.

930. Ce point a été mis en lumière par la Cour, pour ce qui concerne le droit de la concurrence de l'Union, dans son arrêt prononcé dans l'affaire *Areva*.[1232] Elle souligne que, « si l'instrument de la solidarité permet [...] de réduire le risque d'une éventuelle insolvabilité de l'une des sociétés faisant partie d'une même entreprise, [au sens du droit de la concurrence], ce qui participe aux objectifs d'efficacité de son action et de dissuasion dans le domaine de la répression des infractions au droit de la concurrence [...], cet instrument ne saurait être utilisé de manière à faire supporter le risque de l'insolvabilité d'une société à une autre société, alors que celles-ci n'ont jamais fait partie d'une même entreprise, [au sens du droit de la concurrence] ».[1233]

931. Aussi la responsabilité des entreprises, au sens du droit de la concurrence, ayant participé à une même infraction en tant que coauteurs, n'est-elle qu'une responsabilité conjointe, de sorte que les autorités de concurrence ne sauraient, pour des considérations d'opportunité en termes de capacité contributive, recouvrer l'intégralité des amendes auprès des autres sociétés composant les autres entreprises, au sens du droit de la concurrence.

932. À cet égard, la solidarité pour le paiement des amendes en droit de la concurrence se distingue tant par son domaine que par son assiette des régimes de solidarité au paiement d'amendes en droit interne en matières pénale et fiscale ou douanière. En ces matières, le législateur français a en effet envisagé la possibilité, dans certaines hypothèses, de condamner les coauteurs d'une même infraction au paiement soit de l'ensemble des amendes infligées soit d'une même amende.

933. Ainsi, le code de procédure pénale envisage la possibilité de condamner solidairement les coauteurs et complices d'une même infraction ou d'infractions connexes au paiement des amendes.[1234] Certes, cette possibilité a fait l'objet de modification. L'article 55 de l'ancien code pénal prévoyait initialement que « [l]es personnes condamnées pour un même crime ou pour un même délit sont tenues solidairement des restitutions et des dommages-intérêts ». En d'autres termes, il instaurait,

---

1232 Pour ce qui concerne la pratique française du droit de la concurrence, voy. aut. conc., déc. n° 14-D-20 du 22 décembre 2014 relative à des pratiques mises en œuvre dans le secteur du papier peint en France, cons. 333 et 334.

1233 CJUE, 10 avril 2014, Areva e.a. c/ Commission, aff. jointes C-247/11 P et C-253/11 P, EU:C:2014:257, point 132. Dans cette affaire était débattue la question de savoir si l'instauration d'une solidarité de fait entre deux entreprises était ou non contraire au principe d'individualité des peines et de sécurité juridique, ce à quoi la Cour répond par l'affirmative. Toutefois, l'instauration d'une solidarité de fait s'explique par une erreur de calcul de la part de la Commission qui avait appliqué deux droits d'entrée au lieu de le répartir entre les sociétés mères, ce qui force à relativiser la portée de cette affaire. Pour ce qui concerne le droit français de la concurrence, voy. aut. conc., déc. n° 14-D-19 du 18 décembre 2014 relative à des pratiques mises en œuvre dans le secteur des produits d'entretien et des insecticides et dans le secteur des produits d'hygiène et de soins pour le corps, cons. 1208. Dans cette affaire, l'Autorité de la concurrence a certes sanctionné solidairement deux sociétés qui n'avaient jamais constitué une même entreprise, au sens du droit de la concurrence. Il n'en reste pas moins que cette condamnation solidaire constitue un cas des plus isolés qui pourrait se justifier par le fait que l'un des codébiteurs solidaires, à savoir la société absorbante, était le successeur juridique de l'ancienne filiale d'une première société mère, tenue elle aussi solidairement au paiement de l'amende.

1234 Sur le principe de solidarité pénale, voy. M. Mignot, Les obligations solidaires et les obligations in solidum en droit privé français, préf. E. Loquin, coll. « Nouvelles Bibliothèques de Thèses », Dalloz, Paris, 2002, pp. 54 et s.

en droit pénal, une solidarité de plein droit entre coauteurs et complices d'un même crime ou d'un même délit, ce qui n'était pas sans donner lieu à des critiques, portant notamment sur la conformité d'une telle pratique avec le principe de personnalité des peines : certains auteurs pouvaient potentiellement subir la peine des autres.[1235] Il n'en reste pas moins que cette solidarité de plein droit n'a pas été pour autant abandonnée mais simplement atténuée. Elle demeure envisageable sous certaines conditions.[1236] Aux termes des articles 375-2 et 480-1 du code de procédure pénale, « par décision spéciale et motivée, [il peut être] ordonné que [l'accusé ou le prévenu] qui s'est entouré de coauteurs ou de complices insolvables sera tenu solidairement des amendes ».

934. Le droit de la concurrence, pourtant à forte coloration pénale, se démarque assurément du droit pénal, lequel conditionne le prononcé de la solidarité entre coauteurs d'une même infraction au constat de l'insolvabilité. L'on relevera toutefois à cet endroit que, si l'un des objectifs de la solidarité au paiement de l'amende entre sociétés composant une même entreprise vise, notamment, à se prémunir contre le risque d'insolvabilité de l'une ou l'autre des sociétés composant cette même entreprise,[1237] la preuve de l'insolvabilité en droit pénal se justifie d'autant plus que l'assiette de l'obligation solidaire porte sur l'ensemble des amendes infligées.

935. Le même constat peut être fait s'agissant de la solidarité pour le paiement des pénalités fiscales, en ce compris des amendes, en cas notamment de fraude fiscale ou d'infractions relatives aux contributions indirectes.[1238] Ainsi, l'article 1745 du code général des impôts dispose que « [t]ous ceux qui ont fait l'objet d'une condamnation définitive, prononcée en application des articles 1741, 1742 ou 1743 peuvent être solidairement tenus, avec le redevable légal de l'impôt fraudé, au paiement de cet impôt ainsi qu'à celui des pénalités fiscales y afférentes ». de même, l'article 1799 A du même code dispose que « les condamnations pécuniaires contre plusieurs personnes pour un même fait de fraude sont solidaires ». De la même manière qu'en droit pénal, la solidarité porte sur l'ensemble des amendes infligées et lie, outre le redevable légal de l'impôt, l'ensembles des auteurs ou complices de l'infraction.

936. Dans une moindre mesure, le régime de la solidarité au paiement de l'amende en droit de la concurrence se distingue de celui applicable en matière douanière.[1239] Si, en cette matière, la solidarité concerne les coauteurs d'une même infraction, l'assiette de l'obligation solidaire ne porte que sur une seule amende. D'aucuns

---

1235 Voy. Mignot, op. cit., p. 55.

1236 Voy. Cornu, op. cit., v° « solidarité », p. 977. Le Professeur Cornu souligne que « prévue autrefois de façon générale, la solidarité ne s'applique plus au paiement des amendes et des frais que dans le cas où le prévenu s'est entouré de coparticipants insolvables et nécessite une décision spéciale et motivée de la juridiction » [italique ajouté]. Sur la solidarité en matière pénale, voy. Mignot, op. cit., pp. 54 et s. L'auteur souligne que l'instauration d'une solidarité de plein droit en droit pénal a été considérée comme contraire au principe de la personnalité des peines.

1237 Voy. articles L. 375-2 et L. 481-1 du code de procédure pénal.

1238 Voy. articles 1745 et 1799 E du code général des impôts, en matière respectivement de fraude fiscale et de fraude aux contributions indirectes. Sur la solidarité en matière fiscale, voy., en particulier, J.-Y Maréchal, « Tribunal correctionnel – Solidarité », J.-Cl procédure pénale, Lexisnexis, 21 août 2017, nos 71 à 84.

1239 Voy. articles 406 et 407 du code des douanes. Sur la solidarité en matière douanière, voy., en particulier, Maréchal, précité, nos 85 à 94.

souligneront toutefois à cet endroit que la distinction avec le régime en matière douanière s'avère artificielle, en ce sens que chaque société composant l'entreprise, au sens du droit de la concurrence, est réputée avoir elle-même commis l'infraction.

§ 2. Les aspects pratiques

937. Si, sur le plan théorique, le régime de la solidarité est celui d'une obligation au total comprenant plusieurs codébiteurs solidaires pour un seul créancier, se pose la question, sur le plan pratique, de sa mise en œuvre. Elle se doit d'être évoquée dans différentes hypothèses successives : le paiement de l'amende par l'un des codébiteurs solidaires (A) puis l'action en recouvrement de la Commission ou de l'Autorité de la concurrence (B).

A. Le paiement de l'amende par l'un des codébiteurs solidaires

938. La mise en œuvre de l'obligation solidaire débute par l'exigibilité par l'autorité de concurrence concernée de la totalité de l'amende à l'un quelconque des codébiteurs (1). Cette possibilité fera toutefois l'objet d'adaptations dans l'hypothèse de certaines restructurations sociétaires (2). Qui plus est, le pouvoir d'exécution de la sanction demeure limité dans le temps, du moins en droit de la concurrence de l'Union : la Commission se doit d'agir dans un délai de cinq ans (3).

1. L'exigibilité de la totalité de l'amende

939. De l'unicité d'objet de l'obligation au paiement de l'amende découlent des conséquences d'ordre pratique. Ces conséquences se rapportent, comme le souligne le doyen Carbonnier, au « fonctionnement de la sûreté », à savoir « au droit de poursuite ».[1240] La Commission et l'Autorité de la concurrence auront le choix discrétionnaire du débiteur qu'elles poursuivront. Plus l'entreprise, au sens du droit de la concurrence, est ou était composée de sociétés, plus l'autorité de concurrence concernée disposera de débiteurs pour recouvrer l'amende. Certes, elle pourra répartir la somme qu'elle exige entre les codébiteurs. Elle préfèrera toutefois opportunément demander l'entier paiement à l'un quelconque des codébiteurs, à savoir, en pratique, la société qui dispose des meilleures capacités financières. De cette manière, l'autorité de concurrence se prémunit contre tout risque d'insolvabilité de l'un des quelconques codébiteurs solidaires. Ces dernières ne s'y trompent pas, dans la mesure où il revient fréquemment à la société mère de s'acquitter du paiement de l'amende ; la filiale ne paie que dans des cas isolés, notamment quand la filiale est sortie du groupe.[1241]

940. Par ailleurs, dans l'hypothèse de l'exercice d'un recours en annulation par l'un des codébiteurs solidaires, les autres codébiteurs ne sauraient opposer ce recours pour refuser de procéder au paiement de l'amende. À la différence du paiement provisoire de l'amende, la constitution d'une garantie bancaire par une société de

---

1240 *Ibid.*

1241 Voy., notamment, Trib. UE, 29 avril 2015, Total e.a. c/ Commission, aff. T-470/11, EU:T:2015:241, point 9.

l'entreprise, au sens du de la concurrence, ne saurait libérer les autres sociétés n'ayant formé aucun recours, de leur obligation de s'acquitter du paiement de l'amende. L'ordonnance rendu dans l'affaire *Universal* est, à cet égard, instructive. Dans cette affaire, la société Universal avait décidé de se désister de son recours formé contre la décision de la Commission, à la différence de sa filiale, laquelle avait, parralèlement à la formation de son recours, constitué une garantie bancaire au profit de la Commission couvrant la totalité de l'amende et les intérêts.[1242] En raison de son désistement, la Commission avait indiqué à la société Universal que la décision était devenue à son égard définitive et qu'elle devait procéder au paiement de l'amende. A la suite d'un recours formé contre les lettres de la Commission, le Tribunal valide la pratique de cette dernière en précisant que « l'obligation de la [société mère] de payer l'amende ne peut dépendre de l'issue [du recours formé par sa filiale] ».[1243]

2. L'exigibilité d'une quote-part de l'amende

941. S'agissant de l'obligation au paiement de l'amende, l'incidence des restructurations sociétaires se vérifie également en pratique. Dans l'hypothèse où la filiale et sa société mère sont, au jour de la décision, deux sociétés autonomes, le rapport de solidarité existera toujours et les autorités de concurrence pourront exiger l'entier paiement à chaque codébiteur. En revanche, la question se pose différemment lorsqu'une filiale a fait l'objet d'une succession de contrôle durant la période infractionnelle. Dans cette hypothèse, il n'est pas exclu que la filiale soit condamnée solidairement à une amende dont sont solidairement tenues ses sociétés mères. Autrement dit, l'autorité de concurrence concernée ne pourra pas exiger le paiement de la totalité de l'amende à chaque société mère, dans la mesure où elles ne sont pas unies par un lien de solidarité n'ayant jamais constitué ensemble une entreprise : leur obligation demeure conjointe. Dans ce cas, elle se devra de diviser et de déterminer les quotes-parts de chaque société mère dans l'amende dont est tenue leur filiale ou ex-filiale.

942. À l'échelle de l'Union, ce principe ressort clairement de l'arrêt du Tribunal prononcé dans l'affaire *Trioplast* : « dans la mesure où [la première société mère], d'une part, et [les autres sociétés mères], d'autre part, n'ont jamais, ensemble, formé une entité économique, le principe d'individualité des peines et des sanctions requiert que le montant effectivement acquitté par [la première société mère] ne dépasse pas la quote-part de sa responsabilité solidaire. Cette quote-part correspond à la part du montant attribué à [la première société mère] par rapport au total des montants à hauteur desquels les sociétés mères successives sont respectivement tenues solidairement responsables au paiement de l'amende imposée à [la filiale] ».[1244]

3. La prescription des pouvoirs d'exécution

943. Si les autorités de concurrence ont la liberté d'exiger de l'un des codébiteurs solidaires en vue du paiement de la totalité de l'amende, elles ne peuvent pas, du moins pour la Commission, différer indéfiniment leur action. Aussi, à l'échelle

[1242] Voy. Trib. UE, 12 mars 2012, Universal c/ Commission, aff. T-42/11, EU:T:2012:122, point 5.

[1243] *Ibid., point 37. Sur cette ordonnance, voy. Bernardeau et Christienne, op. cit, n° I. 774.*

[1244] Trib. UE, 13 septembre 2010, Trioplast c/ Commission, aff. T-40/06, EU:T:2010:388, point 169.

de l'Union, l'article 26 du règlement n° 1/2003 prévoit-il un délai quinquennal de prescription en matière d'exécution des sanctions. Plus précisément, l'article 26 dispose, premièrement, en son paragraphe 1 que « [l]e pouvoir de la Commission d'exécuter les décisions prises en application des articles 23 et 24 est soumis à un délai de prescription de cinq ans ». Deuxièmement, il ajoute que le délai de prescription commence à courir le jour où la décision de la Commission est devenue définitive. En d'autres termes, il ne commencera à courir qu'à l'expiration du délai de deux mois et dix jours qui encadre l'exercice d'un recours en annulation devant le Tribunal. Troisièmement, le délai peut faire l'objet d'interruption ou de suspension selon les hypothèses, prévues aux paragraphes 3 et 4 de l'article 26. Pour sa part, le droit français de la concurrence ne prévoit aucun délai de prescription en matière d'exécution des sanctions en droit de la concurrence. Ainsi, l'Autorité de la concurrence pourrait-elle, en principe, réclamer le paiement à l'un des codébiteurs solidaires plus de cinq ans postérieurement à l'adoption de sa décision, sous réserve des limites du droit commun des titres publics.

944. Indépendamment de ce constat, la question se pose de savoir si la prescription en matières d'exécution des sanctions pourrait être acquise pour l'un des codébiteurs solidaires et non pour les autres. Dans l'affirmative, une société mère pourrait se prévaloir seule de la prescription quinquennale, telle que prévue par l'article 26, paragraphe 1, du règlement n° 1/2003, alors qu'elle compose ou a composé avec sa filiale une même entreprise, au sens du droit de la concurrence, durant la période infractionnelle et que l'amende dont elle est solidairement tenue résulte du comportement de ladite entreprise.

945. Cette question invite, d'une part, à s'interroger sur les effets des causes d'interruption de la prescription. En effet, l'article 26, paragraphe 3, sous a), du règlement n° 1/2003 dispose que la prescription est interrompue « par la notification d'une décision modifiant le montant initial de l'amende ou de l'astreinte ou rejetant une demande tendant à obtenir une telle modification ».

946. À cet égard, si la décision modifiant le montant initial de l'amende porte sur l'amende solidaire, l'interruption devrait valoir *erga omnes*, à supposer que les destinataires de la décision modificative soient les mêmes que ceux visés par la décision initiale. En effet, la prescription est interrompue en raison d'une modification de l'objet de l'obligation. Toutefois, si la décision modificative porte sur l'amende infligée en propre à l'un des codébiteurs solidaires, alors l'interruption de la prescription ne saurait valoir qu'*inter partes*.

947. L'article 26, paragraphe 3, sous b), du règlement n° 1/2003 dispose également que la prescription est interrompue « par tout acte de la Commission ou d'un État membre, agissant à la demande de la Commission, visant au recouvrement forcé de l'amende ou de l'astreinte ». À première lecture, une distinction pourrait être aussi faite selon l'objet de l'action en recouvrement. S'il s'agit de l'amende solidaire, alors l'interruption de la prescription produira des effets *erga omnes*. Toutefois, s'il s'agit de l'amende propre à un codébiteur solidaire, à savoir soit à la filiale soit à sa société mère, l'interruption de la prescription ne vaudrait qu'*inter partes*. S'agissant de l'amende solidaire, cette réflexion n'est pas étrangère à la distinction en droit français entre l'obligation *in solidum* et l'obligation solidaire. Car, pour ce qui concerne l'obligation solidaire, les codébiteurs solidaires peuvent notamment être considérés comme unis par un lien de représentation. Ainsi, en vertu

d'un « pouvoir de représentation », « lorsque le créancier fait un acte de poursuite contre l'un des codébiteurs, ou que l'un des codébiteurs reconnaît la dette la prescription extinctive se trouve interrompue non seulement à l'égard de ce codébiteur, mais à l'égard de tous, parce que l'interruption de la prescription est purement conservatoire ».[1245]

948. Or, la réponse à la question de savoir si la solidarité au paiement de l'amende relève du régime de l'obligation solidaire, au sens du droit français, et ce, en l'absence de tout fondement textuel, ou de l'obligation *in solidum* n'est pas des plus aisées à fournir. Il ne saurait, à ce stade, être répondu par l'affirmative à cette question, d'autant moins qu'il ne saurait être évident, à première vue, que la filiale et sa société mère soient unis par un « lien de représentation », ni que l'une agisse le cas échéant au nom de l'autre. Il pourrait être plus aisément soutenu que cette cause d'interruption de la prescription ne vaut qu'*inter partes*, à savoir pour le codébiteur solidaire qui fait l'objet du recouvrement. Le simple fait qu'elles en aient constitué une même entreprise, au sens du droit de la concurrence, ne saurait nécessairement impliquer une communauté d'intérêts entre la filiale et sa société mère, et ce, particulièrement lorsqu'elles ne constituent plus une telle entreprise au jour de l'adoption de la décision de la Commission.

949. D'autre part, le délai de prescription des pouvoirs d'exécution peut faire l'objet d'une suspension. Il ressort de l'article 26, paragraphe 5, du règlement n° 1/2003 que la prescription est suspendue « aussi longtemps qu'un délai de paiement est accordé » et « aussi longtemps que l'exécution forcée du paiement est suspendue en vertu d'une décision de la Cour de justice ». Sur ce point, la question se pose de savoir si l'octroi d'un délai de paiement à l'un des codébiteurs vaut à l'égard de tous. Elle se pose également en des termes identiques pour une décision du Tribunal suspendant l'exécution de la sanction.

950. À cet égard, tant pour la première que pour la seconde option de suspension du délai, cette dernier ne peut valoir qu'à l'égard du codébiteur qui en bénéficie. En clair, la suspension du délai de prescription d'exécution de la sanction ne produit des effets qu'*inter partes*. Toutefois, dans l'hypothèse d'une condamnation solidaire d'une filiale et de sa société mère, si un délai de paiement est demandé par l'un des codébiteurs, la Commission pourra toujours demander l'entier paiement à l'autre. Aussi cette première option demeure-t-elle un cas d'école. De même, une demande de suspension introduite auprès du Tribunal par l'un des codébiteurs ne vaudra pas à l'égard des autres, et ce quand bien même ils formeraient toujours une même entreprise, au sens du droit de la concurrence.

B. Les effets du paiement de l'amende par l'un des codébiteurs solidaires

951. De l'unicité d'objet de l'obligation au paiement solidaire de l'amende découlent différentes conséquences juridiques. Certaines conséquences sont également d'ordre technique : « [p]uisqu'un seul et même objet est dû par tous, les modes

---

1245 Voy. Carbonnier, op. cit., no 1262.

d'extinction de l'obligation tenant à l'objet […] [opèrent] *erga omnes* ».[1246] Cette affirmation se vérifie également en pratique. Le paiement de l'amende fait par l'un quelconque des codébiteurs solidaires les libère tous. Une fois que l'un des codébiteurs solidaires a désintéressé l'autorité de concurrence concernée, cette dernière ne dispose, en principe, d'aucun droit au paiement.

952. S'agissant des effets du paiement de l'amende, deux hypothèses doivent être envisagées : l'une concerne le paiement de la totalité de l'amende, lequel devrait éteindre, en principe, le droit de poursuite (1) et l'autre le paiement d'une partie seulement de l'amende, lequel maintient le droit de poursuite (2).

1. L'extinction du droit de poursuite

953. Une société mère ne peut, en principe, se voir contrainte à payer une amende que sa filiale aurait préalablement payée.[1247] Lorsqu'un des codébiteurs s'est acquitté du paiement de l'amende solidaire, le créancier devrait perdre tout droit de poursuite contre les autres codébiteurs. Ceci relève de l'évidence puisque le créancier a été désintéressé.

954. Toutefois, dans le cadre d'un recours en annulation formé contre une décision infligeant une amende, l'un des codébiteurs solidaires pourrait obtenir une réduction de son amende, impliquant par là même une réduction de l'assiette de son obligation. Ainsi, la Commission ou l'Autorité de la concurrence se devraient de procéder à un remboursement de l'amende au bénéfice du codébiteur solidaire l'ayant désintéressée puis ayant formé un recours contre la décision. Dans cette hypothèse, la question se pose de savoir si l'autorité de concurrence concernée pourrait toujours exiger de la part des autres codébiteurs solidaires le paiement du solde de l'amende solidaire.

955. Assurément, la réponse à cette question dépendra, premièrement, du point de savoir si la réduction du montant de l'amende résulte d'une appréciation erronée de l'autorité de concurrence au sujet d'un critère commun aux sociétés formant l'entreprise, au sens du droit de la concurrence. Si tel est le cas, il appartiendra à l'autorité concernée d'adopter une décision modifiant le montant de l'amende solidaire pour l'ensemble des codébiteurs et de ne pas exiger le paiement du solde par les sociétés n'ayant pas demandé l'annulation de la décision. Si tel n'est pas le cas, l'autorité concernée pourrait tenter de demander le paiement du solde de l'amende au codébiteur n'ayant pas été sollicité. L'affaire *Total*, dont le Tribunal et la Cour ont eu à connaître, illustre parfaitement, en pratique, cette problématique.

956. Schématiquement, *Arkema* et sa société mère, *Total*, avaient été condamnées solidairement au paiement d'une même amende pour le comportement infractionnel de la première. Quelques jours avant l'adoption de la décision de la Commission, la filiale avait fait l'objet d'une introduction en bourse, devenant par la même une société autonome. Toutefois, antérieurement à l'introduction de son recours, *Arkema* avait payé la totalité de l'amende dont elle était tenue solidairement avec

---

1246 *Ibid.*

1247 Voy. conclusions de l'avocat général M. Wahl présentées le 21 juillet 2016 dans l'affaire Commission c/ Total, aff. C-351/15 P, points 65 à 67.

sa société mère, tout en informant la Commission que le paiement avait été effectué « en sa qualité de coobligée solidaire et que, depuis ce paiement, la Commission [étai]t intégralement remplie de ses droits tant envers *Arkema* qu'envers l'ensemble des coobligés solidaires ».[1248]

957. Contestant les conclusions de la Commission, la filiale et son ancienne société mère avaient séparément exercé un recours en annulation contre la décision de cette dernière. Or, si le recours de son ancienne société mère a été rejeté, celui d'*Arkema* a été accueilli en raison de l'application à son égard d'une majoration dissuasive disproportionnée, justifiant une réduction par le Tribunal du montant de l'amende dont elle était tenue solidairement avec son ancienne société mère.[1249] Ainsi, la Commission se devait de rembourser la différence à *Arkema* majorée, le cas échéant, d'intérêts. Toutefois, elle tenta également d'exiger le montant remboursé auprès de son ancienne société mère, majoré également d'intérêts de retard,[1250] ce que cette dernière a contesté devant le Tribunal tout en limitant son recours aux seuls intérêts de retard.[1251]

958. Sur ce point, le Tribunal est formel : si la Commission pouvait certes implicitement exiger de la société mère le paiement du montant au principal, elle ne pouvait en outre le majorer d'intérêts de retard, dans la mesure où il était constant que son ancienne filiale avait, avant l'introduction de son recours, désintéressé intégralement la Commission. Sur pourvoi, la Cour confirme la position du Tribunal. Elle souligne que, « [e]n l'occurrence, la responsabilité [solidaire] des défenderesses par rapport à Arkema était purement dérivée de celle de leur filiale, à l'exclusion de tout autre facteur. Dès lors, il découle de la jurisprudence de la Cour, [...] et indépendamment de la question de savoir si Arkema a fait une déclaration de paiement commun, que la Commission n'était, après le paiement intégral de l'amende initiale par Arkema, qui n'est pas contesté, en tout état de cause, plus en droit de réclamer auprès des défenderesses des paiements à cet égard ».[1252]

959. À cet égard, si les juges de l'Union reprochent à la Commission d'avoir majoré le montant principal d'intérêts de retard, ils valident implicitement la pratique de la Commission consistant à exiger de la part d'un codébiteur solidaire le montant au principal ayant fait l'objet d'un remboursement auprès d'un autre codébiteur solidaire.[1253] Sur ce point, l'ancienne société mère aurait assurément dû également étendre son recours au solde de l'amende.

960. Certes, la société *Total* en restait redevable, et ce, en raison de la nature du critère ayant abouti à une réduction de l'amende dont était tenue solidairement la filiale. La réduction dont bénéficiait *Arkema* découlait d'un coefficient disproportionné appliqué au titre de la majoration dissuasive. En raison de la non-appartenance d'*Arkema* et de *Total*, à une même entreprise, au sens du droit de la concurrence, au jour de l'adoption de la décision de la Commission, cette dernière se devait de

---

1248 Trib. UE, 29 avril 2015, Total c/ Commission, aff. T-470/11, EU:T:2015:241, point 9.

1249 Voy. Trib. UE, 7 juin 2011, Arkema France e.a. c/ Commission, aff. T-217/06, EU:T:2011:251, points 350 à 353.

1250 Voy. Trib. UE, 29 avril 2015, Total c/ Commission, aff. T-470/11, précité, point 17.

1251 *Ibid., point 103.*

1252 CJUE, 19 janvier 2017, Commission c/ Total, aff. C-351/15 P, EU:C:2017:27, point 45.

1253 Voy. Trib. UE, 29 avril 2015, Total e.a. c/ Commission, aff. T-470/11, EU:T:2015:241, points 92 à 95.

calculer la majoration dissuasive de manière distributive entre ces deux sociétés. Autrement dit, l'ancienne société mère ne pouvait se prévaloir de la réduction d'amende octroyée à son ancienne filiale.

961. Il n'en reste pas moins que, même dans cette hypothèse, le droit de poursuite de la Commission aurait dû être éteint dès le paiement effectué par l'ancienne filiale, antérieurement à la formation de son recours.[1254] Qui plus est, la réduction par les juge de l'Union de l'amende à laquelle était tenue solidairement *Arkema* était uniquement imputable à la Commission, de sorte qu'elle ne saurait d'autant moins être en mesure d'exiger le solde auprès des autres codébiteurs.

2. Le maintien du droit de poursuite

962. Si l'extinction du droit de poursuite résulte, en principe, du paiement de la totalité de l'amende solidaire, le paiement d'une partie seulement ne produit pas les mêmes effets. Si la Commission exige de la part d'une filiale la totalité du paiement et que cette dernière s'avère rencontrer des difficultés financières, la Commission pourra exiger de sa société mère le paiement du solde. Rien de ne s'y oppose en droit civil, dans le cadre duquel le droit de poursuite du créancier à l'encontre des codébiteurs solidaires s'éteint par le paiement de la totalité de la dette solidaire. Lorsque seulement une partie de cette dette est payée, alors le droit de poursuite ne saurait être éteint.[1255] Il en va de même en droit de la concurrence. La Commission ou l'Autorité de la concurrence devront avoir la possibilité d'exiger le solde de la part de chaque autre codébiteur solidaire.

963. En droit de la concurrence de l'Union, une analogie pourrait être faite avec le régime du paiement de l'amende infligée à une association d'entreprises, au sens de l'article 101 TFUE. En application de l'article 23, paragraphe 4, du règlement n° 1/2003, « [l]orsqu'une amende est infligée à une association d'entreprises en tenant compte du chiffre d'affaires de ses membres et que l'association n'est pas solvable, elle est tenue de lancer à ses membres un appel à contributions pour couvrir le montant de l'amende ». Les alinéas 2 et 3 précisent que « [s]i ces contributions n'ont pas été versées à l'association dans un délai fixé par la Commission, celle-ci peut exiger le paiement de l'amende directement par toute entreprise dont les représentants étaient membres des organes décisionnels concernés de l'association » et que, « [a]près avoir exigé le paiement au titre du deuxième alinéa, lorsque cela est nécessaire pour garantir le paiement intégral de l'amende, la Commission peut exiger le paiement du solde par tout membre de l'association qui était actif sur le marché sur lequel l'infraction a été commise ». La logique du paiement de l'amende solidaire entre sociétés qui composent ou ont composé une même entreprise, au sens du droit de la concurrence, demeure la même. Toutefois, cela ne vaut qu'en cas de paiement partiel de l'amende, non en cas de

---

1254 Sur l'extinction du droit de poursuite, voy. Carbonnier, op. cit., no 1262. Toutefois, il pourrait être observé que, à la suite de la réformation de la décision de la Commission et de la réduction du montant de l'amende, le paiement reçu par la Commission de la société Arkema ne couvrait pas la totalité de l'amende dont était également tenue la société Total. Aussi pourrait-il être considéré que la Commission n'avait, en réalité, reçu qu'un paiement partiel de l'amende.

1255 Voy. Carbonnier, op. cit., p. 2497, no 1262.

paiement de la totalité de l'amende par l'un des codébiteurs qui auraient été, le cas échéant, réduite par le Tribunal.

964. Ainsi, le régime de la solidarité au paiement de l'amende permet aux autorités de concurrence d'assurer le recouvrement de l'amende en toutes hypothèses. Si la solidarité au paiement de l'amende fonctionne de manière effective, se pose toutefois la question de ses fondements juridiques. Aucune disposition textuelle ne prévoit une telle obligation au paiement solidaire de l'amende, ce qui n'est pas sans interpeller s'agissant d'une matière répressive ou quasi-pénale.

Section 2
Le fondement de la solidarité au paiement de l'amende

965. La question des fondements éventuels de la solidarité au paiement de l'amende en droit de la concurrence se pose avec une certaine acuité. Toutefois, les dispositions des droits de l'Union et français de la concurrence ne mentionnent aucunement l'existence d'un tel rapport de solidarité (§1).

966. La solidarité au paiement de l'amende demeure, *de lege lata*, une création prétorienne, les juridctions de contrôle ayant, par le prisme de la notion d'entreprise, au sens du droit de la concurrence, dégagé une telle obligation (§2). *De lege ferenda*, et eu égard à la pratique constante sur ce point, l'ajout d'une disposition spécifique en ce sens mériterait pour autant d'être considérée. S'agissant d'une matière répressive ou quasi-pénale, la présence d'un fondement textuel pourrait être encouragée.

§ 1. L'absence d'un fondement textuel

967. La solidarité au paiement de l'amende ne repose, en droit de la concurrence, sur aucun fondement textuel, tant en droit de la concurrence de l'Union qu'en droit interne de la concurrence. Pour ce qui concerne le droit de la concurrence de l'Union, l'avocat général M. Mengozzi relève clairement que « la faculté pour la Commission de condamner solidairement au paiement de l'amende les personnes qui, dans le cadre de l'unité économique que constitue l'entreprise, ont participé directement ou indirectement à l'infraction n'est expressément prévue par aucune règle de l'Union en matière de concurrence ».[1256]

968. Tant les articles 101 TFUE et 102 TFUE que L. 420-1 et L. 420-2 du code de commerce prévoient uniquement les infractions que sanctionnent les dispositions du droit des pratiques anticoncurrentielles. De même, les dispositions spécifiques aux sanctions, à savoir les articles 23 du règlement n° 1/2003 et L. 464-2 du code

---

1256 Conclusions de l'avocat général M. Mengozzi présentées 19 septembre 2013 dans les affaires jointes C-231/11 P, C-232/11 P et C-233/11 P, précité, point 52.

de commerce confèrent le pouvoir respectivement à la Commission ou à l'Autorité de la concurrence d'infliger des amendes, sans nécessairement envisager une condamnation solidaire de plusieurs sociétés appartenant à une même entreprise, au sens du droit de la concurrence.

969. Cette absence de fondement textuel pourrait, à première vue, interpeller, en présence notamment d'une matière répressive. En droit français notamment, le législateur prévoit, de manière expresse, la solidarité pour le paiement des amendes en matières pénale, fiscale ou encore douanière.[1257] Ce n'est que sur le terrain de la responsabilité civile, pour le paiement des dommages et intérêts, que les juges ont dégagé une obligation distincte, qualifiée d'« *in solidum* », liant les coauteurs d'un même dommage, la qualification de l'obligation d'« *in solidum* » visant notamment à ne pas être en contradiction avec l'actuel article 1310 du code civil, lequel dispose que « la solidarité est légale ou conventionnelle ; elle ne se présume pas ». On relevera toutefois sur ce point que le projet de réforme de la responsbilité civile de mars 2017 entend corriger ce point, en son article 1265, en remplaçant l'obligation *in solidum* par l'obligation solidaire des coauteurs d'un même dommage. Pour ce qui concerne les actions en dommages et intérêts du fait d'une pratique anticoncurrentielle, l'article L. 481-9 du code de commerce dispose toutefois d'ores et déjà que « [l]orsque plusieurs personnes physiques ou morales ont concouru à la réalisation d'une pratique anticoncurrentielle mentionnée à l'article L. 481-1, elles sont solidairement tenues de réparer le préjudice en résultant. Elles contribuent entre elles à la dette de réparation à proportion de la gravité de leurs fautes respectives et de leur rôle causal dans la réalisation du dommage ».

970. Il sera tout autant relevé, s'agissant du droit de la concurrence, que, à l'échelle de l'Union, une telle solidarité est prévue, en substance, pour les membres d'une association d'entreprises. L'article 23, paragraphe 4, du règlement n° 1/2003 dispose que lorsqu'une association d'entreprises n'est pas en mesure de s'acquitter de l'amende, en raison de son insolvabilité, il appartient à ses membres de couvrir le montant de l'amende. L'analogie avec la notion d'entreprise est tentante, puisque l'entreprise peut être, schématiquement, composée de plusieurs sociétés. La question qui se pose n'est pas ici celle de sa solvabilité, comme pour une association d'entreprises, dans la mesure où, étant dépourvue de personnalité juridique, elle ne saurait être juridiquement obligée.

971. Cela dit, l'absence de fondement formel pour la solidarité au paiement des amendes s'explique aisément en droit de la concurrence. D'une part, il ne saurait exister, en cette matière, de solidarité au paiement des amendes infligées entre coauteurs d'une même infraction ; l'obligation de paiement solidaire ne concerne que l'amende infligée, en théorie, à l'entreprise. D'autre part, l'exigence de l'établissement d'un lien de solidarité s'est révélée parralèlement à l'évolution de la notion d'entreprise qui était initialement assimilée à une entité dotée de la personnalité juridique. En d'autres termes, lorsque l'entreprise était conçue comme une entité dotée de la personnalité juridique, il ne pouvait y avoir plusieurs sociétés débitrices

---

1257 Sur ce point, voy., en particulier, J.-Y Maréchal, « Tribunal correctionnel – Solidarité », J.-Cl procédure pénale, Lexisnexis, 21 août 2017, nos 71 à 94.

d'une même amende. Autrement dit, c'est bel et bien la notion d'entreprise qui a permis de fonder l'établissement d'un rapport de solidarité entre les sociétés qui la composaient pendant l'infraction. Au surplus, l'application de la notion d'entreprise, à l'aune de la transposition dans les différents droits nationaux de la concurrence de la directive dite « ECN$^+$ », pourrait amplement justifier que, à l'échelle de l'Union, une disposition précise relative à la solidarité au paiement de l'amende soit insérée en cas de modification du règlement n° 1/2003.[1258] Ce constat vaut, *mutatis mutandis*, en droit interne de la concurrence.

§ 2. L'existence d'un fondement prétorien

972. Cette absence de fondement textuel n'exclut pas pour autant la possibilité de prévoir un tel rapport de solidarité. L'exemple de l'émergence d'une obligation *in solidum* en droit de la responsabilité est particulièrement topique à cet égard. En droit des pratiques anticoncurrentielles, les juridictions de contrôle n'ont pas reconnu l'établissement dudit rapport par le biais de l'idée de cautionnement, mais par le prisme de la notion d'entreprise, au sens du droit de la concurrence.

973. Si la solidarité au paiement de l'amende peut se justifier notamment par l'idée de responsabilité commune des codébiteurs solidaires en raison de leur appartenance à une même entreprise, au sens du droit de la concurrence, cela ne veut pas nécessairement dire que la société mère agit comme caution de l'amende infligée à sa filiale. La Cour souligne dans l'affaire *Kendrion* que, « en ce qui concerne le paiement de l'amende, le rapport de solidarité qui existe entre deux sociétés constituant une telle entité économique ne saurait se réduire à une forme de caution fournie par la société mère pour garantir le paiement de l'amende infligée à la filiale ».[1259] C'est également en substance la position adoptée par la Cour de cassation dans l'affaire *GEA*. Elle souligne, d'une part, que « la condamnation d'une société mère, au titre de l'influence déterminante qu'elle exerce sur sa filiale, n'est pas une simple garantie de paiement, lorsque la société mère participe, a raison de son influence déterminante, à la pratique anticoncurrentielle mise en œuvre ».[1260] D'autre part, elle précise que « le rapport de solidarité qui existe entre deux sociétés constituant une entité économique, tel qu'il est défini par le droit de la concurrence, ne se rédui[t] pas à un simple cautionnement fourni par l'une aux fins de garantir le paiement de l'amende infligée à l'autre ».[1261]

974. Certes, l'intérêt pour la requérante dans l'affaire *Kendrion* et la demanderesse au pourvoi dans l'affaire *GEA* de lier le régime de la solidarité au paiement de

---

1258 Voy. Directive dite « ECN+ ». L'article 13, paragraphe 5, de la directive dispose que « [l]es États membres veillent à ce que la notion d'entreprise soit appliquée aux fins d'infliger des amendes aux sociétés mères et aux successeurs juridiques et économiques des entreprises ».

1259 CJUE, 26 novembre 2013, Kendrion c/ Commission, aff. C-50/12 P, EU:C:2013:771, point 56. Sur ce point, voy., également, conclusions de l'avocat général M. Wahl présentées le 21 décembre 2016 dans l'affaire Akzo Nobel c/ Commission, aff. C-516/15 P, EU:C:2016:1004, point 65.

1260 Cass. com., 10 juillet 2018, GEA, nos 17-13973 et 17-14410, non publié. La demanderesse au pourvoi soutenait que « l'obligation solidaire ainsi mise à la charge [d'une] société mère n'est qu'accessoire, dérivée et dépendante de celle de sa filiale et joue le rôle d'une simple garantie de paiement ».

1261 *Id.*

l'amende en droit de la concurrence au régime du cautionnement se comprend aisément, dans la mesure où ces sociétés mères tentaient de faire valoir que l'amende dont elle était tenue solidairement ne pouvait excéder l'amende infligée à leurs filiales respectives. Plus précisément, dans l'affaire *Kendrion*, la société mère souhaitait bénéficier de l'application à sa filiale du plafond de 10 %. Or, il ne pouvait en aller ainsi, dans la mesure où, en cas de restructurations sociétaires, le plafond de l'amende se vérifie à la lumière des chiffres d'affaires respectifs de la filiale et de son ancienne société mère. Il en va sensiblement de même dans l'affaire *GEA*, à la seule différence qu'était en cause, non le plafond de 10 % mais une réduction de l'amende au titre de la clémence. Or, à nouveau, en cas de restructurations sociétaires, une société mère ne saurait bénéficier des effets d'une demande de clémence faite par son ancienne filiale. En tout état de cause, comme le relève la Cour dans l'affaire *Kendrion*, « [la société mère] est censée avoir commis elle-même l'infraction aux règles de concurrence du droit de l'Union ».[1262] En d'autres termes, si la société mère répond de l'infraction et est débitrice de l'amende, c'est davantage en tant que débiteur principal de l'amende résultant de l'infraction qu'en tant que caution de sa filiale.

975. Par ailleurs, si la Cour répondait, dans l'affaire *Kendrion*, à un argument isolé, c'est davantage dans ses arrêts prononcés antérieurement dans l'affaire *Metsa-Serlä*[1263] et, d'autre part, plus récemment dans les affaire *Siemens Österreich*[1264] et *Villeroy et Boch*[1265] qu'elle a entendu clarifier le fondement de la solidarité au paiement de l'amende en droit de la concurrence.

976. Dans la première de ces affaires, les requérantes, des sociétés membres d'une association qui avait participé à un cartel dans le secteur du carton, reprochaient à la Commission, outre le fait de les avoir déclarées responsables de l'infraction commise par l'association dont elles étaient membres, de les avoir condamnées solidairement au paiement d'une même amende. Certes, cette affaire est singulière eu égard à la problématique principale, à savoir celle des rapports entre une filiale et sa société mère. Il n'en reste pas moins que le Tribunal et la Cour sur pourvoi ont apporté certains éclairages quant au principe de la solidarité au paiement de l'amende en droit de la concurrence de l'Union.

977. La Cour souligne que le Tribunal avait, à juste titre, relevé que « [l'article 15, paragraphe 2, du règlement 17] ne précis[ait] pas expressément si une *entreprise* qui n'est pas directement et formellement tenue pour responsable du comportement infractionnel constaté par la Commission p[ouvai]t être déclarée solidairement responsable avec une autre *entreprise*, auteur du comportement infractionnel constaté

1262 CJUE, 26 novembre 2013, Kendrion c/ Commission, aff. C-50/12 P, précité, point 55.

1263 Voy. CJCE, 16 novembre 2000, Metsa-Serlä e.a. c/ Commission, aff. C-294/98 P, EU:C:2000:632. Il y a lieu de souligner que la Commission avait fait usage de cette faculté dans plusieurs de ses décisions, voy., notamment, Comm. CE, déc. n° 80/1283/CEE du 25 novembre 1980, Johnson & Johnson, aff. IV/2970, JOCEE n° L 377 du 31 décembre 1980, p. 16 et n° 72/457/CEE du 14 décembre 1972, ZOJA/CSC – ICI, aff. IV/26.911.

1264 Voy. Trib. UE, 3 mars 2011, Siemens Österreich e.a. c/ Commission, aff. jointes T-122/07 à T-124/07, EU:T:2011:70 et, sur pourvoi, CJUE, 10 avril 2014, Commission c/ Siemens AG Österreich e.a., C-231/11 P, Siemens Transmission & Distribution, C-232/11 P, et Siemens Transmission & Distribution et Nuova Magrini Galileo c/ Commission, C-233/11 P, EU:C:2014:256.

1265 Voy. CJUE, 26 janv. 2017, Villeroy & Bosch c/ Commission, aff. C-625/13 P, EU:C:2017:52, points 151 à 155.

et sanctionnée à ce titre, du paiement d'une amende infligée à cette dernière » :[1266] « ladite disposition doit être interprétée en ce sens qu'une *entreprise* peut être déclarée solidairement responsable avec une autre *entreprise* du paiement d'une amende infligée à celle-ci, qui a commis une infraction de propos délibéré ou par négligence, à condition que la Commission démontre, dans le même acte, que cette infraction aurait pu être également constatée dans le chef de l'*entreprise* devant répondre solidairement de l'amende ».[1267] Dans la mesure où la faute de l'association pouvait être imputée à ses membres, ces derniers pouvaient être solidairement tenus du paiement de l'amende infligée à cette dernière.

978. Il ressort de ces arrêts du Tribunal et de la Cour dans cette affaire que l'existence d'un rapport de solidarité découle de la condamnation de deux sociétés pour une même infraction.[1268] En d'autres termes, elles sont susceptibles d'engager leur responsabilité sur le même fondement. Ainsi, le fondement de la solidarité reposerait sur une responsabilité commune des sociétés, ce qui n'est d'ailleurs pas sans rappeler la notion d'entreprise, au sens du droit de la concurrence, et ce, d'autant plus que la Cour relève que « [l'association] constituait en réalité une unité économique avec chacune de ses sociétés membres produisant du carton ».

979. Plus récemment, dans l'affaire *Siemens Österreich*, les juges de l'Union ont rattaché expressément la solidarité au paiement de l'amende en droit de la concurrence de l'Union à la notion d'entreprise. Le Tribunal souligne que « [l]a solidarité entre sociétés pour le paiement des amendes dues en raison d'une infraction à l'article [101 TFUE] et à l'article 53 de l'accord EEE est un *effet juridique* qui découle, de plein droit, des dispositions matérielles de ces articles ».[1269] Et le Tribunal d'ajouter que « de même que la notion d'entreprise, au sens du droit de la concurrence, dont elle n'est qu'un *effet de plein droit*, la notion de "solidarité pour le paiement des amendes" est une notion autonome qu'il faut interpréter en se référant aux objectifs et au système du droit de la concurrence dont elle participe et, le cas échéant, aux principes généraux qui se dégagent de l'ensemble des systèmes de droit nationaux. En particulier, même si la nature de l'obligation de [paiement] qui pèse sur les sociétés auxquelles la Commission a infligé des amendes à payer

---

1266 CJCE, 16 novembre 2000, Metsa-Serlä e.a. c/ Commission, aff. C-294/98 P, précité, point 11 (italiques ajoutés).

1267 *Ibid (italiques ajoutés). Il faut bien entendu souligner que, à cet endroit, le terme « entreprise » renvoie au terme « société ».*

1268 Cette idée de responsabilité commune se retrouve assurément dans les premières décisions de la Commission de condamnation solidaire de plusieurs sociétés à une même amende. Voy. Comm. CE, déc. n° 72/457/CEE du 14 décembre 1972, ZOJA/CSC – ICI, aff. IV/26.911 ; n° 78/68CEE du 8 décembre 1977, Hugin/Liptons, aff. IV/29.132, JOCEE n° L 22 du 27 janvier 1978, p. 23 ; n° 80/1283/CEE du 25 novembre 1980, Johnson & Johnson, aff. IV/2970, JOCEE n° L 377 du 31 décembre 1980, p. 16 ; n° 94/601/CE du 13 juillet 1994, Carton, aff. IV/C/33.833, JOCE n° L 234 du 19 septembre 1994, p. 1. Il y en allait aussi de même lorsque la Commission ne parvenait pas à identifier une société de tête à qui imputer l'infraction. Voy. . Comm. CE, déc. n° 1999/60/CE du 21 octobre 1998, Conduites précalorifugés, aff. IC/35.691/E-4, JOCE n° L 24 du 30 janvier 1999, p. 1, s'agissant des sociétés Henss/Isoplus. Plus récemment, la Commission a également imputé solidairement une même infraction au successeur juridique et au successeur économique d'un même auteur d'une infraction, tous les deux appartenant à une même entreprise, au sens du droit de la concurrence de l'Union. Voy. Comm. eur., déc. n° C(2010) 7694 final du 9 novembre 2010, Fret aérien, aff. COMP/39258, résumé au JOUE n° C 371 du 18 octobre 2014, p. 11, pour les sociétés Air France-KLM et Air France.

1269 Trib. UE, 3 mars 2011, Siemens Österreich e.a. c/ Commission, aff. jointes T-122/07 à T-124/07, précité, point 152.

solidairement, en raison d'une infraction au droit communautaire de la concurrence, diffère de celle des codébiteurs d'une obligation de droit privé, il y a lieu de s'inspirer, notamment, du régime juridique de l'obligation solidaire »,[1270] cette qualification étant discutable s'agissant d'une obligation d'origine prétorienne.

980. Pour sa part, la Cour est d'autant plus explicite et affirme que « la notion du droit de l'Union de solidarité pour le paiement de l'amende [est] une manifestation d'un effet de plein droit de la notion d'entreprise, [au sens du droit de la concurrence] ». Elle ajoute qu'« [il] découle de l'article 23, paragraphe 2, du règlement nº 1/2003 que la Commission peut condamner solidairement à une amende plusieurs sociétés, dans la mesure où elles faisaient partie d'une même entreprise, [au sens du droit de la concurrence] ».[1271]

981. Ainsi, cette solidarité prétorienne a pour fondement la notion d'entreprise, au sens du droit de la concurrence. Schématiquement, puisque l'amende est, en théorie, infligée à l'entreprise et que l'entreprise a, encore en théorie, participé à l'infraction, l'amende ne peut qu'être infligée solidairement aux sociétés qui la composent. Toutefois, la solidarité gravite autour de deux idées : la communauté d'intérêts existant entre une filiale et sa société mère et la responsabilité commune qui découle du comportement de l'entreprise que la filiale et sa société mère composent ou ont composé durant la période infractionnelle. Or, la première demeure assurément contestable, dans la mesure où si une communauté d'intérêts peut exister, en apparence, entre des sociétés d'un même groupe, il ne saurait en aller de même en cas modification de la structure dudit groupe. L'idée de responsabilité commune est beaucoup plus séduisante. De par leur appartenance à une même entreprise, chaque société est réputée avoir participé de la même manière à l'infraction. On pourrait dès lors, au sein d'une même entreprise, retrouver à cet endroit l'idée d'indivisibilité de l'infraction mais aussi celle du lien de causalité entre le comportement infractionnel et l'infraction.[1272]

982. Au surplus, de par la référence à l'entreprise, au sens du droit de la concurrence, la solidarité ne saurait être contraire au principe *ne bis in idem*. Comme le souligne le Tribunal dans l'affaire *Siemens Österreich*, « [l]a solidarité pour le paiement des amendes infligées au titre d'une infraction à l'article 81 CE et à l'article 53 de l'accord EEE, en ce qu'elle concourt à garantir le recouvrement effectif desdites amendes, participe à l'objectif de dissuasion qui est généralement poursuivi par

---

1270 *Ibid., point 155 (italiques ajoutés).*

1271 CJUE, 10 avril 2014, Commission c/ Siemens AG Österreich e.a., C-231/11 P, Siemens Transmission & Distribution, C-232/11 P, et Siemens Transmission & Distribution et Nuova Magrini Galileo c/ Commission, C-233/11 P, précité, point 57.

1272 L'étude des fondements de la solidarité au paiement de l'amende en droit de la concurrence présente, par analogie, une similitude évidente avec celle des fondements de l'obligation in solidum en droit de la responsabilité. Sur ce point, un auteur souligne que le fondement véritable de l'obligation in solidum s'avère l'équité, dans la mesure où la condamnation solidaire au paiement des dommages et intérêts est utile à la victime. De la même manière, cet auteur avance que l'obligation in solidum a pu être fondée sur l'impossibilité de déterminer les parts dans le dommage de chaque coauteur (voy. M. Mignot, « Contrats et obligations – obligations conjointes et solidaires – obligation in solidum », J.-Cl civil code, fasc. 30, 7 juin 2016, nos 34 à 40). L'analogie est encore une fois tentante en droit de la concurrence, en ce que, du moins à l'échelle de l'Union, la Commission soutient qu'il ne lui appartient pas de déterminer les quotes-parts dans le paiement de l'amende de chaque société composant l'entreprise.

le droit de la concurrence [...], et ce[,] dans le respect du principe *ne bis in idem*, principe fondamental du droit de l'Union, également consacré par l'article 4 du protocole n° 7 de la CEDH, qui interdit, pour une même infraction au droit de la concurrence, de sanctionner plus d'une fois un même comportement d'entreprise sur le marché à travers les sujets de droit qui peuvent en être tenus pour personnellement responsables ».[1273] Cela se justifie aisément, dans la mesure où, *de lege lata*, c'est l'entreprise, au sens du droit de la concurrence, qui est l'auteur de l'infraction. De même, l'amende ne concerne en théorie que le comportement de l'entreprise, au sens du droit de la concurrence. Le fait que ladite entreprise soit potentiellement composée de plusieurs sociétés, qui sont tenues solidairement au paiement d'une même amende, ne saurait ainsi être contraire au principe *ne bis in idem.*

983. La notion d'entreprise occupe ainsi une place cardinale s'agissant de l'obligation au paiement de l'amende. Cette opération s'avère en effet gouvernée par l'idée de solidarité, laquelle découle précisément de l'appartenance de plusieurs sociétés, pendant l'infraction, à une même entreprise, au sens du droit de la concurrence. En l'absence de fondement textuel mais en raison de leur appartenance à une même entreprise, une filiale et sa société mère pourront être condamnées solidairement au paiement d'une même amende. Cette condamnation solidaire permettra opportunément aux autorités de concurrence de demander l'entier paiement de l'amende soit à la filiale soit à sa société mère, les protégeant notamment du risque d'insolvabilité de l'un des codébiteurs. *De lege ferenda*, l'ajout d'une disposition précise en ce sens se devrait d'être considérée. Étant en présence d'une matière répressive, la condamnation de plusieurs sociétés au paiement d'une même amende ne saurait uniquement découler d'une interprétation opportune de la notion d'entreprise.

1273 Trib. UE, 3 mars 2011, Siemens Österreich e.a. c/ Commission, aff. jointes T-122/07 à T-124/07, précité, point 151.

Chapitre 2
La contribution au paiement de l'amende

984. La contribution au paiement de l'amende recouvre plusieurs hypothèses. Une première hypothèse se conçoit, à première vue, aisément, à savoir celle de la contribution éventuelle au paiement de l'amende par l'une des sociétés, qui composait avec la société ayant désintéressé l'autorité de concurrence, une même entreprise, au sens du droit de la concurrence.

985. Une telle contribution pourrait avoir plusieurs fondements. En effet, du fait de leur appartenance à une même entreprise, au sens du droit de la concurrence, les sociétés s'avèrent, premièrement, tenues solidairement au paiement d'une même amende. Or, si, l'obligation au paiement de l'amende solidaire est certes dominée par un principe d'indivisibilité à l'égard de la Commission ou de l'Autorité de la concurrence, elle demeure toutefois susceptible de se diviser entre les codébiteurs solidaires. Aussi une société mère pourrait-elle exiger de sa filiale le paiement d'une part contributive dans le paiement effectué par la première et inversement.[1274]

986. S'agissant de cette part contributive, les contentieux dont ont pu connaître les juges nationaux révèlent des positions divergentes, lesquelles s'expliquent avant tout par la difficulté de quantifier la participation de chaque société, composant une même entreprise, au sens du droit de la concurrence, à l'infraction. Il en va particulièrement ainsi pour la société mère, laquelle n'en répond, en pratique, que de manière indirecte.

987. Deuxièmement, la contribution des sociétés composant avec le débiteur de l'amende une même entreprise, au sens du droit de la concurrence, pourrait également résulter d'une hypothèse d'école : une action en réparation formée par une société mère en raison du préjudice subi du fait du paiement de l'amende, laquelle résulterait de la seule participation de sa filiale à l'infraction. Troisièmement et plus simplement, les sociétés pourraient avoir anticipé cette hypothèse contentieuse en aménageant contractuellement la répartition d'une amende entre elles. Cet enjeu est de taille eu égard aux montants toujours plus élevés des amendes, et ce dans des hypothèses de restructurations sociétaires, comme le souligne à juste titre l'avocat général M. Mengozzi dans ses conclusions présentées dans l'affaire *Siemens Österreich*.[1275]

1274 Cette possibilité n'est pas sans incidence pour ce qui est de l'existence d'un intérêt à agir dans le cadre d'un recours en annulation devant le Tribunal : voy., sur ce point, Trib. UE, 5 octobre 2011, Mindo c/ Commission, aff. T-19/06, EU:T:2011:561, point 85 et CJUE, 11 avril 2013, Mindo c/ Commission, aff. C-625/11 P, EU:C:2013:229, point 50.

1275 Voy. conclusions de l'avocat général M. Mengozzi dans l'affaire Commission c/ Siemens Österreich e.a. et Siemens Österreich e.a. c/ Commission, aff. C-231/11 P, C-232/11 P, C-233/11 P, EU:C:2013:578.

988. À cet égard, si l'entreprise, au sens du droit de la concurrence, qui a en théorie commis l'infraction, existe toujours au jour de l'adoption de la décision de l'autorité de concurrence, il est difficile d'envisager une action en contribution d'une société mère contre sa filiale. En effet, les sociétés verticalement intégrées et constituant une même entreprise, au sens du droit de la concurrence, de par un mécanisme comptable, verront, en principe, l'amende prise en compte dans des comptes consolidés, c'est-à-dire pour le groupe dans son ensemble.[1276] En revanche, si l'entreprise, au sens du droit de la concurrence, n'existe plus au jour de l'adoption de ladite décision, l'exercice par la société mère d'un éventuel droit à contribution doit être fortement envisagé, particulièrement dans une situation où l'ancienne filiale appartient désormais à une nouvelle société mère.

989. Une deuxième hypothèse, moins fréquente en pratique, mais non moins importante, se doit également d'être prise en compte. Une société ne composant ou n'ayant jamais composé une même entreprise, au sens du droit de la concurrence, avec le débiteur de l'amende, pourrait être amenée à rembourser une partie de l'amende dont cette dernière s'est acquittée sur le fondement d'une convention. Cette convention, conclue à l'occasion notamment d'une cession de contrôle d'une filiale, peut prendre la forme soit d'une clause de garantie de passif soit d'une clause de révision de prix. Elle n'est également pas sans soulever plusieurs questions, portant, d'une part, sur l'incidence d'une telle convention dans l'office des autorités de concurrence, notamment quant à la détermination des responsabilités, et, d'autre part, sur la préservation de l'effet utile des règles de concurrence, en particulier de l'objectif de dissuasion de l'amende.

990. Que ce soit dans l'une ou l'autre des hypothèses envisagées, l'étude de la contribution au paiement de l'amende invite à s'intéresser non plus à la relation verticale entre la Commission ou l'Autorité de la concurrence mais à celle, horizontale, entre plusieurs sociétés susceptibles d'être concernées par une amende, en vertu soit de la solidarité, soit d'une obligation de nature contractuelle. Par ailleurs, si, en l'absence de restructurations sociétaires, ces hypothèses présentent davantage un intérêt théorique, elles auront assurément un intérêt pratique en présence de telles restructurations. Ainsi, il sera étudié, d'une part, la contribution au paiement de l'amende des sociétés appartenant ou ayant appartenu avec le débiteur effectif de l'amende à une même entreprise, au sens du droit de la concurrence (section 1) et, d'autre part, la contribution au paiement de l'amende par une société tierce, à savoir n'ayant jamais composé une même entreprise, au sens du droit de la concurrence, avec le débiteur effectif de l'amende (section 2).

Section 1
Les solutions légales

991. Pour apprécier la contribution éventuelle au paiement de l'amende d'une société composant ou ayant composé avec son débiteur une même entreprise, au sens du

---

[1276] Toute entreprise, au sens du droit de la concurrence, ne découle pas nécessairement d'un recours à la présomption capitalistique et l'exercice d'une influence déterminante peut parfois reposer sur un faisceau d'indices, de sorte qu'une demande en contribution d'une société mère contre sa filiale ne saurait être exclue.

droit de la concurrence, plusieurs questions se posent. La première a trait à l'existence du droit à contribution (§1). D'aucuns pourraient tenter de faire valoir que, en désinteressant la Commission ou l'Autorité de la concurrence, une société ne saurait exiger des autres sociétés de l'entreprise, au sens du droit de la concurrence, une contribution au paiement de l'amende, et ce, en l'absence de tout fondement textuel. À supposer que la société ayant désintéressé l'autorité de concurrence bénéficie du droit de demander une contribution au paiement de l'amende, la deuxième question portera sur l'exercice dudit droit (§2). En clair, il devra être identifié l'autorité auprès de laquelle elle pourra exiger une contribution ainsi que le fondement de son action. La troisième et dernière question concerne l'étendue du droit à contribution (§3). Elle invite à s'interroger notamment sur le point de savoir si une société mère qui aurait désinteressé une autorité de concurrence peut exiger la totalité ou seulement une partie de l'amende à sa filiale.

§ 1. Le fondement du droit à contribution

992. La question de l'existence d'un droit à contribution ne se pose pas si une société mère envisage de demander à sa filiale ou son ancienne filiale une contribution au paiement de l'amende sur le fondement d'un contrat qu'elles auraient conclu entre elles. Il en va tout autant si, à l'échelle nationale, la société mère décide d'engager la responsabilité personnelle d'une ancienne filiale pour le préjudice qu'elle subit du fait du paiement de l'amende consécutif à l'infraction à laquelle seule la seconde a participé.

993. Dans cette seconde hypothèse, certes théorique, une société mère devrait démontrer une faute de sa filiale, laquelle pourrait résider dans la participation de cette dernière à l'infraction. De même, son préjudice financier, qui résulte assurément du paiement de l'amende, serait directement en lien avec l'infraction de sa filiale. Toutefois, si une société mère peut toujours tenter d'engager la responsabilité personnelle de son ancienne filiale pour obtenir, en guise de contribution au paiement de l'amende, le versement par cette dernière de dommages et intérêts, il se doit d'être souligné que la société mère doit répondre du paiement de l'amende du seul fait de son appartenance avec son ancienne filiale à une même entreprise, au sens du droit de la concurrence. Or, en raison de son appartenance à cette entreprise, la société mère est réputée avoir commis elle-même l'infraction de sa filiale, de sorte que le versement de dommages et intérêts s'avère, à première lecture, hypothétique, pour le moins du point de vue du droit de la concurrence.

994. La question de l'existence d'un droit à contribution se pose en revanche avec une plus grande acuité pour ce qui concerne le régime de la solidarité au paiement de l'amende. Si l'existence d'un droit à contribution n'est reconnu dans aucun texte spécifique au droit de la concurrence de l'Union et au droit français de la concurrence, cela n'implique pas pour autant que ces droits s'y opposent.[1277]

[1277] La Cour aurait certes pu répondre à cette question si le Bundesgerichtshof n'avait pas retiré sa demande de question préjudicielle dans l'affaire Gigaset : voy. CJUE, 4 juillet 2014, Gigaset c/ SKW e.a., aff. C-451/13, EU:C:2014:2125. À l'échelle nationale, voy., notamment, Cass. com., 10 juillet 2018, GEA Group., nos 17-13.973 et 17-14.110, où la chambre commerciale de la Cour de cassation reconnaît implicitement la possibilité de

995. Pour ce qui concerne le droit de la concurrence de l'Union, l'article 23 du règlement n° 1/2003 fait certes uniquement référence au pouvoir de sanction de la Commission en cas d'infraction au droit de la concurrence, il ne s'intéresse pas aux rapports entre les sociétés composant une même entreprise, au sens du droit de la concurrence. Cette incomplétude n'implique toutefois pas, à première vue, qu'une société mère qui aurait désinteressé la Commission, en raison du rapport de solidarité l'unissant à sa filiale, ne puisse exiger de la part de cette dernière une contribution au paiement de l'amende.

996. Tout d'abord, l'existence d'une solidarité d'origine prétorienne ne fait pas obstacle à l'existence d'un droit à contribution. Bien au contraire, le droit à contribution est, en principe, une conséquence juridique de l'existence d'un rapport de solidarité entre différents débiteurs. Il en va notamment ainsi, par analogie, en droit de la responsabilité civile pour des coauteurs d'un même dommage.

997. Ensuite, eu égard à la coloration pénale du droit de la concurrence, les débats ayant eu lieu au sujet de la solidarité pénale méritent une attention particulière. En effet, la question s'y est posée de savoir si un coauteur, condamné solidairement au versement de plusieurs amendes pouvait disposer d'une action en contribution contre les autres coauteurs.[1278] Un auteur a pu soutenir que la solidarité pénale constituait une aggravation de la peine, de sorte que, dans cette hypothèse, la personne ayant payé les amendes des autres coauteurs d'une infraction, à savoir le *solvens*, ne disposait d'aucun droit de recours.[1279] Toutefois, *de lega lata*, la solidarité pénale demeure conçue comme une garantie civile sur une peine. Autrement dit, si le codébiteur paye l'amende à laquelle il est personnellement condamné, il dispose toujours d'un recours, en principe, contre les autres coauteurs d'une infraction pour les amendes qui leur sont personnelles.

998. Au surplus, cette question a pu se poser pour ce qui concerne la solidarité douanière ou la solidarité fiscale, sans soulever le même débat qu'en droit pénal.[1280]

---

demander une contribution au paiement d'une amende en droit de la concurrence entre sociétés ayant formé une même entreprise, au sens du droit de la concurrence.

1278 Voy. M. Mignot, Les obligations solidaires et les obligations in solidum en droit privé français, Nouvelles Bibliothèques de thèses, Dalloz, 2002, n° 772, p. 580.

1279 *Ibid. Cela peut se comprendre, dans la mesure où désormais la solidarité pénale n'est possible qu'en cas d'insolvabilité des coauteurs de l'infraction. En d'autres termes, si ces derniers sont insolvables, l'existence d'un droit à contribution se pose dans les faits.*

1280 En matière fiscale, voy., notamment, Cass. crim., 25 février 2015, n° 14-85300. Dans cette affaire inédite, la chambre criminelle de la Cour de cassation a refusé de renvoyer au Conseil constitutionnel une question portant sur la conformité à la Constitution de l'article 1745 du Code général des impôts : « [l]'article 1745 du code général des impôts en ce qu'il, d'une part, prive le juge pénal, qui choisit de prononcer la solidarité, de moduler l'étendue de la solidarité et, partant, d'individualiser la peine, d'autre part, dispense le juge pénal de motiver sa décision, de troisième part, ne prévoit aucun recours effectif contre le prononcé de la solidarité, est-il conforme au principe d'individualisation des peines, aux droits de la défense et leur corollaire, le principe du contradictoire, au droit à un recours effectif et au droit au procès équitable et à l'obligation qui en découle de motiver les décisions en matière répressive, protégés par les articles 7, 8, 9 et 16 de la Déclaration des droits de l'Homme ». La Cour de cassation relève que « d'une part, le juge, tenant compte des faits et circonstances de la cause, n'est pas tenu de prononcer la solidarité ; d'autre part, cette mesure ne revêt pas le caractère d'une punition dès lors que celui qui s'est acquitté du paiement des impôts fraudés et des pénalités afférentes dispose d'une action récursoire contre le débiteur principal et, le cas échéant, contre les codébiteurs solidaires ; enfin, la personne condamnée conserve le pouvoir de contester tant la qualité de débiteur solidaire que le bien-fondé et l'exigibilité de la dette et de s'opposer aux poursuites devant

L'existence d'un droit à contribution ne saurait être contesté, précisément car les codébiteurs sont solidairement tenus au paiement d'une même amende.[1281]

999. Enfin, le droit de la concurrence de l'Union reconnaît, dans certaines hypothèses analogues, l'existence d'un tel droit conformément aux droits nationaux applicables. À cet égard, le considérant 30 du règlement n° 1/2003 prévoit expressément une telle possibilité en référence au droit national applicable, s'agissant d'un recours entre des « entreprises » qui sont membres d'une association.[1282] Aux termes du considérant, « [l]e paiement de l'amende par un ou plusieurs membres de l'association est *sans préjudice des dispositions de droit national* qui prévoient le recouvrement du montant payé auprès des autres membres de l'association ».[1283] En clair, tout en renvoyant au droit national, le législateur de l'Union prévoit l'existence d'un droit à contribution entre entreprises membres d'une même association. Ainsi, il ne saurait être considéré que le droit de la concurrence de l'Union, voire le droit français de la concurrence, s'oppose, en théorie, à l'existence d'un tel droit à contribution entre sociétés composant une même entreprise, au sens du droit de la concurrence.

1000. Ce constat est corroboré en pratique. Ainsi, dans son arrêt prononcé dans l'affaire *Siemens Österreich*, la Cour souligne que, « en principe, le droit de l'Union ne s'oppose pas à ce que la répartition interne d'une […] amende soit effectuée selon une règle du droit national qui détermine les quotes-parts des codébiteurs solidaires en tenant compte de leur responsabilité ou de leur culpabilité relative dans la commission de l'infraction reprochée à l'entreprise dont elles faisaient parties […] ».[1284] Il en va de même dans l'affaire *Mindo*, dans laquelle la Cour relève qu'« il e[st] constant entre les parties que le droit italien relatif à la contribution entre des parties solidairement responsables d'une créance confère [à la société mère] le droit de demander [à sa filiale] de contribuer au paiement de l'amende »[1285] ou encore dans l'affaire *Air France-KLM* où le Tribunal reconnaît que, « si cela est prevu par le droit national, les juridictions nationales peuvent être saisies d'actions récursoires ».[1286]

---

les juridictions compétentes » (italique ajouté). En matière douanière, voy., notamment, CA Montpellier, 13 octobre 2015, n° 13/09007.

1281 Il se doit toutefois d'être souligné que l'exercice d'une action récursoire en matière pénale relève d'une hypothèse d'école, en ce que la solidarité ne saurait être prononcée, aux termes des articles L. 375-2 et L. 480-1 du code de procédure pénale, que si un auteur d'une infraction s'est entouré de coauteurs insolvables. Sur la solidarité en matière pénale, voy., plus précisément, J.-Y Maréchal, « Tribunal correctionnel – Solidarité », J.-Cl Procédure pénale, Lexisnexis, 21 août 2017, nos 64 à 68.

1282 En private enforcement, une telle possibilité a été expressément prévue pour les recours entre « entreprises » qui ont été solidairement condamnées au paiement de dommages et intérêts.

1283 Règlement n° 1/2003, cons. 30.

1284 CJUE, 10 avril 2014, Commission c/ Siemens Österreich e.a. et Siemens Österreich e.a. c/ Commission, aff. C-231/11 P, C-232/11 P, C-233/11 P, EU:C:2014:256, point 71.

1285 CJUE, 11 avril 2013, Mindo c/ Commission, aff. C-652/11 P, EU:C:2013:229, point 36. Voy, également, pour une référence à cet arrêt par le Tribunal dans l'affaire Sasol, Trib. UE, 11 juillet 2014, Sasol c/ Commission, aff. T-541/08, EU:T:2014:628, point 451 : selon le Tribunal, « il convient de prendre en compte le fait que, dans les droits nationaux, la responsabilité solidaire du paiement de l'amende infligée en raison d'une infraction à l'article 81 CE confère à chacun des codébiteurs actionnés en paiement le droit de demander à l'autre de contribuer au paiement de la part de l'amende payée en son nom ».

1286 Trib. UE, 16 décembre 2015, Air France-KLM c/ Commission, aff. T-62/11, EU:T:2015:996, point 49.

1001. À l'échelle nationale, la Cour de cassation, dans l'affaire *GEA*, reconnaît explicitement la possibilité pour une société mère ne former à l'encontre de son ancienne filiale une action en contribution. Elle relève ainsi que « le rapport de solidarité qui existe entre deux sociétés constituant une entité économique, tel qu'il est défini par le droit de la concurrence, ne se réduisant pas à un simple cautionnement fourni par l'une aux fins de garantir le paiement de l'amende infligée à l'autre et le bénéfice de la procédure de clémence accordée à l'une [est] sans incidence sur *le recours en contribution* qui pourrait être exercé entre elles ».[1287]

1002. En d'autres termes, tant le droit de la concurrence de l'Union que le droit français de la concurrence ne s'opposent pas à l'exercice d'un recours en contribution entre sociétés ayant constitué pendant l'infraction une même entreprise, au sens du droit de la concurrence. Il se doit toutefois d'être souligné que, à l'échelle de l'Union, l'existence du droit à contribution ne se conçoit que relativement au droit national applicable à l'action, ce qui, au demeurant, n'est pas sans soulever des questions de droit international privé.[1288] En tout état de cause, une fois l'existence du droit, il y a lieu d'envisager son exercice, notamment devant quelle autorité.

§ 2. L'exercice du droit à contribution

1003. S'agissant du recours en contribution, à savoir de « l'action exercée par le codébiteur qui a payé le tout contre ses coobligés »,[1289] la première question qui se pose est celle de sa nature. Il pourrait certes s'agir d'une action en exécution d'un contrat, dans l'hypothèse où les parties seraient convenues préalablement de la répartition de l'amende à la suite d'une condamnation solidaire au paiement d'une amende. En l'absence de convention, d'autres actions pourraient être envisagées. Les débats doctrinaux ayant marqué l'élaboration du régime de l'obligation *in solidum* en droit français présentent, par analogie, un intérêt certain.[1290] En effet, si la solidarité au paiement de l'amende découle d'un effet de plein droit de la notion d'entreprise, au sens du droit de la concurrence, l'exercice d'un droit à contribution n'est prévu, tant en droit de la concurrence de l'Union qu'en droit interne de la concurrence, par aucune disposition textuelle. En tout état de cause, la nature de l'action pourrait être de deux sortes : un recours personnel ou un recours subrogatoire.[1291]

1287 Cass. com., 10 juillet 2018, GEA Group, nos 17.13973 et 17.14140.

1288 Ces questions pourraient se poser avec une grande acuité, dans l'hypothèse où certains régimes juridiques nationaux ne reconnaîtraient pas la possibilité de l'exercice par l'un des codébiteurs solidaires d'une action en contribution dirigée contre les autres codébiteurs.

1289 Cornu, op. cit., v° « action », p. 24 .

1290 *De lege lata, seul l'article 1317, alinéa 2, du code civil prévoit la possibilité, dans le cadre d'une obligation solidaire, au sens du droit français, pour un codébiteur d'exercer un recours contre les autres à proportion de leurs propres parts. Le recours est ici personnel et repose sur un fondement légal. L'on relèvera toutefois que, de lege ferenda, l'article 1265 du projet de réforme du droit de la responsabilité civile prévoit, en substance, un recours identique en cas de pluralité d'auteurs d'un même dommage.*

1291 Sur cette distinction en matière d'obligation in solidum, voy. M. Mignot, Les obligations solidaires et les obligations in solidum en droit privé français, Nouvelles Bibliothèques de thèses, Dalloz, 2002, nos 802 et s., p. 604. Plus récemment, voy., du même auteur, « Contrats et obligations – Obligations conjointes et solidaires – Obligation in solidum », J.-Cl civil code, Lexisnexis, 7 juin 2016, nos 77 à 83.

1004. Une action personnel pourrait résider dans l'action « *de in rem verso* ». Toutefois, cette action, en ce qu'elle vise à corriger un appauvrissement qui découle d'un enrichissement sans cause, ne semble pas être l'action idoine.[1292] Elle est admise lorsqu'une personne s'est enrichie au détriment d'une autre et que l'appauvrissement corrélatif qui en est résulté ne trouve sa justification, ni dans une convention ou une libéralité ni dans une disposition légale ou réglementaire. Or, les sociétés composant une même entreprise sont solidairement tenues au paiement d'une amende, en raison d'une obligation, certes prétorienne, mais qui résulte d'une interprétation des dispositions du droit de la concurrence conférant aux autorités de concurrence le pouvoir de sanctionner les auteurs d'une infraction au paiement d'une même amende.[1293] Ainsi, dans l'hypothèse où le paiement est effectué en totalité par une société mère pour le compte de son ancienne filiale, son appauvrissement découle précisément d'une disposition textuelle. Cependant, si la solidarité au paiement de l'amende est perçue comme une garantie conférée à la Commission ou l'Autorité de la concurrence pour le recouvrement de l'amende, il pourrait être considéré, de manière convaincante, que la société ayant désintéressé l'autorité de concurrence concernée s'est acquitée de sa part dans le paiement de l'amende mais aussi de la part des autres codébiteurs, lesquels se seraient ainsi enrichis.[1294] Il pourrait être également évoqué, en droit interne, l'action en réparation, fondée sur l'article 1234 du code civil. Il en va ainsi, par analogie, en matière d'accident de la circulation, où la Cour de cassation aurait jugé qu'un recours en contribution pouvait être, en substance, fondé sur cette disposition.[1295]

1005. Un autre type de recours pourrait être envisagé de manière convaincante : le recours subrogatoire. Dans cette hypothèse, la société ayant désintéressé la Commission ou l'Autorité de concurrence serait subrogée dans les droits de l'autorité de concurrence concernée à l'égard des autres codébiteurs. Plus précisément, le codébiteur s'étant acquitté de l'amende disposerait d'un recours en contribution pour la part de l'amende des autres codébiteurs.[1296]

1292 Indépendamment de l'opportunité d'exercer une action de in rem verso, relevons que, en droit français, l'article 1303-3 du code civil dispose que « [l]'appauvri n'a pas d'action sur ce fondement lorsqu'une autre action lui est ouverte [...] ». Ainsi, l'action de in rem verso est une action subsidiaire. Par ailleurs, s'agissant de la possibilité de fonder l'action récursoire sur les principes tirés de l'enrichissement sans cause, relevons également que cette possibilité a été débattue principalement en doctrine : voy., notamment, M. Mignot, Les obligations solidaires et les obligations in solidum en droit privé français, Nouvelles Bibliothèques de thèses, Dalloz, 2002, nos 802 et s., p. 604.

1293 Comme le souligne le doyen Carbonnier, « le seul enrichissement pris en considération est celui qui est sans cause » (Carbonnier, op. cit., p. 2436, no 1223).

1294 La gestion d'affaires a pu également être mentionnée en doctrine pour fonder le recours personnel d'un codébiteur contre les autres : voy. Mignot, J.-Cl civil code, précité, n° 78. Toutefois, pour ce qui concerne la répartition d'une amende infligée solidairement, invoquer la gestion d'affaires ne saurait être pertinent, dans la mesure où elle suppose notamment l'intention altruiste du codébiteur, ce qui fait assurément défaut pour le paiement d'une amende par une société mère pour le comportement infractionnel de son ancienne filiale.

1295 Voy. Mignot, J.-Cl civil code, précité, n° 81, citant, notamment, Cass. civ. 2e, 8 juillet 2004, n° 02-21.565, inédit. La deuxième chambre civile juge que « le conducteur d'un véhicule terrestre à moteur impliqué dans un accident de la circulation et son assureur qui a indemnisé les dommages causés à un tiers ne peuvent exercer un recours contre un autre conducteur impliqué que sur le fondement des articles 1382, 1214 et 1251 du code civil ». La référence à l'article 1214 ancien du code civil implique selon un auteur que la Cour de cassation reconnaît à côté d'un recours subrogatoire l'existence d'un recours personnel fondé sur l'article 1382 du code civil, ancien

1296 Se fonder sur l'hypothèse d'un recours subrogatoire pourrait être discutable en termes d'opportunité car le recours subrogatoire n'est possible que l'action du créancier à l'égard des autres codébiteurs n'est pas éteinte, notamment par le jeu de la prescription (voy. Mignot, J.-Cl civil code, précité, n° 87).

1006. Outre ce débat relativement théorique, la seconde question qui se pose est celle de l'autorité auprès de laquelle sera, en pratique, demandée une contribution au paiement de l'amende. La question s'avère assurément complexe pour une action qui se fonde sur le rapport de solidarité existant entre les sociétés composant ou ayant composé une même entreprise, au sens du droit de la concurrence. Sur ce point, deux réponses opposées peuvent être, à première vue, données. Soit il appartient aux autorités de concurrence, dans le cadre de la fixation du montant de l'amende, de répartir l'amende solidaire entre ses codébiteurs, soit c'est là le seul office des juridictions compétentes des États membres.

1007. À cet égard, la délimitation des compétences, s'agissant de la mise en œuvre de la solidarité et des conséquences découlant de la condamnation solidaire de plusieurs sociétés, ayant composé ou composant une même entreprise, au sens du droit de la concurrence, au paiement d'une même amende a été notamment débattue dans l'affaire *Siemens Österreich.*[1297] Certes, cette affaire portait sur la compétence ou non de la Commission pour répartir l'amende solidaire entre ses codébiteurs. Il n'en reste pas moins que la solution y apportée par la Cour pourrait être transposée en droit français de la concurrence.

1008. L'affaire *Siemens Österreich* présente un grand intérêt, puisque se sont révélées divergentes les positions du Tribunal et, sur pourvoi, de l'avocat général M. Mengozzi et de la Cour. De manière schématique, une société mère avait été condamnée solidairement avec ses anciennes filiales au paiement d'une amende, correspondant à la période de l'infraction durant laquelle elles composaient ensemble une même entreprise, au sens du droit de la concurrence. À la suite du paiement de l'amende, cette société avait tenté devant le Tribunal de commerce de Grenoble, et ce, avant même que le Tribunal ne se prononce sur le recours en annulation formé contre la décision de la Commission, d'obtenir la condamnation de ses anciennes filiales au versement d'une contribution au paiement de l'amende préalablement effectué.[1298]

1009. Le Tribunal de commerce de Grenoble s'était déclaré incompétent pour traiter de la question des quotes-parts entre codébiteurs solidaires. Ce dernier faisait observer que « faute d'accord entre les parties et d'indication relative à la répartition du poids de l'amende, se pose la question de savoir si le Tribunal de céans est compétent pour trancher ce litige à caractère privé sans violer la décision de la Commission qui est devenue définitive à l'égard de [l'ancienne société mère] qui a introduit le recours ».[1299] ou qu'« il n'appartient pas à une juridiction nationale de se livrer à une [...] interprétation [d'une décision de la Commission] et de trancher ce point de droit qui ne l'a jamais été jusqu'à présent, seules les

---

1297 Voy. Trib. UE, 3 mars 2011, Siemens Österreich e.a. c/ Commission, aff. T-122/07 à T-124/07, EU:T:2011:70 et, sur pourvoi, CJUE, 10 avril 2014, Commission c/ Siemens Österreich e.a. et Siemens Österreich e.a. c/ Commission, aff. C-231/11 P, C-232/11 P, C-233/11 P, EU:C:2014:256. Voy., également, l'arrêt de la Cour dans l'affaire Villeroy et Boch, CJUE, 26 janv. 2017, Villeroy & Bosch c/ Commission, aff. C-625/13 P, EU:C:2017:52, points 143 et s.

1298 Voy. Trib. UE, 3 mars 2011, Siemens Österreich e.a. c/ Commission, aff. T-122/07 à T-124/07, EU:T:2011:70, point 30 et Tribunal de Commerce de Grenoble, 18 décembre 2009, Schneider e.a., 2007J528.

1299 Tribunal de Commerce de Grenoble, 18 décembre 2009, Schneider e.a., 2007J528, inédit.

juridictions européennes étant compétentes pour fixer ce point de droit [...] ».[1300] Aussi revenait-il aux juges de l'Union de trancher cette question.

1010. En première instance, le Tribunal avait adopté une position claire, contraire à celle défendue par la Commission. Cette dernière soulignait, d'une part, que « les débiteurs solidaires sont totalement libres quant à la distribution en interne du montant total de l'amende »,[1301] c'est-à-dire qu'elle ne saurait répartir ce montant. S'agissant de la répartition du montant, elle suggérait, lors de l'audience, qu'il appartenait, le cas échéant, aux « tribunaux nationaux », de répartir l'amende solidaire.[1302]

1011. Pour sa part, le Tribunal a jugé qu'« [i]l appartient [...] exclusivement à la Commission, dans le cadre de l'exercice de sa compétence pour infliger des amendes, en vertu de l'article 23, paragraphe 2, du règlement n° 1/2003, de déterminer la quote-part respective des différentes sociétés dans les montants auxquels elles ont été condamnées solidairement, dans la mesure où elles faisaient partie d'une même entreprise [au sens du droit de la concurrence] ».[1303] Pour parvenir à cette solution, le Tribunal s'est inspiré des « principes généraux qui se dégagent de l'ensemble des systèmes de droit nationaux ».[1304] Il souligne que « même si la nature de l'obligation de paiement qui pèse sur les sociétés [composant une même entreprise, au sens du droit de la concurrence], auxquelles la Commission a infligé des amendes à payer solidairement, en raison d'une infraction au droit communautaire de la concurrence, diffère de celle des codébiteurs d'une obligation de droit privé, il y a lieu de s'inspirer, notamment, du régime juridique de l'obligation solidaire ».[1305] À cet égard, le régime juridique de l'obligation solidaire comprend, en principe, tant l'obligation à la dette que la contribution à la dette. Aussi le Tribunal considère-t-il que pour ce qui concerne précisément la contribution au paiement de l'amende, il appartient à la Commission, seule, de répartir l'amende.

1012. La portée de cette solution pourrait toutefois être limitée, étant donné que quelques mois après son arrêt prononcé dans l'affaire *Siemens Österreich*, le Tribunal, certes dans une formation de jugement différente, a jugé, dans l'affaire *Schindler Holding*, que « la détermination des contributions respectives de sociétés appartenant à un même groupe, solidairement tenues au paiement d'une même amende, est du ressort de ces dernières ».[1306] En d'autres termes, dans cette affaire le Tribunal faisait sien la position de la Commission. La position du Tribunal, dans l'affaire *Siemens Österreich*, pourrait en tout état de cause ne pas convaincre, dans la mesure où le Tribunal confère une telle obligation à la Commission en l'absence de base juridique expresse. Certes, la combinaison de l'article 23 du règlement n° 1/2003 et de la notion d'entreprise, au sens du droit de la concurrence, permet à la Commission d'imposer solidairement une même amende à des

---

1300 *Ibid.*

1301 Trib. UE, 3 mars 2011, Siemens Österreich e.a. c/ Commission, aff. T-122/07 à T-124/07, EU:T:2011:70, point 121.

1302 *Ibid., point 157.*

1303 *Ibid., point 157.*

1304 *Ibid., point 155.*

1305 *Id.*

1306 Trib. UE, 13 juillet 2011, Schindler Holding e.a. c/ Commission, aff. T-138/07, EU:T:2011:362, point 194.

sociétés composant cette même entreprise, au sens dudit droit ; il n'en reste pas moins que l'article 23 du règlement n° 1/2003 ne prévoit en rien la compétence de la Commission pour la répartir entre les sociétés. Ce débat s'est par la suite déplacé au sein de la Cour, où, là encore, des divergences se sont faites jour entre l'avocat général M. Mengozzi et la Cour.

1013. Tout d'abord, l'avocat général M. Mengozzi considérait, en termes d'opportunité, que déterminer les quotes-parts des codébiteurs solidaires au paiement d'une même amende ne se justifie pas en toutes hypothèses. Selon ce dernier, il conviendrait de connaître les quotes-parts de chaque société composant une même entreprise, au sens du droit de la concurrence, uniquement dans l'hypothèse où la structure de cette dernière a évolué au gré des restructurations sociétaires au jour de la décision de la Commission.[1307] C'est dans des hypothèses de restructurations, où schématiquement une société mère et son ancienne filiale ne font plus partie de la même entreprise, au sens du droit de la concurrence, qu'il appartiendrait à la Commission de déterminer les quotes-parts. Dans le cas où l'entreprise, au sens du droit de la concurrence, subsite au jour de l'adoption de la décision infligeant une amende, cette dernière s'intègre au groupe de sociétés par le biais d'un mécanisme comptable. Autrement dit, le risque de contentieux en vue de la répartition de l'amende demeure économiquement inexistant. Ensuite, l'avocat général adoptait une position de compromis entre celles défendues respectivement par la Commission et par le Tribunal. Il prenait position pour un système où la Commission et les juridictions nationales disposeraient de compétences « parallèles et concurrentes ».[1308] Par une lecture combinée de l'article 13, paragraphe 2, du TUE, selon lequel chaque institution agit dans les limites des attributions qui lui sont conférées dans les traité, et de l'article 23, paragraphe 2, du règlement n° 1/2003, il relève, d'une part, que le pouvoir d'imposer des amendes est propre à la Commission. D'autre part, celui de condamner des sociétés solidairement n'est prévu expressément par aucune règle de l'Union en matière de concurrence. Toutefois, aucune disposition en droit de l'Union n'empêche également la Commission de répartir l'amende entre les codébiteurs solidaires dans l'hypothèse spécifique où l'entreprise, au sens du droit de la concurrence, n'existe plus au jour de la décision de la Commission. Aussi concluait-il à l'établissement de compétences parallèles et concurrentes entre la Commission et les juridictions nationales.[1309] Enfin, cette compétence ne saurait, selon l'avocat général, être exclusive.[1310] Il optait pour une compétence principale de la Commission et une compétence résiduelle du juge national dans le cas où la Commission n'aurait pas déterminé les quotes-parts de l'amende pour chaque société solidairement condamnée. En clair, la Commission aurait la compétence de déterminer les relations de solidarité entre codébiteurs, sans y être, en principe, tenue. Une telle obligation ne lui incomberait qu'à titre exceptionnel, et notamment dans le cas « où, au moment où la décision

---

1307 Voy. conclusions de l'avocat général M. Mengozzi présentées le 19 septembre 2013 dans l'affaire Commission c/ Siemens Österreich e.a. et Siemens Österreich e.a. c/ Commission, aff. C-231/11 P, C-232/11 P, C-233/11 P, EU:C:2013:578, point 55.

1308 *Ibid., points 63 et 64.*

1309 *Id.*

1310 *Ibid., point 125.*

est adoptée, l'entité économique qui a commis l'infraction n'existe plus sous la forme où elle existait quand l'infraction a été commise ».

1014. Pour sa part, la Cour n'a pas souhaité suivre, sur ce point, les conclusions pertinentes de son avocat général et a pris position pour une compétence exclusive des juridictions nationales. S'agissant de l'absence d'obligation à la charge de la Commission, la Cour a considéré que « s'il est vrai que la décision de la Commission infligeant des amendes doit nécessairement être adressée aux personnes juridiques constituant une entreprise, cette contrainte, qui présente un caractère purement pratique, n'implique pas que, lorsque la Commission fait usage de la faculté de condamner solidairement à une amende plusieurs personnes juridiques, dès lors qu'elles formaient une seule entreprise lors de la commission de l'infraction, les règles et les principes du droit de la concurrence de l'Union seraient applicables non seulement à l'entreprise concernée, mais également aux personnes juridiques la composant ».[1311] Elle a ajouté que « les règles du droit de la concurrence de l'Union, y compris celles relatives au pouvoir de sanction de la Commission, et les principes du droit de l'Union de responsabilité personnelle pour l'infraction et d'individualisation[1312] des peines et des sanctions devant être respectés lors de l'exercice de ce pouvoir de sanction ne concernent que l'entreprise en tant que telle et non les personnes physiques ou morales qui en font partie ».[1313] En d'autres termes, la Commission n'a aucune obligation de se prononcer sur la répartition de l'amende entre codébiteurs solidaires.[1314] Par ailleurs, la Cour a relevé que la solidarité est un mécanisme juridique qui renforce l'efficacité de l'action de la Commission en matière de recouvrement d'amendes, dans la mesure où il réduit le nombre de débiteurs, contre lesquels la Commission se doit d'agir en paiement, et accentue l'effet dissuasif de l'amende. Aussi juge-t-elle que la répartition de l'amende dans les rapports entre codébiteurs ne poursuit pas ces mêmes objectifs. Il s'agit « d'un contentieux qui intervient à un stade ultérieur, qui ne présente en principe plus d'intérêt pour la Commission, dans la mesure où la totalité de l'amende lui a été payée par l'un ou par plusieurs desdits codébiteurs ».[1315]

§ 3. L'étendue du droit à contribution

1015. Plus le nombre de codébiteurs solidaires sera élevé, plus la société codébitrice ayant désintéressé l'autorité de concurrence concernée aura d'opportunités pour

---

1311 CJUE, 10 avril 2014, Commission c/ Siemens Österreich e.a. et Siemens Österreich e.a. c/ Commission, aff. C-231/11 P, C-232/11 P, C-233/11 P, EU:C:2014:256, point 55. Voy., pour une confirmation par le Tribunal de cette approche, Trib. UE, 12 juillet 2018, The Goldman Sachs Group c/ Commission, aff. T-419/14, EU:T:2018:445 et Trib. UE, 12 juillet 2018, Prysmian c/ Commission, aff. T-475/14, EU:T:2018:448.

1312 La Cour vise le principe d'individualisation des peines. Toutefois, à notre sens, il serait plus juste d'évoquer à cet endroit le principe d'individualité des peines.

1313 CJUE, 10 avril 2014, Commission c/ Siemens Österreich e.a. et Siemens Österreich e.a. c/ Commission, aff. C-231/11 P, C-232/11 P, C-233/11 P, EU:C:2014:256, point 56.

1314 Relevons tout de même que l'article 15, paragraphe 3, du règlement n° 1/2003 permet à la Commission d'intervenir en tant qu'amicus curiae devant les juridictions nationales. À cet égard, l'argument selon lequel, la Commission ne devrait pas être tenu de déterminer la quote-part de chaque codébiteur solidaire dans la mesure où cela pourrait alourdir leur charge de travail est partiellement remis en cause si la Commission se devait d'intervenir auprès des juridictions nationales dans le cadre de la procédure d'amicus curiae.

1315 *Ibid., point 60.*

obtenir une contribution au paiement de l'amende.[1316] Cette logique numérale ne permet toutefois pas de renseigner sur la clef de répartition de l'amende entre codébiteurs solidaires. Aussi, à défaut d'aménagement contractuel, une étude des principaux régimes juridiques nationaux se doit-elle d'être conduite. La question se pose de savoir si des principes communs peuvent être dégagés, permettant ainsi d'éviter des disparités entre États membres.

1016. Par ailleurs, le juge national pourrait ne pas être libre de déterminer conformément au droit applicable la clef de répartition de l'amende entre sociétés composant une même entreprise, au sens du droit de la concurrence. Selon la Cour, « en l'absence de fixation par voie contractuelle des quotes-parts des codébiteurs d'une amende à laquelle ceux-ci ont été condamnés solidairement, il incombe aux juridictions nationales de déterminer ces quotes-parts, dans le respect du droit de l'Union, en faisant application du droit national applicable au litige ».[1317] Son office s'avère encadré par le droit de l'Union, de sorte que l'incidence dudit droit doit être envisagée.[1318] Ainsi, seront successivement étudiés les principes de répartition d'une dette solidaire, selon le droit national applicable (A) et l'incidence du droit de l'Union sur cette clef de répartition (B).

A. L'étendue de la contribution selon le droit national

1017. Il faut d'emblée observer que, en droit de la concurrence, la question de la répartition de l'amende entre les sociétés appartenant à une même entreprise pourrait se poser en des termes identiques notamment en matière douanière ou en matière de responsabilité civile.[1319] En ces matières les codébiteurs solidaires sont tenus d'une même dette : une amende en matière douanière et des dommages et intérêts en matière civile.[1320] Pour ce qui concerne à ce stade du raisonnement le droit français, les réponses apportées en ces matières dans le cadre de demande en contribution pourraient, par analogie, présenter un intérêt certain.

1316 La disparition d'un codébiteur solidaire ne saurait toutefois entraîner de réduction du montant de l'amende solidaire ainsi qu'il ressort de l'arrêt du Tribunal dans l'affaire Akzo Nobel. Dans cette affaire, la filiale commune et l'une des sociétés mères contestaient le fait d'être redevables solidairement d'une amende, pour laquelle elles étaient initialement solidairement trois à en être tenues. Autrement dit, leur quote-part respective dans l'amende avait augmenté du fait de la disparition de l'un des codébiteurs solidaires (voy. Trib. UE, 15 juillet 2015, Akzo Nobel e.a. c/ Commission, aff. T-485/11, EU:T:2015:517, point 76 et le recours introduit le 12 septembre 2011, Akzo Nobel e.a. c/ Commission, aff. T-485/11 (JOUE 2011, C 331, p. 25).

1317 CJUE, 10 avril 2014, Commission c/ Siemens AG Österreich e.a., C-231/11 P, Siemens Transmission & Distribution, C-232/11 P, et Siemens Transmission & Distribution et Nuova Magrini Galileo c/ Commission, C-233/11 P, précité, point 62.

1318 La Cour aurait certes pu répondre à cette question si le Bundesgerichtshof n'avait pas retiré sa demande de question préjudicielle dans l'affaire Gigaset : voy. CJUE, 4 juillet 2014, Gigaset c/ SKW e.a., aff. C-451/13, EU:C:2014:2125.

1319 Cette question ne saurait toutefois se poser en des termes identiques s'agissant de la solidarité en matière pénale ou fiscale. L'objet de l'obligation solidaire y est plural, à savoir qu'il porte sur chaque amende infligée à chaque codébiteur, la contribution des codébiteurs solidaires s'élèvent, pour chacun, au montant de l'amende auquel ils ont été condamnés.

1320 Voy., pour la matière douanière et à titre d'illustration, CA Montpellier, 13 octobre 2015, n° 13/09007. La répartition de l'amende entre les codébiteurs solidaires s'effectue sur le fondement de l'article 1214 du code civil (ancien).

1018. Indépendamment de ce tout premier constat, le juge national pourrait, à première vue, répartir l'amende entre les codébiteurs solidaires de deux manières. Par analogie avec les principes applicables en matière civile, il pourrait soit répartir l'amende entre les sociétés composant une même entreprise, au sens du droit de la concurrence, à la suite d'une analyse *in concreto* de la participation à l'infraction de chaque société, en application soit de la théorie civiliste de la causalité adéquate, soit privilégier une répartition à part égale – c'est-à-dire par parts viriles – entre les sociétés, en application de la théorie civiliste de l'équivalence des conditions.

1019. À cet égard, certaines dispositions, certes non contraignantes, permettent d'avoir un premier aperçu d'un socle commun aux dispositions de droit national. Les principes européens de la responsabilité délictuelle et le projet pour un « code civil européen » contiennent en effet certaines dispositions ayant trait aux relations entre des codébiteurs solidaires.[1321]

1020. Les principes européens de la responsabilité délictuelle résultent d'un projet initié depuis 1992 par un groupe de travail chargé d'étudier les applications de la responsabilité civile dans divers pays européens. L'étude de ces principes a permis d'identifier des principes communs dans la répartition d'une dette entre plusieurs codébiteurs.[1322] L'article 9:102 dispose notamment que « le montant de la contribution doit être justement évalué en fonction de la responsabilité incombant à chacun des auteurs, eu égard au degré de leur faute respective et à tout autre élément permettant d'établir ou de réduire leur responsabilité ». Ainsi, la responsabilité exacte de chacun des codébiteurs dans la survenance du dommage se doit d'être déterminée. Il s'agira pour un juge national souhaitant faire application d'un tel principe de se référer à la notion de causalité adéquate.

1021. Par ailleurs, des principes communs en droit civil ont été également dégagés en cas de pluralité de débiteurs dans le projet visant à la création d'un Code civil européen. Le Draft Common Frame of Reference (DCFR) qui a été rédigé par le « Study Group on a European Civil Code et le Research Group on EC Private Law » vise à identifier les similitudes entres les régimes nationaux de droit privé en Europe et à montrer que ces systèmes de droit civil constituent l'expression régionale d'un héritage européen commun.[1323] À cet égard, l'article III-4:106 qui prévoit la répartition de responsabilité dans le rapport interne entre codébiteurs solidaires dispose que pour la « répartition de la dette entre les codébiteurs solidaires (1) [l]es codébiteurs solidaires sont tenus, les uns à l'égard des autres, à des parts égales. (2) Si deux ou plusieurs débiteurs sont solidairement responsables pour le même dommage, leurs

---

1321 Comme l'avocat général Mme Kokott a déjà pu avoir recours au projet pour un code civil européen dans ses conclusions afin de prouver l'existence de certaines règles « dans la grande majorité des États membres », il serait envisageable, selon nous, à ce que ces dispositions constituent des règles communes à l'échelle européenne. Voy. conclusions de l'avocat général Mme Kokott du 24 octobre 2013 dans l'affaire A.M. van der Ham e.a., aff. C-396/12, EU:C:2013:698, point 77 et note 39. Par ailleurs, selon l'avocat général Mme Trstenjak, il est concevable que la Cour ait recours au DCFR « afin de parvenir à des solutions appropriées dans les litiges de droit civil ». Voy. conclusions de l'avocat général Mme Trstenjak du 6 juillet 2010 dans l'affaire VB Pénzügyi Lízing, aff. C-137/08, EU:C:2010:401, note 54.

1322 Voy. European Group on Tort Law, Principes du droit européen de la responsabilité civile, éd. française sous la dir. de O. Moréteau, société de législation comparée, vol. 11.

1323 Voy. Study Group on a European Civil Code et Research Group on EC Private Law, Draft Common Frame of Reference, C. von Bar, E. Clive, H. Schulte-Nölke, Sellier, 2009.

parts contributives de responsabilité sont égales, sauf si des parts contributives de responsabilité différentes sont plus adéquates au regard de toutes les circonstances de l'espèce, en particulier de la faute de chacun ou de la mesure dans laquelle une source de risque dont l'un d'entre eux était responsable a contribué à la réalisation ou l'étendue du dommage ».[1324] La responsabilité à parts égales constitue seulement une règle résiduelle, pour le cas où une autre répartition n'apparaît pas plus adéquate eu égard aux circonstances d'une affaire. Plus particulièrement, la faute est mentionnée en tant que facteur pertinent, ce qui implique également, en tout logique, une contribution causale à la faute.

1022. En tout état de cause, bien que constituant une synthèse intéressante des droits européens, ces dispositions ne dispensent pas pour autant d'étudier celles propres aux États membres, avec une attention particulière pour deux systèmes de la famille romano-germanique : le système français (1) et le système allemand (2).

1. En droit français

1023. Le code civil consacre une partie du chapitre 1er du titre IV du livre III aux obligations solidaires. Les articles 1317 à 1319 traitent de la solidarité entre codébiteurs. L'article 1317 du code civil dispose qu'« [e]ntre eux, les codébiteurs solidaires ne contribuent à la dette que chacun pour sa part ». Il ajoute que « [c]elui qui a payé au-delà de sa part dispose d'un recours contre les autres à proportion de leur propre part ». À cet égard, « [s]i l'un d'eux est insolvable, sa part se répartit, par contribution, entre les codébiteurs solvables, y compris celui qui a fait le paiement et celui qui a bénéficié d'une remise de solidarité ». L'article 1318 du code civil précise que « [s]i la dette procède d'une affaire qui ne concerne que l'un des codébiteurs solidaires, celui-ci est seul tenu de la dette à l'égard des autres. S'il l'a payée, il ne dispose d'aucun recours contre ses codébiteurs. Si ceux-ci l'ont payée, ils disposent d'un recours contre lui ». Ainsi, le principe demeure celui de la contribution de chaque codébiteur pour sa part dans l'obligation. Toutefois, le régime de l'obligation solidaire pourrait ne pas être transposable à l'action récursoire entre sociétés composant une même entreprise, au sens du droit de la concurrence. Le domaine de l'obligation solidaire demeure circonscrit en droit français à des hypothèses particulières, comme la solidarité entre époux, la solidarité fiscale ou encore, à titre exceptionnel, la solidarité pénale. En tout état de cause, la solidarité au paiement de l'amende pourrait présenter des similitudes avec le régime de l'obligation dite *in solidum*.[1325] En droit français de la responsabilité civile, l'obligation *in solidum* est l'obligation qui lit les coauteurs d'un même dommage. En d'autres termes, les coauteurs seront solidairement tenus à l'égard de la victime du paiement des dommages et intérêts. Il en va en substance de même au sein d'une même entreprise, au sens du droit de la concurrence, à la seule différence – certes majeure – que l'objet de l'obligation demeure une même amende infligée pour la participation de l'entreprise à l'infraction.

1324 *Ibid., article III-4:106.*

1325 La nature de l'obligation au paiement de l'amende qui lit plusieurs sociétés formant une même entreprise, au sens du droit de la concurrence, pourrait toutefois être débattue à la lumière des effets procéduraux consécutifs à l'exercice d'un recours contre la décision infligeant une amende solidaire : voy. infra, nos 1148 à 1173.

1024. Certes, le droit français ne contient pas, *de lege lata*, de dispositions spécifiques concernant la péréquation dans les rapports internes des dommages et intérêts dus à la victime. Toutefois, plusieurs principes peuvent être dégagés de la jurisprudence. Premièrement, si des codébiteurs solidaires ont commis un acte illicite, le partage de responsabilité s'effectue en fonction du degré de faute de chaque débiteur solidaire.[1326] Deuxièmement, une faute particulièrement lourde d'un des débiteurs solidaires peut conduire à ce que la faute plus légère d'un autre débiteur solidaire soit absorbée, de sorte que ce dernier est entièrement exonéré dans le rapport interne.[1327] Troisièmement, dans certains cas, l'importance de la contribution causale à la survenance du dommage est également prise en compte en plus de la faute.[1328] Si l'un des codébiteurs solidaires a commis l'acte irrégulier, alors que l'autre est responsable du dommage sur le fondement d'une responsabilité objective, il est possible que, dans le rapport interne, seule la personne qui a effectivement commis l'acte irrégulier soit responsable.[1329] Elle ne dispose pas d'un droit à péréquation avec la personne dont la responsabilité vis-à-vis de la victime résulte d'une responsabilité objective.[1330] Quatrièmement, une responsabilité à parts égales s'applique lorsqu'il n'est pas possible de déterminer quelle responsabilité est la plus importante.[1331]

1025. Le projet de réforme du droit de la responsabilité civile de mars 2017 comble toutefois cette lacune et prévoit des dispositions spécifiques concernant la répartition des dommages et intérêts entre codébiteurs solidaires. Il dispose en son article 1265 que « [l]orsque plusieurs personnes sont responsables d'un même dommage, elles sont solidairement tenues à réparation envers la victime » et que « [s]i toutes ou certaines d'entre elles ont commis une faute, elles contribuent entre elles à proportion de la gravité et du rôle causal du fait générateur qui leur est imputable. Si aucune d'elles n'a commis de faute, elles contribuent à proportion du rôle causal du fait générateur qui leur est imputable, ou à défaut par parts égales ».[1332]

1026. Enfin, et de manière plus prégnante, mais toujours par analogie, le code de commerce contient des dispositions s'agissant de la répartition des dommages et intérêts entre plusieurs personnes physique ou morale qui auraient été condamnées à réparer le préjudice subi par une victime d'une pratique anticoncurrentielle. L'article L. 481-11 du code de commerce dispose que les codébiteurs solidaires « contribuent [...] à la dette de réparation à proportion de la gravité de leurs fautes respectives et de leur rôle causal dans la réalisation du dommage ».

1027. Deux enseignements peuvent être tirés de ces dispositions. Le premier est que le juge est tenu, en principe, d'évaluer la gravité et le rôle causal de la faute de

1326 Voy., notamment, Cass. civ. 2e, 25 janvier 2007, n° 6-13.611 ; Cass. civ. 1re, 14 février 2008, n° 7-11.710 et Cass. civ. 2e, 13 janvier 2011, n° 9-71.196. Lorsque les juges ne parviennent pas à apprécier le degré de gravité de la faute de chaque codébiteur, ils peuvent, dans certaine hypothèse, répartir la dette en fonction des profits retirés par chaque coauteur (voy., sur ce point, M. Mignot, « Contrats et obligations – Obligations conjointes et solidaires – Obligation in solidum », J.-Cl civil code, Lexisnexis, 7 juin 2016, n° 64).

1327 Voy., notamment, Cass. civ. 1re, 23 novembre 1999, n° 97-12.595 et Cass. civ. 1re, 13 janvier 2004, n° 00-20 399.

1328 Voy., notamment, Cass. civ. 2e, 15 novembre 1972, n° 71-10637.

1329 Voy., notamment, Cass. civ. 2e, 24 avril 1981, n° 78-16.553 et Cass. civ. 2e, 25 novembre 1987, n° 86-16.074.

1330 Voy., notamment, Cass. civ. 2e, 24 avril 1981 et Cass. civ. 2e, 5 juin 1991, n° 90-12117.

1331 Voy., notamment, Cass. civ. 2e, 1er mars 2001, n° 99-11.974 et Cass. civ. 2e, 20 juin 2002, n° 00-20996.

1332 Sur ce point, voy. A. Bénabent, Droit des obligations, Domat, droit privé, 2016, 15e éd., LGDJ, n° 640, p. 482.

chacun des codébiteurs. Le second est que, à défaut, la dette pourra être répartie par parts égales. L'application d'une telle grille de lecture en droit de la concurrence pour les recours entre sociétés composant une même entreprise, au sens du droit de la concurrence, ne s'impose toutefois pas avec la même clarté.

1028. Pour ce qui concerne le droit français, seul le Tribunal de commerce de Grenoble a eu, à notre connaissance, à connaître du contentieux de la répartition d'une amende entre sociétés ayant composé une même entreprise pendant l'infraction. Par le prisme d'une action récursoire introduite par la la société Schneider, ancienne société mère des sociétés Siemens transmission & distribution et Magrini, avait sollicité le remboursement de l'amende solidaire versée à la Commission dans l'affaire *Siemens Österreich.*[1333]

1029. Dans un premier temps, le Tribunal de commerce s'était déclaré incompétent pour interpréter la décision de la Commission et se prononcer sur le partage de la charge de l'amende. Dans un second temps, à l'issu de l'arrêt du Tribunal dans l'affaire Siemens Österreich, Schneider a saisi de nouveau le Tribunal de commerce de Grenoble pour obtenir le remboursement des deux tiers de l'amende qu'elle avait payée. Le Tribunal a accueilli sa demande et réparti à parts égales l'amende entre les codébiteurs. À la suite d'un appel interjeté par les anciennes filiales de Schneider, ces dernières se sont désistées en raison d'un accord amiable avec Schneider.[1334]

1030. Indépendamment du contenu de l'accord amiable, lequel demeure secret, force est de relever que le Tribunal de commerce de Grenoble a choisi de répartir l'amende en parts égales entre les sociétés composant une même entreprise, au sens du droit de la concurrence, et ce, sans analyser la gravité et le rôle causal de la faute de chacune des sociétés dans l'infraction, ce qui, dans l'absolu, n'est pas des plus aisés, eu égard à la complexité inhérente aux cartels internationaux.

2. En droit allemand

1031. Pour sa part, le droit allemand contient également plusieurs dispositions relatives à la répartition d'une dette solidaire entre codébiteurs. Tout d'abord, l'article 426 du BGB dispose que « (1) [d]ans leurs rapports réciproques les uns avec les autres, les débiteurs solidaires sont tenus chacun à une part égale, pour autant qu'il n'en a pas été disposé autrement. Si la quote-part qui incombe à l'un des débiteurs solidaires ne peut être obtenue de lui, le déficit doit être supporté par les autres débiteurs qui sont obligés à une péréquation entre eux. (2) Dans la mesure où l'un des débiteurs solidaires désintéresse le créancier et peut réclamer aux autres débiteurs qu'il soit procédé à la péréquation, la créance du créancier contre les autres débiteurs lui est transférée. Le transfert ne peut être invoqué aux dépens du créancier ».[1335] Ensuite, l'article 254 du BGB prévoit

---

1333 Voy. Trib. UE, 3 mars 2011, Siemens Österreich e.a. c/ Commission, aff. T-122/07 à T-124/07, EU:T:2011:70 et, sur pourvoi, CJUE, 10 avril 2014, Commission c/ Siemens Österreich e.a. et Siemens Österreich e.a. c/ Commission, aff. C-231/11 P, C-232/11 P, C-233/11 P, EU:C:2014:256.

1334 Voy. L. Bernardeau, « Droit international privé et droit de la concurrence », Communication au comité français de droit international privé, 31 mars 2017.

1335 Voy. C. Witz, M. Pédamon, R. Legeais, G. Lardeux, Code civil allemand – traduction commentée, Juriscope/ Dalloz, 1re éd., 2010, § 426.

l'hypothèse d'une faute partagée. Il dispose que « (1) [l]orsque la personne lésée a coopéré par sa faute à la survenance du dommage, l'obligation de réparer et l'étendue de la réparation à fournir dépendent des circonstances et notamment de la question de savoir dans quelle mesure ce dommage a été causé de façon prépondérante par l'une ou l'autre partie. (2) Il en est ainsi même lorsque la faute de la victime se limite au fait d'avoir omis d'aviser le débiteur du danger d'un dommage exceptionnellement élevé, danger que le débiteur ne connaissait ni ne devait connaître, ou d'avoir omis d'écarter ou de diminuer le dommage [...] ».[1336] Puis, l'article 831 du BGB régit la responsabilité pour les préposés. Il dispose « (1) [c]elui qui prépose un autre à une fonction est tenu de réparer le préjudice que cet autre cause illicitement à un tiers dans l'exécution de cette fonction. L'obligation de réparer n'existe plus lorsque le maître de l'affaire a employé la diligence requise par l'usage soit dans le choix de la personne commise, soit, lorsqu'il doit fournir des appareils ou des outils ou diriger l'exécution de l'opération, dans l'acquisition de ces matériels ou dans la direction de l'opération qui lui incombait ; elle n'existe pas non plus si le préjudice serait survenu même si pareille diligence avait été appliquée. [...] ».[1337] Enfin, l'article 840 du BGB régit la responsabilité en cas d'une pluralité de débiteurs de dommages-intérêts. Il dispose que « (1) [l]orsque plusieurs personnes sont responsables du dommage causé par un acte illicite, elles sont tenues comme débiteurs solidaires. (2) Si une première personne répond du préjudice qu'elle a causé et que sa responsabilité se cumule avec celle d'une autre personne tenue aux termes des §§ 831 et 832 de réparer ce préjudice, seule est tenue dans leurs rapports respectifs la première personne et, dans le cas du § 829, celle qui a la charge de la surveillance [...] ».[1338]

1032. En d'autres termes, l'article 426 du BGB prévoit une responsabilité à parts égales des codébiteurs solidaires, mais seulement « pour autant qu'il n'en a pas été disposé autrement ».[1339] La règle de la répartition à parts égales constitue ainsi une clause résiduelle, qui est écartée par l'article 254 du BGB lorsque la dette solidaire est destinée à une réparation, chaque débiteur solidaire devant supporter une part de ladite dette correspondant à sa participation causale et fautive au préjudice. Si cette approche venait à être privilégiée, elle serait identique à celle éventuellement applicable en droit français. Une situation comparable à celle de la filiale et de la société mère responsable à titre accessoire pourrait être également visée, par analogie, à l'article 840, paragraphe 2, du BGB, qui régit l'obligation solidaire du commettant et de son préposé pour les actes illicites commis par ce dernier. Schématiquement, la partie qui n'est responsable qu'en vertu d'une violation présumée de ses obligations est privilégiée par rapport au véritable auteur du préjudice. Dans le rapport interne, ce dernier répond, en principe, seul du

---

1336 *Ibid., § 254.*

1337 *Ibid., § 831.*

1338 *Ibid., § 840. Il sera relevé que l'article 829 BGB prévoit l'hypothèse d'un dommage causé par un mineur ou un aliéné.*

1339 L'article 426 du BGB dispose que « [d]ie Gesamtschuldner sind im Verhältnis zueinander zu gleichen Anteilen verpflichtet, soweit nicht ein anderes bestimmt ist [...] » (italique ajouté) (« les codébiteurs solidaires sont dans leurs relations tenus à parts égales, sauf s'il en est décidé autrement [...] [traduction libre]).

préjudice.[1340] Partant, si cette approche était privilégiée, il pourrait être considéré que la seule filiale devrait répondre de l'amende.

1033. S'agissant de l'application de ces principes en droit allemand, il y a lieu de se référer à l'affaire *Gigaset*, seule affaire ayant donné lieu à la répartition d'une amende entre sociétés composant une même entreprise, au sens du droit de la concurrence.[1341] Dans cette affaire, la Commission avait infligé à Arques industries (devenue Gigaset) et à ses anciennes filiales, solidairement, une amende s'élevant à 13,3 millions d'euros. Gigaset avait versé à la Commission une somme de 6 798 012,49 euros au titre de l'amende et des intérêts échus.[1342] Parallèlement audit paiement, l'ancienne société mère avait exercé devant les juridictions allemandes une action visant à ce que soient déclarées ses anciennes filiales comme responsables du paiement intégral de l'amende. Cette dernière a vu son recours rejeté tant devant le Landesgericht München que devant l'Oberlandesgericht München.[1343]

1034. Les juridictions allemandes ont notamment considéré qu'il incombait à la société mère de payer l'intégralité de l'amende, dans la mesure où, d'une part, elle avait schématiquement bénéficié financièrement de la participation au cartel de ses filiales et que, d'autre part, faire peser la totalité de l'amende sur ses filiales lui permettait de contourner le paiement de l'amende dans ses rapports de solidarité interne.[1344] Au surplus, elles ont considéré que faire peser l'amende sur ses filiales reviendraient à imposer une amende à leur nouvelle société mère.

1035. Sur pourvoi, le Bundesgerichtshof s'est prononcé sur le régime devant être appliqué par les juridictions allemandes dans l'hypothèse d'un tel contentieux. Selon ce dernier, les rapports de solidarité entre codébiteurs sont à déterminer en application de l'article 426, paragraphe 1, BGB.[1345] Ainsi, les sociétés composant une même entreprise, au sens du droit de la concurrence, disposent d'un droit à contribution, qui sera à déterminer en fonction des circonstances de l'espèce, parmi lesquelles la participation exacte de chaque société dans la survenance du dommage et les caractéristiques de l'affaire. Les juges allemands devront également prendre en compte, notamment, la part de la société mère dans le capital de sa filiale, l'exercice de l'influence déterminante ou encore l'existence d'un contrat de cession de bénéfice.[1346] Partant, selon le Bundesgerichtshof, une société mère ne sera pas nécessairement et obligatoirement tenue au paiement intégral de l'amende. Autrement dit, la répartition de l'amende par parts égales demeure l'exception.[1347]

1340 Voy., notamment, Münchener Kommentar zum Bürgerlichen Gesetzbuch, vol. 5, 6e éd. 2013, article 840, point 16.

1341 S'agissant de l'affaire Gigaset devant le Tribunal, voy. Trib. UE, 23 janvier 2014, Gigaset c/ Commission, aff. T-395/09, EU:T:2014:23. S'agissant de l'affaire devant le Bundesgerichtshof, voy. Bundesgerichtshof, 18 novembre 2014, Gigaset, KZR 15/12.

1342 Voy. Bundesgerichtshof, 18 novembre 2014, Gigaset, KZR 15/12, points 1 à 9.

1343 Voy. OLG München, 9 février 2012, Gigaset.

1344 Voy. BGH, 18 novembre 2014, Gigaset, KZR 15/12, points 70 à 90.

1345 *Ibid., point 30. Selon le Bundesgerichtshof, « [d]iese Vorschrift ist im Verhältnis zwischen Rechtsträgern des Privatrechts auch dann anwendbar, wenn die Verpflichtung im Außenverhältnis auf öffentlichrechtlichen oder strafrechtlichen Grundlagen beruht » (« cette disposition est applicable entre débiteurs, même si l'obligation dont ils sont tenus dans les rapports externes est de nature administrative ou pénale » [traduction libre]).*

1346 Voy. BGH, 18 novembre 2014, Gigaset, KZR 15/12, points 35 et 81.

1347 Pour ce qui concerne les systèmes de la famille de Common Law, le droit anglais ne contient pas de règles spécifiques concernant la péréquation entre codébiteurs solidaires d'une amende. Par analogie, le droit à péréquation

B. L'encadrement de la contribution par le droit de l'Union

1036. Indépendamment des règles de répartition applicables en droit national, la question pourrait se poser de savoir si le juge national est libre de répartir l'amende. À première vue, cette question devrait recevoir une réponse affirmative : la répartition de l'amende incombe, selon la Cour, au juge national en application du droit national applicable à la relation entre sociétés composant une même entreprise, au sens du droit de la concurrence.

1037. Toutefois, la Cour juge, dans l'affaire *Siemens Österreich*, que « en l'absence de fixation par voie contractuelle des quotes-parts des codébiteurs d'une amende à laquelle ceux-ci ont été condamnés solidairement, il incombe aux juridictions nationales de déterminer ces quotes-parts, *dans le respect du droit de l'Union*, en faisant application du droit national applicable au litige ».[1348]

1038. À cet égard, la Cour aurait certes pu clarifier l'incidence du droit de l'Union dans le cadre des différentes questions posée, à titre préjudicielle, par le Bundesgerischtshof dans l'affaire *Gigaset*.[1349] Parmi les questions posées par la Cour fédérale allemande, l'une portait sur le point de savoir si le droit de l'Union contenait des dispositions sur la question de savoir comment l'amende doit être répartie dans le rapport interne entre les débiteurs solidaires. Il n'en reste pas moins que, à la suite de l'arrêt prononcé par la Cour dans l'affaire *Siemens Österreich*, le Bundesgerischtshof a, d'une part, retiré l'ensemble de ses questions et la Cour, d'autre part, a décidé de ne pas évoquer l'affaire. Pour autant, sans que la Cour ne se soit prononcée à ce jour sur ce point, une étude des dispositions du droit de l'Union révèle que ce dernier encadre l'office du juge national. Cet encadrement se vérifie à la lumière du principe d'effectivité du droit de l'Union (1), du règlement n° 1/2003 (2) et de la décision de la Commission (3).

1. Le principe d'effectivité du droit de l'Union

1039. Un encadrement par le droit de l'Union pourrait se justifier à la lumière du principe d'effectivité. Assurément, faire peser la totalité de l'amende sur la filiale ou sur sa société mère mère pourrait ne pas permettre de garantir le respect des articles 101 et/ou 102 TFUE, ainsi qu'il ressort des débats devant le BGH dans l'affaire *Gigaset*.[1350] La préservation de l'effet utile des articles 101 TFUE et 102 TFUE se retrouve également par le prisme de la préservation de l'effet dissuasif des amendes. Or, cet objectif de dissuasion pourrait ne pas être rempli si une société composant une même entreprise, au sens du droit de la concurrence, était exonérée de toute part contributive dans l'amende versée à une autorité de concurrence.

---

entre codébiteurs solidaires de dommages-intérêts est prévu par la section 2 du Civil Liability Act de 1978.. Parmi les critères auxquels les juridictions anglaises ont recours figurent notamment la contribution causale, les degrés relatifs d'imputabilité et la mesure dans laquelle le débiteur solidaire a profité de l'acte irrégulier ou en a tiré un bénéfice durable.

1348 CJUE, 10 avril 2014, Commission c/ Siemens Österreich e.a. et Siemens Österreich e.a. c/ Commission, aff. C-231/11 P, C-232/11 P, C-233/11 P, EU:C:2014:256, point 67 (italique ajouté).

1349 Voy. CJUE, 4 juillet 2014, Gigaset c/ SKW e.a., aff. C-451/13, EU:C:2014:2125.

1350 Voy. BGH, Gigaset, précité, point 79.

1040. Une position opposée pourrait toutefois être défendue. Il doit être souligné qu'il s'agit ici d'un contentieux civil national, visant certes à répartir une amende pour une infraction aux règles de concurrence, mais qui demeure soumis aux règles de droit national régissant les rapports entre une pluralité de codébiteurs. L'effectivité du droit de l'Union étant garantie par la sanction des sociétés composant une même entreprise, au sens du droit de la concurrence, à une même amende.

1041. En tout état de cause, en cas de doute sur la clef de répartition entre des sociétés composant une même entreprise, au sens du droit de la concurrence, le juge national pourra toujours interroger la Cour par le biais d'un renvoi préjudiciel sur le fondement de l'article 267 TFUE. Ainsi, les juges de l'Union pourront apporter des précisions, bienvenues, quant à l'incidence du droit de la concurrence de l'Union dans le cadre d'un tel contentieux.

2. Le règlement n° 1/2003

1042. Le règlement n° 1/2003 contient l'ensemble des règles portant sur la mise en œuvre par la Commission et par les juridictions nationales des articles 101 TFUE et 102 TFUE. À cet égard, le juge national pourrait devoir tenir compte de certaines dispositions dudit règlement dans la répartition de l'amende entre sociétés composant une même entreprise, au sens du droit de la concurrence.

1043. Il pourrait en aller ainsi de l'article 23 du règlement n° 1/2003, lequel prévoit que l'amende ne saurait dépasser 10 % du chiffre d'affaires de « l'entreprise ».[1351] *De lege lata*, lorsque une société mère et sa filiale forment toujours une même entreprise, au sens du droit de la concurrence, au jour de la décision de la Commission, le plafond de 10 % sera fixé relativement au chiffre d'affaires de la société mère. En revanche, si la société mère et sa filiale ne forment plus une telle entreprise, le plafond sera fixé en tenant compte du chiffre d'affaires respectif de chaque société.

1044. S'agissant du plafond de l'amende, le Bundesgerichtshof considère, dans sa décision rendue dans l'affaire *Gigaset*, qu'il constitue un critère à prendre en compte pour la détermination du droit à contribution de chaque société composant une même entreprise, au sens du droit de la concurrence.[1352]

1045. Certes, lorsque le plafond de 10 % est appliqué de manière distributive, précisément dans l'hypothèse de restructurations sociétaires, l'amende solidaire ne saurait au maximum excéder 10 % du chiffre d'affaires de l'ancienne filiale. Cette dernière pourrait potentiellement devoir s'acquitter de l'ensemble de l'amende à laquelle elle est tenue solidairement, sans que cette répartition n'enfreigne la règle du plafond de 10 %. En revanche, l'incidence du plafond de 10 % ne saurait être négligeable, dans l'hypothèse où postérieurement à la décision de la Commission, la société mère cède le contrôle de sa filiale à une autre société mère. Dans cette hypothèse, le rapport de solidarité porte, *de lege lata*, sur une amende correspondant au maximum à 10 % du chiffre d'affaires de l'ancienne société mère. Ainsi,

---

1351 Sur le plafond légal de 10 %, voy. supra, nos 800 à 817.

1352 Voy. BGH, Gigaset, précité, points 66 à 69. Outre le plafond légal de 10 %, le Bundesgerichtshof précise que devra aussi être pris en compte les capacités financières des codébiteurs. À cet égard, la question pourrait se poser de savoir si seul un état d'insolvabilité justifierait la prise en compte desdites capacités financières.

il ne saurait être exclu qu'une filiale soit tenue de contribuer, dans le cadre d'une action récursoire, pour une somme excédant 10 % de son chiffre d'affaires. Dans ce contexte, le juge national pourrait être tenu de prendre en compte la règle du plafonnement de l'amende à 10 % du chiffre d'affaires pour limiter le droit à contribution à 10 % du chiffre d'affaires de l'ancienne filiale.

3. La décision de la Commission

1046. Assurément, le juge national ne pourra pas ignorer la décision de la Commission, dans la mesure où c'est sur la base de cette même décision qu'il sera éventuellement en mesure d'apprécier la part de chaque société composant une même entreprise dans l'infraction. Le juge national pourra tirer de la décision des constatations factuelles susceptibles de revêtir de l'importance pour la détermination des quotes-parts de l'amende dans les rapports internes. Il pourrait en aller ainsi pour les constatations relatives à l'implication respective de la filiale et de sa société mère.

1047. À cet égard, certaines circonstances concernant par exemple le comportement de la société mère sont sans pertinence pour la constatation de l'existence de l'exercice d'une influence déterminante selon le droit de la concurrence de l'Union, mais peuvent être pertinentes en droit national. À titre d'illustration, le fait que la filiale n'ait pas suivi des instructions de sa société mère de ne pas participer à une infraction ou encore la mise en place généralisée de programmes de conformité pourraient jouer un rôle dans la détermination des parts de chaque société dans l'amende.

1048. Si le juge national ne saurait s'affranchir des considérations de la Commission contenues dans la décision de cette dernière, la question se pose toutefois de savoir si une action peut être exercée devant un juge national visant à la répartition de l'amende alors que la décision de la Commission fait l'objet d'un recours pendant devant le Tribunal. Cette hypothèse n'est pas une hypothèse d'école et s'est posée dans l'affaire *Gigaset*. Plus particulièrement, dans le cadre du renvoi préjudiciel dans cette même affaire, le Bundesgerichtshof avait interrogé la Cour sur le point de savoir si un débiteur solidaire qui a payé l'amende entièrement ou en partie peut demander aux autres débiteurs solidaires qu'il soit procédé à la péréquation avant même l'intervention d'une décision définitive sur un recours introduit contre la fixation de l'amende.[1353]

1049. À cet égard, l'article 16 du règlement n° 1/2003 et la jurisprudence *Masterfoods*[1354] pourraient s'opposer à une demande de péréquation avant qu'une décision définitive ne soit rendue sur un recours en annulation introduit contre la décision de la Commission. En application de cette disposition, les juridictions nationales ne peuvent pas prendre de décisions relevant des articles 101 TFUE et 102 TFUE qui iraient à l'encontre de la décision adoptée par la Commission en ce qui concerne le même comportement. Il découle en outre de la jurisprudence de la Cour qu'il appartient à la juridiction nationale d'apprécier s'il y a lieu de

---

1353 Voy. demande de décision préjudicielle présentée par le Bundesgerichtshof (Allemagne) le 12 août 2013, Gigaset c/ SKW e.a., aff. C-451/13 (JO 2013, L 344, p. 41). Le Bundesgerichtshof demandait notamment à la Cour si « [u]n débiteur solidaire qui a payé l'amende entièrement ou en partie peut-il demander aux autres débiteurs solidaires qu'il soit procédé à la péréquation avant même l'intervention d'une décision définitive sur un recours introduit contre la fixation de l'amende ».

1354 Voy. CJCE, 14 décembre 2000, Masterfoods et HB, C-344/98, EU:C:2000:689.

surseoir à statuer jusqu'à ce qu'une décision définitive soit rendue sur le recours en annulation introduit dans les délais contre la décision de la Commission.[1355]

1050. Toutefois, il n'en découle aucune interdiction de principe. La juridiction nationale se doit seulement de veiller à ce que l'action récursoire ne soit pas en mesure d'aller à l'encontre des considérations de la Commission. Par ailleurs, si la décision de cette dernière ne règle pas expressément le rapport de solidarité entre société composant une même entreprise, au sens du droit de la concurrence, mais contient des constatations de faits pertinentes aux fins de répartir l'amende, la juridiction nationale peut alors se référer à ces éléments afin d'éviter une contradiction sur le fond. S'il n'existe pas de risque de décisions contradictoires, le droit de l'Union ne s'oppose pas à une demande en répartition de l'amende avant que la décision de la Commission ne devienne définitive.

1051. En tout état de cause, l'exercice du droit à contribution relève du droit des États membres et est notamment soumise aux règles nationales en matière de prescription de l'action. Si un codébiteur solidaire devait attendre que la décision de la Commission devienne définitive, il existerait un risque de forclusion de l'action récursoire. À titre d'illustration, en droit allemand, le droit à péréquation est soumis au délai normal de prescription de 3 ans prévu à l'article 195 du BGB, ce délai commençant à courir à la fin de l'année au cours de laquelle le droit est devenu exigible et connu des personnes ayant droit à contribution, conformément à l'article 199, paragraphe 1, du BGB. En droit français, la société ayant désintéressé la Commission ou l'Autorité de la concurrence disposerait d'un délai de cinq ans pour exercer son action, à compter du paiement de l'amende.[1356]

1052. Outre la contribution au paiement de l'amende par d'autres sociétés composant l'entreprise, au sens du droit de la concurrence, demeure également celle de la contribution par une société tierce. Cette hypothèse, moins fréquente en pratique, doit être tout autant prise en considération, dans la mesure où elle permet à une société mère d'obtenir auprès d'une ancienne société mère un éventuel embourse-ment de l'amende dont s'est acquittée sa filiale.

Section 2
Les aménagements conventionnels

1053. Nonobstant le principe de personnalité des peines en vertu duquel l'amende est propre à la personne à qui on l'impute,[1357] il est des hypothèses en droit de la concurrence où une société pourrait obtenir d'une autre, avec laquelle elle ne forme

---

1355 Ibid., point 55.

1356 Voy. article 2224 du code civil. S'agissant de l'influence du droit de l'Union, si le fondement du recours en contribution est la subrogation, la question pourrait se poser de savoir si l'action en contribution ne serait pas conditionnée, en cas d'une amende infligée par la Commission, à l'absence de forclusion de l'action en recouvrement de la Commission, laquelle action se prescrit au-delà d'un délai de cinq ans, à compter du jour où la décision de la Commission est devenue définitive (voy. article 26 du règlement n° 1/2003).

1357 Sur le principe de la personnalité des peines et l'impossibilité de garantir le passif pénal, voy., en particulier, H. Dubout, « Garanties de passif et responsabilité pénale des personnes morale », Bulletin Joly Sociétés, 1994, n° 3, p. 253.

pas une même entreprise, au sens du droit de la concurrence, le remboursement en partie ou en totalité de l'amende. Premièrement, dans le cadre de l'acquisition du contrôle d'une filiale, la nouvelle société mère, en ce qu'elle subit un préjudice financier du fait de l'amende dont est tenue sa nouvelle filiale, pourrait tenter d'exiger de la société cédante une compensation. Deuxièmement et de manière plus saillante, dans le cadre d'une fusion-absorption d'une filiale, la société absorbante, en ce qu'elle répond généralement seule de l'amende en sa qualité de successeur juridique de la société absorbée, pourrait également tenter d'exiger de l'ancienne société mère un remboursement de l'amende.

1054. Assurément, ces questions ne se posent que si le passif correspondant à l'amende infligée par une autorité de concurrence ne s'est pas révélé au jour de la cession des titres, car, dans cette hypothèse, la société cessionnaire bénéficiera nécesssairement d'une réduction du prix de cession. Autrement dit, ces questions se posent en cas d'omission du cédant quant au passé récent de la société cédée.

1055. À cet égard, pour se prémunir contre « les mensonges et omissions du cédant, [...] contre une "comptabilité en parties troubles" »,[1358] différens mécanismes contractuels ont été élaborés afin de garantir le passif supplémentaire, qu'il soit de nature fiscale ou sociale, « non comptabilisé et dont le fait générateur est antérieur à la cession [des titres] ».[1359] Le développement de tels mécanismes s'explique notamment par les difficultés rencontrées dans la mise en œuvre des garanties légales octroyées au vendeur.[1360] En effet, pour ce qui concerne le droit français des sociétés, la garantie des vices cachés ne saurait être utilement invoquée par la société cessionnaire de même que l'obligation de délivrance conforme.[1361]

1056. Que ce soit dans la pratique décisionnelle ou juridictionnelle, force est de constater que différents vocables sont utilisés en référence aux différentes clauses usitées en cette matière.[1362] Il peut s'agir de clauses qualifiées de garantie de passif, de révision de prix ou encore de garantie de prix. L'ensemble de ces clauses recouvre des réalités différentes et répondent généralement à un régime particulier.[1363]

1057. S'agissant desdites clauses, une distinction peut être faite entre la garantie de valeur et la garantie de reconstitution. La première est une garantie qui permet de corriger une perte de valeur des titres cédés au profit de la société cessionnaire, d'« assurer un rééquilibrage de l'opération de cession ».[1364] Il en va ainsi des clauses de révision de prix ou octroyant à la société cessionnaire une indemnité compensatrice d'une perte de valeur des titres cédés.

1058. En revanche, la seconde se « reconnaît [par] l'engagement pris par le cédant au profit de la société cédée de ramener les comptes sociaux au niveau déterminé par

---

1358 A. Viandier, « Arbitrage et garanties de passif », Revue de l'arbitrage, 1994, n° 3, p. 441.

1359 *Id.*

1360 *Id.*

1361 Voy. N. Borga, « De la distinction entre garantie de passif et garantie de prix », Bull. Joly Sociétés, oct. 2009, n° 10, p. 929.

1362 *Id.*

1363 *Id.*

1364 *Id.*

les parties ».[1365] Certains auteurs considèrent qu'il en va ainsi des clauses dites de garantie de passif *stricto sensu*. Autrement dit, il correspond à l'engagement de la société cédante d'appurer les dettes de la société cédée, dont le fait générateur est antérieur à la cession des titres.[1366] Pour d'autres auteurs, il en va également ainsi lorsque la garantie est mise en œuvre au profit d'un créancier social.[1367]

1059. La distinction entre garantie de valeur (§1) et garantie de reconstitution (§2) se justifie d'autant plus, dans le mesure où la première forme de garantie ne peut être faite qu'au bénéfice de la société cessionnaire,[1368] alors que la seconde est nécessairement faite au bénéfice de la société cédée.

§ 1. La garantie de valeur

1060. L'hypothèse sous examen est la suivante : une société acquiert le contrôle d'une filiale par l'acquisition de ses titres sociaux. Postérieurement à l'acquisition, une autorité de concurrence condamne la filiale au paiement d'une amende pour avoir participé, antérieurement à la cession, à une infraction au droit de la concurrence. Dans cette hypothèse, la question se pose de savoir si la société cessionnaire peut exiger de la société cédante une compensation du fait du préjudice financier qu'elle pourrait subir.

1061. La société cessionnaire subira un préjudice financier du fait de l'imposition d'une amende sur sa filiale, qui implique nécessairement une dépréciation des titres de la filiale. Aussi, pour compenser ce préjudice, deux options pourraient s'offrir à la société cessionnaire. La première est d'avoir recours à une clause de révision de prix. Par ce biais, le prix de cession des titres sera potentiellement révisé.[1369] La seconde est de prévoir à son bénéfice une garantie de type indemnitaire, qui permettra de rééquilibrer le prix de cession par le versement de dommages et intérêts.[1370]

1062. À cet égard, en droit pénal, la société cédante peut indemniser la société cessionnaire sous forme soit de révision de prix soit par le versement de dommage et intérêts pour l'apparition d'un passif pénal dans le chef de la société cédée.[1371] Il en va à plus forte raison en droit de la concurrence. Ainsi, une société cessionnaire pourrait devoir exiger de la société cédante une révision du prix de cession ou le versement de dommages et intérêts, en application de la clause en ce sens dans le contrat de cession des titres d'une filiale. Ainsi, dans l'hypothèse où la

---

1365 *Id.*

1366 *Ibid., note 25.*

1367 *Ibid., note 26.*

1368 Selon la Cour de cassation, « [a]ttendu qu'en l'absence de stipulation pour autrui consentie au profit de la société cédée, une garantie de reprise du passif conclue entre le cédant et le cessionnaire, désigné comme bénéficiaire de cette garantie, est une convention de garantie de prix profitant à ce dernier, indépendamment de la cession de ses titres ». Voy. Cass. com., 11 mars 2008, n° 06-20738, non publié. Sur cet arrêt, voy., également, Borga, précité.

1369 Sur ce point, voy. Borga, précité, note 25

1370 *Id.*

1371 Voy. H. Dubout, « Garanties de passif et responsabilité pénale des personnes morale », Bulletin Joly Sociétés, 1994, n° 3, p. 253.

société cédée est condamnée seule au paiement d'une amende, la société cessionnaire pourra obtenir une compensation, qui ne saurait toutefois excéder le prix de cession.

1063. En revanche, dans l'hypothèse où la société cédée est condamnée solidairement au paiement d'une amende avec son ancienne société mère, l'ancienne société mère pourrait décider de s'acquitter seule du paiement de l'amende sans exiger de son ancienne filiale une quelconque contribution. Ainsi, la société cessionnaire ne subirait, dans cette dernière hypothèse, aucun préjudice.

1064. Par ailleurs, le régime juridique des clauses de révision de prix et des garanties de type indemnitaire est susceptible de différer, en droit français, en cas de transmission successive des titres par la société cessionnaire. Comme le souligne un auteur, une clause de révision de prix ne saurait être invoquée par le sous-acquéreur des titres de la société cédée. En effet, cette clause de révision de prix, en ce qu'elle s'attache à un élément essentiel de la formation du contrat, à savoir le prix, ne saurait être transmis.[1372] En revanche, il n'en va pas de même s'agissant d'une clause de type indemnitaire. Comme le souligne la Cour de cassation, « la convention de [garantie de] passif souscrite par le cédant est attachée à la chose cédée et ne peut plus être invoquée par le cessionnaire après la revente de celle-ci ».[1373]

§ 2. La garantie de reconstitution

1065. Outre la possibité de prévoir une clause de révision de prix ou une clause de type indemnitaire, la société cédante peut s'engager à « reconstituer les comptes sociaux »[1374] de la société cédée. Autrement dit, dans le cadre de la cession des titres, la société cédante peut s'engager à prendre à sa charge le passif de la société cédée dont le fait générateur se situe antérieurement à la cession des titres. Cette garantie s'interprète comme une garantie de passif *stricto sensu.* À cette fin, le contrat de cession devra toutefois contenir de manière expresse une stipulation pour autrui en faveur de la société cédée, à défaut de laquelle la clause de garantie ne pourra s'analyser que comme une garantie de prix.[1375]

1066. En droit de la concurrence, la possibilité de prévoir une telle clause visant à garantir le passif de la société cédée non déclaré au jour de la cession mais dont le fait générateur serait antérieur à la cession pour garantir une amende pour une infraction au droit de la concurrence peut être débattue.

1067. Un détour par le droit pénal s'avère à nouveau instructif. La question de la possibilité de garantir le passif pénal a en effet fait l'objet de plusieurs études, à compter de l'entrée

---

[1372] Voy. Borga, précité.

[1373] Cass. com., 12 février 2008, n° 06-15921, non publié. Sur cet arrêt, voy. Borga, précité. L'auteur nuance tout de même la possibilité de transmettre la clause de type indemnitaire. Il opère une distinction selon que le passif est né ou non antérieurement à la revente des titres. Dans le cas d'un passif né antérieurement à la revente des titres, la société cessionnaire devrait, selon cet auteur, garder la possibilité d'invoquer à son projet la clause, dans la mesure où il subit directement un préjudice du fait de la dépréciation des titres. En revanche, dans le cas contraire, il ne subit aucun préjudice et ne devrait pas pouvoir s'en prévaloir, à la différence du sous-acquéreur.

[1374] Voy. Borga, précité.

[1375] Voy. Cass. com., 11 mars 2008, n° 06-20738, non publié.

en vigueur, le 1er mars 1994, des dispositions du code pénal sur la responsabilité pénale des personnes morales.[1376] En droit pénal, le principe est clair. Il ne peut être recouru à une garantie en matière de responsabilité pénale, et ce précisément en vertu du principe de personnalité des peines.[1377] Cette règle, issue d'un arrêt très ancien de la Cour de cassation, prononcé au 19e siècle ne fait l'objet d'aucune contestation.[1378] En effet, si la responsabilité pénale pouvait être garantie, alors, en échappant au paiement de l'amende, la société cédée ne répondrait pas de sa participation à l'infraction.

1068. Cette règle pourrait toutefois ne pas être transposée en droit de la concurrence. L'article 23, paragraphe 5, du règlement n° 1/2003 dispose notamment, de manière claire, que « [l]es décisions prises en application des paragraphes 1 et 2 n'ont pas un caractère pénal ».[1379] Ainsi, le recours aux garanties de passif pourrait, à première lecture, ne pas être écarté en droit de la concurrence.

1069. Il n'en reste pas moins que le principe de personnalité des peines est un principe cardinal en droit de la concurrence. Par ailleurs, le Tribunal a déjà considéré que, « [e]u égard à la nature des infractions [...] ainsi qu'à la nature et au degré de sévérité des sanctions qui s'y rattachent [...], celles-ci relèvent de la matière pénale au sens de l'article 6 de la convention de sauvegarde des droits de l'homme et des libertés fondamentales, signée à Rome le 4 novembre 1950 [...], ainsi qu'il ressort notamment de l'arrêt de la Cour [européenne des droits de l'Homme], A. Menarini Diagnostis c. Italie [...] ».[1380] Ainsi, à la lumière de la position du Tribunal et du principe de personnalité des peines, il pourrait tout autant être soutenu qu'il ne peut être recouru aux clauses de garantie de passif en droit de la concurrence.

1070. Toutefois, cette position, en ce qu'elle s'écarte, non sans ambiguïté, de la lettre de l'article 23, paragraphe 5, du règlement n° 1/2003, pourrait être contestable. Par ailleurs, l'admission d'une telle clause semble également se vérifier à la lumière de l'arrêt du Tribunal prononcé dans l'affaire *Areva*, dans lequel ce dernier a pu – certes de manière implicite – reconnaître la possibilité de recourir aux garanties de passif en droit de la concurrence.

1071. En effet, dans sa décision à l'origine de cette affaire, la Commission a été confrontée schématiquement à une clause stipulée dans un contrat de cession de titres entre deux sociétés mères successives de plusieurs filiales : Alstom et Areva. En vertu de cette clause, Alstom s'engageait à assumer la responsabilité qui pouvait découler de la participation des filiales cédées à une infraction au droit de la concurrence. Areva se fondait notamment sur cette clause pour contester la décision de la Commission ayant condamné solidairement au paiement d'une même amende les filiales cédées et Alstom.[1381]

1376 Voy. Dubout, précité, p. 253.

1377 *Id.*

1378 Cass. civ., 20 février 1882. Voy., sur cet arrêt, Dubout, précité.

1379 Article 23, paragraphe 5, du règlement n° 1/2003.

1380 Trib. UE, 16 décembre 2015, Société Air France c/ Commission, aff. T-63/11, EU:T:2015:993, point 37. Sur cette affaire et sur les autres arrêts prononcés par le Tribunal dans l'affaire du cartel du fret aérien, voy., en particulier, L. Bernardeau, « Motivation, droit pénal et protection juridictionnelle devant les juges de l'Union : une, autre, "bouche de la loi" ? », Revue des affaires européennes, 2015, pp. 803 à 814.

1381 Voy. Comm. CE, déc. n° C(2006) 6762 final du 24 janvier 2007, Appareillages de commutation à isolation gazeuse, aff. COMP/F/38.899, résumé au JOCE n° C 5 du 10 janvier 2008, C 5, p. 7, cons. 368 et 370.

1072. Sur ce point, la Commission souligne que des aménagements contractuels de responsabilités ne sauraient limiter la Commission dans son pouvoir de condamner des sociétés, ayant formé une même entreprise, au sens des articles 101 TFUE et 102 TFUE, solidairement au paiement d'une même amende. Elle précise par ailleurs que cette clause peut être valable en droit civil mais ne saurait produire des effets dans le cadre de la mise en œuvre de l'article 101 TFUE.[1382]

1073. À la lecture de la décision attaquée et de l'arrêt prononcé par le Tribunal dans l'affaire *Areva*, il doit être observé que ni la Commission ni le Tribunal ont entendu remettre en cause cet aménagement contractuel entre la société cédante et les sociétés cédées. Toutefois, s'agissant de la mise en œuvre de l'article 101 TFUE, la Commission entend exclure toute incidence desdites clauses sur l'imputabilité et l'imputation de l'infraction aux sociétés cédées, ce qu'il ne saurait être valablement contesté.[1383]

1074. En droit français, l'Autorité de la concurrence a également été confrontée à des arguments similaires. D'une part, dans l'affaire des pratiques mis en oeuve dans le secteur de la *messagerie*, l'Autorité souligne que « [l]a circonstance qui au titre d'un contrat de droit privé signé avec Eurotranspharma [la société cessionnaire], Geodis [la société cédante] puisse être amené à devoir régler une amende infligée à Ciblex [la société cédée] est sans effet pour les règles d'imputabilité que l'Autorité doit appliquer dans la présente affaire ».[1384]

1075. D'autre part, dans l'affaire des *agences de mannequins*, l'Autorité rappelle que « [...] l'existence et les modalités de mise en œuvre de clauses de garantie de passif relèvent des relations contractuelles entre les sociétés et sont sans incidence sur la légalité de la présente décision. Les règles relatives à la prohibition des ententes prévues par l'article L. 420-1 du code de commerce constituent en effet des dispositions d'ordre public, indispensables à la protection du fonctionnement des marchés, de sorte que la responsabilité et la sanction encourues par les sociétés en cas de violation de ces dispositions ne peuvent être laissées à la libre disposition de ces dernières ».[1385] Ainsi, la possibilité de conclure une telle clause au bénéficie de la société cédée pour une amende en raison d'une infraction au droit de la concurrence pourrait être en principe admise.

1076. L'admission d'une telle clause n'est pas dépourvue de conséquences. Tout d'abord, pour les autorités de concurrence, l'incidence semble limitée, dans la mesure où, comme le souligne à juste titre le Tribunal dans l'affaire *Areva*, une convention ne saurait avoir d'incidence sur les règles de répartition des responsabilités. Ensuite, pour la société cédée, l'incidence n'est pas négligeable. En effet, dans l'hypothèse où la société cédée et la société cédante composaient une même entreprise, au sens du droit de la concurrence, pendant l'infraction, elles devraient répondre solidairement d'une même amende. Or, l'existence d'une clause de garantie de

---

1382 Voy. Comm. CE, déc. n° C(2006) 6762 final du 24 janvier 2007, Appareillages de commutation à isolation gazeuse, précitée, cons. 370.

1383 *Ibid. et Trib. UE, 3 mars 2011, Areva e.a. c/ Commission, aff. T-117/07 et T-121/07, EU:T:2011:69, point 140.*

1384 Voy. aut. conc., déc. n° 15-D-19 du 15 décembre 2015 relative à des pratiques mises en œuvre dans les secteurs de la messagerie et de la messagerie express, cons. 1138.

1385 Aut. conc., déc. n° 16-D-20 du 29 septembre 2016 relative à des pratiques mises en œuvre dans le secteur des prestations réalisées par les agences de mannequins, cons. 443.

passif affecte nécessairement l'exercice d'une action récursoire par la société cédante. Si cette dernière s'acquitte de la totalité de l'amende auprès de l'autorité de concurrence concernée, son droit à contribution serait, *in fine*, nul, en raison de la clause de garantie de passif au bénéfice de la société cédée.

1077. Enfin, la mise en œuvre d'une clause de garantie de passif pourrait présenter un intérêt dans l'hypothèse d'une fusion-absorption de la société cédée. L'hypothèse est la suivante : la société cessionnaire acquiert le contrôle de la société cédée et conclut au bénéfice de cette dernière une clause de garantie de passif avec la société cédante. À la suite de cette acquisition, la société cessionnaire absorbe la société cédée, et, en devient son successeur juridique.[1386]

1078. Dans cette hypothèse, la question se pose de savoir si la société absorbante peut invoquer la clause de garantie de passif ayant été conclue au bénéfice de la société absorbée. À cet égard, la société absorbante, en ce qu'elle est le successeur juridique de la société absorbée, acquiert les droits et obligations de cette dernière. Or, parmi les droits de la société absorbée figurent la clause de garantie de passif. Ainsi, la société absorbante devrait pouvoir, en principe, l'invoquer à son profit. L'ajout d'un tel mécanisme contractuel permettrait au demeurant de corriger l'absence d'imputation de l'infraction à l'ancienne société mère. En effet, il ressort d'une tendance majoritaire que les anciennes sociétés mères ne se voient pas imputer l'infraction, dans l'hypothèse d'une fusion-absorption de la société cédée.[1387] Ainsi, par le prisme de la clause de garantie de passif, la société absorbante pourrait exiger de l'ancienne société mère le remboursement de l'amende dont elle était seule redevable à l'égard de l'Autorité de la concurrence ou de la Commission. Autrement dit, l'incidence dans cette hypothèse d'une clause de garantie de passif s'avère des plus importantes.

1079. En tout état de cause, l'étude du régime de la contribution de l'amende permet à nouveau d'illustrer la place prépondérante de la notion d'entreprise, au sens du droit de la concurrence. De par leur condamnation solidaire au paiement de l'amende, la société ayant désintéressé la Commission ou l'Autorité de la concurrence aura la possibilité, dans le cadre d'une action récursoire, d'exiger de ses codébiteurs le paiement d'une contribution, dont le montant sera déterminé par le juge national. Par ailleurs, la contribution au paiement de l'amende ne concerne pas la seule hypothèse de la solidarité. D'autres mécanismes de contribution mériterait assurément d'être mentionnés : l'insertion de clause de garantie de valeur ou de garantie de reconstitution du passif lors de la cession du contrôle d'une filiale à une autre société. Ils permettront à une nouvelle société mère de demander une contribution à l'ancienne société mère, laquelle contrôlait la filiale pendant l'infraction, ce qui ne saurait pas être sans incidence au stade contentieux.

1386 Voy. supra, nos 431 à 459.

1387 Voy. supra, nos 228 et 229.

Chapitre 3
Apercu sur certaines problématiques juridictionnelles

1080. Lorsqu'une société n'appartenant ni à une entreprise ni à un groupe de sociétés entend contester la décision d'une autorité de concurrence, en ce compris l'obligation au paiement de l'amende, elle se doit de former, dans les délais requis,[1388] un recours en annulation devant les juridictions de contrôle compétentes, à savoir, à l'échelle de l'Union, le Tribunal, et, à l'échelle nationale, la Cour d'appel de Paris. À l'expiration des délais, la décision deviendra définitive.[1389] Ce principe vise notamment, ainsi que le précisent les juges de l'Union, à « garantir la sécurité juridique en évitant la remise en cause indéfinie des actes [contestés] entraînant des effets de droit » ainsi qu'à respecter « les exigences de bonne administration de la justice et d'économie de la procédure ».[1390] Le caractère définitif de la décision ne concernera toutefois que la société qui n'aurait pas agi. Si une autre société, également autonome, décide de former un recours en annulation, la décision sera encore susceptible d'évoluer, mais uniquement pour ce qui concerne sa seule situation juridique.

1081. En effet, une décision de la Commission ou de l'Autorité de la concurrence, « bien que rédigée et publiée sous la forme d'une seule décision, doit s'analyser comme un faisceau de décisions individuelles constatant, à l'égard de chacune des entreprises [(sic)] destinataires, l'infraction retenue à sa charge et lui infligeant, le cas échéant, une amende ».[1391] Aussi les juges chargés de contrôler l'action de la Commission ou de l'Autorité de la concurrence ne seront-ils saisis que des éléments de la décision concernant l'auteur du recours. Dans le même ordre d'idée, ils ne pourront statuer *ultra petita*.[1392] L'annulation éventuelle de la décision ne

---

1388 A l'échelle de l'Union, l'article 263 TFUE dispose que « [l]es recours prévus au présent article doivent être formés dans un délai de deux mois à compter, suivant le cas, de la publication de l'acte, de sa notification au requérant ou, à défaut, du jour où celui-ci en a eu connaissance ». A l'échelle nationale, le délai de recours devant la Cour d'appel de Paris est d'un mois. L'article L. 464-8 du code de commerce dispose que « [l]es décisions de l'Autorité de la concurrence mentionnées aux articles L. 462-8, L. 464-2, L. 464-3, L. 464-5, L. 464-6 et L. 464-6-1 sont notifiées aux parties en cause et au ministre chargé de l'économie, qui peuvent, dans le délai d'un mois, introduire un recours en annulation ou en réformation devant la cour d'appel de Paris ».

1389 Voy., notamment, CJUE, 14 novembre 2017, British Airways c/ Commission, aff. C-122/16 P, EU:C:2017:861, point 85. Voy., également, conclusions du 30 mai 2017 de l'avocat général M. Mengozzi dans l'affaire British Airways c/ Commission, aff. C-122/16 P, EU:C:2017:406, points 94 à 97.

1390 CJUE, 14 novembre 2017, British Airways c/ Commission, aff. C-122/16 P, précité, point 84. Voy., également, CJCE, 14 septembre 1999, Commission c/ AssiDomän Kraft Products e.a., aff. C-310/97 P, EU:C:1999:407, point 61.

1391 Trib. UE, 13 septembre 2010, Trioplast Wittenheim c/ Commission, aff. T-26/06, EU:T:2010:387, point 62. Sur ce point, voy., également, CJCE, 15 octobre 2002, Limburgse Vinyl Maatschappij e.a. c/ Commission, aff. C-238/99 P, C-244/99 P, C-245/99 P, C-247/99 P, C-250/99 P à C-252/99 P et C-254/99 P, EU:C:2002:582, point 100.

1392 Voy., notamment, CJUE, 14 novembre 2017, British Airways c/ Commission, aff. C-122/16 P, précité, point 81 et CJCE, 14 septembre 1999, Commission c/ AssiDomän Kraft Products e.a., aff. C-310/97 P, précité, point 52.

saurait « excéder celle sollicitée par le requérant »[1393] et « entraîner l'annulation d'un acte non déféré à la censure [du juge] ».[1394]

1082. Si la société formant le recours a été condamnée avec d'autres sociétés solidairement au paiement d'une même amende, du fait de leur appartenance à une même entreprise, l'application des principes gouvernant le recours pourrait être affectée. La question se pose notamment de savoir si le caractère définitif d'une décision à l'expiration des délais de recours, le principe *ne ultra petita*, l'autorité de la chose jugée et ses effets s'apprécient relativement à chaque société ou à l'entreprise, au sens du droit de la concurrence. Cette question se pose avec un intérêt certain dès le stade de la formation du recours. L'entreprise, au sens du droit de la concurrence, étant dépourvue de personnalité juridique, ne saurait assurément ester en justice,[1395] à la différence des sociétés qui la composent,[1396] lesquelles s'avèrent, pour des raisons procédurales évidentes, les destinataires juridiques de la décision.

1083. À cet égard, indépendamment de cette incapacité juridique de l'entreprise, au sens du droit de la concurrence, la formation par une société de l'entreprise, au sens du droit de la concurrence, d'un recours en annulation pourrait produire des effets pour l'ensemble des sociétés la composant, y compris celles n'ayant formé aucun recours. Si l'entreprise, au sens du droit de la concurrence, est composée de plusieurs sociétés, c'est en effet son comportement qui est visé dans la décision attaquée. D'aucuns pourraient toutefois se prononcer en faveur d'une approche plus nuancée selon que la structure de l'entreprise, au sens du droit de la concurrence, a évolué entre le jour où l'autorité concernée adopte la décision et où cette décision fait l'objet d'un recours. Seul le maintien de la structure de l'entreprise, au sens du droit de la concurrence, pourrait justifier la mobilisation de cette notion.

1084. L'appartenance de la société formant le recours à une entreprise, au sens du droit de la concurrence, pourrait tout autant avoir une incidence en cas de demande de sursis à l'exécution immédiate de la décision. Une filiale pourrait en théorie, du fait de difficultés financières, demander à ce que le paiement de l'amende soit différé ; à supposer qu'une telle demande soit introduite puisque l'appartenance de plusieurs sociétés à une même entreprise permet aux autorités de concurrence de multiplier le nombre de codébiteurs et donc de limiter le risque d'insolvabilité. Dans l'affirmative, il pourrait être soutenu que la prise en compte des capacités

---

Voy., également, s'agissant de l'application du principe ne ultra petita en cas de recours séparé de deux sociétés appartenant à une même entreprise, au sens du droit de la concurrence, Trib. UE, 24 mars 2011, Tomkins c/ Commission, aff. T-382/06, EU:T:2011:112, points 40 et 41.

1393 CJUE, 14 novembre 2017, British Airways c/ Commission, aff. C-122/16 P, précité, point 81.

1394 *Ibid., point 82.*

1395 Sur l'irrecevabilité d'un recours en annulation formé devant le juge de l'Union du fait de la perte en cours d'instance de la personnalité juridique, voy., notamment, Trib. UE, 22 janvier 2018, Italie e.a. c/ Commission, aff. T-125/13, T-152/13 et T-167/13, EU:T:2018:35, points 38 et 39.

1396 Sur la personnalité juridique conférée aux personnes morales, voy. Trib.UE, 22 janvier 2018, Italie e.a. c/ Commission, aff. T-125/13, T-152/13 et T-167/13, EU:T:2018:35, précitée, point 38 et jurisprudence citée. Le Tribunal souligne notamment que « [s]i la notion de "personne morale" qui figure à l'article 263, paragraphe 4, TFUE, ne coïncide pas nécessairement avec celles propres aux différents ordres juridiques des États membres, il résulte néanmoins de la jurisprudence que cette notion implique, en principe, l'existence d'une personnalité juridique constituée en vertu du droit d'un État membre ou d'un pays tiers et d'une capacité à ester en justice reconnue par ce droit ».

financières du groupe soit conditionnée, schématiquement, à l'imputation de l'infraction de la filiale à sa société mère. Cette question se pose avec une certaine acuité, lorsque la filiale ayant participé à l'infraction appartient au jour du recours à un nouveau groupe de sociétés.

1085. Enfin et de manière plus saillante, la question de la mobilisation de la notion d'entreprise se pose à l'issue du recours. Si seule une société de l'entreprise, au sens du droit de la concurrence, obtient l'annulation de la décision de l'autorité de concurrence, d'autres sociétés de l'entreprise pourraient souhaiter en bénéficier, et ce, quand bien même elles n'auraient formé aucun recours. Cette hypothèse contentieuse n'est pas la seule envisageable. Une filiale et sa société mère pourraient tenter de demander séparément l'annulation d'une décision, sans pour autant s'accorder sur les moyens d'annulation. De manière plus complexe, la question des effets de l'annulation d'une décision se pose, lorsque, dans l'hypothèse de restructurations sociétaires, certaines sociétés de l'entreprise, au sens du droit de la concurrence, n'ont délibérément formé aucun recours. Ainsi l'incidence de la notion d'entreprise, au sens du droit de la concurrence, sera appréciée, au stade, premièrement, de la formation du recours (section 1), deuxièmement, de l'appréciation des demandes de sursis au paiement de l'amende (section 2), et, troisièmement, à l'issue du recours (section 3).

Section 1
Le recours contre la décision administrative

1086. La formation du recours soulève plusieurs questions d'importance inégale. La première est celle de l'identité du demandeur au recours (§1). À cet endroit, la distinction entre l'entreprise, au sens du droit de la concurrence, et les sociétés qui sont susceptibles de la composer pourrait, à première lecture, ne pas faciliter cette identification. Un raisonnement analogue à celui ayant conduit à l'identification de l'auteur de l'infraction pourrait être certainement privilégié, car, *de lege lata*, l'auteur de l'infraction demeure l'entreprise, au sens du droit de la concurrence, et ce, alors même que, en principe, seule une entité dotée de la personnalité juridique pourrait en commettre une.

1087. La seconde question porte sur les effets de la formation d'un recours dans les rapports entre sociétés composant ou ayant composé une même entreprise, au sens du droit de la concurrence (§2). Elle conduit à s'interroger sur le point de savoir si la formation d'un recours par une société de l'entreprise, au sens du droit de la concurrence, produit des effets sur les autres sociétés la composant, notamment dans l'hypothèse où ces dernières n'auraient pour leur part formé aucun recours.

§ 1. Le demandeur au recours

1088. L'identification du demandeur au recours pourrait relever de l'évidence. Seule une entité dotée de la personnalité juridique bénéficie du droit d'ester en justice. À cet égard, si l'entreprise, au sens du droit de la concurrence, est l'auteur de l'infraction, elle s'avère également, *de lege lata*, le destinataire fictif de la décision. Or, en principe, chaque destinataire de la décision peut en demander l'annulation.[1397] Aussi pourrait-il en aller ainsi, à première lecture, pour l'entreprise, au sens du droit de la concurrence.

1089. Toutefois, cette entreprise demeure dépourvue de personnalité juridique et ne saurait assurément ester en justice pour demander "en son nom" l'annulation d'une décision. Pour des raisons procédurales évidentes, ce sont bel et bien chaque société, prises individuellement, qui jouissent du droit de demander l'annulation de la décision, aux termes de laquelle elles sont solidairement tenues au paiement de l'amende de l'entreprise à laquelle elles appartenaient pendant l'infraction. Cette position est notamment celle ayant été défendue par la Commission dans l'affaire *Tomkins*, puisqu'elle y invitait la Cour à juger que le Tribunal avait « commis une confusion entre la notion d'entreprise, en tant qu'entité économique en matière de concurrence, [au sens du droit de la concurrence], et la notion procédurale de personne morale, qui dépose une demande devant les juridictions de l'Union ».[1398]

1090. Ce premier constat conduit également à s'interroger sur l'objet du recours formé par l'une des sociétés. À cet égard, il pourrait être soutenu, d'une part, que la formation d'un recours par une société de l'entreprise, au sens du droit de la concurrence, porte sur la décision qui concerne l'entreprise, au sens du droit de la concurrence. En effet, une décision de la Commission ou de l'Autorité de la concurrence, « bien que rédigée et publiée sous la forme d'une seule décision, [s'analyse] comme un faisceau de décision individuelles constatant à l'égard de chacune des entreprises [(sic)] destinataires l'infraction retenue à sa charge et lui infligeant, le cas échéant, une amende ».[1399]

1091. Or, s'il peut certes être dénombré autant de décisions « individuelles » qu'il y a d'entreprises, au sens du droit de la concurrence,[1400] la question se pose également de savoir s'il peut être dénombré autant de décisions individuelles qu'il y a de sociétés, qu'elles appartiennent ou non à une même entreprise, au sens du droit de la concurrence.[1401] Assurément la réponse à cette question requiert d'étudier plus en détails les effets de la formation du recours.

1397 Voy., notamment, CJUE, 29 mars 2011, ArcelorMittal Luxembourg c/ Commission et Commission c/ ArcelorMittal Luxembourg e.a., aff. C-201/09 P et C-216/09 P, EU:C:2011:190, point 144. La Cour souligne que, « [d'une part,] à l'égard des entreprises [(sic)] qui n'ont pas introduit de recours contre une décision finale de la Commission leur infligeant une amende au titre de l'article 65 CA ou de l'article 23 du règlement n° 1/2003, cette décision devient définitive et, d'autre part, que ce caractère définitif déclenche à leur égard le délai d'exécution de ladite décision, prévu à l'article 4 de la décision n° 715/78 et à l'article 26 du règlement n° 1/2003 ».

1398 CJUE, 22 janvier 2013, Commission c/ Tomkins, aff. C-286/11 P, EU:C:2013:29, point 15.

1399 Trib. UE, 13 septembre 2010, Trioplast Wittenheim c/ Commission, aff. T-26/06, précité, point 62. Voy., également, Trib. UE, 16 septembre 2013, PROAS c/ Commission, aff. T-495/07, EU:T:2013:452, point 459. Il peut être relevé que si une société n'est pas en principe en mesure de contester l'amende infligée à une autre, il peut en aller différemment lorsque la détermination de cette amende a une incidence sur une amende infligée également solidairement et ce, sans violation du principe de l'effet inter partes. Voy., Trib. UE, 16 novembre 2011, Group Gascogne c/ Commission, aff. T-72/06, EU:T:2011:671, points 20 à 22.

1400 La décision concernant l'entreprise, au sens du droit de la concurrence, pourrait s'analyser comme une décision collective, à savoir une décision concernant un cercle restreint de sociétés : celles appartenant ou ayant appartenu à une même entreprise, au sens du droit de la concurrence. Une approche unitaire, en lien avec la notion d'entreprise, au sens du droit de la concurrence, pourrait sur ce point être défendue.

1401 Cette position pourrait ne pas être privilégiée par l'avocat général M. Wahl, lequel considère implicitement que les décisions dont sont destinataires les sociétés d'une même entreprise, au sens du droit de la concurrence,

§ 2. Les effets du recours

1092. Plusieurs effets de la formation du recours peuvent être isolés. L'un, négatif, à savoir le caratère définitif d'une décision, lorsque cette décision ne fait l'objet d'aucun recours dans les délais requis ; l'autre, positif, du moins pour l'autorité de concurrence concernée, à savoir la suspension des délais de prescription des pouvoirs de sanction.

A. Le caractère non définitif de la décision litigieuse

1093. L'un des effets de la formation d'un recours dans les délais requis est l'absence de caractère définitif de la décision condamnant le requérant au paiement d'une amende. La décision pourra toujours faire l'objet d'une modification en cas d'annulation totale ou partielle. En l'absence de recours formé dans les délais, une société ne pourra plus ni demander ni obtenir l'annulation de la décision d'une autorité de concurrence.

1094. Si l'application de ce principe s'avère, à première lecture, aisée, il est d'un maniement plus complexe en présence de sociétés composant une même entreprise, au sens du droit de la concurrence. Schématiquement, si une filiale fait le choix de contester la légalité d'une décision d'une autorité de concurrence, à la différence de sa société mère, la question se pose de savoir si cette dernière peut toujours bénéficier du recours de sa filiale. Assurément, dans notre hypothèse, la société mère ne pourra plus contester la légalité de la décision.[1402] Elle ne pourra plus la remettre en cause. Sur ce point, la décision pourrait bel et bien être définitive à son égard.

1095. En revanche, la question demeure à ce stade ouverte de savoir si la société mère peut être susceptible de bénéficier du recours de sa filiale, en particulier si cette dernière obtient l'annulation de la décision sur une point relatif à l'entreprise, au sens du droit de la concurrence. Cette question requiert toutefois de s'interroger sur l'effet d'un arrêt d'annulation dans les rapports entre sociétés composant une même entreprise, au sens du droit de la concurrence.[1403] Si l'arrêt ne produit des effets qu'*inter partes*, la société n'ayant pas exercé de recours ne pourrait pas, en principe, exiger une modification de sa situation juridique. Au surplus, faire bénéficier la société mère du recours de sa filiale, dans le cas où la première n'aurait exercé aucun recours, reviendrait, *in fine*, à réduire l'effet utile des délais de recours.[1404] Cette remarque vaut d'autant plus lorsque la structure de l'entreprise,

---

ne sont pas « bien distinctes » : voy. conclusions du 26 mars 2015 de l'avocat général M. Wahl dans l'affaire Total c/ Commission, aff. C-597/13 P, EU:C:2015:207, point 66.

1402 Ce point pourrait être discuté à la lumière du régime de l'obligation solidaire en droit français. En effet, la Cour de cassation juge que le pourvoi formé par l'un des codébiteurs solidaires permet aux autres de ne pas se voir opposer la non-formation du recours dans les délais. Voy., sur ce point, notamment, Cass. soc., 30 mai 1989, n° 87-10994.

1403 Voy. infra, nos 1136 et s.

1404 Ce raisonnement pourrait être conduit à la lumière des points 57 et suivants de l'arrêt prononcé par la Cour dans l'affaire Assidomän. Voy. CJCE, 14 septembre 1999, Commission c/ AssiDomän Kraft Products e.a., aff. C-310/97 P, EU:C:1999:407, points 57 et suivants.

au sens du droit de la concurrence, a évolué entre le moment où l'autorité de concurrence adopte sa décision et le moment où l'une des sociétés qui constituait l'entreprise, au sens du droit de la concurrence, en demande son annulation. Une approche unitaire de la notion d'entreprise, au sens du droit de la concurrence, pourrait conduire à une solution différente.[1405] En clair, même en l'absence de recours formé contre la décision, la situation juridique d'une société composant l'entreprise, au sens du droit de la concurrence, pourrait ne pas être définitive.

B. La suspension de la prescription des pouvoirs de sanction

1096. La formation d'un recours en annulation suspend également vis-à-vis des autorités de concurrence les délais de prescription des pouvoirs de sanction. À l'échelle de l'Union, aux termes de l'article 25, paragraphe 6, du règlement n° 1/2003, « [l]a prescription en matière d'imposition d'amendes ou d'astreintes est suspendue aussi longtemps que la décision de la Commission fait l'objet d'une procédure pendante devant la Cour de justice ». À l'echelle nationale, l'article L. 462-7, alinéa 5, du code de commerce dispose également que la formation d'un recours suspend le délai de prescription des pouvoirs de sanction. Cette suspension du délai de prescription se comprend aisément, étant donné que, dans l'hypothèse de l'annulation d'une décision finale, cette dernière sera réputée, du fait de l'effet rétroactif de l'annulation, n'avoir jamais été adoptée.[1406] Dans cette hypothèse, les autorités de concurrence ne sauraient être désavantagées pour leur inaction durant la phase juridictionnelle.

1097. À cet égard, l'article L. 462-7 vise uniquement la suspension du délai de dix ans, délai commençant à courir à compter de la fin de l'infraction et au terme duquel l'Autorité de la concurrence ne peut plus infliger d'amende. Toutefois, la suspension du délai de dix ans ne peut s'envisager que si le délai de cinq ans, commençant lui aussi à courir à compter de la fin de l'infraction mais étant quant à lui susceptible d'interruption par tout acte d'enquête, s'avère lui aussi suspendu. Pour sa part, le législateur de l'Union ne renvoie à aucun délai spécifique.[1407] Toutefois, il ressort de la jurisprudence que la suspension du délai de prescription concerne tant le délai de cinq ans que le délai de dix ans applicables à la sanction

---

1405 Ce raisonnement semble être celui partagé par l'avocat général M. Wahl, lequel affirme dans ses conclusions dans l'affaire Total c/ Commission, « La nécessité que la Commission tire toutes les conséquences, à l'égard d'une société mère, des constats effectués et de la solution finalement retenue dans le cadre du recours introduit par une filiale contre une décision infligeant solidairement une amende aux deux sociétés doit être rappelée avec force. Elle ne saurait dépendre de considérations d'opportunité. La Commission devrait notamment, dans tous les cas où la filiale obtient l'annulation, en tout ou partie, de l'amende, en faire également bénéficier la société mère » (conclusions du 23 mars 2015 dans l'affaire Total c/ Commission, aff. C-597/13 P, EU:C:2015:207, point 75).

1406 À l'échelle de l'Union, si le libellé de l'article 25, paragraphe 6, du règlement n° 1/2003 manque de précision, la suspension de la prescription ne concerne pas seulement les recours formés contre une décision finale mais également contre une décision intermédiaire, à savoir un acte d'enquête (voy., notamment, CJCE, 15 octobre 2002, Limburgse Vinyl Maatschappij e.a. c/ Commission, aff. C-238/99 P, C-244/99 P, C-245/99 P, C-247/99 P, C-250/99 P à C-252/99 P et C-254/99 P, EU:C:2002:582, point 146). À l'échelle nationale, il ressort clairement du texte de l'article L. 462-7 du code de commerce que la suspension concerne également les recours formés contre les actes d'enquête.

1407 L'article 25, paragraphe 6, du règlement n° 1/2003 se limite à préciser que la prescription est suspendue aussi longtemps que la décision de la Commission fait l'objet d'un recours.

des infractions matérielles.[1408] Le fonctionnement de la prescription en droit français et en droit de l'Union semble sur ce point identique.[1409]

1098. S'agissant de la suspension de la prescription des pouvoirs de sanction, plusieurs hypothèses peuvent être envisagées, notamment à la lumière du contentieux dont ont eu à connaître les juges de l'Union dans les affaires *ArcelorMittal*[1410] et *Akzo Nobel*.[1411] Si la formation du recours entraîne assurément la suspension du délai de prescription des pouvoirs de sanction à l'égard de la société requérante, la question se pose de savoir si l'autorité de concurrence concernée peut revendiquer la suspension dudit délai à l'égard d'autres sociétés.[1412] Cette question se devra d'être posée, en particulier à l'échelle de l'Union, dans l'hypothèse d'un recours formé contre la décision finale de l'autorité de concurrence concernée (1) et dans l'hypothèse d'un recours formé contre une décision intermédiaire (2).

1. La suspension de la prescription dans l'hypothèse d'un recours formé contre une décision finale

1099. S'agissant des effets de la suspension de la prescription dans l'hypothèse d'un recours formé contre une décision finale, une distinction se doit d'être faite entre les sociétés ayant été ou non destinataires de la décision.

a. La suspension de la prescription à l'égard des sociétés non-destinataires de la décision finale

1100. En pratique, la première question qui s'est posée, certes de manière indirecte, a été celle de l'effet suspensif du recours d'une société sur le délai de prescription des pouvoirs de sanction, à l'égard des sociétés n'étant pas destinataires de la décision attaquée.

1101. Dans l'affaire *ArcelorMittal*, une première décision n'avait été adressée qu'à une société mère et non à ses filiales, lesquelles avaient participé directement à l'infraction[1413] À la suite de l'annulation de cette décision, la Commission avait adopté une

---

1408 Voy., notamment, Trib. UE, 27 juin 2012, Bolloré c/ Commission, aff. T-372/10, EU:T:2012:325, point 216.

1409 Aux termes de l'article L. 462-7, alinéa 5, du code de commerce, c'est bel et bien le délai de dix ans qui fait l'objet d'une suspension pendant la procédure juridictionnelle.

1410 Voy. CJUE, 29 mars 2011, ArcelorMittal Luxembourg c/ Commission et Commission c/ ArcelorMittal Luxembourg e.a., C-201/09 P et C-216/09 P, EU:C:2011:190 et TPICE, 31 mars 2009, ArcelorMittal Luxembourg e.a. c/ Commission, aff. T-405/06, EU:T:2009:90.

1411 Voy. Trib. UE, 15 juillet 2015, Akzo Nobel et Akcros Chemicals c/ Commission, aff. T-485/11, EU:T:2015:517.

1412 L'objectif de la suspension de la prescription est clairement posé par le Tribunal dans l'affaire LVM : « l'objet même de [l'article 3 du règlement n° 2988/74] est de permettre la suspension de la prescription lorsque la Commission est empêchée d'intervenir pour une raison objective qui ne lui est pas imputable, tenant au fait même qu'un recours est pendant. En effet, une décision de la Commission infligeant une amende ne peut être regardée comme définitive aussi longtemps que court le délai légal pour former un recours à son encontre ou, le cas échéant, qu'un recours est pendant ; au terme de ce recours, en cas d'annulation, la Commission peut être amenée à adopter une nouvelle décision. A ce titre, il y a lieu de souligner que les articles 2 du règlement, relatif à l'interruption, et 3, relatif à la suspension, poursuivent des objets différents. Si le premier vise à tirer les conséquences de l'adoption d'actes d'instruction et de poursuite par la Commission, le second vise au contraire à remédier à la situation dans laquelle la Commission se trouve empêchée d'agir » (voy., TPICE, 20 avril 1999, LVM e.a. c/ Commission, aff. T-305/94, T-306/94, T-307/94, T-313/94, T-314/94, T-315/94, T-316/94, T-318/94, T-325/94, T-328/94, T-329/94 et T-335/94, EU:T:1999:80, point 1098).

1413 Voy. article 4 de la décision de la Commission n° 94/215/CECA du 16 février 1994, Poutrelles en acier, JOCE n° L 116 du 6 mai 1994, p. 1. Il doit être également relevé que la Commission a certes considéré que la filiale TradeARBED avait participé à l'infraction sans toutefois la sanctionner.

nouvelle décision, également à destination des filiales, constatant leur participation à une infraction et leur infligeant une amende solidaire.[1414] Aussi la question se posait-t-elle de savoir si le recours formé contre la première décision par la société mère avait suspendu le délai de prescription à l'égard de ses filiales.

1102. Dans un premier temps, le Tribunal avait considéré que les actes suspensifs de la prescription ne valaient qu'*inter partes*. En d'autres termes, ils ne produisaient des effets que pour la société mère. Pour sa part, l'avocat général M. Bot avait, dans ses conclusions, estimé que « cette solution [était] critiquable dans la mesure où [la société mère] en tant qu'elle exerce un pouvoir de direction à l'égard de [sa filiale], forme avec [sa filiale] une seule et même unité économique et doit, par conséquent, répondre de l'infraction commise par cette dernière. Or, selon le Tribunal, les faits seraient prescrits à l'égard [de la filiale], qui a effectivement commis l'infraction, mais ne le seraient pas à l'égard de la société qui est censée y répondre, à savoir [la société mère] ».[1415] Autrement dit, l'avocat général était, à cet endroit, en faveur d'une mobilisation de la notion d'entreprise, au sens du droit de la concurrence.

1103. S'écartant des conclusions de son avocat général, la Cour insiste, dans un deuxième temps, sur le fait que les recours contre les actes de la Commission n'ont d'effet suspensif de la prescription qu'envers la société qui exerce le recours.[1416] Elle souligne que, « à l'égard des entreprises [(*sic*)] qui n'ont pas introduit de recours contre une décision finale de la Commission leur infligeant une amende [...], cette décision devient définitive et, d'autre part, que ce caractère définitif déclenche à leur égard le délai d'exécution de ladite décision ». La Cour ajoute qu'« [i]l s'ensuit que, à l'égard de ces entreprises [(sic)], le recours d'une autre entreprise contre la même décision finale ne peut avoir aucun effet suspensif ».[1417] Cette position se justifierait à la lumière de l'affaire *Assidomän*.[1418] Selon la Cour, « si un destinataire d'une décision décide d'introduire un recours en annulation, le juge de l'Union n'est saisi que des éléments de la décision le concernant ».[1419] Alors que « ceux concernant d'autres destinataires, qui n'ont pas été attaqués, n'entrent pas dans l'objet du litige que le juge de l'Union est appelé à trancher ».[1420]

1414 Comme le relève la Cour, « la décision initiale visait exclusivement ARBED et la procédure judiciaire ayant abouti à l'annulation de ladite décision, pour autant qu'elle concernait ARBED, opposait exclusivement ARBED à la Commission ». Voy. CJUE, 29 mars 2011, ArcelorMittal c/ Commission, précité, EU:C:2011:190, point 140. A cet égard, la seconde décision de la Commission pouvait certes constater la participation des filiales à une infraction, dans la mesure où il n'existe pas de délai de prescription des pouvoirs de constat d'une infraction en droit de la concurrence de l'Union, mais non les sanctionner.

1415 Conclusions de l'avocat général M. Bot présentées le 26 octobre 2010 dans l'affaire ArcelorMittal c/ Commission, aff. C-201/09 P et C-216/09 P, EU:C:2010:634.points 76 et s.

1416 La position de la Cour devrait être nuancée, en particulier dans l'hypothèse où plusieurs sociétés appartenant à une même entreprise, au sens du droit de la concurrence, sont destinataires d'une même décision.

1417 CJUE, 29 mars 2011, ArcelorMittal Luxembourg e.a. c/ Commission, aff. C-201/09 P et C-216/09 P, EU:C:2011:190, point 30 ; TUE, 27 juin 2012, Bolloré c/ Commission, aff. T-372/10, EU:T:2012:325, point 211 et du 15 juillet 2015, Akzo Nobel c/Commission, aff. T-47/10, EU:T:2015:506, points 48 et 50).

1418 Voy. CJCE, 14 septembre 1999, Commission c/ AssiDomän Kraft Products e.a., aff. C-310/97 P, EU:C:1999:407.

1419 CJUE, 29 mars 2011, ArcelorMittal Luxembourg e.a. c/ Commission, aff. C-201/09 P et C-216/09 P, EU:C:2011:190, point 144.

1420 *Ibid.*

1104. Ainsi, la Cour rejette les arguments de la Commssion, laquelle soutenait, s'agissant notamment de son interprétation du règlement n° 2988/74,[1421] que la proposition initiale issue des travaux préparatoires dudit règlement « prévoyait déjà que l'interruption de la prescription aurait un effet *erga omnes*, reflétant une approche *in rem* de la prescription, contrairement à l'approche *in personam*, défendue par certaines délégations. Un compromis aurait finalement permis de retenir la première de ces approches. La disposition relative à la suspension de la prescription n'aurait été introduite, sur proposition d'une délégation, que lors de la deuxième proposition révisée ».[1422]

1105. Cette dernière en déduisait que « le Conseil a[vait] retenu l'approche *in rem* de la prescription pour toutes les normes relatives à celle-ci, y compris celles concernant la suspension. Le Conseil n'aurait pas apporté davantage de précisions à cet égard, car, ce choix quant à la nature de la prescription ayant été fait, il n'aurait pas été nécessaire de le spécifier également pour la suspension de cette dernière ».[1423]

1106. La position de la Cour dans cette affaire ne peut qu'être approuvée, non ses motifs. Assurément, la prescription n'était pas suspendue à l'égard de la filiale pour la simple raison que la décision initiale, ayant fait l'objet d'une annulation, ne lui avait pas été adressée. La question de la suspension de la prescription ne peut se poser qu'à l'égard des seules sociétés destinataires de la décision attaquée.[1424] Or, si elles n'étaient pas concernées par la décision initiale, à la différence de leur société mère, la Commission ne pouvait invoquer la suspension de la prescription de ses pouvoirs de sanction du fait du recours formé par la seconde. La position de la Commission aurait au contraire abouti, à la lumière des faits à l'origine de l'affaire *ArcelorMittal*, à une extension non souhaitable des délais de prescription contre les sociétés qui ne se seraient pas vu imputer à la suite de l'enquête une infraction.

b. La suspension de la prescription à l'égard des sociétés destinataires de la décision finale

1107. À l'égard des sociétés qui se sont vues notifier la décision contestée, deux hypothèses doivent être distinguées : la première concerne les sociétés qui n'appartiennent pas à une même entreprise, au sens du droit de la concurrence et, la seconde, concerne les sociétés qui appartiennent ou qui appartenaient à une même entreprise.

1108. Pour ce qui concerne les sociétés n'appartenant pas, avec celle ayant formé le recours, à une même entreprise, au sens du droit de la concurrence, les principes dégagés par la Cour dans l'affaire *ArcelorMittal* conduisent assurément

---

[1421] Règlement (CEE) n° 2988/74 du Conseil, du 26 novembre 1974, relatif à la prescription en matière de poursuites et d'exécution dans les domaines du droit des transports et de la concurrence de la Communauté économique européenne, JOCE n° L 319 du 29 novembre 2974, p. 1.

[1422] CJUE, 29 mars 2011, ArcelorMittal c/ Commission, précité, EU:C:2011:190, point 138.

[1423] *Ibid., point 139.*

[1424] Cette interprétation se justifie d'autant plus à la lumière d'une approche textuelle et téléologique de l'article 25, paragraphe 6, du règlement n° 1/2003. La suspension du délai de prescription des pouvoirs de sanction ne s'envisage que si la décision de la Commission fait l'objet d'un recours par l'un de ses destinataires. La suspension de la prescription permet précisément d'éviter de mettre à la charge de la Commission la durée de la procédure juridictionnelle, dans l'hypothèse où la décision de la Commission fait l'objet d'une annulation.

à considérer que la prescription ne saurait être suspendue. Cette solution se justifie, dans la mesure où, du fait de l'expiration des délais de recours, la décision est devenue, à leur égard, définitive. La question se pose en des termes différents s'agissant des sociétés appartenant avec celle ayant formé le recours à une même entreprise, au sens du droit de la concurrence.

1109. Dans cette hypothèse, certes théorique,[1425] la question se pose de savoir si la prescription des pouvoirs de sanction n'est suspendue qu'à l'égard de la société qui forme le recours. La réponse à cette question nécessite d'envisager deux hypothèses.

1110. D'une part, si les effets de l'annulation sont limités à la seule société ayant formé le recours, une réponse positive impliquerait que l'autorité de concurrence concernée ne pourrait éventuellement plus être en mesure de modifier l'amende à l'égard de celles qui n'auraient pas formé de recours.[1426] Cela pourrait amplement se justifier, dans la mesure où, en ne formant aucun recours, la décision est, en principe, devenue définitive. En clair, l'autorité de concurrence concernée pourrait s'abstenir d'étendre les effets de l'annulation aux autres sociétés de l'entreprise, au sens du droit de la concurrence, n'ayant formé aucun recours.[1427] À cet endroit, il pourrait toutefois être soutenu, à la lumière de l'arrêt du Tribunal dans l'affaire *Aragonesas*, que la question de la prescription ne devrait pas se poser lorsqu'une autorité entend délibérément faire bénéficier, sur le fondement de l'article 266 TFUE, une société de l'entreprise, au sens du droit de la concurrence, de l'annulation obtenue par une autre société appartenant à la même entreprise.[1428]

1111. D'autre part, si les effets de l'annulation s'étendent à toutes les sociétés de l'entreprise, au sens du droit de la concurrence, une réponse positive impliquerait que l'autorité de concurrence concernée ne pourrait, à la suite de cette annulation, infliger une amende qu'à la seule société de l'entreprise, au sens du droit de la concurrence, qui aurait formé le recours. Or, une telle solution pourrait ne pas être satisfaisante pour préserver l'effet utile des règles de concurrence. En clair, si les effets de l'annulation s'étendent à toutes les sociétés de l'entreprise, au sens du droit de la concurrence, la prescription des pouvoirs de sanction devrait être assurément suspendue à l'égard de l'ensemble des sociétés de l'entreprise.[1429]

1425 Cette hypothèse n'a fait l'objet d'aucun contentieux à ce jour, si ce n'est sous un angle différent dans l'affaire Uralita. Voy. Trib. UE, 6 octobre 2015, Corporación Empresarial de Materiales de Construcción c/ Commission, aff. T-250/12, EU:T:2015:749, point. 72 et suivants.

1426 En effet, eu égard à la durée moyenne des procédures juridictionnelles, le délai de dix ans serait assurément expiré.

1427 En revanche, si dans cette hypothèse il peut être soutenu que l'autorité de concurrence concernée n'est pas tenue de faire bénéficier la société n'ayant pas formé de recours du bénéfice de l'annulation obtenue par une autre société de l'entreprise, au sens du droit de la concurrence, toute modification nécessiterait toutefois le respect des délais de prescription, puisque une telle modification s'opérerait pas un retrait d'une décision initiale et son remplacement par une décision modificative.

1428 Voy. Trib. UE, 6 octobre 2015, Corporación Empresarial de Materiales de Construcción c/ Commission, aff. T-250/12, EU:T:2015:749, point. 72 et suivants. Cette solution demeure toutefois contestable, dans la mesure où elle s'avère en contradiction avec la lettre de l'article 25, paragraphe 6, du règlement n° 1/2003, lequel prévoit expressément la suspension du délai de prescription en cas de recours. Par ailleurs, la distinction faite par le Tribunal dans cette affaire entre la décision d'infliger une amende et la décision sur le montant de l'amende pourrait, selon d'aucuns, apparaître comme artificielle.

1429 À titre d'illustration, dans l'affaire Bolloré, si l'annulation avait produit des effets erga omnes, à savoir pour la société mère et la filiale, laquelle n'avait formé aucun recours, il aurait pu être soutenu, en réponse aux

2. La suspension de la prescription dans l'hypothèse d'un recours formé contre une décision intermédiaire

1112. hypothèse a été notamment à l'origine des affaires *Elementis* et *Akzo Nobel*, dont le Tribunal a eu à connaître. L'une des questions qui s'y posait était celle des effets de la suspension de la prescription dans l'hypothèse où l'une des sociétés partie à la procédure devant la Commission conteste devant une juridiction de contrôle un acte d'enquête.[1430] De manière schématique, *Akzo Nobel* avait entendu demander l'annulation, durant la phase d'enquête, de certaines mesures d'instruction. Toutefois, du fait de l'attente de la fin de la procédure juridictionnelle relative à la légalité desdites mesures, la Commission avait infligé à la société *Elementis* une amende plus de dix ans après le début de l'enquête.[1431] Dans ce contexte, la Commission soutenait que son action n'était pas prescrite, dans la mesure où le délai de prescription avait été suspendu par la procédure judiciaire dans l'affaire *Akzo Nobel.*[1432] Toutefois, à la suite de l'arrêt de la Cour dans l'affaire *ArcelorMittal*,[1433] la Commission s'était résolue à faire application de l'approche *in personam* de la suspension de la prescription, en retirant sa décision à l'encontre d'*Elementis.*[1434]

1113. Or, la décision de la Commission contestée dans l'affaire *ArcelorMittal* n'était pas une décision intermédiaire mais une décision finale.[1435] La mobilisation à cet endroit de cette affaire pouvait ainsi ne pas convaincre, et ce d'autant plus qu'une argumentation différente aurait pu être développée pour défendre l'infliction d'une amende à *Elementis :* faire valoir que le recours formé par *Akzo Nobel*, durant la phase d'enquête, suspendait la prescription à l'égard de toutes les sociétés ayant participé à l'infraction.[1436] Une annulation desdits actes aurait ainsi

---

arguments de la société mère, que la prescription avait été suspendue également pour sa filiale (voy. Trib. UE, 27 juin 2012, Bolloré c/ Commission, aff. T-372/10, EU:T:2012:325, point 186). Toutefois, cette question ne s'est pas posée dans cette affaire puisque la décision modificative ne concernait que la société mère. Le débat ne portait assurément pas sur les effets de l'annulation de la décision initiale par la Cour (voy. CJCE, 3 septembre 2009, Papierfabrik August Koehler e.a. c/ Commission, EU:C:2008:361, point 2 du dispositif).

1430 La question pourrait se poser s'il en va ainsi pour tous les actes d'enquête. Dans l'affaire Akzo Nobel, il était question d'une décision ordonnant plusieurs sociétés à se soumettre à des vérifications dans leurs locaux. Sur ce point, la question se pose en des termes identiques à l'échelle nationale. S'agissant de la suspension du de la prescription et des recours formés contre les actes d'enquête, l'article L. 462-7 du code de commerce ne fait référence qu'à ce type de décisions. L'on relèvera toutefois que, initialement, les recours formés contre les actes d'enquête interrompaient la prescription (voy., en particulier, CA Paris, 7 mars 2006, Inéo, n° 05/12604, où les juges d'appel considèrent que « [m]ais considérant que les actes d'enquête, y compris les voies de recours, interrompent par eux-mêmes la prescription des faits dont le Conseil est saisi. Qu'il suit que les arrêts rendus par la Cour de cassation les 9 mars et 6 avril 1999 ont interrompu la prescription, ainsi que l'a relevé à bon droit le Conseil »).

1431 Voy., Trib.UE, 8 novembre 2011, Elementis e.a. c/ Commission, aff. T-43/10, précitée, point 3.

1432 *Ibid.*

1433 CJUE, 29 mars 2011, *ArcelorMittal c/ Commission*, précité, EU:C:2011:190.

1434 Voy. Trib. UE, 15 juillet 2015, Akzo Nobel et Akcros Chemicals c/ Commission, aff. T-485/11, EU:T:2015:517. Voy., également, Trib.UE, 8 novembre 2011, Elementis e.a. c/ Commission, aff. T-43/10, EU:T:2011:643, point 10.

1435 Voy., TPICE, 17 septembre 2007, Akzo Nobel Chemicals et Akcros Chemicals c/ Commission, aff. T-125/03 et T-253/03, EU:T:2007:287, points 1 et 12.

1436 Il pourrait être soutenu que les effets de la suspension de la prescription dépendent de l'acte attaqué. Si l'acte attaqué est la décision finale, alors la suspension de la prescription produirait, entre entreprises, au sens du droit de la concurrence, des effets inter partes. En revanche, si l'acte attaqué est une décision intermédiaire, comme dans l'affaire Akzo Nobel, alors la suspension de la prescription pourrait produire des effets erga omnes, à suppu avoir un impact sur l'enquête, et contraindre la Commission à différer son action à l'égard des autres sociétés concernées par la procédure.

1114. La Commission défendait précisément cette position devant la Cour dans l'affaire *ArcelorMittal.*[1437] Elle soulignait que « contrairement à l'exercice de recours contre des décisions finales, pour lequel il ne pourrait pas être exclu que la solution retenue par le Tribunal soit valable, la contestation de telles mesures pourrait avoir un effet sur la capacité de la Commission à poursuivre l'affaire à l'encontre de toutes les entreprises impliquées dans l'infraction, même si elles ne sont formellement adressées qu'à une seule entreprise. Partant, l'application dudit arrêt à la suspension de la prescription nuirait à la bonne mise en œuvre du droit de la concurrence, alors qu'une interprétation retenant l'effet *erga omnes* serait de nature à sauvegarder l'effet utile de ce droit ».[1438]

1115. La succession des affaires *ArcelorMittal* et *Elementis* et le comportement possiblement contraditoire de la Commission rendent pour le moins complexe l'approche des effets de la suspension de la prescription, la notion d'entreprise, au sens du droit de la concurrence, n'étant pas sans soulever d'autres problématiques dans le cadre d'une demande de sursis au paiement de l'amende.

Section 2
La demande de sursis à l'exécution de la décision administrative

1116. En principe, le paiement de l'amende doit intervenir dans le délai fixé par les autorités de concurrence dans la décision sanctionnant un comportement infractionnel, quand bien même la décision ferait l'objet d'un recours en annulation. Le paiement immédiat de l'amende peut toutefois faire l'objet, à titre exceptionnel, d'aménagements. Les autorités de concurrence pourront accepter, au lieu d'un paiement immédiat de l'amende, la constitution, sous conditions, d'une garantie bancaire couvrant le montant au principal et les intérêts. Ce mécanisme permet, de manière pragmatique, d'éviter un éventuel remboursement de l'amende par l'autorité de concurrence concernée, dans le cas où la juridiction de contrôle annulerait la décision dans son ensemble, annulerait l'amende ou ajusterait à la baisse, en application de ses pouvoirs de pleine juridiction, son montant. Les autorités de concurrence peuvent également accepter l'échelonnement du paiement pour alléger dans le temps le poids de l'amende.

---

poser toutefois que la Commission soit empêchée d'agir contre les autres sociétés concernées par l'infraction (sur ce critère, voy. TPICE, 20 avril 1999, LVM e.a. c/ Commission, aff. T-305/94, EU:T:1999:80, point 1098). Cette distinction serait d'autant plus justifiée, à la lumière des arguments pertinents avancés par la Commission devant la Cour dans l'affaire ArcelorMittal (voy. CJUE, 29 mars 2011, ArcelorMittal c/ Commission, précité, EU:C:2011:190, points 132 à 135).

1437 La position privilégiée par la Commission dans l'affaire ArcelorMittal aura pu apparaître excessive, en ce qu'elle entendait défendre, en toutes hypothèses, une approche in rem de la suspension de la prescription.

1438 CJUE, 29 mars 2011, ArcelorMittal c/ Commission, précité, EU:C:2011:190, point 132.

1117. Indépendamment de ces possibles aménagements, le débiteur de l'amende pourra tenter d'obtenir auprès de la juridiction de contrôle un sursis au paiement de l'amende. C'est dans ce contexte que l'appartenance de la société débitrice de l'amende à une entreprise, au sens du droit de la concurrence, voire à un groupe de sociétés, est susceptible d'être prise en compte. L'étude de la pratique à l'échelle de l'Union (§1) puis de la pratique à l'échelle nationale (§2) révèle à cet endroit une approche restrictive.

§ 1. La pratique à l'échelle de l'Union

1118. En application de l'article 156, paragraphe 1, du règlement de procédure du Tribunal, une partie peut demander le sursis à exécution d'un acte d'une institution. Cette demande est soumise à certaines conditions de fond. Aux termes de son paragraphe 4, « les demandes en référé doivent spécifier l'objet du litige, les circonstances établissant l'urgence ainsi que les moyens de fait et de droit justifiant à première vue l'octroi de la mesure provisoire à laquelle elles concluent ». Autrement dit, « le sursis à exécution et les mesures provisoires peuvent être accordés par le juge des référés s'il est établi que leur octroi est justifié à première vue en fait et en droit (fumus boni juris) et qu'ils sont urgents en ce sens qu'il est nécessaire, pour éviter un préjudice grave et irréparable aux intérêts du requérant, qu'ils soient édictés et produisent leurs effets dès avant la décision au principal. Ces conditions sont cumulatives, de sorte que les demandes en référé doivent être rejetées dès lors que l'une d'elles fait défaut ».[1439]

1119. S'agissant des demandes de sursis au paiement de l'amende, la condition tenant à l'urgence demeure assurément la plus débattue ; en témoigne le contentieux nourri sur ce point.[1440] À cet égard, le juge des référés ne vérifiera pas uniquement le risque financier que pourrait représenter le paiement immédiat de l'amende, mais s'attachera à apprécier avant tout la possibilité pour la société de constituer une garantie bancaire, dans la mesure où la constitution d'une telle garantie s'avère une charge financière moindre.[1441]

1120. Dans ce contexte, si la société demanderesse est une société n'appartenant pas à un groupe, le risque que pourrait représenter pour elle le paiement immédiat de l'amende ou la possibilité de constituer une garantie bancaire s'appréciera nécessairement à la lumière de sa situation personnelle. En revanche, si cette société appartient à un groupe de sociétés, la question se pose de savoir s'il doit être également tenu compte de la situation de ses actionnaires. À cet endroit, la simple appartenance à un groupe pourrait ne pas suffire, encore faut-il que les sociétés du groupe dont la situation financière est prise en compte se soient vues imputer l'infraction de leur filiale : en clair, qu'elles appartiennent ensemble à une même entreprise, au sens du droit de la concurrence.

1439 TPICE, 29 octobre 2009, Novácke chemické závody c/ Commission, aff. T-352/09 R, EU:T:2009:422, point 13. Sur cet arrêt, voy. L. Idot, « Sursis à exécution et paiement des amendes en droit de la concurrence : le juge confirme la position restrictive », Europe, janvier 2010, n° 1.

1440 Pour une présentation générale des demandes de sursis au paiement, voy., en particulier, Bernardeau et Christienne, op. cit., nos I. 822 et I. 839 à I. 842.

1441 Voy., en particulier, Bernardeau et Christienne, op. cit., n° I. 828.

1121. À la lumière de la pratique, les demandes de sursis au paiement de l'amende s'avèrent clairement dominées par le fait que la situation prise en compte est celle du groupe dans son ensemble, auquel appartient la société au jour de sa demande.[1442] Autrement dit, même si l'infraction de la filiale n'a pas été imputée à sa société mère, sa demande de sursis à exécution sera subordonnée à l'étude de la situation économique du groupe auquel la filiale appartient.

1122. Cette pratique a été privilégiée dès les premières demandes de sursis introduites par des sociétés condamnées au paiement d'une amende.[1443] S'agissant notamment de la possibilité de constituer une garantie bancaire, le Tribunal a précisé que, « afin d'apprécier la capacité [d'une société] à constituer la garantie en cause, il convient [...] de tenir [...] compte du groupe de sociétés dont elle dépend directement ou indirectement, notamment pour ce qui est de la possibilité de fournir les sûretés que les banques pourraient réclamer ».[1444]

1123. La prise en compte du groupe se justifie à la lumière, « d'une part, [de] l'intérêt public qui s'attache à l'exécution des décisions de la Commission et à la sauvegarde des intérêts financiers de [l'Union] et, d'autre part, [des] avantages qui peuvent découler, pour ses actionnaires, des éventuels comportements anticoncurrentiels d'une société [...] ».[1445] En effet, les intérêts objectifs de la société ne présentent pas un caractère autonome par rapport à ceux des personnes, physiques ou morales, qui la contrôlent.[1446] En d'autres termes, l'intérêt de la société à survivre ne doit pas être apprécié indépendamment de l'intérêt que ceux qui la contrôlent portent à sa pérennité. Ainsi, la société concernée devra fournir des éléments de preuve relatifs à sa situation économique et notamment des indications concrètes et précises, étayées par des documents détaillés certifiés, permettant au juge des référés d'apprécier, sur la base de preuves sérieuses, la gravité du préjudice allégué sous l'aspect de son appartenance au groupe,[1447] cette étude ne devant pas se limiter aux sociétés la contrôlant directement mais également aux autres sociétés du groupe.[1448]

1442 Le fait que la requérante était détenue antérieurement à la décision par une société d'envergure internationale ne saurait être prise en compte (voy. TPICE, 13 juillet 2006, Romana Tabacchi c/ Commission, aff. T-11/06 R, EU:T:2006:217, points 111 à 116).

1443 Voy., notamment, TPICE, 25 août 1994, Siderúrgica Aristrain Madrid SL c/ Commission, aff. T-156/94 R, EU:T:1994:97 ; TPICE, 17 février 1995, Cascades c/ Commission, aff. T-308/94 R, EU:T:1995:33. Voy., plus récemment, TPICE, 13 juillet 2006, Romana Tabacchi c/ Commission, aff. T-11/06 R, EU:T:2006:217 ; TPICE, 21 juillet 1999, DSR-Senator Lines c/ Commission, aff. T-191/98 R, EU:T:1999:161, et, sur pourvoi, CJCE, 14 décembre 1999, DSR-Senator Lines c/ Commission C-364/99 P (R), EU:C:1999:609 ; TPICE, 28 mars 2007, IBP et International Building Products France c/ Commission, aff. T-384/06 R, EU:T:2007:98 ; CJUE, 16 décembre 2000, Almamet c/ Commission, C-373/10 P(R), EU:C:2010:792, point 17 ; Trib. UE, 2 mars 2011, 1. garantovaná c/ Commission, aff. T-392/09 R, EU:T:2011:63.

1444 TPICE, 21 juillet 1999, DSR-Senator Lines c/ Commission, aff. T-191/98 R, EU:T:1999:161, point 64.

1445 TPICE, 29 octobre 2009, Novácke chemické závody c/ Commission, aff. T-352/09 R, précité, point 53 ; TPICE, 28 mars 2007, IBP et International Building Products France c/ Commission, aff. T-384/06 R, précité, points 66 et 67.

1446 S'il peut être tenu compte de la situation financière de l'actionnaire majoritaire, le juge des référés n'excluent pas qu'il puisse également être tenu compte de l'actionnariat minoritaire. En effet, les intérêts des actionnaires minoritaires peuvent justifier que leurs ressources financières soient prises en compte (voy. TPICE, 7 mai 2010, Almamet c/ Commission, aff. T-410/09 R, EU:T:2010:179, point 57).

1447 TPICE, 28 mars 2007, IBP et International Building Products France c/ Commission, aff. T-384/06 R, précité, point 71 ; Trib. UE, 12 mai 2010, Reagens c/ Commission, aff. T-30/10 R, EU:T:2010:194, point 47

1448 Trib. UE, 13 avril 2011, Socitrel c/ Commission, aff. T-413/10 R, EU:T:2011:179, points 39 à 41.

1124. Une demande de sursis au paiement pourrait être refusée en tenant compte du groupe auquel appartient une société postérieurement à l'infraction. À cet égard, la prise en compte du groupe pourrait n'être envisagée que si le groupe demeure celui auquel la société demandeuse appartenait pendant l'infraction. Cependant, il ressort de l'affaire *Laakmann Carton*, certes isolée, que cette circonstance est indifférente. Le Tribunal rejette la demande de sursis à exécution de l'amende, dans la mesure où rien dans le dossier ne permettait de conclure que les sociétés du groupe la contrôlant directement ou indirectement pouvaient lui fournir les suretés nécessaires à la constitution d'une garantie bancaire.[1449] Au surplus, le Tribunal constate que les sociétés ayant pris le contrôle était au courant du risque d'infliction d'une amende, que le prix de la transaction avait été fixé par la probabilité de se voir infliger une amende et que la valeur des parts transférées avaient été influencées par la participation de la société demandeuse à l'infraction.[1450]

1125. En tout état de cause, la prise en compte du groupe réduit nécessairement les chances pour une société d'obtenir un sursis au paiement de son amende ; l'approche privilégiée en pratique renforce assurément cette idée. Certes, il sera tenu compte du fait pour une société mère d'avoir toléré la mise en faillite de sa filiale au lieu de lui prêter une assistance financière. Il en va de même, dans le prolongement de l'affaire *Romana Tabacchi*, s'il est objectivement impossible pour les actionnaires de la société concernée de fournir des garanties personnelles et réelles sur les biens dont ils sont propriétaires.[1451] Toutefois, il ressort de la jurisprudence qu'« un simple refus unilatéral d'assistance exprimé de la part de l'actionnaire principal de la société concernée ne saurait suffire à exclure la prise en compte de la situation financière de l'ensemble du groupe ».[1452] Dans le même ordre d'idées, le fait que les actionnaires d'une société refusent de la soutenir pour la constituation d'une garantie bancaire sera considéré comme indifférent, et ce, en particulier lorsque les résultats financiers du groupe s'avèrent prometteurs.[1453] Seule l'existence d'un empêchement juridique pour que le groupe apporte son soutien financier pourrait être pris en compte.[1454] Il en va ainsi dans l'hypothèse de membres d'une fédération.[1455]

§ 2. La pratique à l'échelle nationale

1126. La pratique à l'échelle nationale semble plus confuse que celle à l'échelle de l'Union.[1456] En effet, la question de savoir si l'étude des conséquences potentiellement

---

1449 TPICE, 21 décembre 1994, Laakmann Carton c/ Commission, aff. T-301/94, EU:T:1994:316, point 22.

1450 *Id.*

1451 Le Tribunal y avait également relevé que l'amende était supérieure au capital social de la requérante (voy. TPICE, 13 juillet 2006, Romana Tabacchi c/ Commission, aff. T-11/06 R, EU:T:2006:217, point 123).

1452 TPICE, 14 mars 2008, Huta Buczek c/ Commission, aff. T-440/07 R, EU:T:2008:77, point 65 et TPICE, 29 octobre 2009, Nováke chemické závody c/ Commission, aff. T-352/09 R, précité, point 57.

1453 Voy., notamment, TPICE, 21 juillet 1999, DSR-Senator Lines c/ Commission, aff. T-191/98 R, précité, points 65 et 66 ; TPICE, 15 janvier 2009, Ziegler c/ Commission, aff. T-199/08 R, EU:T:2009:5, point 71.

1454 Voy., notamment, TPICE, 30 juin 2009, Tudapetrol Mineralölerzeugnisse Nils Hansen c/ Commission, aff. T-550/08 R, EU:T:2009:231, point 50 et TPICE, 29 octobre 2009, Nováke chemické závody c/ Commission, aff. T-352/09 R, précité, point 57.

1455 Voy., notamment, TPICE, Fédération nationale des syndicats d'exploitants agricoles (FNSEA) et autres c/ Commission, aff. T-245/03 R, EU:T:2004:16, point 112.

1456 Sur la procédure à suivre aux fins d'une demande de sursis à exécution, voy. article R. 464-22 du code de commerce.

excessive de l'exécution immédiate de la décision infligeant une amende se doit d'être conduite à la lumière de la situation financière du groupe auquel la société tenue au paiement appartient ne reçoit pas une réponse des plus claires. À cet égard, le contentieux qu'a généré la décision de l'Autorité dans l'affaire des *farines*[1457] n'est pas sans révéler des positions pour le moins divergentes. Dans cette affaire, pas moins de trois ordonnances ont été rendues par le juge des référés.

1127. Dans les deux premières demandes, deux filiales qui s'étaient vues infliger des amendes pour la participation à une entente avaient sollicité de la Cour d'appel de Paris la suspension de l'exécution provisoire de la sanction.[1458] Elles faisaient valoir, soutenu en ce sens notamment par le Ministre de l'économie, que le paiement de l'amende entraînerait des conséquences manifestement excessives, au sens de l'article L. 464-8 du code de commerce.

1128. L'Autorité de la concurrence s'y était opposée au motif que chacune des sociétés appartenaient à un groupe important, de sorte qu'il convenait d'apprécier les difficultés financières au niveau du groupe. Elle soutenait également qu'une société ne pouvait demander le sursis au paiement de l'amende si elle n'avait pas, durant la procédure administrative, sollicité de l'Autorité une réduction de son amende pour défaut de capacité contributive.

1129. À cet égard, à la différence de la pratique constante à l'échelle de l'Union, le délégué du Premier président de la Cour d'appel avait considéré, d'une part, qu'une société demeure en droit de demander le sursis au paiement de l'amende et ce, quand bien même elle n'aurait pas sollicité de la part de l'Autorité, antérieurement à l'adoption de la décision, une réduction de son amende pour défaut de capacité contributive. En clair, une société ne saurait, dans cette hypothèse, avoir renoncé à son droit de demander le sursis au paiement de l'amende. En effet, pour la Cour d'appel de Paris, « la renonciation à un droit ne résulte que d'actes manifestant sans équivoque la volonté d'[y] renoncer ».[1459]

1130. D'autre part et de manière plus inédite, il avait considéré que « les conséquences manifestement excessives de l'éxécution d['une] décision doivent être appréciées au vu de la seule situation financière de la société frappée de l'amende ».[1460] En d'autres termes, il n'était pas tenu compte, à ce stade de la procédure, de l'appartenance ou non à un groupe, ainsi que le soutenait au contraire l'Autorité. Ainsi, le délégué du Premier président de la Cour d'appel avait ordonné, dans cette affaire, à ce qu'il soit sursis à l'exécution provisoire de l'amende de l'Autorité.

1131. Toutefois, toujours dans la même affaire, le juge des référés aura jugé différemment une troisième demande de sursis au paiement introduite par une autre société, laquelle était au demeurant dans une situation identique aux deux premières

---

1457 Voy. aut. conc., déc. du 13 mars 2012 n° 12-D-09 relative à des pratiques mises en œuvre dans le secteur des farines alimentaires.

1458 Voy., pour l'affaire des farines, CA Paris (ord.), 3 juillet 2012, Minoteries Cantin et Axiane meunerie, n° 12/09397 et n° 12/09395. Il y a lieu de relever que leurs sociétés mères respectives n'avaient pas été concernées par l'infraction de leurs filiales. Ces dernières étaient seules responsable de leurs amendes. Voy., également, pour l'affaire des endives, CA Paris (ord.), 26 juin 2012, FNPE e.a., n° 12/08904 ; Fraileg e.a., n° 12/08905 ; France endives e.a., n° 12/08906.

1459 Voy. CA Paris (ord.), 3 juillet 2012, Minoteries Cantin et Axiane meunerie, précitées.

1460 *Ibid.*

sociétés. Dans cette nouvelle ordonnance, la présidente de la Cour d'appel avait au contraire considéré, à la lumière de l'article L. 464-2 du code de commerce, que, « dès lors que l'Autorité de la concurrence dispose [...] du pouvoir de fixer chaque sanction en fonction du chiffre d'affaires consolidé de la société, dans l'hypothèse où celle-ci appartient à un groupe de sociétés et dans la limite du plafond légal de 10 %, les conséquences que l'application de la sanction est susceptible d'entraîner doivent nécessairement être appréciées également au regard de ce chiffre d'affaires consolidé ».[1461] En d'autres termes, si l'Autorité est en mesure de prendre en compte le chiffre d'affaires de la société consolidante, et ce même en l'absence de l'imputation à cette dernière de l'infraction, il peut être tenu compte de la situation financière du groupe pour apprécier une demande de sursis au paiement de l'amende.

1132. La position du juge des référés dans cette dernière ordonnance est d'autant plus singulière que, ainsi que le relève un auteur, l'Autorité n'avait pas, dans sa décision, tirée de conséquences de l'appartenance à un groupe de la société demandant le sursis. Schématiquement, son appartenance à un groupe n'avait été prise en compte ni pour augmenter le montant de l'amende, ni pour imputer l'infraction à sa société mère, ni pour l'étude de sa capacité contributive, laquelle avait été conduite à la lumière de sa seule situation financière.[1462] En clair, même s'il n'est pas tenu compte de l'appartenance à un groupe par l'Autorité, cette appartenance pourrait être prise en compte par le juge des référés au seul stade de l'appréciation d'une demande de sursis au paiement de l'amende.

1133. Cette lecture est confirmée par la Cour de casssation, à la suite des deux pourvois formés par l'Autorité de la concurrence contre les ordonnances accueillant les demandes de sursis au paiement. La position de la Cour de cassation, laquelle casse les deux premières ordonnances, n'est toutefois pas dépourvue d'ambiguité. Elle juge par un attendu de principe, qu'« [i]l n'est pas interdit au premier président, saisi en application [de l'article L. 464-8 du Code de commerce, de tenir compte, s'il l'estime justifié par les circonstances de l'espèce, de l'appartenance de la personne morale sanctionnée à un groupe pour apprécier si l'exécution immédiate de la décision est susceptible d'entraîner des conséquences manifestement excessives ».[1463]

1134. La Cour de cassation se limite toutefois simplement à considérer qu'« [i]l n'est pas interdit » et que la prise en compte du groupe doit être justifié par

---

1461 CA Paris (ord.), 13 novembre 2012, Grands moulins de Strasbourg, n° 12/14436.

1462 Voy. C. Lemaire et S. Naudin, « Sanctions : le délégué du Premier président de la Cour d'appel de Paris rejette une demande de sursis à l'exécution provisoire des sanctions prononcées par l'Autorité de la concurrence dans l'affaire des farines en tenant compte, contrairement à un autre arrêt rendu dans la même affaire, de l'appartenance de l'entité sanctionnée à un groupe pour apprécier les difficultés économiques des entreprises concernées (Grands Moulins de Strasbourg) », 13 novembre 2012, Concurrences, 2013, n° 1, p. 183. Voy., également, aut. conc., déc. du 13 mars 2012 n° 12-D-09 relative à des pratiques mises en œuvre dans le secteur des farines alimentaires, cons. 954.

1463 Cass. com., 22 octobre 2013, Axiane Meunerie/Minoteries Cantin, n° 12-23486 et n° 12-23487. Sur ces arrêts, voy., notammment, C. Lemaire, « Sanction : la Cour de cassation casse les ordonnances de sursis à exécution dans l'affaire des farines et prend position dans le débat relatif à la prise en compte de l'appartenance à un groupe au moment d'apprécier les difficultés économiques d'une entreprise condamnée pour pratiques anticoncurrentielles (Axiane Meunerie/Minoteries Cantin) », Concurrences 2014, n° 1, p. 176.

« les circonstances de l'espèce ». En substance, la Cour de cassation laisse le choix au juge des référés de prendre en compte ou non l'appartenance à un groupe lors de l'étude d'une demande de sursis au paiement, tout en précisant que cette prise en compte n'est pas limitée à la seule détermination du montant de l'amende sur le fondement de l'article L. 464-2 du code de commerce.

1135. Si, à l'échelle de l'Union, le juge des référés souligne nettement qu'il doit être tenu compte de la situation financière des actionnaires,[1464] à l'échelle nationale, le juge des référés devra apprécier au cas par cas la situation des sociétés soucieuses d'obtenir un sursis au paiement de leur amende, sans pour autant prendre nécessairement en compte la situation financière du groupe auquel elle appartiendrait au jour de sa demande. En clair, la notion d'entreprise n'est à cet endroit aucunement mobilisée. Elle le sera toutefois, en substance, en cas d'annulation – totale ou partielle – ou de réformation de la décision.

Section 2
Les effets de la décision juridictionnelle

1136. L'appartenance de plusieurs sociétés à une même entreprise, au sens du droit de la concurrence, est susceptible d'avoir une incidence sur les effets du recours. Lorsqu'une société mère obtient l'annulation d'une décision que sa filiale n'a pas contestée, ou inversement, la question se pose de savoir si celle n'ayant pas formé un recours peut demander à bénéficier de l'annulation.

1137. La question des effets d'un arrêt d'annulation ne doit toutefois pas être confondue avec celle de l'autorité dont est susceptible de jouir un tel arrêt.[1465] L'un vise à s'interroger sur l'extension aux tiers de l'annulation d'un acte tandis que l'autre vise à s'interroger sur la possibilité d'invoquer un arrêt dans un litige différent, sans qu'il soit nécessaire que les parties soient identiques.[1466] À cet égard, l'extension des effets de l'annulation d'un acte découle de la nature de l'acte annulé. L'annulation d'un acte de portée générale produira assurément des effets pour les tiers au recours mais aussi pour toute juridiction saisie de la question de la validité de l'acte.[1467] En revanche, l'annulation d'un acte de portée individuelle ne produira, en principe, des effets qu'à l'égard des parties au litige.[1468]

1464 Voy. supra, n° 1123.

1465 Sur l'autorité de la chose jugée dans le contentieux du droit de l'Union, voy., en particulier, A. Turmo, L'autorité de la chose jugée en droit de l'Union européenne, préf. F. Picot, coll. « Droit de l'Union européenne », Bruylant, 2017, p. 300.

1466 Si la Cour a certes pu juger qu'un arrêt d'annulation a « un effet erga omnes, qui lui confère l'autorité absolue de la chose jugée », cette affirmation ne doit être comprise qu'en tant que la Cour vise à cet endroit la possibilité d'invoquer le dispositif ainsi que les motifs d'un arrêt d'annulation dans un litige différent : CJCE, 1er juin 2006, P & O European Ferries (Vizcaya) et Diputación Foral de Vizcaya c/ Commission, aff. C-442/03 P et C-471/03 P, EU:C:2006:356, point 43. Voy., également, Trib. UE, 22 janvier 2015, Ocean Capital Administration e.a. c/ Conseil, aff. T-420/11 et T-56/12, EU:T:2015:42, point 44. Voy. également sur ce point, Turmo, op. cit., p. 299 et 300.

1467 *Id.*

1468 *Id.*

1138. En droit de la concurrence, l'annulation d'une décision d'une autorité de concurrence ne produira, en principe, que des effets *inter partes* (§1). Toutefois, l'appartenance de la société ayant formé le recours à une entreprise, au sens du droit de la concurrence, est susceptible, sous conditions, d'étendre les effets de l'annulation aux autres sociétés appartenant à la même entreprise, à savoir de produire, dans le périmètre de l'entreprise, des effets *erga omnes* (§2).

§ 1. Les effets *inter partes*

1139. L'affirmation selon laquelle un arrêt ne produit des effets qu'à l'égard des parties au litige ressort sans ambiguité de la pratique à l'échelle de l'Union. En droit de la concurrence de l'Union, une décision de la Commission est un faisceau divisible de décisions individuelles.[1469] L'annulation d'une telle décision devrait ainsi n'affecter que les parties au litige. En effet, par un recours en annulation, les juges ne sont saisis que des éléments de la décision concernant le requérant, ainsi que cela ressort nettement de l'affaire *Assidomän.*[1470]

1140. Dans cette affaire, certaines sociétés avaient fait le choix de ne pas contester la décision de la Commission. D'autres, en revanche, avaient formé divers recours en annulation, lesquels s'étaient avérés fructueux.[1471] La Cour avait, en constatant un défaut de preuve de la part de la Commission, annulé partiellement la décision attaquée et, selon les sociétés requérantes, réduit ou supprimé l'amende infligée. Or, les sociétés n'ayant pas contesté la décision de la Commission avaient également souhaité bénéficier d'une réduction du montant de leur amende, ce que la Commission leur avait toutefois refusé.

1141. Saisi d'un recours contre cette décision de rejet, le Tribunal a fait droit aux prétentions des requérantes. Certes, il souligne qu'une décision de la Commission est un faisceau de décisions individuelles et qu'un arrêt d'annulation ne saurait avoir, en principe, d'effets *erga omnes*, à savoir à l'égard des sociétés n'ayant pas contesté, dans les délais, la décision attaquée et annulée. Toutefois, il considère que, dans les circonstances de l'espèce, la Commission se devait de tirer néanmoins les conséquences de l'annulation par la Cour de la décision de la Commission sur la situation juridique de ces dernières. Selon le Tribunal, « la Cour a annulé l'article 1er, paragraphe 1, de la décision *pâte de bois* en se fondant sur des considérations qui s'appliquent de manière générale à l'analyse du marché de la pâte de bois faite par la Commission et qui ne reposent pas sur un quelconque examen des comportements ou pratiques mis en œuvre à titre individuel par les destinataires de la décision pâte de bois ».[1472] En clair, sauf à priver d'effet utile l'article 176 du traité CE [266 TFUE], le Tribunal était favorable à l'extension des effets de cette annulation aux sociétés n'ayant pas formé de recours, puisque

---

1469 Sur cette affirmation, voy., notamment, Trib. UE, 13 septembre 2010, Trioplast Wittenheim c/ Commission, aff. T-26/06, EU:T:2010:387, point 62.

1470 Voy. CJCE, 14 septembre 1999, Commission c/ AssiDomän Kraft Products e.a., aff. C-310/97 P, EU:C:1999:407.

1471 *Ibid., point 8.*

1472 TPICE, 10 juillet 1997, Assidomän Kraftprodukt e.a. c/ Commission, aff. T-227/95, EU:T:1997:108, point 25.

le constat d'illégalité portait sur des considérations générales et non particulières à chaque société.[1473]

1142. Sur pourvoi, la Cour a censuré le Tribunal. Elle souligne qu'un arrêt d'annulation ne produit des effets qu'*inter partes*. Une société qui n'a pas exercé de recours contre une décision de la Commission ne saurait se prévaloir d'une annulation de cette même décision dans le cadre d'un recours exercé par une autre société. La Cour précise que « [l]e principe de la sécurité juridique [...] s'oppose [...] à ce que, dans une hypothèse où plusieurs décisions individuelles similaires infligeant des amendes ont été adoptées dans le cadre d'une procédure commune et où certains destinataires seulement ont poursuivi et obtenu l'annulation en justice des décisions les concernant, l'institution dont elles émanent doive, à la demande d'autres destinataires, réexaminer, à la lumière des motifs de l'arrêt d'annulation, la légalité des décisions non attaquées et apprécier si, sur la base de cet examen, il y a lieu de procéder à un remboursement des amendes versées ».[1474]

1143. Cette solution s'appuie, ainsi que le souligne clairement l'avocat général M. Ruiz-Jarabo Colomer, sur la règle selon laquelle le litige ne porte que sur les éléments de la décision se rapportant au destinataire qui forme le recours. Selon l'avocat général, « ce n'est pas que la constatation de la nullité d'une décision n'ait pas d'effet *erga omnes* mais que, s'agissant d'une pluralité divisible d'actes, cet effet est circonscrit dans chaque cas à l'objet du litige soumis au juge communautaire, objet qui ne peut porter que sur les éléments de la décision collective se rapportant au destinataire qui a introduit le recours ».[1475]

1144. Deux précisions doivent être apportées. D'une part, si la Cour fait certes référence au principe de l'autorité absolue de la chose jugée, dont jouissent les arrêts d'annulation, cela ne veut pas pour autant dire que les effets de l'annulation seront étendus à l'ensemble des sociétés destinataires d'une décision.[1476] L'autorité absolue de la chose jugée indique seulement que le constat de nullité opéré par le juge peut être invoqué dans un litige n'opposant pas les mêmes parties.[1477] D'autre part, les sociétés en cause dans l'affaire *Assidomän* n'appartenaient pas à une même entreprise, au sens du droit de la concurrence, ce qui doit être souligné.

1145. À l'échelle nationale, la solution est identique. L'un des arrêts prononcés par la Cour d'appel de Paris[1478] dans l'affaire des *farines* l'illustre parfaitement, en ce que la Cour d'appel avait, par erreur, intégré au dispositif de l'arrêt réformant la décision de l'Autorité de la concurrence[1479] deux sociétés qui n'étaient pas parties

---

1473 *Ibid., point 42. La position du Tribunal n'est pas sans rappeler celle ayant très exceptionnellement eu cours en droit administratif, c'est-à-dire celle de l'annulation par voie de connexité. S'il existe un lien de connexité entre deux ou plusieurs actes identiques, le Conseil d'État a déjà admis la contagion de certaines annulations sur un acte connexe. C'est le cas notamment dans le domaine de la fonction publique, pour les actes ayant des répercussions sur la situation des divers agents dont la carrière est comparable et doit être régie selon des critères uniformes (voy., notamment, Conseil d'État, Glon, 26 janvier 1934, Rec. p. 135).*

1474 CJCE, 14 septembre 1999, Commission c/ Assidomän Kraftprodukt, aff. C-310/97 P, EU:C:1999:407, point 63.

1475 Conclusions du 28 janvier 1999 de l'avocat général M. Ruiz-Jarabo Colomer dans l'affaire Commission c/ AssiDomän Kraft Products e.a., aff. C-310/97 P, EU:C:1999:36, point 54.

1476 Voy. Turmo, op. cit., p. 306.

1477 *Id.*

1478 Voy. CA Paris, 25 janvier 2018, Autorité de la concurrence, n° 17/20545.

1479 Voy. CA Paris, 20 novembre 2014, Axiane meneurie e.a., n° 12/06828.

au litige. Sur ce point, il faut toutefois relever que, si, initialement, la Cour de cassation avait entendu corriger cette erreur en prononçant la cassation partielle de l'arrêt de la Cour d'appel réformant la décision de l'Autorité,[1480] elle a par la suite rabattu son arrêt. En effet, par un arrêt du 4 octobre 2017,[1481] la Cour de cassation avait estimé que l'Autorité n'était pas recevable à demander la cassation de l'arrêt d'appel, en ce qu'il étendait les effets de l'annulation à des sociétés n'étant pas parties au litige, puisque ces sociétés n'étaient pas parties à l'instance devant la Cour de cassation. Aussi ce n'est qu'à la suite de cet arrêt que l'Autorité avait demandé directement à la Cour d'appel de Paris de rectifier son erreur.

1146. La Cour d'appel de Paris juge favorablement la demande de l'Autorité de la concurrence et rectifie le dispositif de son arrêt en en excluant les sociétés qui n'avaient pas été parties au litige. À cette fin, elle se limite à relever que les sociétés en cause n'avaient formé aucun recours contre la décision de l'Autorité de la concurrence. Il pouvait en aller autrement, selon la Cour d'appel de Paris, en application de l'article 553 du code de procédure civile, dans l'hypothèse où la situation juridique des sociétés non parties au litige et celle des sociétés étant parties étaient indivisibles.[1482] Or, en l'espèce, il en était nullement le cas.

1147. Cette référence au caractère indivisible des situations invite à étendre l'étude des effets d'un arrêt d'annulation, non plus dans les rapports entre entreprises, au sens du droit de la concurrence, mais dans les rapports entre sociétés qui composent ou composaient une même entreprise. En effet, si plusieurs sociétés appartiennent à une même entreprise, l'on pourrait considérer qu'elles sont concernées par une seule et même décision, sauf à nouveau à dénombrer autant de décisions individuelles qu'il y a de sociétés.[1483] Dans cette hypothèse, la question se pose de l'incidence de l'annulation d'une décision obtenue par une société de l'entreprise, au sens du droit de la concurrence, sur la situation juridique des sociétés ayant appartenu ou appartenant à cette même entreprise.

§ 2. Les effets *erga omnes*

1148. La formation d'un recours par une société appartenant à l'entreprise, au sens du droit de la concurrence, pourrait être susceptible d'affecter la situation juridique des autres sociétés composant cette même entreprise. À première vue, si le constat d'illégalité ayant conduit à l'annulation partielle ou totale de la décision concerne

---

1480 Voy. Cass. com., 8 novembre 2016, n° 14/28234 e.a., non publié.

1481 Voy. Cass. com., 4 octobre 2017, n° 14/28234 e.a., non publié.

1482 Il semble que cet article ne s'applique qu'en cas de recours parallèles. Or, dans l'affaire ayant donné lieu à l'arrêt de la Cour d'appel de Paris, les sociétés inscrites au dispositif de l'arrêt initial n'avaient aucunement formé un recours contre la décision de l'Autorité, de sorte que l'invocation de cet article pourrait être vivement débattu. Toutefois, la motivation de l'arrêt semble indiquer que les juges se réservent, à la condition d'une motivation renforcée, la possibilité d'étendre les effets d'un arrêt d'annulation à l'égard de sociétés qui ne seraient pas parties au litige et qui n'auraient formé aucun recours (voy. CA Paris, 25 janvier 2018, Autorité de la concurrence, n° 17/20545, p. 8).

1483 L'infliction d'une seule amende solidaire pour le comportement de l'entreprise, au sens du droit de la concurrence, pourrait indiquer que les sociétés appartenant à cette entreprise sont concernées par une seule et même décision.

un élément de fixation du montant de l'amende rattachable à l'entreprise, au sens du droit de la concurrence, la société mère n'ayant pas formé le recours pourrait souhaiter en bénéficier.[1484] Dans cette optique, la décision attaquée pourrait s'analyser comme une décision concernant un cercle restreint de sociétés : celles appartenant ou ayant appartenu à une même entreprise, au sens du droit de la concurrence.

1149. Il n'en reste pas moins que le fait d'étendre à la société mère les effets d'une annulation de la décision obtenue par sa filiale pourrait être débattu. La formation d'un recours n'est possible que dans le respect de délais stricts, lesquels visent précisément à éviter qu'une décision puisse être indéfiniment remise en cause. Dans le prolongement des conclusions de l'avocat général M. Ruiz-Jarabo Colomer dans l'affaire *Assidomän*,[1485] l'effet de l'annulation est en principe cironscrit aux éléments de la décision se rapportant au destinataire qui a introduit le recours. C'est au demeurant la position défendue par la Commission devant la Cour dans l'affaire *Tomkins*.[1486]

1150. Cette problématique n'appelle pas de réponses univoques. Une tendance majoritaire peut toutefois être identifiée, à savoir celle de la mobilisation de la notion d'entreprise, au sens du droit de la concurrence, non seulement par les autorités de concurrence, mais également par les juridictions de contrôle. Deux hypothèses contentieuses sont à distinguer : celle où, schématiquement, l'une des sociétés de l'entreprise, au sens du droit de la concurrence, n'a pas formé de recours séparé, et celle où un tel recours a été formé.

A. Les effets en l'absence de recours séparés

1151. En l'absence de recours formés séparement, l'annulation de la décision obtenue par une société mère pourrait s'étendre à sa filiale. L'arrêt prononcé à l'échelle de l'Union par le Tribunal dans l'affaire *GEA* est, sur le terrain de la recevabilité, instructif.[1487] Dans cette affaire et de manière schématique, une société mère avait obtenu l'annulation d'une première décision modificative de la Commission

---

1484 Voy., en particulier, conclusions du 26 mars 2015 de l'avocat général M. Wahl dans l'affaire Total c/ Commission, aff. C-597/13 P, EU:C:2015:207, points 66, 74 et 75. Ce dernier considère que la Commission se doit de tirer les conséquences d'un arrêt d'annulation prononcé au bénéfice d'une filiale à l'égard de sa société mère. Il précise que « dans un cas tel que celui de l'espèce, à savoir dans l'hypothèse où la responsabilité de la société mère est purement dérivée des actes commis par sa filiale, le fait de maintenir pour la société mère un niveau d'amende supérieur à celui dont est finalement redevable sa filiale revient à imposer une portion d'amende qui ne repose sur aucun fondement juridique ». C'est semble-t-il également la position de la Commission ainsi qu'il ressort de la reproduction de ses arguments dans l'affaire Alliance One International (voy. CJUE, 26 septembre 2013, Alliance One International c/ Commission, aff. C-679/11 P, EU:C:2013:606, point 93).

1485 L'analogie demeure contestable puisque cette affaire a trait à des sociétés qui n'appartiennent pas à une même entreprise, au sens du droit de la concurrence.

1486 Selon la Commission, le Tribunal avait « commis une confusion entre la notion d'entreprise, en tant qu'entité économique en matière de concurrence, au sens de l'article 101 TFUE et du règlement (CE) n° 1/2003 du Conseil, du 16 décembre 2002, relatif à la mise en œuvre des règles de concurrence prévues aux articles [81 CE] et [82 CE], […] et la notion procédurale de personne morale, qui dépose une demande devant les juridictions de l'Union, en application de l'article 263 TFUE et du règlement n° 1/2003 » : voy. CJUE, 22 janvier 2013, Commission c/ Tomkins, aff. C-286/11 P, EU:C:2013:29, point 15.

1487 Voy. Trib. UE, 18 octobre 2018, GEA Group c/ Commission, aff. T-640/16, EU:T:2018:700. Si l'arrêt du Tribunal a fait l'objet d'une annulation sur pourvoi, voy. CJUE, 25 novembre 2020, Commission c/ GEA,

que ses anciennes filiales n'avaient pas entendu contester.[1488] Cette annulation était justifiée, selon le Tribunal, par la violation par la Commission des droits de la défense de la société mère, en ce que, préalablement à l'adoption de ladite décision, elle n'avait aucunement été entendue.[1489] À la suite de la réadoption de la décision annulée et de la formation d'un nouveau recours par la société mère contre la seconde décision modificative, la Commission soutenait que le recours devait être considéré comme irrecevable du fait du caractère définitif de la première décision modificative à l'égard de ses anciennes filiales.[1490] Ce point pouvait être défendu à la lumière notamment du dispositif de l'arrêt dans lequel le Tribunal avait indiqué annuler la décision modificative, « en tant qu'elle concern[ait] [la société mère] ».[1491]

1152. Sans rentrer dans les détails de l'analyse de l'intérêt à agir, lequel portait sur une question complexe de répartition de deux amendes entre codébiteurs solidaires, certains développements du Tribunal doivent être soulignés. Ce dernier juge, en substance, que, dans les circonstances de l'espèce, l'annulation de la première décision modificative valait à l'égard de l'ensemble des sociétés ayant formé pendant l'infraction une même entreprise, au sens du droit de la concurrence.[1492]

1153. En clair, le Tribunal tempère nettement dans cette affaire l'effet relatif d'un arrêt en cas d'annulation de dispositions qui concernent plusieurs sociétés ayant appartenu ou appartenant à une même entreprise, au sens du droit de la concurrence.[1493] D'aucuns pourraient intuitivement évoquer à cet endroit un effet *erga omnes* de l'annulation d'une décision dans les rapports entre sociétés appartenant à une même entreprise, au sens du droit de la concurrence, et ce quand bien même le Tribunal se garde d'en faire expressément mention.

1154. Certes, par son arrêt le Tribunal avait annulé en totalité une décision, laquelle modifiait deux articles d'une décision initiale qui affectaient la situation juridique de plusieurs sociétés ayant appartenu à une même entreprise, au sens du droit de la concurrence.[1494] Il n'en reste pas moins que l'annulation était justifiée en raison d'une violation par la Commission des droits de la défense d'une seule des sociétés concernées, lesquels droits de la défense sont propres à chaque société.

1155. Si une telle solution s'avère discutable pour des critères propres à chaque société, elle pourrait davantage se vérifier, à la lumière de la pratique de la Commission, si l'annulation résulte du constat d'une erreur de droit dans l'application des critères de fixation du montant de l'amende qui sont rattachables à l'entreprise,

---

aff. C-823/18 P, EU:C:2020:955, il demeure instructif, en ce que les motifs de l'annulation ne portent, non sur les considérations du Tribunal relatives à la recevabilité du recours, mais sur celles relatives au fond.

1488 Voy. Trib. UE, 15 juillet 2015, GEA Group c/ Commission, aff. T-189/10, EU:T:2015:504.

1489 *Ibid., point 72.*

1490 Voy. Trib. UE, 18 octobre 2018, GEA Group c/ Commission, aff. T-640/16, EU:T:2018:700, points 35 à 52.

1491 *Ibid., point 1 du dispositif.*

1492 *Ibid., points 70 à 77.*

1493 C'est au demeurant la position privilégiée par l'avocat général M. Wahl. Voy. conclusions du 26 mars 2015 de l'avocat général M. Wahl dans l'affaire Total c/ Commission, aff. C-597/13 P, EU:C:2015:207, points 74 et 75.

1494 La solution sera différente, dans l'hypothèse où l'annulation porte sur une disposition de la décision qui ne concerne que la société ayant formé le recours.

au sens du droit de la concurrence. En effet, en cas d'annulation d'une décision d'une autorité de concurrence, cette dernière se doit de tirer, en premier lieu, les conséquences de cette annulation en adoptant une décision dite de « réadoption ». Cette obligation découle, à l'échelle de l'Union, de l'article 266 TFUE, aux termes duquel « [l]'institution, l'organe ou l'organisme dont émane l'acte annulé, ou dont l'abstention a été déclarée contraire aux traités, est tenu de prendre les mesures que comporte l'exécution de l'arrêt de la Cour de justice de l'Union européenne ». Or, si cette décision de réadoption concerne assurément la ou les sociétés ayant formé le recours, elle est également susceptible de concerner les sociétés appartenant avec l'auteur du recours à une même entreprise, au sens du droit de la concurrence, et ce quand bien même ces dernières n'en auraient formé aucun. Cela ressort nettement de l'affaire *Aragonesas*,[1495] dont le Tribunal a eu à connaître. Dans cette affaire, une filiale avait obtenu l'annulation partielle d'une décision de la Commission, en ce que cette dernière avait commis une erreur dans la détermination de la durée de participation de la filiale à l'infraction. Tirant les conséquences d'une telle annulation, la Commission avait également adopté une décision modificative à l'égard de la société mère.[1496] Cette logique se retrouve tout autant à la lumière de la position défendue par la Commission dans l'affaire *Tomkins*.[1497]

1156. À l'échelle nationale, l'arrêt de la Cour d'appel de Paris dans l'affaire *Messageries* permet également d'illustrer ce point.[1498] Dans cette affaire, une amende infligée solidairement à une filiale et sa société mère avait été réduite, en raison schématiquement d'une erreur de droit dans la détermination de la valeur des ventes en lien avec l'infraction.[1499] Toutefois, seule la filiale avait formé un recours en annulation contre la décision de l'Autorité de la concurrence, sa société mère s'étant désistée de son recours, de sorte que pouvait se poser la question de l'extension à la société mère de la réduction du montant de l'amende. À cet égard, la Cour d'appel de Paris réforme la décision de la Commission en faisant bénéficier tant la filiale que sa société mère de la réduction du montant de l'amende, ce qui ne saurait faire l'objet, à cet endroit, d'une contestation, dans la mesure où l'erreur de droit ayant justifié la réduction du montant de l'amende portait sur un critère de fixation du montant de l'amende rattachable à l'entreprise, au sens du droit de la concurrence.[1500]

1157. En clair, une position plus stricte pourrait être défendue : l'extension des effets de l'annulation d'une décision que si l'annulation résulte d'une erreur dans l'application des critères de fixation du montant de l'amende rattachables à l'entreprise. Les critères en cause seraient ceux étant pris en compte pour déterminer le périmètre de

---

1495 Voy. Trib. UE, 6 octobre 2015, Corporación Empresarial de Materiales de Construcción c/ Commission, aff. T-250/12, EU:T:2015:749.

1496 *Ibid., point 24.*

1497 Voy., notamment, CJUE, 22 janvier 2013, Commission c/ Tomkins, aff. C-286/11 P, EU:C:2013:29, point 18. Voy., également, conclusions du 26 mars 2015 de l'avocat général M. Wahl dans l'affaire Total c/ Commission, aff. C-597/13 P, EU:C:2015:207, points 66, 74 et 75.

1498 Voy. CA Paris, 19 juillet 2018, Chronopost e.a., n° 16.01270

1499 *Ibid., point 831.*

1500 *Ibid., point 1404. La réduction de l'amende était consécutive d'une erreur de calcul de la valeur des ventes en lien avec l'infraction.*

l'amende infligée solidairement.[1501] Comme le souligne l'avocat général M. Wahl, « dans l'hypothèse où la responsabilité de la société mère est purement dérivée des actes commis par sa filiale, le fait de maintenir pour la société mère un niveau d'amende supérieur à celui dont est finalement redevable sa filiale revient à imposer une portion d'amende qui ne repose sur aucun fondement juridique ».[1502]

1158. Au surplus, si l'arrêt d'annulation produit des effets *erga omnes*, à savoir à l'égard de l'ensemble des sociétés de l'entreprise, au sens du droit de la concurrence, la question de l'obligation ou non pour la Commission de respecter les délais de prescription des pouvoirs de sanction lorsqu'elle modifie la situation juridique des sociétés appartenant à la même entreprise, au sens du droit de la concurrence, qui n'auraient formé aucun recours, doit également se poser. Sur ce point, il peut être considéré que la prescription a été suspendue à l'égard de toutes les sociétés de l'entreprise, au sens du droit de la concurrence, dès le moment où l'une seulement des sociétés forme un recours contre la décision de l'autorité de concurrence concernée. Il en irait ainsi que l'on soit en présence ou non de restructurations sociétaires.[1503]

1159. En second lieu, l'annulation de la décision aura une conséquence financière directe, à savoir le remboursement total ou partiel de l'amende, majorée, le cas échéant, d'intérêts.[1504] Ce remboursement concernera la société ayant formé le recours, comme dans l'affaire *Arkema*,[1505] ou bien la société n'ayant pas formé le recours, comme dans l'affaire *Universal*.[1506] Dans cette dernière affaire, l'amende avait été payée par la société mère, laquelle n'avait formé aucun recours, à la différence de sa filiale. Le Tribunal juge toutefois que si « l'obligation de la requérante de payer l'amende ne peut dépendre de l'issue d'une affaire distincte, [...] il n'en demeure pas moins que, dans le cas où le pourvoi de [sa filiale] devrait aboutir à une annulation par la Cour, totale ou partielle, de la décision lui infligeant l'amende, la Commission serait tenue de restituer l'intégralité de la somme correspondant au montant en principal de l'amende éventuellement payée, à titre de

---

1501 Sur les critères concernant l'entreprise, au sens du droit de la concurrence, voy. supra, nos 635 à 728. Ce point a notamment été mis en lumière par l'avocat général M. Wahl, dans ses conclusions présentées le 21 juillet 2016 dans l'affaire Total. Ce dernier souligne, à juste titre, que « la société mère dont la responsabilité est entièrement dérivée de celle de sa filiale doit, en principe, bénéficier d'une éventuelle réduction de la responsabilité de sa filiale lui ayant été imputée » (conclusions de l'avocat général M. Wahl présentées le 21 juillet 2016 dans l'affaire Commission c/ Total et Elf Aquitaine, aff. C-351/15 P, EU:C:2016:590, point 68).

1502 Voy., en particulier, conclusions de l'avocat général M. Wahl présentées le 26 mars 2015 dans l'affaire Total c/ Commission, aff. C-597/13 P, précitées, points 66, 74 et 75. Ces hypothèses pourraient ne pas devoir se limiter aux seules dispositions qui concernent l'entreprise, au sens du droit de la concurrence, mais à toutes illégalités qui entrainent l'annulation totale de la décision : droits de la défense, motivation etc.

1503 Alternativement, il pourrait être défendu l'idée selon laquelle toute modification de la décision, consécutive à une annulation de la décision, n'est pas soumise au délai de prescription. C'est en substance la position défendue par le Tribunal dans l'affaire Aragonesas (voy. Trib. UE, 6 octobre 2015, Corporación Empresarial de Materiales de Construcción c/ Commission, aff. T-250/12, EU:T:2015:749, point 77). Toutefois, cette position nous semble contraire à l'article 25, paragraphe 6, du règlement n° 1/2003, lequel prévoit expressément que le délai de prescription des pouvoirs de sanction est suspendu le temps de la procédure juridictionnelle.

1504 Sur le remboursement du montant de l'amende majoré des intérêts produits, voy., en particulier, Trib. UE, 12 février 2019, Printeos c/ Commission, aff. T-201/17, EU:T:2019:81, points 66 et 67.

1505 Voy. Trib. UE, 7 juin 2011, Arkema France e.a. c/ Commission, aff. T-217/06, EU:T:2011:251.

1506 Voy. Trib. UE, 12 mars 2012, Universal c/ Commission, aff. T-42/11, EU:T:2012:122.

responsabilité solidaire, par la requérante, assorti des intérêts moratoires produits par cette somme, dans la mesure où un tel paiement devrait être qualifié d'indu à la suite d'une éventuelle décision d'annulation, voire de réduction de l'amende infligée à la filiale qui est l'auteur du comportement infractionnel ».[1507]

1160. Si l'extension des effets de l'annulation aux sociétés de l'entreprise, au sens du droit de la concurrence, n'ayant formé aucun recours peut ressortir de ces affaires, cette question s'est également posée plus clairement, notamment à l'échelle de l'Union, à l'occasion de l'exercice par le Tribunal de ses pouvoirs de pleine juridiction, lorsqu'une filiale et sa société mère ont formé deux recours séparés.

B. Les effets en présence de recours séparés

1161. À l'échelle de l'Union, le Tribunal et la Cour ont admis, dans l'affaire *Tomkins*, un tempérament au principe de l'effet relatif d'une décision juridictionnelle.[1508] Dans cette affaire, *Pegler* et sa société mère, *Tomkins*, avaient demandé séparément et parallèlement l'annulation de la décision de la Commission. Par leurs recours, ces dernières contestaient la période de l'infraction à laquelle la première avait participé. Toutefois, la période de l'infraction que la société mère contestait ne correspondait pas en tout point à celle qui faisait l'objet du recours de sa filiale.[1509]

1162. Pour autant, dans le cadre du recours formé par la société mère, le Tribunal a considéré qu'elle devait bénéficier de l'annulation de la décision de la Commission obtenu par sa filiale pour la période que cette dernière contestait. Aussi bénéficiait-elle d'une réduction du montant de l'amende dont elle était tenue solidairement.[1510]

1163. Sur pourvoi, la Commission faisait toutefois valoir que le Tribunal avait violé le principe posé par la Cour dans l'affaire *Assidomän*.[1511] Selon la Commission, le Tribunal aurait statué *ultra petita*, en prenant en compte des éléments jamais soulevés lors de la procédure juridictionnelle par la société mère. En outre, par son arrêt prononcé dans l'affaire *ArcelorMittal*, la Cour aurait considéré, selon la Commission, qu'« un recours introduit par une entité faisant partie d'un groupe n'affecte pas la position juridique des autres entités du groupe. Il appartiendrait au destinataire de la décision de décider de la portée de son recours devant les juridictions de l'Union ainsi que des moyens qu'il souhaite soulever. À supposer que l'annulation partielle de la décision concernant la filiale atteste l'existence d'une erreur de fond de la Commission qui pourrait potentiellement bénéficier à la société mère, cette dernière doit soulever elle-même cette erreur devant le Tribunal ».[1512]

1507 *Ibid., point 37. Sur cet arrêt, voy., en particulier, Bernardeau et Christienne, op. cit, n° I. 774.*

1508 Voy. Trib. UE, 24 mars 2011, Tomkins c/ Commission, aff. T-382/06, EU:T:2011:112 et CJUE, 22 janvier 2013, Commission c/ Tomkins, aff. C-286/11 P, EU:C:2013:29. Sur l'affaire Tomkins, voy., en particulier, M. Van Huffel, « De l'importance de bien rédiger ses conclusions dans les affaires qui concernent la mère et la fille...», RLC, 2011 n° 28, p. 71 et N. Martinez, « L'autorité absolue de la chose jugée : une autre lecture de l'arrêt Tomkins ? », Revue des affaires européennes, 2014, p. 383.

1509 Voy. CJUE, 22 janvier 2013, Commission c/ Tomkins, aff. C-286/11 P, EU:C:2013:29, point 43.

1510 Voy. Trib. UE, 24 mars 2011, Tomkins c/ Commission, aff. T-382/06, EU:T:2011:112, points 54 et 59.

1511 Voy. CJUE, 22 janvier 2013, Commission c/ Tomkins, aff. C-286/11 P, EU:C:2013:29, points 14 et 16.

1512 *Ibid., point 15. La référence à l'affaire ArcelorMittal est contestable. En effet, dans cette affaire, la question qui se posait était celle de savoir si l'exercice d'un recours en annulation contre une décision par une société*

1164. Selon la Cour, aucune erreur de droit n'avait été commise par le Tribunal en réformant également le montant de l'amende dont la société mère était solidairement tenue. Elle juge que « dans une situation où la responsabilité de la société mère est entièrement dérivée de celle de sa filiale, et où ces deux sociétés ont introduit des recours visant notamment à ce que le Tribunal réduise l'amende au titre d'une réduction de la durée de l'infraction commise par la filiale, la notion de "même objet" n'exige pas l'identité de l'étendue des requêtes de ces sociétés et des arguments invoqués par celles-ci pour contester la durée de l'infraction retenue par la Commission ».[1513] En d'autres termes, la Cour identifie deux conditions permettant à une société mère, qui aurait introduit un recours en annulation parallèlement à celui introduit par sa filiale, de bénéficier d'une réduction de l'amende accordé à la seconde : La responsabilité de la société mère doit premièrement être dérivée de celle de sa filiale et les requêtes déposées séparément par la filiale et sa société mère doivent, deuxièmement, avoir le même objet.

1165. S'agissant de la première condition, il peut être observé qu'elle ne saurait être remplie que pour les critères de fixation du montant de l'amende qui reflètent la responsabilité de l'entreprise, au sens du droit de la concurrence. Dans l'affaire *Tomkins* voire dans l'affaire *Total*,[1514] le critère en cause concernait la durée de l'infraction. Or, à supposer que la société mère n'a participé à l'infraction que de manière dérivée, la durée de participation à l'infraction ne saurait varier entre une filiale et sa société mère.

1166. La seconde condition tient à l'existence de deux requêtes séparées présentant le même objet. Toutefois, cette condition ne saurait être appréciée de manière trop stricte. La Cour souligne que « la notion de "même objet" n'exige pas l'identité de l'étendue des requêtes de ces sociétés et des arguments invoqués par celles-ci ».[1515] En d'autres termes, la société mère et sa filiale ont uniquement besoin de viser la durée de l'infraction sans nécessairement fonder leur moyen sur les mêmes arguments.[1516]

1167. À l'échelle nationale, la Cour d'appel a pu également appliquer, non sans ambiguïté, le principe élaboré par la Cour dans l'affaire *Tomkins*. Dans l'affaire *Brenntag*,[1517] une filiale reprochait à l'Autorité de la concurrence d'avoir violé ses droits de la défense durant la procédure administrative.[1518] Ayant obtenu gain

---

mère pouvait avoir suspendu la prescription à l'égard de ses filiales, lesquelles n'étaient pas destinataires de la décision contestée.

1513 *Ibid., point 43. Voy., également, Trib. UE, 16 septembre 2013, PROAS c/ Commission, aff. T-495/07, EU:T:2013:452, point 459 et 16 septembre 2013, Repsol Lubricantes y Especialidades e.a. c/ Commission, aff. T-496/07, EU:T:2013:464, point 447.*

1514 Voy. CJUE, 17 septembre 2015, Total c/ Commission, aff. C-597/13 P, EU:C:2015:613, points 38 à 41.

1515 CJUE, 22 janvier 2013, Commission c/ Tomkins, aff. C-286/11 P, EU:C:2013:29, point 43.

1516 Voy., également, CJUE, 17 septembre 2015, Total c/ Commission, aff. C-597/13 P, EU:C:2015:613, point 40. La condition tenant à l'identité d'objet a été parfois interprétée de manière très souple, voy., notamment, CJUE, 26 septembre 2013, Alliance One International c/ Commission, aff. C-679/11 P, EU:C:2013:606, points 104 à 107. Toutefois, cette affaire étant antérieure à l'arrêt prononcé dans l'affaire Total, l'on pourrait légitimement s'interroger sur sa valeur.

1517 CA Paris, GEA Group e.a., 2 février 2017, n° 13/13058. Sur cet arrêt, voy. C. Lemaire, « Responsabilité concurrentielle des groupes de sociétés », précité, points 92 et 93.

1518 *Ibid., point 43.*

de cause devant la Cour d'appel de Paris, cette dernière a annulé en totalité la décision de l'Autorité de la concurrence pour ce qui la concerne.[1519] Par voie de conséquence, la question se posait de savoir si son ancienne société mère, dont la responsabilité était dérivée de celle de sa filiale, devait toujours devoir s'acquitter seule de l'amende pour laquelle elle était solidairement tenue.

1168. Sur cette question, la filiale faisait valoir que, « [en] application du principe dispositif, résultant de l'article 4 du code de procédure civile, les moyens d'irrecevabilité et ou de nullité invoqués par une partie ne peuvent profiter aux autres parties au procès. Elles observaient que s'il est arrivé que la Cour de justice fasse profiter une société mère d'une réfaction de l'amende accordée à sa filiale, elle n'en a pas fait un principe et a laissé aux autorités de sanction la faculté de le faire ».[1520] Elles exposaient par ailleurs « que [son ancienne société mère] a engagé un recours contre la décision en soutenant des moyens propres, la cour étant liée par les dispositifs des écritures de chacune des parties sans que la jonction de l'ensemble des recours puisse avoir une influence sur ce point »[1521] et que [son ancienne société mère] ne les ayant pas soutenues dans l'invocation d'un certain nombre de moyens de défense, dont ceux relatifs à l'atteinte portée à leurs droits de la défense, elle ne saurait profiter, au-delà de la réduction de 25 % consentie par la décision attaquée, des réductions d'amende qui pourraient lui être accordées ».[1522] Autrement dit, il ressort de l'arrêt de la Cour d'appel de Paris que l'ancienne société mère n'avait pas défendu également de son côté la violation des droits de la défense de leur ancienne filiale.

1169. À la lumière de cet arrêt, deux questions pourraient se poser. La première est celle de savoir s'il y avait bel et bien deux requêtes de même objet, au sens de l'arrêt de la Cour dans l'affaire *Tomkins*. Pour la Cour d'appel de Paris « l'annulation de la décision de sanction à l'égard de la [filiale] s'étend par voie de conséquence à l'[ancienne société mère], qui demande l'annulation de la décision en ce qu'elle a prononcé ces sanctions à son encontre ».[1523] En d'autres termes, le simple fait de demander l'annulation de la sanction à son égard suffit pour la Cour d'appel de Paris à étendre le bénéfice de l'annulation de la décision de la filiale à son ancienne société mère.

1170. La seconde question, plus saillante, vise à vérifier que la responsabilité de la société mère est dérivée de celle de sa filiale. Certes, dans cette affaire, la société mère répondait du comportement infractionnel de ses anciennes filiales. Toutefois, le motif ayant conduit à l'annulation de la décision au bénéfice des filiales portait sur la violation de leurs droits de la défense. Or, à la différence des affaires *Tomkins* et *Total*, où le critère en cause concernait respectivement la durée de l'infraction et le coefficient multiplicateur au titre de la durée, les droits de la défense demeurent, en principe, personnels à chaque société et non rattachables à l'entreprise, au sens

---

1519 *Ibid., point 72.*

1520 *Ibid., point 75.*

1521 *Id.*

1522 *Id.*

1523 CA Paris, GEA Group e.a., 2 février 2017, n° 13/13058, point 78.

du droit de la concurrence.[1524] Aussi pourrait-il être soutenu que la Cour d'appel de Paris a été, dans cette affaire, généreuse vis-à-vis de l'ancienne société mère.[1525]

1171. Toutefois, à la lumière de l'arrêt prononcé par le Tribunal dans l'affaire *GEA*,[1526] cette solution pourrait se justifier. Certes, cette affaire n'est pas en tout point identique à celle dont a eu à connaître la Cour d'appel de Paris dans l'affaire *Brenntag*. Il n'en reste pas moins que l'annulation, dans l'affaire *GEA*, de la décision modificative résultait également du constat d'une violation des droits de la défense d'une seule des sociétés en présence.

1172. Il ressort de ces affaires que la question de l'extension des effets d'un arrêt d'annulation ne reçoit pas, *de lege lata*, de réponse claire. Toutefois, à la lumière de la pratique, il pourrait être considéré qu'une annulation d'une décision produira, en toute hypothèse, des effets *erga omnes* lorsque les dispositions faisant l'objet d'une annulation concernent plusieurs sociétés, lesquelles appartenaient à une même entreprise, au sens du droit de la concurrence. Ainsi, nul besoin de s'interroger au stade des effets de l'annulation sur les motifs ayant conduit à l'annulation de la décision, à savoir sur la question de savoir si l'erreur constatée par la juridiction de contrôle concerne l'entreprise, au sens du droit de la concurrence, ou chaque société individuellement. Il appartiendra uniquement à l'autorité de concurrence concernée, dans le cadre de l'adoption d'une décision modificative d'en tirer les conséquences. Plus précisément, si l'annulation ne concerne que les droits de la défense, alors l'autorité de concurrence concernée ne devra entendre que la société dont les droits de la défense ont été violés. Au contraire, si l'annulation découle d'une erreur quant à la détermination de la durée de l'infraction, alors l'autorité de concurrence concernée devra corriger la durée de l'infraction pour toutes les sociétés appartenant à une même entreprise, au sens du droit de la concurrence.

1173. Cela illustre assurément l'importance de la notion d'entreprise durant la phase juridictionnelle. Si un recours en annulation est formé, pour des raisons procédurales évidentes, par une société, à savoir une entité dotée de la personnalité juridique, la décision, objet du recours, s'avère tout de même celle qui concerne le comportement de l'entreprise, au sens du droit de la concurrence, ce qui, dans certaines hypothèses, implique une extension des effets d'une annulation.

1524 Sur les droits de la défense, voy., supra, nos 254 à 264.

1525 Cet arrêt fait l'objet d'un pourvoi toujours pendant devant la Cour de cassation. Sur les décisions de réadoption, voy., en particulier, Bernardeau et Christienne, op. cit., p. 889, nos II 2508 et s.

1526 Voy. Trib. UE, 18 octobre 2018, GEA Group c/ Commission, aff. T-640/16, EU:C:2018:700. Cet arrêt demeure particulièrement saillant, quand bien même il aurait fait l'objet d'une annulation sur pourvoi : voy. CJUE, 25 novembre 2020, Commission c/ GEA, aff. C-823/18 P, EU:C:2020:955. En effet, la Cour censure le Tribunal, pour ce qui est, non de son approche de la recevabilité du recours, laquelle est instructive, mais de son appréciation au fond des arguments de la requérante.

CONCLUSION DU TITRE II

1174. L'étude du paiement de l'amende illustre avant tout la place prépondérante qu'occupe, en ce domaine, la notion d'entreprise, au sens du droit de la concurrence. Cette dernière permet, d'une part, aux autorités de concurrence de pallier l'absence de fondement textuel pour infliger solidairement une même amende à plusieurs sociétés. La solidarité au paiement de l'amende emprunte à l'obligation solidaire certaines caractéristiques ainsi que semblent l'illustrer ses effets procéduraux. Si la question de la suspension de la prescription des pouvoirs de sanction peut être certes débattue à la lumière de l'arrêt *ArcelorMittal*, l'annulation d'une décision produira, en principe, des effets pour tous les codébiteurs solidaires, à supposer que l'annulation porte sur des dispositions de la décision concernant l'entreprise, au sens du droit de la concurrence.

1175. Dans ce contexte, la question cardinale est en effet celle de savoir si une société mère, laquelle n'aurait exercé aucun recours, peut bénéficier de l'annulation de la décision obtenue par sa filiale. Cette question requiert en effet de s'interroger sur l'effet *inter partes* ou *erga omnes* d'un arrêt d'annulation dans les rapports entre sociétés composant une même entreprise, au sens du droit de la concurrence. Si la pratique manque sur ce point de clarté, une tendance majoritaire peut être identifiée, à savoir celle de la mobilisation implicite de la notion d'entreprise. En clair, de la même manière que l'annulation d'un acte de portée générale produira des effets *erga omnes*, l'annulation d'une décision qui concerne plusieurs sociétés, composant une même entreprise, au sens du droit de la concurrence, sera susceptible de produire des effets sur leurs situations juridiques. Ces effets seront limités aux seules sociétés de l'entreprise, au sens du droit de la concurrence, car les effets de l'annulation ne sauraient s'étendre à des sociétés qui ne composent pas une même entreprise ainsi que cela ressort clairement de l'affaire *Assidomän* dont les juges de l'Union ont eu à connaître.

1176. Ce constat implique que l'autorité de concurrence concernée sera potentiellement tenue d'adopter une décision modificative, non pas à l'égard de la seule société ayant formé le recours, mais à l'égard de toutes, à supposer toutefois que l'annulation ait porté sur des dispositions en lien avec l'entreprise, au sens du droit de la concurrence. Les juges peuvent, eux-aussi, mobiliser la notion d'entreprise lors de l'exercice de leur pouvoir de pleine juridiction en cas de recours parallèles, à la condition toutefois que la responsabilité de la société mère soit dérivée de celle de sa filiale et que les requêtes poursuivent un même objet, sous peine pour les juges d'enfreindre possiblement le principe *ne ultra petita*. En clair, si l'auteur du recours est bel et bien une société, en tant qu'entité dotée de la personnalité juridique, les effets du recours dans les rapports entre sociétés qui composent une même entreprise, au sens du droit de la concurrence, pourraient conduire à considérer l'entreprise, au sens du droit de la concurrence, tout au plus comme un demandeur putatif en annulation.

1177. La notion d'entreprise permet, d'autre part, aux codébiteurs solidaires d'exiger, le cas échéant, une contribution au paiement de l'amende. Cette hypothèse demeure toutefois assurément théorique, eu égard au contentieux pour le moins limité sur ce point. Face à l'incertitude d'un jugement à l'échelle nationale, ainsi que l'illustrent notamment les positions divergentes adoptées par les juridictions allemande et française, respectivement dans les affaires *Gigaset* et *Schneider*, une filiale et son ancienne société mère priviliegieront très certainement la conclusion d'un accord pour se répartir entre elles une éventuelle amende. Cette stratégie peut s'expliquer notamment par les difficultés certaines que présente un tel contentieux économique pour des juges nationaux. À cet égard, si la Cour avait entendu suivre les conclusions de son avocat général dans l'affaire *Siemens Österreich*, lequel proposait de faire peser sur la Commission la charge de la détermination des quotes-parts de chaque codébiteur dans la seule hypothèse où la filiale et sa société mère ne formaient plus, au jour de la décision de la Commission, une même entreprise, au sens du droit de la concurrence, le contentieux aurait été assurément plus important.

1178. Outre l'incidence de la notion d'entreprise, l'étude du paiement de l'amende révèle que la simple appartenance à un groupe de sociétés ne doit pas être négligée. Une filiale qui aurait participé à une infraction de manière autonome ne saurait demander le sursis au paiement de son amende sans vérifier au préalable la possibilité pour les sociétés qui détiennent des parts de son capital social de l'aider à constituer notamment une garantie bancaire. Cette pratique peut se justifier, dans la mesure où la question du paiement de l'amende est distincte de celle de la détermination des responsabilités au sein d'un groupe. L'insertion dans le cadre d'opérations de restructuration de clauses de garantie de passif ou de révision de prix illustre tout autant l'incidence de l'appartenance à un groupe de sociétés. Ces dernières permettront, en théorie, d'attenuer le poids financier pour une nouvelle société mère d'une amende infligée, postérieurement à son acquisition, à une nouvelle filiale.

CONCLUSION DE LA PARTIE II

1179. Lorsque l'entreprise, au sens du droit de la concurrence, n'est composée que d'une seule société, l'identification du débiteur de l'amende ne pose aucune difficulté. Cette société – autonome – se verra infliger une amende, laquelle sanctionnera son comportement infractionnel. Cette dernière se devra par ailleurs d'être payée, dans les délais fixés par la décision de l'autorité de concurrence concernée. En revanche, lorsque l'entreprise, au sens du droit de la concurrence, se compose ou se composait, pendant l'infraction, de plusieurs sociétés, à savoir schématiquement d'une filiale et de sa société mère, la question de l'identification du débiteur de l'amende se pose avec davantage d'acuité. Dans cette hypothèse, si les autorités de concurrence infligent une amende pour le comportement de l'entreprise, au sens du droit de la concurrence, ce sont les sociétés la composant – et non l'entreprise – qui seront tenues de son paiement. Aussi, dans cette hypothèse, sera-t-il dénombré plusieurs débiteurs de l'amende, ou, plus précisément, plusieurs codébiteurs d'une même amende. À cet égard, si l'auteur de l'infraction demeure *de lege lata* l'entreprise, au sens du droit de la concurrence, le débiteur de l'amende se doit d'être, en revanche, pour des raisons procédurales évidentes, une personne juridique.

1180. Si l'entreprise, au sens du droit de la concurrence, n'est pas le débiteur de l'amende, elle occupe tout de même une place prépondérante aux stades tant de l'infliction de l'amende que de son paiement. Une partie de l'amende sera en effet fonction du comportement de l'entreprise, au sens du droit de la concurrence. Par ailleurs, les autorités de concurrence et les juridictions de contrôle ont opportunément élaboré un régime *sui generis* de solidarité au paiement de l'amende, fondé sur la notion d'entreprise, lequel régime présente une proximité certaine avec le régime de l'obligation solidaire.

1181. Toutefois, une filiale et sa société mère ne se verront pas imposer en toutes hypothèses une amende identique, et ce quand bien même elles répondent, en principe, toutes deux, du comportement de l'entreprise, à laquelle elles appartiennent. En effet, certains critères, tels que la récidive, pris en compte pour fixer le montant de l'amende, concernent non l'entreprise, au sens du droit de la concurrence, mais chaque société la composant. D'autres, n'étant certes pas rattachables à l'infraction, sont *de lege lata* d'application variable selon que la structure de l'entreprise, au sens du droit de la concurrence, a évolué entre le moment de la commission de l'infraction et l'adoption de la décision la sanctionnant. Sur ce point, d'aucuns pourraient *de lege ferenda* soutenir que l'ensemble des critères qui ne concernent pas l'infraction et qui visent à individualiser l'amende en tenant compte des caractéristiques de son débiteur se doivent d'être appliqués en toutes hypothèses de manière distributive entre une filiale et sa société mère.

1182. En tout état de cause, l'effacement apparent de l'entreprise, au sens du droit de la concurrence, conduit également à prêter davantage d'attention, au stade de l'amende, au groupe auquel appartient une société, qu'elle soit débiteur unique ou codébiteur d'une amende solidaire. À cet égard, la prise en compte du groupe auquel appartient la société au stade de la fixation de son montant ou au stade des demandes de sursis à exécution de l'amende l'illustrent parfaitement, au risque pour les pratiques à l'échelle de l'Union et à l'échelle nationale de perdre toutefois en lisibilité.

CONCLUSION GÉNÉRALE

1183. Au stade de la mise en œuvre du droit des pratiques anticoncurrentielles, l'identification de l'auteur de l'infraction et du débiteur de l'amende soulève assurément des questions complexes. L'étude de la pratique révèle que, *de lege lata*, l'auteur d'une infraction est l'entreprise, au sens du droit de la concurrence, laquelle répond de son fait personnel. Cette appréciation présente peu de difficultés lorsque l'entreprise coïncide avec une société qui en constitue le seul support juridique. Toutefois, lorsque l'entreprise est appréhendée à l'échelle d'un groupe de sociétés, à savoir schématiquement d'une filiale et de sa société mère, concevoir l'entreprise comme l'auteur de l'infraction ne convainc pas juridiquement. L'entreprise étant dépourvue de personnalité juridique, elle ne saurait être juridiquement obligée.

1184. Il pourrait certes être proposé de conférer à l'entreprise une telle personnalité, mais, outre les difficultés que pourrait présenter la reconnaissance d'un nouveau sujet de droit, l'entreprise demeure, dans le cadre de la mise en œuvre du droit des pratiques anticoncurrentielles, assurément polymorphe. Une solution alternative doit être mise en avant.

1185. Elle consiste à faire de l'entreprise, au sens du droit de la concurrence, un simple vecteur de responsabilité. Les sociétés, mères et filiales, supports juridiques de l'entreprise, répondent chacune de l'infraction, en ce qu'elles exploitent précisément cette entreprise. L'infraction peut dès lors être imputée tant à la filiale qu'à sa société mère, et ce même si cette dernière n'y a participé que de manière indirecte. Cette solution permet théoriquement d'engager la responsabilité personnelle de la société mère en supposant que, du fait de l'exploitation de l'entreprise, elle a commis elle-même l'infraction à laquelle, en pratique, sa filiale a directement participé. Ce sont les sociétés, mères et filiales, qui sont, dans ces hypothèses, les auteurs de l'infraction.

1186. Engager la responsabilité d'une société mère du seul fait du contrôle détenu sur sa filiale, sans mobiliser l'entreprise à l'échelle d'un groupe de sociétés, ne saurait en revanche être une solution alternative. Un constat s'impose certes *de lege lata* : la société mère ne répond de l'infraction que du fait du contrôle, prouvé ou présumé, sur sa filiale, lequel révèle, en substance, son immixtion ou, à tout le moins, l'orientation de la politique commerciale de sa filiale, sans que cette immixtion concerne nécessairement le secteur d'activités en lien avec l'infraction. Aussi la seule preuve du contrôle de la société mère sur sa filiale permet-elle d'engager sa responsabilité. Les éléments d'une responsabilité pour autrui sont à cet endroit clairement réunis. La société mère ne répondrait de l'infraction de sa filiale qu'en cette seule qualité ; sa filiale, quant à elle, n'y répondrait qu'en qualité d'auteur direct de l'infraction.

1187. Il n'en reste pas moins que, si l'idée d'une responsabilité pour autrui fondée sur le seul contrôle de la société mère sur sa filiale est séduisante, plusieurs obstacles majeurs pourraient être identifiés quant à sa mise en œuvre. Cela nécessiterait premièrement de faire reposer la responsabilité de la société mère sur un régime de responsabilité pour autrui, et ce, alors même que, pour ce qui est d'une matière répressive, nul ne saurait en principe répondre d'un fait d'autrui. Deuxièmement, il conviendrait de modifier, à tout le moins, le règlement n° 1/2003 ou l'article L. 464-2 du code de commerce, pour prévoir, de manière expresse, la responsabilité d'une société contrôlante. En d'autres termes, la première solution, laquelle consiste à faire des sociétés, non de l'entreprise, des auteurs de l'infraction, doit être la seule envisagée.

1188. Pour ce qui est des restructurations sociétaires, le principal enjeu réside dans le recours par les autorités de concurrence au principe de la continuité économique. Ce dernier s'avère des plus effectifs lorsque la société ayant participé à l'infraction a, avant l'adoption d'une décision finale, disparu juridiquement ou lorsque, au sein d'un même groupe de sociétés, de nombreux actifs sont transférés d'une société à une autre. Toutefois, faire de la société, et non de l'entreprise, l'auteur de l'infraction est susceptible de rendre plus difficile le recours audit principe. La simple exploitation de l'entreprise par une société, ayant acquis les actifs en lien avec l'infraction, postérieurement à celle-ci, ne saurait suffire pour faire de cette société l'auteur de l'infraction. Encore faut-il ici constater, outre le transfert des actifs, le transfert du passif, la succession n'étant plus simplement économique mais avant tout juridique. En tout état de cause, la continuité économique ne se concilie pas de manière optimale avec le principe de la responsabilité personnelle, en l'absence de tout acte matériel relatif à l'infraction commis par le successeur économique. Une seule exception peut être tout au plus envisagée, à savoir lorsque le transfert des actifs demeure interne à un groupe de sociétés et que la société ayant participé à l'infraction demeure liée, au jour la décision finale, à la société ayant acquis les actifs en lien avec ladite infraction.

1189. L'identification de l'auteur de l'infraction a par ailleurs une incidence certaine s'agissant du débiteur de l'amende. De manière plus évidente, ce dernier ne saurait être l'entreprise, au sens du droit de la concurrence. En l'absence de personnalité juridique et, *ipso jure*, de patrimoine propre, elle ne saurait être juridiquement obligée au paiement d'une amende. Les débiteurs de l'amende sont donc les sociétés qui composent l'entreprise.

1190. Cela dit, la fixation du montant de l'amende résulte de l'application de critères qui peuvent être classés en deux catégories : les critères en lien avec l'infraction et ceux en lien avec son auteur. Pour les premiers, le montant résultant de leur application sera assurément infligé solidairement à la filiale et à sa société mère, pour la simple raison qu'elles répondent, en substance, de la même infraction. L'insertion d'une disposition spécifique en ce sens mériterait d'être envisagée. En clair, l'amende infligée solidairement ne concernera que le montant de l'amende résultant de l'application des critères relatifs à l'infraction. Pour les seconds, en revanche, ces critères doivent être d'application distributive. Si la filiale et sa société mère sont chacune des auteurs de l'infraction, ces critères ne sauraient s'appliquer, tant à l'échelle de l'Union qu'à l'échelle nationale, de la même manière pour l'une et l'autre. Il en va clairement ainsi du plafond légal de l'amende, de la majoration dissuasive ou encore de l'appréciation de la capacité contributive. L'effet utile des règles de concurrence ne saurait pour autant en être affecté. La société mère serait seulement tenue d'une amende plus importante que celle de sa filiale, cette différence s'expliquant par les situations financières différentes de l'une et de l'autre.

1191. Ce constat ne devrait pas nécessairement s'accompagner de modifications des dispositions pertinentes pour la fixation du montant des amendes. À l'échelle de l'Union, cette approche peut notamment être mise en œuvre à condition que le terme entreprise, au stade de la fixation du montant des amendes, soit synonyme de société ou d'entité ayant la personnalité juridique, en contradiction certes avec l'interprétation actuelle de la notion à cet endroit par les juges de l'Union.[1527] Dans la négative, il conviendrait assurément de modifier les dispositions pertinentes des lignes directrices de 2006, en particulier celles portant sur la récidive, le plafond légal de l'amende ou la majoration aux fins de dissuasion en faisant référence non au terme « entreprise » mais à celui de « société », ou, à tout le moins, à celui d'« entité », à supposer que cette dernière soit dotée de la personnalité juridique.

1192. À l'échelle nationale, l'entreprise, au sens de l'article L. 464-2 du code de commerce, est certes d'ores et déjà synonyme d'entité dotée de la personnalité juridique.[1528] Il n'en reste pas moins qu'une confusion persiste entre l'entreprise, au stade de l'imputation de l'infraction, et l'entreprise, au stade de l'amende. Une nette distinction entre les deux serait ainsi la bienvenue.

1193. D'autres questions tout aussi pertinentes se posent en droit français puisque, dans certaines hypothèses, la seule appartenance du débiteur de l'amende à un groupe économiquement important permet de majorer le montant de l'amende ou de refuser une réduction pour défaut de capacité contributive. Cette approche est contestable, en ce qu'elle vise à assimiler la situation d'une filiale à celle du groupe auquel elle appartient, et ce, également dans le cas où l'infraction n'est imputée à aucune société du groupe.

1194. Pour ce qui est de la prise en compte des comptes consolidés ou combinés du groupe auquel la filiale appartient pour déterminer la plafond légal de l'amende, il serait bienvenu d'amender l'article L. 464-2 du code de commerce. Cette modification se justifie d'autant plus que la prise en compte des comptes consolidés ou combinés résultait de la loi NRE, laquelle entendait permettre au Conseil de la concurrence d'infliger des amendes suffisamment dissuasives, à une époque où ledit Conseil imputait rarement l'infraction de la filiale à sa société mère, époque aujourd'hui révolue. Cette modification permettrait également de rapprocher davantage la méthode de fixation du montant des amendes à l'échelle nationale de celle à l'échelle de l'Union.

1195. Le même constat se doit d'être fait pour la majoration dissuasive pour appartenance à un groupe laquelle a été à l'origine d'un contentieux surabondant. Il apparaît discutable de prendre en compte la puissance économique d'un groupe

---

1527 Voy., en ce sens, CJUE, 4 septembre 2014, YKK e.a. c/ Commission, précité, EU:C:2014:2153, point 59.

1528 Voy., en ce sens, CA Paris, 26 octobre 2017, Caisses des dépôts et consignations, n° 17/01658.

pour majorer le montant de l'amende d'une filiale, d'autant plus si l'infraction n'a été imputée à aucune société du groupe.

1196. De même, en présence d'une filiale, la nature « mono-produit » de son activité ne doit être appréciée qu'à la lumière de son seul chiffre d'affaires, contrairement à la position défendue par l'Autorité de la concurrence dans l'affaire des *Treillis soudés*, laquelle préconisait de vérifier la nature « mono-produit » de l'activité à la lumière du chiffre d'affaires annuel total consolidé du groupe auquel la filiale appartient. Ce point ne nécessite toutefois pas une modification du communiqué sanctions, en ce que ce dernier ne prévoit pas expressément une telle possibilité et que ce critère pourrait être amené à ne plus être pris en compte.

1197. Sur le plan procédural enfin, la coopération des sociétés impliquées dans le cadre d'une procédure de clémence ou de transaction requiert tout autant une réflexion sur la distinction entre « entreprise » et « société ». Pour ce qui est de la clémence, cette dernière peut être accordée tant à une filiale qu'à sa société mère, en particulier s'il est précisé de manière claire, dans la demande à cette fin, les sociétés au nom et pour le compte desquelles la demande de clémence est introduite. En tout état de cause, l'application de la notion d'entreprise ou bien celle d'unité économique peut à cet endroit être tolérée, en ce que, du fait du contrôle de la société mère sur sa filiale, il peut être présumé que la demande de l'une est nécessairement faite au nom et pour le compte de l'autre. Pour la procédure de transaction, seules les sociétés transigeant avec la Commission ou l'Autorité de la concurrence peuvent bénéficier d'une réduction de l'amende en découlant. Pour éviter des choix opposés d'une filiale et de sa société mère, il est toutefois pertinent d'amender la communication de l'Autorité de la concurrence sur la procédure de transaction, de la même manière qu'à l'échelle de l'Union, en enjoignant la filiale et sa société mère à désigner une représentation commune.

1198. Ces propositions intéresseront tout autant le contentieux des actions en dommages et intérêts du fait d'une pratique anticoncurrentielle, lequel contentieux pourra, à terme, renouveler le débat. En ce domaine, comme l'aura, en substance, précisé la Cour dans son arrêt prononcé sur renvoi préjudiciel dans l'affaire *Skanska*, l'interprétation de la notion d'entreprise se veut la même que lors de la mise en œuvre du droit de la concurrence par une autorité publique.[1529] Ainsi, l'entreprise y serait tant l'auteur du dommage que le débiteur des dommages et intérêts.

1199. Une telle solution permet assurément de faciliter l'indemnisation du préjudice subi du fait d'une infraction au droit de la concurrence.[1530] Toutefois, si la notion d'entreprise peut certes être utilement mobilisée dans un tel contentieux indemnitaire, c'est à la condition que les propositions de la présente étude soient également prises en considération. L'entreprise se doit d'être conçue comme un vecteur de responsabilité, non comme l'auteur du dommage. Seules les sociétés qui la composent ou qui en constituent le support juridique sont les auteurs du dommage et les débiteurs des dommages et intérêts. Une telle position trouve un écho des plus favorables dans les hésitations du législateur français qui, lors

---

1529 CJUE, 14 mars 2019, Vantaan kaupunki, aff. C-724/17, EU:C:2019:204, points 24 à 37.

1530 Voy., en particulier, D. Bosco, « Arrêt Skanska, un nouveau jalon pour le private enforcement », CCC, n° 5, mai 2019, p. 34.

de la transposition en droit interne de la directive 2014/104/UE, a entendu très justement préserver la dichotomie orthodoxe des personnes et de l'entreprise en visant, aux termes de l'article L. 481-1 du code de commerce, la responsabilité de « toute personne physique ou morale formant une entreprise ».

1200. En clair, cette étude conduit à formuler les propositions suivantes :

1. les sociétés qui composent ou qui constituent le support juridique de l'entreprise sont les auteurs de l'infraction, non l'entreprise ;
2. au sein d'un groupe de sociétés, la société mère répond de l'infraction, en tant qu'auteur, du fait de son appartenance, avec sa filiale, à une même unité économique ;
3. la société mère doit être considérée comme ayant participé à la même infraction que sa filiale. Elle emprunte *de jure* la matérialité de l'infraction ;
4. la continuité économique doit demeurer un fondement subsidiaire pour engager la responsabilité d'une société cessionnaire. Le fondement principal demeure la continuité juridique ;
5. la continuité économique ne saurait être invoquée lorsque la cession des actifs intervient entre des sociétés n'appartenant pas à un même groupe, hormis dans l'hypothèse d'une cession faite dans un but d'évitement de l'amende ;
6. les sociétés qui composent ou qui constituent le support juridique de l'entreprise sont les débiteurs de l'amende, non l'entreprise ;
7. les critères de fixation du montant des amendes en lien avec l'infraction sont communs à la filiale et à sa société mère ;
8. les critères de fixation du montant des amendes en lien avec la situation économique de l'auteur de l'infraction s'appliquent de manière distributive à la filiale et à sa société mère ; l'amende infligée à une filiale ne saurait être majorée à la lumière des capacités financières du groupe auquel elle appartient si l'infraction n'est imputée à aucune société ;
9. le montant de l'amende infligée solidairement à la filiale et à sa société mère est celui résultant de l'application des critères relatifs à l'infraction et ne saurait excéder 10 % du chiffre d'affaires de la filiale ;
10. la formation d'un recours par une filiale, visant à l'annulation ou à la réformation d'une décision d'une autorité de concurrence, suspend la prescription des pouvoirs de sanction à l'égard de la société mère, et inversement ;
11. l'annulation d'une décision d'une autorité de concurrence produit des effets à l'égard de l'ensemble des sociétés appartenant (ou ayant appartenu) avec le demandeur au recours à une même unité économique ;
12. l'autorité de concurrence est tenue de tirer les conséquences légales de l'annulation de la décision à l'égard de la filiale et/ou de la société mère, selon que l'annulation résulte d'une erreur dans l'application d'un critère relatif à l'infraction ou d'une erreur dans l'application d'un critère relatif à son auteur.

1201. L'ensemble de ces propositions pourrait permettre de clarifier la distinction entre « société » et « entreprise » au stade de la mise en œuvre du droit des pratiques anticoncurrentielles et d'y renforcer l'impératif de sécurité juridique

ANNEXES

1 – Sources textuelles

2 – Table chronologique des décisions jurisprudentielles et des principales annotations

3 – Table chronologique des décisions des autorités de concurrence

ANNEXE 1

Sources textuelles

A – Sources textuelles de l'Union européenne

Règlements

Règlement (CEE) n° 17 du Conseil, du 6 février 1962, premier règlement d'application des articles 85 et 86 du traité, JOCEE n° L 13 du 21 février 1962, p. 21

Règlement (CEE) n° 2988/74 du Conseil, du 26 novembre 1974, relatif à la prescription en matière de poursuites et d'exécution dans les domaines du droit des transports et de la concurrence de la Communauté économique européenne, JOCE n° L 319 du 29 novembre 2974, p. 1

Règlement (CE) nº 2790/1999 de la Commission, du 22 décembre 1999, concernant l'application de l'article 81, paragraphe 3, du traité à des catégories d'accords verticaux et de pratiques concertée, JOCE n° L 336 du 29 décembre 1999, p. 21

Règlement (CE) n° 1/2003 du Conseil, du 16 décembre 2002, relatif à la mise en œuvre des règles de concurrence prévues aux articles 81 et 82 du traité, JOCE n° L 1 du 4 janvier 2003, p. 1

Règlement (CE) n° 139/2004 du Conseil, du 20 janvier 2004 relatif au contrôle des concentrations entre entreprises, JOCE n° L 24 du 29 janvier 2004, p. 1

Règlement (CE) n° 773/2004 de la Commission, du 7 avril 2004 relatif aux procédures mises en œuvre par la Commission en application des articles 81 et 82 du traité CE, JOCE n° L 123 du 27 avril 2004, p. 18, tel que modifié par le règlement (CE) n° 622/2008 de la Commission du 30 juin 2008 en ce qui concerne les procédures de transaction engagées dans les affaires d'ententes, JOCE n° L 171 du 1er juillet 2008, p. 3

Règlement (UE) n° 330/2010 de la Commission, du 20 avril 2010 concernant l'application de l'article 101, paragraphe 3, du traité sur le fonctionnement de l'Union européenne à des catégories d'accords verticaux et de pratiques concertées, JOUE n° C 102 du 23 avril 2010, p. 1

Directives

Directive 2014/104/UE du Parlement européen et du Conseil, du 26 novembre 2014, relative à certaines règles régissant les actions en dommages et intérêts en droit national pour les infractions aux dispositions du droit de la concurrence des États membres et de l'Union européenne, JOUE n° L 349 du 5 décembre 2014, p. 1

Directive (UE) 2019/1 du Parlement européen et du Conseil du 11 décembre 2018 visant à doter les autorités de concurrence des États membres des moyens de mettre en œuvre plus efficacement les règles de concurrence et à garantir le bon fonctionnement du marché intérieur, JOUE n° L 11 du 14 janvier 2019, p. 3

Lignes directrices et communications de la Commission

Communication de la Commission, du 27 mai 1970, concernant les accords d'importance mineure qui ne sont pas visés par les dispositions de l' article 85 paragraphe 1 du traité instituant la C.E.E., JOCEE n° C 64 du 2 juin 1970, p. 1

Décision n° 715/78/CECA de la Commission, du 6 avril 1978, relative à la prescription en matière de poursuites et d'exécution dans le domaine d'application du traité instituant la Communauté européenne du charbon et de l'acier, JOCECA n° L 94 du 8 avril 1978, p. 22

Communication de la Commission, du 18 juillet 1996, concernant la non-imposition d'amendes ou la réduction de leur montant dans les affaires portant sur des ententes, JOCE n° C 207 du 18 juillet 1996, p. 4

Lignes directrices de la Commission, du 14 janvier 1998, pour le calcul des amendes infligées en application de l'article 15, paragraphe 2, du règlement nº 17 et de l'article 65, paragraphe 5, [CECA], JOCE n° C 9 du 14 janvier 1998, p. 3

Communication de la Commission, du 19 décembre 2002, sur l'immunité d'amendes et la réduction de leur montant dans les affaires portant sur des ententes, JOCE n° C 45 du 19 décembre 2002, p. 3

Lignes directrices de la Commission, du 1er septembre 2006, pour le calcul des amendes infligées en application de l'article 23, paragraphe 2, sous a), du règlement (CE) n° 1/2003, JOCE n° C 210 du 8 décembre 2006, p. 2

Communication de la Commission, du 8 décembre 2006, sur l'immunité d'amendes et la réduction de leur montant dans les affaires portant sur des ententes, JOCE n° C 298 du 8 décembre 2006, p. 11

Communication de la Commission, du 2 juillet 2008, relative aux procédures de transaction engagées en vue de l'adoption de décisions en vertu des articles 7 et 23 du règlement (CE) n° 1/2003 du Conseil dans les affaires d'entente, JOCE n° C 167 du 2 juillet 2008, p. 1

Communication de la Commission, du 30 août 2014, concernant les accords d'importance mineure qui ne restreignent pas sensiblement le jeu de la concurrence au sens de l'article 101, paragraphe 1, du traité sur le fonctionnement de l'Union européenne, JOUE n° C 294 du 30 août 2014, p. 1

B – Sources textuelles françaises

Communiqués de l'Autorité de la concurrence

Communiqué de l'Autorité de la concurrence, du 16 mai 2011, relatif à la méthode de détermination des sanctions pécuniaires

Communiqué de procédure de l'Autorité de la concurrence, du 10 février 2012, relatif à la non-contestation des griefs

Communiqué de procédure de l'Autorité de la concurrence, du 3 avril 2015, relatif au programme de clémence français

Communiqué de procédure de l'Autorité de la concurrence, du 21 décembre 2018, relatif à la procédure de transaction

Communiqué de l'Autorité de la concurrence, du 30 juillet 2021, relatif à la méthode de détermination des sanctions pécuniaires

ANNEXE 2

Tables chronologiques des décisions jurisprudentielles et des principales annotations

A – Juridictions de l'Union

Cour de justice de l'Union européenne

CJCE, 23 mars 1961, *Snupat c/ Haute Autorité*, aff. 42/59 et 49/59, EU:C:1961:5

CJCE, 13 juillet 1962, *Klöckner-Werke et Hoesch c/ Haute Autorité*, 17/61 et 20/61, EU:C:1962:30

CJCE, 13 juillet 1962, *Mannesmann c/ Haute Autorité*, aff. 19/61, EU:C:1962:31

CJCE, 13 juillet 1966, *Consten et Grundig c/ Commission*, aff. 56/64 et 58/64, EU:C:1966:41

CJCE, 14 juillet 1972, *Imperial Chemical Industries c/ Commission*, aff. 48/69, EU:C:1972:70

- E. Colmant, « 14 juillet 1972, une date pour le droit de la concurrence : neuf arrêts règlent trois grandes questions », *Revue du marché commun*, 1973, p. 15 ;
- V. Korah, « The EEC Dyestuffs case », *The journal of Business Law*, 1972, p. 319.

CJCE, 14 juillet 1972, *J.R. Geigy c/ Commission*, aff. 52/69, EU:C:1972:73

CJCE, 21 février 1973, *Europemballage Corporation et Continental Can c/ Commission*, 6/72, EU:C:1973:22

- J. Guyénot, « The Continental can case : a European view », *Journal of world trade law*, 1974, n° 1, p. 107 ;
- R. Saint-Esteben, « Une concentration internationale d'entreprises dans la C.E.E. », *Journal de droit international*, 1972, n° 2, p. 49.

CJCE, 6 mars 1974, *ICI et Commercial Solvents c/ Commission*, aff. 6 et 7/73, EU:C:1974:18

- V. Korah, « Abuse of dominant position under article 86 of the Traety of Rome », *The journal of business law*, 1974, p. 253.

CJCE, 16 décembre 1975, *Suiker Unie e.a. c/ Commission*, aff. jtes 40 à 48, 50, 54 à 56, 111, 113 et 114/73, EU:C:1975:174

CJCE, 25 octobre 1983. *AEG-Telefunken c/ Commission*, aff. 107/82, EU:C:1983:293

CJCE, 8 novembre 1983, *IAZ International Belgium e.a. c/ Commission*, aff. 96/82 à 102/82, 104/82, 105/82, 108/82 et 110/82, EU:C:1983:310

CJCE, 12 juillet 1984, *Hydrotherm c/ Commission*, aff. 170/83, EU:C:1984:271

CJCE, 28 mars 1984, *Compagnie royale asturienne des mines et Rheinzink c/ Commission*, 29/83 et 30/83, EU:C:1984:130

CJCE, 11 avril 1989, *Ahmed Saeed Flugreisen et Silver Line Reisebuero*, aff. 66/86, EU:C:1989:140

CJCE, 18 octobre 1989, *Orkem c/ Commission*, aff. 374/87, EU:C:1989:387

CJCE, 23 avril 1991, *Klaus Höfner et Elser*, aff. C-41/90, EU:C:1991:161

CJCE, 17 février 1993, *Poucet et Pistre*, aff. C-159/91, EU:C:1993:63

CJCE, 24 octobre 1996, *Viho c/ Commission*, aff. C-73/95 P, EU:C:1996:405

CJCE, 11 mars 1997, *Ayse Süzen*, aff. C-13/95, EU:C:1997:141

CJCE, 8 juillet 1999, *Commission c/ Anic Partecipazioni*, aff. C-49/92 P, EU:C:1999:356

CJCE, 16 septembre 1999, *Becu*, aff. C-22/98, EU:C:1999:419

CJCE, 14 septembre 1999, *Commission c/ AssiDomän Kraft Products e.a.*, aff. C-310/97 P, EU:C:1999:407

- L. Idot, *Europe*, 1999, comm. n° 388, p. 22 ;
- C. Prieto, *Journal de droit international*, 2000, p. 503.

CJCE, 14 décembre 1999, *DSR-Senator Lines c/ Commission*, aff. C-364/99 P, EU:C:1999:609

CJCE, 16 mars 2000, *Compagnie maritime belge transports e.a. c/ Commission*, aff. C-395/96 P et C-396/96 P, EU:C:2000:132

CJCE, 16 novembre 2000, *Stora Kopparbergs Bergslags c/ Commission*, aff. C-286/98 P, EU:C:2000:630

- L. Idot, *Europe*, 2001, comm. N° 30, p. 21 ;
- A. Riesenkampff, *Wirtschaft und Wettbewerb*, 2001, p. 357.

CJCE, 16 novembre 2000, *SCA Holding c/ Commission*, aff. C-297/98 P, EU:C:2000:633

- L. Idot, *Europe*, 2001, comm. n° 30, p. 21.

CJCE, 16 novembre 2000, *Metsa-Serlä e.a. c/ Commission*, aff. C-294/98 P, EU:C:2000:632

- L. Idot, *Europe*, 2001, comm. n° 30, p. 21.

CJCE, 16 novembre 2000, *Cascades c/ Commission*, aff. C-279/98 P, EU:C:2000:626

- L. Idot, *Europe*, 2001, comm. n° 30, p. 21 ;
- M. Nicolella, *Gazette du palais*, 2001, p. 903.

CJCE, 16 novembre 2000, *Koninklijke KNP BT c/ Commission*, aff. C-248/98 P, EU:C:2000:625

- L. Idot, « Entente », *Europe*, 2001, comm. n° 30, p. 21.

CJCE, 14 décembre 2000, *Masterfoods et HB*, aff. C-344/98, EU:C:2000:689

CJUE, 16 décembre 2000, *Almamet c/ Commission*, aff. C-373/10 P®, EU:C:2010:792

CJCE, 15 octobre 2002, *Limburgse Vinyl Maatschappij e.a. c/ Commission*, aff. C-238/99 P, C-244/99 P, C-245/99 P, C-247/99 P, C-250/99 P à C-252/99 P et C-254/99 P, EU:C:2002:582

CJCE, 2 octobre 2003, *ARBED c/ Commission*, aff. C-176/99 P, EU:C:2003:524
- L. IDOT, *Europe*, décembre, 2003, comm. n° 405, p. 20.

CJCE, 2 octobre 2003 *Aristrain c/ Commission*, aff. C-196/99 P, EU:C:2003:529

CJCE, 7 janvier 2004, *Aalborgs Portland e.a. c/ Commission*, aff. C-204/00 P, C-205/00 P, C-211/00 P, C-213/00 P, C-217/00 P et C-219/00 P, EU:C:2004:6
- K. HOEGH, « Succession of Liability for competition law infringments », *European Competition Law Review*, 2004, p. 534 ;
- L. IDOT, *Europe*, mars, 2004, comm. n° 83, p. 23.

CJCE, 28 juin 2005, *Dansk Rørindustri e.a. c/ Commission,* aff. C-189/02 P, C-202/02 P, C-205/02 P à C-208/02 P et C-213/02 P, EU:C:2005:408
- L. IDOT, *Europe*, août-septembre, 2005, comm. n° 306, p. 31.

CJCE, 14 juillet 2005, *Thyssen Krupp c/ Commission*, aff. C-65/02 P, EU:C:2005:454
- M. DEBROUX, *Concurrences*, 2005, n° 4, p. 26.

CJCE, 1er juin 2006, *P & O European Ferries (Vizcaya) et Diputación Foral de Vizcaya c/ Commission*, aff. C-442/03 P et C-471/03 P, EU :C :2006 :356

CJCE, 10 janvier 2006, *IATA et ELFAA c/ Commission*, aff. C-344/04, EU:C:2006:10

CJCE, 29 juin 2006, *SGL Carbon c/ Commission*, aff. C-308/04 P, EU:C:2006:433
- M. DEBROUX, *Concurrences*, 2006, n° 3, p. 85 ;
- L. IDOT, *Europe*, août-septembre, 2006, comm. n° 250, p. 22.

CJUE, 25 janvier 2007, *Salzgitter Mannesmann c/ Commission*, aff. C-411/04 P, EU:C:2007:54

CJUE, 25 janvier 2007, *Dalmine c/ Commission*, aff. C-407/04 P, EU :C :2007 :53

CJCE, 25 janvier 2007, *Sumitomo Metal Industries et Nippon Steel c/ Commission*, aff. C-403/04 P et C-405/04 P, EU:C:2007:52

CJCE, 7 juin 2007, *Britannia Alloys & Chemicals/Commission*, aff. C-76/06 P, EU :C :2007 :326

CJCE, 11 décembre 2007, *ETI e.a.*, aff. C-280/06, EU:C:2007:775
- L. ARCELIN, *Revue Lamy de la concurrence*, 2008, n° 14, p. 33 ;
- L. IDOT, *Europe*, février 2008, comm. n° 59, p. 27 ;
- C. SARRAZIN, *Concurrences*, 2008, n° 1, p. 105.

CJCE, 24 juin 2008, *Papierfabrik August Koehler e.a. c/ Commission*, aff. C-322/07 P, C-327/ P et C-338/07 P, EU:C:2008:361

CJCE, 16 décembre 2008, *Arcelor Atlantique et Lorraine e.a. c/ Commission,* aff. C-127/07, EU:C:2008:728

CJCE, 26 mars 2009, *SELEX Sistemi Integrati c/ Commission*, aff. C-113/07 P, EU:C:2009:191

CJCE, 3 septembre 2009, *Papierfabrik August Koehler e.a. c/ Commission*, EU:C:2008:361

CJCE, 10 septembre 2009, *Akzo Nobel e.a. c/ Commission*, aff. C-97/08 P, EU:C:2009:536

– E. Barbier de la serre, « La notion d'entreprise au crible de la procédure », *Revue Lamy de la concurrence*, 2010, n° 22, p. 75 ;

– D. Ferré, *Concurrences*, 2009, n° 4, p. 93 ;

– L. Idot, *Europe*, novembre 2009, comm. n° 427, p. 35.

CJCE, 24 septembre 2009, *Erste Bank c/ Commission*, aff. C-125/07 P, C-133/07 P, C-135/07 P et C-137/07 P, EU:C:2009:576

CJUE, 1er juillet 2010, *Knauf Gips c/ Commission*, aff. C-407/08 P, EU:C:2010:389

CJUE, 16 décembre 2010, *AceaElectrabel Produzione c/ Commission*, aff. C-480/09 P, EU:C:2010:787

CJCE, 29 mars 2011, *Thyssen Krupp Nirosta c/ Commission*, aff. C-352/09 P, EU:C:2011:191

CJUE, 29 mars 2011, *ArcelorMittal Luxembourg c/ Commission et Commission c/ ArcelorMittal Luxembourg e.a.*, aff. C-201/09 P et C-216/09 P, EU:C:2011:190

– A. Böhlke, « Die gesamtschuldnerische Verantwortlichkeit im Wettbewerbsrecht », *Europäische Zeitschrift für Wirtschaftsrecht*, 2011, p. 781 ;

– E. Barbier de la Serre, « Les limites de la suspension de la prescription », *Revue Lamy de la concurrence*, 2011, n° 28, p. 69.

CJUE, 20 janvier 2011, *General Química c/ Commission*, aff. C-90/09 P, EU:C:2011:21

CJUE, 29 septembre 2011, *Arkema c/ Commission*, aff. C-520/09 P, EU:C:2011:619

CJUE, 29 septembre 2011, *Elf Aquitaine c/ Commission*, aff. C-521/09 P, EU:C:2011:620

CJUE, 19 juillet 2012, *Alliance One International et Standard Commercial Tobacco c/ Commission*, aff. C-628/10 P et C-14/11 P, EU:C:2012:479

CJUE, 13 septembre 2012, *Total et Elf Aquitaine c/ Commission,* aff. C-495/11 P, EU:C:2012:571

CJUE, 8 mai 2013, *ENI c/ Commission*, aff. C-508/11 P, EU:C:2013:289

CJUE, 22 janvier 2013, *Commission c/ Tomkins*, aff. C-286/11 P, EU:C:2013:29

– L. Bernardeau, « Like mother, like daughter, (sauf) en droit de la concurrence ? », *Revue Lamy de la concurrence*, 2015, n° 42, p. 74 ;

– E. Barbier de la Serre, « Portée d'un arrêt d'annulation sur la situation de la société mère », *Revue Lamy de la concurrence*, 2013, n° 35, p. 96 ;

– L. Idot, *Europe*, mars 2013, comm. n° 3, p. 29 ;

– N. Martinez, « L'autorité absolue de la chose jugée : une autre lecture de l'arrêt Tomkins ? », *Revue des affaires européennes*, 2014, p. 383.

CJUE, 11 avril 2013, *Mindo c/ Commission*, aff. C-652/11 P, EU:C:2013:229

CJUE, 18 juin 2013, *Schenker e.a.*, aff. C-681/11, EU:C:2013:404

CJUE, 11 juillet 2013, *Commission c/ Stichting Administratiekantoor Portielje*, aff. C-440/11 P, EU:C:2013:514

CJUE, 11 juillet 2013, *Team Relocations e.a. c/ Commission*, aff. C-444/11 P, EU:C:2013:464

CJUE, 18 juillet 2013, *Schindler Holding c/ Commission*, aff. C-501/11 P, EU:C:2013:522

CJUE, 26 septembre 2013, *The Dow Chemical Company c/ Commission*, aff. C-179/12 P, EU:C:2013:605

CJUE, 26 novembre 2013, *Kendrion c/ Commission*, aff. C-50/12 P, EU:C:2013:771

CJUE, 5 décembre 2013, *SNIA* c/ Commission, aff. C-448/11 P, EU:C:2013:801

CJUE, 5 décembre 2013, *Commission c / Edison*, aff. C-446/11 P, EU:C:2013:798

CJUE, 10 avril 2014, *Areva e.a. c/ Commission,* aff. C-247/11 P, EU:C:2014:257
– M. Behar Touchais, « Imputabilité d'une pratique anticoncurrentielle de la filiale à sa mère et action privée », *Revue des contrats*, 2014, p. 730 ;
– L. Bernardeau, « Ave Curia, alteri debitores in solidum te salutant ! (premiers commentaires de l'arrêt Areva et Alstom) », *Revue Lamy de la concurrence*, 2014, n° 40, p. 120.

CJUE, 10 avril 2014, *Siemens Österreich e.a. c/ Commission*, aff. C-231/11 P, EU:C:2014:256
– L. Bernardeau, « Ave Curia : debitores in solidum te salutant ! (premiers commentaires de l'arrêt Siemens) », *Revue Lamy de la concurrence*, 2014, n° 40, p. 120.

CJUE, 19 juin 2014, *FLS Plast c/ Commission*, aff. C-243/12 P, EU:C:2014:2006

CJUE, 4 juillet 2014, *Gigaset c/ SKW e.a.*, aff. C-451/13, EU:C:2014:2125

CJUE, 23 octobre 2014, *FlyLal c/ Starptautiskā lidosta Rīga e.a., aff. C*-302/13, EU:C:2014:2319

CJUE, 4 septembre 2014, *YKK Corporation e.a. c/ Commission*, aff. C-408/12 P, EU:C:2014:2153

CJUE, 11 septembre 2014, *CB c/ Commission*, aff. C-67/13 P, EU:C:2014:2204

CJUE, 18 décembre 2014, *Commission c/ Parker Hannifin Manufacturing*, aff. C-434/13 P, EU:C:2014:2456
– M. Behar-Touchais, *Concurrences,* 2015, n° 2, p 77.

CJUE, 5 mars 2015, *Commission c/ Versalis e.a.*, aff. C-93/13 P et C-123/13 P, EU:C:2015:150

CJUE, 5 mars 2015, *Modelo Continente Hipermercados*, aff. C-343/13, EU:C:2015:146
– A. Couret, « La transmissibilité à l'absorbante de l'amende prononcée après la fusion », *Bulletin Joly Sociétés*, 2015, n° 04, p. 200.

CJUE, 24 juin 2015, *Fresh Del Monte Produce c/ Commission et Commission c/ Fresh Del Monte Produce*, aff. C-293/13 P, EU:C:2015:416

CJUE, 22 octobre 2015, *AC-Treuhand c/ Commission*, aff. C-194/14 P, EU:C:2015:717

CJUE, 28 juin 2016, *Autorità Garante della Concorrenza e del Mercato*, aff. C-450/15, EU:C:2016:508

CJUE, 21 janvier 2016, *ERGO c/ If P&C e.a.*, aff. C-359/14 et C-475/14, EU:C:2016:40

CJUE, 16 juin 2016, *Evonik Degussa e.a. c/ Commission*, aff. C-155/14 P, EU:C:2016:446
– L. Idot, *Europe*, septembre 2016, comm. n° 8.

CJUE, 21 juillet 2016, *VM Remonts*, aff. C-542/14, EU:C:2016:578

CJUE, 7 septembre 2016, *Pilkington c/ Commission*, aff. C-101/15 P, EU:C:2016:631

CJUE, 14 septembre 2016, *Ori Martin et SLM c/ Commission*, aff. C-490/15 P et C-505/15 P, EU:C:2016:678.

CJUE, 18 janvier 2017, *Toshiba c/ Commission*, aff. C-623/15 P, EU:C:2017:21
– G. Decocq, *Contrats Concurrence Consommation*, n° 4, avril 2017, comm. 86.

CJUE, 19 janvier 2017, Commission c/ Total, aff. C-351/15 P, EU:C:2017:27

CJUE, 26 janvier 2017, Laufen Austria c/ Commission, aff. C-637/13 P, EU:C:2017:51

CJUE, 26 janvier 2017, Aloys F. Dornbracht c/ Commission, aff. C-604/13 P, EU:C:2017:45

CJUE, 26 janvier 2017, Roca Sanitario c/ Commission, aff. C-636/13 P, EU:C:2017:56

CJUE, 26 janvier 2017, Roca c/ Commission, aff. C-638/13 P, EU:C:2017:53

CJUE, 26 janv. 2017, Villeroy & Boch c/ Commission, aff. C-625/13 P, EU:C:2017:52

CJUE, 27 avril 2017, *Akzo Nobel e.a. c/ Commission*, aff. C-516/15 P, EU:C:2017:314
– L. Idot, *Europe*, juin 2017, comm. n° 234.

CJUE, 6 septembre 2017, *Intel c/ Commission*, aff. C-413/14 P, EU:C:2017:632
– L. Idot, « Match nul provisoire dans l'affaire Intel : la partie continue », *Europe*, octobre 2017, étude n° 9 ;
– F. Martucci, « L'extraterritorialité en droit de la concurrence », *cahiers de droit de l'entreprise,* n° 4, juillet 2018, dossier n° 29.

CJUE, 14 novembre 2017, *British Airways c/ Commission*, aff. C-122/16 P, EU:C:2017:861

CJUE, 1er février 2018, *Deutsche Bahn e.a. c/ Commission*, aff. C-264/16 P, EU:C:2018:60

CJUE, 14 mars 2019, *Vantaan kaupunki*, aff. C-724/17, EU:C:2019:204

CJUE, 4 mars 2020, *Marin Harvest c/ Commission*, aff. C-10/18 P, EU:C:2020:149

CJUE, 28 octobre, 2020, *Pirelli c/ Commission*, aff. C-611/18 P, EU:C:2020:868

CJUE, 27 janvier 2021, *The Goldman Sachs Group c/ Commission*, aff. C-595/18 P, EU:C:2021:73

CJUE, 25 novembre 2020, *Commission c/ GEA*, aff. C-823/18 P, EU:C:2020:955

CJUE, 25 mars 2021, *Deutsche Telekom c/ Commission*, aff. C-152/19 P, EU:C:2021:238

CJUE, 15 avril 2021, *Italmobiliare e.a. c/ Commission*, C 694/19 P, EU:C:2021:286

Tribunal de l'Union européenne

TPICE, 17 décembre 1991, *Enichem Anic c/ Commission*, aff. T-6/89, EU:T:1991:74

TPICE, 10 mars 1992, *Shell c/ Commission*, aff. T-11/89, EU:T:1992:33

TPICE, 10 mars 1992, *SIV e.a c/ Commission*, aff. T-68/89, aff. T-77/89 et T-78/89, EU:T:1992:38

TPICE, 1er avril 1993, *BPB Industries Plc et British Gypsum c/ Commission*, aff. T-65/89, EU:T:1993:31

TPICE, 28 avril 1994, *AWS Benelux c/ Commission*, aff. *T*-38/92, EU:T:1994:43

TPICE, 25 août 1994, *Siderúrgica Aristrain Madrid c/ Commission*, aff. T-156/94 R, EU:T:1994:97

TPICE, 21 décembre 1994, *Laakmann Carton c/ Commission*, aff. T-301/94, EU:T:1994:316

TPICE, 12 janvier 1995, *Viho c/ Commission*, aff. T-102/92, EU:T:1995:3

TPICE, 6 avril 1995, *Martinelli c/ Commission*, aff. T-150/89, EU:T:1995:70

TPICE, 6 avril 1995, *Tréfileurope c/ Commission*, aff. T-141/89, EU:T:1995:62

TPICE, 17 février 1995, *Cascades c/* Commission, aff. T-308/94 R, EU:T:1995:33

TPICE, 11 décembre 1996, *Van Megen Sports c/ Commission*, aff. T-49/95, EU:T:1996:186

TPICE, 10 juillet 1997, *Assidomän Kraftprodukt e.a. c/ Commission*, aff. *T*-227/95, EU:T:1997:108
 – M.-C. Boutard-Labarde, *La Semaine juridique*, 1998, I, n° 109.

TPICE, 21 octobre 1997, *Deutsche Bahn c/ Commission*, aff. T-229/94, EU:T:1997:155

TPICE, 14 mai 1998, *Mo och c/ Commission*, aff. T-352/94, EU:T:1998:103

TPICE, 14 mai 1998, *Metsa-Serlä e.a. c/ Commission*, aff. T-339/94, T-340/94, T-341/94 et T-342/94, EU:T:1998:100

TPICE, 14 mai 1998, *SCA Holding c/ Commission*, aff. T-327/94, EU:T:1998:96

TPICE, 14 mai 1998, *Cascades c/ Commission*, aff. T-308/94, EU:T:1998:90
 – Sur les arrêts précédents, voy. L. Idot, *Europe*, juillet 1998, Comm. n° 251, p. 17.

TPICE, 11 mars 1999, *ARBED c/ Commission*, aff. *T*-137/94, EU:T:1999:46

TPICE, 20 avril 1999, *LVM e.a. c/ Commission*, aff. T-305/94, T-306/94, T-307/94, T-313/94, T-314/94, T-315/94, T-316/94, T-318/94, T-325/94, T-328/94, T-329/94 et T-335/94, EU:T:1999:80

TPICE, 21 juillet 1999, *DSR-Senator Lines c/ Commission*, aff. T-191/98 R, EU:T:1999:161

TPICE, 15 mars 2000, *Cimenteries CBR c/ Commission*, aff. T-25/95, EU:T:2000:77

TPICE, 22 novembre 2001, *AAMS c/ Commission*, aff. T-139/98, EU:T:2001:272

TPICE, 13 décembre 2001, *Krupp Thyssen Stainless et Acciai speciali Terni c/ Commission*, aff. T-45/98 et T-47/98, EU:T:2001:288

TPICE, 20 mars 2002, *HFB c/ Commission*, aff. T-9/99, EU:T:2002:70

TPICE, 20 mars 2002, *ABB Asea Brown Boveri/Commission*, aff. T-31/99, EU:T:2002:77

TPICE, 30 septembre 2003, *Michelin c/ Commission*, aff. T-203/01, EU:T:2003:250

TPICE, 11 décembre 2003, *Minoan Lines c/ Commission*, aff. T-66/99, EU:T:2003:337

TPICE, 21 janvier 2004, *Fédération nationale des syndicats d'exploitants agricoles (FNSEA) et autres c/ Commission*, aff. T-245/03 R, EU:T:2004:16

TPICE, 8 juillet 2004, *Dalmine c/ Commission*, aff. T-50/00, EU:T:2004:220

TPICE, 15 juin 2005, *Tokai Carbon e.a. c/ Commission*, aff. T-71/03, T-74/03, T-87/03 et T-91/03, EU:T:2005:220

– E. Barbier de La Serre, « Limite des 10 % et scission de l'"entreprise" ayant commis l'infraction », *Revue Lamy de la concurrence*, 2005, p. 30 ;
– L. Idot, *Europe*, août-septembre 2005, comm. n° 307, p. 32.

TPICE, 25 octobre 2005, *Groupe Danone c/ Commission*, aff. T-38/02, EU:T:2005:367

TPICE, 14 décembre 2005, *General Electric c/ Commission*, aff. T-210/01, EU:T:2005:456

TPICE, 23 février 2006, *Cementbouw Handel & Industrie c/ Commission*, aff. T-282/02, EU:T:2006:64

TPICE, 15 mars 2006, *BASF c/ Commission*, aff. T-15/02, EU:T:2006:74

TPICE, 4 juillet 2006, *Hoek Loss c/ Commission,* aff. *T*-304/02, EU:T:2006:184

TPICE, 13 juillet 2006, *Romana Tabacchi c/ Commission*, aff. T-11/06 R, EU:T:2006:217

TPICE, 27 septembre 2006, *Avebe c/ Commission*, aff. T-314/01, EU:T:2006:266

TPICE, 27 septembre 2006, *Jungbunzlauer c/ Commission*, aff. T-43/02, EU:T:2006:270

TPICE, 14 décembre 2006, *Raiffeisen Zentralbank Österreich e.a. c/ Commission*, aff. T-259/02 à T-264/02 et T-271/02, EU:T:2006:396

– E. Barbier de La Serre, « Imputabilité des infractions en cas d'acquisition suivie d'une fusion », *Revue Lamy de la concurrence*, 2007, n° 11, p. 34.

TPICE, 8 mars 2007, *France Télécom c/ Commission*, aff. T-340/04, EU:T:2007:80

TPICE, 28 mars 2007, *IBP et International Building Products France c/ Commission*, aff. T-384/06 R, EU:T:2007:98

TPICE, 26 avril 2007, *Bolloré c/ Commission*, aff. T-109/02, EU:T:2007:115
– G. Decocq, *Revue de jurisprudence commerciale*, 2007, p. 292.

TPICE, 17 septembre 2007, *Akzo Nobel Chemicals et Akcros Chemicals c/ Commission*, aff. T-125/03 et T-253/03, EU:T:2007:287

TPICE, 12 décembre 2007, *Akzo Nobel c/ Commission*, aff. T-112/05, EU:T:2007:381
– L. Idot, *Europe*, février 2008, Comm. n° 60, p. 29 ;
– M. Debroux, *Concurrences*, 2008, n° 1, p. 106.

TPICE, 14 mars 2008, *Huta Buczek c/ Commission*, aff. T-440/07 R, EU:T:2008:77

TPICE, 8 juillet 2008, *AC-Treuhand c/ Commission*, aff. T-99/04, EU:T:2008:256

TPICE, 8 juillet 2008, *Lafarge c/ Commission*, aff. T-54/03, EU:T:2008:255

TPICE, 8 juillet 2008, *BPB c/ Commission*, aff. T-53/03, EU:T:2008:254

TPICE, 15 janvier 2009, *Ziegler c/ Commission*, aff. T-199/08 R, EU:T:2009:5

TPICE, 31 mars 2009, *ArcelorMittal e.a. c/ Commission*, aff. T-405/06, EU:T:2009:90
– L. Arcelin-Lecuyer, « Imputation de l'infraction et prescription: les enjeux de la notion d'entreprise en droit de la concurrence », *Revue Lamy de la concurrence*, 2009, n° 20, p. 25.

TPICE, 12 avril 2009, *Itochu c/ Commission*, aff. T-12/03, EU:T:2009:130

TPICE, 30 juin 2009, *Tudapetrol Mineralölerzeugnisse Nils Hansen c/ Commission*, aff. T-550/08 R, EU:T:2009:231

TPICE, 30 septembre 2009, *Hoechst c/ Commission*, aff. T-161/05, EU:T:2009:366

TPICE, 29 octobre 2009, *Novácke chemické závody c/ Commission*, aff. T-352/09 R, EU:T:2009:422
– L. Idot, *Europe*, janvier 2010, n° 1, comm. 56.

Trib. UE, 7 mai 2010, *Almamet c/ Commission*, aff. T-410/09 R, EU:T:2010:179

Trib. UE, 12 mai 2010, *Reagens c/ Commission*, aff. T-30/10 R, EU:T:2010:194

Trib. UE, 13 septembre 2010, *Trioplast Industrier c/ Commission*, aff. T-40/06, EU:T:2010:388

Trib. UE, 27 octobre 2010, *Alliance One international e.a. c/ Commission*, aff. T-24/05, EU:T:2010:453

Trib. UE, 2 mars 2011, *1. garantovaná c/ Commission*, aff. T-392/09 R, EU:T:2011:63

Trib. UE, 3 mars 2011, *Siemens Österreich e.a. c/ Commission*, aff. T-122/07 à T-124/07, EU:T:2011:70
– L. Idot, *Europe*, mai 2011, Comm. n° 5, p. 31 ;
– M. Kellerbauer et O. Weber, « Die gesamtschuldnerische Haftung für Kartellgeldbußen und ihre Grenzen: Das Urteil Siemens VA Tech », *Europäische Zeitschrift für Wirtschaftsrecht*, 2011, p. 666 ;
– C. Robin, *Revue Lamy de la Concurrence*, 2011, n° 28, p. 24.

Trib. UE, 8 mars 2011, *World Wide Tobacco España c/ Commission,* aff. T-37/05, EU:T:2011:76

Trib. UE, 24 mars 2011, *Pegler c/ Commission*, aff. T-386/06, EU:T:2011:115

Trib. UE, 24 mars 2011, *IPB c/ Commission*, T_384/06, EU:T:2011:113

Trib. UE, 24 mars 2011, *Tomkins c/ Commission*, aff. T-382/06, EU:T:2011:112
– L. Bernardeau, « Like mother, like daughter, (sauf) en droit de la concurrence ? », *Revue Lamy de la concurrence*, 2015, n° 42, p. 74 ;
– M. Van Huffel, « De l'importance de bien rédiger ses conclusions dans les affaires qui concernent la mère et la fille… », *Revue Lamy de la concurrence*, 2011, n° 28, p. 71.

Trib. UE, 13 avril 2011, *Socitrel c/ Commission*, aff. T-413/10 R, EU:T:2011:179

Trib. UE, 17 mai 2011, *Elf Aquitaine c/ Commission*, aff. T-299/08, EU:T:2011:217

Trib. UE, 16 juin 2011, *Gosselin Group c/ Commission*, aff. T-208/08 et T-209/08, EU:T:2011:287

Trib. UE, 16 juin 2011, *SNIA c/ Commission*, aff. T-194/06, EU:T:2011:279
– L. Idot, *Europe*, août-sept. 2011, Comm. n° 8-9, p. 35.

Trib. UE, 12 juillet 2011, *Fuji Electric c/ Commission*, aff. T-132/07, EU:T:2011:344

Trib. UE, 13 juillet 2011, *ENI c/ Commission*, aff. T-39/07, EU:T:2011:356

Trib. UE, 13 juillet 2011, *ThyssenKrupp Liften Ascenseurs c/ Commission*, aff. T-144/07, T-147/07 à T-150/07 et T-154/07, EU:T:2011:364

Trib. UE, 13 juillet 2011, *General Technic-Otis e.a. c/ Commission*, aff. T-141/07, T-142/07, T-145/07 et T-146/07, EU:T:2011:363

Trib. UE, 14 juillet 2011, *Total et Elf Aquitaine c/ Commission*, aff. T-190/06, EU:T:2011:378

Trib. UE, 14 juillet 2011, *Arkema France c/ Commission*, aff. T-189/06, EU:T:2011:377
– L. Idot, *Europe*, octobre 2011, comm. n° 10, p. 34.

Trib. UE, 16 juin 2011, *L'Air liquide c/ Commission*, aff. T-185/06, EU:T:2011:275

Trib. UE, 16 juin 2011, *Edison c/ Commission*, aff. T-196/06, EU:T:2011:281

Trib. UE, 3 octobre 2011, *Aragonesas Industrias y Energía c/ Commission*, aff. T-348/08, EU:T:2011:621

Trib. UE, 5 octobre 2011, *Mindo c/ Commission*, aff. T-19/06, EU:T:2011:561

Trib. UE, 5 octobre 2011, *Transcatab c/ Commission*, aff. T-30/06, EU:T:2011:562

Trib. UE, 12 octobre 2011, *Agroexpansión c/ Commission*, aff. T-38/05, EU:T:2011:585

Trib. UE, 25 octobre 2011, *Uralita c/ Commission*, aff. T-349/08, EU:T:2011:622
– N. Jalabert-Doury, *Concurrences*, 2012, n° 1, p. 94.

Trib. UE, 8 novembre 2011, *Elementis c/ Commission*, aff. T-43/10, EU:T:2011:643

Trib. UE, 16 novembre 2011, *Álvarez c/ Commission*, aff. T-78/06, EU:T:2011:673

Trib. UE, 16 novembre 2011, *Kendrion c/ Commission*, aff. T-54/06, EU:T:2011:667

Trib. UE, 16 novembre 2011, *Group Gascogne c/ Commission*, aff. T-72/06, EU:T:2011:671

Trib. UE, 2 février 2012, *Dow Chemical c/ Commission*, aff. T-77/08, EU:T:2012:47

Trib. UE, 2 février 2012, *EI du Pont de Nemours e.a. c/ Commission*, aff. T-76/08, EU:T:2012:46
- B. Ahrens, *Europäische Zeitschrift für Wirtschaftsrecht*, 2013, p. 899.

Trib. UE, 2 février 2012, *Denki Kagaku Kogyo et Denka Chemicals c/ Commission*, aff. T-83/08, EU:T:2012:48

Trib. UE, 12 mars 2012, *Universal c/ Commission*, aff. T-42/11, EU:T:2012:122

Trib. UE, 27 juin 2012, *Bolloré c/ Commission*, aff. T-372/10, EU:T:2012:325

Trib. UE, 27 juin 2012, *YKK e.a. c/ Commission*, aff. T-448/07, EU:T:2012:322
- L. Bernardeau, « Like mother, like daughter, (sauf) en droit de la concurrence ? », *Revue Lamy de la concurrence*, 2015, n° 42, p. 74
- L. Idot, *Europe*, août-septembre 2012, comm. n°s 9-10, p. 39.

Trib. UE, 27 septembre 2012, *Shell Petroleum e.a. c/ Commission*, aff. T-343/06, EU:T:2012:478

Trib. UE, 27 septembre 2012, *Total c/ Commission*, aff. T-344/06, EU:T:2012:479
- L. Idot, *Europe*, novembre 2012, comm. n° 11, p. 36.

Trib. UE, 27 septembre 2012, *Ballast Nedam Infra c/ Commission*, aff. T-362/06, EU:T:2012:492

Trib. UE, 27 septembre 2012, *Koninklijke Wegenbouw Stevin c/ Commission*, aff. T-357/06, EU:T:2012:488

Trib. UE, 27 septembre 2012, *Nynäs Petroleum e.a. c/ Commission*, aff. T-347/06, EU:T:2012:480.
- M. Relange, « Interrogations du Tribunal sur les obligations formelles des demandes de clémence sous la communication de 2002 », *Revue Lamy de la Concurrence*, 2013, n° 34 p. 77.

Trib. UE, 12 décembre 2012, *Novácke Chemické Závody, a.s. c/ Commission*, aff. T-352/09, EU:T:2012:673

Trib. UE, 12 décembre 2012, *Ecka Granulate c/ Commission*, aff. T-400/09, EU:T:2012:675

Trib. UE, 12 décembre 2012, *Garantovaná c/ Commission*, aff. T-392/09, EU:T:2012:674

Trib. UE, 17 mai 2013, *Parker ITR e.a. c/* Commission, aff. T-146/09, EU:T:2013:258
- L. Idot, *Europe*, juillet 2013, comm. n° 7, p. 39.

Trib. UE, 13 septembre 2013, *Total c/ Commission*, aff. T-548/08, EU:T:2013:434
– L. Idot, *Europe*, novembre 2013, comm. n° 11, p. 38.

Trib. UE, 16 septembre 2013, *Laufen Austria c/ Commission*, aff. T-411/10, EU:T:2013:443

Trib. UE, 16 septembre 2013, *PROAS c/ Commission*, aff. T-495/07, EU:T:2013:452

Trib. UE, 16 septembre 2013, *Repsol Lubricantes y Especialidades e.a. c/ Commission*, aff. T-496/07, EU:T:2013:464
– L. Idot, *Europe*, novembre 2013, comm. n° 11, p. 39.

Trib. UE, 23 janvier 2014, *Evonik Degussa et AlzChem c/ Commission*, aff. T-391/09, EU:T:2014:22

Trib. UE, 23 janvier 2014, *SKW e.a. c/ Commission*, aff. T-384/09, EU:T:2014:27

Trib. UE, 23 janvier 2014, *Gigaset c/ Commission*, aff. T-395/09, EU:T:2014:23
– L. Idot, *Europe*, mars 2014, comm. n° 3, p. 28.

Trib. UE, 27 mars 2014, *Saint-Gobain Glass France e.a. c/ Commission*, aff. T-56/09 et T-73/09, EU:T:2014:160

Trib. UE, 11 juillet 2014, *Sasol e.a. c/ Commission*, aff. T-541/08, EU:T:2014:628

Trib. UE, 11 juillet 2014, *RWE et RWE Dea c/ Commission*, aff. T-543/08, EU:T:2014:627
– J.-P. Christienne, *Concurrences*, 2014, n° 4, p. 125.

Trib. UE, 29 avril 2015, *Total e.a. c/ Commission*, aff. T-470/11, EU:T:2015:241

Trib. UE, 15 juillet 2015, *GEA Group c/ Commission*, aff. T-45/10, EU:T:2015:507

Trib. UE, 15 juillet 2015, *Akzo Nobel e.a. c/ Commission*, aff. T-47/10, EU:T:2015:506
– L. Idot, *Europe*, octobre 2015, comm. n° 10, p. 32.

Trib. UE, 15 juillet 2015, *Voestalpine c/ Commission*, EU:T:2015:516

Trib. UE, 23 juillet 2014, *Evonik Degussa et Alzchem c/ Commission*, aff. T-391/09, EU:T:2014:22
– G. Muguet-Poullennec, « Demandes de clémence, appréciations de la Commission et intensité du contrôle juridictionnel : la fin d'une époque, le début d'une nouvelle ère ? », *Revue Lamy de la concurrence*, 2014, n° 39, p. 102.

Trib. UE, 22 janvier 2015, *Ocean Capital Administration e.a. c/ Conseil*, aff. T-420/11 et T-56/12, EU:T:2015:42

Trib. UE, 9 septembre 2015, *Toshiba c/ Commission*, T-104/13, EU:T:2015:610
– B. Csépai, *Journal of European Competition Law & Practice*, 2016, vol. 7, n° 2, p. 115.
– L. Idot, *Europe*, novembre 2015, comm. n° 11, p. 32.

Trib. UE, 9 septembre 2015, *LG Electronics c/ Commission*, aff. T-97/13, EU:T:2015:609

Trib. UE, 6 octobre 2015, *Corporación Empresarial de Materiales de Construcción c/ Commission*, aff. T-250/12, EU:T:2015:749

Trib. UE, 16 décembre 2015, *Air Canada c/ Commission*, aff. T-9/11, EU:T:2015:994

Trib. UE, 16 décembre 2015, *Deutsche Lufthansa e.a. c/ Commission*, aff. T-46/11, EU:T:2015:987

Trib. UE, 16 décembre 2015, *British Airways c/ Commissio*n, aff. T-48/11, EU:T:2015:988

Trib. UE, 16 décembre 2015, *Air France-KLM c/ Commission*, aff. T-62/11, EU:T:2015:996

Trib. UE, 16 décembre 2015, *Société Air France c/ Commission*, aff. T-63/11, EU:T:2015:993

– L. Bernardeau, « Motivation, droit pénal et protection juridictionnelle devant les juges de l'Union: une, autre, "bouche de la loi" ? », *Revue des affaires européennes,* 2015, p. 803.

– A.-S. Choné-Grimaldi, *Concurrences*, 2016, n° 1, p. 84.

Trib UE, 2 juin 2016, *MRT e.a. c/ Commission*, aff. T-426/10 à T-429/10, T-438/12 à T-441/12, EU:T:2016:335

Trib. UE, 29 février 2016, *UTi Worldwide e.a. c/ Commission*, aff. T-264/12, EU:T:2016:112

Trib. UE, 29 février 2016, *Schenker c/ Commission*, aff. T-265/12, EU:T:2016:111

Trib. UE, 29 février 2016, *Deutsche Bahn e.a. c/ Commission*, aff. T-267/12, EU:T:2016:110

– L. Idot, *Europe*, avril 2016, comm. n° 4, p. 27.

– R. Pike, Y. Tosheva, « Buyer Beware: Liability of Acquiring Companies in Schenker Ltd v European Commission and Deutsche Bahn AG and others v European Commission », *Global Competition Litigation Review*, 2016, vol. 9, n° 3, p. 104.

Trib. UE, 14 juillet 2016, P*arker Hannifin Manufacturing et Parker Hannifin c/ Commission*, aff. T-146/09 RENV, EU:T:2016:411

– L. Idot, *Europe*, octobre 2016, comm n° 10, p. 30.

Trib. UE, 10 novembre 2017, *ICAP e.a. c/ Commission*, aff. T-180/15, EU:T:2017:795

Trib. UE, 22 janvier 2018, *Italie e.a. c/ Commission*, aff. T-125/13, T-152/13 et T-167/13, EU:T:2018:35

Trib. UE, 12 juillet 2018, *The Goldman Sachs Group c/ Commission*, aff. T-347/06, EU:T:2018:445

Trib. UE, 12 juillet 2018, *Prysmian c/ Commission*, aff. T-475/14, EU:T:2018:448

Trib. UE, 12 juillet 2018, *Pirelli c/ Commission*, aff. T-455/14, EU:T:2018:450

Trib. UE, 12 juillet 2018, *Furukawa c/ Commission*, aff. T-444/14, EU:T:2018:454

Trib. UE, 13 juillet 2018, *Stührk Delikatessen Import c/ Commission*, aff. T-58/14, EU:T:2018:474

Trib. UE, 18 octobre 2018, *GEA Group c/ Commission*, aff. T-640/16, EU:T:2018:700

Trib. UE, 6 décembre 2018, *Coveris Rigid France c/ Commission*, aff. T-531/15, EU:T:2018:885

Trib. UE, 12 décembre 2018, *Biogaran c/ Commission*, aff. T-677/14, EU:T:2018:910

Trib. UE, 12 décembre 2018, *Niche Generics c/ Commission*, aff. T-701/14, EU:T:2018:921

Trib. UE, 12 décembre 2018, *Unichem Laboratories c/ Commission*, aff. T-705/14, EU:T:2018:915

Trib. UE, 13 décembre 2018, *Deutsche Telekom c/ Commission*, aff. T-827/14, EU:T:2018:930

Trib. UE, 13 décembre 2018, *Slovak Telekom c/ Commission*, aff. T-851/14, EU:T:2018:929

Trib. UE, 12 février 2019, *Printeos c/ Commission*, aff. T-201/17, EU:T:2019:81

Trib. UE, 11 juillet 2019, *CCPL e.a. c/ Commission*, aff. T-525/15, EU:T:2019:500

Trib. UE, 11 juillet 2019, *Italmobiliare e.a. c/ Commission*, T-523/15, EU:T:2019:499

Conclusions d'avocats généraux

Conclusions de l'avocat général M. Dutheillet de Lamothe présentées le 28 octobre 1971 dans l'affaire *Béguelin Import*, 22/71, EU:C:1971:103

Conclusions présentées le 11 juillet 1991 par le juge M. Vesterdorf, faisant office d'avocat général dans l'affaire *Rhône-Poulenc c/ Commission*, aff. T-1/89, EU:T:1991:38

Conclusions de l'avocat général M. Lenz présentées le 25 avril 1996 dans l'affaire *Viho c/ Commission*, C-73/95 P, EU:C:1996:164

Conclusions de l'avocat général M. Cosmas présentées le 15 juillet 1997 dans l'affaire *Commission c/ Anic Partecipazioni*, aff. C-49/92 P, EU:C:1997:357

Conclusions du 28 janvier 1999 de l'avocat général M. Ruiz-Jarabo Colomer dans l'affaire *Commission c/ AssiDomän Kraft Products e.a.*, aff. C-310/97 P, EU:C:1999:36

Conclusions de l'avocat général M. Mischo présentées le 18 mai 2000 dans l'affaire *Stora Kopparbergs Bergslags c/ Commission*, aff. C-286/98 P, EU:C:2000:263

Conclusions de l'avocat général M. Ruiz-Jarabo Colomer présentées le 11 février 2003 dans l'affaire *Aalborg c/ Commission*, aff. C-204/00 P, EU:C:2009:262

Conclusions de l'avocat général M. Léger présentées le 28 octobre 2004 dans l'affaire *Acérinox e.a. c/ Commission*, aff. C-57/02 P, C-65/02 P, C-73/02 P, EU:C:2004:66

Conclusions de l'avocat général Mme Kokott, présentées le 3 juillet 2007 dans l'affaire *ETI e.a.*, aff. C-280/06, EU:C:2007:775

Conclusions de l'avocat général Mme Trstenjak présentées le 15 mai 2008 dans l'affaire *Archer Daniels Midland c/ Commission*, aff. C-510/06 P, EU:C:2008:280

Conclusions de l'avocat général M. Bot présentées le 26 mars 2009, dans le cadre de l'affaire *Erste Group c/ Commission*, aff. C-125/07 P, C-133/07 P, C-135/07 P et C-137/07 P, EU:C:2009:192

Conclusions de l'avocat général Mme Kokott présentées le 23 avril 2009 dans l'affaire *Akzo Nobel e.a. c/ Commission*, aff. C-97/08 P, EU:C:2009:262

Conclusions de l'avocat général Mme Trstenjak du 6 juillet 2010 dans l'affaire *VB Pénzügyi Lízing*, aff. C-137/08, EU:C:2010:401

Conclusions de l'avocat général M. Bot présentées le 26 octobre 2010 dans l'affaire *ArcelorMittal c/ Commission*, aff. C-201/09 P et C-216/09 P, EU:C:2010:634

Conclusions de l'avocat général Mme Sharpston présentées le 10 février 2011 dans *l'affaire KME Germany e.a./Commission*, C-272/09 P, EU:C:2011:63

Conclusions de l'avocat général M. Mengozzi présentées le 17 février 2011 dans l'affaire *Elf Aquitaine c/ Commission*, aff. C-521/09 P, EU:C:2011:89

– N. Jalabert-Doury, *Concurrences*, n° 2-2011, p. 104.

Conclusions de l'avocat général Mme Kokott présentées le 12 janvier 2012 dans les affaires jointes *Alliance One International et Standard Commercial Tobacco c/ Commission et Commission c/ Alliance One International e.a.*, aff. C-628/10 P et C-14/11 P, EU:C:2012:11

Conclusions de l'avocat général Mme Kokott présentées le 29 novembre 2012 dans l'affaire *Commission c/ Stichting Administratiekantoor Portielje*, aff. C-440/11 P, EU:C:2012:763

Conclusions de l'avocat général Mme Kokott présentées le 18 avril 2013 dans l'affaire *Schindler Holding e.a. c/ Commission*, aff. C-501/11 P, EU:C:2013:248

Conclusions de l'avocat général M. Mengozzi présentées le 19 septembre 2013 dans les affaires *Commission/Siemens Österreich et a.* (aff. C-231/11 P), *Commission/Siemens Transmission & Distribution* (aff. C-232/11 P) et *Siemens Transmission & Distribution et Nuova Magrini Galileo/Commission* (aff. C-233/11 P), EU:C:2013:578

Conclusions de l'avocat général Mme Kokott présentées le 24 octobre 2013 dans l'affaire *A.M. van der Ham e.a.*, aff. C-396/12, EU:C:2013:698

Prise de position de l'avocat général Mme Kokott présentée le 13 juin 2014 dans la procédure d'avis 2/13, EU:C:2014:2475

Conclusions de l'avocat général M. Cruz Villalón, présentées le 17 juillet 2014 dans l'affaire *Commission e.a. c/ Versalis*, aff. C-93/13 P et C-123/13 P, EU:C:2014:2487

Conclusions de l'avocat général M. Wathelet présentées le 12 novembre 2014 dans l'affaire *Modelo Continente Hipermercados*, aff. C-343/13, EU:C:2014:2366

Conclusions de l'avocat général Mme Kokott présentées le 11 décembre 2014 dans l'affaire *Fresh Del Monte c/ Commission*, aff. C-293/13 P et C-294/13 P, EU:C:2014:2439

Conclusions de l'avocat général M. Wahl présentées le 26 mars 2015 dans l'affaire *Total c/ Commission*, aff. C-597/13 P, EU:C:2015:207

Conclusions de l'avocat général M. Wahl du 21 mai 2015 dans l'affaire *AC-Treuhand c/ Commission*, aff. C-194/14 P, EU:C:2015:350

– L. Bernardeau, *Concurrences*, 2015, n° 3, p. 67.

Conclusions de l'avocat général M. Mengozzi présentées le 3 septembre 2015 dans l'affaire *Evonik Degussa et AlzChem c/ Commission*, aff. C-155/14 P, EU:C:2015:529

Conclusions de l'avocat général M. Wahl présentées le 21 juillet 2016 dans l'affaire *Commission c/ Total*, aff. C-351/15 P, EU:C:2016:590

Conclusions de l'avocat général M. Wahl présentées le 21 décembre 2016 dans l'affaire *Akzo Nobel e.a. c/ Comm*ission, aff. C-516/15 P, EU:C:2016:1004

Conclusions du 30 mai 2017 de l'avocat général M. Mengozzi dans l'affaire *British Airways c/ Commission*, aff. C-122/16 P, EU:C:2017:406

Conclusions du 6 février 2019 de l'avocat général M. Wahl dans l'affaire *Vantaan kaupunki c/ Skanska Industrial Solutions e.a.*, aff. C-724/17, EU:C:2019:100

Conclusions du 15 avril 2021 de l'avocat général M. Pitruzella dans l'affaire *Sumal*, aff. C-882/19, EU:C:2021:293

B – Cour européenne des droits de l'Homme

Cour EDH, 7 octobre 1998, *Salabiaku c/ France*, n° 10519/83

Cour EDH, 27 septembre 2011, *A. Menarini Diagnostis c/ Italie*, n° 43509/08

Cour EDH, 24 octobre 2019, *Carrefour France c/ France*, n° 37858/14

C – Juridictions françaises

Conseil Constitutionnel

Cons. const., 16 juin 1999, n° 99-411 DC

Cons. const., 18 mai 2016, *Société ITM Alimentaire International,* n° 2016-542 QPC

Cons. const., 14 octobre 2015, *Société Grands Moulins de Strasbourg SA e.a.*, n° 2015-489

Cour de cassation

Cass. Civ., 2e, 28 janvier 1954, n° 54-07081

Cass. Civ. 2e, 15 novembre 1972, n° 71-10.637, Bull. 1972, n° 245

Cass. Civ. 2e, 24 avril 1981, n° 78-16.553, Bull. 1981, n° 105

Cass. Civ. 2e, 25 novembre 1987, n° 86-16.074, Bull. 1987, II, n° 242

Cass. Soc., 30 mai 1989, n° 87-10.994, Bull.1989, V, n° 404

Cass. Civ. 2e, 6 mars 1991, n° 89-15697, Bull 1991, II, n° 70

Cass. Civ. 2e, 5 juin 1991, n° 90-12117, Bull. 1991, II, n° 175

Cass. Com., 3 mai 1995, n° 93-17.091, non publié

Cass. Com., 4 juin 1996, n° 94-17.065, Bull. 1996, IV, n° 160

Cass. Ass. plén., 14 mars 1997, n° 94-15133, Bull. A.P., 1997, n° 3.

Cass. Civ. 1re, 23 novembre 1999, n° 97-12595, Bull. 1999, I, n° 320

Cass. Crim., 20 juin 2000, n° 99-86.742, Bull. crim. 2000, n° 237

Cass. Civ. 2e, 1er mars 2001, n° 99-11.974, non publié

Cass. Crim., 26 juin 2001, n° 00-83.466, Bull. crim. 2001, n° 161

Cass. Com., 20 novembre 2001, nos 99-16776 et 99-18253, Bull. 2001, IV, n° 182

Cass. Civ. 2e, 20 juin 2002, n° 00-20996, Bull. 2002, II, n° 136

Cass. Com., 28 janvier 2003, n° 01-00.528, Bull. 2003, IV, n° 12

Cass. Crim., 14 octobre 2003, n° 02-86.376, Bull. crim. 2003, n° 189

Cass. Civ. 1re, 13 janvier 2004, n° 00-20 399, Bull. 2004, I, n° 16

Cass. Com., 23 juin 2004, n° 01-17.896 et 02-10.066, Bull. 2004, IV, n° 132

Cass. Com., 12 juillet 2005, n° 04-16933, Bull. 2005, IV, n° 162

Cass. Com., 28 février 2006, n° 05-12.138, non publié

Cass. Civ. 2e, 25 janvier 2007, n° 6-13611, Bull. 2007, II, n° 20

Cass. Com., 12 février 2008, n° 06-15921, non publié

Cass. Civ. 1re, 14 février 2008, n° 07-11.710, non publié

Cass. Com., 11 mars 2008, n° 06-20738, non publié

Cass. Com., 10 juillet 2008, nos 07-17.276 e.a., Bull. 2008, IV, n° 152

Cass. Com., 13 octobre 2009, nos 08-17.269 e.a, Bull. 2009, IV, n° 125

Cass. Civ. 2e, 13 janvier 2011, n° 09-71.196, Bull. 2011, II, n° 8

Cass. Soc., 1er février 2011, nos 10-30045, Bull 2011, V, n° 42

Cass. Com., 21 juin 2011, n° 09-67.793, Bull. 2011, IV, n° 101

Cass. Crim., 23 avril 2013, n° 12-83.244, Bull. crim. 2013, n° 95

Cass. Com., 28 mai 2013, nos 12-18.195 e.a., non publié

Cass. Com., 22 octobre 2013, nos 12-23.486 et 12-23487, non publié
– C. Lemaire, *Concurrences*, 2014, n° 1, p. 176.

Cass. Com., 21 janvier 2014, n° 12-29166, Bull. 2014, IV, n° 11
– L. Arcelin-Lécuyer, *La Semaine juridique entreprise et affaires*, n° 11, 13 mars 2014, 1124.
– J.-D. Bretzner, *Revue Lamy de la concurrence*, juillet-septembre 2014, n° 40, p. 36.
– N. Mathey, *Contrats Concurrence Consommation*, n° 4, avril 2014, comm. 91.

Cass. Com., 18 février 2014, nos 12-27643 e.a., Bull. 2014, IV, n° 38

Cass. Com., 21 octobre 2014, nos 13-16.602 e.a., Bull. 2014, IV, n° 152

Cass. Com., 6 janvier 2015, nos 13-21.305 et 13-22477, Bull. 2015, IV, n° 1

Cass. Crim., 25 février 2015, n° 14-85.300, non publié

Cass. Com., 9 juillet 2015, nos 14-29.354 et 14-29542, non publié

Cass. Soc., 6 juillet 2016, n° 14-27.266 e.a., Bull. 2016, V.

Cass. Crim. 25 octobre 2016, n° 16-80.366, Bull. crim. 2016.

Cass. Com., 8 novembre 2016, n° 14-28.234 e.a., non publié

Cass. Com., 4 octobre 2017, nos 14-28.234 e.a., non publié

Cass. Com., 18 octobre 2017, n° 16-19.120, Bull. 2017.

Cass. Com., 8 novembre 2017, nos 16-17226 et 16-17330, non publié

Cass. Com. 30 mai 2018, n° 16-24.792, non publié

Cass. Com., 10 juillet 2018, nos 17-13.973 et 17-13.140, non publié

Cass. Com., 27 mars 2019, n° 16-26.472 e.a..

Cass. Crim., 25 novembre 2020, n° 18-86.955.

Cour d'appel de Paris

CA Paris, ch. 5-7, 24 juin 1993, *Entreprise industrielle S.A. et Cegelec*

CA Paris, ch. 5-7, 15 juin 1999, *Solatrag e.a.*

CA Paris, ch. 5-7, 26 juin 2007, *Guerlain*, n° 08/18277

CA Paris, ch. 5-7, 25 mars 2008, *Cemex Bétons Sud-Est,* n° 10/04297

CA Paris, ch. 5-7, 14 janvier 2009, *Eurelec*, n° 08/01095

CA Paris, ch. 5-7, 31 mars 2009, *Agence funéraire lyonnaise*, n° 08/11353

CA Paris, ch. 5-7, 28 octobre 2010, *Maquet*, n° 10/03405

CA Paris, ch. 5-7, 29 mars 2012, *Lacroix Signalisation e.a.,* n° 11/01228

CA Paris (ord.), 26 juin 2012, *FNPE e.a.*, n° 12/08904

CA Paris (ord.), 26 juin 2012, *Fraileg e.a.,* n° 12/08905

CA Paris (ord.), 26 juin 2012, *France endives e.a.*, n° 12/08906

CA Paris (ord.), 3 juillet 2012, *Minoteries Cantin,* n° 12/09397

CA Paris (ord.), 3 juillet 2012, *Axiane meunerie*, et n° 12/09395

CA Paris, ch. 5-7, 11 octobre 2012, *Monuments historiques*, n° 11/03298

CA Paris (ord.), 13 novembre 2012, *Grands moulins de Strasbourg*, n° 12/14436 – C. Lemaire et S. Naudin, *Concurrences*, 2013, n° 1, p. 183.

CA Paris, ch. 5-7, 20 novembre 2014, *Axiane meneurie e.a.*, n° 12/06828

CA Paris ch. 5-7, 18 décembre 2014, *Sanofi e.a.*, n° 13/12370

CA Paris, ch. 5-7, 28 mai 2015, *Monuments historiques*, n° 14/09272

CA Paris, ch. 5-7, 21 janvier 2016, *INEO réseaux sud-ouest et SPIE sud-ouest*, n° 14/22811

CA Paris, ch. 5-7, 14 avril 2016, *Graham & Brown e.a.*, n° 15/01855

CA Paris, ch. 5-7, 19 mai 2016, *Mobilitas*, n° 14/25803

CA Paris, ch. 5-7, 27 octobre 2016, *Hygiène et entretien*, n° 15/01673

CA Paris, ch. 5-7, 15 septembre 2016, *TDF*, n° 15/06968

CA Paris, ch. 5-7, 2 février 2017, *GEA Group e.a.*, n° 13/13058

CA Paris, ch. 5-7, 23 mai 2017, *Produits laitiers*, n° 15/08224

CA Paris, ch. 5-7, 26 octobre 2017, *Caisses des dépôts et consignations*, n° 17/01658

CA Paris, ch. 5-7, 25 janvier 2018, *Autorité de la concurrence*, n° 17/20545

CA Paris, ch. 5-7, 15 mars 2018, *Sermétal e.a.*, n° 16/14231

CA Paris, ch. 5-7, 19 juillet 2018, *Chronopost e.a.*, n° 16/01270

CA Paris, ch. 5-7, 25 janvier 2018, *Autorité, Moulins Soufflet et Grands Moulins Storione*, n° 17/20545

CA Paris, ch. 5-7, 18 juillet 2018, *Chronopost e.a.*, n° 16/01270

CA Paris, ch. 5-7, 20 décembre 2018, *Graham & Brown France e.a.*, n° 1721459

CA Paris, ch. 5-7, 18 juin 2020, *L'Oréal*, n° 1908826

D – Juridictions allemandes

Cour constitutionnelle (Bundesverfassungsgericht)

BVerfGE, 25 octobre 1966, aff. 2 BvR 506/63, 20, 323

Cour fédérale (Bundesgerichtshof)

BGH, 29 juin 1972, VII ZR 190/71

BGH, 22 avril 1980, VI ZR 134/78

BGH, 10 mai 2005, *Gigaset*, VI ZR 366/03

BGH, 18 novembre 2014, *Gigaset*, KZR 15/12

Cour d'appel (Oberlandesgericht)

Oberlandesgerichts München, 9 février 2012, *Gigaset*

ANNEXE 3

Table chronologique des décisions des autorités de concurrence

A – Décisions de la Commission

Comm. CE, déc. n° 69/195/CEE du 18 juin 1969, *Christiani & Nielsen*, aff. IV/22548, JOCE, n° L 165 du 5 juillet 1969, p. 12

Comm. CE, déc. n° 69/243/CE du 24 juillet 1969, *Matières colorantes*, aff. IV/26.267, JOCE n° L 195 du 7 août 1969, p. 11

Comm. CE, déc. n° 70/332/CEE du 30 juin 1970, *Kodak*, aff. IV/24055, JOCE n° L 147 du 7 juillet 1970, p. 24

Comm. CE, déc. n° 72/21/CEE du 9 décembre 1971, *Continental Can Company,* aff. IV/26 811, JOCE n° L 7 du 8 janvier 1972, p. 25

Comm. CE, déc. n° 72/457/CEE du 14 décembre 1972, *ZOJA/CSC – ICI*, aff. IV/26.911, JOCE n° L 299 du 31 décembre 1972, p. 51

Comm. CE, déc. n° 76/159/CEE du 17 décembre 1975, *Chiquita*, aff. IV/26 699, JOCEE n° L 95 du 3 février 1976, p. 1

Comm. CE, déc. n° 76/642/CEE du 9 juin 1976, *Vitamines*, aff. IV/29.020, JOCEE n° L 223 du 16 août 1976, p. 27

Comm. CE, déc. n° 78/68/CEE du 8 décembre 1977, *Hugin/Liptons*, aff. IV/29.132, JOCEE n° L 22 du 27 janvier 1978, p. 23

Comm. CE, déc. n° 80/1283/CEE du 25 novembre 1980, *Johnson & Johnson*, aff. IV/2970, JOCEE n° L 377 du 31 décembre 1980, p. 16

Comm. CE, déc. n° 81/969/CEE du 7 octobre 1981, *Bandengroothandel Frieschebrug BV/NV Nederlandsche Banden-Industrie Michelin*, aff. IV/29.491, JOCEE n° L 353 du 9 décembre 1981, p. 33

Comm. CE, déc. n° 82/267/CEE du 6 janvier 1982, *AEG-Telefunken*, aff. IV/28.748, JOCEE n° L 117 du 30 avril 1982, p. 15

Comm. CE, déc. n° 86/398/CEE du 23 avril 1986, *Polypropylène*, aff. IV/31.149, JOCEE n° L 230 du 18 août 1986, p. 1

Comm. CE, déc. n° 89/515/CEE du 2 août 1989, *Treillis soudés*, aff. IV/31.553, JOCEE n° L 260 du 2 août 1989, p. 1

Comm. CE, déc. n° 91/50/CEE du 16 janvier 1991, *IJsselcentrale (IJC) et autres*, aff. IV/32.732, *IJsselcentrale (IJC) et autres*, JOCEE n° L 28 du 2 février 1991, p. 32

Comm. CE, déc. n° 91/335/CEE du 15 mai 1991, *Gosme/Martell-DMP*, aff. IV/32.186, JOCEE n° L 185 du 15 mai 1991, p. 23

Comm. CE, déc. n° 94/215/CECA du 16 février 1994, *Poutrelles en acier*, JOCE n° L 116 du 6 mai 1994, p. 1

Comm. CE, déc. n° 94/601/CE du 13 juillet 1994, *Carton*, aff. IV/C/33.833, JOCE n° L 234 du 19 septembre 1994, p. 1

Comm. CE, déc. n° 98/247/CECA du 21 janvier 1998, *Extra d'alliage*, aff. IV/35.814, JOCE n° L 100 du 1er avril 1998, p. 55

Comm. CE, déc. n° 98/273/CE du 28 janvier 1998, *VW*, aff. IV/35.733, JOCE n° L 124 du 25 avril 1998, p. 60

Comm. CE, déc. n° 98/538/CE du 17 juin 1998, *Amministrazione Autonoma dei Monopoli di Stato*, aff. IV/36.010-F3, JOCE n° L 252 du 17 juin 1998, p. 47

Comm. CE., déc. n° 1999/210/CE du 14 octobre 1998, *British Sugar plc*, aff. IV/F-3/33.708, *Tate & Lyle plc*, IV/F-3/33.709, *Napier Brown & Company Ltd*, aff. IV/F-3/33.710, *James Budgett Sugars Ltd*, aff. IV/F-3/33.711, JOCE n° L 76 du 23 mars 1999, p. 1

Comm. CE, déc. n° 1999/60/CE du 21 octobre 1998, *Conduites précalorifugés*, aff. IC/35.691/E-4, JOCE n° L 24 du 30 janvier 1999, p. 1

Comm. CE, déc. n° 2000/12/CE du 20 juillet 1999, *Coupe du monde de football 1998*, aff. IV/36.888, JOCE n° L 5 du 8 janvier 2000, p. 55

Comm. CE, déc. n° 2001/418/CE du 7 juin 2000 *Acides aminés*, aff. COMP/36.545/F3, JOCE n° L 152 du 7 juin 2001, p. 24

Comm. CE., déc. n° 2001/46/CE du 20 septembre 2000, *Opel*, aff. COMP/36.653, JOCE n° L 50 du 28 février 2001, p. 1

Comm. CE, déc. n° 2002/271/CE du 18 juillet 2001, *Électrodes de graphite*, aff. COMP/E-1/36.490, JOCE n° L 100 du 16 avril 2002, p. 1

Comm. CE, déc. du 2 octobre 2001, *Gluconate de sodium*, aff. COMP/36.756

Comm. CE, déc. n° 2003/2/CE du 21 novembre 2001, *Vitamines*, aff. COMP/E/-1/37/512, JOCE n° L 6 du 10 janvier 2003, p. 1

Comm. CE, déc. n° 2003/569/CE du 5 décembre 2001, *Interbrew et Alken-Maes*, aff. IV/37.614/F3 PO, JOCE n° L 200 du 7 août 2003, p. 1

Comm. CE, déc. n° 2004/138/CE du 11 juin 2002, *Banques autrichiennes « club Lombard »*, aff. COMP/36.571/D-1, JOCE n° L 56 du 24 février 2004, p. 1

Comm. CE, déc. n° 2003/207/CE du 24 juillet 2002, *Gaz industriels et médicaux*, aff. COMP/E-3/36.700, JOCE n° L 84 du 1er avril 2003, p. 1

Comm. CE, déc. n° 2003/675/CE du 30 octobre 2002, *Video Games*, aff. COMP/35.587 P, *Nintendo Distribution*, aff. COMP/35.706 PO et *Omega – Nintendo*, aff. COMP/36.321, JOCE n° L 255 du 8 octobre 2003, p. 33

Comm. CE, déc. n° 2005/471/CE du 27 novembre 2002, *Plaques en plâtre*, aff. COMP/37.152, JOCE n° L 166 du 28 juin 2005, p. 8

Comm. CE, déc. n° 2004/104/CE du 27 novembre 2002, *Méthylglucamine*, aff. COMP/E-2/37.978, JOCE n° L 38 du 10 février 2004, p. 18

Comm. CE, déc. n° 2006/460/CE du 17 décembre 2002, *Graphites spéciaux*, aff. COMP/37.667, JOCE n° L 180 du 4 juillet 2006, p. 20

Comm. CE, déc. n° 2003/600/CE du 2 avril 2003, *Viandes bovines françaises*, aff. COMP/C.38.279/F3, JOCE n° L 209 du 19 août 2003, p. 12

Comm. CE, déc. n° 2005/349/CE du 10 décembre 2003, *Peroxydes organiques*, aff. COMP/E-2/37.857, JOCE n° L 110 du 30 avril 2005, p. 44

Comm. CE, déc. n° 2004/421/CE du 16 décembre 2003, *Tubes industriels*, aff. COMP/38.240, JOCE L 125 du 28 avril 2004, p. 50

Comm. CE, déc. n° C(2004) 4030 final du 20 avril 2004, *Tabac brut Espagne*, aff. COMP/C.38.238/B.2, JOCE n° L 102 du 19 avril 2007, p. 14

Comm. CE, déc. n° 2006/485/CE du 3 septembre 2004, *Tubes sanitaires en cuivre*, aff. COMP/38.069, JOCE n° L 192 du 13 juillet 2006, p. 21

Comm. CE, déc. n° 2007/236/CE du 20 octobre 2004, *Tabac brut Espagne*, aff. COMP/C.38.238/B.2, résumé au JOCE n° L 102 du 19 avril 2007, p. 14

Comm. CE, déc. n° 2005/566/CE du 9 décembre 2004, *Chlorure de choline*, aff. COMP/37.533, JOCE n° L 190 du 22 juillet 2005, p. 22

Comm CE, déc. n° 2006/901/CE du 20 octobre 2005, *Tabac brut (Italie)*, aff. COMP/C.38.281/B.2, résumé au JOCE n° L 353 du 13 décembre 2006, p. 45

Comm. CE, déc. n° 2006/902/CE du 21 décembre 2005, *Produits chimiques pour le traitement du caoutchouc*, aff. COMP/F/38.443, résumé au JOCE n° L 353 du 13 décembre 2006, p. 50

Comm. CE, déc. n° 2006/903/CE du 3 mai 2006, *Peroxydes d'hydrogène et Perborate*, aff. COMP/F/38.620, résumé au JOCE n° L 353 du 13 décembre 2006, p. 54

Comm. CE, déc. n° 2006/793/CE du 31 mai 2006, *Méthacrylates*, aff. COMP/F/38.645, JOCE n° L 322 du 22 novembre 2006, p. 20

Comm. CE, déc. n° 2007/534/CE du 13 septembre 2006, *Bitume (Pays-Bas),* aff. COMP/F/38.456, résumé au JOCE n° L 196 du 28 juillet 2007, p. 40

Comm. CE, déc. n° 2007/691/CE du 20 septembre 2006, *Raccords*, aff. COMP/F/38.121, résumé au JOUE n° L 283 du 27 octobre 2007, p. 63

Comm. CE, déc. n° C(2006) 5342 final du 8 novembre 2006, *Poutrelles en acier*, aff. COMP/F/38.907, résumé au JOCE n° C 235 du 13 septembre 2008, p. 4

Comm. CE, déc. n° C(2006) 6762 final du 24 janvier 2007, *Appareillages de commutation à isolation gazeuse*, aff. COMP/F/38.899, résumé au JOCE n° C 5 du 10 janvier 2008, C 5, p. 7

Comm. CE, déc. n° C(2007) 5469 fina du 20 novembre 2007, *Bandes vidéo professionnelles*, aff. COMP/38.432, résumé au JOCE n° C 57 du 1er mars 2008, p. 9

Comm. CE, déc. n° C(2008) 2626 final du 11 juin 2008, *Chlorate de sodium*, aff. COMP/38.695, résumé au JOCE n° C 137 du 17 juin 2009, p. 6

Comm. CE, déc n° C(2008) 5476 final du 1er octobre 2008, *Cires de bougie*, aff. COMP/39.181, résumé au JOUE n° C 295 du 4 décembre 2009, p. 17

Comm. CE, déc. n° C(2009) 428 final du 28 janvier 2009, *Tuyaux marins*, aff. COMP/39406, résumé au JOUE n° C 168 du 21 juillet 2009, p. 6

Comm. CE, déc. n° C(2009) 8682 final du 11 novembre 2009, *Stabilisants thermiques*, aff. COMP/38589, JOCE n° C 307 du 12 novembre 2010, p. 9

Comm eur., déc. n° C(2010) 4185 final du 23 juin 2010, *Installations sanitaires pour salles de bains*, aff. COMP/39092, résumé au JOUE n° C 348 du 29 novembre 2011, p. 12

Comm. eur., déc. n° C(2011) 2269 final du 30 juin 2010, *Acier de précontrainte*, aff. COMP/38344, résumé au JOUE n° C 339 du 19 novembre 2011, p. 7

Comm. eur., déc. n° C(2010) 7694 final du 9 novembre 2010, *Fret aérien*, aff. COMP/39258, résumé au JOUE n° C 371 du 18 octobre 2014, p. 11

Comm. eur., déc. n° C(2012) 1959 final du 28 mars 2012, *Transit*, aff. COMP/39462, résumé au JOUE n° C 375 du 5 décembre 2012, p. 7

Comm. eur., déc. n° C(2013) 8286 final du 27 novembre 2013, *Crevettes*, aff. AT.39633, résumé au JOUE n° C 453 du 17 décembre 2014, p. 16

Comm. eur., déc. n° C(2014) 1788 final du 19 mars 2014, *Roulements*, aff AT.39922, résumé au JOUE n° C 238 du 23 juillet 2014, p. 10

Comm. eur., déc. n° C(2014) 2139 final du 2 avril 2014, *Câbles électriques*, aff. AT/39610, résumé au JOUE n° C 319 du 17 septembre 2014, p. 10

Comm. eur., déc. n° C(2014) 7465 final du 15 octobre 2014, *Slovak Telekom*, aff. AT.3952, résumé au JOUE n°C 314 du 23 septembre 2015, p. 7

B – Décisions du Conseil de la concurrence et de l'Autorité de la concurrence

Décisions du Conseil de la concurrence

Cons. conc., déc. n° 90-D-20 du 12 juin 1990 relative à des pratiques relevées sur le marché de la banane

Cons. conc., déc. n° 92-D-38 du 9 juin 1992 relative à des pratiques anticoncurrentielles constatées au sein des groupements de commerçants détaillants de produits électroménagers et d'électronique grand public : groupe G (G.I.T.E.M.) et Elco (Keny)

Cons. conc., déc. n° 92-D-63 du 24 novembre 1992 relative à des pratiques relevées lors d'un appel d'offres lancé en 1990 par la commune de Venarey-Lès-Laumes, en Côte-d'Or

Cons. conc., déc. n° 92-D-66 du 8 décembre 1992 à propos de pratiques intervenues lors de la passation du marché de construction d'un pont sur la Durance à hauteur de Mirabeau

Cons. conc., déc. n° 94-D-61 du 29 novembre 1994 relative à des pratiques relevées dans le secteur de la production et de la commercialisation du veau

Cons. conc., déc. n° 95-D-14 du 7 février 1995 relative à des pratiques mises en œuvre dans le secteur des planches à voile

Cons. conc., déc. n° 96-D-64 du 20 novembre 1996 relative à des pratiques mises en œuvre lors d'un marché de travaux routiers lancé par le Syndicat intercommunal à vocation multiple de la vallée du Calavon

Cons. conc., déc. n° 98-D-26 du 7 avril 1998 relative à des pratiques relevées sur le marché de la rénovation des installations de chauffage du parc scientifique technologique de Luminy

Cons. conc., déc. n° 98-D-33 du 3 juin 1998 relative à des pratiques mises en œuvre à l'occasion de la passation de marchés publics voirie et réseaux divers dans le département de l'Hérault

Cons. conc., déc. n° 99-D-18 du 2 mars 1999 relative à des pratiques relevées dans la distribution des produits de la société Laboratoires 3M Santé

Cons. conc., déc. n° 00-D-26 du 21 juin 2000 relative à des pratiques relevées lors d'un marché d'électrification rurale dans le département des Pyrénées-Atlantiques

Cons. conc., déc. n° 00-D-28 du 19 septembre 2000 relative à la situation de la concurrence dans le secteur du crédit immobilier

Cons. conc., déc. n° 00-D-29 du 5 juillet 2000 relative à des pratiques anticoncurrentielles dans le secteur du traitement de l'amiante

Cons. conc., déc. n° 00-D-50 du 5 mars 2001 relative à des pratiques mises en œuvre par la société Française des Jeux dans les secteurs de la maintenance informatique et du mobilier de comptoir

Cons. conc., déc. n° 00-D-67 du 13 février 2001 relative à des pratiques constatées dans le secteur de la vente d'espaces publicitaires visuels

Cons. conc., déc. n° 00-D-50 du 5 mars 2001 relative à des pratiques mises en œuvre par la société Française des Jeux dans les secteurs de la maintenance informatique et du mobilier de comptoir

Cons. conc., déc. n° 01-D-13 du 19 avril 2001 relative à la situation de la concurrence dans le secteur du transport public de voyageurs dans le département du Pas-de-Calais

Cons. conc., déc. n° 01-D-14 du 4 mai 2001 relative à des pratiques relevées lors de marchés de fabrication et de mise en œuvre d'enrobés bitumeux sur les routes départementales de l'Isère

Cons. conc., déc. n° 01-D-20 du 4 mai 2001 relative à des pratiques relevées concernant plusieurs marchés de travaux de peinture et d'étanchéité dans le département de l'Indre-et-Loire

Cons. conc., déc. n° 02-D-36 du 14 juin 2002 relative à des pratiques relevées dans le secteur de la distribution des lunettes d'optique sur le marché de l'agglomération lyonnaise

Cons. conc., déc. n° 02-D-42 du 28 juin 2002 relative à des pratiques relevées dans le secteur de la distribution des appareils électroménagers et d'électronique grand public

Cons. conc., déc. n° 02-D-48 du 29 juillet 2002 relative à des pratiques relevées sur des marchés de VRD dans les arrondissements de Cambrai, Valenciennes et Avesnes sur Helpe

Cons. conc., déc. n° 02-D-59 du 25 septembre 2002 relative à des pratiques mises en œuvre dans le secteur des transports routiers de voyageurs dans le département de l'Ain

Cons. conc., déc. n° 02-D-62 du 27 septembre 2002 relative à des pratiques relevées dans le secteur du déménagement des personnels de la marine nationale en Bretagne

Cons. conc., déc. n° 04-D-03 du 18 février 2004 relative à des pratiques relevées lors d'un appel d'offres lancé par la direction régionale des douanes à Marseille pour la mise en conformité électrique de la cité de la Joliette

Cons. conc., déc. n° 04-D-22 du 21 juin 2004 relative à la saisine de l'Association française des opérateurs privés en télécommunications (AFOPT) et de l'Association des opérateurs de services de télécommunications (AOST) portant sur la commercialisation par France Télécom du tarif promotionnel « Primaliste longue distance »

Cons. conc., déc. n° 04-D-26 du 30 juin 2004 relative à la saisine de la SARL Reims Bio à l'encontre de pratiques mises en œuvre par le groupement d'intérêt public Champagne Ardenne

Cons. conc., déc. n° 04-D-32 du 8 juillet 2004 relative à la saisine de la société More group France contre les pratiques du groupe Decaux

Cons. conc., déc. n° 04-D-56 du 15 novembre 2004 relative à des pratiques mises en œuvre par le groupe La Dépêche du Midi et des commissaires-priseurs de Toulouse

Cons. conc., déc. n° 05-D-44 du 21 juillet 2005 relative à des pratiques mises en œuvre par le groupe La Provence (anciennement dénommé Le Provençal) dans le secteur de la publicité dans la presse quotidienne régionale à Marseille

Cons. conc., déc. n° 05-D-49 du 28 juillet 2005 relative à des pratiques mises en œuvre dans le secteur de la location entretien des machines d'affranchissement postal

Cons. conc., déc. n° 06-D-03 bis du 9 mars 2006 relative à des pratiques mises en œuvre dans le secteur des appareils de chauffage, sanitaires, plomberie, climatisation

Cons. conc., déc. du Conseil de la concurrence n° 06-D-4 bis du 13 mars 2006 relative à des pratiques relevées dans le secteur de la parfumerie de luxe

Cons. conc., déc. n° 06-D-07 bis du 21 mars 2006 relative à des pratiques mises en œuvre dans le secteur des travaux publics dans la région Ile-de-France

Cons. conc., déc. de l'Autorité de la concurrence n° 06-D-09 du 11 avril 2006 relative à des pratiques mises en œuvre dans le secteur de la fabrication des portes

Cons. conc., déc. n° 06-D-15 du 14 juin 2006 relative à des pratiques mises en œuvre dans le secteur de la pose et de l'entretien des voies de chemin de fer

Cons. conc., déc. n° 06-D-26 du 15 septembre 2006 relative à la saisine des sociétés Lamy Moto et Moto Ouest à l'encontre des sociétés Yamaha Motor France et MBK

Cons. conc., déc. n° 08-D-25 du 29 octobre 2008 relative à des pratiques mises en œuvre dans le secteur de la distribution de produits cosmétiques et d'hygiène corporelle vendus sur conseils pharmaceutiques

Cons. conc., déc. n° 08-D-30 du 4 décembre 2008 relative à des pratiques mises en œuvre par les sociétés des Pétroles Shell, Esso SAF, Chevron Global Aviation, Total Outre-Mer et Total Réunion

Cons. conc., déc. n° 08-D-32 du 16 décembre 2008 relative à des pratiques mises en œuvre dans le secteur du négoce des produits sidérurgiques

Décisions de l'Autorité de la concurrence

Aut. conc., déc. n° 09-D-06 du 5 février 2009 relative à des pratiques mises en œuvre par la SNCF et Expedia Inc. dans le secteur de la vente de voyages en ligne

Aut. conc., déc. n° 09-D-31 du 30 septembre 2009 relative à des pratiques mises en œuvre dans le secteur de la gestion et de la commercialisation des droits sportifs de la Fédération française de football

Aut. conc., déc. n° 09-D-36 du 9 décembre 2009 relative à des pratiques mises en œuvre par Orange Caraïbe et France Télécom sur différents marchés de services de communications électroniques dans les départements de la Martinique, de la Guadeloupe et de la Guyane

Aut. conc., déc. n° 10-D-14 du 20 avril 2010 relative à des pratiques mise en œuvre dans le secteur des tables d'opération

Aut. conc., déc. n° 10-D-28 du 20 septembre 2010 relative aux tarifs et aux conditions liées appliquées par les banques et les établissements financiers pour le traitement des chèques remis aux fins d'encaissement

Aut. conc., déc. n° 10-D-35 du 15 décembre 2010 relative à des pratiques mises en œuvre dans le secteur de la fourniture d'électrodes de soudure pour les constructeurs automobiles

Aut. conc., déc. n° 10-D-39 du 22 décembre 2010 relative à des pratiques mises en œuvre dans le secteur de la signalisation routière verticale

Aut. conc., déc. n° 11-D-02 du 26 janvier 2011 relative à des pratiques mises en œuvre dans le secteur de la restauration des monuments historiques

Aut. conc., déc. n° 11-D-13 du 5 octobre 2011 relative à des pratiques relevées dans les secteurs des travaux d'électrification et d'installation électrique dans les régions Midi-Pyrénées, Languedoc-Roussillon, Auvergne et limitrophes

Aut. conc., déc. n° 11-D-17 du 8 décembre 2011 relative à des pratiques mises en œuvre dans le secteur des lessives

Aut. conc., déc. n° 11-D-19 du 15 décembre 2011 relative à des pratiques mises en œuvre dans le secteur de la distribution de gadgets et articles de fantaisie

Aut. conc., déc. n° 12-D-02 du 12 janvier 2012 relative à des pratiques mises en œuvre dans le secteur de l'ingénierie des loisirs, de la culture et du tourisme

Aut. conc., déc. n° 12-D-08 du 6 mars 2012 relative à des pratiques mises en œuvre dans le secteur de la production et de la commercialisation des endives

Aut. conc., déc. n° 12-D-09 du 13 mars 2012 relative à des pratiques mises en œuvre dans le secteur des farines alimentaires

Aut. conc., déc. n° 12-D-10 du 20 mars 2012 relative à des pratiques mises en œuvre dans le secteur de l'alimentation pour chiens et chats

Aut. conc., déc. n° 12-D-24 du 13 décembre 2012 relative à des pratiques mises en œuvre dans le secteur de la téléphonie mobile à destination de la clientèle résidentielle en France métropolitaine

Aut. conc., déc. n° 12-D-26 du 20 décembre 2012 relative à des pratiques mises en œuvre dans le secteur de la production, de la commercialisation, de l'installation et de la maintenance des extincteurs

Aut. conc., déc. n° 12-D-27 du 20 décembre 2012 relative à des pratiques relevées dans le secteur de la billetterie de spectacles

Aut. conc., déc. n° 13-D-03 du 13 février 2013 relative à des pratiques mises en œuvre dans le secteur du porc charcutier

Aut. conc., déc. n° 13-D-09 du 17 avril 2013 relative à des pratiques mises en œuvre sur le marché de la reconstruction des miradors du centre pénitentiaire de Perpignan

Aut. conc., déc. n° 13-D-11 du 14 mai 2013 relative à des pratiques mises en oeuvre dans le secteur pharmaceutique

Aut. conc., déc. n° 13-D-12 du 28 mai 2013 relative à des pratiques mises en œuvre dans le secteur de la commercialisation de commodités chimiques

Aut. conc., déc. n° 13-D-20 du 17 décembre 2013 relative à des pratiques mises en œuvre par EDF dans le secteur des services destinés à la production d'électricité photovoltaïque

Aut. conc., déc. n° 14-D-19 du 18 décembre 2014 relative à des pratiques mises en œuvre dans le secteur des produits d'entretien et des insecticides et dans le secteur des produits d'hygiène et de soins pour le corps

Aut. conc., déc. n° 14-D-16 du 18 novembre 2014 relative à des pratiques mises en œuvre dans le secteur du déménagement des militaires affectés en Martinique

Aut. conc., déc. n° 14-D-20 du 22 décembre 2014 relative à des pratiques mises en œuvre dans le secteur du papier peint en France

Aut. conc., déc. n° 15-D-01 du 5 février 2015 relative à des pratiques mises en œuvre dans le secteur de la diffusion de la télévision par voie hertzienne terrestre en outre-mer

Aut. conc., déc. n° 15-D-03 du 11 mars 2015 relative à des pratiques mises en œuvre dans le secteur des produits laitiers frais

Aut. conc., déc. n° 15-D-10 du 11 juin 2015 relative à des pratiques mises en œuvre par TDF sur le site de la Tour Eiffel

Aut. conc., déc. n° 15-D-19 du 15 décembre 2015 relative à des pratiques mises en œuvre dans les secteurs de la messagerie et de la messagerie express

Aut. conc., déc. n° 16-D-09 du 12 mai 2016 relative à des pratiques mises en œuvre dans les secteurs des armatures métalliques et des treillis soudés sur l'île de la Réunion

Aut. conc., déc. n° 16-D-11 du 6 juin 2016 relative à des pratiques mises en œuvre dans le secteur de la diffusion de la télévision par voie hertzienne terrestre

Aut. conc., déc. n° 16-D-14 du 23 juin 2016 relative à des pratiques mises en œuvre dans le secteur du zinc laminé et des produits ouvrés en zinc destinés au bâtiment

Aut. conc., déc. n° 16-D-17 du 21 juillet 2016 relative à des pratiques mises en œuvre dans le secteur des appareils de chauffage mobiles à combustible liquide

Aut. conc., déc. n° 16-D-20 du 29 septembre 2016 relative à des pratiques mises en œuvre dans le secteur des prestations réalisées par les agences de mannequins

Aut. conc., déc. n° 16-D-24 du 8 novembre 2016 relative à la situation du groupe Altice au regard du II de l'article L. 430-8 du code de commerce

Aut. conc., déc. n° 16-D-27 du 6 décembre 2016, Assistance foncière de l'établissement public foncier de l'Ouest Rhône-Alpes (SETIS – groupe Degaud)

Aut. conc., déc. n° 16-D-28 du 6 décembre 2016 relative à des pratiques mises en œuvre sur le marché de l'assistance foncière de l'établissement public foncier de l'Ouest Rhône-Alpes

Aut. conc., déc. n° 17-D-27 du 21 décembre 2017 relative à des pratiques d'obstruction mises en œuvre par Brenntag

Aut. conc., déc. n° 18-D-02 du 19 février 2018 relative à des pratiques mises en œuvre dans le secteur des travaux d'entretien d'espaces verts en Martinique

Aut. conc., déc. n° 18-D-09 du 21 juin 2018 relative au respect des engagements pris par la société Randstad dans la décision du Conseil de la concurrence n° 09-D-05 du 2 février 2009

Aut. conc., déc. n° 18-D-24 du 5 décembre 2018 relative à des pratiques mises en œuvre dans le secteur des produits électroménagers

Aut. conc., déc. n° 19-D-11 du 29 mai 2019 relative à des pratiques mises en œuvre dans le secteur de la commercialisation de réactifs et consommables pour laboratoires hospitaliers sur le territoire de la Guyane

Décision n° 19-D-14 du 1er juillet 2019 relative à des pratiques mises en œuvre dans le secteur de la distribution des cycles haut de gamme

Aut. conc., déc. n° 19-D-17 du 30 juillet 2019 relative à des pratiques mises en œuvre dans le secteur de la commercialisation des fertilisants liquides pour la production hors-sol dédiés à la culture domestique

Aut. conc., déc. n° 19-D-24 du 17 décembre 2019 relative à des pratiques mises en œuvre dans le secteur des fruits vendus en coupelles et en gourdes

Aut. conc., déc. n° 20-D-04 du 16 mars 2020 relative à des pratiques mises en œuvre dans le secteur de la distribution de produits de marque Apple

Aut. conc., déc. n° 20-D-09 du 16 juillet 2020 relative à des pratiques mises en œuvre dans le secteur des achats et ventes des pièces de porc et de produits de charcuterie

Aut. conc., déc. n° 21-D-05 du 4 mars 2021 relative à des pratiques mises en œuvre dans le secteur de la gestion technique des bâtiments de Lille métropole communauté urbaine

Aut. conc., déc. n° 21-D-09 du 24 mars 2021 relative à des pratiques mises en œuvre dans le secteur de la fabrication et de la commercialisation de sandwichs sous marque de distributeur

BIBLIOGRAPHIE SÉLECTIVE

Ouvrages généraux

A. Bénabent, *Droit des obligations*, LGDJ, Domat, Droit privé, coll. « Précis », 15e éd., 2016, 730 p.

B. Bouloc, *Droit pénal général*, Dalloz, coll. « Précis », 25e éd., 2017, 730 p.

B. Bouloc, H. Matsopoulou, *Droit pénal général et procédure pénale*, 21e éd. Sirey, 2018, 784 p.

J. Carbonnier, *Droit civil* – Vol. I : Introduction – La famille, l'enfant, le couple, Paris, PUF, rééd. des éditions de 1955 et de 1956, 2004, 2574 p.

– *Droit civil* – Vol. II : Les biens – Les obligations, Paris, PUF, rééd. des éditions de 1955 et de 1956, 2004, 2574 p.

N. Catala, *L'entreprise*, Traité de droit du travail, Tome IV, Dalloz, 1980, 1292 p.

R. Chapus, *Droit administratif général*, tome 1, coll. « Domat droit public », Montchrestien, 15e éd., 2011, 1440 p.

G. Cornu, *Vocabulaire juridique*, Paris, Presses universitaires de France, collection Quadrige, 2018, 12e éd., 925 p.

M. Cozian, A. Viandier, F. Deboissy, *Droit des sociétés*, Lexisnexis, 30e éd., 2017, 900 p.

F. Debove, F. Faletti, E. Dupic, *Précis de droit pénal et de procédure pénale*, PUF, 5e ed., 2000, 1068 p.

A. Decocq, G. Decocq, *Droit de la concurrence – Droit interne et droit de l'Union européenne*, LGDJ, Paris, 7e éd., 2016 , 596 p.

P.-L. Frier, J. Petit, *Droit administratif*, 2017, LGDJ, 11e éd., 736 p.

N. Fricero, P. Jullien, *Procédure civile*, oct. 2014, LGDJ, 5e éd, 496 p.

M.-A. Frison-Roche, M.-S. Payet, *Droit de la concurrence*, Dalloz, Paris, 2e éd., 2018, 464 p.

M. Habersack, *Münchener Kommentar zum Bürgerlichen Gesetzbuch*, vol. 5, 6e éd. 2013, 2980 p.

A. Jacquemont, T. Mastrullo, R. Vabres, *Droit des entreprises en difficulté*, Lexisnexis, 10e éd., 2017, 832 p.

K. Lenaerts, I. Maselis, K. Gutman, *EU procedural law*, Oxford University Press, 1re éd., 2014, 1056 p.

P. Mallaurie, L. Aynès, P. Stoffel-Munck, *Droit des obligations*, coll. « Droit civil », LGDJ, 7e éd., 2015, 864 p.

Y. Mayaud, *Droit pénal général*, PUF, 5e éd., 2016, 766 p.

P. Merle, A. Fauchon, *Droit commercial, Sociétés commerciales*, Dalloz, précis, 21e éd., 2017, 1004 p.

R. Merle, S. Vitu, *Traité de droit criminel – Problèmes généraux de la science criminelle. Droit pénal général.*, Cujas, Paris, 6e éd., 1988, 1048 p.

X. Pin, *Droit pénal général*, Dalloz, 10e éd., 2019, 570 p.

J. Pradel, *Droit pénal général*, Cujas, Paris, 20e éd., 2014, 792 p.
– *Droit pénal comparé*, Dalloz, coll. « Précis », 4e éd., 2016, 1114 p.

C. Prieto, D. Bosco, *Droit européen de la concurrence – Ententes et abus de position dominante*, Bruylant, Bruxelles, 2013, 1522 p.

Fr. Terré, Ph. Simler, Y. Lequette, *Droit civil – Les obligations*, Paris, Dalloz, coll. « Précis », 12e éd., 2018, 1600 p.

P. Le Tourneau (dir.) et al., *Droit de la responsabilité et des contrats – Régimes d'indemnisation*, Dalloz, 11e éd., 2017, 2702 p.

G. Viney, *Introduction à la responsabilité*, in *Traité de droit* civil, J. Ghestin (dir.), LGDJ, 2e éd., 1995, 471 p.

G. Viney, P. Jourdain, S. Carval, Les conditions de la responsabilité, *in Traité de droit civil*, J. Ghestin (dir.), LGDJ, 4e éd., 2013, 1320 p.

J. von Staudingers, *Kommentar zum Bürgerlichen Gesetzbuch*, Livre 2, *Recht der Schuldverhältnisse,* 1135 p.

R. Whish, D. Bailey, *Competition law*, Oxford University Press, Oxford, 8e éd., 2015, 1176 p.

Ouvrages spécialisés et thèses

L. Aberle, *Sanktionsdurchgriff und wirtschaftliche Einheit im deutschen und europäischen Kartellsanktionsrecht*, Carl Heymans Verlag, 2013, 308 p.

L. Arcelin-Lécuyer, *La notion d'entreprise en droits français et communautaire de la concurrence*, préf. M.-D. Hagelsteen, sous coll. « Bibliothèque de droit de l'entreprise », Lexisnexis, 2003, 554 p.

J. Barthélémy et al., *Le droit des groupes de sociétés*, Paris, Dalloz, coll. « Réussir en affaires », 1991, 573 p.

L. Bernardeau, *La récidive en droits de la concurrence*, préf. N. Wahl, Bruylant, 2017, 268 p.

L. Bernardeau et J.-P. Christienne, *Les amendes en droit de la concurrence,* préf. M. Jaeger, Larcier, 2013, 1184 p.

A. Bouveresse, *Le pouvoir discrétionnaire dans l'ordre juridique communautaire*, préf. D. Simon, coll. « droit de l'Union européenne », Bruylant, 2010, 658 p.

Fr. Brunet, G. Canivet (dir.), *Le nouveau droit communautaire de la concurrence*, LGDJ, Paris, 2008, 744 p

C. Champaud et J. Paillusseau, *L'entreprise et le droit commercial*, Paris, Colin, 1970, 128 p.

B. Dondero, *Les groupements dépourvus de personnalité juridique en droit privé – Contribution à la théorie de la personnalité morale*, préf. H. Le Nabasque, Thèse, Aix-Marseille, 2006, 335 p.

Y. Guyon, J. Boucourechliev, A. Jauffret, J. Hemard, *Dix ans de droit de l'entreprise*, Paris, Librairies techniques, coll. « Bibliothèque de droit de l'entreprise », 1978, n° 7, 1076 p.

Ch. Hannoun, *Le droit et les groupes de sociétés*, préf. A. Lyon-Caen, LGDJ, 1991, 321 p.

L. Idot, *Le contrôle des pratiques restrictives de concurrence dans les échanges internationaux*, Thèse, Paris II, 1981, dactyl.

M. Julienne, *Le régime général des obligations après la réforme*, LGDJ, 2017, 368 p.

C. Lazarus, C. Leben, A. Lyon-Caen et B. Verdier, *L'entreprise multinationale face au droit*, B. Goldman et P. Francescakis (dir.), Paris, Librairies techniques, 1977, 453 p.

M. Lenoble-Pinson, *Dire et écrire le droit en français correct – Au plaisir des gens de robe*, Bruxelles, Bruylant, 2014, 810 p.

O. Mach, *L'entreprise et les groupes de sociétés en droit européen de la concurrence*, préf. P. Lalive, Études suisses du droit européen, Georg, Genève, 1974, 278 p.

A. Mestre, *Les personnes morales et le problème de leur responsabilité pénale*, Thèse, Paris, 1899, 360 p.

M. Mignot, *Les obligations solidaires et les obligations in solidum en droit privé français*, préf. E. Loquin, Nouvelles Bibliothèques de Thèses, Dalloz, Paris, 2002, 857 p.

C. Morgane, *L'unité économique et sociale*, Thèse, Rennes, 2013, 343 p.

H. Paerels, *Le dépassement de la personnalité morale, contribution à l'étude des atteintes à l'autonomie des personnes morales en droit privé et droit fiscal français*, Thèse, Lille II, 2008, 424 p.

J. Paillusseau, *La société anonyme : technique juridique d'organisation de l'entreprise*, Sirey, Paris, 1967, 295 p.

M. Pariente, *Les groupes de sociétés, aspects juridique, social, comptable et fiscal*, Litec, 1993, 334 p.

G. Ripert, *Les aspects juridiques du capitalisme moderne*, Paris, LGDJ, 1951, 354 p.

J. Rochfeld, *Les grandes notions du droit privé*, C. Labrusse-Riou et D. Truchet (dir.), PUF, coll « Thémis », 2011, 562 p.

F. Rousseau, *L'imputation dans la responsabilité pénale*, préf. J.-C Saint-Pau, coll. « Nouvelle bibliothèque des thèses », Dalloz, 2009, 508 p.

A. Turmo, *L'autorité de la chose jugée en droit de l'Union européenne*, préf. F. Picot, coll. « Droit de l'Union européenne », Bruylant, 2017, 581 p.

H. Verin, *Entrepreneurs, entreprise – histoire d'une idée*, rééd. Paris, Classiques Garnier, coll. « Histoire des techniques », 2011, 267 p.

L. Vogel, *Droit de la concurrence et concentration économique : étude comparative*, préf. B. Goldman, Economica, Paris, 1988, 427 p.

C. Witz, M. Pédamon, R. Legeais, G. Lardeux, *Code civil allemand – traduction commentée*, coll. « La lettre des lois », Juriscope/Dalloz, 1re éd., 2010, 704 p.

Colloques, travaux d'association, mélanges

Imputabilité, sanctions, groupe, Atelier de la concurrence, DGCCRF, 30 mars 2010.

L'entreprise dans le marché unique européen, Colloque, CEDECE, 1992, J.-B. Blaise, J. Dutheil de la Rochère, C. Nême (dir.), Paris, La documentation française, 1995.

L'ordre concurrentiel, Mélanges en l'honneur d'Antoine Pirovano, Frison-Roche, 2003, 688 p.

La reprise d'entreprises en difficulté, Colloque organisé le 9 octobre 2015 par le Centre de droit des affaires de l'université de Toulouse 1 et l'Association des juristes de la défaillance économique, Actes publiés à la Revue des procédures collectives civiles et commerciales, novembre-décembre 2015, n° 6, dossier n° 57, p. 45.

La responsabilité pénale des personnes morales : perspectives européennes et internationales, G. Giudicelli-Delage, S. Manacorda (dir.), Association de recherche pénales européennes, Unité mixte de recherche de droit comparé de Paris, Société de législation comparée, vol. 30, 2013.

Le droit de l'entreprise dans ses relations externes à la fin du XXe siècle, Mélanges en l'honneur de C. Champaud, Dalloz, 1997, 580 p.

Le droit français de la concurrence, trente ans après, l'ordonnance du 1er décembre 1986 : rétrospectives et perspectives, C. Arens, M. Chagny, M. Fourgoux (dir.), Acte du colloque du 1er décembre 2016 organisé par l'Association Française d'Etude du droit de la Concurrence et la Cour d'appel de Paris, LGDJ, 2017, 326 p.

Les droits et le droit, Mélanges en l'honneur de B. Bouloc, Dalloz, 2007, 1195 p.

Les fictions en droit – Les artifices du droit : les fictions, Actes du colloque du 20 mai 2014, Anne-Blandine Caire (dir.), LGDJ, 2015, 191 p.

Les groupements et organismes sans personnalité juridique (journées italiennes), Travaux de l'association Henri Capitant des amis de la culture juridique française, Dalloz, 1969.

Indépendance juridique de la personnne morale versus dépendance économique, Colloque, Université Paris-Nanterre, 8 décembre 2016.

Libre droit, Mélanges en l'honneur de Philippe le Tourneau, Dalloz, 2008, 1081 p.

Mélanges en l'honneur du Professeur Claude Lucas de Leyssac, G. Perleani (dir.), Lexisnexis, 2018, 512 p.

Pour une réforme du droit de la responsabilité civile, F. Terré (dir), Dalloz, Coll. « thèmes et commentaires », 2011, 224 p.

Principes du droit européen de la responsabilité civile, O. Moréteau (dir.), European Group on Tort Law, Société de législation comparée, vol. 11.

Principles, Definitions and Model Rules of European Private Law : Draft Common Frame of Reference, C. von Bar, E. Clive, H. Schulte-Nölke (dir.), Study Group on a European Civil Code et Research Group on EC Private Law, Sellier, 2009.

Prospectives du droit économique, dialogues avec M. Jeantin, Dalloz, Paris, 1999, 501 p.

Rapport pour une réforme du droit de la concurrence, Groupe de travail, G. Canivet et F. Jenny (dir.), Le club des juristes, janvier 2018.

Rapport législatif relatif à la loi sur les nouvelles régulations économiques, Sénat, 200 (disponible sur le site Internet du Sénat à l'adresse suivante https://www.senat.fr/rap/l00-005/l00-00513.html)

Articles, chroniques et contributions

T. Ackermann, « Kartellgeldbussen als Instrument der Wirttschaftaufsicht », *Zeitschrift für Wettbewerbsrecht*, 2012, p. 3.

L. Arcelin-lecuyer, « La responsabilité de la société mère du fait des agissements de sa filiale : une présomption devenue irréfragable », DGCCRF, Atelier de la concurrence du 30 mars 2010, imputabilités, sanctions, groupes (disponible sur le site de la DGCCRF www.minefe.gouv.fr/directions_services/dgccrf/documentation)

– « Imputabilité des pratiques anticoncurrentielles en cas de restructuration », *J-Cl., Lexisnexis*, 2013

T. Amico, « Le groupe de sociétés en droit pénal : une réalité économique mais un objet juridique non identifié », *Journal des sociétés*, octobre 2017, n° 156, p. 18.

D. Bailey, O. Odudu, « The single economic entity doctrine in EU competition law », *Common market law review*, 2017, p. 1721.

M. Behar-Touchais, « Le débiteur des dommages et intérêts dus en cas de pratique anticoncurrentielle », *Concurrences*, 2015, n° 4, p. 84.

L. Bernardeau, « Motivation, droit pénal et protection juridictionnelle devant les juges de l'Union : une, autre, "bouche de la loi" ? », *Revue des affaires européennes*, 2015 pp. 803 à 814.

– « Droit international privé et droit de la concurrence », *Communication au comité français de droit international privé*, 31 mars 2017.

– « Indépendance et dépendance juridiques ou économiques en fiscalité des entreprises », *Cahiers de droit de l'entreprise*, n° 5, septembre-octobre 2017, p. 30.

– « Like mother, like daughter, sauf en droit de la concurrence ? », *Revue Lamy de la concurrence*, 2015, 42, p. 74.

L. Bernardeau et E. Thomas, « Principes généraux du droit et contrôle juridictionnel en droit de la concurrence – M. Jourdain : juge pénal ? », *Cahiers de droit européen*, 2016, p. 385.

N. Borga, « De la distinction entre garantie de passif et garantie de prix », *Bull. Joly Sociétés*, octobre 2009, p. 929.

B. Bouloc, « Le principe de la responsabilité personnelle est-il en péril en droit de la concurrence ? », DGCCRF, Atelier de la concurrence du 30 mars 2010, imputabilités, sanctions, groupes (disponible sur le site de la DGCCRF www.minefe.gouv.fr/directions_services/dgccrf/documentation).

H. Brettel, S. Thomas, « Unternehmensbussgeld, Bestimmtheitsgrundsatz und Schuldprinzip im novellierten deutsche, Kartellrecht », *Zeitschrift für Wettbewerbsrecht*, janvier 2009, p. 25.

E. Bueren, « Einer für alle, alle für einen ? Gesamtschuldnerische Bußgeldhaftung im europäischen Kartellrecht: Grundlage, Ausgestaltung und Konsequenzen », *Zeitschrift für Wettbewerbsrecht*, mars 2011, p. 285.

C. Bürger, « Die Haftung der Konzernmutter für Kartellrechtsverstöße ihrer Tochter nach deutschem Recht », *Wirtschafts und Wettbewerb*, février 2011, n° 2, p. 130.

G. Canivet, « Le rôle accru des juridictions judiciaires – Procédures et droits fondamentaux », Actes du colloque du 1er décembre 2016 de l'Association Française d'Etude du droit de la Concurrence portant sur le droit français de la concurrence, trente ans après, LGDJ, 2017, p. 230.

J. Carbonnier « Du sens de la répression applicable aux complices selon l'article 59 du Code pénal », *JCP* 1952, I, 1034.

– « Sur les traces du non-sujet de droit », *Archives de philosophie du droit*, 1989, tome 34, p. 201.

N. Catelan, « Le rayonnement de Beccaria ... en droit constitutionnel de la concurrence », *Revue française de droit constitutionnel*, septembre 2016, n° 107, p. 713.

C. Champaud, « Rapport sur les groupements et organismes sans personnalité juridique en droit commercial français », in *Les groupements et organismes sans personnalité juridique*, Travaux de l'association Henri Capitant des amis de la culture juridique française (journées italiennes), Dalloz, 1969, p. 118.

A.-S. Chavent-Leclère, « Constitutionnalité des sanctions pécuniaires en matière anticoncurrentielle », *Procédures*, février 2016, n° 2, p. 32.

B. Cheynel, « La coresponsabilité en droit européen de la concurrence », *Revue des affaires européennes*, 2015, n° 4, p. 621.

E. Claudel, « Responsabilité au sein des groupes en droit de la concurrence », *Cahiers de droit de l'entreprise*, 2017, n° 5, p. 27.

– « L'appartenance à un groupe au crible du principe d'individualisation de la sanction en l'absence d'unité économique : la valse à quatre temps de la Cour de cassation », *RTD com.*, 2015, p. 84

G. Clomes et M. Moreau, « Les nouvelles règles du jeu en matière de responsabilité des sociétés mères à l'égard des salariés de leur filiale », *Journal des sociétés*, octobre 2017, n° 156, p. 32.

A. Couret, « La transmissibilité à l'absorbante de l'amende prononcée après la fusion », *Bulletin Joly Sociétés*, 2015, n° 04, p. 200.

M. Despax, « L'évolution du droit de l'entreprise », in *Les orientations sociales du droit contemporain*, écrits en l'honneur du professeur J. Savatier, PUF, Paris, 1992, p. 177.

– « L'entreprise en droit du travail », in *Annales de la faculté de droit de Toulouse*, Tomes XIII, Université de Toulouse, p. 127.

J.-L. Dewost, B. Lasserre, R. Saint-Esteben, « L'entreprise, les règles de concurrence et les droits fondamentaux : quelle articulation ? », *Nouveaux Cahiers du Conseil constitutionnel*, Dalloz, 2012, n° 35, p. 187.

P. Didier, « Une définition de l'entreprise », in *Le droit privé français à la fin du XXe siècle* : études offertes à P. Catala, Litec, Paris, 2001, p. 849.

G. Drago, « De quelques apports du droit constitutionnel à une définition de l'entreprise », in *Le droit de l'entreprise dans ses relations externes à la fin du XXe siècle*, *in* Mélanges en l'honneur de C. Champaud, Dalloz, 1997, p. 299.

H. Dubout, « Garanties de passif et responsabilité pénale des personnes morale », *Bulletin Joly Sociétés*, 1994, n° 3, p. 253.

B. Fages, « La réforme de la responsabilité du fait d'autrui et le sort réservé aux sociétés mères », *Revue des contrats*, janvier 2007, n° 1, p. 115.

P.-Y. Gautier, « Déloyauté, immixtion et apparence : le mandat face au groupe de sociétés », *RTD civ.*, 2007, n° 1, p. 145.

– « Où la Cour de cassation rétrécit anormalement le concept d'immixtion dans les groupes de sociétés », *RTD civ.*, 2012, n° 3, p. 546.

B. Grimonprez, « Pour une responsabilité des sociétés mères du fait de leurs filiales », *Revue des sociétés*, 2009, p. 715.

G. Gryllos, « Discretion and judicial review in EU competition law: a technical analysis on sources of discretion, judicial review and implications for the litigants », *Concurrences*, 2016, n° 4, n° 81687.

C. Grzegorczyk, « Le sujet de droit : trois hypostases », *Archives de philosophie du droit*, 1989, tome 34, p. 9.

M. Hauviller, « L'appartenance à un groupe à l'épreuve de la jurisprudence récente de la Cour de cassation », *Concurrences,* 2015, n° 1, n° 70662.

J. Hilaire, « une histoire du concept d'entreprise », *Archives de philosophie du droit*, 1997, n° 41, p. 341.

L. Idot, « La responsabilité pénale des personnes morales : les leçons du droit européen de la concurrence », in *La responsabilité pénale des personnes morales : perspectives européennes et internationales*, G. Giudicelli-Delage, S. Manacorda (dir.), Association de recherches pénales européennes, Unité mixte de recherche de droit comparé de Paris, Société de législation comparée, vol. 30, 2013, p. 165 et *Concurrences*, 2012, n° 1, p. 55.

– « Reprise d'entreprises en difficulté et droit de la concurrence », *Revue des procédures collectives*, n° 6, novembre, 2015, dossier n° 57, p. 45.

– « Réflexions sur la convergence des droits de la concurrence », *Concurrences*, 2012, n° 4, p. 4.

– « Le principe d'autonomie procédurale : est-ce le temps de la convergence en Europe ? Les leçons du droit international privé » in *New frontiers of antitrust – 2012*, Bruxelles, Bruylant, 2013, p. 67.

– « La notion d'entreprise », *Revue des sociétés*, 2001, p. 191.

– « La notion d'entreprise en droit de la concurrence, révélateur de l'ordre concurrentiel », *in* Mélanges en l'honneur d'A. Pirovano, Paris, Frison-Roche, 2003, p. 523.

– « La preuve en droit de la concurrence », in *Le droit français de la concurrence, trente ans après, l'ordonnance du 1er décembre 1986 : rétrospectives et perspectives*, C. Arens, M. Chagny, M. Fourgoux (dir.), Actes du colloque du 1er décembre 2016 organisé par l'Association Française d'Etude du droit de la Concurrence et la Cour d'appel de Paris, LGDJ, p. 171.

– « Récidive ou réitération », *Concurrences*, 2010, n° 4, p. 26.

– « Réflexions sur l'application de certains principes et notions du droit pénal en droit des pratiques anticoncurrentielles », *in* Mélanges en l'honneur de B. Bouloc, Paris, Dalloz, 2007, p. 457, et *Concurrences*, 2006, n° 2, n° 46440.

C. Koenig, « An economic analysis of the single economic entity doctrine in EU competition law », *Journal of Competition Law & Economics*, june, 2017, p. 281.

J.-Ph. Kovar, « Sanction des pratiques anticoncurrentielles et personnalité des peines », *Revue de l'Union européenne*, juin 2015, n° 589, p. 369.

A. Krenzer, « Présomption de responsabilité des sociétés mères du fait de leurs filiales en droit communautaire des pratiques anticoncurrentielles », *Revue Lamy de la concurrence*, 2008, 15, n° 1116.

T. Lamarche, « La notion d'entreprise », *Revue trimestrielle de droit commercial.*, décembre 2006, n° 4, p. 709

K. Lenaerts, « Réflexions sur la preuve et sur la procédure en droit communautaire de la concurrence », *Liber amicorum en l'honneur de Bo Vesterdorf*, Bruylant, 2007, p. 475 à 509.

C. Lemaire, « Responsabilité concurrentielle des groupes de sociétés », *CCC*, juillet 2017, n° 7, dossier n° 5.

P. Lignières, M. Frison-Roche, « L'évolution de la responsabilité des sociétés mères pour dommage environnemental », *Journal des sociétés*, octobre 2017, n° 156, p. 27.

A. Lyon-Caen, « Droit européen de la concurrence et groupe », in *L'entreprise multinationale face au droit*, B. Goldman et P. Francescakis (dir.), Paris, Librairies techniques, 1977, p. 325.

G. et A. Lyon-Caen, « La doctrine de l'entreprise », in *Dix ans de droit de l'entreprise, Librairies Techniques*, Paris, 1978, p. 607.

N. Mathey, « Principe de personnalité des peines et transmission de l'imputabilité en matière de pratiques restrictives », *Contrats Concurrence Consommation*, n° 4, avril 2014, comm. 91.

A. Mairot, « La loi Macron ou l'appréhension judiciaire unitaire des groupes de sociétés », *Revue des sociétés*, janvier 2016, alerte n° 1.

A. Magnan et K. Bousset, « La responsabilité des sociétés mères du fait de leurs filiales : état des lieux en droit des sociétés », *Journal des sociétés*, octobre 2017, n° 156, p. 12.

J.-Y. Maréchal, « Tribunal correctionnel – Solidarité », *J.-Cl Procédure pénale, Lexisnexis*, 2017

A. de Mauléon et C. Schumacher, « Responsabilité de la société mère à l'égard de sa filiale en difficulté : anticiper les risques en amont d'une défaillance ultérieure », *Journal des sociétés*, octobre 2017, n° 156, p. 36.

D. Mazeaud, « Autorité du commettant et responsabilité : approche de droit civil », *Revue Lamy droit civil*, juillet 2008, n° 51.

M. Menjucq, « L'immixtion d'une société mère dans la gestion d'une filiale constitue une faute (C. civ., art. 1382) », *Bulletin Joly Sociétés* 2012, n° 1, p. 70.

L. Michoud, « Etudes sur le pouvoir discrétionnaire », *Revue générale d'administration,* 1914, p. 5.

M. Mignot, « Contrats et obligations – obligations conjointes et solidaires – obligation in solidum », *J.-Cl civil code*, 2016.

M. Ndendé, « Le jugement de l'Erika sur les responsabilités pénales et la réparation des dommages en matière de pollution des mers – Et voici venu… le Cap de bonne espérance ! », *Revue de droit des transports*, 2008, étude 6.

L. Nicolas-vuillerme, « Le 9e amendement de la loi allemande contre les restrictions de concurrence, une réforme à imiter ? », *Contrats Concurrence Consommation*, 2018, n° 1, étude 1.

K. Ost, « From regulation 1 to regulation 2: national enforcement of EU cartel prohibition and the need for further convergence », *Journal of European Competition Law and Practice*, 2014, vol. 5, n° 3, p. 127.

J. Pages, « De l'irréductible et incontournable entreprise », *in Prospectives du droit économique* : dialogues avec M. Jeantin, Dalloz, Paris, 1999, p. 79.

J. Paillusseau, « La notion de groupe de sociétés et d'entreprises en droit des activités économiques », *Dalloz* 2003, p. 2346.

P. Patat, Ph. Guibert, « L'imputabilité du comportement infractionnel d'une filiale dont la totalité du capital social est détenu par sa société mère, encore et toujours… », *Revue Lamy de la concurrence*, n° 28, juillet-septembre 2011, p. 126.

E. Peskine et T. Sachs, « Flux et reflux des logiques de responsabilisation dans les organisations complexes, l'exemple du droit du travail », *Cahiers de droit de l'entreprises*, n° 5, septembre-octobre 2017, p. 28.

M. Prek et S. Lefèvre, « "Administrative discretion", "power of appraisal" and "margin of appraisal" in judicial review proceedings before the General Court », *CMLR*, mars 2019, p. 339.

M. Rousille, « Constitutionnalité du texte fondant la condamnation de la société absorbante à l'amende civile consécutive aux pratiques de l'absorbée », *Revue de droit des sociétés*, n° 7, juillet 2016, comm. 124.

F. Rouvière, « Critique des fonctions et de la nature des fictions », in *Les fictions en droit – Les artifices du droit : les fictions*, Actes du colloque du 20 mai 2014, Anne-Blandine Caire (dir.), LGDJ, 2015, p. 88.

R. Saint-Esteben, « La question de la responsabilité civile des sociétés mères du fait des infractions aux règles de concurrence commises par leurs filiales : la voix du silence », *Concurrences*, 2014, n° 3, p. 5.

– « La clarté obscure de la responsabilité des groupes de sociétés en droit de la concurrence », *in* Mélanges en l'honneur du Professeur Claude Lucas de Leyssac, G. Perleani (dir.), Lexisnexis, 2018, p. 449.

D. Schmidt, « L'entreprise incomprise », in *Aspects actuels du droit des affaires* : Mélanges en l'honneur de Y. Guyon, Dalloz 2003, p. 985.

N. Selvaggi, « Imputation "personnelle" et matière "quasi-pénale", brèves remarques sur la "faute" de l'entreprise en droit européen de la concurrence », in *La responsabilité pénale des personnes morales : perspectives européennes et internationales*, G. Giudicelli-Delage, S. Manacorda (dir.), Association de recherche pénales européennes, Unité mixte de recherche de droit comparé de Paris, Société de législation comparée, vol. 30, 2013, p. 207.

L. Sinopoli, « Ancrer la "RSE" des multinationales », *Cahiers de droit de l'entreprises*, n° 5, septembre-octobre 2017, p. 31.

U. Suchsland, N. Rossmann, « Verpflichtet die Kartellschadensersatzrichtlinie zur Übernahme des europäischen Unternehmensbegriffs in das deutsche Recht ? », *Wirtschaft und Wettbewerb*, 2 octobre 2015, p. 973 à 981.

A. Supiot, « Groupes de sociétés et paradigme de l'entreprise », *Revue trimestrielle de droit commercial et économique*, Dalloz, n° 38, 1985, p. 623.

V. Terrien, « Droit de la concurrence : la présomption de responsabilité frappant les sociétés mères », *Journal de droit européen*, n° 185, janvier 2012, p. 1.

S. Thomas, « Guilty of a Fault that one has not Committed. The Limits of the Group-Based Sanction Policy Carried out by the Commission and the European Courts in

EU-Antitrust Law », *Journal of European Competition Law and Practice*, 2012, vol.1, n° 3, p. 16.

– « Die Gesamtschuld im EU-Kartellbußgelrecht, die Kommisssion als "juristischer Pascha" », Recht, Ordnung und Wettbewerb, Festschrift zum 70. Geburtstag von Wernhard Möschel, *Nomos*, 2011, p. 675.

A. Viandier, « Arbitrage et garanties de passif », *Revue de l'arbitrage*, 1994, n° 3, p. 441.

G. Viney, « L'influence souhaitable sur l'attribution des responsabilités des relations de dépendance entre sociétés », *Cahiers de droit de l'entreprise*, 2017, n° 5, p. 33.

T. Weck et P. Rummel, « Allemagne : les changements apportés à la loi contre les restrictions à la concurrence par la neuvième loi additionnelle », *Concurrences*, n° 2-2017, pp. 208 à 214.

P. Whelan, « Parental antitrust liability and the pressing issue of the legitimacy of EU competition law », mai 2021, *Concurrences*, n° 2-2021, n° 100083

INDEX ALPHABÉTIQUE

Les numéros renvoient aux paragraphes.
*Le signe « * » renvoie à l'entrée ainsi signalée.*

D

E

Table des matières

Concurrences
Revue des droits de la concurrence

Revue Concurrences

Revue trimestrielle dédiée aux droits interne et européen de la concurrence

Concurrences est une revue universitaire trimestrielle dédiée aux droits interne et européen de la concurrence. Créée en 2004 par Laurence Idot, Frédéric Jenny et Nicolas Charbit, la revue est un forum de discussions entre universitaires, magistrats et praticiens du droit de la concurrence. Son rayonnement en dehors du champ des spécialistes est tel que plusieurs personnalités publiques de premier plan ont publié des points de vue dans ses colonnes : Jacques Attali, Elie Cohen, François Hollande, Christine Lagarde, Emmanuel Macron, Nicolas Sarkozy, Margrethe Vestager...

Comité scientifique et comité international

Le Comité scientifique, présidé par Laurence Idot assure l'indépendance de la revue et sélectionne les articles soumis à la revue sur des critères de rigueur de la démonstration et d'objectivité. Le Comité international, présidé par Frédéric Jenny, contribue à la diffusion de la revue à l'international et à l'organisation des conférences hors de l'Europe.

Contributeurs

Plus de 1500 contributeurs provenant de 15 pays ont publié dans la revue Concurrences. Ces contributeurs sont universitaires, magistrats ou représentants d'autorités de concurrence, avocats ou conseils juridiques, tous spécialisés en droit ou en économie de la concurrence.

Version électronique

Depuis 2004, Concurrences a publié plus de 12 500 articles (au 1er septembre 2021). La version électronique reprend l'intégralité des articles parus dans la version imprimée depuis 2004 ainsi qu'environ 20 % d'articles supplémentaires. Ce supplément électronique correspond à des contributions publiées exclusivement sur le site de la revue notamment en raison de leur ampleur : actes de colloques, articles de fond, contributions économiques...

Bulletin e-Competitions

Bulletin d'actualité électronique hebdomadaire dédié aux jurisprudences concurrences nationales

e-Competitions est un bulletin d'actualité électronique hebdomadaire et une base de données couvrant la jurisprudence de plus de 55 juridictions. Le Bulletin se présente sous la forme de commentaires d'arrêts, de décisions et de textes légaux ou réglementaires. Chaque commentaire comporte la description de l'affaire commentée, rappelle les dispositions mises en œuvre et le cas échéant ajouter un bref commentaire critique. Pour chaque article, le Bulletin donne accès à la décision ou arrêt commenté dans sa langue d'origine. La langue du Bulletin est l'anglais.

Contributeur

e-Competitions repose sur un réseau de 3 000 experts en droit antitrust comprenant des universitaires et des avocats spécialisés. Ces contributeurs fournissent de manière détaillée et hebdomadaire des informations sur leur jurisprudence régionale et nationale.

News issues

SPECIAL ISSUES

Les « News Issues » sont publiées dans le bulletin e-Competitions toutes les deux semaines en alternance avec les « Special Issues ». Ils contiennent 15 à 30 articles d'actualité. Les « Special Issues » reprennent quant à eux toutes les affaires majeures publiées depuis 1982 sur un sujet spécifique du droit antitrust (actions en dommages-intérêts, sanctions pénales, clémence...) ou sur un secteur d'activité particulier (santé, électricité, télécommunications, services financiers...). Les «Special Issues» sont accompagnées d'une synthèse réalisée par un auteur spécialiste du domaine concerné.

- 20 000 articles
- 3 500 auteurs
- 85 pays couverts
- 30 000 abonnés
- Partenariats avec 6 cabinets d'avocats
- Partenariats avec 8 centres de recherches
- Comité scientifique : Eleanor Fox, Wouter Wils, Frédéric Jenny, Bill Kovacic...

INSTITUTE of Competition Law
Antitrust databases and resources

Institut de droit de la concurrence

L'Institut de droit de la concurrence est un groupe de réflexion créé en 2004 dédié au droit de la concurrence et de la régulation économique. L'objectif de l'Institut est de promouvoir la recherche en droit de la concurrence et de la régulation. L'Institut édite à cette fin des revues et bases de données en langues française et anglaise et organise des conférences en Europe et aux Etats Unis. Afin d'assurer indépendance, rigueur et objectivité, chacune de ces publications et conférences est placée sous la supervision d'un comité scientifique et/ou d'un comité éditorial. Grâce à ses travaux, l'Institut est devenu en quelques années un groupe de réflexion et un centre de recherches de référence en droit de la concurrence et de la régulation.

Domaines d'action

Droit de la concurrence, droit de la régulation économique, et, économie industrielle.

Comités scientifiques et éditoriaux

Eleanor Fox, Laurence Idot, Frédéric Jenny, Bill Kovacic, Bruno Lasserre, Mario Monti, Damien Neven, Wouter Wils, Richard Whish...

Contributeurs

3 800 contributeurs dans 85 pays.

Partenaires

- Universités : IEJE Liège, King's College London, Paris Panthéon Assas/Sorbonne, Queen Mary College, University College London...
- Cabinets d'avocats : Baker McKenzie, Cleary Gottlieb, Jones Day, Shearman Arps, Van Bael & Bellis, White & Case ...

Séminaires

Plus de 450 évènements depuis 2004 à Paris, Bruxelles, Londres, New York, Washington et Hong Kong.